ÇA

– Atatürk'ün doğumundan ölümüne kadar –

Falih Rıfkı Atay

pozitif

"Kitabın yeni basımının yayına hazırlanmasındaki katkılarından dolayı Cem Küçük'e teşekürlerimizle."

ÖNSÖZ

Atatürk devri üzerine hatıralarımı 1952'de *Dünya* Gazetesinde yayınlamıştım. Bu eserin iki eksiği vardı: Biri Atatürk devrini bilenler için olması, öteki de o günlerde sırasız sayılabilecek bazı olayları açıklamasıydı.

Şimdi bu iki eksiği tamamlayarak "Çankaya"yı yeniden yayınlıyorum.

Moda, 2 Mart 1968
Falih Rıfkı Atay

BİRİNCİ BASKININ ÖNSÖZÜ

1946, hele 1950'den beri Atatürk devr;, onun içinde şöyle böyle bulunmuş olanları, veya kendilerini olduklarından başka türlü sandırmak hevesine kapılanların elinde sömürülüp durmuştur. Yayınlanan hatıraların çoğunda ölüler tanık, bir ağızla iki kulak arasında, hiç kimsenin duymadığı fısıldaşmalar belge diye kullanılmaktadır. Tarihçi ise, gazete okuyucuları kadar kolay avlanmaz. Tarihçi, bu hatıraların doğruları ile sahteleri ve zorlanmışları arasında yanılmaktan kendisini kurtarmasını bilir.

Gariptir ki görev ve sorumluluk başında bulunanlardan belli başlı bir kimse de hatıralarını yazmamıştır. Elimizde yalnız Atatürk'ün "Nutuk"u var.

Atatürk de kızıp darılır, barışıp gene bozuşur, bazen huysuzluğu, bazen keyfi tutar, bir müddet herhangi bir dedikodunun etkisi altında haksızlığa kadar gider, sonra pişmanlık duyar; üstelik alayı, şakayı sever, fâniliği size bana benzer tabiî bir insandı. Şahıslar için bir "değişmez" bir de "geçici" övgü ve yermeleri vardır. Hemen her akşam ve her yerde meclisli ömür sürdüğü için yanında bir iki defa bulunanlar, çok defa şahıslar veya olaylar üzerine bu "geçici" övgü veya yermelerini duymuşlardır. Herkes duyduğunu tarih belgesi olarak vermeğe kalkarsa, sanatını bilmeyen bir tarihçi bu haykırışların altında şüphesiz pek güçlük çeker. Atatürk'le devamlı birlikte bulunanlar da sevdikleri bir kimse için onun "geçici" övgüsünü, sevmedikleri için "geçici" yermesini öne sürmektedirler.

Belli başlı adlar söz konusu olduğu zaman, bu şahsiyetleri nasıl görevlendirdiğine bakınız. Gerçek hükümlerini ancak böyle kavrayabilirsiniz. Çünkü devlet ve halk işlerinde hiç lâubaliliği yoktu.

Bir zamanlar akrabasından birini Nafıa Vekilliğine tavsiye etmişti. Bir müddet sonra bir akşam:

— Ben de onu su mühendisi sanırdım. Meğer sudan bir mühendis imiş, demişti.

En yakın münasebette olduklarının bile devlet hizmetlerinden uzaklaştırılmasına hiç ses çıkarmamıştır.

Hatıralar okunurken öyle bir duyguya da düşülüyor ki, meselâ Atatürk işlerin sırrını ya sofrasında yalnız kaldığımız zaman, bana, ya bir gezintide baş başa bulunduğunuz vakit size, yahut aralarında bir üçüncüsü bulunmadığını görerek bir başkasına anlatmıştır.

Mavi boncuk kimdedir?

Haber vereyim ki Atatürk ne yaptığını, nasıl yapacağını, kimlere ne yaptıracağını, kimleri nasıl ve nerede kullanacağını bilen pek hesaplı bir adamdı. Yapmış oldukları üzerinde istediğiniz tenkitlerde bulunabilirsiniz. Fakat kendi varmak istediğine ulaşmaktan başka bir şey düşünmeyen, dostluklarının, yakınlıklarının, sözde sırdaşlıklarının üstünde bilhassa "kendi kendine vefalı" bir lider olduğu su götürmez bir gerçektir.

Tarih boyunca bütün kendi gibi olanlara benzerdi. O da bal veren bir çiçek değil, her çiçeğin kendine göre balını almasını bilen bir arı idi. Her çiçeğin kovan peteklerinde şüphesiz bir payı vardır. Fakat çiçeklerden hiç biri, eğer arı olmasaydı, petekteki balı yapabileceğini söyleyerek övünemez. Ama bu balı zehir sayanlar da bulunabilir.

Otuz yıl nice kimselerden:

— Ben olmasaydım... demeğe benzer sözler duymuşumdur.

Şu var ki, asıl mesele O'nun "olmasında" veya "olmamasında" idi. 1914'te Osmanlı Devletinin söz sahibi Enver yerine Mustafa Kemal olduğunu, 1919' da da Samsun'a Mustafa Kemal yerine Enver'in ayak bastığını bir tasarlayınız. Türk tarihinin gidişi başka türlü olurdu. Büyük fırsatlar fâni şahıslara bir milletin kaderini iyiye veya kötüye doğru değiştirmek imkânını verebilir.

Geçenlerde bir yazıma şöyle başlamıştım: "Elli altmış sularında mısın, uydur uydur anlat! Geçmiş dediğimiz şey de buna döndü. Bazı övünmeleri işittikçe ve bazı hatıraları okudukça içimi bir şüphe basıyor:

— Acaba ben bu devrin içinde mi idim, yoksa otuz yıl süren bir rüya hali mi geçirdim?

"Benim tanıdığımı sandığım Atatürk, bana milletvekillerinden biri olduğum gibi gelen Meclisler, dinlemiş veya okumuş olmak sanısına düştüğüm hatipler ve yazarlar, acaba hepsi hayaletler mi idi? Yoksa hepsi çiftti de ben sahte ikinciler ile beraber mi düşüp kalkıyordum? Doğrusu Shakespeare'in listeleri arasında ya benden acayibi yoktur, yahut, eğer ben gerçekten o geçmişte yaşamışsam, eski devirden kalma olanların yüzlercesini hekimler, ruhçu ve akılcılar, trajedi, komedi, vodvil ve revü sanatkârları arasında dağıtıp ilme ve sanata hizmette bulunmalıyız."

Bu yazı biraz mizah, biraz yerme kılıklı olmakla beraber tam içimin sesi idi.

Ya ben kimim?

Ben haddini bilen bir yazı adamıyım. Cumhuriyet devrine "Akşam" gazetesinin dört sahibinden ve iki başyazarından biri olarak girdim. Cumhuriyet Halk Partisinin iktidar devrinden "Ulus" gazetesinin "eski" başyazarı olarak çıktım. Otuz yıl yazdım, konuştum, dinledim ve gördüm. Hepsi bu...

Kırk, bir olgunluk yaşıdır. Daha genç olanları bırakınız, bu yaştakilere bile geçen devre ait hangi hatıramı anlatsam, şaştıklarını görüyorum. Hemen hepsi:

— Ne olur, bunları yazsanız... diyor.

Ben de onları yanıma alıp, 1881' den 1938'e doğru geçmişi dolaştırmak istiyorum. Bu dolaşmada benim dinlediklerimi işitecekler, gördüklerimi seyredecekler. Atatürk'ü ve onun devrini ben nasıl anladımsa öyle anlatmak istiyorum. Basit de bir metodum var: Fıkralar ve hatıralar içinde sindire sindire anlatmak! Gerçi bu bir dağıtmadır. Toplamayı okuyanlara bırakıyorum.

Bir okul tarihi değil, kendi hatıralarımı yazdığımı unutmayınız.

Kulağınıza bir şey söyleyeyim: Geçen devirde ne ben istedim, ne de bana vermediler. Hiç kimseden alacaklı değilim. Kendi orta halli köşemde bir fikir savaşçısı idim. Sonlarına yaklaşan ömrümü başka türlü bitirmeye de niyetim yok.

Şahıslar arasındaki anlaşmazlıklar ve rakiplikler beni ilgilendirmediği gibi, şu bunu sevmediği, bu onu çekemediği, o buna gücendiği için tarih olaylarının değişmesi de lâzım gelmez.

Bu hatıralar gördüklerim ve işittiklerimdir. Gördüklerimin hepsi benden. İşittiklerimin çoğu Atatürk'ün ağzından!

Birinci Dünya Harbi üzerine yazdığım hatıraların adı "Zeytindağı" idi. Bu Kudüs'te bir tepenin adı. Yedek subaylığımı onun üstündeki Dördüncü Ordu Karargâhı'nda geçirmiştim. 1923'ten 1938'e kadar hayatımın büyük bir kısmı da Çankaya'da, Atatürk'ün yakınında geçti. Çocukluk, gençlik, askerlik ve ihtilâlcilik hikâyelerini, eski ve yeni köşkün-

de, kendi ağzından dinledim. "Hâkimiyet-i Milliye" ve "Milliyet" gazetelerinde çıkan ilk hatıralarını ben yazmışımdır. Birçok günler uzun boylu baş başa kaldık. Hindenburg'a ait fıkralar Almanya Büyük Elçiliğinin şikâyetlerine sebep olduğu için bu hatıraları yarıda kestik. Geri kalan notlar bende idi. Ölümünden sonra, 19 Mayıs'ın ilk yıldönümünde bu notlardan Mütarekede İstanbul'da geçirdiği günleri anlatan bölümlerini toplayıp bir küçük kitapta yayınlamıştım.

Kuvay-ı Milliye ve devrim yıllarının birçok şöhretlerini, gerçek veya iğreti şahsiyetleri ile Çankaya meclislerinde tanıdım. Atatürk'ün devlet sırlarını sofrasının üstüne döktüğü sanılmamalıdır. Resmî işlerini sorumlu hükümet adamları ile görüşürdü. Akşam meclislerinde dostları ile buluşmak, olaylar ve şahıslar üzerine hatıralarını anlatmak, tartışmalarda bulunmak da eski âdeti idi.

Onun herkesi fikir ve karakter değeri kadar sırlarına yaklaştıran, devamlı bir telkin sanatının inceliklerini pek iyi kavrayan yaman bir politikacı olduğu unutulmamalıdır. Son büyük Makedonyalı idi. Sofrasında bulunanlar onu kendi kafalarının iki kulağı ile dinlemişler, çok defa yanılmışlardır.

Bir "emir" ve "nehiy" zorbası değil de inandırıcı, bağlayıcı bir lider olmayı istediği ve sevdiği için bazen yorucu, pek zeki olmayanları şaşırtıcı dolaşık yollar seçmiştir.

Atatürk'ün davasına ölesiye bağlı, fakat içini dökmekten hiç çekinmeyen fikir arkadaşlarından biri Recep Peker'di. Hatıralarım arasında şöyle bir not var: "Âdeta şakalı bir konuşmadan sonra bahis, bilmem neden, bu korku meselesine geldi. Atatürk, yanında oturan Recep'e:

— Sen benden korkmaz mısın? diye sordu.

Recep güldü. Atatürk:

— Karşıma geç! dedi.

Geçti:

— Korkar mısın, korkmaz mısın, söyle, dedi

— Hayır, dedi, ne senin arkadaşların korkaktırlar, ne de sen korkunçsun. Biz inanarak senin ideallerine bağlıyız. Sen sevilen adamsın, korkunç olamazsın.

Atatürk:

— Gel gene yanıma otur, dedi.

Atatürk'ün anlatışı, ne nutuk söylemesine, ne de yazı yazmasına benzerdi. Ara sıra Rumeli ağzına kayan tatlı bir şivesi, gönül tellerine dokunan büyülü bir sesi, hiç bezginlik vermeyen renkli bir hikâye üslubu vardı. İnsanlarda beğenecek pek az şey bulmayı belki süs edinen nice titiz tenkidciler, sohbet cazibesine kolayca kapılmışlardır.

Geçen otuz yıllık geçmişe doğru ne zaman başımı çevirsem, o tepeyi bir türlü gözden kaybedemem. Öne gelir, geriye gider, yana kaçar. Öyle olur ki ondan başka bir şey görünmez, o kadar kaplayıcıdır; olur ki hiç olmazsa ta uzaktan gölgesi vurur, fakat hatıralarımı o tepenin hükmü veya etkisi altından kurtaramam. Onun için bu kitabın adını "Çankaya" koydum.

Büyükleri büyüklükleri, küçükleri küçüklükleri, bayağıları bayağılıkları, zevkleri acıları, hüzünleri tuhaflıkları ile içinden geçip geldiğim geçmiş seyredilmeğe değer.

Görüşüme, anlayışıma güvendiğiniz kadar yazdıklarıma inanabilirsiniz. Yanılmış olabilirim. Hele, tarih hafızam pek zayıf olduğundan, yıl, ay ve olay sıralarında yanılabilirim. Zorlamak, bozmak veya değiştirmek... Hayır!

Şarkılar için ya "methiye" ya "hicviye" vardır. İkbal adamların, ya borçlusunuz, baştan ayağa övmeli ya kinlisiniz, tepeden tırnağa yermelisiniz. Bu türlü yazılarda şairin veya nesircinin hayal ve nüktelerini tatmakla kalırsınız. Fakat adamı tanımazsınız. Şark devlet adamlarının hatıraları da övünmekten veya savunmaktan öte geçmez.

Atatürk övülmekten hiç şüphesiz hoşlanmakla beraber, meselâ, Türkiye'de yayınlanmasına izin verilmeyen Armstrong'un "Bozkurt"u kendi üzerine yazılmış eserler arasında en beğendiği idi. Bu kitabın haksız ve yanlış, hatta doğru da olsa yazılmasını hoş bulmayacağınız tarafları olsa bile, Atatürk'ün şahsiyet ve karakter sırlarına hayli yaklaşan bir tarafı olmalı idi.

Hikâyeyi birçok kimseler bilir. Atatürk İzmir'e bir gidişinde Kordon boyundaki evinin salonuna büyük bir sofra kurulur. Davetliler tamam olup oturulacağı vakit, sokakta biriken halkın içerisini seyretmesini istemeyen vali, perdelerin indirilmesini emreder. Atatürk der ki:

— Vali bey, dışarıdaki halk acaba bizim ne yaptığımızı sanıyor? İçki içtiğimizden şüphesi yok. Fakat şimdi masa üstünde kadın da oynattığımızı ve kim bilir daha neler yaptığımızı zannedecekler. İçki içmekten başka bir şey yapmadığımızı görmeleri için perdelerinizi açtırınız.

Sözlü, oyunlu ve kadınlı toplantılardan biri idi. Sofranın iki türlü dağılışı vardı. Ya Atatürk'e iyice uyku ve yorgunluk basar, arkadaşlarına izin verir ve yatak odasına çıkar yahut yabancı ve yarı bildiklerle vedalaşıp birkaç yakın arkadaşını alıkoyardı. Yemek odasında veya eğer bahar ve yaz günleri ise, köşkün bahçesinde kalanlarla biraz daha vakit geçirdikten sonra, hafifler ve ayrılırdı.

O gece bazı aşırı sahneler geçti. Gülüşe oynaşa sabahladık. Atatürk benimle birkaç kişiyi sona bıraktı. Gece üstüne bir hayli dedikodu yaptık. Çıkıp gideceğimiz sıra kendisine dedim ki:

— Şimdiye kadar sizin için yalnız yabancılar yazdı. Biz yanınızdayız. Sizi ve eserinizi daha iyi tanıyoruz. İzin verir misiniz, Yakup Kadri ile sizin için bir kitap hazırlasak?

Ferah ve uyanık bir bakışla beni süzdü:

— Dün geceyi yazacak mısınız?

— Canım efendim, bu kadar hususiyetlerinize girmeye ne lüzum var?

— Ama bunlar yazılmazsa ben anlaşılmam ki... Siz de başkalarının yazdıklarını tekrarlamış olursunuz.

Yaptığını saklamak riyakârlığından, kendisi gibi, halkı da kurtarmaya çalıştı. Bir yaz ikindisi Dolmabahçe Sarayı'ndan bir motorla Kalamış Körfezi'ne kadar uzanmıştık. Koy sandal doluydu. Ortalarına sokulduk. Herkesin gözü Atatürk'te ve hepsi put. Ses yok, kımıldanış yok. Atatürk garsona:

— Bize bira getiriniz, dedi.

Getirdiler. Kadehini kaldırarak:

— Şerefinize vatandaşlar... deyince kimi yanı başında, kimi oturduğu yerin altında sakladığı içki kadehlerini:

— Şerefine Paşam... diye kaldırıp içtiler. Bütün koy neşe içinde çalkalanıp durdu.

Hatıralarımdan gizleme çabasına düşmeyişim, yalnız Atatürk'ün o sabahki öğüdünü tutmak için değildir. Atatürk kadar iç ve dış, özel ve resmî yaşayışı birbirine karışan, iç içe giren, hatta birbirinden ayrılmayan belki pek az tarih adamı vardır. İç yasayışı üzerine hikâyeler yazılması doğru değildir, diye görünebilir. Fakat onu anlamak ve anlatmak için bunlar, devrimlerinden veya eserlerinden herhangi birinin cansız belgeleri kadar faydalı olsa gerek. Atatürk toplum hesaplaşmasında, içinde göründüğü bütün olayların üstünden bakar olur. Dikeni çalısı ayağınızı yalayarak in-

dirdiğiniz bir dağ gibi, geri dönüp baktığınızda onun ancak yüceliği altında ezilirsiniz.

Herkes gibi Atatürk'ün insanlığı iştahlardan, hırslardan, heyecanlardan, gurur ve öfkelerden, zaaf ve kuvvetlerden, iç varlığın düzlerinden, iniş ve çıkışlarından yoğrulmuştur. Eseri bu insanlığın derinliklerinden gelme, kaynaklarından doğmadır. Atatürk'ü ayıklayarak değil, bir tabiat parçası gibi, toplu ve tam ele almalıdır.

Büyük adamlar için hayranları, dostları, düşmanlar hattâ uşakları hâtıra yazmışlardır.

Napoleon bir akşam sofrada otururken, yeni oynanan bir piyesten bahsederler. Piyeste bir de imparator rolü varmış. Napoleon, bu role hangi aktörün çıkmış olduğunu sormuş. Sonra da kendisini saraya çağırtarak:

— İmparator rolünü nasıl yaptın, tekrarla da bir göreyim, demiş.

Aktörün rolü pek iyi yapmış olduğunu söylemeye lüzum yok. Fakat Napoleon'un bizzat kendisi imparator! Bir imparatorun ne gibi hallerde nasıl davranacağını onun kadar bilmek kimin haddi?

— Yerinize oturunuz, der ve kalkıp bu rolün nasıl yapılması lâzım geldiği hakkında kendisi canlı bir ders verir.

Olayı Napoleon'un uşağı yazmıştır. İmparatoru daima başında tacı ve altında tahtı ile göstermek isteyen safdil âşıkları için:

— Anlatılmasa daha iyi olmaz mıydı? denecek bir hikâyedir, ama bizi Napoleon'un insanlığına yaklaştırıcı ve ısındırıcı bir tadı yok mu?

Asıl mesele kötülü iyili, aşağılı yüksekli hatıralar içinde bir tarih adamının nasıl kişilik bağladığıdır.

Cumhuriyetin ilk zamanlarında memlekette Atatürk düşmanlığını yaymak için bilhassa hususî hayatını ele alanlar pek çoktu. Bunlardan biri Kocaeli köylerinden birinde, Atatürk'ün koynuna her gece bir bakir kız verildiğini söyler. Aksakallı bir ihtiyar der ki:

— Haydi be canım, ölünceye kadar her gece bir kız verseler, Yunan askerlerinin bir gecede yaptığını yapmaya ömrü yetmez.

Sıcağı sıcağına zafer günlerinde böyleydi. Daha sonra Serbest Fırka denemesinde bizim aksakallının hafızasından hayli kaybettiğini de gördük.

FALİH RIFKI ATAY

MUSTAFA KEMAL
1881 - 1914

ÇOCUKLUĞU VE İLK GENÇLİĞİ

Atatürk 1881 tarihinde Selanik'te Ahmet Subaşı Mahallesi'nde Sanayi Okulu karşısında orta halli bir ahşap evde doğdu. Babasının adı Ali Rıza, annesininki Zübeyde'dir. Otuz yaşını geçen evli kadınlara dendiği üzere Zübeyde, Molla Selanik'e birkaç saat uzak Sarıyer adlı bir Yörük Köyündendir. Mustafa Kemal ana tarafından Yörük'tür. Ondaki Altaylı tipi bundan olsa gerek.

Ama aslı Tesalya fethinden sonra Anadolu'dan göçmüş, 1810'da Vodina'da Sarıgöl bucağından Selanik'e gelip yerleşmiştir. Bu göçmenin adı Feyzullah'dır, soyadı Hacı Sofular. Kızı Zübeyde'nin iki kardeşi vardı. Biri Lankaza'da ahçılık eden Hasan, ikincisi Selanik eşrafından Hacı Sami Bey'in Çalı çiftliğinde Subaşı Hüseyin.

Genç yaşında evlendiği Ali Rıza Efendi, Katerin ilçesinin Pasaport Köprü denen yerinde gümrük muhafaza memuruydu. Aralarında yirmi yaş fark vardı. Kızıl bıyıklı ve iri yarıydı. Babasına kırmızı Hafız Ahmed derlerdi. Aydın'ın Söke taraflarından gelmişlerdi. Memurlukta iyi geçinemediği için keresteci Cafer Efendi ile ortak olmuştu. Önce iyi kazanıyordu. Islahhane semtindeki üç katlı evi bu sırada aldı. Sonra işleri bozulunca 1887'de kayıptan ve sıkıntıdan acılanarak öldü. Bir kızı Naciye'yi daha önce kaybetmiştir.

Şark'da büyümüş kimselere çok defa hanedanımsı bir kütük uydurmak isteyenler çıkar. Mustafa Kemal kendisinden öncesine meraklı ve pek bağlı değildi. Gerçi 1876'da, ilk Kanun-ı Esasi'nin ilân edildiği güne rastlayan 23 Aralıkta Selânik'te kurulmuş Asâkir-i Milliye Taburu'ndaki gönüllü subaylardan biri babası olarak öne sürülmüştür. Resmi ötekilerden ayrılarak büyütülmüştür. İstanbul hürriyetçilerine yardım etmek için toplanan bir millî kuruluşta babasının da bulunmuş olması Mustafa Kemal'in hoşuna gidecek bir şeydi, ama inanmış mıdır? Sanmıyorum. Hatta bir gün alaylıca bir dille:

— Bu bizim peder değildir, dediği kulağıma gelir.

Ali Rıza Efendi sağ iken bu orta halli ailenin başlıca kaygısı çocuklarını okutup yetiştirebilmekti. Mustafa yedi yaşına basınca ana baba arasında anlaşmazlık çıktı. Zübeyde Molla'ya göre oğlu ilahilerle Kasımpaşa semtine yakın medrese ilkokuluna, babasına göre yeni usul eğitim yapan Şemsi Efendi okuluna gitmeli idi. Atatürk der ki:

— Nihayet babam bir kurnazlıkla işin içinden çıktı. Önce ilâhi ve alayla mahalle mektebine başladım. Biraz sonra Şemsi Efendi okuluna yazıldım.

Mustafa pek küçük yaşta öksüz kaldı. Ailenin geçineceği olmadığı için anası oğlunu okuldan alarak Lankaya taraflarında ağabeyi Hüseyin ağanın çiftliğine gittiler. Dayısı, Mustafa'yı çiftlik işlerinde yetiştirmeğe karar verdi. Atatürk kız kardeşi ile beraber karga kovmak için bakla tarlası bekçiliği ettiğini hiç unutmamıştır. Devlet başkanlığı zamanında bir misafiri bu tarla bekçiliği hikâyesine:

—Aman efendimiz... yollu, estağfurullaha benzer, bir inanamazlık göstermesi üzerine:

— Evet öyledir. Ben de herkes gibi doğdum, büyüdüm. Doğuşumda bir ayrılık varsa Türk oluşumdan ibarettir, demişti.

Bir halk çocuğu olmakla övünürdü.

Mustafa'yı yakındaki bir Rum okuluna vermeyi düşündüler. Vazgeçtiler. Çiftlik yazıcısı Karabet Efendinin derslerinden pek faydalandığı yoktu. Lankaya'da beş altı ay kaldıktan sonra bir sonbahar günü dayısı ile çayırda dolaşırken Mustafa'yı eve çağırdılar. Selânik'te teyzesi yeniden okula yollamak için çocuğu yanına almaya karar vermişti. O zaman on yaşında bulunan Mustafa'ya göre çiftlikte kalsa daha iyiydi. Fakat ister istemez anası ile Selânik'e döndü. Halasının kocası gümrük memurlarından Hacı Hüseyin Efendi idi. Okul işinde bu aileye Evrenoszade Muhsin Bey yardımda bulunmuştu. Atatürk'ten çok defa bu Muhsin Bey ailesine bağlılığını duymuşumdur.

1894 de Selânik'te Sivil Rüştiye (ortaokul) mektebine girdi. Fakat orta öğretimini burada tamamlamak kısmet olmadı. Aynı zamanda müdür yardımcılığı eden ve kendine Kaymak Hafız denen Matematik Hocası Hüseyin Efendi bol dayak atan sert bir kimse idi. Atatürk derdi ki:

— Berbat bir adamdı. Ondan çok korkardım. Beni döverse ne yaparım, diye düşünürdüm.

Nitekim sınıf arkadaşlarından biri ile kavga ettiği sırada Kaymak Hafız'ın eline düştü. İnsafsızca dayak yedi, kan içinde kaldı ve bu yüzden okuldan çıktı.

Komşularından Kadri Bey adında bir binbaşının oğlu Ahmet Askerî Rüştiye'ye gidiyordu. Onun asker esvabına imrenen Mustafa ile aynı okula girmek, sokakta gördüğü üniformalı subaylar gibi olmak hevesine kapıldı. Anasını yokladı. Hiç de asker olması taraflısı değildi. O kimseden habersiz kabul imtihanlarına girdi ve sağladığı başarı ile kendisini öğretim süresi dört yıl olan rüştiyenin üçüncü sınıfına aldılar. Zübeyde Hanım olup bitene boyun eğmek zorunda kaldı. Arkadaşları arasında hemen kendini göstermişti. Matematiğe bilhassa meraklı idi: "Az bir zamanda bize bu dersi veren öğretmen kadar, belki daha çok bilgi edindim. Dersler üstünde problemlerle uğraşıyordum. Yazılı sualler hazırlıyordum. Matematik hocası da yazı ile cevap verirdi. Hocamın adı Mustafa idi. Bir gün bana, "Oğlum senin de adın Mustafa, benim de. Bu böyle olmaz. Arada bir fark bulunmalı. Bundan sonra senin adının sonuna bir Kemal ekleyelim," dedi. O günden beri adım Mustafa Kemal'dir. Hoca sert bir adamdı. Sınıfta birinci ikinci tanımazdı. Bir gün bize:

— Aranızda kendilerine kimler güveniyorlarsa kalksınlar, onları müzakereci yapacağım, dedi. Önce durakladım. Öyleleri ayağa kalktı ki, ben oturmayı daha doğru buldum. Bunlardan birinin de müzakereciliği altına girdim. Müzakere ortasında dayanamadım. Ayağa kalkarak, "Ben bundan daha iyi yaparım", dedim. Bunun üzerine hoca beni müzakereci yaptı ve eskisini benim altıma koydu."

Çocukluk arkadaşlarının anlattığına göre Rüştiyede iken Kulekapı Mahallesi'nde bir kızla bir aşk hikâyesi olmuştur. Akşamları okuldan çıkar çıkmaz eve koşar, esvaplarını ütületir, zıpzıp oynayan çocukları seyretmek bahanesi ile kızı pencereden görmeğe gidermiş. Ölüm yatağına kadar süren iyi giyinmek titizliği bu aşk günlerinden kalmıştır, derler.

Mustafa Kemal 1898 yılı başında asker rüştiyesinden sınıfın dördüncüsü olarak diploma aldığı vakit on beş yaşındaydı.

Anası Zübeyde Hanım kocasından kalma dul maaşı ile geçinemiyordu. O sırada Larisa'dan göçmen olarak gelen tütün rejisi memurlarından otuz iki, otuz üç yaşlarındaki Ragıp Bey'le evlendi. O da eski karısından iki veya üç çocuklu bir duldu. Ragıp Bey iç güvey olarak eve geldi. Mustafa Kemal bu evlenmeyi bir türlü içine sindirememişti. Evi bırakarak Horhor Mahallesinde oturan halası Emine Hanım'ın yanına gitti. Manastır askeri idadisine (lise) gidinceye kadar anasının evine pek az uğradı. Yeni baba üvey oğluna saygılıydı. Birinci Dünya Savaşı'ndan sonra işleri için kalmış olduğu, Selânik'te ölmüş, Atatürk kendisine devamlı olarak yardım etmiştir. Yeni bir baba edinmek gururunun almayacağı bir şeydi, ama Ragıp Bey için kötü bir hâtırası da yoktu. Üvey ağabeyi Süreyya için pek iyi konuştuğunu hatırlarım. Bilindiği üzere Türk kadınının o kapalılık devirlerinde Türkler arasında cinsî ahlâk pek bozuktu. Delikanlı için güzellik bir tehlikeydi. Mustafa Kemal de altın yeleleri, henüz terleyen sırma bıyıkları, pembe teni, mavi gözleri ile bir erkek güzeliydi. Bir gün kendisini Süreyya ağabey çağırmış, sustalı bir çakı vermiş:

— Ne olur olmaz, ırzını bununla koruyacaksın, demiş. Yüzbaşı Süreyya Toyran'da intihar etmiştir. İkinci üvey kardeşi reji memuru Hakkı Bey'di.

Son sınıf imtihanlarına "mümeyyiz" olarak gelen Hasan Bey adında bir Kurmay, Mustafa Kemal'e idadi öğrenimini nerede yapacağını sormuş. İstanbul'a gitmek istediğini söyleyince:

— Hayır, demiş, Manastır'a gidin. Daha iyi yetişirsiniz.

Üç arkadaşı ile Manastır'a gitti. Kendisi lisedeki ilk zamanlarını şöyle anlatmıştı:

— Bana matematik çok kolay geldi. Kendimi bu derse verdim. Fakat Fransızcada geri idim. İlk üç aylık tatili geçirmek üzere Selânik'e geldiğimde gizlice Fransız mektebinin hususî sınıfına devam ettim. Fransızcamı ilerlettim." Bu mektep Tophane'deki Collége des Fréres'di. Mustafa

Kemal'e göre "bir kurmay mutlak bir yabancı dil bilmeliydi."

Arkadaşları arasında güzel konuşan ve şiir yazan Ömer Naci vardı: "Bir gün benden okumak için kitap istedi. Verdiklerimden hiç birini beğenmemesi pek gücüme gitti. Edebiyat diye bir şey olduğunu o zaman öğrendim. Şiire heves ettim. Eğer kitabet hocam alay emini Mehmet Asım Efendi imdadıma yetişmeseydi şair olup çıkacaktım. Asım Efendi bir gün beni çağırdı, 'Bak oğlum', dedi, 'şiiri, edebiyatı bırak, sen iyi bir asker olmalısın. Öteki hocaların da benimle aynı fikrimde. Sen Naci'ye bakma, hayâlperest bir çocuk o, ilerde iyi bir şair ve hatip olabilir, fakat iyi asker olamaz,' dedi. Gerçekten de hocamın dediği çıktı. Ömer Naci çok istediği halde kurmay olamadı."

Mustafa Kemal tarihe de meraklıydı. Hocası bir milliyetçi subaydı.

19'uncu asırda en büyük savaşımız 1877-78 Türkiye - Rusya harbi olmuştu. Ruslar İstanbul kapılarına kadar gelmişlerdi. Mustafa Kemal henüz doğmamıştı. Fakat Manastır asker lisesinde o yıkıcı bozgunun sebeplerini öğrenmeye büyük önem vermiş idi. Manastır çevresinde Sırp ve Bulgar çeteleri dağa çıkmakta, Türk köylerini basmakta idiler. Mustafa Kemal'in içine ilk defa bu lisede vatan kaygısı çöktü. Topraklarımız üstünde ağırlaşan tehlike havasını nefesleri içinde duyduğu sırada 1897 Türk-Yunan Savaşı çıktı. "Gençliğimin en heyecanlı günlerini yaşadım. Küçük yaşıma bakmayarak gönüllüler arasına katılmak istiyordum."

Gençler davul zurna sesleri arasında ellerinde bayrakları ile cepheye koşuyorlardı. Aralarında bıyıkları henüz terleyen çocuklar da var. Bazı arkadaşlarının anlattıklarına göre o da arkadaşlarından biri ile okuldan kaçtı. Katılacakları bir kıta ararken gece vakti bir kapı önüne geldiler. Mustafa Kemal kapı tokmağını vurdu. Kapıyı açan kadın sesini çıkarmadan içeri çekildi. Sonra lâmbayı gençlerin yüzüne tutarak:

— Mustafa sen burada ne arıyorsun? dedi.

Bu Selânik'te uzun müddet kalmış, Zübeyde Hanım'ı tanıyan bir Bulgar kadını idi. Mustafa'yı içeri alarak:

— Nereye gidiyorsun? dedi.

— Cepheye... Yunanlılarla çarpışmaya...

Kadıncağız güçlükle Mustafa Kemal'i kararından vazgeçirebildi.

Çocukluk ve ilk gençliği hikâyesini bitirmeden önce Mustafa Kemal'in çok onurlu olduğunu söyleyelim. Mahallesinde sokak oyunlarını seyreder, fakat katılmazdı. O zamanki arkadaşlarından birinin anlattığına göre bir gün komşu çocukları birdirbir oynuyorlarmış. Kendisini de çağırmışlar:

— Gel, sen de oyna, demişler.

Mustafa:

— Peki, demiş ve olduğu yerde ayakta durmuş.

— Ama eğil ki atlayalım, demişler.

Mustafa başını sallayarak:

— Ben eğilmem. Üstümden böyle atlayabilirseniz, atlayın, diye cevap vermiş.

Mustafa Kemal 13 Mart 1889 da Pangaltı'da harp okuluna girmiştir.

Mustafa Kemal'in Atatürkçülüğü bu okulda başlayacaktır. Onun için 19 uncu yüz yıl sonunda içinde doğup büyüdüğü ortamın şartları üzerine bir göz gezdirelim.

Bir çocukluk arkadaşı der ki:

—Bir kolağasının kızı Müjgân'ı sevmişti. Ona verirler miydi şüphesindeyken, 'Yolla ananı, nişanlan', demişlerdi.

Onurunu hiçbir şeye değişmediği için reddedilmekten, karşılık görmemekten çekinirdi. Utangaçtı. Büyük yaşlarına kadar içki bu utangaçlıktan sıyrılmasına yardım etmiştir. Kadınlara yalvaranlara kızardı. Hayali genişti. Saatlerce kendi başına düşündüğü olurdu.

ORTAM

Mustafa Kemal Makedonya'da doğdu ve büyüdü. Makedonya on yedinci asrın sonlarına kadar Viyana kapılarına doğru giden Osmanlı Ordularının fetih destanları havası içinde idi. Makedonya'da yerleşen Türklerin bir adı da "Evlâd-ı Fatihan", "Fâtihlerin Çocukları"dır. On yedinci yüzyıldan beri Batı yeniçağa ulaşma yolundadır. Osmanlı İmparatorluğu Cermen ve Islav akınları önünde ülkeler kaybetmiştir. Büyük Petro Rusya'yı batı medeniyet düzeni içine sokmuştur. Osmanlı Devleti, Batı önünde bu çekilişinin ana sebepleri üzerinde esaslı durmamıştır. Medrese Ulum-i akliye denen müspet ilimlere büsbütün kapılarını kapamıştır. Devlet zayıfladıkça, eskisi gibi doyumluk ve ulufe alamayan Yeniçeriler büsbütün disiplinden çıkarak ikide bir kazan kaldırır, Padişah indirir, vezir boğdurur, yeni deyimle sık sık "taklib-i hükümet (hükümet devirme)" krizleri ile iç huzuru büsbütün bozucu olmuşlardır.

On sekizinci asrın ortalarından beri kurtulmak için Batı sistemi bir ordu ve düzen kurmayı düşünenler olmuşsa da çoğu seslerini bile yükseltmek cesaretini gösterememişler, Müslüman halk yığınlarını ve iktidarları baskısı altında tutan medreseden yetişme gittikçe daha düşük, daha dar kafalı ve "müteassıp" ulema takımı ise herhangi bakımdan Batı'ya benzemeyi ve uymayı "küfür" saydığı için, Üçüncü Selim gibi, yeniçeriler yanında bir de "Nizam-ı

Cedid" denen batı sistemi ordu kuranlar da boğazlanmışlar (1808) ve kurdukları ordu dağıtılmıştır.

Yabancı dil öğrenmek günah sayıldığı için dış politika hıyanetleri Osmanlı topluluğundan ayrılmak isteyen ve Fenerli denen Rumların elinde idi.

1808'de Fransız İhtilâli milliyetçilik ve hürriyet ülküsünü çoktan yaydığı için, Avrupa'nın kapı eşiğindeki imparatorluk Hıristiyanları da uyanmışlardı. Bilindiği üzere Türkler, İspanyolların yaptığı gibi kendi dinlerinden olmayanları öldürmemişlerdir. Bu bir yandan, İslâm dininin kitap ve peygamber sahibi öteki dinlere karşı toleransından, bir yandan da Müslüman olmayanlar haraca bağlandığı için Hıristiyanların belli başlı vergi kaynağı olmalarından ileri gelir. Yunan isyanı sırasında Avrupa Türkiye'sindeki vilâyetlerde suçlu suçsuz Rum öldüren bir paşaya yazdığı mektupta Sadrazam, yalnız neden suçsuzları da öldürüyorsun, demez, her öldürdüğün Hıristiyan'la devlete vergi kaybettirdiğini unutuyor musun, der.

Cermen ve Slav akınları ve büyük batı devletlerinin baskısı altında Romanya elden çıkmış, Sırbistan ve Yunanistan bağımsızlık yolunu tutmuş, devletin zaafını sömüren bir vali, Mehmet Ali Paşa, devletine baş kaldırarak Mısır'ı hükmü altına almıştır.

Sonunda Yeniçeriliği İkinci Mahmud, kabristanlardaki mezar taşlarına kadar kırarak kaldırmış, bir yeni ordu kurmuştu. Padişah tarafından Türkiye'ye çağrılan Prusya subayları arasındaki Moltke, 7 Nisan 1836'da Beyoğlu'ndan yazdığı mektubunda Osmanlı imparatorluğunun durumunu şöyle anlatmaktadır:

"Uzun zaman Avrupa ordularının görevi, Osmanlı egemenliğine set çekmekti. Bugün ise Avrupa politikasının tasası bu devletin kendi varlığını koruyabilmesidir.

İslâm'ın batının büyük bir kısmını hükmü altında tutacağından haklı olarak korkulduğu devir geçeli pek çok olmamıştır. Hıristiyanlığın asırlardan beri kök saldığı ülkeler, Havarilerin klasik toprağı, Korinth ve Efes, Nikomedya, İskenderiye, Sinod'lar ve kiliseler şehri İznik, Hıristiyanlığın beşiği ve İsa'nın mezarı, Filistin ve Kudüs, hepsi önce Müslümanların, sonra Türklerin ellerine geçmiştir. Müslümanlar Avrupa'nın bütün şövalyelerine karşı mukaddes toprakları savunmuşlardı. Roma İmparatorluğunun uzun ömrüne son vermek ve 1000 yıldan fazla zamandan beri İsa ve Aziz'lerin kullandığı Ayasofya Kilisesi'ni cami yapmak onlara kısmet olmuştur. Türkler, Steiermak ve Salzburg'a kadar ilerlemişlerdi. O zamanki Avrupa'nın en başta gelen hükümdarı başkentinden kaçmış, nerede ise Viyana'daki Stephan Kilisesi de Bizans'daki Ayasofya gibi bir cami olacaktı.

"O vakitler Afrika çöllerinden Hazar Denizine ve Hind Okyanusu'ndan Atlantik kıyılarına kadar bütün ülkeler Osmanlı Padişahının emrinde idi. Venedik'le Alman İmparatorları Bab-ı Âli'nin haraç defterine kayıtlı idiler. Akdeniz kıyılarının dörtte üçü ona boyun eğmiştir. Nil, Fırat ve hemen hemen Tuna Türk nehirleri, Ege ve Karadeniz Türk iç denizleri olmuştu. Bunun üzerinden iki yüz yıl geçmemiştir ki, aynı ulu imparatorluk gözlerimizin önünde bir dağılma ve çözülme tablosu olarak durmaktadır ve bu hal onun yakında sona ereceğini anlatıyor gibi...

"Yunanistan bağımsızlığını kazanmıştır. Eflak ve Sırbistan Bab-ı Âli'nin egemenliğini ancak görünüşte tanımaktadır. Türkler bu yerlerden sürüldüklerini görmektedirler. Mısır bir bağımlı eyaletten fazla bir "düşman hükümet" tir. Zengin Suriye ve Kilikya, alınışı elli beş hücum ve yetmiş bin insan hayatına mal olan Girit, kılıç bile çekilmeden elden çıkmış ve bir asi paşanın malı olmuştur.1 Trablus'ta egemenlik henüz şöyle böyle kurulmuşken yeniden gene elden çıkmak üzere. Akdeniz kıyılarındaki öteki Müslüman ülkelerinin artık Bab-ı Âli ile hemen hemen hiç bağlantısı yok. Eğer Fransa bu ülkelerden en güzelini kendisi için alıkoymakta kararsız ise bu, İstanbul'daki vezirler divanı'ndan fazla St. James'teki İngiliz kabinesinden çekinmekte oluşundandır. Arabistan'da, hattâ mübarek şehirlerde, Medine ve Mekke'de çok eskiden beri padişahın gerçek hiçbir hükmü yok. Hükümete bağlı yerlerde de padişahların hükümranlık hakkı çoğu zaman sınırlı. Fırat ve Dicle kıyılarındaki milletler pek az bağlılık göstermekte, Karadeniz ve Bosna'daki eşraf padişahın iradesinden fazla kendi çıkarlarına düşkün. İstanbul'dan uzaktaki şehirlerin oligarşik bir idare şekilleri var. Öyle ki hemen hemen bağımsız gibi bir şey.

"Böylece Osmanlı Saltanatı gerçekte bir krallıklar, prenslikler ve Cumhuriyetler yığını haline gelmiştir. Bunları uzun bir alışkanlıkla, Kur'an birliğinden başka tutan bir şey yoktur.

"Çok eskiden beri Avrupa politikası Bab-ı Âli'yi menfaatlerine aykırı harplere sürüklemiş veya geniş topraklara mal olan barışlara zorlamıştır. Fakat devletin kendi toprağında, batının bütün ordu ve donanmasından daha korkunç görünen bir düşman vardı. Üçüncü Selim, yeniçerilerle savaşının taht ve hayatına mal olduğu tek hükümdar değildi. Buna rağmen onun yerine geçen İkinci Mahmud bu askere güvenmektense bir reformun tehlikesini göze almayı yeğ gördü. Dereler gibi kan akıtarak maksadına ermiştir. Padişah Türk ordusunu yok ettiği için kendini bah-

---

1 Mısırlı Mehmet Ali'nin oğlu İbrahim Paşa Kütahya'ya kadar gelmişti.

tiyar sanırken, Yunan yarımadasındaki ayaklanmayı bastırmak için Mısır Valisi Mehmet Ali'yi yardımcı çağırmak zorunda kalmıştır. O zaman üç Hıristiyan devlet, Fransa, İngiltere ve Rusya, aralarındaki geçimsizliği unutarak, ilk ikisi padişahın donanmasını vurup bitirdiler, Rusya'ya da Türkiye'nin kalbinin yolunu açtılar.

"Memleket aldığı bunca yarayı iyileştirmeden Mısır Paşası Suriye'den ilerleyerek Sultan Osman'ın son torunu devletinin batması tehlikesi altında kaldı. Yeni kurulmuş ordu isyancılara karşı koydu ise de haremden yetişme generaller bu orduyu harcamışlardı. Sultan Mahmut Rusya'yı yardıma çağırdı. Tabii düşmanı ona gemileri, parası ve askeri ile yardıma geldi. O vakit dünya, 151.000 Rus askerinin padişah ve sarayını savunmak için Boğaziçi Asya yakasındaki tepelerde ordugâh kurması gibi garip bir olay karşısında kaldı. Türkler arasında büyük bir hoşnutsuzluk baş göstermişti. Yenilikler birçok menfaatleri zedelemişti. Ulema nüfuzlarını kaybetme kaygısı içinde idiler. Ölümden arta kalan binlerce yeniçeriyle boğulan, denize atılan veya topla vurulan binlercesinin dostları yakınları her yere sokulmuşlardı. Ermeniler yakında uğradıkları zulümleri unutmamışlar, Rumlar ise başta Türkleri düşman ve Rusları ise kendi dindaşları saymaktaydılar. Türkiye bir ordu çıkaracak halde değildi.

"Yabancı ordular imparatorluğu batış uçurumuna kadar sürüklemişler, gene yabancı ordular onu kurtarmışlardı. Türkler kendilerinin de bir orduları olmasını istiyorlardı. Büyük çaba ile 70.000 kişilik bir ordu kurabildiler. Bu kuvvetin Osmanlı İmparatorluğu ülkelerini koruması için ne kadar yetersiz olduğu haritaya bir bakışla hemen anlaşılabilir. Birçok yerlerde dağılan böyle bir kuvveti, tehlikeye uğrayan bir noktaya toplamaya sadece mesafeler engel olur. Bağdat'daki asker Arnavutluk'taki İşkodra'dan üç yüz elli mil uzaktadır. Şimdilik Türk ordusu eski ve tamamıyla sarsılmış bir temel üzerinde yeni bir yapıdır. Osmanlı hükümeti bugün güvenliğini ordusundan fazla, yapacağı anlaşmalarla sağlayabilir. Osmanlı Devleti'nin her şeyden önce düzenli bir idareye ihtiyacı var. Şimdiki idareyle, hattâ bu yetmiş bin kişilik zayıf orduyu bile devamlı olarak zor besleyebilir.

"Memleket fakir. Devlet gelirleri azalmıştır. İhtiyaçları karşılamak için hükümetin yapabileceği son şeyler, servetlere ve miraslara el koymak, devlet hizmetlerini satmak, hediyeler koparmak, paranın ayarını bozmaktır. Para ayarının bozulması son haddine gitmiştir. Bu belâ Türkiye'de her memleketten fazla ağırdır. Çünkü burada toprağa pek az sermaye yatırılmaktadır. Servet denen şey çok defa paradan ibarettir. Türkiye'de para malın kendisidir. Çok yüksek olan yüzde yirmi resmi faiz sermayelerin işletilmesi için bir belge olmaktan çok uzaktır. Bu, sadece parayı elden çıkarmanın bağlı olduğu tehlikeyi gösterir. Burada bütün zenginliklerin esas şartı, onları kurtarabilmektir. Hıristiyan ve Yahudi bir fabrika, bir değirmen veya bir çiftlik kurmaktansa yüz bin liraya bir mücevher satın almayı daha iyi bulur. Eğer bir hükümetin ilk şartlarından biri güven duygusu uyandırmaksa, Türk idaresi bu görevi asla yerine getirmemiştir. Hıristiyan ve Yahudilere yapılan haksızlıklar, herhangi birinin sermayesini ancak zamanla kâr getirecek işlere yatırmasına elvermez. Ticaret bir mamul eşya ve ham madde değişiminden ibaret. Türk, ham maddesi kendi toprağında yetişen bir okka dokunmuş kumaşa, on okka ham ipliğini verir.

"Tarım durumu bundan da kötü. Eskiden mahsullerinin yarısını İstanbul'a getirmek zorunda bulunan Boğdan,

Eflak ve Mısır'ın, bu büyük zahire ambarlarının kapanmış olmasından hayat pahalılığı durmadan artmıştır. Hükümet kendi kendine tespit ettiği fiyatlarla satın aldığından memlekette kimse tarımla uğraşmak istemez. Zorla satın almalar bu Türkiye'de, yangın ve vebanın ikisi bir arada olmasından daha büyük belâ. Bu yalnız refahı yok etmekle kalmaz, refahın kaynaklarını da kurutur. Böylelikle hükümet 800.000 nüfuslu bir şehrin kapılarından bir saat ötede uçsuz bucaksız verimli topraklar ekilmeksizin dururken, buğdayı Odesa'dan satın almak zorunda kalır.

"Bir zamanlar o kadar kuvvetli devlet yapısının dış uzuvları kurumuş, bütün hayat kalbine çekilmiştir. Baş şehrin sokaklarındaki bir ayaklanma Osmanlı hükümdarlığının ölüm olayı olabilir. Bu devlet düşme sırasında durabilir ve kendini organik bakımdan yenileyebilir mi, yahut yokolmak kaderinde midir, bunu gelecek gösterecektir."

Bu tablo karşısında Osmanlı devletinin on dokuzuncu asırdan nasıl sağ çıkabildiğine insanın inanası gelmiyor. Gerçi Abdülmecid devrinde biri 1839'da, biri 1856'da reform fermanları Hıristiyanlara hukuk eşitliği vererek, bilhassa Rusya'nın elinden savaş ve İmparatorluğu parçalama bahanesini almak, Avrupa sistemi okullar açarak, sivil idare kurarak, hükümete batıkâri bir kuruş vererek yeni düzen yolunda ilerlemek istemiştir. Fakat asıl davanın devletin teokratik karakterine son vermek, din ve dünya işlerini ayırmak, ticaret ve endüstri yoluna dökülmek olduğu bir türlü anlaşılamamış, kilise ve okul elbirliği ile gelişen ve ilerleyen eski "reaya" memleket ekonomisine hakim olmuşlar, Türkler kendi ülkelerinde bu eski "reaya"nın ve imtiyazlı yabancıların tepeden baktıkları sömürge yerlileri hâline düşmüşlerdir. Reform hareketlerine rağmen, sivil okulları, hattâ üniversite, şeriatçıların kontrolü altındaydı.

Batı'nın pençesinden kurtulmak için girişilen reformları medrese ve cami asla benimsememiş, halk yığınları da onların manevi hakimiyeti altında olduğu için batı medeniyetçiliği pek küçük bir azınlığın malı olmuştur. Daha yirminci yüzyıl başlarında bile ancak İstanbul, Selânik ve Beyrut gibi Frenk ve Hıristiyan şehirlerde kravatlı ve Avrupa giyimli Türklere rastlanırdı. Taşralarda sivil ve asker idare adamları ile halk arasındaki fark, sömürgelerdeki koloni adamları ile yerliler arasındaki farkı andırırdı. Orduda okuma yazma bilmeyen küçük, orta ve yüksek rütbeli subaylar çoktu.

On dokuzuncu asrın sonlarına doğru "can çekişen" hasta adamın en zayıf yeri Makedonya'dır. Avusturya - Macaristan İmparatorluğu Selânik'e inmek, Yunanistan kuzeye, Sırbistan güneye doğru genişlemek, Bulgaristan büyümek ister. Sırp, Bulgar ve Rum çeteleri Makedonya dağlarındadır. Çarşılar onlarındır. Refah onlarındır. Türklerin bir kuru efendiliği vardır. Azınlıktaki aydınları, yurtlarında acaba kaç yıl daha kalabilecekleri kaygısında. Osmanlı Avrupa'sı gençliği hep bir tehlike ürpertisi içinde. Bu ortam Müslüman ve Türk çocuğunun vatan ve millet duygularını pek erken uyandırır. Çocuk, peri ve dev masallarından fazla, savaş, göç, zafer ve bozgun hikâyeleri dinler. Osmanlı tarihinde "serhad" denen şey, ileri yürüyüşlerin, daima başka yurtlara doğru uzaklaşan müjdecisiyken, artık geri dönüşlerin, gitgide, bir kara haberci kıldığı serhad, sanki bütün Avrupa Türkiye'sinin topraklarına yayılmıştır. Eski hasretler, destan ve türküleriyle, yeni korku, şüphe ve rivayetleri ile, serhad, bütün Makedonya'nın şehirleri ve köyleri içindedir.

Medrese yobazlarının manevi baskısı altındaki halk yığınları ise, kurtuluşu tâ yedinci asırdaki şeriat şartlarına kavuşmakta arar ve başımıza ne geldi ise Kur'an yolundan ayrılmış olmamızdan ileri geldiğini, inanarak söyler. Ayaklanıp Nizam-ı Cedid'ten beri batılaşma yolunda neler yapılmışsa hepsini yıkmak için fırsat bekler.

Ordu aydınlarında bir uyanış vardır. Onlara göre de baş çare saray istibdadını yıkıp memleketi meşrutiyet rejimine kavuşturmaktır.

İşte Manastır lisesini bitiren Mustafa Kemal bu ortam içinde yetişti ve ciğerleri bu ortamın zehirli havası ile dolu, İstanbul'a gitti.

PANGALTI

Manastır idadisini bitiren Mustafa Kemal 13 Mart 1889'da Pangaltı'da harp okuluna girdi. İki ay içinde üstünlüğünü tanıtarak sınıfının çavuşu olmuştur. Kendisi der ki: "İdadide iken inatla çalışıyorduk. Sınıfta birinci ikinci olmak için hepimiz gayret içindeydik. Harp okulunda matematik merakım devam etti. Fakat birinci sınıfta saf gençlik hayallerine kapıldım. Dersleri gevşeğe aldım. Yılın nasıl geçtiğinin farkında olmadım. Ancak dersler kesilince kitaplara sarıldı."

İkinci sınıfa geçtikten sonra derslerine daha fazla sarılmıştır. Şiiri bırakmışsa da iyi konuşmak başlıca hevesleri arasında idi. "Tatil saatlerinde hatiplik idmanları yapardık. Ellerimizde saat, bu kadar zaman sen, bu kadar ben, diye yarışma ve tartışmalar tertiplerdik."

Üçüncü sınıfta, hele kurmay sınıflarında memleket kaygısına düştü. Batıyorduk, kurtulmanın yolunu aramalı idi. Buna ordu önayak olacaktı. Subaylar aralarında teşkilâtlanmakta idiler. Bir gün gençlik üzüntülerini şöyle anlatmıştı: Harp Akademisi'nde bir subay. Henüz yirmi yaşında. Kendisini, ne olduğunu pek de anlayamadığı bir takım düşünce ve duygulara kaptırmıştır. Küskündür. İsyanlıdır. Neye ve kime karşı? Niçin? Sorsanız pek de cevap veremez. Bir gün arkadaşlarından biri:

— Sen kalk borusunda hiç uyanmıyorsun. Nöbetçi subay karyolanı sarsmadıkça kalkmıyorsun. Nen var senin? diye sordu.

— Yatağa girdikten sonra uykuya dalamıyorum. Gözlerin sabahlara kadar açık. Tam uyuyacağım zaman da kalk borusu çalmak üzere."

Bir gün asker hocalardan biri sınıfta öğrencilere bir mesele verdi:

— Savaş nedir, artık biliyorsunuz, dedi. Fakat bir de Gerilla vardır. Bu kolay bir şey değildir. Gerilla'yı yapmak da bastırmak da güçtür.

Sonra bir misal üzerine öğrencileri imtihana çekti:

— Osmanlı İmparatorluğunun devlet merkezi İstanbul. Farzediniz ki şu veya bu sebepten Boğaziçi'nin doğu kıyısı ile İzmit Körfezi arasında halk devlete isyan etmiştir. Şimdi soruyorum: Halk böyle bir isyanı ne için yapabilir? Devlet bu isyanı ordusu ile nasıl bastırabilir?

"Bu suallere en iyi cevabı o uyumayan, dalgın çocuk Mustafa Kemal verdi. Çünkü aklı fikri çok zamandan beri böyle hayallere saplıydı."

Daha harp okulunun son sınıfında yakın arkadaşları ile elyazısı bir dergi çıkarmışlardı. Lider Mustafa Kemal ve sorumluluğun en ağır yükü de onun omuzlarında idi. Kurmay sınıflarında derginin yayınlanmasına devam ettiler. Akademi birinci sınıfının yanında, okullarından teğmen çıkan veterinerlerin yüzbaşı olarak orduya katılabilmek için eğitimlerini tamamladıkları bir ders odası vardı. Orayı seçtiler. Veteriner teğmenlerin sayıları azdı. Aralarında uyanık gençler de vardı. Dergi bu odada hazırlanır, sonra gizlice elden ele geçerdi. Sarayın korkunç hafiyelerinden biri nasılsa haber alıp Jurnal eder. Okul nazırı çağırılıp bir güzel azar yerse de okulda böyle şeyler olmadığını söylemekten vazgeçmez. Bir gün kendisi ders odasını bastı, hepsini suçüstü yakaladı. Değerli bir asker değildi. Ama vicdanlı ve namuslu biriydi. Eğer isteseydi hepsinin asker mesleğinin son bulacağına şüphe yoktu. Dergiyi görmemezlikten geldi.

— Ne diye başka şeylerle uğraşıp derslerinize çalışmıyorsunuz, demekle yetindi.

Fethi, sonradan soyadı Okyar, Mustafa Kemal'in sonuna kadar arkadaşlarından ve bir aralık başbakanı, ateş püskürecek ve bir eli ile Sultan Hamid'in oturduğu Yıldız Sarayını göstererek:

— Hep o adamın başı altından çıkıyor bunlar... Sarayı başına yıkılmadıkça rahat yok. Elime fırsat geçerse altına bomba koyardım, diyordu.

Tuhaf bir rastlantıdır ki, 27 Nisan 1909'da Sultan Hamid tahttan indirildiği vakit onu Selânik'e götüren muhafız bu Fethi olacaktı.

Sınıf arkadaşı ve eski Genel Kurmay Başkanı Asım Gündüz bana:

— Mustafa Kemal okuldayken Fransızcasını ilerletmek için bir yabancı hanımdan ders alırdı. Sonra Paris'teki hürriyetçilerin gazeteleriyle Fransızca gazeteler getirir, kapalı gizli odada bizlere anlatırdı. Namık Kemal'in "Vaveyla"sı ile "Hürriyet kasidesi"ni ben ondan dinlemiştim.

Genç Mustafa Kemal arkadaşları ile Beyoğlu eğlence yerlerine giderdi. İyi giyinmeyi ve yaşamayı severdi. İstanbul'a gelinceye kadar biradan başka içki kullanmamıştı. Bir gün arkadaşı Ali Fuad (Cebesoy) la beraber Büyükada'ya gitmişler. Ne lokantada yiyip içecek, ne de otelde geceleyebilecek paraları var. Ali Fuad bir şişe rakı, bir şişe bira, ekmek ve yemiş alıp çamlığa yürümüşler. Mustafa Kemal bir şişe birayı bitirince:

—Şimdi ne yapacağım? demiş.

İlk defa rakıyı o akşam denemiş. Başı bir hoş dönmüş. Güneş batmak üzere, sigara paketinin altına resimler çizmiş, sonra:

— Fuad, demiş, ne iyi içkiymiş bu... İnsanın şair de olası geliyor.

Bu ağır ve sert içki bir daha yakasını bırakmamıştı.

Çocukluğunu ve gençliğini yakından bilen Kılıçoğlu Hakkı bana yazdığı mektupta der ki: "Ailece pek yakındır. Zübeyde Mollayı ikinci defa kocaya veren benim büyük kaynatam Şeyh Rıfat Efendidir. Mustafa Kemal tatillerde Selânik'te sılaya geldiği vakit büyük kaynatamın tekkesine gelir, ayin günlerinde dervişler halkasına katılarak, huuuu huuu, diye kan ter içinde kalıncaya kadar döner, dururmuş."

Bunu öğrenmenin büyük faydası vardır. Mustafa Kemal yalnız Rumeli folklor türkülerini mat sesi ile güzel ve tatlı söylemekle kalmaz, klasik alaturka musiki makamlarını da bilirdi. Kafaca batı musikisine inanmış, zevkçe alaturkaya bağlı kalmıştı. Devrimciliği yıllarında her işte olduğu gibi zevkince değil, kafasınca giderek millî eğitimde yalnız batı musikisi öğretimi yaptırmıştır.

Gene bu tatil gidişlerinde Selânik'te vals etmeği de öğrenmişti. "Bir kurmay dans etmesini bilmelidir", derdi.

Edebiyat ve şiirde ilk örneği Ömer Naci olduğu için dili Namık Kemal okuluydu. Koyu Osmanlıca idi. Okulda hapse atıldığı vakit söylediği bir gazel vardı ki, Çankaya'nın ilk yıllarında kendi ağzından dinlemiştim. En son mısraının bir parçası hatırımda kalmıştır. "...ecel alsa da halas etse beni."

Harp Akademisinde iken gelecek Mustafa Kemal'i bir Osmanlı paşası kâhince haber vermiştir. Ali Fuad'ın babası İsmail Fazıl Paşa idi. Onun Boğaziçi'ndeki yalısında gece yatısına giderdi. Sonradan Viyana'da büyükelçilik eden, üç dört dil bilen, çok okumuş Ali Nizami Paşa bu delikanlının arkadaşı tarafından pek övüldüğünü duymuş, bir gün de kendisi onunla uzun boylu konuşma fırsatı bulmuştu. Ali Fuad'ın anlattığına göre Ali Nizami Paşa, Mustafa Kemal'e der ki:

— Mustafa Kemal efendi oğlum, seni övenlerin yanılmadıklarını anlıyorum. Sen bizim gibi yalnız normal subaylık hayatına atılmayacaksın. Memleket kaderi üzerine tesirli olacaksın. Sözlerimi iltifat olarak alma. Sende memleket başlarına gelen büyük adamların daha gençliklerinde gösterdikleri müstesna kabiliyet ve zekâ alâmetlerini görüyorum. İnşallah yanılmamış olurum.

1904 Aralık ayında Harp Akademisi'ni bitirerek Kurmay Yüzbaşı diplomasını alan Mustafa Kemal, eğer yalnız son yıl alınan notları hesap edilse idi, sınıfının birincisi olurdu. Beşinci olarak çıkmıştır. Arkadaşlarına:

— Çocuklar şimdi her birimiz bir Osmanlı Paşasının yanına gideceğiz. Hepsi İslâm Âlemi gafleti içindedirler. Olanca kaynaklarımızı Türk Anadolu ortasında toplamalıyız, diyordu.

Her şeyden önce teşkilâtlanmalı idi. Teşkilâtlanmak ve hareket merkezi de Makedonya olmalı idi. Bütün dileği Selânik'e gönderilmekti.

Bazı arkadaşları ile Yenikapı'da bir ermeni evinde oda tutup yerleştiler. Burası fikir arkadaşları ile toplantı yeriydi. Namık Kemal gibi hürriyetçilerin eserlerinden bir de küçük kütüphaneleri vardı. İnançları şu idi ki, ilk şart istibdat rejimine son vermektir. Bu zorlamayı da ancak ordu yapabilir.

Bu toplantılarda Fethi adında bir de sivil var. Yatacak yeri, yiyecek ekmeği olmadığı için yanlarına sığınmıştır. Askerlikten kovulma. Mustafa Kemal başından geçeni şöyle anlatmıştır:

— Kendisine yardım etmeye karar vermiştik. İki gün sonra kendisinden Beyazıt'taki bir kıraathanede buluşmak üzere pusula aldım. Gittiğim vakit yanında Saray'dan bir yaver gördüm. Bizim odadaki arkadaş İsmail Hakkı'yı götürmüşler. Bir gün sonra ben de yakalandım. Fethi meğer bir hafiye imiş. Bir müddet tek başına hapis kaldım. Sonra mabeyne götürdüler. Sorgudan anladık ki, gazete çıkarmaktan, teşkilât yapmaktan, apartmanda toplanıp görüşmelerde bulunmaktan sanıktık. Daha önceki arkadaşlar itiraf da etmişler. Birkaç ay tutuklu kaldıktan sonra serbest bırakıldım. Kurtuluşumuz okul müdürü Rıza Paşa'nın aracılığı ile mümkün olabilmiş. Birkaç akşam sonra bizi çağırdı. Her şeyi bildiğini, bizi savunma zorunda kaldığını, bundan sonra dikkatli davranmamız gerektiğini söyledi."

Mustafa Kemal bir ara Avrupa'ya kaçmayı düşündü. Eğer Libya'dan Fizan'a sürerlerse, orada kumandan Recep Paşa idi. Ondan kaçma kolaylığı görebilecekti.

Aradan bir müddet daha geçince Genelkurmay'a çağırdılar. İkinci veya üçüncü orduya göndereceklerdi. İkinci ordunun merkezi Edirne, üçüncünün Selânik'ti. Gidecek olanlar ya kura çekecekler yahut aralarında anlaşacaklardı. Konuşup anlaşmaları, aralarında bir teşkilât olduğu şüphesi uyandırdığı için bir kısmını dördüncü, bir kısmını da merkezi Şam'da bulunan beşinci orduya verdiler. Mustafa Kemal bu sonuncuları arasında idi.

Halbuki Selânik'e gelebileceğini anasına yazmıştı.

— Anam beni çok bekleyecek, diye gözleri yaşardı.

HÜRRİYET YOLUNDA

Mustafa Kemal'in askerlik aşkı büyük, askerî dehâsı uyanıktı. Fakat o tarihlerde hepinizin Mustafa Kemal'in yerinde olmanız için memleket havası ne idi, Mustafa Kemal nasıl bir ordunun içine katılmıştır, bunu biraz anlatmalıyız. Doğup büyüdüğü ortamı anlatmıştık. Şimdi kurtuluşu için kendini vereceği memleketin ve içinde çalışacağı ordunun durumunu gözden geçirelim. Sultan Hamid'in son yıllarında ben de o havanın içinde idim.

Biz âhir-zamanlık kâbusu ile gözlerimizi açardık. Bu devlet kurtulmaz, bu millet adam olmaz, Moskof ve Avusturya gâvuru bizi yaşamaya bırakmaz, ilk gençlikte hep işittiğimiz sözler bunlardır. İstanbul'da hayat denilebilecek ne varsa Hıristiyanlarda ve yabancılardadır. Kapitülâsyonlar, yabancılar tarafından baskılar ve gündelik müdahaleler Türk ve Müslüman halkın az çok aydıncalarını iyileşmez bir aşağılık duygusu altında ezmektedir. İç idare üzerine evlere hiçbir iyi haber gelmez. Bir paşalar ve konaklar sınıfı dışında, memurların maaşları pek azdır ve yılda birkaç ay çıkmaz. Hırsızlık, haksızlık, her türlü idare kötülükleri âdeta gözle görülür. Saray, can havli ile şeriatçılığa sarılmıştır. Medrese takımı, halka bu kara kaderin tek sebebi şeriatten ayrılmak olduğunu telkin eder. Halk cesaretini kaybetmemiştir. Biz yine "yedi düvele" karşı koyarız, ama padişahımızı kandıran dinsizler ve uğursuzlar olmasa, derler. Hamiyetli orta aydınlar, halk inanışı ile tatlı su Türk'ü dediğimiz, milletlerinden ve vatanlarından da tiksinen alafranga takımın inançsızlığı arasında şaşkın bir ruh hâli içindedirler. Halk, Mehdî bekler. Orta sınıf yarı umutsuzluk içinde bir başka mucize bekler. Üst takım hiçbir şey beklemez. Saray ve vezirler idaresi bir "idare-i maslahat"tan ibaret. Günü gününe iş görmez. Günlük çarelerle zorlukları atlatır.

Osmanlı coğrafyasında kendimizin sandığımız birçok eyaletler, vilâyetler devlete pamuk ipliği ile bağlıdır. Bulgaristan sözde beylik'tir. Ne Doğu Rumeli'nin, ne Bosna-Hersek'in ne de "mümtaz" denen eyalet ve emaretlerin toprakları üstünde Osmanlı harita boyası silinmemiştir. Sultan Hamid'in toprak vermiş görünmekten ödü kopar. Ama saltanat bütünlüğü kendiliğinden çözülmektedir. Devlet su aldığı bilinen, fakat henüz bütün heybeti ile deniz üstünde görünen bir gemiye benzer. İçlerin tâ derinlerinde, şuurla inilemeyen yerlerinde, dudaklara kadar sesi gelmeyen bir sezgi vardır: "Ah ben memleketten önce ölsem..." Memleket, bizim ömrümüze de yetse!

Yirminci asrın krizleri henüz hayallerde bile olmadığı için, Avrupa, iki "düvel-i muazzama"lar cepheli Avrupa, kapitalist ve emperyalist Batı bütün saltanatı ve kudreti ile ayaktadır. Batı medeniyeti, liberalizm ve fetih devrinin altın çağını yaşamaktadır. Bu saltanat ve kudret dünya nimetlerinin paylaşılması üzerinde tutunur. Afrika ve Asya milletlerinin pek çoğu doğrudan doğruya sömürgedirler. Bir kısmı, Osmanlı İmparatorluğu gibi, yarı sömürgedirler. Büyük devletlerden her biri can çekişen bizim imparatorluğun mirasçısıdır. İçerdeki Hıristiyanlar bağımsızlık bekler.

Her azınlığın, her büyük devlet Dış Bakanlığı kasasında Osmanlı devletinin bölüşülme projeleri durur. Bir şahsın verilmeyen alacağı için yabancı donanma bu imparatorluğun bir adasını işgal etmeye kalkar. Bereket biraz arkada 1313 Yunan Harbi zaferi, Dumeke ve daha arkada Plevne ve hele bizim batmamız, dağılmamız İngiltere'nin işine gelmez, avuntusu vardır.

Bu hava içinde zayıflar ya kadere teslim olmuşlardır ya artık umursamaz hale gelmişlerdir. Ruhları bu türlü olmayanlar, enerji ve gurur sahipleri de bir çare arayışı mistiği içindedirler. Bir şey doğabileceği, bir şey olabileceği benzer. Mercan idadisinin ikinci sınıfında idim. Şuurlu bir anlayışla olmaksızın, ben de ister istemez aynı havaya kapılmıştım. Beyazıt'taki Acem dediğimiz sahaflardan, bunların çoğu Azerbaycanlı Türkler idi, dilini hiç de anlamadığım Namık Kemal'in el yazısı ile "Rüya"sını alıp gece, isli gaz lâmbasının sönük ve bulanık ışığı altında okur, arkada kalan bir şeyin, bu şey nedir bilmezdim, bize ulaşmak için aranıp durduğu vehmine kapılırdım.

Evde bizden gizlenen baş başa konuşmalardan yarın beklemediğimiz bir şey çıkacağını düşünerek uyurdum. Bu, hapistekilerin ebedî kürek mahkûmlarının her sabah pencereden sızan ışıktan umut almalarına benzer. Hayat yalnız umutsuz olmaz. Fakat bu umut, rüzgârlı açık havada elle korunan bir fener ışığı gibi, şimdi söneceğe benzer, titreye titreye yanar, bir müddet bütün alevini gösterir, yine titreyişler içinde çırpınır durur.

Bitmeyen şey de bitmemiştir. Her gün akşamı eder, sabahı buluruz. "Adam sen de!" diyenler de sayısızdırlar.

Düşüncelerin acısından kurtulup sokağa çıktınız mı, yürüyenler, bakkaldan erzaklarını alanlar ve yeni yaptıracakları evin temelini attıranlar vardır. Bir gerçekten yalana değil, inşallah bir yalandan gerçeğe çıkmışsınızdır.

Takunyasıyla yalınayak, resmî ceketi omzunda, cami musluğundan abdest almaya giden komiser, mektepli subay olan ağabeyimi Harbiye Nezareti avlusundaki dairesinde, gel bakalım evlât diye mektubunu okumaya çağıran alaylı binbaşı, Padişah su altına dalmasından ürktüğü için Haliç'de bir kızak üstünde paslanıp çürüyen tek denizaltı teknesi, bir işçiden pek az farklı, gazete bile sökemeyen çarkçı subayı, yağmurda kamarası akan Mesudiye zırhlısı, yirmi kuruş mülâzemet maaşlı Bab-ı Âli Memuru, Âl-i Osman saltanatının bu acıklı yıkıntısı bazen tabiileşir, bazen devlet bunların üstünde nasıl durur, korkusu yeniden uykuları kaçırır.

Bu bir roman, birkaç sayfası esneten, sonra bir sayfası merak kaldıran, tekrar uyutan bir roman gibi sürer, gider.

Tuhaftır, 1908'de hürriyet ordudan gelecek! Böyle bir ayaklanma, daha fazla, kötü iş gören saray adamlarını devirerek, idareyi bir lider - kumandana veren bir ihtilâl olmalı idi. Hâlbuki 1908'de, İttihat ve Terakki'ye giren küçük subaylar Sultan Hamid'e Kanun-ı Esasi'yi ilân ettirerek Meşrutiyet rejimini kurdurmak için ayaklanmışlardı.

O zamanki ordu içinde bu hareket nasıl ve ne şartlar içinde doğdu, bunu o devrin genç bir erkân-ı harp subayı ağzından dinlemek istemiştim. En iyi hikâyeyi İsmet İnönü'den işiteceğimi biliyordum. İsmet Bey, zamanına yetişenlerin hep beraber söyledikleri üzere, bulunduğu okulların ve kıtların daima bir yıldızı olarak parlamıştır.

1906'dayız. İsmet Bey yirmi iki yaşında erkânı harp yüzbaşısı olarak iki yıllık kıta hizmeti görmek üzere Edirne'ye gönderilmişti. Kendisini sekizinci topçu alayının üçüncü bölüğüne tayin ettiler. O vakit topçu fıkrası teşkilâtı vardı. Yedinci ve sekizinci alaylar yan yana kışla ordugâhının bir kısmını tutmaktadırlar. Bu alaylar "seri ateşli" topları yeni almışlardır. Yedinci alay hemen tamamıyla mektepli yüzbaşı ve mülâzımların elinde. İnönü'yü dinleyelim:

— Sekizinci topçu alayı kadrosunun büyük kısmı alaylı idi. Kışlada yatıyordum. Vaktimizin çoğu yedinci alayın mektepli subayları ile geçiyor. Bizimkilerden başka alayların birçok topları eski sistem. Onda sekizi alaylı subay ve kumandanların elinde. Talim ve terbiye mektepli yüzbaşıların kabiliyetlerine kalmıştır. Asker, umumî olarak, dört yılık silâh altında. Ne vakit terhis olunacakları belli değil. Terhislerin bir gecikme sebebi de, birikmiş maaşların ödenmesindeki zorluktur. Bu senelerde ayaklanma ile terhis olunmak hemen hemen kaide idi. Ayaklanma şöyle olurdu: Askerler kendi aralarında gizlice konuşurlar, karar verirler ve ansızın, subaylarını içlerine almayarak ve talime çıkmayarak, padişaha müracaat ederler. Subayların asker üzerindeki nüfuzları ahlâk ve bilgi kuvvetlerinden gelir. Bu nüfuz da terhis ayaklanmalarında bu subaylara ancak fena muamele görmemek imtiyazını verir. Bölüklerde bile atış talimleri hiç yapılmazdı. 1906'da seri ateşli topların kabul edilmesi üzerine 7'nci alayda ilk defa ve bir defa atış yapılmıştı. Edirne'ye gittiğim vakit bütün mektepli subaylar bu atış kadrosunun hemen tamamıyla mektepli subay oluşu da, bu atış talimlerinin yapılmasındaki mecburiyetten ileri gelmişti. Bu en iyi topçu alayında dahi bölükten yukarı harp vazifeleri talim ve terbiyesi hiç düşünülmezdi.

Bu ihtiyaç unutulup gitmişti. Bir kıtaya harp talim ve terbiyesini verecek olanlar, bölükten yukarı kumanda sahipleridir. Yüzbaşıdan yüksek kumanda sahipleri içinde ise benim bulunduğum topçu fırkasında, ehliyetli hiç kimseyi hatırlamıyorum. Almanya'da tahsil gören, okulda hocalık eden, kendileri de bölük kadrosu içinde yetişmiş bulunan imtiyazlı paşalar ara sıra ordulara gelir, teftişler ve tatbikat yaparlardı. Bu tatbikatlarda ne manevra fişeği kullanılır ne de kışla dışında yatmak, tertiplenmek ve gece geçirmek gibi zarurî şeyler yapılırdı. Düşününüz ki, bu topçu alayı o zaman ikinci ordunun en iyi kıtası idi. Piyade ve süvarilerde böyle alaylar yoktu. Kabiliyetli subaylar adları ile tanınır ve sayılırdı. Böylelerinin hususî bir itibarları vardı. Bütün sınıflarda yüzbaşıdan yüksek kumanda sahipleri, gece gündüz, alaylarını nasıl besleyecekler, subaylarının maaşlarını nasıl verecekler, yalnız bunlarla uğraşırlardı. Kolağasından ordu kumandanına kadar bütün âmirlerde maaş tedariki için tedbir almak başlıca vazife, "padişaha sadakat" başlıca meziyet idi.

"Yanımızdaki kışlaya iki alaylı bir süvari livası gelmişti. Bu alaylar İstanbul'da kurulmuş, en güzel Arap atları ve en yeni teçhizat ile donatılmıştı. Bütün subayları padişah yaveri idi. Yarısından fazlası okuyup yazma bilmiyordu. Zannediyorum ki, iki süvari alayında biri mektepli biri mektepsiz iki binbaşı okur yazar ve ders verebilir bir gösterişte idi. Askere ve alaylı subaylara, idealist mektepli mülâzımlar ve yüzbaşılar hem okuyup yazmayı hem de rakamı ve metreyi öğretmeye çalışırlardı. Ben bizzat bölükte ilköğretim hocalığı yapardım. Subaylarıma, ayrıca bugünkü orta öğretimin çok daha zayıfını, klâsik ve büyük bir tahsil olarak vermeye çalışırdım.

"Bütün ordunun esvap, ayakkabı gibi ihtiyaçlarını temin etmek "muazzam" mesele idi. Edirne işte bu şartlar içinde bir büyük askerî ordugâhtı. İki piyade fırkası, bir topçu fırkası ve bir süvari fırkası ile Edirne kalesinin büyük kuvvetlerini barındırırdı. Ordunun sefer ihtiyacı, ordunun seferde kullanılması veya seferberliği gibi meseleler için hiçbir fiilî hazırlık yoktu. Erkân-ı harbiyenin bitip tükenmez ve hiçbir tecrübeye dayanmayan nazarî raporları ile oyalanıp giderdik.

"Genç mektepli subaylar için bir terfi usulü de yoktu. Kimin, ne vakit, ne sebeple terfi edeceği bilinmezdi. Üç dört senede yüzbaşı ve binbaşı olmuşların yanında, on senelik mülâzımlara ve on beş senelik yüzbaşılara çok tesadüf edilirdi.

"Genç mektepli subay, nihayet yüzbaşı kadrosu topluluğuna kadar göze çarpardı. Daha yukarı kademelere çıkmış olanlar, içinde bulundukları kadronun seviyesine ister istemez uyarak zaman ile kültürlerini büyük ölçüde kaybetmişlerdi. Sekizinci topçu alayının bir kumandanı vardı ki, mektepli olduğu halde, eğer diploması olmasa, okuyup yazma bilmeyen bir alaylıdan ayırmanıza ihtimal yoktu. Halbuki bir orduyu sefere hazırlayacak olanlar alay kumandanları ve daha büyük kumandanlardır. Bu şartlar içinde ordunun sefer terbiyesini ve sefer hazırlığını yapacak unsurları hemen hemen yok gibiydi. Büyük kumanda makamında olanların vücut takatleri da çalışmalarına elverişli değildi. Kıtalarını talim ve terbiye etmek, sefer için yetiştirmek değil, sadece yardımcı talimler ve umumî disiplin için çalışıp didinebilen âmirler, halde ve geçmişte sayılır ve anılırdı. Bizim topçu fırkamızın kumandanı ferik Şevket Paşa merhum Almanya'da tahsil etmiş, o zamanki kadroya göre genç denebilecek bir general idi. İyi binici ve at meraklısı idi. Bütün fırkanın binicilik terbiyesine bizzat örnek olur ve yaz kış her gün herkesi ata bindirmeye çalışırdı. Bu bile o zaman için büyük bir faaliyetti. Silâh kullanılması, tâbiye terbiyesi gibi konular, büyük âmirlerin bilmedikleri şeylerdi. Sadece gelip geçmiş birkaç isim hatıra gelirdi. Ordu bu varlığı ile bir sefer ordusu vasıflarından mahrumdu. Son on yıl içinde yetişen genç subaylar kıtalarının da, âmirlerinin de bütün zaaflarını biliyorlardı. Üçü dördü bir araya gelince bu zaafları ele alarak çekiştirmek başlıca zevkleri idi. Bütün memleket ölçüsünde çöküntü kaygısı, hepsinin başlıca şikâyet ve ıstırap konusu idi.

"Her aybaşı tayın bedelini almak subaylar için güç bir mesele olarak kalmıştı. Yüzbaşı aylığı 380 kuruştu ve senede altı, nihayet sekiz ay alınabilirdi. Bunun da altı aylığı para olarak ele geçer, üstü kırdırılırdı. Ayrıca üç nefer tayını zamları da vardı. Aybaşında müteahhide kırdırırdık. Kırma bedelinin piyasası belli idi. Müteahhitler her ay bu piyasayı yeniden tespit ederlerdi. Müteahhidin yazıhanesi aybaşlarında, kendisi ile pazarlığa gelen subaylarla dolardı. Yüzbaşı olarak benim tayınım altı mecidiye tutardı.

"Fakat ordunun bir kısım erkânı, büyük kumandanlar, iltimaslılar ve gözdeler maaşlarını her ay alırlar, tayın bedellerini de ya tam olarak ya rüçhanlı fiyatla ele geçirirlerdi. Genç mektepli subaylar değer ve bilgiyi kendilerinde, aczi ve cehaleti büyüklerinde görürler, üstelik maaşlarını ve tayınlarını da onlardan en az yüzde kırk eksik alırlardı. Ordunun genç ve salâhiyetsiz unsurları ile cahil ve imtiyazlı erkânı arasındaki mânevi uçurum doldurulmaz bir halde idi. Artık hiç kimse hafiyelerden korkmaz olmuştu. Bütün kıymetli subaylar, padişahın sadık kadrosunu kendilerine ve memlekete zararlı buluyorlardı. Bundan başka erkân-ı harp tahsili görmüş olanlara, amelî hiçbir tecrübeleri olmayan, zaten kıtalarla kanunca ilgileri de bulunmayan kimseler gibi bakarlardı. İşte bu şartlar içinde Edirne subaylar kadrosuna girmiş, yedinci ve sekizinci alayların müşterek hayatlarına katılmıştım. Manevî huzurunu kaybeden yaşlı bir mektepliler kadrosu içinde, nispeten çok genç ve tecrübesiz, erkân-ı harp mesleğinin imtiyazı olarak da çok erken yüzbaşı olmuş bir subay olduğumdan, vaziyetim pek nâzik idi."

Genç erkân-ı harp yüzbaşısı İsmet Bey için de en önemli mesele, bölük subaylığı yapmak, kültür ve insan vasıfları bakımından itibar temin etmekti. Onun gayretleri ile bütün topçu fırkasında yeni bir talim ve terbiye anlayışı yayıldı. Genç subayların ısrarı ile bütün topçu fırkasına İsmet Bey'i tâbiye öğretmeni seçtiler. Konferanslar verir, meseleler hallettirirdi. İsmet Bey 1907'de artık genç, tecrübesiz ve kıskanılan bir erkân-ı harp yüzbaşısı değil, arkadaşlarının bütün işlerini ve dertlerini bilen, ilerlemelerine yardım eden, faydalı bir kimsedir.

"Gece gündüz kışlada kaldığımızdan ordu dışındaki sivil hayat ile temasımız pek azdı. Bununla beraber genç memurlarla, mülkiye mektebi mezunlarıyla her meslekte ve her yaşta vatanseverlerle nadir de olsa buluşurduk. Umumî çöküntünün ıstırabı "Sarî ve müstevli" bir halde idi. Genç mülkiyeliler bizimle aynı kaygıları paylaşıyorlardı. 1907 nihayetine doğru memleket endişesi yeni bir istikamette belirmeye başlamıştı: Bu istikamet, kurtuluş ihtiyacı idi. Çare de Kanun-i Esasi'nin tatbik edilmesi idi. Bunlar, gizli gizli, fakat her yerde, her toplantıda konuşuluyordu. Bu sırada üçüncü ordu bölgesinde yabancı müfettişlerle beraber Hüseyin Hilmi Paşa hususî bir idare kurmuştu. Makedonya'da ve bütün Batı Rumeli'de Bulgar,

Yunan ve Sırp çeteleri, orduyu geceli gündüzlü daimî bir jandarma takip vazifesi ile uğraştırıyordu. Memleketin bu kısmında aynı dertler ve ıstıraplar, süratle, bir siyasî toplanış ve toparlanış niteliğini alıyordu. Nihayet aynı ihtiyacı Edirne'de de duyduk."

Mustafa Kemal Şam'a 5 Şubat 1905'de tayin edilmişti. Hemen gitmeli idi. Deniz yolu ile Beyrut'a varınca arkadaşları ile buluştu. Beyrut, İstanbul gibi, İzmir ve Selânik gibi, Hıristiyan ve yabancılı olduğu için yaşanabilecek dört Osmanlı şehrinden biri idi. Tanzimat'tan beri Hıristiyanlar şeriatçı idare baskısından kurtulduklarından tam batıkârı ömür sürüyorlardı.

Şam'da otuzuncu süvari alayına verilen Mustafa Kemal görevinde ve hizmetlerinde rahattı. Daima güzel giyindiği üniforması içinde gururlu ve şerefli idi. Askerine örnek bir eğitim veriyordu. Ancak Şam taassubun hükmü altındaki bütün şark şehirleri gibi bir hayat zindanıdır. İnsan işinden çıkınca, birkaç kişi ile buluşup içmekten başka bir şey yapamaz. Mustafa Kemal de askerliğini kıtasında bırakıp evine doğru yola çıkınca, akşam ezanı ile beraber sönen, tünenmiş kümesler hüznü bağlayan şehir, ışıksız, sessiz, gurbetin bütün acılarını duyuran bir hapse dönmüştür. Bu ölü toplumu dürtmek, sarsmak, parçalamak, evleri boşaltmak, sokakları şarkılar, gülüşler ve şenlikler içine boğmak ister. Kalebend toplumun zindanında omuzları üstüne çöken baskıdan silkinmek ister.

Bir akşam yine evine dönüyordu. Bir sokaktan geçerken kulağına mızıka sesi geldi. Ses gelen tarafa doğru yürüdü. Bu, pencereleri kâğıtla kapanmış bir kahveydi. Kapısını hafifçe araladı. Hicaz demiryolunda çalışan İtalyan işçileri, karıları ve kızları ile mandolin çalıyorlar türkü söylüyorlar, şarap içiyorlar ve oynuyorlardı. Hepsi işçi kılığında idiler. Derin bir iç çekişi ile baktı. Hayat, bu kâğıtla örtülü pencerelerin arkasında, lâmba isi ve tütün dumanı arasından güç seçilen bu insanların neşesinde idi. Hemen girip içlerine katılacaktı, ama bir esvabına bir kalabalığa baktı, yapamadı, ertesi günü bir işçi esvabı satın alarak ara sıra bu kahveye gelmeyi, onların eğlence ve şarkılarından canlanmayı âdet etti.

Mustafa Kemal'e göre de her şey hürriyete kavuşmaya bağlı idi. Askerlik görevini yapmakla beraber bir yandan da siyasî çalışmalara ve telkinlere başlamıştır.

Bir gün üç subay Hamidiye çarşısına gitmişlerdi. İçine ancak iki üç kişi sığabilecek bir dükkânın önüne geldiler. Üç subaydan biri Mustafa Kemal, biri de Havran hareketlerini idare eden komutan... Mustafa Kemal arkadaşının ayağında çizme pantolonu, fakat altında çizme değil de adi pabuç görür. Kıyafet, düzen ve temizliğinde pek titizdir. Bunun sebebini sorar. Arkadaşı:

— Başka pantolonum kalmadı, der.

Bu, çalmayan subaydır.

Dükkânın içinden nalınlı bir adam, kendilerini kepengin önüne koyduğu iskemlelerde biraz oturmaya davet etti. Türkçe konuşuyordu. Mustafa Kemal merak edip dükkâna girince masanın üstünde Fransızca sosyoloji, felsefe ve tıp kitapları görür. Biraz sonra anlaşılır ki, bu tüccar tıp okulunda hürriyetçilik telkinleri yaptığı için Şam'a sürülmüştür.

Bir gece Mustafa Kemal üç arkadaşı ile bu tüccarın (Cumhuriyet Millet Meclisleri'nde uzun müddet bulunan Çorum Milletvekili Mustafa Cantekin) evine giderler. Şam'ın çıkmaz karanlık bir sokağı. Tüccar konuşma arasında:

— İhtilâl yapmalı... İnkılâp yapmalı... diyordu.

Biraz sonra daha da açılmış: "Ben tıbbiyenin son sınıfında bu ülkü peşinde olduğum için hapiste yattım, buraya sürüldüm. Çok değerli arkadaşlarımız vardır. İnkılâp yapmalıyız."

Hepsi inkılâp uğruna ölmekten söz ederken Mustafa Kemal:

— Mesele ölmekte değil, ölmeden idealimizi gerçekleştirmektedir, diyordu.

Cemiyetin bir kolu Beyrut'ta açılmıştı. Arkadaşları her gittikleri yerde Cemiyetin gelişmesini sağlayacaklardı. En fazla önem verdiği Makedonya idi.

Şam, Mustafa Kemal'in askerlik hayatı üzerinde de etkili olmuştur. Görevi süvari alayında eğitimle uğraşmaktı. Komutan "alaylı" denen, okul görmemiş subaylıktan yetişme idi. Mesleğine pek düşkün olduğu için Mustafa Kemal kendini iyice görevine verdi. Kıtasının eğitiminde kazandığı başarı ile Şam'da bulunan küçük büyük rütbeli askerler arasında tanındı.

Havran, Suriye vilâyetinin bir sancağı idi. Bu sancaktaki dürzüler sık sık devlete karşı ayaklanırlardı. Yüzbaşı Mustafa Kemal de arkadaşları ile birlikte bastırma hareketlerine katılarak ilk "ateş vaftizini" geçirmiş olacaktı. Onun için amaç "çalışmak", "başarmak"tı. Hâlbuki bu ayaklanmalar bir takım kimseler için soygun fırsatı sayılıyordu. Yüzbaşı Mustafa Kemal anlamıştı ki, Havran'da sık sık mesele çıkmasını isteyenler ve hazırlayanlar bu vurguncılardır. Bir gün oraya gene kuvvet gönderileceğini haber aldı. İki odalı basit bir evde oturan Mustafa Kemal'e arkadaşı gelerek:

— Haberin var mı? Gitmek üzere... demişti.

— Kim, nereye?

— Bizim staj yaptığımız alay Havran'a...

Yüzbaşı Mustafa Kemal atına bindi, önce staj yaptığı 30'uncu süvari alayı komutanının yanına gitti:

— Alayım emir aldığı için Havran'a gidecekmiş. Bu alayda ben bir bölük komutanıyım. Benim de beraber gitmem gerekmez mi, diye sordu.

— Siz staj yapıyorsunuz. Bölüğünüzün asıl komutanı başkasıdır. Hem siz kurmaysınız. Böyle işlere gelemezsiniz. Onun için rahat kalırsınız, diye düşündüm. Maaşınızı gene alacaksınız.

Mustafa Kemal Ordu müşürüne2 giderek alay komutanını şikâyet etmek istedi. Müşür bir subayın kendine kadar gelişindeki küstahlığa şaşarak yanına bile uğratmadı.

Mustafa Kemal:

— Ben giderim, dedi.

Ve alayına katılmaya gitti.

Kıtalar o akşam Şemskin'de çadırlı ordugâha son neferine kadar yerleşti. Yalnız Mustafa Kemal ve yanına aldığı stajyer arkadaşı açıkta kaldılar, nihayet bir nefer çadırında yer bulabildiler. Havran'da görev yapacak olanlardan tecrübeli bir subay kendisine dedi ki:

— Görüyorsunuz, size komutanlık vermeyecekler. Bunun sebebi vardır. Ben özel bir görevle geldim. Eğer kimseye söylemeyeceğinize dair namus sözü verirseniz, bizimle beraber olursunuz.

Mustafa Kemal hiç olmazsa neler olup bittiğini anlamak için adama söz verir. Hemen ertesi günü anlar ki Havran bir takım bölgelere ayrılarak her bölgeye bir kuvvet sokulmuştur ve bu kuvvetin yapacağı halkı soymaktır.

---

2 Mareşal.

Havran halkı bir veya iki gümüş mecidiye, bir veya birkaç altın lira vererek kendilerini kurtarabiliyorlardı. O vakit orada bulunan subaylar ikiye ayrıldılar: Soymak için birleşenler! Mustafa Kemal ikincilerin başında idi.

Mustafa Kemal, Çerkezlerin oturduğu Kunaytıra'nın yanındaki ordugâhta idi. Bir gün şu haber geldi: Asiler ordugâhı basacaklar ve herkesi öldürecekler. Doğru mu idi, yoksa ora halkını soymak için bahane mi idi? Mustafa Kemal hemen karar verdi. Yanına bir arkadaşı ile bir de emir neferi alarak, batıya doğru yola çıktı. Bir ara bir tepeye geldiler. Atlardan indiler. Mustafa Kemal tepenin üstünden durumu gözden geçirdi. Gece vakti baskın yapabilecek bir topluluk gördü. Tam o sırada karşıdakiler de Mustafa Kemal'i seçerek atlı kuvvetleri ile hücuma geçtiler. Mustafa Kemal soğukkanlılığını bozmayarak arkadaşına:

— Atına bin, arkamdan gel, dedi.

Hücum edenleri şaşırtıcı zikzaklar yaparak dörtnala ordugâha döndüler.

Mustafa Kemal düşmanın durumunun ne olduğunu anlattı. Artık onun sözünü dinliyorlardı. Söylediklerine göre tedbir aldılar. Baskın olmadı.

Bir gün Kunaytıra doğusunda bir köye gitti. Çerkezler onu ve yanındakileri soygunculardan sanarak iyi karşılamadılar. Bir müddet sonra anladılar ki, bunlar dertlerini dinlemeye, kendilerine iyilik etmeye gelmişler. Hemen açıldılar. Köy ileri gelenlerinden biri dedi ki:

— Siz ne derseniz yaparız. Fakat bizi ezen devletin istediğini yapmayız.

Bir gün de bu köye hücum eden bir kolağası ile kuvvetlerini köylüler kuşatmışlar, öldürmek üzereydiler. Mustafa Kemal biraz arkadaydı. Tam vaktinde yetişti. Köylüler etrafını alıp kolağasını ona bağışladılar.

Kıta başındakiler yine hayli para vurmuşlardı. Ona da bir pay vermek istiyorlardı. Onun için ise ya şerefle gelecek zamanlara doğru gitmek, yahut o yaşta lekelenmek vardı. Menfaat karşısında küçülenlerden, büyük yetişmez. Doyum payı alıp almamakta kararsız bir arkadaşına sordu:

— Bugünün adamı mı olmak istiyorsun, yoksa yarının mı?

— Elbette yarının.

— Öyleyse elbette pay alamazsın.

Gene bir gün kendiliğinden yatışan bir olay üzerine zafer havadisi uydurmak isteyen jandarma komutanına:

— Fakat onları biz püskürtmedik, kendileri gittiler, demesi üzerine jandarma komutanı:

— Sen henüz cahilsin. Padişahımızı anlamamışsın, dedi.

— Ben cahil olabilirim, ama Padişahımız cahil olmamalıdır, sizlerin de ne olduklarınızı bilmelidir, demişti.

Şam'da dilediği ortamı bulabilmesine imkân yoktu. Bir çaresini bulup Selânik'e gitmeliydi. Şam'da süvari stajını bitirmiş, Yafa'da piyade stajına gidecekti. Ortada kumandanın oğlu arkadaşı olduğu için, onun yardımı ile bir izin tezkeresi kopardı. Ancak bu tezkere ile İzmir'den öteye geçilemezdi. Fakat O, Selânik'e gitmekte kararlıydı. Orada görevli arkadaşlarına birer mektup da yazmıştı. Biri merkez komutanı yardımcısı, biri de topçu müfettişinin tanıdığı idi.

Mustafa Kemal, Yafa'dan gizlice Mısır'a gitti ve orada pek az kalarak vapurla Pire'ye geldi. Selânik'e giden Yunan bandıralı bir başka vapura bindi. Bir arkadaşı kendisini karşılamaya geldi. Gümrük ve polis kordonundan kolaylıkla geçtiler. Doğru evine gitti. Anası ansızın oğlunu görünce şaşakaldı. İyi düşünceli bir hanımdı:

— Ne cesaretle buraya geldin? Hem nasıl geldin? Padişahımızın emrine karşı koymuş olmaz mısın? diye merakla sordu.

— Üzülme anne, benim buraya gelmem lâzımdı. Onun için geldim. Padişahımızın ne olduğunu da pek şimdi değil, ama yakında görürsün.

Birkaç gün evde saklandı, gizlice topçu müfettişi Şükrü Paşa'nın evine gitti, biraz güçlükle karşısına çıktı, durumu anlattı. Ona Şam'dan mektup da yazmıştı:

— Ben bir şey yapamam. Ancak senin yaptıklarına ses çıkarmam, senden yalnız bir ricam var: Beni yakma!

O gece sabaha kadar uyuyamadı. Sabaha karşı kararını verdi.

Kendisine Manastır İdadisi'ne gitmeyi öğüt veren Subay Hasan Bey şimdi kurmay albaydı. Üniformasını giyip onu görmek üzere 3'üncü Ordu merkezine giderek orada yakından tanıdığı bu kurmay albayın gelmesini bekledi. Geldiğini görünce önüne geçerek:

— Beni tanımadınız mı, diye sordu.

— Tanıyamadım çocuğum.

Mustafa Kemal kendini tanıttı:

— Ben Selânik Rüştiyesi'ndeyken mümeyyizliğe gelmiştiniz. İstanbul'a gidecekken beni Manastır İdadisi'ne gönderdiniz.

Albay hatırasını topladı ve tanıdı.

Daireye girdiler. Mustafa her şeyi olduğu gibi anlattı. Albay:

— Sen her şeyi yıkıp buraya gelmişsin. Ben ne yapabilirim, senin için, dedi.

— Ben milletime daha fazla faydalı olabilmek için her şeyi göze aldım. Bana yardım etmezseniz hayatım da mesleğim de tehlikeye girer, dedi.

Hasan Bey Mustafa Kemal'e yardım elini uzattı. Memlekette devrim olmasını isteyen, bu uğurda çalışanları destekleyen bir vatanseverdi. Selânik'te dört "tebdili hava" raporu almıştır. "Vatan ve Hürriyet" Cemiyetini o günlerde kurdu. Bu kuruluş toplantısında bulunan arkadaşlarından biri diyor ki: "Görüşmeyi Mustafa Kemal açtı. Memleketin umumî durumunu, Rumeli'nin içinde bulunduğu şartları, saray idaresini anlattı. Hürriyet olmayan yerde ölüm ve batmak vardır, tarih biz çocuklarından görev beklemektedir. Despotlukta savaşacağız, buraya da onun için geldim, sizden de fedakârlık bekliyorum," dedi.

Sonra masaya konan tabancayı birer birer öperek onun üzerine yemin ettiler.

Bu sırada İstanbul'dan Şam'da beşinci orduya bir emir geldi. Mustafa Kemal'in nerede olduğu soruluyordu. Komutanın oğlu Yafa'daki arkadaşlarına mektup yolladı, Yafa'da olduğunu bildireceklerdi. Tutulması için Selânik'e de emir verilmişti. 3'üncü Ordu sağlık bürosu raporu tanımak istemiyordu. Raporu veren de, ben hangi ordudan olduğunu bilmiyorum, diyordu.

Yafa'dan İstanbul'a giden habere göre Mustafa Kemal Mısır sınırında Bi'russuba'da kıtasının başında idi. Soruşturma için giden subay da aynı bilgiyi verdi. Mustafa Kemal gene gizlice 15 Temmuz 1906'da Yafa'ya döndü ve her şey unutuldu.

Artık Selânik'te İttihat ve Terakki Cemiyeti de kurulmuştu. İçinde Talât (sonradan parti lideri, İçişleri Bakanı ve Başbakan), Mithat Şükrü (sonradan Millet Vekili ve parti Umum Kâtibi) vardı. Talât, Edirne postanesinde memurken Selânik'e sürülmüştü.

Mustafa Kemal'in "Vatan ve Hürriyet" Cemiyeti'ndeki arkadaşları da İttihat ve Terakki Cemiyeti'ne geçmekteydiler. Toplantılarda askerlerden Enver (sonradan Harbiye Nazırı ve Birinci Dünya Savaşı'nda Başkomutan) ilk hazır bulunanlardandı. Cemiyetin Paris'teki merkezi ile Selânik'tekiler arasında anlaşmazlıklar vardı. Paris'te yetkili bir temsilci bekleniyordu.

Herkes bir asker ayaklanması ile Kanun-i Esasi'yi yürürlüğe koydurmak davasında oydaştı:

— Peki ya sonra?

Bu soru üzerinde duran bile yoktu.

— Sonrası kolay, der, geçerlerdi.

Hareket lidersizdi. Osmanlı İmparatorluğu'nun içinde bulunduğu şartlara göre, saray idaresi yıkıldıktan sonra neler yapılacağı üzerine program değil, görüşme bile yoktu.

Mustafa Kemal Şam'da staja gitmezden önce Beyrut'taki toplantılarda bile arkadaşları ile bir konuşmasında:

— Asıl mesele yıkılmak üzere bulunan imparatorluktan bir Türk devleti çıkarmaktır, diyordu.

Stajını tamamladıktan sonra 25 Haziran 1907'de kolağası rütbesine yükselip 5'inci ordu kurmay dairesinde çalışan Mustafa Kemal 27 Eylül 1907'de Üçüncü Orduya tayin edilmiştir. Hemen harekete geçerek Selânik'te kalması için arkadaşlarından çalışmalarını istedi. Ordu merkezi Manastır'da idi. Kendisini oraya yollamak istediler. Selânik'te daha yüksek makam olmak üzere "müşürlük" ve onun kurmay heyeti vardı. Mustafa Kemal ordu müşürünü gördü ve o günlerde bir "örnek alay"ı teftiş edenler arasında bulundu. Kendisinin müşürlük kurmay heyetinde değerli bir subay olacağını anlayarak Selânik'te alıkoydular. Ayrıca Selânik - Üsküp demiryolu müfettişliğini verdiler ki, devrime yakın zamanlarda Üsküp ve Selânik gibi en hareketli merkezler arasında gidip gelmek çok işine yaramıştı.

"Vatan ve Hürriyet", İttihat ve Terakki ile kaynaşmış, 27 Eylül 1907'de iki cemiyet birleşmişti. Mustafa Kemal bir şeyden kaygılıydı. Meşrutiyet rejimi kurulduktan sonra ne yapılacaktı? Ona göre gizli Cemiyet bir siyasî parti haline gelmeli ve iktidarı ele almalıydı. Şimdiden hazırlıklı ve programlı olmalıydı. Olmazsa ikinci meşrutiyet de, ona göre, birinci gibi iflâs edecekti.

Mustafa Kemal acı ve sert tenkitçi olduğu kadar açık konuşan biriydi. Daha o zaman, 1907'de, arkadaşlarına şu fikrini söylemekten çekinmemiştir: Köhneleşen ve canlılığını kaybeden Osmanlı İmparatorluğu gövdesi üzerine devlet oturtulamaz. Ancak Türk çoğunluğu toprağı üzerine oturtulabilir. Büyük devletlere bir likidasyon yaptırmaktansa, ihtilâl idaresi bunu kendi yapmalıdır. Meşrutiyet hürriyetleri gerçekleşince bütün milliyet davaları ortaya çıkacaktı. Avrupa Türkiye'sinde Bulgaristan, Sırbistan, Yunanistan, Karadağ ve Selânik'e inmek isteyen Avusturya-Macaristan İmparatorluğu ile çevrilmiştik. Sırp, Yunan ve Bulgar azınlıkları bizim topraklardaydı. Hepsi birer parça kopararak ana vatan saydıkları topraklara katılmak isteyeceklerdi. Tek devlete bağlı olanlar Türklerdi. Onlar da yoksul ve zayıftılar. Araplara da ayrılma fikri aşılanmıştı. İmparatorluğun paylaşılmasına çoktan karar verilmişti. Yalnız biz Türkler ezilecektik. İmparatorluğun yıkıntıları altında biz kalacaktık. Hıristiyanlar ayrılacaklar, Türkler ve Araplar ayrı ayrı devletlerin sömürgeleri olacaklardı. Millî bir sınırlanmak gerekti. Avrupa yakasında Batı ve Doğu Trakya bizde kalmalıydı. Edirne Vilâyetinin kuzey sınırları genişlemeli, Arnavutluk bağımsız olmalı, Avusturya-Macaristan, Sırbistan, Bulgaristan ve Yunanistan İstanbul'da bir konferansa çağrılmalı idi. Dava milliyet prensiplerine göre çözülmeli, Anadolu kıyılarına yakın adalar bizim olmalı, yabancılara kalan Avrupa Türkiyesi toprakları ile bize kalanlar arasında nüfus değişimi yapılmalı, Anadolu güneyinde ise Hatay, Halep ve Musul bizde kalmak üzere gerisi Araplara bırakılmalı idi.

İttihat ve Terakki ise tam bir kayıtsızlık içindedir. İleriyi gören yok. Hiç kimse toprak fedakârlığı istemez. Mustafa Kemal gibi düşünmek "vatan hainliği"dir.

Mustafa Kemal artık İttihat ve Terakki toplantılarına katılmaktadır. Akşamları sonradan Hürriyet adı konan meydandaki gazinolarda arkadaşları ile içer ve konuşur. Başlıca tartışma konusu "Meşrutiyet sonrası"dır. Genç subayların çoğu da bu gazinolara geldiği için Mustafa Kemal büyük bir çaba içindedir. Gittikleri belli başlı gazinoların adları Olimpos Palas, Kristal ve Yonyo'dur.

Bir gün İttihat ve Terakki'nin bir gizli toplantısında fikirlerini açıkça ortaya koymak fırsatını buldu. Merkez çoğunluğu onun bu tenkitlerini bir ayrılık gibi sayarak kendisini toplantılara artık pek çağırmaz olmuşlardır. Mustafa Kemal'i "umumî rehber"lik görevi ile Üsküp merkezine verdiler. İçlerinden Mustafa Kemal'in pek ileri gittiğini söyleyenler ve bunu ona işittirenler olmuştu.

Ordudan, Sarayı zorlayıcı hareketlerde kullanmak için birkaç kişi seçmek lâzımdı. Bunlar ilerde hürriyet kahramanlığı şöhreti kazanacaklardı. En çok işlerine gelen Enver'di. İdealist, cesaretli, toy ve kibirli bir subaydı. Mustafa Kemal durumunu kavramıştı.

Bir akşam Olimpos'da toplanmışlardı. Aralarında Fethi (Okyar) ve Ali Fuat (Cebesoy) da vardır. Konu döndü, dolaştı, İran olaylarına geldi. İran'da hürriyet savaşına atılanlar büyük başarı kazanmışlar, Muzafferiddin Şah parlamentoyu açmak zorunda kalmıştı. Venizelos da Girit'de adayı Yunanistan'a katmak için savaşta idi.

Ali Fethi:

— Bizde neden böyle adamlar çıkmaz, diye öfkeli bir çıkış yaptı. Masada bir susma. Mustafa Kemal derin bir düşünceye dalmıştı. Biri neden sonra ona döndü:

— Ben senin ne düşündüğünü biliyorum: Neden ben çıkmayayım, diyorsun.

Mustafa Kemal birden atıldı:

— Evet böyle düşünüyorum. Neden bir Mustafa Kemal çıkmamalı?

Pek de ciddi idi. Yüksek sesle söylemişti. Biraz sonra belki de çekinerek, masada bulunanlardan çoğu ayrılıp gittiler.

— Evet neden bir Ali Fethi, bir Mustafa Kemal çıkmaz?

Fethi:

— Biraz da Yonyo'ya gidelim, dedi.

Maksadı bahsi değiştirmekti. Konu orada da aynı... Fethi:

— Çok iyi söylüyorsun ama, bir parça da eğlensek... Politikayı bıraksak... diyordu.

Mustafa Kemal durmadan konuşmak istiyordu:

— Hem ihtilâlden söz ederiz, hem İstanbul baskısı altında korkuyoruz. Sonra da İran'daki, Girit'deki hareketlere imreniyoruz. Ben baş olabilirim, diye biri ortaya çıkınca herkes susuyor. Yok öyle şey. Hemen toplanmalı karar vermeliyiz.

Hikâyenin altını Cebesoy'dan dinlemiştim: Fethi, Yonyo'dan bir kadınlı danslı bir yere gitmeyi teklif eder. Üçü de gitmişler. Fethi zevkine dalmıştır. Mustafa Kemal Ali Fuad'ı gene bırakmaz:

— Niçin çıkmamalı?

Bu millet Yunanlılardan da mı cansızdır, İranlılardan da mı düşüktür? Giderek sabahlamışlardır. Ortalık ağarmak üzere. Erkenden görevleri başında bulunacaklar.

Fethi kendi evine döner. Ali Fuad'ın evi uzakçadır. Mustafa Kemal:

— Sen bize gel. Anam bir şeyler hazırlamıştır. Kahvaltı eder, yıkanıp tıraş olur, daireye gideriz, der.

Anası pek sevdiği oğlunu bekleyerek sanki hiç uyumamıştır. Vurulur vurulmaz kapıyı açar:

— Bu kadar geç kaldığına göre iyi eğlenmişsinizdir... Oh... oh... Ne iyi ettiniz, der.

Ali Fuad:

— Aman Teyze sormayın. Fethi Bey'le beraberdik.

— Fethi ile mi? Akıllı çocuktur o...

— Oğlun birahanede bir bahis tutturdu, bir türlü arkası gelmez, Fethi haydi gidelim de eğlenelim, dedi.

— Ya... Fethi öyledir, akıllıdır.

— Gittik ama oğlunun bahsinden kurtulursan kurtul, gene konuştuk, durduk.

— Fethi ne yaptı?

— O eğlenecek bir şey buldu...

— Dedim ya... Akıllıdır Fethi...

Daima sofrasının başıydı. Kendine alabildiğine güvendiği ve büyük sergüzeştler için ruh hazırlığı içinde bulunduğu görülür halde idi. Bir akşam sofrasındaki arkadaşlarına makam dağıtırken Nuri (Conker)e:

— Seni de başvekil yapacağım, der.

— O birader, beni başvekil yapmak için sen ne olacaksın?

— Bir adamı başvekil yapabilecek adam!

Bu fıkrayı Cumhurbaşkanlığı devrinde Nuri Conker bir iki defa anlatmıştı.

Mustafa Kemal için içki, kadın, buluşma, eğlence, hepsi kafasından gönlünden bir türlü kopup ayrılmayan büyük kaygının ve bir şey yapmak, bir şey yapabilecek otoriteyi avucu içine almak hırsının gölgesi altında idi.

Onu dinlemeyecekler ve lider de yapmayacaklardı.

1908-1914

MEŞRUTİYET

Hürriyet için ayaklanma artık önlenemeyecek olgunluktaydı. Mustafa Kemal'in kaygısı ondan sonrası içindi. Hâlâ bir kuvvetli teşkilât ve bir program ve ihtilâli temsil edecek bir lider de yoktu. Serez'deki bir hürriyetçiyi İstanbul'a haber vermişlerdi. Soruşturma yapmak üzere yollanan Yarbay Nazım Enver'in eniştesi idi. Öldürmeye karar verdiler. İlk vurulan O'dur. 7 Temmuz 1908'de dağa çıkan Niyazi ve arkadaşlarını yakalamak için İstanbul'dan gelen Şemsi Paşa Manastır telgrafhanesinden çıktığı sırada teğmen Atıf tarafından öldürülmüştür. Kavaklı Fevzi (Çakmak) da Şemsi Paşa ile birlikteydi. Tuhaftır ki aynı Fevzi, Paşa olarak saray hesabına Mustafa Kemal'i tutup İstanbul'a götürmek için Kuvay-i Milliye'nin ilk zamanlarında Anadolu'ya gelecek ve General Kâzım Karabekir'in yardımını isteyecektir.

Niyazi'den sonra kolağası Eyüp Sabri, yüzbaşı Bekir ve daha bazı subaylar birlikleri ile ayaklanmaya katılmışlardı. En sonra dağa çıkan Enver'dir. Fakat ilk hürriyet Türkülerinde de yalnız Niyazi ve Enver'in, ara sıra da Fethi'nin adı geçer. Bilinen şartlar içinde en sonu Kanun-ı Esasi yeniden yürürlüğe konmuş, meşrutiyet ilân edilmiştir.

Meşrutiyet ilân olunduktan sonra Mustafa Kemal'in bütün korkuları çıktı. İttihat ve Terakki orduya dayanan bir gizli komite niteliğinde kalıp devlet idaresini Sait ve

Kâmil Paşalar gibi eski Osmanlı ihtiyarlarına bıraktı. Sanki seçimler olup Millet Meclisi toplanınca her şey hemen yoluna girecekti. Aslında ise Adriyatik kıyılarından Fars körfezine doğru bütün İmparatorluğun şeriatçı cahil Müslüman halkı Halifeye bağlı idi. Uyanık Hıristiyan azınlıkların da İmparatorluğu parçalayarak kendilerinin saydıkları bölgelerle ana vatanlarına katılmaktan başka düşündükleri yoktu. İttihatçılar fedaileri İstanbul'da ilk muhalifleri, polis korurluğu altında, öldürme yolunu tutmuşlardı. Mustafa Kemal'in düşündüğünün tam aksine, İhtilâlciler halkı kazanmak için, çoktan kaybettiğimiz Girit'i Yunanistan'a vermemek, Bosna-Hersek'i Avusturya-Macaristan İmparatorluğundan geri almak, Bulgaristan'ın bağımsızlığını tanımamak gibi bir irredantizm edebiyatı tutturmuşlardı. Ben okulda iken sokak gösterilerinde Budin (Budapeşte) türküleri bile okuduğumuzu hatırlarım. Hürriyet Türkülerinden birinin mısraı şu idi: "Alalım düşmandan eski yerleri!"

Ordu politika batağı içinde idi. Teğmen Yarbaya selâm vermez olmuştu. Talât (sonradan sadrazam Talât Paşa...):

— Vallahi ben de şaştım, kaldım, diyordu.

Mustafa Kemal:

— Orduyu hemen politikadan çekmelidir. Bu yapılmazsa ordu bir kuvvet olmaktan çıkar, diye direniyordu.

Mustafa Kemal'in tenkitleri sertti. Enver bir gün yüzbaşı Hafız Hakkı'ya (sonradan Genel Kurmay Başkanı ve Şark Cephesinde Ruslarla dövüşürken ölen ordu komutanı):

— Mustafa Kemal fazla ileri gidiyor. Buna bir çare bulalım, demişti.

Bir gece gene Hürriyet meydanındaki gazinolardan birinde tenkitlerde bulunurken, İttihatçı subaylardan biri:

— Hürriyet madem ki bizim eserimizdir, onu korumak da bize düşer, dedi.

Bir başkası:

— Ne Sultan Hamid'e, ne vezirlerine güvenilmez, biz muhafız kalmayız, diye aynı fikre katıldı.

Mustafa Kemal Politika içine giren bir ordunun savaş gücünü kaybedeceğini misaller vererek anlatıyordu. Fethi susuyordu:

— Mustafa Kemal Bey belki pek doğru söylüyorsunuz. Fakat hürriyeti kaldırmak isteyenler karşı ne yaparsınız?

— Cepheye gider gibi üzerlerine yürürüm.

Yonyo'ya gittiler, gazino subaylarla dolu idi. Fethi Mustafa Kemal'e şimdilik sert tenkitlerden vazgeçmesini tavsiye etti:

— Arkadaşlar iyi karşılamıyor, dedi.

Mustafa Kemal:

— Bunu senden beklemiyordum.

Ve sonra:

— Memleket meçhul bir akıbete doğru sürüklenmektedir, dedi.

İstanbul'da meclis açılmıştır. Enver, Fethi ve kalburüstü subaylar ataşemiliterlik almışlardır. Mustafa Kemal'i Selânik'ten uzaklaştırmak lâzım. Enver bu fikrini Talât'a da söylemiştir.

1908 sonlarında umumî merkez kendisine, ayaklanmalar olduğu için, Trablus-Garbe gitmek görevini verir. Mustafa Kemal bu ayaklanma bölgesine gidecek. Geniş ölçüde yetkisi var. Başkana sebebini sorar, sana güvencimiz, cevabını verir. Bir vapura atlayıp gider. Ayaklanan derebeyleri Mustafa Kemal'i ilk gemi ile geri göndermek kararını vermişler. Çabukça harekete geçer, kargaşalığı bastırır, devlet otoritesini yerleştirir. Bu ayaklananlar meşrutiyet'ten sonra yalnız kazançlarını kaybetmek korkusuna düşen şeyhler ve nüfuzlu kimselerdi.

Mustafa Kemal 1909 Ocak ayında Selânik'e döner. Doğru Cemiyete giderek toplantı halindeki üyelerin yüzlerine bakıp:

— İşte geldim, der.

Bazıları utançtan başlarını eğerler.

31 Mart 1909'da İstanbul'da bir şeriatçılık ayaklanması olmuştur. Kara ve Deniz askerleri, subaylarını kovarak ve bazılarını öldürerek medrese hocalarını da saflarına katarak başkenti nüfuzları altına geçirdiler. Ön ayak olanlar Selanik'ten getirilme avcı taburu çavuş ve erleri idi.

— Mektepli subay istemiyoruz, diyorlardı. Süngüleri ile meclise girip:

— Şeriat kanunları çıkaracaksınız, diye bağırıyorlardı. İttihatçı meclis başkanı Ahmet Rıza Bey'e benzeterek Adliye Nazırını, "Tanin"in İttihatçı başyazarı ve İstanbul Milletvekili Hüseyin Cahid'e (Yalçın) benzeterek Layikiyya Milletvekilini öldürdüler. Hepsi mukaddes halife Sultan Hamid'e bağlı idi. Türk ve müslüman halk yığınlarının çoğunluğu baştan beri halifeci ve padişahcı idi. Ayaklanma Anadolu'ya hemen bulaştı. Her tarafa yayılmak yolundaydı.

Ayaklanmayı bastırmak üzere Selânik'ten İstanbul'a yürüyen birliklere "hareket ordusu" adını veren Mustafa Kemal'dir. Hüsnü Paşa komutasındaki bu birliklere Edirne'den Şevket Turgut Paşa komutasındaki birlikler de katılmıştı. Kendisi der ki: "İstanbul halkına bir bildiri yazmak lâzım geldi. Bunu ben yazdım. Sonra elçiler için ikinci bir bildiri yazdık. Bunun imzası üstüne ne konulmak doğru olacağını düşündük. Bazı arkadaşlar "Hürriyet ordusu" dediler. Hâlbuki bütün ordu hürriyet ordusu durumundaydı. "Hürriyet ordusunun operasyon kuvvetleri" denmek teklifine karşı ben "operasyon" kelimesini Türkçeye çevirmeye uygun görerek "Hareket Ordusu" deyimini kullandım."

Enver ve arkadaşları Avrupa'dan koşup gelmişlerdi. Hareket ordusunun başına da Mahmut Şevket Paşa geçerek, birkaç gün içinde Selânik'ten gelenler ve bunlar arasında Mustafa Kemal gölgede kalmıştı. Zafer gene İttihat ve Terakki'nin ve onun tuttuğu askerlerindi. Bilindiği üzere Yeşilköy'de toplanan Millî Meclis Şeyhülislâm'dan fetva alarak Sultan Hamid'i tahtından indirmiş ve onun yerine Sultan Reşad'ı Halife ve Padişah yapmıştır.

Mustafa Kemal Selânik'e döndü. Politika ile gelecek parti kongresine kadar ilgisini keserek kendini askerliğe verdi. Tatbikatlara, manevralara katılmakta, askeri kulüpte konferanslar vermekte idi. Bu aralarda Türkiye hizmetinde bulunan Mareşal Von der Golç garnizon tatbikatı yaptırmak üzere Selânik'e gelecektir. Büyük komutanlık kurmayında talim ve terbiye masası şefi olan Mustafa Kemal, mareşal gelmezden önce, Selânik çevresinde tatbikini uygun gördüğü bir meseleyi hazırlamaktadır. Paşalara bunu haber verince hepsi şaşırır: "Golç buraya bizden ders almak için değil, bize ders vermek için geliyor," derler. Mustafa Kemal: "— Türk kurmay ve kumanda heyetinin, kendi vatanlarını nasıl savunmak lâzım geldiğini gösterebilmeleri elbette önemlidir. Biz de buraya yorgun gelecek olan mareşale fazla külfet de yüklememiş oluruz." cevabını verir.

Mareşal Selânik'de Splandit Palas'tadır. O günün gecesinde Mustafa Kemal mareşalin yanına gitmek üzere bir davet gelir, kendini karşılayan kurmay başkanı Mustafa Kemal'e müjdeyi verir. Mareşal plânını çok beğenmiştir. Ancak bazı açıklamalarda bulunması için kendisini davet etmiştir.

Masa üstünde büyük bir harita vardır. Sonunda Mustafa Kemal planının uygulanmasına karar verilmiştir.

Ertesi gün Vardar nehri çevresinde tatbikat başlamış, Mustafa Kemal mareşal'in yanında bulunmuş, toprağa yabancı olan mareşale yardım etmişti.

1909 İttihat ve Terakki kongresine Bingazi delegesi olarak katılmıştır. Cumhuriyet devrinin uzun müddet dış bakanı Tevfik Rüştü Aras hâtıralarını anlatırken diyor ki: "Selânik'te toplanan kongre olup bitenleri gözden geçirerek yeni bir çalışma yolu çizecekti. Toplantı Ramazan ayına rastladığından akşam yemeğinden hayli sonra buluşuyorduk. Kongreye ben umumî kâtip seçilmiştim. Başkanlık görevi için her toplantıda yeni bir üye seçilirdi. Kongreye katılanlardan üç kişi bir iki toplantıdan sonra herkesin dikkatini çekmişti. Biri sonradan İstanbul temsilcisi olan Kara Kemal, ikincisi Ziya Gökalp'ti. Fakat bütün kongrenin dikkatini devamlı olarak üstünde toplayan Mustafa Kemal'dir. Cemiyet onu zaten tanıyordu. Ancak ortaya attığı tez kongrenin başlıca uğraşma konusu olmuştu. Merkezcilerden bir takımı ona karşı idi. Görüşmeler çok sert geçiyordu. Mustafa Kemal diyordu ki: "Askerler Cemiyet içinde kaldıkça ne partimiz, ne de ordumuz olacaktır. Subaylarının çoğu cemiyetten olan üçüncü ordu modern bir ordu sayılamaz. Orduya dayanan cemiyet de millet içinde kök salmamıştır. Cemiyet içinde kalmak isteyenleri ordudan çıkaralım. Bundan sonrası için de kanunî hükümler koyalım." Çetin tartışmalardan sonra ordu içindeki arkadaşlarımızın da ne düşündüklerini bilelim, dediler. Kongreden bir heyet Edirne'de ikinci orduya gitti. Getirdiği bilgilere göre hepsi Mustafa Kemal'in düşüncesindeydi. Kongre büyük bir çoğunlukla Mustafa Kemal'in teklifini kabul etti.

Mustafa Kemal'in kongredeki bu çalışmalarını içlerine sindiremeyen ve orduyu bırakmak istemeyen komite takımı onu öldürmeye karar verdi. İlk teklif fedailerden Yakup Cemil ve Hüsrev Sami'ye yapılmıştır. İkisi de Mustafa Kemal'i sevdikleri için reddetmişler, Yakup Cemil üstelik Mustafa Kemal'e tedbirli olmasını söylemiştir. Ondan sonra aynı görevi Enver'in amcası Halil (sonradan ordu komutanı) ve Abdülkadir (sonradan Kuvay-ı milliye devrinde Ankara Valisi ve İzmir İstiklâl mahkemesi kararı ile idam olunan) üstlerine almışlardır. Mustafa Kemal geceleri, parmağı silâhın tetiğinde, köşeleri açıktan dolaşarak, her an vuruşacakmış gibi evine giderdi. Bir gidişinde evin ileri köşesinde ikisinin de gölgesini görmüş ve hemen silâhına davranmıştı.

Aradan yirmi, yirmi beş yıl sonra Halil Paşa'yı Cumhurbaşkanı Atatürk'ün sofrasında hanımı ile birlikte görmüştüm. Halil Paşa ilk meşrutiyet yıllarında, İttihatçıların fedailerinden idi. İstanbul'da Şemsettin Paşa'yı o öldürmüştür. Hikâyeyi Kılıç Ali'den dinlemiştim. Kılıç Ali'nin asıl adı Asaf'tır. O vakitler "Kanun Zabiti" denen merkez komutanlığı subaylarındandı. Bir gün kendisine Şemsettin Paşa'yı gecenin geç bir saatinde, Divanyolu ve Cağaloğlu üstünden Babı-Âli'ye doğru götürmesini söylemişler. Bu suikastlarda usul her tarafı polis çemberi içine almak ve katili korkusuzca öldürmekte serbest bulundurmaktı. Emniyet Sandığı dairesinin bulunduğu sokakta, birdenbire Halil Kılıç Ali ile Paşa'nın karşısına çıkıyor. Bir tabanca kurşunu ile Şemseddin Paşa yere düşüyor. Sonraları Halil Kılıç Ali'ye demiş ki:

— Vakayı şahitsiz bırakmak için seni de öldürmeliydim. Fakat gördüm ki genç bir subaysın, kıyamadım.

Sofrada konudan konuya söz Selânik olayına geldi. Artık yaşlanan ve bir geçimlik aramak için Ankara'ya gelen Halil Paşa, Atatürk'e de:

— Sizi sevdiğim ve sakındığım için o vazifeyi almıştım, demesine Atatürk pek kızdı ve çıkıştı idi. Çünkü elinden gelse öldüreceğine şüphe yoktu. Fakat ertesi gün kendisine bir idare meclisi üyeliği de verdirmiştir.

İttihatçıların ihtiyacı bağlı ve kapalı kafalara, fakat kendine bağlı ve kendi duvarları içine kapalı insanlaraydı. Mustafa Kemal ferman dinlemeyen biriydi.

Mustafa Kemal İttihatçılara göre artık içtiği için sarhoşun biri, durmadan arkadaşları ile olup bitenleri tenkit ettiği için fırsatçının biri, zevkine düşkün olduğu için belki de ahlâksızın biri, askerlikte değeri varsa da ne verilse doyurulması imkânı olmayan "Haris"in biri idi.

Mustafa Kemal İtalya'nın Libya'ya saldırışı üzerine Afrika'da Türkiye toprakları için çarpışmaya gidinceye kadar ordu içinde çalıştı. Yenilenen teşkilâtta Selânik kolordusu Kurmay heyetine küçük rütbede bir subay olarak girmiştir. Henüz kolağası idi. En çok uğraştığı ordu eğitimi idi.

Köprülü taraflarında Cumalı'da süvari alayları arasındaki tatbikat talimlerini denetlemek için giden ordu kurmay başkanı Ali Rıza Paşa'nın yanındaydı. Yıllardan beri bir süvari tugayının toplandığı görülmemişti. Görülmeyen başka bir şey de ordu komutanlarının kurmay başkanları ile manevralarda bulunuşu idi. Mustafa Kemal gördüğü yanlışlar üzerine ağır tenkitler yaptı. Bir mektubunda diyordu ki "Cumalı manevralarında rütbem ve yetkim elverişli olmadı halde aşırı yanlışlar karşısında dayanamadım. Paşa'yı subaylar yanında tenkit ettim. Hoş görmedi, ama gücenmedi de! Hareketim belki disipline aykırı idi. Fakat Almanya'da çalışan bu Paşa da komutanlık sanatını edinmezse ötekiler ne yapacaklar? Tümen komutanlarının görevlerinden haberleri yok!"

Mustafa Kemal Cumalı ordugâhını "özlemekte olduğu askerlik hayatı"nın başlangıcı saymıştır. O günün hâtırası olarak tuttuğu notları bastırıp, "Asker hediyesi asker olanlarca makbule geçer" diyerek silâh arkadaşlarına dağıtmıştır. Mustafa Kemal'in bundan başka "Takımın muharebe talimi", "Bölüğün muharebe talimi" adlı General Litzmon'dan çevirme iki eseri daha vardır. Biri 1909, biri 1910 tarihlidir.

Mustafa Kemal'in Cumalı'da ağır tenkit ettiği Komutan Hasan Tahsin Paşa'dır. Bu adam Balkan savaşında Selânik'i 60 bin askeri ile birlikte Yunanlılara teslim edecektir.

O tarihlerde kendisini yakından tanıyan Kılıçoğlu Hakkı bana yazdığı mektubunda şöyle der; "Toplantılarda en çok o konuşurdu. Biz dinlerdik. Eskiden "Mir-i kelam" dedikleri güzel söyleyicilerdendi. Ama neye yarar ki rütbesi kolağası idi. İttihatçılar onun yerine Enver'i tutmuşlardı. Çünkü Enver daha önce Makedonya'da bulunmuş, Bulgar Çetecileri ile savaşmış, yararlık göstermiş ve adı çıkmıştı. Fakat büyük askerî birlikler yönetecek yeterlikte olmadığı Birinci Dünya Harbi'nde apaçık görülmüştür. İttihatçılar Enver yerine Mustafa Kemal'i tutsalar da işin rengi çok değişeceğini sanıyorum. Mustafa Kemal daha Suriye'de iken ben gizli gizli İttihat ve Terakki'ye girmiştim. Askerlerin bu gibi işlere karışmasına karşıydım, ama son kurtuluş çaresini de bunda görmüştüm. Kolağası

Mustafa Kemal de İttihatçı oldu ise de Selânik'teki Cemiyet kodamanları onu ne sevdiler ne de çekebildiler. Çünkü hepsinden yüksekti. Onu yükseltmek, kendilerini küçültmek ve silik duruma düşürmek olacaktı. Mustafa Kemal hepsini tenkit ederdi. Bir defa bir Rum tiyatrosunda yapılan Cemiyet toplantısında söz adı ve hepsini hiç etti. Ondan sonra Mustafa Kemal'in notunu verdiler. Onu öldürmek de istedikleri duyulmuştu. Mukadderat denen bir şey var mı, yok mu bilinmez. Fakat Mustafa Kemal'i yok etmek isteyenler o hayattayken memleket dışında birer birer öldürülmüşler, bir takımı da suikast yüzünden asılmışlardır. Mustafa Kemal'de dinmeyen bir yükselme hırsı vardı. Nereye kadar yükselecekti? Belki hükümdarlığa kadar! Mustafa Kemal'in askerî kabiliyetini Selânik'te kışın harita ve yazın da arazi üzerinde idare ettiği harp oyununda görmüştüm. Kolorduda çok değerli subaylar vardı. Komutan da Ferik Tahsin Paşa idi. Büyük Genelkurmay'ın emrettiği bir harp oyununun idaresini hiçbiri üstüne alamadı. Mustafa Kemal, ben yaparım, dedi. Üstüne aldı ve büyük başarı ile yaptı. Başarısı ötekileri daha çok ürküttü. Oyunun ikisinde de bulundum. Yalnız askerlikteki yeterliliğini değil, yüksek bünye dayanışını da gördüm. Akşamüstü karargâha geldiğimiz vakit birkaç kişi ile içki masası kurulur, gece yarısına kadar içilir, herkes yorgun ve bitik yatağına çekilip gider, Mustafa Kemal tek başına kalıp bir yandan içkisine devam eder, öbür yandan ertesi günü herkese vereceği görevleri hazırlardı. Pek az uyur, en önce toplantı yerine gelir, hepimize görevlerimizi yazılı olarak verir ve hemen hareket başlardı. Hareket sonundaki tenkitleri ne kadar canlıydı! Bir kurmay albayı bir defa öylesine haşladı ki, adamcağız eridi: "Bileğinizde saat, belinizde harita çantanız ve pergeliniz vardır. Bunları kullanmak hatırınıza gelmedi mi? Yarın harp meydanında böyle mi hareket edeceksiniz? Yok olmuştur o birlik!" Arazi üzerindeki bu tatbikat bir ay sürdü. Serez'de başlayıp Cuma-i Bala'da bitti. Kolordu Kurmay Başkanı Yarbay Selâhattin bir puttu sanki! Ama Mustafa Kemal bir hayli daha kolağasılığında kaldı.

"Güçlüklerden bıkıp usandığı da olmuştur, sanıyorum. Akşamları evine giderken Kolordu Karargâhı yolumun üstünde olduğu için arada bir attan iner, Mustafa Kemal'in yanına gider, lâf atardık. Bir defasında onu yapayalnız buldum. Nuri (Conker) ve İzzettin (Çalışlar) gitmişlerdi. Beni dostça karşıladı: "Siz şöyle buyurunuz, benim bitirilmesi gereken bir işim var, sonra beraber çıkarız," dedi. Çok sürmedi, birlikte çıktık. İki yolun kavşağındaki bir çeşmenin yanında birden durdu: "Hakkı Bey ben askerlikten çekileceğim, bir yere mutasarrıf olup gideceğim," dedi. Dona kaldım: "Aklınızı mı kaybettiniz? Olacak iş mi bu? Ben şahsınızda büyük bir kumandan görmekteyim" deyince, kaba bir küfür savurarak: "Ben bu heriflerle anlaşamıyorum, onlarla yapamayacağım," dedi. "Biraz sabırlı olun. Onların ömürleri uzun değildi. Her şey düzelecek," cevabını verdim. Beyazkale bahçesine girdik. İçerken hep aynı sözleri tekrarladım: "Böyle bir şey yapmayacağınızı söyleyin de evime rahat gideyim" dedim. Güldü. Yıllar sonra Anafartalar zaferi olunca ona Biga'dan bir telgraf çektim ve şöyle dedim: "Kehanetimin bu kadar çabuk çıkacağını tahmin etmezdim. Zaferinizi tebrik ederim." Artık ordudan ayrılmıştım. Emekliydim. Bana telgrafla cevap verdi, teşekkür etti ve karargâhına davet ederek, Akbaş'a çıkınca bana telefon et, otomobilimi gönderir, sizi aldırırım diyordu. Çok sevindim. En iyisinden iki binlik rakı ve birçok meze hazırladım. Bir arabaya atlayınca Çanakkale'nin yolunu tuttum. Ama felek yar olmadı, düşmanın attığı bir bombadan ayağım yaralandı. Biga'ya döndüm. Ona emanetleri gönderdim. Bir mektubunu aldım."

Bu sıralarda Arnavutluk'ta ayaklanmalar vardır. Bir türlü yatıştırılamaz. İki komutan birbirlerini kıskanmışlardır. Birinin yaptığı ötekine uymaz.

İstanbul'dan Harbiye Nazırı Mahmut Şevket Paşa'nın gönderilmesi lâzım gelir. Mustafa Kemal Selânik'te kurmay heyetindeki görevindedir. Sanki bir gün bu işi çözmek ona düşecekmiş gibi de Arnavutluk'taki hareketleri inceleyip durur. Her şey kötü gitmektedir. Asker Çilova boğazını bir türlü geçemez. Hattâ Cafer Tayyar (Sonra general) Çilova boğazını geçmek için aldığı emre:

— İtaat varsa da takat yok, diye o vakit ağızdan ağza dolaşan cevabı verir.

Başlangıçta ayaklanmayı ne kadar hafife aldıklarını gösteren bir fıkrayı o vakit orada hizmette bulunan Aziz Samih'ten dinlemiştim. Komutan:

— Telâş etmeyin çocuklar, demişti, bunlar bir somun ekmeği, biraz kalkandelen dolması, birkaç da fişekle gelirler. Birkaç gün sonra iki bini ekmek ve fişek almak için döner, yarısı geri gelir. Sonra bini gider, yarısı döner. Geri kalanları da ben üç beş altına satın alırım.

Mahmut Şevket Paşa komutayı almaya geldiği için yanında kurmayı yoktu. Selânik'te kendisine Mustafa Kemal'i verdiler. Daha trene binince, Harbiye Nazırının geldiği belli olması için emir yağdırma isteği belirir. Mustafa Kemal:

— Aceleye lüzum yok, bir defa durumu anlayalım, der, önüne geçer.

Üsküp'te komutan Şevket Turgut Paşa'yı telgraf başına çağırırlar. Nerede hangi kuvveti olduğundan haberi yok. Kurmay Başkanı da öyle. Kurmay heyetinden Kâzım Karabekir gelir. O da karanlıkta. Fakat karşı taraftan konuşanın yalnız kolağası Mustafa Kemal oluşu hepsini çileden çıkarır. Hele pek kıskanç olduğu için Kâzım Karabekir ifrit kesilmiştir.

Mustafa Kemal, Mahmut Şevket Paşa'ya:

— Durumu görüyorsunuz. Eğer muvaffak olmak isterseniz Selânik'ten bazı arkadaşları getireceğiz, diyor. Nuri, İzzettin gibi yakınlarından bir takım kendilerine katılmıştır. Mustafa Kemal kendini anlıyan bu arkadaşları kuvvetlere dağıtmıştır. Bastırma hareketi başarı ile sona ermiştir. Geçilemeyen boğazda kimsenin burnu bile kanamaz. Başarı Mahmut Şevket Paşa'nındır ama, hareketi Mustafa Kemal ve arkadaşları idare etmişlerdir. Bir veya yukarı rütbede olanlar bunu çekememişlerdir. Mahmut Şevket Paşa'dan Selânik'ten getirdiklerinin orada bırakılmamasını istemişler. Maksat hepsini rütbelerinin yerine oturtmak ve üstlerinden yahut yan yana bakmak. Mustafa Kemal yalnız kendi gitmekle kalmaz, arkadaşlarını da götürür. Son akşam kurmayların sofrasında:

— Kalırım, ama hepinize kumanda etmek için kalırım, eğer isterseniz...

Mustafa Kemal 1910'da bir ara Fransa'da Picardi manevralarına gitti. Topçu Rıza Paşa ve Ali Fethi ile beraberdi. Her akşam harita üzerinde ertesi günkü hareketler üzerine tahminlerde bulunulurmuş. Mustafa Kemal sıkılgan mizaçlıydı. İyice açılıp konuşabilmesi için bu sıkılganlığı giderecek kadar sinirlenmeli, ya bir görev heyecanı doğmalı yahut içki ile silkinmeliydi. Fransızcası da serbestçe konuşabilecek kadar kuvvetli olmamıştı. Mustafa Kemal kalpaklı Osmanlı subaylarını kendilerinden bile saymayan, parlak üniformalı, iddialı ve gururlu yabancılara biraz ürkerek yaklaşmış, yavaş yavaş farkına varmış ki, birçokları hayli basittirler. İtici ve uzaklaştırıcı dekorun altındaki zaafı sezince kendine cesaret geldi. Bir defasında arka arkaya iki üç konyak içerek haritaya yaklaştı. Biraz kendi, biraz arkadaş yardımı ile ertesi günkü hareketler üzerine tahminlerini söyledi ve hareketleri takip etmek için en iyi yerin onlar tarafından seçilen yer olmadığını ileri sürdü. Yukardan şöyle bakıştılar ve dağıldılar. Ertesi gün Mustafa Kemal hak kazandı. Sofrada yanına bir miralay düştü. Bir aralık ona dedi ki:

— Dün akşam sizin dediğiniz herkesinkinden doğru idi, fakat...

Bir şey söylemekle söylememek arasında duraklama geçirdikten sonra Mustafa Kemal'in başını göstererek:

— Ne diye bu tuhaf başlığı giyersiniz, başınızda bu oldukça kafanıza kimse itibar etmez, der.

Tenkitlerini hoş görmeyen üstlerince Selânik'te 38. Piyade Alayı Komutanlığına tayin edilmesi de mesleğinde ciddi bir adım olmuştur. Hikâyeyi o zaman o aynı alayın birinci taburunun üçüncü bölüğünde takım komutanı bulunan Ziya Kılıç'tan dinleyelim: "Alay komutanı Miralay (albay) Sadettin Bey gözlerinden rahatsız olduğu için izin almıştı. Aynı günün akşamı kolordunun günlük emrinde beşinci kolordudan kurmay kolağası Mustafa Kemal Bey'in alay komutanlığı vekilliğine tayin edilmiş olduğu bildiriliyordu. O vakit alaylar dört taburlu idi. Bu alayın tabur komutanı binbaşı rütbesindedir. Tabii bir kurmay kolağasının böyle bir alay komutanlığına getirilmesi bütün komutanları şaşırtmıştır.

Bir gün sonra alay komutan vekilinin alayı teslim almak üzere geleceği haber verildi. Alay kışla meydanında teftiş durumuna girdi. Biraz sonra beyaz ata binmiş, uzunca boylu, gür, dik bıyıklı ve keskin bakışlı kurmay kolağası geldi. Usul gereği en kıdemli tabur komutanı tekmil haberi verir. Mustafa Kemal Bey alaya yaklaşınca gür bir sesle:

— Merhaba asker, dedi.

O tarihlerde yoklama ve teftişlerde komutanlar askere:

— Selâmün aleyküm... derler, asker de:

— Aleyküm selâm... diye cevap verirdi. Alışmadığı bu tek kelimelik selâm karşısında asker biraz irkildikten sonra aynı kelime ile cevap verdi. İşte o tarihten sonradır ki, orduya bu tek kelime ile selâm usulü girmiştir.

Mustafa Kemal iki saat gibi kısa bir süre içinde bütün bölük komutanlarını, bölüklere basit tatbikat yaptırarak, imtihandan geçirmiş. Başarı gösteremeyenleri hemen Selânik'teki talimgâha yollayarak yeni askerî usulleri öğrenmelerini sağlamış. Kısa zamanda 38. Alayı kolordu içinde örnek hale getirmiş. Herkes tarafından anlaşılmış ki, bu 28 veya 29 yaşındaki kolağası, rütbelerin basit sınırları içinde kalacak ve ölçülecek bir kimse değildir.

Bir gece tatbikatından sonra Selânik'in doğusunda bulunan Karaburun'a doğru yürüyüş yapıyorlardı. Mustafa Kemal alayın başındaydı. Ufuk ağarmış, güneş doğmak üzere... Birden:

— Çocuklar, dedi, nerede ise şafak sökecek. Yıllarca bu vatanın ufuklarında parlak bir güneşin doğmasını bekledim. Bakalım bu sabaha...

Güneş doğdu. Fakat geceden kalma bulutlar pırıltısını gölgeliyordu. Mustafa Kemal:

— Hayır, hayır! Beklediğim bu kara bulutlarla örtülü güneş değildir. Ben bulutsuz, gölgesiz bir güneşin doğmasını bekliyorum ve bekleyeceğim.

Selânik'te bulunan bütün garnizon birlikleri alayın tatbikatına kendiliklerinden katılmaktaydılar. Verdiği konferanslara başka subaylar da geliyordu. Adeta bütün subaylar onun çevresinde ve çekiciliği altında idi. Bu durumdan hoşlanmayan üçüncü ordu müfettişi kendisini Selânik'ten uzaklaştırmak için İstanbul'da Genelkurmay Başkanlığı Dairesi'ne tayin ettirmiştir. 13 Eylül 1911.

Fakat İtalyanlar 27 Eylül 1911'de Libya'ya saldırdıklarında Mustafa Kemal İstanbul'a değil, Afrika'ya gidecekti.

Balkan Savaşı'nda donanmamız yenildiği vakit başında bulunduğu Hamidiye kruvazörü ile denize açılarak Yunan kıyılarını döven, bir hayli zaman yakalanmaksızın Akdeniz doğusunu korkusu altında tutan Rauf (Orbay) -ki Birinci Dünya Savaşı'ndan sonra İzzet Paşa kabinesinde Bahriye Nazırı olmuş, Mondros Mütarekesi heyetine başkanlık etmiştir- Saltanat rejimine bağlı ve gelenekçi olduğundan Cumhuriyet devrinde Atatürk'ten ayrılmış ve onunla dargın olarak ölmüştür, kültürü kıt, dünya görüşü dar, fakat namuslu bir adamdı. Nitekim Atatürk öldükten yıllarca sonra Kuvay-ı milliye devrinin Kâzım Karabekir, Refet Bele ve Ali Fuad Cebesoy gibi "büyük" tanınmışları ile bir toplantıda:

— Hiç birimiz olmasaydık, Kurtuluş Savaşı'nı Atatürk gene başarırdı. Ama o olmasaydı hiç birimiz onun yaptığını yapamazdık, deme dürüstlüğünü göstermiştir. Mustafa Kemal'in Libya sergüzeşti üzerine onun hâtıralarında aydınlatıcı bilgiler vardır.

Rauf Orbay, Mustafa Kemal'i kendisinin de gönüllü olarak katıldığı Hareket Ordusu İstanbul kapılarına geldiği vakit Mahmut Şevket Paşa karargâhında tanımıştı.

Mustafa Kemal 31 Martta, Birinci Ordu ayaklanması sebeplerini şöyle anlatmıştı:

— İttihat ve Terakki reisleri hükümet kuvvetini meşruluk prensiplerine aykırı olarak, şahıslarında toplamışlar ve serbest seçimle gelen bir millet meclisi yerine asker kuvvetine dayanarak zor ve şiddet kullanmışlardır. Bu fikrimi ittihatçı arkadaşlarıma söyledim, durdum, fakat anlatamadım.

Biraz sonra Harp Divanında görev alan Rauf Bey yargılama sırasında Mustafa Kemal'e hak verdiğini ve artık İttihatçı şahsiyetlerle eski yakınlığını kaybettiğini de söyler.

Hâtıralarını anlattığı sırada ben Atatürk'e sormuştum:

— Afrika'ya gidip İtalyanlarla dövüşmek faydasızdı. Bir başarı umuyor mu idiniz?

— Hayır... Fakat Enver ve arkadaşları gideceklerdi. Halk gitmeyenleri vatanseverlik görevini yapmamış sayacaktı. Sizin kahramanlığınız lâfta, diyecek olanlar da çoktu.

Selânik'te sefere hazırlandığı sırada arkadaşlarına:

— Trablus dönüşünde gene buralara gelebilecek miyim? Selânik'i Türk elinde görebilecek miyim? diye hayıflanıyordu.

Arnavutluk hareketleri sırasında kurmay başkanlığı ettiği Harbiye Nazırı Mahmut Şevket Paşa'ya da ordu üzerine fikirlerini söylemiş, sonra:

— Paşa'nın da Cemiyete söz geçirebildiği yok... demişti.

İtalya'ya geçmek üzere Mısır'a gitti. Yanında İttihat – ve– Terakki Cemiyetinin Miting hatipliğini yapan Ömer Naci ile fedayi subaylardan Sapancalı Hakkı ve Yakup Cemil birlikte idi. Bunlar hem orduda, hem politikada idiler. Mustafa Kemal için hiçbir zaman anlaşmadığı Enver'le iş birliği yapmak da bir fedakârlıktı. Rauf Bey bu subayları yanında görmesine şaştığını söylemesi üzerine Mustafa Kemal:

— Ömer Naci ile eski dostluğum var. Konuşmaktan hoşlanırım. Ama hiçbiri ile fikir birliğim yok. Ne yaparsınız, zorlayıcı haller beni yol arkadaşlığına mecbur etti cevabını verdi.

Yıllar sonra bana yetişme yolunda Libya'daki savaşında ikinci imtihanını verdiğini anlatmıştı:

— Orada subay sıfatlı haydutlar vardı. Elleri tabancalarında idi. Fedayi ve kabadayı. Bunlar kızınca öldürmekle tanınmışlardı. Benim için ya ölmek, ya bunlara emretmek lâzımdı. Silâhıma tutundum. Çadır altında şiddet gösterdim. Sert davrandım. Emirlerimi kendilerine geçirdim. En sonunda hepsine hükmettim.

İlk attığı zar kendi hayatı idi. Böyle ittihatçı fedayilerin kendi lugatinde karşılığı "kasap"dı.

Okurlarım birinci ve üçüncü imtihanlarının ne olduğunu merak edeceklerdir. Sırası değilse de kendinden aldığım gibi anlatayım: "Birinci imtihan Harbiye'de ve subay olduğum sıralarda başımdan geçenlerdi. Üçüncü imtihan, Dünya harbinde beni doğu cephesine gönderdiler. Herşey bozuk. Ordu bitkin. Kendi şerefimi ve orduyu kurtarmak lâzım. Uzun bir savaşma ile başardım. Bu tecrübeler bana sabrı, bir fikre bağlanmayı ve o fikirde durmayı ve sonra da insanları öğretmiştir."

Sonra bakışları pırıldayarak:

— Bir gerçeği de öğrenmiş oldum: Tehlike insandan kaçar!

Enver Libya'da Bingazi bölgesinin sivil ve askeri idaresini üstüne almıştı. Enver İttihatçı liderler sırasında idi. Aralarında anlaşmazlıklar çıkacağına şüphe etmeyen Rauf Bey bu şüphesini kendisine sezdirince Mustafa Kemal:

— Karşınızda düşman var. İtalya orduları ile çarpışmak için yoktan kuvvet var etmek lâzım. Bir de siyasi fikirler yüzünden ayrılığa düşersek sonu bozgundur, dedi.

Rauf Bey'in, "Belki Bingazi bölgesine gitmemeniz doğru olmaz," demesi üzerine de,

— Bana verilecek askerî görevleri yerine getirmek ve siyasî tartışmalardan kaçınmak kararındayım. Vakit geçirmeden düşmanla vuruşmaya gidiyorum. Herhangi bir sebeple bunu yapamayacak olursam dönmeyi başka herhangi bir davranışta bulunmaktan daha doğru bulurum, cevabını verdi.

Mustafa Kemal önce Tobruk'a gitti ve burada komutan bulunan Ethem Paşa'nın kurmaylığını üstüne aldı. Tobruk'taki İtalyan kuvvetlerine karşı saldırışa geçti. 9 Ocak Tobruk savaşı o çevrede ilk savaş ve ilk başarı olmuştur. Daha sonra Derne'ye giderek oradaki kuvvetlerin komutasını ele aldı.

Sonuna kadar Derne bölgesi komutanlığını başarı ile yapan Mustafa Kemal'in gösterdiği yüksek kabiliyet oradaki muhaliflerinin de dikkatini çekti. Mustafa Kemal 25/26 Nisan 328 tarihi ile ve Derne Osmanlı kuvvetleri komutanı imzası ile yazdığı bir mektupta der ki: "Bilirsin, ben askerliğin her şeyden fazla sanatkârlığını severim. Burada sanatın bütün gereklerini uygulayacak kadar zaman ve bu zamanla edinilebilecek vasıtalar olursa, işte o vakit milletin istediği hizmeti yapmış olacağız. Hayatımın bugününe kadar orduya faydalı bir kimse olmaktan başka vicdanımda bir emel beslemedim. Çünkü vatanı korumak ve milleti mesut etmek için, her şeyden önce ordumuzun eski Türk ordusu olduğunu dünyaya bir daha göstermek lâzım olduğuna çoktan inanmışımdır. Bu inanç yüzünden, ihtimal, ifratçı görünmüşümdür. Fakat zaman saf ve temiz kafalardan çıkan hakikatleri -kabul edilmese de- bir gün uygulandırır. Bu gece Derne kuvvetlerimizin bütün kumandanları ve subayları ile bir akşam eğlencesi tertip etmiştik. Mektubumu çadırıma dönüşümde yazıyorum. Bu güzel kalpli, kahraman bakışlı arkadaşlarımın, bu küçük rütbeli, fakat düşmanı titreten büyük kumandanların gözlerinde vatan için ölmek aşkını okuyorum. İçimde büyük bir sevinç ve gurur ile kendilerine "Vatan mutlak selâmet bulacak, millet mutlak mesut olacaktır. Çünkü kendi selâmetini, kendi saadetini, memleketin ve milletin selâmeti için feda edebilen vatan evlâtları çoktur," derim.

Zaman geçtikçe Mustafa Kemal'e bağlı olanlarla Enver'i tutanlar arasında sürtüşmeler kendini göstermiş ve azmak üzere iken, Balkan Savaşı çıkması üzerine, iki komutan da vatana dönmüşlerdir.

1911'de Bingazi Savaşı'nda bulunan bir Fransız muhabiri Enver'le Mustafa Kemal arasında şu kıyaslamayı yapmıştır: "Enver büyük planlardan, büyük fikirlerden çabuk umutlanır, canlanırdı. Teferruatla uğraşmazdı. Mustafa Kemal realistti. Parlak projeler, göz kamaştırıcı her şey onda bir güvensizlik yaratırdı. Büyük fikirler onu büyülemezdi. Onun amaçları sınırlıydı. İnce hesap ve uzun yargılamadan sonra karar verirdi. "Takribî" ve "umumi" ile yetinmez, sağlam esaslar ve rakam isterdi."

Hekimlerimizden biri de kendisini bir çöl karargâhında nasıl tanıdığını şöyle anlatmıştır: "Komutan hasta, yataktadır, sizi öyle kabul edecek, dediler. Mustafa Kemal Bey çadırda portatif karyolasında oturuyordu. Eşyası bir portatif masa, iki iskemle, bir de yere serilmiş kurt postundan ibaret. Bir gözünde kan var. Sık nefes almakta. Elini sıkarken ateşi olduğunu da hissettim. Pek güçlükle bir hastanede birkaç gün tedavi olmaya gönderebildik."

Balkan Savaşı'ndan önce İttihat ve Terakki iç kargaşalık ve hoşnutsuzluk yüzünden iktidarı muhaliflerine bırakmıştı. Her türlü gücenmişlerin, bu arada ayrılıkçı Arnavut, Rum, Bulgar, Sırp ve Arap politikacılarının kendileri ile işbirliği ettikleri muhalifler, içlerinde bulunan fesatçı ve Türk olmayan arka niyetli kimselerin kışkırtması ile Trakya'daki orduyu terhis ettiler. Harbiye Nazırı iken Mahmut Şevket Paşa bu kuvvetleri iyice silâhlamıştı. Yunanistan, Sırbistan Karadağ ve Bulgaristan ellerine geçen fırsatı kaçırmayarak saldırıya geçtiler. Hükümet ve ordu şaşkına döndü. Koca devletin yıkılacağına hiç ihtimal vermeyen, bilâkis Balkanlı orduların yenileceğini sanan Büyük Devletler, statükonun bozulmasına izin vermeyeceklerini bildirmişlerdi. Oysa birkaç hafta içinde her yerde yenildik. Avrupa Türkiye'sini kaybettik. Bulgar ordusu Çatalca'ya geldi, dayandı. Hiç unutmam Manastır düştüğü vakit hece vezninde bir şiir yazmaya başlamıştım. Ben şiiri bitirinceye kadar Edirne düştü. Hece sayısı uyduğu için adını Edirne'ye çevirdim. Bu şiirim "Tanin" gazetesinin ilk sayfasında çıktı. Artık Edirne'yi de Bulgarlara bırakmayı kabul ederek barış yapmaya karar vermiştik. Büyük Devletler biz yenilince statüko antlarını unutmuşlardı.

Mustafa Kemal 24 Ekim 1912'de İstanbul'a dönmek üzere iken Mısır'da Avrupa Türkiyesini kaybettiğimiz ve Bulgar ordusunun İstanbul kapılarına geldiğini duydu. Avrupa yolu ile Romanya üstünden İstanbul'a geldi. Makedonya ve Selânik artık düşman elinde idi. Bab-ı Âli Caddesinde "Meserret" kıraathanesinde birkaç asker arkadaşına rastlamıştı. İstemeye istemeye yanlarına gitti. Selânik'ten söz açarak:

— Nasıl bıraktınız? Selânik'i bu kadar ucuz nasıl düşmana teslim ettiniz? diyordu.

O böyle bir felâketin geleceğini bildiği için ordunun politikadan çekilerek onun karşılamaya hazırlanmasını istiyordu. Gerçekten dediği gibi çalışılsaydı Rumeli elden gitmezdi. Bunun belgesi şudur ki Büyük Devletler Osmanlı Devletinin Balkanlıları yeneceklerine inandıkları için Statüko'yu ortaya atmışlardı.

Mustafa Kemal'i Gelibolu yarımadasını korumak üzere Bolayır'da toplanan Akdeniz Boğazı kuvvetleri "Harekât" şubesi müdürlüğüne tayin ettiler. (25 Kasım 1919) Kurmay Başkanı Fethi (Okyar) idi.

Rauf Orbay hâtıralarında diyor ki: "Bulgarlar Çatalca savunma hattını aşamayınca Gelibolu yarımadasına doğru saldırış hazırlıklarına başlamışlardı. Biz de Yarımadayı Bolayır tarafından savunmak için Ferik Fahri Paşa komutasında bir kolordu göndermiştik. Bu kolordunun kurmay başkanlığına Trablus'tan dönen Ali Fethi Bey, Harekât Şubesi müdürlüğüne de Derne'den dönen Mustafa Kemal Bey tayin edilmişlerdi. Kolordu karargâhı Maydos'daydı. Donanma da Maydos karşısında bulunuyordu. Vakit buldukça Maydos'a gider, ikisini de ziyaret ederdim. Bazan donanma kumandanlığı adına onlarla askerî görüşmeler yapardım. Bu arada bir defa donanma koruması altında denizden asker çıkararak yapılacak bir saldırıya karşı yarımadanın nasıl savunulabileceğini inceleyen kolordu kurmay heyeti görüşmelerinde hazır bulundum. Yarımadanın batı kıyısında asker çıkarmaya elverişli kumsallar istihkâmlanırsa çıkarmaya engel olacaklarını ileri sürenlere Mustafa Kemal Bey'in karşı koyduğunu iyiden iyiye hatırlıyorum. Mustafa Kemal Bey düşmanın donanma ateşi altında karaya çıkabileceğini kabul etmek gerektiğini, savunma tertiplerinin ancak bundan sonra alınması doğru olacağını söylüyor ve bu fikrine karşı olanlara sinirlenerek:

— İstediğiniz kadar tel örgü engelleri koyunuz. Parçalar çıkarım. Karada ilerlememi önleyecek üstün kuvvet yoksa yarımadayı pekâlâ ele geçiririm, diyordu.

Mustafa Kemal Bey, Bingazi bölgesinde İtalyanların donanma korurluğu ile karaya asker çıkarmalarından ders almıştı. Oradaki kurmay subaylar arasında donanma top ateşinin tesiri hakkında doğru ve pratik fikri olduğunu gördüğüm ilk şahsiyet Mustafa Kemal Bey'dir. Balkan Harbi'nde bunu bilmemek yüzünden başarısızlığa uğradığımız bilindiği halde ne yazık ki fikirlerini düzeltmeyenlere Birinci Dünya Savaşında da rastladım. O günlerde Fahri Paşa kolordusuna karşı Eskâmil tepesine dayanan bir Bulgar tümeni bulunuyordu. Bu sırada Marmara'nın Rumeli kıyısında bir noktaya kuvvet çıkararak Çatalca'daki Bulgar ordusunun çekilme hattını kesip ve onu iki ateş arasında bırakarak yenilgiye uğratmak için hazırlıklar yapılmaktaydı. Bu maksatla Ferik Hurşit Paşa komutasında bir kolordu kurulmuş, kurmay başkanlığına da Yarbay Enver Bey tayin edilmişti. Ben düşman kıyılarına akın etmek için Akdeniz'e açıldığım vakit plân uygulanmış, fakat başarı elde edilememiştir. İki kolordunun hareketlerini idare eden Enver Bey'le Ali Fethi ve Mustafa Kemal Bey'ler arasında anlaşmazlık çıkarak orduda ikilik kendini göstermişti."

Bu arada Balkanlı müttefikler birbirlerine girdiler ve Sırbistan, Yunanistan, Romanya birleşerek Bulgaristan'a hücum ettiler ve onları kolayca yendiler. Şimdi fırsattan faydalanarak Trakya üstüne yürümek ve hiç olmazsa Edirne'yi geri almak lâzımdı. Halbuki Edirne'yi Bulgaristan'a vermiştik. Büyük devletler, hele Rusya ne de öteki devletler geri almaklığımıza engel olacaklardı. Böyle bir tehlikeyi göze almak için hükümeti devirmek, Bab-ı Âli'yi basmak, belki Harbiye Nazırını öldürmek gerekecekti.

Hükümeti devirmek hareketinden önce Talât Bey Gelibolu'ya gelerek Mustafa Kemal'i görmüş, sonra birlikte Fethi Bey'in yanına gitmişler. Talât kendilerine gene birlikte çalışmayı teklif etti. Mustafa Kemal bir aralık:

— Siz partinin başından çekilecek misiniz? diye sordu.

— Niçin? Beni öldürmek mi istiyorsunuz?

— Hayır, biz size lâyık olduğunuz yeri vereceğiz.

Talât İstanbul'a döndükten sonra Ali Fethi İstanbul'da önemli bir vaka olacağından hemen gelmesini isteyen bir telgraf aldı. Gitti. Yapacaklarını haber verdiler. Nazım Paşa'yı öldürme kararına isyan etti. Yapmayacaklarını vaat ettiler, döndü. Mustafa Kemal:

— Fakat düşündüklerini yapacaklar, dedi.

Nitekim dediği çıktı. Bab-ı Âli baskıncılarının başında Enver vardı. İttihatçılar iktidara gelince orduyu yürüttüler. Enver bir koşu Edirne'ye giderek, savaşsız kansız bir kahramanlık daha elde etti.

Bir müddet sonra Enver hem Paşa hem Harbiye Nazırı olacaktı. 4 Ocak 1914 tarihli gazetelerde Bingazi'deki hizmetlerinden dolayı zam olunan üç sene kıdemli miralaylığa (albay) ve Balkan Harbindeki fedakârlığına mükâfeten üç sene daha **zam ile mirlivalığa (tuğgeneral) terfi eden Enver Paşa Harbiye** nezaretine tayin edilmiştir, haberi çıktı.

1908'de Talât onu ileri sürmüştü. Enver düzenli yetişmemiştir. Alay, liva, tümen gibi birliklere sıra ile kumanda etmemiştir. Makedonya'da çete kovalamış. Trablus'ta çete başlığı yapmış ve Balkan Harbinde Bolayır'da birdenbire bir kolorduyu karaya çıkarmak istemiş ve bozulmuştu. Harpte de bir orduya kumanda etmeye kalkarak Sarıkamış bozgununa uğrayacaktı. Mustafa Kemal bana demişti ki: "Bu yetişmezlik yüzünden de emir verirken, verdiği emirlerin yapılabilip yapılamayacağını bilemezdi."

İttihatçılar Fethi'yi de Mustafa Kemal'i de artık yadırgıyorlardı. Enver'in Harbiye nazırlığını orduda içine sindiremeyecekler arasında Fethi'nin de bulunacağına şüphe yoktu. Onu askerlikten alarak parti umum kâtibi yapmayı düşündüler. Fethi'nin evine yerleşen Mustafa Kemal belki bu yoldan bir şeyler yapılabileceği umuduna kapılarak kabul etmesinde ısrar etti. Fethi umum kâtip olunca ilk iş olarak İttihatçı fedailerinin maaşlarını kesti. Onun komitecilikle hiç ilgisi yoktu. Bütün fedai takımı ve onları tutanlar aleyhine birleştiler. "Ne yapacakmışım, partinin parasını onlara mı yedirecekmişim?" diyordu. Kongre yaklaştığı sırada Fethi ve Mustafa Kemal bir nutuk hazırladılar. Nutkun umumî kâtip tarafından söylenmesi tabii bir şeydi. Fethi'nin neler söyleyeceğinden şüphelenenler bir oyun tertip etmişler. Şükrü Bey (sonra Maarif Nazırı ve Suikastçı) tarafından söylenmek üzere bir nutuk hazırlanmış. Toplantı açılınca Fethi Bey daha yerinden kımıldamadan Şükrü Bey kürsüye çıkmış. Merkezi Umumi'nin resmî nutkunu çekmiş.

Bir gün o ve Mustafa Kemal otururlarken Talât geldi:

— Birkaç sözüm var, diye Fethi'yi odadan çıkardı. Fethi döndüğü vakit kendisine Sofya Elçiliğini teklif ettiğini haber verdi. Mustafa Kemal:

— Kabul ettin mi? dedi.

— Evet, çünkü durum çok önemli imiş. Cemal Paşa ile de görüşmüşler. O beni sever, bilirsin.

İkisi birlikte Cemal Paşa'ya gittiler. "Çok önemli. Hattâ sen de beraber git. Ataşemiliter olursun. Hem hizmet edersin, hem faydasız didişmelerle yıpranmazsın" dedi.

Mustafa Kemal büyük işler görmek isteyen insanlar için sabırlı olmak, boşuna olayları zorlamak, fırsat kollamak gerektiğini bilirdi. Bu gibi insanlar telâş ve acele ile çıkmazlara saplanmamalıdırlar. Askerlikte çok zaman rütbeleri çok üstün ikinci sınıf kimselerin arkasında kalmayı bilerek başarılar kazanmıştı. Kendini ortaya atmayı, türlü hırslar arasında bunalıp kalmamayı öğrenmiş ve denemişti. Bir kimse, ölmedikçe daima vakti vardır.

Mustafa Kemal kenara çekilmeyi bildi. Ataşemiliterlik görevi ile Sofya'ya gitti.

O her işinde ciddiydi. Ataşemiliterlik işlerine de kendini verdi. O kadar ki bir müddet sonra Bükreş, Belgrat ve Çetine ataşemiliterlik görevlerini de kendisine verdiler.

1914-1918

BİRİNCİ DÜNYA HARBİ

Benim Mustafa Kemal'i tanıyışım Balkan Savaşı sonlarına rastlar.

1913 Ağustosu'ndayız. "Tanin" gazetesinde devamlı gazeteciliğe başlamıştım. Edirne'yi Bulgar'lardan geri almıştık. Veliahd Yusuf İzzettin Efendi'nin Trakya'ya giderek ordu ve halk ile temaslarda bulunmasına karar verilmiş. Hem bu yolculuk üzerine haberler göndermek hem de Trakya için röportajlar yapmak görevi ile ben de "Tanin" muhabiri olarak aynı trende gitmek için İstanbul muhafızlığından izin almıştım.

Enver Bey'i, ilk defa, sınıf arkadaşı Selâhaddin Adil Bey'in tavsiyesi ile orada tanıdım. Enver Bey binbaşıydı, ama kumandanı var mıydı, kimdi, şimdi bile bilmiyorum. Hurşit Paşa'sına hiç rastlamadım. Asıl rütbesi Hürriyet kahramanı ve müttefiklerinin saldırışına uğradığı için askerlerini çekip götüren Bulgar'ların boşalttığı şehre ilk giren olduğu için, o sırada Edirne'nin de fatihiydi.

Ordu, İttihat ve Terakki Cemiyetinin gene de asıl kuvveti idi. Küçüğü büyüğün üstüne geçiren askerlik dışı "önemli"ler hiyerarşiyi alt üst ettiği zaman, bir ordu bu disiplinsizliğe nasıl dayanabilir? Nitekim ilk meşrutiyet yıllarında generaller, yüzbaşıların oynattığı mankenler gibi görünmüştür. Politika ile uğraşan ordunun, bir despotluğu yıkmakta ve milleti hürriyete kavuşturmakta samimi de olsa, nihayet hürriyet rejimini diktatörlüğe sürükleyip götüreceğine, sanki tarihin ihtiyacı varmış gibi, bir misal de biz hazırlıyorduk. Bir müddet sonra orduyu gençleştirme davası ortaya atılacaktı. Gençleşen ordunun başına Enver geçecekti. Ordunun başına geçen Enver, Harbiye Nazırı Enver Paşa kısa zamanda rejimin başlıca otoritesi olacaktı. Daha o vakit kahramanlık kıskançlığı ordunun, sıtma gibi, sık sık nöbet yapan bir hastalığı idi.

Kendisini ilk gördüğüm gün Bulgaristan sınırında bir köyden hemen gelmişti. Bulgarlar köyde kız aradıkları vakit onlara kızlı evleri gösteren bir ihtiyarı göstermişler. Gülerek:

— Dayanamadım, tabancamla öldürdüm, diyordu. Ne kadar da sevimliye benzer bir dış yüzü vardı.

Bir gün Vali Hacı Âdil Bey bir teftişe çıkacağını, beni de beraber alacağını haber verdi. "Tanin" gazetesine mektuplar yollayacağıma seviniyordum.

Önce Dimetoka'ya gidecektik. Burası, galiba bir Kolordu merkezi idi. Sonradan anladığıma göre, Hacı Âdil Bey'in bir görevi de Enver'le bu Kolordu arasındaki bir anlaşmazlığı yatıştırmak, bir soğukluğu gidermekti. Olay şu imiş: Müttefikleri ile harbe tutuşan Bulgarların Edirne'de dayanma imkânı yoktu. Yürüyüşe karar verdikten sonra, durum öyle imiş ki, şehre Fahri Paşa kuvvetleri girmeli imiş. Hâlbuki Enver, süvarilerini koşturarak Edirne'ye varmış ve gazetelerin gündelik kahramanı olmuş. Fahri Paşa'nın yanında Enver'in iki rakibi varmış: Fethi Bey, Mustafa Kemal Bey! Biri kurmay başkanı, öteki harekât şubesi müdürüymüş. Bunlar Enver'e kızmışlar. Hâlbuki üçü de İttihat ve Terakki'nin ileri gelen asker üyelerinden imişler. Hacı Âdil Bey, o buhranlı günlerde bu üç ordu genci arasındaki dargınlığın derinleşmesini önlemek için çalışacakmış.

"Tanin" gazetesine yolladığım 1 Ağustos tarihli mektupta şu cümle var: "Yarı yolu geçmiştik ki Fahri Paşa, Erkân-ı Harbi Mustafa Kemal Bey ve Kaymakam karşılamaya geldiler."

Akşam karanlığında bir eşraf evinin büyük salonunda toplanmışlardı. Fahri Paşa ve Fethi Bey sedirde idiler. İyice sarışın genç bir zabit bu sedirin karşısındaki duvarın dibinde bir iskemleye oturdu. Yakışıklı, temiz giyimli, keskin bakışlı, gururlu, bütün dikkatleri üstüne çeken bu subayın pek söze karıştığı yoktu. Fakat seziliyordu ki, bu olup bitenlerde onun rütbesinden üstün bir önemi vardır. Sonra, aralarında, Vali ile neler görüştüklerini, nasıl bir karara vardıklarını bilmiyorum. Bir gazete muhabiri idim. Böyle politika işlerinden kendisine bahsedilecek mevkide değildim.

Bu toplantı benim üstümde derin bir tesir bıraktı. Mustafa Kemal başı külâhlı, göğsü fişekli, omuzu tüfekli fedai komiteciler kılığında bir subay değildi. İtibarı olsa olsa başka değerlerden ileri gelmeliydi.

Mustafa Kemal adını, daha sonra, Birinci Dünya Harbinin pek karanlık günlerinde duydum. Kalıbımızla Suriye'de, canımız ve nefesimizle İstanbul'da idik. Çanakkale sökülüp düşman İstanbul'a girecek miydi? Böyle bir facianın rüyasını görürüz diye uyumaktan korkardık. Mustafa Kemal'in ismi, o vakit İstanbul'un kurtuluş hikâyesine karıştırmıştı. Enver'in rakibi olduğu söylendiğinden ve adı saklanmak istendiğinden onu büsbütün benimsemiştik. Bir sır gibi gizli gizli yayılıp içlere sinen şöhreti, Enver'i sevmeyen ve ona artık güvenmeyen genç subayların dillerinde destandı. Bir aralık "Harb Mecmuası"nda Ruşen Eşref'le konuşması yayınlandığı vakit, Enver'in veya ona yaranmak isteyenlerin emri ile baskı durdurulmuş, Mustafa

Kemal'in resmi çıkarılarak yerine Liman von Sanders'in resmi konmuş olduğunu duyuyorduk.

Enverci subayların da onun üzerine hikâyeleri vardı. Meselâ Doktor Nazım ve bir nüfuzlu İttihatçı aralarında konuşmaktaymışlar. Enver Paşa birden bire içeri girince susmuşlar. Başkumandan merakla:

— Her halde bana dair bir şeyden bahsediyorsunuz. Söyleyin bana! demiş.

— Mustafa Kemal'in niçin terfi ettirilmediğini konuşuyorduk, cevabını vermişler. Enver:

— İşte! demiş ve cebinden Çanakkale kahramanını generallik rütbesine çıkaran tezkeresini göstermiş. Sonra şunu ilave etmiş:

— Ama biliniz ki onu paşa yapsanız padişah, padişah yapsanız Allah olmak ister.

Bir aralık ben dördüncü ordu karargâhında iken Suriye'ye geldi. Karargâhta genç subaylardan öğrendiğimize göre kendisine Medine kumandanlığını teklif etmişler. O bu teklifi kabul etmedikten başka, oradaki kuvvetleri de Filistin cephesine çekmesini tavsiye etmiş. Doğru mudur, değil midir, sonradan anlamak bile istemedim. Fakat genç karargâh kurmaylarının: "Tam asker... İşte hakiki asker..." diye aralarında konuştuklarını hatırlıyorum. Harbin askerî politikasının da, harpteki iç politikanın da aleyhindeymiş. Bunların hikâyelerini kitabımda sırası gelince anlatacağım.

İstanbul'a döndüğümde kendisini şık bir asker makferlanı ile Lebon şekerlemecisinden çıkarken görmüştüm. Bütün parlaklığı üstünde, benzerlerinden yalnız tabii olarak ayrı değil, isteyerek ve özenerek ayrılış edinmek istediği de belliydi. İstanbul'da biraz daha bilgi edinmiştim, ne Almancı ne İngiliz veya Fransızcı idi.

İttihatçılara sorarsanız lüzumundan fazla "kendici" idi. Gururlu ve tenkitçi olarak tanınmıştı. Sevilen veya sakınılan, fakat bir türlü kayıtsız kalınmayan, gergin veya oku takmak gibi, onun hırsını da iktidara yaklaştırmak tehlikeli sayılan bir adamdı.

Harbin sonlarına doğru Ruşen Eşref'in Pangaltı taraflarındaki apartmanında bir fotoğrafını görmüştüm. Resimdeki paşa esvabı pek süslü ve resmî idi. Enli bir nişan kurdelasıyla, nemi ve dumanı üstünde ütüsü ile, bu esvabı Mercan yokuşundaki3 camekânlardan birine daha fazla yakıştırıyordum. Onu bir siper kılığında görmek istiyordum.

Fotoğrafın altındaki uzun "İthaf" yazısı, beyanname gibi bir şeydi. Bu yazı benim üzerimde Ruşen Eşref'e bir hâtıra olmaktan fazla, onun evine gelecek bütün gençlere bir seslenme etkisi bırakmıştı. Üslûp, Namık Kemal zevkinde ve çeşnisinde idi.

İttihat'ı tenkitlerini de bir türlü içimden atamadığım için, bu resimde bağlayan çözen, inandıran şüphelendiren, çeken, bırakan, sıcak mı soğuk mu, insanın dokunacağı gelen bir şahsiyet esrarlığı bulmuştum. Doğrusu askerden de yorulmuştuk. Enver'in yerine bir adam aramıyorduk. Bizi Enver'den de onun yerine geçeceklerden de kurtaracak, bir türlü tarif edemediğimiz bir memleket şartı arıyorduk. Üç harp, üçü de birbirinden beter harp, vatanı parça parça eden üç harp, destanlara el'aman dedirmişti. Her türlü kahramandan korkuyorduk.

Fakat Birinci Dünya Savaşı bozgunundan sonra denizden düşman donanması ve Yunan zırhlısı Averof, karadan Franchet d'Esperey İstanbul'a girdiğinden, vatan ve san-

---

3 O zamanlar asker terzileri Mercan yokuşunda idi.

cak ayaklar altına düştüğünden, padişahla vezirleri Afrika'daki kabile şeyhleri gibi aşağılaştıklarından beri, Mustafa Kemal'e Perapalas'ın alt kat salon penceresinde veya caddede rastladığım vakit:

— Acaba? derdim.

Yalnız bağlayıcılığı, çekiciliği ve inandırıcılığı kalmıştı. Ama ne yapacaktı? Nerede ve nasıl yapabilirdi?

Ne vakit, en uzaktan bile görsem, bir yerde toparlanmak bilmeyen o manevi çözülüş içinde, donuk, çağrışsız, fakat hiç iradesini kaybetmeyen bir bakışı vardı.

O günlerdeki hayatını bana çok sonra Çankaya'nın eski köşkünde anlattı. Kitabımda okuyacaksınız.

Sofya'ya dönüyoruz. Mustafa Kemal Bulgaristan başkentine geldiği vakit, Elçi Fethi Bey arkadaşı ya, nasıl olsa ev buluncaya kadar kendini misafir eder diye elçiliğe eşyaları ile gider. Valizlerini kapıda bırakarak yukarı çıkar. Fethi Bey henüz bekârdır. Bir müddet konuştuktan sonra Fethi Bey:

— Biraz şehri dolaşalım. Hava da almış oluruz, der.

İnerler. Elçi kapı önündeki valizleri görünce:

— Ne olacak bunlar? diye sorması üzerine pek sıkılan Mustafa Kemal:

— Otele götüreceğim, der ve çıkarlar.

Fethi Bey hasisti. Halbuki Mustafa Kemal Ankara'da Kuvay-ı Milliyeye Meclis Başkanı ve sonra Cumhurbaşkanı olunca, Fethi Bey ne zaman gelse ailesi ile beraber kendi evinin bahçesindeki ufak köşkte yatırıp kaldırırdı.

Mustafa Kemal Sofya'da Fransızcasını ilerletti. Hoca tuttu ve çalıştı. Pek çekici, iyi giyinen, dans eden, içen eğlenen bir erkek güzeli de olduğu için toplantı yıldızları arasında idi. Çok çeşitli zevkleri olduğu için fikir arkadaşları, olay ve eğlence arkadaşları, birbirinden pek farklı idi. Ömrünün sonuna kadar da böyle kalmıştır. Bir değişmez hâli toplantı havasına hâkim olmuştu. Hırsı ve gururu şüphesiz, hele içtiği vakitler, kırıcı denecek kadar sert ve yalçındı. Ordu ve politikada kendinden üstün gördüğü yoktu. Doğrusu bu da doğru idi. Sofya'ya gidinceye kadar daima haklı çıkmıştı. Hiçbir huyu ve davranışı İttihatçı ölçüsüne göre değildi. O devirde yaşama ve onun zevklerini yaratan şeyler, kadın, içki, açık eğlence, dans, flört, hepsi ayrı ayrı günahtır. Hiç olmazsa "gizli" olmalıdır. Kimse görmemeli ve duymamalıdır. Mustafa Kemal'in huyu da gizliliği gurur ezici bulması idi. Ahlâkın softaca da halkça da anlaşılma ve zorlama sıkı ve baskısına karşı idi.

İstanbul'da Madame Corinne denen bir dulla ilişkileri olmuştur. Sofya'dan ona Fransızca mektuplar yazmıştır. Bu mektuplar aynı zamanda Fransızca egzersizleri sayılabilir. Birinde içini şöyle döker: "Kış Sofya'da çetindir. Mevsimin başlıca eğlenceleri elçilikte geçirilen geceler, meslektaşlar arasında küçük toplantılar, bazen da kâğıt oyunları... Beni çok eğlendirmeyen ve hiç hoşuma gitmeyen bir hayat... Umarım ki senin eğlenceleri hiç eksik olmayan İstanbul'da daha hoş geçen bir hayatın var." Fakat mektup birdenbire parlayıverir: "Benim ihtiraslarımın gerçekleşmesini vatanıma büyük faydaları dokunacak, bana da yeterlikle yapabileceğim bir görevin canlı iç rahatlığını verecek büyük fikri başarmakta arıyorum. Bütün hayatımın prensibi bu olmuştur. Onu çok genç yaşımda edindim ve son nefesime kadar ona bağlı kalacağım."

Enver bir gün kendisine:

— Ne istiyorsun Kemal? diye sorması üzerine:

— Büyük kuvvetlere kumanda etmek istiyorum, demişti.

Bu Bayan Corinne'in Harbiye okulu karşısındaki evinde müzik toplantıları yapılırdı. İstanbul'un sanatçı veya batı eğitimli kimseleri bir araya gelirdi. Mustafa Kemal general olduktan sonra da savaş sırasında bu evin eğlencelerine katılmıştı.

Birinci Dünya Savaşı'na yaklaşıyoruz. Almanya Generali Von Sanders'in başkanlığı altında Türkiye'ye bir "askerî ıslahat" heyeti gönderilmiştir. Çanakkale ve İstanbul boğazlarını nüfuzu altında tutan bir durumda olduğu için İngiltere, Rusya ve Fransa protesto etmişlerdi. Enver Almancıdır: Ona göre bu devlet yenilmez. Mustafa Kemal'e göre Türkiye için harbe girmemek bir ölüm-kalım meselesidir.

İngiltere, Fransa ve Rusya, Türkiye'nin tarafsız kalmasını ister. Enver buna karşı Yunan topraklarından taviz ister. "Yapamayız. Fakat sizin toprak bütünlüğünüzü garanti ederiz. Memleketinizdeki Alman demiryollarına da el koyunuz. Size bunu hak olarak tanırız" derler. Enver, ordu benim emrimdedir, benim istediğimden başka türlü olmaz, direnişindedir. Meşrutiyet Türkiye'sinde iki çeşit emperyalizm ideolojisi başgöstermişti: Pan-İslamizm, Pan-Turanizm. Enver, Pan-İslamist'dir. Halifenin fetvasını alınca bütün Müslümanları ayaklandırabileceğini sanmaktadır. Kayzer Vilhelm de bu hayale az çok bel bağlamıştır. Goben ve Breslauv Alman savaş gemileri Çanakkale boğazından geçerek İstanbul'a gelmişlerdir. Gemiler sözde bize satılmıştır, ama Amiral de, subaylar da, erler de Alman kalmıştır. Yalnız kasketlerini fesle değiştirmişlerdir.

Harbe girersek doğu sınırımızda Rusya var: Denizden asker gönderemeyiz. Karadan yol yok. Demiryolunun son istasyonu Ankara. İngilizler Mısır'da Mezopotamya'ya asker çıkaracaklar. Bizim Bağdat demiryolu henüz ne Toros'u ne Amanosları aşmış değildir. Halep-Hicaz demiryolu dar hattır. Bu şartlar içinde savaşa girmek, nasıl olsa pek kısa zamanda Almanlar düşmanlarını yenecekler, biz ufak tefek fedakârlığımızın büyük karşılıklarını toplayacağız, diye düşünmektir. Sadrazamlığa kadar çıkan Talât Paşa, biz varlığımızı iki büyük devlet takımından birine bağlanmakla koruyacağımız inancındaydık, Almanlar ittifaklarına alınca girdik, şartları da yanlarında savaşmamız olduğu için harbi göze aldık, der.

Türkiye asker değil, bir sivil aydının da kolayca karar vereceği üzere, kendisine saldırılmadıkça eline tüfek almaması gereken bir durumda idi. Enver'in tek dayanağı Alman zaferi idi. Nitekim iki Alman harp gemisi Karadeniz'e çıkarak, Sadrazam ve Nazırların da haberi olmaksızın, Odesa'yı bombardıman etmiş, savaşı bir oldu bitti haline getirmiştir.

Mustafa Kemal bu ara bir de kaza atlatmış. Bir gün kendisine ataşemiliterlerin bağlı olduğu dairenin başındaki Almandan bir tezkere gelir. Mustafa Kemal Sofya'da oturmalı, oradan bütün Balkan merkezlerindeki ataşemiliterlik işlerine bakmalı imiş. Teklif saçma idi. Sert bir cevap verdi. İstanbul'da oturayım, oradan bütün merkezlerdeki işlere bakayım diye. Hâlbuki o sırada orduyu pek sıkı bir disiplin altında tutmak ve Alman idaresine itaat ettirmek için en şiddetli tedbir almaya karar vermişlerdi. Daire başkanı ilk ağır cezayı Mustafa Kemal'e uygulamak istedi. Enver Paşa: "İlk tecrübeyi Mustafa Kemal'de yapmayınız!" dedikten sonra, Almanın yanındaki Osmanlı kurmayını çağırarak: "Durum kötü olacaktı. Yaz, böyle yapmasın demiş.

Mustafa Kemal bu acı günlerdeki hâtıralarını bana şöyle anlatmıştı: "Ben kaymakam Mustafa Kemal Sofya'da ataşemiliter bulunuyordum. Harp çıktı. Alman askeri ıslahat başkan Liman Von Sanders'in Çanakkale'yi savunacak ordunun başına geçtiğini de henüz bilmiyordum. Osmanlı ordusunda hemen seferberlik yapılması bile düşünülecek bir mesele iken devletin Karadeniz'de hâlâ bugün bile nasıl geçmiş olduğunu öğrenemediğim bir olay üzerine harbe girilmiş olmasından şikâyetçi idim. Bu şikâyetlerim o vakit ne kadar manasız sayılmıştı. Çünkü ben yalnız şikâyetçi olduğumu söylemiyordum. Almanlarla beraber olanlar yenileceklerdir, diyordum. Bu sözlerim ise gerçekten çok elverişsiz bir zamana rastlıyordu. Çünkü Alman kuvvetleri dev adımlarla Paris üzerine yürümekte idiler. Türkiye'yi, bilerek veya bilmeyerek, aldatmak için çenelerini işletenlerin, doğru bir iş yapmak neşesi ile sarhoş oldukları günlerde, bir Sofya ataşemiliteri çıkmıştır, İstanbul'da bazı kimselere sayfalar dolusu tenkitler yapmakta, yanlış bir iş yapıldığını söylemektedir, bu adam delinin biri değil de nedir? Bir ara Talât'la İsmail Cambulat Bulgarları harbe girmeye kandırmak için Sofya'ya gelmişler, görüşmüşlerdi. Mustafa Kemal'i yanlarına bile almadılar. Dev gibi adımlarla ilerleyen Alman kuvvetleri sonunda Paris önünde takıldı, kaldı. Bütün memleketin bence açık bir felâkete atılmış olduğunu gördükten ve bütün Türk ordusunun bu felâketi, her ne pahasına, önlemek için kanını dökmeye hazırlanmasından başka çare kalmadığını anladıktan sonra benim hâlâ Sofya'da Kordiplomatik içinde rahat salon hayatı geçirmeme imkân olabilir mi idi? Başkumandanlık vekilliğine başvurdum. Ordu içinde rütbeme uygun herhangi bir görev istedim. Başkumandan vekili tarafından çok nazik bir cevap geldi: "Sizin için orduda daima bir görev vardır. Fakat Sofya ataşemiliterliğinde kalmanız çok önemli sayıldığı içindir ki sizi orada bırakıyoruz." Cevap verdim: "Vatanımın savunması ile ilgili fiili görevlerden daha önemli bir görev olamaz. Arkadaşlarım savaş meydanlarında ateş hatlarında bulunurken ben Sofya'da ataşemiliterlik yapamam. Eğer birinci sınıf subay olmak değerinde değilsem, inancınız bu ise lütfen açık söyleyin." Uzun müddet cevap gelmedi. O günlerde neler çektiğimi anlatamam. Gerekirse bir er gibi, herhangi bir cepheye katılmaya karar vermiştim. Onun için Sofya'daki evimin eşyalarını, Fethi Bey arkadaşımla anlaşarak, elçiliğe taşıttım. Hemen hareket edebilmek üzere küçük bir bavul hazırladım. Artık evi de bırakmak üzere iken "İsmail Hakkı" imzalı bir telgraf aldım. İmzanın üstünde "Harbiye Nazır Vekili" yazılı idi. "Ondokuzuncu tümen kumandanlığına tayin buyruldunuz. Hemen İstanbul'a hareket ediniz." Ben bu telgrafı aldığım vakit Başkumandan vekili Enver Paşa Sarıkamış savaşını yapıyordu. "Levazımat-ı Umumiyye Reisi" İsmail Hakkı Paşa da bu işlerinde ona vekillik ediyordu."

Sarıkamış Birinci Dünya Harbi'nde Türkiye'nin uğradığı en kanlı bozgunlardan biridir. Alay, tümen, kolordu ve ordu kumandanlıklarından hiçbirini yapmadan başkumandanlığa çıkan Enver Şark ordumuzu kar kış içinde Kafkas toprakları içine atmış ve "eritmiştir." Ben bu kitapta asker tenkitçilerin işleri ile ilgilenecek değilim. Fakat Sarıkamış bozgununun o vakit ordu içinde nasıl kötü tepkiler uyandırdığını hatırlarım. İleri sürülen tek özür şu idi: "Harp bir bütündür. Hindenburg Rus ordusu ile çarpışırken, Asya Rusya'sında o cepheye giden kuvvetlerden bir kısmını üstümüze çekmek de bizim görevimizdi." Sonraları Sarıkamış savaşına katılan bir hekimin günü gününe tuttuğu notları okumuştum. Bir Rus albayını esir almışız. Esir Albay cepheye doğru giden üstsüz başsız zavallı askerlerimizi görünce:

— Yahu bunları soğuktan ölmeye götürüyorsunuz, diye acımış.

Aynı gündemler arasında Enver Paşa'nın bir de gündelik emrini okumuştum. Aşağı yukarı, evet askerimizin giyecek, yiyecek ve malzeme eksiklerini biliyorum, ama onun yiğitliği ve manevî gücü bütün bu eksiklerin yerine geçer."

Yıllar sonra CHP umum kâtibi Saffet Arıkan'dan dinlemiştim. Kuvay-ı Milliye devrinde Ali Fuad Cebesoy Moskova'da Büyük Elçi iken yanında ataşemiliterlik eden Arıkan, bir ara Moskova'ya gelen Enver Paşa'ya:

— Paşa Hazretleri biz Sarıkamış meselesini bir türlü kavrayamamıştık, demesi üzerine kısaca:

— Zaten açlıktan öleceklerdi. Cephede düşman öldürerek öldüler, cevabını vermiş.

Bu bozgun Orta Anadolu'ya doğru bütün vatan kapılarını Rus ordularına açmıştı.

Mustafa Kemal Sofya'dan İstanbul'a geldiği vakit Enver Paşa da Sarıkamış'tan dönmüştü. Önce kendisini görmek üzere makamına gitti: "Biraz sonra Enver Paşa ile karşı karşıya bulunuyorduk. Enver biraz zayıflamış, rengi solmuş bir halde idi." Söze ben başladım:

— Biraz yoruldun, dedim.

— Yok, o kadar değil, dedi.

— Ne oldu?

— Çarpıştık, o kadar...

— Şimdiki durum nedir?

— Çok iyidir, dedi.

Kendisini üzmek istemedim. Konuşmayı görevim üzerine çevirdim:

— Teşekkür ederim, beni numarası on dokuzuncu olan tümene kumandan tayin etmişsiniz. Bu tümen neredFor?

— Ha, evet... Belki bunun için Erkân-ı Harbiyye (Kurmay Heyeti) ile görüşseniz daha iyi bilgi edinirsiniz.

Enver'i çok yorgun ve kafası işlerinde görüyordum. Sözü uzatmadım.

— Peki, o halde fazla rahatsız etmeyeyim, dedim.

Başkumandanlık Erkân-ı Harbiye'sine gittim. Gerekenlere kendimi şöyle tanıtıyordum:

— On dokuzuncu Tümen Kumandanı Mustafa Kemal...

Hepsi şaşıyordu. Böyle bir tümenin var olduğundan haberi olana rastlamadım. Sonunda bir akıllı dedi ki:

— Belki böyle bir tümen Liman Von Sanders'in ordusunda bulunmaktadır. Bir defa onu görseniz...

Von Sanders'in Kurmay Başkanı Kâzım Bey'in bürosuna giderek durumu anlattım. Kâzım Bey:

— Bizim dislokasyonumuzda böyle bir tümen yoktur. Fakat olabilir ki Gelibolu'da bulunan üçüncü kolordu yapmakta olduğunu bildiğimiz bazı yeni teşkilât arasında yeni bir tümen kurmayı tasarlamıştır. Bir defa oraya kadar gitseniz.

Kâzım Bey:

— Bununla beraber hareketinizden önce sizi kumandan Paşa'ya tanıtayım, dedi.

Sofya ataşemiliterliğinden geldiğimi de öğrenen Liman Von Sanders Paşa beni büyük nezaketle kabul etti. Kibar bir tavırla:

— Bulgarlar hâlâ harbe girmeyecekler midir? diye sordu.

— Benim gördüğüme göre henüz girmeyecekler.

— Niçin?

— Benim anladığıma göre Bulgarlar iki ihtimalden biri anlaşılmadan önce harbe girmezler. Biri Almanya'nın başarı kazanabileceğine inandırıcı deliller görmedikçe. İkincisi harp kendi topraklarına temas etmedikçe.

Cevabım Generali birden bire öfkelendirdi. Sağ yumruğunu sıkarak ve yukarı kaldırarak, önce güldü, sonra:

— Bulgarların Alman başarısına güvenleri yok mu? diye sordu.

Soğukkanlı cevap verdim:

— Hayır, ekselans, dedim.

Biraz daha öfkelenen Liman Von Sanders Paşa, yüzü kıpkırmızı olarak:

— Niçin? dedi.

Bu soru ile ne demek istediğini anlayamamıştım. Yüzüne baktım. Açıkladı:

— Nasıl olur, Alman başarısına karşı güvensizlik? Nasıl olur bu?

— Öyle efendim, dedim.

Yüzüme dikkatle baktı:

— Sizin fikriniz nedir?

Cevap vermek mi, vermemek mi lâzım geldiğinde bir an irkildim. Fakat havada bir kumandan durumunda bulunan ben ne duyguda olabilirdim. Bu işlerde kendi görüşümü çoktan gerekenlere yazmıştım. Aksine bir şey söyleyemezdim. Sofya'dan ayrılırken Harbiye Nazırı General Liyapçef'in de görüşünü öğrenmiştim. Türk vatanının boğazlarını savunma görevi almış bulunan Liman Von Sanders'e ne diyebilirdim? Bir an vicdan yoklamasından sonra cevap verdim:

— Bulgarı düşündüklerinde haklı görüyorum.

Hemen ayağa kalktı ve bana izin verdi."

Bu arada Mustafa Kemal'in ciddiye almadığı bir teklif daha olmuştur: "Enver Paşa bana Hindistan'a doğru sefer yapmak isteyip istemediğimi sordu. Emrime üç alay vereceklerdi. İran'dan halkı ayaklandıra ayaklandıra Hindistan'a kadar gidecektim."

— Ben o kadar kahraman değilim, dedim.

Talât Paşa niçin bu görevi kabul etmediğimi sorduğu zaman da:

— Bize bir harita getirsinler dedim. Durumu gösterdikten sonra da, hem niçin üç alay? Tek bir adam gönderin, yeter. Nasıl olsa kendi kuvvetini kendi yapmaya mahkûm değil midir?

— Bu fedailiği üstüne almalı idin.

— Eğer böyle bir şeye imkân olsaydı, sizin emrinizi beklemezdim. Kendim gider, kuvvetler bulur, Hindistan'ı fetheder, ve imparator olurdum, cevabını verdim.

Bu hâtırayı yazmaktaki maksadım, Mustafa Kemal'le başa baş yarışa çıkanlardan Rauf Orbay'la bir karşılaştırma yapmak içindir. Rauf Orbay hâtıralarında der ki: Harp başlarında İstanbul'a döndüğüm vakit artık bütün işlere hâkim durumda olduğu hemen sezilen Enver Paşa'yı makamında ziyaret ettim. "Rauf Bey, dedi, ne yapalım işte böyle oldu. Bu görev de bize düştü. Yoksa padişahın, Coğrafya durumu bakımından önemini düşünerek Afganistan'la ilişkiler kurmak ve Afgan ordusuna bir düzen vermek için Afgan Emiri'ne yollamak üzere olduğu heyetin başında bulunmayı daha fazla isterdim." O sonra gözlerimin içine bakarak düpedüz:

— Sen gitmez misin? dedi.

— Afganistan denen yerin adından başka nesini biliyoruz Paşam? Haritadaki yerini bile gözümün önüne getiremiyorum. Nereden, nasıl gidilir, bilmiyorum. Amerika yolu ile mi gitsem acaba?

Enver Paşa bu işe çok önem verdiğini gösterir bir tutumla:

— Bahis konusu Afganistan'ı İngiltere'ye karşı harbe girmeye hazırlamak. Siz merak etmeyin. Irak ve çevresi kumandanı Cevat Paşa'ya gereken direktifler verilmiştir. Her şey hazırlanmıştır. Siz önce onu görün, yeter.

Bu işi asıl düşünenin Almanya imparatoru olduğunu da öğrendim. Afganistan'a hem bir askerî heyet, hem bir tabur askerle nasıl gidileceğine aklım ermiyordu, ama görevi kabul ettim ve İmparatorun adamı Von Vas Muss'la ve heyetle yola çıktık. Cevat Paşa bana:

— Sizi şeyh Hazal götürecek, deyince gene şaşırdım. Çünkü bu şeyhin İngiliz ajanlarından biri olduğunu işitmiştim. Enver Paşa ile haberleşerek Tahran Büyükelçisi ile temas ettim.

Her ne ise Rauf Orbay sınırı geçer ama hiçbir zaman uzaklaşmak ihtimali olmadığını görür. Enver Paşa da sonunda, şimdilik bulunduğun yerde kal, Güney-İran başkumandanısın, der. İran'ın Kuzeyi Rusların, Güneyi İngilizlerin elinde idi. Sergüzeşt çabuk sona erer.

Eğer Mustafa Kemal'e eski arkadaşı Cemal Paşa'nın Mısır fatihliği de teklif edilseydi reddedeceğine şüphe yoktu. Yalnız o hayal içinde ve sergüzeşt peşinde değildi.

Biz bu eserde gerek büyük harp, gerek Kurtuluş Savaşı üzerine askerce tenkitler veya incelemeler yapacak değiliz. Sadece Mustafa Kemal'in bu savaşlardaki durumunu ve hizmetlerini belirtmekle yetineceğiz.

Politika dışındaki Türkiye aydınları ve halkı Mustafa Kemal'i ilk defa Anafartalar kahramanı olarak tanımıştır. 1915'de İstanbul'un kurtuluşunu büyük ölçüde ona borçlu olduğunu öğrenmiştir. Bu tanınma Mustafa Kemal'i vatan kurtarıcılığına ve temeli devrimler üzerine dayanan yeni devletin kuruculuğuna kadar götürmüştür. Onun için Çanakkale bölümü üstünde biraz genişçe durmak istiyoruz.

Tekirdağ'ın da bir ay uğraşarak tümenini kendi hazırlayan Mustafa Kemal komutası altındaki kuvvetlerle Gelibolu Yarımadasında Maydos bölgesine geçti (25 Şubat 1915). Henüz düşman Çanakkale'ye saldırmamıştır. Türk kuvvetleri bir saldırış olursa ona karşı tedbirler almaktadır. Düşman, Ege Denizinden bir çıkarma yaparsa en kısa yoldan Marmara Denizine nasıl ulaşabilir? Kestirme iki kara yolu vardır: Biri Bolayır yakınındaki dört buçuk kilometrelik bölge. Birincisi güçlükle dolu. İkincisi düşmanının daha kolayına gelecekti. Türk komutanları bu fikirde idiler. Mustafa Kemal'in de düşündüğü buydu. Almanlar birinci ihtimale saplanmışlardı. Yarımada'da savunma yapılamayacağı kanısı ile büyük yedek kuvvetleri Bolayır ve çevresine yığmak istemişlerdi. Türk komuta heyeti ise daha başlangıçta düşmanı Yarımada kıyılarında karşılamak üzere hazırlanmışlardı. Bazı yaya alayları ile kıyıda gözetleme yapan kuvvetler de Mustafa Kemal'in emrine verilmişti. Ona göre düşman ya Kabatepe ya da Seddülbahir taraflarından karaya çıkacağına göre, alaylarını böyle kıyıdan savunulabilecek yolda yerleştirerek, geceli gündüzlü tatbikatla birliklerini çarpışmaya hazırlıyordu.

Düşman 18 Mart donanma saldırısında başarısızlığa uğramaması üzerine karadan zorlama yapmak üzere Boğaz dışındaki adalarda yığınak yapmaya koyulmuştu. Bu haber alındıktan sonra 22 Mart 1915'de Çanakkale bölgesinde beşinci ordu kurulmuştur. Bütün kuvvetler ordu emrinde idi. Ordu on beşinci kolorduyu Maydos çevresinde bırakarak 19'uncu tümeni 19 Nisan'da yedek alarak Biga'ya geldi. 25 Nisan 1915'te tanyeri ağarırken Arıburnu ve Seddülbahir bölgesine ilk düşman birlikleri çıktı. Arıburnu'na çıkan kuvvet gözetleme taburunu püskürterek sonradan Kemalyeri adı verilen yere kadar ilerledi. Burada arkadan koşup gelen 27'nci Türk alayı ile karşılaştı. Düşman çıkarmasını haber alan Mustafa Kemal Conkbayırı yönünde yürüyen düşmana karşı ordudan emir almayı beklemeden kuvvetlerini harekete geçirdi. Birliklerine kendisi yol bularak Kocaçimen tepesine vardı. Askerlerine orada kısa bir dinlenme vererek, atla gidilemediği için yanındakilerle yaya olarak Conkbayırı'na geldi. Orada cephaneleri bittiği için çekilen ve düşmanca kovalanan bir gözetme bölüğüne rastladı: "Niçin kaçıyorsunuz?" dedim.

— Efendim düşman...

— Nerede düşman?

— İşte... diye 261 rakımlı tepeyi gösterdiler.

Gerçekten de düşmanın bir avcı hattı 261 rakımlı tepeye yaklaşmış, serbestçe ilerliyordu. Şimdi durumu düşünün. Askerlerimi dinlenmeleri için bırakmışım... Düşman da bu tepeye gelmiş... Düşman bana benim askerlerimden daha yakın. Düşman bulunduğum yere gelse kuvvetlerim pek kötü duruma düşecek. O zaman, bir mantıkla mıdır, yoksa bir iç güdü ile mi, bilmiyorum, kaçan erlere:

— Düşmandan kaçılmaz, dedim.

— Cephanemiz kalmadı, dediler.

— Cephanemiz yoksa süngümüz var, dedim.

Ve bağırarak:

— Süngü tak, dedim. Yere yatırdım. Aynı zamanda Conkbayırı'na doğru ilerleyen piyade alayı ile Cebel bataryasının erlerini marş marşla benim bulunduğum yere gelmeleri için yanımdaki emir subayını geriye saldırdım. Erler yere yatınca düşman da yere yattı. Kazandığımız an, bu an'dır."

Düşman ne yapacağına karar verinceye kadar 57'nci alay Conkbayırı'na yetişti. Mustafa Kemal alayı hemen saldırıya geçirdi. Arkasından 19'uncu tümenin öteki alaylarını da Arıburnu'na yöneltti. Daha önceden orada tutunmuş olan 27'nci alayı da emrine alarak saldırıya daha çetinlik verdi. Savaş gece de sürdü ve düşman kıyının son sırtlarına kadar geri atıldı. Böylece Gelibolu yarımadasının en önemli bir parçası olan Kocaçimen platosunun elden çıkmaması sağlanmış ve Çanakkale savunuşunun temeli atılmıştır. Mustafa Kemal o gün, Arıburnu kuvvetleri komutanı olarak verdiği emirde şöyle diyordu: "Size ben saldırı emretmiyorum, ölmeyi emrediyorum. Biz ölünceye kadar geçecek zamanda yerimizi başka kuvvet alabilir." Aynı günü anlatan bir tenkitçi yazısına şu hükümlerini eklemiştir: "Mustafa Kemal'in bu savaşlarda durumu çabuk kavramak, çabuk karar vermek, kararını enerji ile uygulamak ve sorumluluktan çekinmemek gibi davranışları kendisinde büyük komutanlık nitelikleri olduğunu meydana çıkarmıştır."

Mustafa Kemal 19 Mayıs 1915 tarihine kadar saldırı ve savunma savaşları ile düşmanın her gün artan kuvvetlerini yerlerinde durdurmayı başarmış, iki taraf karşı karşıya siperlere girmiş, düşmanın Arıburnu'nda kazandığı yer de bir dar şeritten ibaret kalmıştır.

1 Haziran 1915'de Mustafa Kemal albaylık rütbesine yükseldi.

Yeni kuvvetler getiren düşman Conkbayırı-Kocaçimen hattına saldırıp buraları aldıktan sonra Kabatepe-Maydos hattına ilerleyerek Türk ordusunun İstanbul'la bağını kesmek, geri kalan kuvvetlerle de Anafartalar'a çıkarak burasını hareket üssü yapmak istedi. 6/7 Ağustos gecesi Arıburnu Kuzeyinde ve Anafartalar'da çıkarma başladı. Arıburnu'ndan 20 bin kişilik bir kuvvet Kocaçimen'i almak için ilerlediler. Buradan üç kolla Conkbayırı ve kuzeyine doğru yürüdüler. 7 Ağustos sabahı Conkbayırı-Kocaçimen bölgesinde ciddi bir tehlike baş göstermiştir. Çünkü bu hat düşmanın eline geçerse Gelibolu yarımadası düşebilirdi. En yakın tehlikede olan da Mustafa Kemal'in on dokuzuncu tümeni idi. Etraftan yardım gelinceye kadar Mustafa Kemal elindeki son yedek kuvvetini de Conkbayırı'na göndererek burasını 7 Ağustos'a kadar elde tuttu. O sırada durumun önemini anlayan ordu komutanlığı Anafartalar adı ile bir grup kurmuş ve buna Albay Fevzi'yi tayin etmişti. Conkbayırı'nda durumun çok kritik olduğunu gören Mustafa Kemal "sevk ve idare"nin bir elde olması gerektiğini anlatmaya çalıştı: "Daha bir anımız vardır. Onu da kaybedersek umumî bir felâkete uğrama ihtimali büyüktür", diyerek ordu komutanının dikkatini çekti. Bana anlattığı hâtıralarında şöyle demişti: "Durum buhranlı ve çok tehlikeli idi. Başkumandan vekili Enver Paşa'ya kadar doğrudan doğruya yazmak zorunda kaldım. Kandırıcı bir cevap alamadım. Karargâhı Yalova[4]'da bulunan ordu komutanı Liman Von Sanders Paşa telefonla beni aradı. Konuşmamıza aracılık eden kurmay başkanı Kâzım Bey'di. Sorduğu şuydu:

— Durumu nasıl görüyorsunuz ve nasıl bir tedbir düşünüyorsunuz?

---

4 Çanakkale'nin Ecebad ilçesindeki Yalova köyü.

Durumu nasıl gördüğümü ve nasıl tedbirler alınmak gerektiğini çoktan bütün ilgili olanlara bildirmiştim. Hepsi cevapsız kalmıştı, dedim ki:

— Durumu nasıl gördüğümü çoktan size bildirmiştim. Şimdi alınabilecek tek bir tedbir kalmıştır.

— O tedbir nedir?

— Bütün komuta ettiğiniz kuvvetleri emrime veriniz. Tedbir budur.

Alaylı bir sesle:

— Çok gelmez mi? dedi.

— Az gelir! dedim.

"Telefon kapandı."

8/9 Ağustos gecesi saat 21.50'de kendisine Anafartalar grubu kumandanlığına tayin edildiğini bildirdiler. Mustafa Kemal demiştir ki: "Gerçi böyle bir sorumluluğu almak basit bir şey değildir. Fakat ben vatanım yok olduktan sonra yaşamamaya karar verdiğim için bu sorumluluğu yüklendim."

Mustafa Kemal önce kararlaştırdığı saldırıyı kendisi yöneterek üstün kuvvetleri geriletti, 10 Ağustos sabahı da tanyeri ağarırken düşman üzerine süngü ile atılmak için hazırladığı asker saflarının önüne geçerek kuvvetlerini düşman üzerine attı. Düşman ortalık ağardıktan sonra Conkbayırı'nı denizden ve karadan büyük çapta toplarla dövmeye başladı. Bu arada Mustafa Kemal'e bir misket çarpmış, fakat sağ cebindeki saat kendisini yaralanmak, belki de ölmekten kurtarmıştı. 8'inci tümen tarafından tertiplenen ve yanaşık düzende toplu olarak yapılan 10 Ağustos saldırısının en önünde bulunan Mustafa Kemal Conkbayırı'na yerleşmek isteyen düşmanı geri atmış ve ikinci defa Yarımadayı kurtarmıştı. 21 Ağustos 1915'deki düşman saldırısı da çok çetin ve göğüs göğse savaşlarla sonuçsuz bırakılmıştır.

10 Ağustos Conkbayırı Savaşı üzerine Mustafa Kemal not defterinde diyor ki: "Bütün geceyi pek rahatsız ve uykusuz geçirdim. Bir yandan Anafartalar bölgesinden gelen raporlar ve hele yanlış, fakat önemli haberler beni uğraştırdığı gibi, bir yandan da önceki günlerin kötü olaylarında birliğini, âmirini kaybetmiş komutanların doğrudan doğruya bana başvurmaları bir dakika bile dinlenmeye imkân bırakmadı. Karargâhımdan benimle buluşabilen bazı subayları sekizinci tümenin tertiplerini anlamak üzere yolladım. 41'inci alay hücum anına kadar gelmedi. Yanlış yere gitmiş, sonra göründü. Sekizinci tümen tertiplerini almıştı. 23'üncü alayın iki taburu birinci hatta savaş nizamında, bir taburu da bu hattın gerisinde olmak üzere Conkbayırı'na saldırmaya hazırlanmışlardı. 28'inci alay da aynı hizada Şahinsırt'a hücum tertiplerini tamamlamıştı. Fecir olmak üzere idi. Çadırımın önüne çıktım. Hücum edecek askeri görüyordum. Hücuma başlanmasını bekleyecektim. Gecenin karanlığı kalkmıştı. Artık hücum anı idi. Saatime baktım. Birkaç dakika sonra ortalık büsbütün ağaracak ve düşman, askerlerimizi görebilecekti. Düşmanın piyade, mitralyöz ateşi başlar, kara ve deniz toplarının mermileri bu sıkı nizamda duran askerlerimiz üzerinde bir defa patlarsa hücumun imkânsızlaşacağına şüphe etmiyordum. Hemen ileri koştum. Tümen komutanına rastladım. O ve bütün yanımızdakiler hücum safının önüne geçtik. Çok çabuk ve kısa bir teftiş yaptım. Önlerinden geçerken yüksek sesle askerlere selâm verdim ve dedim ki:

"Askerler! Karşınızdaki düşmanı yeneceğimize hiç şüphe yoktur. Fakat siz acele etmeyin. Önce ben ileri gideyim. Size kırbacımla işaret verdiğim zaman hep birden atılırsınız.

"Komutan ve subaylara da işaretime askerlerin dikkatini çekmelerini emrettim. Ondan sonra hücum safının önünde bir yere kadar gittim ve oradan kırbacımı havaya kaldırarak hücum işaretini verdim.

"Bütün askerler, subaylar artık her şeyi unutmuşlar, gözlerini, kalplerini verilecek işarete saplamışlardı. Süngüleri ve bir ayakları ileri uzatılmış olan askerlerimiz ve onların önünde tabancaları, kılıçları ellerinde subaylarımız kırbacım aşağı iner inmez çelikten bir yığın gibi aslanca ileri atıldılar. Biraz sonra düşman siperleri içinde, Allah Allah'dan başka ses duyulmaz oldu. Düşman silâh kullanmaya vakit bulamadı. Boğaz boğaza kahramanca savaş sonunda ilk hatta bulunan düşman tamamıyla yok edildi. Dört saat boğuşmadan sonra 23'üncü ve 24'üncü alaylarımız Conkbayırı'nı düşmandan temizlediler ve 28'inci alay da Şahinsırt'ın en yüksek yerini geri aldıktan sonra, ağıl üzerinden batıya saldırıp önüne rastlayan düşman birliklerini yendi ve bozdu. 28'inci alayın bir kısmı Şahinsırt'ın boyun noktasında yerleştirilmiş olan düşman mitralyözlarının etkili ateşi altında daha ileri gidememişti. Conkbayırı tepesi elimize geçtikten sonra düşman karadan ve denizden yönelttiği süratli ve yoğun topçu ateşi ile Conkbayırı'nı cehenneme çevirmişti. Gökten şarapnel, demir parçaları yağıyordu. Büyük çapta deniz toplarının tam vuruşlu taneleri yerin içine girdikten sonra patlıyor, yanımızda büyük lağımlar açıyordu. Bütün Conkbayırı dumanlar ve ateşler içinde kaldı. Herkes tevekkülle sonunu bekliyordu. Etrafımız şehitler ve yaralılarla doldu. Olan bitenleri seyrederken bir şarapnel parçası göğsümün sağ tarafına çarptı. Cebimdeki saati parça parça etti. Etime giremedi. Yalnız derince bir kan lekesi bıraktı. Bu parçalanmış saati sonra bugünün hâtırası olarak Liman Von Sanders Paşa'ya verdim. O da aile armalı kendi saatini bana hediye etti."

Bu savaşlar sırasında düşmanın zehirli gaz kullanacağı haberi duyuldu idi: "Karşı bir silâhımız yok. Düşman zehirli gaz kullansa bile, biz tepedeyiz, onlar ovada, bize tesir etmez, sözünü yazdım. Gerçi bir deneme yaptılarsa da rüzgâr yön değiştirmesi üzerine bu belâdan da kurtulmuş olduk. Askerin de bize güveni arttı."

Bu bölüme Mustafa Kemal'in Kemalyeri'nden 1915 Nisanında verdiği günlük emri de alalım: "Burada benimle beraber harbeden bütün askerler kat'i olarak bilmelidirler ki, bize düşen namus görevini yerine getirmek için, bir adım geri gitmek yoktur. Rahat uykusu aramanın, bu rahattan yalnız kendimizin değil, bütün milletimizin ebedi olarak yoksun kalması ile sonuçlanacağını hepinize hatırlatırım."

Çanakkale'de savaş artık siperlere saplandı idi. Mustafa Kemal düşmanın çekileceğinden şüphe etmediği için bir saldırı ile hepsini denize dökmeyi teklif etmişse de üst komutanlara anlatamamış, kendisine, boşuna harcayacak kuvvetimiz, hattâ bir erimiz yoktur, cevabını vermişlerdi. Büyük bir fırsatın kaçırılmakta olduğunu gören Mustafa Kemal 10 Aralık 1915'de görevinden istifa ettiğini bildirdi. Mustafa Kemal'e saygı gösteren Liman Von Sanders istifayı hava tebdiline çevirmiş, İstanbul'a geldikten sonra düşmanın Çanakkale'yi zararsızca boşalttığını öğrenmişti (19 Aralık 1915).

Eski harp akademisi komutanı orgeneral Ali Fuad Erden der ki: "Çanakkale'de en buhranlı anda, en lüzumlu adam bulundu. Harbin seyrini çeldi. İngiliz Bahriye Nazırı Churchill onun için, 'Kaderin adamı', demişti."

Mustafa Kemal ordunun yıldızı idi. Fakat onun hırslarına sınır olmadığı inancında bulunan Enver ve partizanları kendisi ile Anafartalar üzerine yapılan bir konuşma fotoğrafı ile birlikte "Harp mecmuası"nda basıldığı sırada baskıyı durdurup resmini çıkartmışlar, yerine Liman Von Sanders'in fotoğrafını koydurmuşlardı. İstanbul'u bir Alman bile kurtarmış olmalı, fakat Mustafa Kemal, Sarıkamış bozgununun manevî yükü altında kıvranan Enver'i gölgede bırakmamalı idi.

Karargâhından İstanbul'daki dostu Madame Corinne'e yazdığı bir mektupta şöyle diyor: "Benim adımın duyulmamasına şaşmayın. Ben önemli savaşların kahramanı olarak Mehmet Çavuş'a şeref kazandırmayı tercih ettim. Tabii şüphe etmezsiniz ki savaşı idare eden dostunuzdur ve savaş gecesi Mehmet Çavuş'u bulan da oydu."

Anafartalar kahramanı için son sözü Rauf Orbay'a bırakalım: "Bizi Asya'ya atarak müttefiklerimizden ayırdıktan sonra Ruslarla birleşmek isteyen İngiliz plânına, doğru kararı ve başarılı saldırıları ile ilk engel olan şüphesiz Mustafa Kemal Bey'dir."

Mustafa Kemal bazı işleri için izinle Sofya'ya gitmişti. Başkumandanlık tarafından kendisi, Çanakkale'den Edirne'ye dinlenmek üzere çekilmekte bulunan 16'ncı kolordu komutanlığına atandı. Mustafa Kemal 14 Ocak'ta Karaağaç'a geldi. Ertesi gün askerlerinin başında at üstünde ve halkın coşkun alkışları arasında Edirne'ye girdi. Şubat sonlarına kadar orada kaldı.

1916 yazında Erzurum'u geri almak üzere Diyarbakır bölgesinde İkinci Ordu'yu topluyorduk. Başkomutan Mustafa Kemal'i bu cephede aynı 16 numaralı Kolorduya yolladı. 12 Martta kolorduya geldi. Kolordu, Bitlis çevresindeki bir tümenle Muş çevresindeki bir tümenden kuruluydu. Bitlis-Muş-Fırat hatlarında seksen kilometrelik bir cephe. Ruslar bizim saldırı plânını bozmak ve ikinci ordu toplanmadan önce Erzurum cephesindeki üçüncü orduya saldırmaya karar vermişlerdi. Fakat bu saldırı sırasında Bitlis-Muş bölgesindeki Türk kuvvetleri Rusların sol kanatlarının gerisini tehlikeye sokabilirlerdi. Ruslar üçüncü orduya saldırmadan önce Bitlis-Muş dolaylarında harekete geçtiler. Rusların üç misli kuvvetle yaptıkları bu saldırı karşısında on altıncı kolordu komutanı Mustafa Kemal ustaca bir manevra ile Rusları püskürttü ve Bitlis'le Muş'u geri aldı. Ruslar Ağustos ayında yeni bir deneme daha yaptılarsa da bir sonuç elde edemediler. Böylece Mustafa Kemal Rusya devine karşı tek zaferin de kahramanı olmuştur. 1917 yılı başında kendisini Tuğgeneralliğe yükselttiler.

Bu savaşlar pek çetin olmuştur. Mustafa Kemal etrafı Rus süngüleri ile sarılma tehlikesi gösterecek kadar kendini ortaya atmış, emri altındakilere daima yiğitlik ve fedakârlık örneği olmuştu.

1916 sonlarında Mustafa Kemal, İkinci Ordu komutan vekilliğine atanmıştır. Sekerat'ta bulunan ordu karargâhına gelince Ordu Kurmay Başkanı Albay İsmet Bey'le buluştu. Ordunun durumu pek kötüydü. Kara kıştan önce geri çekerek kurtarmak lâzımdı. Mustafa Kemal o sıralarda açlıktan insanların birbirlerini yediklerini kaç defa anlatmıştır. İslâm ansiklopedisinin Atatürk fıkrasının bu bölümünde bir kayırma vardır. Ansiklopedi diyor ki: "Albay İsmet kendisini ordusunun durumu hakkında aydınlattı. Bunun üzerine kışın yiyecek güçlüklerine uğramamak için ileri hatlarda hafif birlikler bırakarak ordu cephesini geri almaya karar verdiler." Mustafa Kemal bana o günün hâtırasını şöyle anlattı idi: "Ben Enver'in adamı olduğu için İsmet'i sevmezdim. (İsmet Bey harp başında Başkumandanlık karargâhında Harekât Şubesi Müdürüydü.) Kendisine hemen bir geri çekilme emri hazırlamasını söyledim. Gitti, gelmez. Yaverim Cevad'ı bak ne yapıyor, diye yolladım. Döndü, masasının başında düşündüğünü söyledi. Şehirler ve topraklar bırakacaktık. Orduyu kurtarmak için başka çare yoktu. Ama böyle bir karar vermek de güçtü. "Git söyle, yazamıyorsa ben dikte edeyim, dedim. Bir müddet sonra çekilme emrini yazmış, getirdi. Askerlik edebiyatına örnek diye alınabilecek kadar iyi düşünülmüş ve yazılmıştı."

İsmet İnönü, sonuna kadar da, Atatürk'e parlak bir kurmaylık, *ikinci adam*'lık etmiştir.

Geri çekilişte ordunun en arkasındaydı. Nasıl ki Çanakkale saldırılarında en önünde ise! Ona göre bizim askeri panik tehlikesine uğratmamak için daima en yakınında olmalıdır. Bir asker: "Ben kâfiri öldürüyordum. Niçin geri çekerler bizi? Ne korkakmış kumandan! Nereye kaçtı kim bilir?" diye söyleniyordu. Mustafa Kemal:

— Sen o kumandanı tanır mısın? diye sordu.

Yarı karanlıkta yüzüne baktı:

— Benim o! der. Söylenen er şaşalayarak:

— Ha... O başka... dedi.

Bu sırada Dördüncü Orduyu teftişe geleceğini bildiren Ensi ile Hicaz Kuvve-i seferiyyesi başına getirmek istediler. Görevi Medine'yi kurtarmak ve Hicaz'ı İngilizlerin elinden almak olacaktı. Şam'a, Dördüncü Ordu karargâhına geldi. Komutan aynı zamanda Bahriye Nazırı olan eski arkadaşı Cemal Paşa idi.

Bu sırada Dördüncü Orduyu teftişe geleceğini bildiren Enver Paşa, acaba Hicaz'dan çekilsek de oradaki birlikleri ve taşıtları, savaşı lehimize çevirmek için, Filistin cephesine mi getirsek, diye sormuştu. Mustafa Kemal'le de görüşerek Cemal Paşa Hicaz'ı boşaltmak daha doğru olacağı cevabını verdi. Boşaltma da hayli tehlikeli idi. Beş yüz kilometre uzunluğundaki bir yoldan, ön, yan ve arka ateş altında olarak çekilecektik. Dördüncü ordunun Kurmay Başkanı Ali Fuad Erden (sonradan orgeneral ve harp akademisi komutanı) der ki: "Böyle bir hareketin harp tarihinde misli yoktur. Bu işin yapılabilmesi için, Medine ve Peygamberin kabrini savunmadan vazgeçileceğine göre, din duygularının etkisi altında bulunmayarak yalnız bir stratejist ve tabiyeci gibi hareket edecek azimli ve yeterli bir komutana ihtiyaç vardı. Bu aşırı güç işi başarabilecek adam ancak Mustafa Kemal Paşa'ydı."

Mustafa Kemal, "En doğrusu şimdiye kadar kim savunmuşsa çekilmeyi de o yapmalıdır", diyordu. Haklıydı. Ona kalsa Filistin'i gerisinde İngilizlerle boğaz boğaza bırakıp Peygamber torunlarının İngilizlerle birleşerek saldırdıkları Medine'ye elbette getirmeyecekti. Şimdi ona yalnız peygamberin mezarını düşmana bırakmak görevi yükletilecekti.

Enver Paşa geldi. Teftişten sonra İkinci ve Üçüncü Ordular gurubu İzzet Paşa'nın komutasına verilerek Mustafa Kemal Paşa İkinci ordu komutanlığına atanmış, Medine'nin boşaltılması da emredilmiştir. Sultan Reşat Medine boşaltılırsa halifelik ve padişahlıktan çekileceğini söylemişti. Sadrazam Talât Paşa da o çekilmeye karşı koydu. Enver Paşa boşaltma kararını zoraki verdiği için o da vazgeçti. Fakat Medine ve Hicaz'ı bırakmamak yüzünden Filistin savunulmamış, Kudüs düşmüştü.

Bir müddet sonra Bağdat'ı İngilizlerden geri almak için bir ordular grubuna kumanda etmek üzere General Falkenhein Türkiye'ye geldi. Halep'te toplanacak olan bu gruptaki Yedinci Ordu komutanlığına Mustafa Kemal atanmıştı. O sırada İngilizler Filistin'de saldırıya geçtiklerinden general Falkenhein komutasındaki Yıldırım Orduları gurubu bu saldırıyı önlemek için görevlendirilmiştir. Fakat Mustafa Kemal, Generalin tutumunu hiç beğenmediği için Yedinci Ordu Komutanlığı'ndan istifa etti. Yeniden ikinci orduya atandı ise de onu da reddetti. Kendisine İstanbul'a gelmesi için izin verdiler. İstanbul'a gelebilmesi için at ve kısraklarını satması lâzımdı. Bu işi Cemal Paşa üstüne aldı.

Türkiye'yi kurtarmak için bir şey yapmalıydı. Geceli gündüzlü bunu düşünüyordu. Halep'te Cemal Paşa kendi fikirlerine katılarak:

— Ne yapmalı? dedi.

— Hiçbir şey yapamazsınız, hiç olmazsa çekiliniz.

— Yapamam. Çünkü kendim ve evlâtlarım için dayanabilecek hiçbir şeyim yok.

— Bahis konusu koca bir milletin ölüm, kalımıdır. Yok olmaya doğru giden budur. Böyle durumda şahsi kayıtlara düşmemelidir. "O tarihte umumî durum üzerinde etkili olacağına şüphe etmediğim arkadaşımın harekete geçmesi için çok bekledim. Cemal Paşa ile çok şeyler konuştuk. Ortaklaşa kararlar vermiş olduğumuzu sandım."

Mustafa Kemal 5 Temmuz 1917'de Yedinci Ordu Komutanlığına atanmıştı. 20 Eylül 1917'de başkomutanlık vekilliğine verdiği şu rapor Birinci Dünya Savaşı'nın Türkiye bölümünde tarihî bir önem almıştır:

Halep
7 Eylül 1333

1— "Önce umumî memleket durumu dikkate alınmalıdır. Harp Müslüman, Hıristiyan bütün halkımızı

bitkin bir hale getirmiştir. Halk ve idare arasındaki bağlar çözülmüştür. Evlerinde kalanlar her bakımdan hükümete uzak durmaktadır. Bu kalanlar da ya kadınlar, ya âcizler veya asker kaçağı olup çalışıp topraktan aldıkları kendi geçimlerine yetmezken, askerî ve sivil idare onlardan, açlık ve ölüm pahasına, varlarını yoklarını almakta direnmek zorundadır. Öbür yandan idare tam bir aciz içinde olduğundan, umumî hayatın bir anarşiye doğru sürüklenmesini önleyememekte, adalet ve hukuka aykırı davranışlar hükümetten nefreti arttırmaktadır. Mahalli hükümetin aciz içinde olması, bir zabıta kuvveti olmamasından, ihtiyaç yüzünden memurların rüşvetçi olmalarından, vurgun ve yolsuzluklardan, adalet cihazının asla işleyememekte bulunmasındandır. Bu hal umumî hayatı her köşede, her şehirde çürütmektedir. Halk geçimi ve ticaret işleri korkunç bir çöküntüye uğramıştır. Bugün bir para meselesi var ki, bu ne memurlarda, ne halkta geleceğe emniyet bırakmamış, namuslu kimseleri mukaddes saydıkları değerlerden uzaklaştırmaktadır. Harp devam ederse karşısında bulunduğumuz en büyük tehlike, her taraftan çürüyen ulu saltanat binasının bir gün içerden birdenbire çökmek ihtimalidir.

2— "Umumî askerî durum harbin yakında biteceğini göstermemektedir. Müttefiklerimizin düşmanlarımızı askerî hareketlerde barışa zorlayacakları artık söz konusu olmayıp, Almanlar stratejilerini, "Geliniz de bizi yeniniz!" esasına bağlamışlardır. Düşmanlarımızın birbirinden ayrılmayacaklarına şüphe olmayıp düşman halkın sıkıntı ve yoksunluğu daha azdır. Harp daha uzun sürecektir. Harbi bitirme imkânları bizim tarafın elinde değildir.

3— "Türkiye'nin harp durumu şudur: Ordu başlangıca göre pek çok zayıftır. Birçok orduların kuvveti, olması gerekenin beşte biri kadardır. Memleketin nüfus kaynakları eksileni tamamlamaya yeterli değildir. Hatta Yedinci Ordu gibi bütün memleket içinde iyi tutulmaya çalışılan tek orduya dahi, daha düşmana bir kurşun atmadan, kuvvetli bulundurmaya imkân bulamıyoruz. En güç işleri görmek üzere biner kişilik taburlarla bana gönderilen tümenin yüzde ellisi ayakta duramayacak kadar zayıf olduğundan ayıklanmış ve sağlam kalan erat 17-20 yaşında çocuklarla 45-55 yaşındaki işe yaramazlardan ibaret kalmıştır. Başka en iyi tümenlerin taburları da İstanbul'dan biner mevcutla hareket etmişler ve en kuvvetlisi beş yüz mevcutla Halep'e gelebilmiştir.

Askerî umumî duruma göre, meselâ son kuvvetlerle Bağdat'ı geri almayı düşünmeye imkân yoktur. En kuvvetli düşman, hazır olarak Sina'dadır.

4— "Bu kısa açıklamayla, artık her şey bitmiştir ve bulunacak çare kalmamıştır, demek istemiyorum. Kurtulma yolu ve çaresi vardır. Ancak en iyi tedbirleri bulmak lâzım gelir. Bu tedbirler şunlar olabilir:

"(A) İçerde hükümeti kuvvetlendirmek. Beslenmeyi sağlamak. Yolsuzlukları en aşağı haddine indirmek. Harbin uzaması yeni kayıplara sebep olsa da, elimizde ve gerimizde kalacak bölgeleri ve halkı dayanmaz ve çürük halde bulmamalıyız. Memleket sağlam bir hareket üssü halinde kalmalıdır.

"(B) Askerî politikamız bir savunma politikası olmalı, elimizde bulunan kuvvetleri ve bir tek neferi sonuna kadar saklamalıyız. Memleket dışında da bir tek Türk askeri kalmamalıdır."

Rapor bunun arkasından alınabilecek askerî tedbirleri sıralamaktadır. Suriye ve Sîna'nın Alman kumandasında bırakılmasına karşıdır. Bağımsızlıkta kıskanç olursak, Almanların bizi Bulgaristan'dan daha itibarlı tutacağını söyler. Valkenhein Alman olduğunu ve her şeyden önce Alman menfaatlerini düşüneceğini saklamamaktadır. Bu sözü söyleyen subaylarca Türk'ün kanı için karar verecek mevkidedir. Halep'te, Fırat'ta ve Suriye'de Alman menfaatlerinin ne olduğu da bilinmektedir. Falkenhein, Araplar Türklere düşmandırlar, biz tarafsız davranarak onları kazanabiliriz, demekten de çekinmemiştir.

Enver'in cevabı kısa: "Bu hareketlere Valkenhein memur edilmiştir. En doğru kararları vereceğinden eminim. Bu güvenime siz de katılınız."

Türk orduları başkomutanlık kurmay başkanlığına gelen General Von Seckt'e 1917 Aralık 13 tarihli raporu ile general Liman Fon Sanders Türk ordularının durumunu şöyle anlatmakta idi: "**Birçok yanlış tedbirler sonucu Türk ordularının savaşçı kuvveti pekçok azalmış ve birliklerin harp gücü gözden uzak tutulmayacak kadar düşmüştür. Türk ordusu çeşitli cephelerdeki savaşlarda büyük kayıplar vermiştir. Kayıpların çoğu büsbütün yanlış birçok tedbirler yüzündendir. Biraz dikkatle kayıpların pek çoğundan kaçınılabilirdi. Söz konusu yanlış tedbirler şöyle sıralanabilir:**

"**A — 1914 Aralık ile 1915 Ocak ayında yapılan birinci Kafkas seferi: Enver'in komutasında olup General Von Bronzar'ın kurmay başkanlığında bulunduğu doksan bin askerlik üçüncü ordu sınıra yakın Hasankale yöresindeki dağlar üzerinde pek uygun savunma** yerlerinde ve kendinden üstün olmayan Rus kuvvetleri karşısında idi. Ordu başarılı savaşlarla dağlardan geçebilse bile kuşatma topları olmadığından Kars kalesini hiçbir zaman alamazdı. Hal böyle iken, önlenmek için yapılan bütün tavsiyelere rağmen, Sarıkamış - Kars üzerine saldırıya geçilmek kararı verilmiştir. Sol hatta karlı dağların keçi yolları üzerinde yetersiz yiyecek hazırlığı ile harekete geçen iki kolordunun sonu ikisinin de ayrı ayrı yenilmesi olmuştur. Başka bir kolordu da bu arada cephede başarısız savaşlar yapıyordu. Resmî belgelerle anlaşıldı ki doksan bin kişiden ancak on iki bin kadar er pek acıklı durumda geri dönebilmiştir. Geri kalanı vurulmuş, açlıktan ölmüş, donmuş veya esir düşmüştür. Harp tarihi bu saldırı için hiçbir özür bulamayacaktır.

"B — 1916 yaz başlangıcında yetersiz kuvvetle Ruslara karşı gene üçüncü ordunun giriştiği saldırı savaş sonundaki geri çekilmede ordunun büyük bir kısmı dağılmıştır.

"C — Üçüncü ordunun 1916 yazında toplanıp lüzumsuz yere yaklaşık olarak Van gölünün Muş - Kığı Hattından Erzurum yönüne doğru ve daha başlangıçta başarısızlığa uğrayan saldırı hareketi, ne ileriye doğru yollar, ne de geride kullanılmaya elverişli ulaşma hatları olmadığından ve her türlü taşıt araçları da pek kıt olduğundan yapılmamalı idi. Bu orduda en azından altmış bin kişi, açlık, hastalık ve sonra soğuktan ve pek az kısmı da düşman silâhı ile vurularak ölmüştür.

"D — Askerlik açısından bir büyük yanlış olmak üzere XIII. kolordunun 1916 yazından başlayarak bütün kış süren saldırı savaşları ki İngilizler Basra'ya kadar olmasa bile Korne'ye kadar atılmadan önce böyle bir hareket yapılması hiç doğru değildi.

"E - Hiçbir zaman başarı ihtimali yokken Mısır'ı almak için 1916 Ağustosunda Süveyş kanalına doğru on sekiz bin kişilik savaşçı birliklerle girişilen ve başlangıçta başarısızlığa uğrayacağı şüphesiz hareket, o zamanlar sadece Süveyş kanalını korumakla yetinen İngilizleri Tih çölünden beriye çekmiş ve Filistin'deki bugünkü ilerlemelerine sebep olmuştur.

"Türk ordularının kaçak toplamı şimdi 300.000'i çok aşmaktadır. Bunlar memleket içine kaçmışlardır. Yağma ve hırsızlıkla güvenlik ve huzuru bozmaktadırlar.

Türk askeri ve hele Anadolu askeri bulunmaz bir cevherdir. İyi bakılır, yeteri kadar doyurulur, gereği gibi eğitim görür, soğukkanlılık ve güvenle yönetilirse, bu askerle en büyük görevler başarı ile yapılabilir. Hemen iki yıldan beri birliklerin çoğuna eğitim için gereken zaman bırakılmamıştır. Birliklerde askerlerin büyük çoğunluğu birbirini ve üstlerini tanımazlar. Yalnız durumun iyi gitmediği bir yere gönderilmekte olduklarını bilirler.

Kaçarken vurulmak tehlikesine rağmen her fırsatta kaçmaya kalkarlar. Kaçma trenden atlayarak yahut elverişli yerlerde yol kolundan ayrılarak yapılmaktadır. Harp cephelerine aktarılırken binlerce asker kaybetmeyen tümen yoktur. Türk askerinin daha iyi bakıma ve davranışa ihtiyacı vardır. Üstlerine karşı güven ve inanç besleyen Türk askeri ile her şey yapılabilir."

Bir komplo

Mustafa Kemal henüz Diyarbakır'dayken İstanbul' da bir Yakup Cemil vakası çıkmıştı. Yakup Cemil İttihatçı fedailerdendir. O da inanmıştır ki harp kaybolmuştur. Tek kurtuluş yolu hükümeti devirmek ve hele Başkomutan vekilini ve Harbiye nazırını yerinden atmaktır. Anlaştığı arkadaşlar da var. Yakup Cemil Irak'a komutası altında götürmek üzere bir gönüllü bölüğü hazırlamaktadır. Kabine toplu olduğu sırada bu kuvvetle Bab-ı Âli'yi basıp hükümeti devirmeye ve onun yerine bir barış hükümeti getirmeye karar vermiştir. Başkomutan vekili ve Harbiye Nazırı adayları da Mustafa Kemal. İçlerinden biri komployu Enver Paşa'ya duyurur. O da Yakup Cemil ve arkadaşlarını tutturup hemen Divan-ı Harb'e verir. Yakup Cemil kurşuna dizilmiştir. Mustafa Kemal bana hatıralarını anlattığı vakit demişti ki:

— Yakup Cemil'in şahsından bahsetmek istemem. Onda bana karşı heyecanlı bir temayül (eğilim) uyanmıştı. Benim iş başına geçmemi istemiştir. Bir gün Bursa'da ihtilâl arkadaşlarına:

— Büyük sandıklarımız ne kadar küçükmüş. Hepsini öldürmek lâzım. Bunu ben yapacağım, der.

Daha yumuşakları kendisine sorarlar:

— Öldürmek kolay, fakat vaziyeti düzeltecek kim?

— Mustafa Kemal! diyor.

— Bu zavallı kendisini öldürme sanatına alıştıranlara karşı da bu sanatı kullanmakta bir mahzur (sakınca) görmeyerek eksik tedbirlerle harekete geçmiş. Yakın sandığı arkadaşları kendisini ele vermişler. Yakup Cemil tutulmuş ve asılmıştır. O vakit tümenlerimden birine komuta eden Ali Fuad (Cebesoy)'a:

— Yakup Cemil asılmış. Sebebi de ben Başkomutan vekili ve Harbiye nazırı olmadıkça kurtuluş yoktur, demiş. Dediğini yapmış bile olsaydı ben İstanbul'a gittiğimde ilk iş olarak Yakup Cemil'i cezalandırırdım. Eğer ben o ve onun gibiler tarafından iktidara getirilecek bir adamsam, adam değilim!"

Ama adayları niçin Mustafa Kemal'di? Çünkü biliniyordu ki o daha başlangıçta harbe girilmesine karşı idi. Sonra da harpten çıkma çaresi aranması için fikirlerini hiç kimseden saklamamış, bir de hareket tasarlamıştır.

Arıburnu ve Anafartaları yapan bir asker olarak sözünün dinleneceği kanısında idi. Bir defa Dışişleri bakanı Halil Bey (Mentepe) ye gitti. Halil Beyce durum pek iyi idi. Mustafa Kemal, en güç sonuç alınabilecek bir savaş cephesinden başarılı bir komutan olarak geldiğini söyleyerek:

"— Memleket ve her şey yok olmak üzeredir. Siz bunu anlamamış görünüyorsunuz. Belki de benimle böyle şeyler konuşulmaz, sanıyorsunuz. Ben o adamım ki benimle her şey konuşulur ve konuştuklarımız aramızda kalacaktır. Doğruyu konuşmaktan çekinmeyiniz."

Halil Bey samimi idi. Onun için Mustafa Kemal'e sert cevap verdi. Mustafa Kemal sertliğe gelecek olanlardan değildi. Aralarında tatsız bir tartışma geçti. Halil Bey Mustafa Kemal'i Nazırlar Heyetine şikâyet etmiş ve cezalandırılmasını istemişti.

Talât Paşa'ya da hayli açılmıştır. Fakat ondan da iyi bir karşılık görmemiştir. Bana demişti ki: "Sadrazam olduğu günlerde kendisine bazı hayati meselelerden bahsetmiştim. Verdiği cevaplarda beni güzelce "atlattığını" sanmış, hattâ bunu bir saat sonra gelen yakın bir arkadaşına anlatmıştı. Fakat iki gün sonra kendini telâşa düşüren bir durum baş göstermesi üzerine beni gece yarısı evine çağırarak çare ve tedbir sorma ihtiyacını duydu. O gece Sadrazam meclisinde aynı arkadaşım hazırdı. Şu sözleri söylemekle kendimi avuttum:

"Benden fikir soruyorsunuz. Söylemekte özür dilerim. Çünkü daha üç gün önce bir mesele üzerine fikrimi söylemiştim. Siz beni atlattığınıza inanmış, hattâ sevincinizi göstermiştiniz.

— Aslâ! dedi.

— Söylediğiniz yanımızda oturuyor, dedim.

Mustafa Kemal'in asıl tertibi bir ordular hareketi idi. En çok bel bağladığı da Dördüncü Ordu Komutanı Bahriye Nazırı Cemal Paşa idi. Bu yüzden Cemal Paşa'yı düelloya bile çağırmıştı. Düello tanığı da Rauf (Orbay) idi. Bende şöyle bir hâtıra notu vardır: "Cemal korkmasaydı, Sadrazam da başkumandan da o olurdu."

Şimdi o tarihlerde Enver ve Mustafa Kemal Paşalarla yakın ilişkileri bulunan Rauf Bey (Orbay)'ın hatıralarını okuyalım: "İstanbul'a geldikten sonra vakit buldukça Akaretler'de kirada oturduğu evinde kendisini ziyaret ederdim. Bazen de o Bahriye Dairesi'ne beni görmeye gelirdi. Görüşmelerimiz sırasında harbin güdümünü şiddetle tenkit ederdi. Başkumandanlığa ve suretlerini Sadrazam Talât Paşa'ya gönderdiği belgelere dayanan raporlarını okur, her şeyden Almanların oyuncağı haline gelen Enver Paşa'nın sorumlu olduğunu ısrarla söyler ve bunları düzeltmenin tek çaresi olarak da Başkumandanlıkta bir değişiklik yapılması fikrini ileri sürerdi. Bu hâdiselerden önce (Yakup Cemil vakası) Mustafa Kemal Paşa'nın ordu kumandan vekili olarak Diyarbakır'da bulunurken çevresindeki ordu kumandanlarına şifreli bir telgraf çekerek, harbin ve orduların kötü idare edildiğinden, hükümetin kargaşa içinde bulunduğundan şikâyet ederek bunu düzeltmek üzere işbirliği teklif ettiğini Vehip Paşa, Enver Paşa'ya haber vermişti. Bunun üzerine başkumandanlıkça askerî makamların şifreli haberleşmelerini kontrol etmek için tedbirler alınmıştı. Sonraları Mustafa Kemal Paşa ile görüştüğümüzde Yakup Cemil'in Divan-ı Harp'te söyledikleri ile, Vehip Paşa'nın çekmiş olduğu telgraftan bahsettim. Böyle bir teşebbüste bulunmadığını söylemişti.5 Mustafa Kemal Paşa'nın üçüncü harp yılına doğru Enver Paşa'ya karşı bir teşebbüste daha bulunduğunu İstanbul'dan Brest Littowsk barış konferansına gitmek üzere olduğum günlerde İsmail Canbulat Bey'den (o vakitler gizli millî emniyetin başında idi) şöyle işitmiştim: Sofya elçiliğinden gelip milletvekili seçilen Ali Fethi Bey Talât Paşa'ya gidip gizli tutulacağına namus sözü aldıktan sonra demiş ki: "Mustafa Kemal Paşa bana geldi. Harbiye Nazırlığı Müsteşarı ve Levazımat-ı Umumiyye Reisi İsmail Hakkı Paşa kendisini otomobili ile alıp şehir dışına gezmeye götürmüş. Harp politikası gevşeyen hükümetin tek başımıza barış yapmaya eğilimli olduğunu söylemiş. Böyle bir hareketin şimdiye kadar katlanılan fedakârlıklarla bağdaşamayacağını anlatmış. Hükümet barış yapmaya yönelirse ona karşı koyup harbe devam edecek bir askerî kabine kurulması lâzım geldiğini ileri sürmüş ve kendisinin bu kabinede bir görev kabul edip etmeyeceğini sormuş. Bu durumu sağlama uğrunda yalnız ve doğrudan doğruya kendisine bağlı on bin kişilik bir gizli kuvvetin merkezden Anadolu ve İstanbul kıyılarının çeşitli yerlerinde hazır bulundurulduğunu ve bu kuvvetten Enver Paşa'dan başka kimsenin de haberi olmadığını söyleyerek eklemiş. Fethi Bey'in verdiği bilgi üzerine Talât Paşa, parti merkezinden Mithat Şükrü ve Kemal Bey'leri çağırıp kendilerine olup bitenleri anlatmış.

---

5 Mustafa Kemal'in bütün ordu kumandanlarını böyle bir harekete çağırışı akla gelmez. Cemal Paşa ile tertipleri haber alınmış olmalıdır. Eğer böyle bir şifre yazılmış olsaydı bu şifre pek tehlikeli bir belge olurdu.

İlk önce telâş etmişler. Görüşmelerden sonra, "Enver Paşa samimi arkadaşımızdır, gidip açıkça onunla konuşalım," demişler. Enver Paşa da: "Evet böyle bir kuvvet var. Fakat benim de içinde Harbiye Nazırı olduğum kabineye karşı değildir. Yakup Cemil vakasından sonra buna benzer bir hareket olursa diye alınmış bir tedbirdir" cevabını vermiş.

İsmail Hakkı Paşa, Enver'in direktifi olmadan böyle bir görüşme yapmayacağına göre Mustafa Kemal'in nasıl güç duruma düştüğü kolayca anlaşılabilir.

Orbay'ı dinleyelim: "Talât Paşa Fethi Bey'in tutumunu kabinenin önemli üyelerini birbirlerine karşı güvensizlik ve şüpheye düşürmek ve böylece hükümeti içinden yıkmak maksadı ile yorumlamış. Ben İsmail Canbulat Bey'den bu haberi aldığım zaman, ilk önce, Enver Paşa'nın Mustafa Kemal Paşa aleyhine bir harekete geçmesi ihtimalinden korktum. Mustafa Kemal Paşa o sırada İstanbul'da değildi. Almanya İmparatorunun İstanbul'a gelişine bir karşılık olarak Almanya'ya giden veliaht Vahidüddin ile beraberdi. Brest Littowsk'a hareketten önce Enver Paşa'yı da görmeğe gittim. Rus sınırından alınacak kuvvetlerin Bağdat'ı geri almak için kullanılabileceğinden bahsedince, Mustafa Kemal Paşa'nın Filistin'deki durumu daha tehlikeli gördüğünü ileri sürdüm. Enver Paşa gülümseyerek: "Evet, Mustafa Kemal Paşa'nın bu fikirde olduğunu biliyorum. Medine-i Münevvere'nin de boşaltılmasını bu bakımdan zarurî görmektedir. Fakat biz umumî duruma göre Medine'nin sonuna kadar savunulmasını, Bağdat'ın da bir an önce geri alınmasını politikaca zarurî görüyoruz.

"Enver Paşa biraz durarak:

— Rauf Bey, diye devam etti, Mustafa Kemal Paşa nedense sadece görevini ilgilendiren noktalardaki fikirlerini söylemekle salmıyor. Askerlikle bağdaşması imkânsız hususî ve siyasî tahriklere de kalkışıyor. Her halde duymuşsunuzdur, bir defa bazı ordu kumandanlarına telgraflar çekerek hepsini birlikte harekete ve itaatsizliğe teşvik etti. Haber alınca kendisi ile konuştum. Politika yapmak istiyorsa askerlikten çekilmesini söyledim. Mebusluğuna yardım edeceğimi vadettim. Fikirlerini Mecliste savunması daha doğru olacağını anlattım. Kumandan olarak orduyu nizamsızlığa sürüklemek ve savunmayı zorlaştırıcı hareketlere devam ederse, önleyici tedbirler almak zorunda kalacağımı bildirdim. Hareketlerinin yanlış yorumlanmasından üzüldüğünü, meclis ve mebusluk düşünmediğini, askerlikte kalmayı tercih ettiğini söyledi. Hiç şüphesiz hizmetinden memleketin vazgeçemeyeceği değerli bir kumandanımızdır. Bunu daima takdir ederim. Tekrar ordu kumandanlığına tayin ettim. Fakat son günlerde gene bazı siyasî tahriklerde bulunduğunu haber aldım... meselâ...

"Burada dayanamadım, Enver Paşa'nın sözünü keserek: "Mustafa Kemal Paşa ile İstanbul'a geldiği vakitler fırsat buldukça harp durumu ve savunma işlerimiz üzerine konuşuyoruz. Vatanın selâmeti ile endişelidir. Hususî bir maksadı, hele tahrik gibi bir kastı bulunduğuna inanmam" dedim. İşittiklerinin şişirilerek ve çekememezlikten anlatılmış olduğunu, bu sebeple ciddiye alınmamasını rica ettim.

"Birkaç gün sonra Brest - Littowsk'a doğru İstanbul'dan ayrıldım. Berlin'e varır varmaz doğru Adlon Oteli'ne gittim. Mustafa Kemal Paşa'yı sordum. Henüz yataktaymış. Fakat bekletmedi, o haliyle beni kabul etti. İstanbul'dan haber sordu. Şaka kılıklı dedim ki: "Talât Paşa, kendi kabinesi aleyhine yapılmak istenen bir hareketi Fethi Bey'den duymuş, önlemeye çalışıyormuş..." Mustafa Kemal Paşa: "Ne diyorsun" diye yatağından fırladı: "Talât Paşa bundan kimseye bahsetmeyeceği üzerine namus sözü vermişti. Sözünü tutmamış, öyle mi?" diyerek hayli öfkelendi: "Hayır, dedim, ben bunu Talât Paşa'dan değil, Enver Paşa'dan duydum." Heyecan ve merakla gözlerimin içine bakıyordu. Enver Paşa ile konuştuklarımızı olduğu gibi anlattım. Sakinleşti. Sonra Enver Paşa'nın kendisine mebusluk teklif ettiğinin doğru olduğunu, alaylı bir dille de mebusların memurlardan farkı olmadığını ve asker kalmaktan başka çare göremediğini de üzüntü ile anlattı."

Almanya Yolculuğu

İstanbul'da Perapalas Oteli'ne indi. Artık her şeyin bitmek üzere olduğuna inanan, fakat bir kurtuluş yolu bulunacağından da umut kesmeyen bir adamın ruh hali içindedir.

Bir gün kendisine Enver Paşa şu haberi gönderir: Almanya İmparatoru padişahımızı umumi karargâha davet etti. Böyle bir yolculuğa katlanabilecek halde değildir. Yerine veliaht gidecek. Onun yanında bulunmayı kabul eder misiniz?

Veliaht ile böyle bir yolculuk yapmayı kendisi için faydalı görür. Hemen, evet cevabı verir. Daha önce veliaht ile tanışmalıydı. Saraya başvurur. Buluşma gününde gider. Redingotlu prens bir kanepe köşesine, Mustafa Kemal de karşısına oturur.

— Sizinle tanıştığıma memnun oldum, der.

Biraz sonra:

— Seyahat edeceğiz, değil mi?

—Evet, seyahat edeceğiz.

Her sözden sonra gözlerini kapayıp kendinden geçmiş bir hali var. Hiçbir şey konuşulmaz.

Asker selâmlama gibi törenlerde ona kılavuzluk eder. Almanca iyi bilen Mustafa Kemal'in eski hocası Naci Paşa da beraberdir. Tren kalkınca veliaht kendisini salonuna çağırır. Yarınki padişahı tanıyacaktı. Merakla gider. Sarayda gördüğünden büsbütün başka bir adam. Gözleri açıktır. Mustafa Kemal'e dikkatle bakmaktadır:

— Affedersiniz Paşa hazretleri, birkaç dakika öncesine kadar kiminle seyahat etmekte olduğumu bilmiyordum. Bana anlatmamışlardı. Sizi pek iyi bilirim. Anafartalar'da kazandığınız başarı herkesin de bildiği şeydir. Siz İstanbul'u kurtarmışsınızdır. Beraber olduğumuzdan pek memnunum.

Aralarındaki konuşma ciddi ve samimi geçti. İstanbul'da iken anlaşılması kolay sebeplerin etkisi altında olmalı idi. Şimdi serbestti. Her gün kısa veya uzun bir konuşma oluyordu. Mustafa Kemal'de şu inanç belirdi ki kendisini aydınlatarak, yakından ve içten destekleyerek bu adamla bir şey yapmak imkânı vardır. Eski hocası ve şimdi veliaht yaveri Naci Bey'le onu bu yolda hazırlamak faydalı olacağında anlaşmışlardı.

Küçük bir kasabadaki karargâhında İmparatorla buluştular. Veliaht yanındakileri tanıttığı sırada bir eli göğsü üzerindeki düğmeler arasına sokulmuş olan imparator ötekisi ile Mustafa Kemal'in elini tutarak yüksek sesle:

— On altıncı kolordu... Anafartalar... dedi.

Mustafa Kemal sıkıldı ve önüne baktı. İmparatora yanılıp "ekselans" demekle bir de gaf yaptı.

Sonra Hindenburg'a gittiler. Hindenburg Veliahta güven verecek sözler söylüyor, o da teşekkür ediyordu. Mustafa Kemal ses çıkarmadı. Fakat Ludendorff Kuzeybatı cephesi üzerinde başladıkları parlak saldırı savaşını anlatırken söze karıştı. Bunun "parsiyel" bir saldırı savaşı olduğunu söyledi ki bundan ciddi sonuçlar elde edilemeyeceğini anlamış olduğunu gösterir. Ludendorff sözü orada bıraktı. Mustafa Kemal'in asker olarak öğrenmek istediği Alman ordusunun ne halde olduğuydu.

Kayzer, Veliaht'ı görmeye gelecekti. Görüşmeler arasında Yaver tercümanlığı ile Veliaht adına Kayzer'den sordular:

— İmparatorun söyledikleri bize büyük ferahlık vermiştir. Ancak bir noktayı açık anlamak ihtiyacındayım. Türkiye'ye karşı düşman saldırısı durmadan ilerlemektedir. Eğer bu hücumlar devam ederse Türkiye yıkılacaktır. Bunları durdurmak için yeteri kadar teminat alamıyorum. Lütfen bu bakımdan beni aydınlatır mısınız?

Bu soru üzerine İmparator hemen ayağa kalktı:

— Türkiye'nin Sayın Veliaht'ı anlıyorum ki zihninizi bulandıranlar vardır. Ben size gelecekteki başarılarınızdan bahsettikten sonra şüpheniz kalmalı mıdır?

İmparator kalktığı yere artık oturmadı. Ayrıldı, gitti.

Akşam yemeğinde Hindenburg'la Mustafa Kemal arasında Türkiye'nin harp durumu üzerine konuşmaları da tatsız geçti. Mustafa Kemal durumu "aldanmayacak" ve "avunmayacak" kadar iyi bilmekte idi. Mustafa Kemal Veliaht'ı da kendi kaygılarına inandırmıştı:

— Gerçeği anlıyor musunuz? Konuştuğunuz Alman İmparatorudur. Benim size arz ettiğim endişeleri giderecek bir tek kelime söyledi mi?

— Hayır.

Sonra Batı cephesine gittiler. Veliaht seyirci, Mustafa Kemal sanatçı olarak dinlediler ve gördüler. Mustafa Kemal cephedeki komutanın söyledikleri ile yetinmeyerek ateş hattına kadar gitti. Ağaçlara kadar tırmandı. Alman subayları tehlikeli durumda olduğunu kendisinden gizleyemediler.

Mustafa Kemal umutlu idi. Veliaht'a açıldı.

— Henüz padişah değilsiniz. Fakat Almanya'da gördünüz ki İmparator, Veliaht, Prensler hepsi bir iş üzerindedir. Neden siz bütün işlerden uzak kalasınız?

— Ne yapabilirim?

— İstanbul'a gider gitmez ordu komutanlığı isteyiniz. Ben sizin Ekân-ı Harbiye Reisiniz (Kurmay Başkanınız) olurum.

— Hangi ordunun komutanlığını?

— Beşinci ordu.

Bu numaradaki ordu Liman Von Sanders'in emrinde bulunan veya bulunmak gereken ve Boğaz'ı savunacak ordu idi.

Vehidüddün: "Bu komutanlığı bana vermezler!" dedi.

Siz isteyiniz.

— İstanbul'a gittiğim zaman düşünürüz.

Bu, umutlandırıcı bir cevap değildi.

İstanbul'a dönüşlerinde rahatsızlanması üzerine bir ay kadar yatağından çıkmadı. Hekimler Viyana'ya gitmesini istediler. Bir ay kadar da Viyana yakınlarında bir sanatoryumda kaldı. Sonra Karlsbad'a gitti.

Rahatsızlığı henüz tam geçmemişti ki 1918 Temmuzunun 5 inde İzmirli tanıdığı biri ile arkadaşı Karlsbad'da kaldığı yere gelip Padişahın öldüğünü haber verdiler. Birkaç gün içinde tamamlayıcı haberler de aldı. İzzet Paşa yeni padişahın Yaver-i Ekrem'i[6] olmuştur. Bu olay ilgi çe-

---

6 Yaverlikler üstünde bir makam.

kici idi: Çünkü yaverlik değil, bir çeşit askerî danışmanlık, kurmay başkanlığı gibi bir şeydir, sandı.

Bir müddet sonra yaveri kendisine hemen İstanbul'a gelmesi için bir telgraf çekti. Ciddi bir sebep olmadıkça dönmek istemediğinden bu yolda cevap yazdı. İkinci bir telgrafta "İstanbul'a süratle gelmesi arzu buyrulduğu" yazıldığından Temmuz sonlarında Karslsbad'dan hareket etti. İstasyonda karşılayan yaverinden öğrendi ki İstanbul'a dönmesini isteyen İzzet Paşa idi. Geldiğini bildirmesi üzerine Pera Palas Oteli'nde kendisi ile görüştü. İzzet Paşa hiçbir sebep olmadığını, ancak Almanya yolculuğundaki yakınlığı devam ettirmenin faydalı olabileceğini düşünerek telgrafı yazdırdığını söyledi. Mustafa Kemal:

— Her halde umumî durumun fenalığını gidermek için yeni padişahı yeni bir yöne çevirmek lâzımdır. Bu yolda kendisi ile görüşmemi uygun bulur musunuz? diye sordu.

İzzet Paşa:

— Doğru! dedi.

Padişahın yaverliğine geçen hocası Naci Paşa ile padişahtan bir görüşme istedi. Saraydan olumlu cevap geldi: "Yolculuk arkadaşım Veliaht Vahidüddin ile birkaç ay ayrıldıktan sonra, yeni padişah Vahidüddin'in salonuna Naci Paşa yanımda olarak girdim. O andaki duygularımı şöyle anlatabilirim: Tahta oturmadan önce çok şeyleri çok açık görüştüğümüz ve benim bütün fikirlerime katılır gibi görünen bu zat, acaba hükümdar olduktan sonra benim aynı yolda konuşmama izin verecek midir? Bunda duralıyordum. Bu duraksama duygusu ile karşı karşıya geldik. Beni çok nazik kabul etti. Daha fazla iyi yüz gösterdi. Oturdu, bana karşıda yer gösterdi. Bir de sigara verdi. Kendi sigarası için yaktığı kibriti bana uzattı. Doğrusu çok umutlandım. Kendisinden serbestçe konuşmak iznimi aldıktan sonra, hemen başkomutanlığı kendiniz üstünüze alınız, bir kurmay başkanı seçiniz, her şeyden önce orduya sahip olmak lâzımdır, ancak ondan sonra düşünülebilecek kararlar uygulanabilir, dedim.

Vahidüddin bu teklifim üzerine, tıpkı ilk görüşmede olduğu gibi, gözlerini kapadı ve az sonra şu cevabı verdi:

— Sizin gibi düşünen başka kumandanlar var mı?

— Vardır.

— Düşünelim.

Konuşmamız kendiliğinden bitmişti. İzin aldım.

Birkaç gün sonra beni İzzet Paşa ile birlikte kabul etti. Umumî konular üstünde kaldık. Vahidüddin çok ihtiyatlıydı. Günler sonra tekrar kendisi ile yalnız görüşmek istedim. Beni bu sefer de kabul etti. İlk teklifimde direnir yollu konuşmaya başladım. Hemen bana cevap verdi:

— Paşa, ben her şeyden önce İstanbul halkını doyurmak zorundayım. İstanbul halkı açtır. Bunu temin etmedikçe alınacak her tedbir yanlış olur.

Gözlerini kapadı. Ben, tilki mizaçlı entrikanın yüzlerce örneğinden biri karşısında bulunduğumu üzülerek anladım. Bir fikir daha söylemekten kendimi alamadım:

— Çok doğru buyuruyorsunuz. Ama İstanbul halkını doyurmak için alınması gereken tedbirler Zat-ı şahanenizi bütün memleketimizi kurtarmak için alınması gereken lüzumlu ve acele tedbirlere başvurmaktan alıkoyamaz. Bildirmeğe mecburum ki yeni padişahın ilk hareketi kuvvetin sahibi olmak olmalıdır.

Biraz tedbirsizce konuşmuştum. Verdiği cevaba şu sözler de karıştı:

— Ben Talât ve Enver Paşa hazretleri ile görüştüm.

"Bunu söyleyen adam, daha birkaç ay önce Talât ve Enver Paşalardan tiksindiğini söyleyen ve bunların memleketi yıkılmaktan başka sonuca götürmesi imkânsız hareketlerini tenkit eden Vahidüddin idi. Benim Vahidüddin karşısında vicdan görevim sona ermişti. Ayağa kalktım, izin istedim. Gözlerini kapadı ve hiçbir kelime söylemeden elini uzattı."

Harbin sonu

Vakitsiz kimseyi ürkütmek istemeyen Mustafa Kemal, ordu komutanı olduğundan, her Cuma günü selâmlık töreninde bulunmaktaydı. Bir defasında Naci Paşa geldi. Padişahın kendisini özel olarak görmek istediğini söyledi. Yanında iki Alman generali vardı. Mustafa Kemal'le yalnız kalmak istemiyordu. Gitti. Padişah:

—Sizi Suriye'ye kumandan tayin ettim. Oradaki durum ciddileşmiş. Gitmeniz lâzımdır. Sizden istediğim şudur: O tarafları düşman eline geçirtmeyiniz. Hemen hareket etmelisiniz.

Sonra Alman generaline bakarak:

— Bu kumandan dediklerimi yapabilir, dedi.

Sadece izin alıp salona döndüm. Enver Paşa'nın güler yüzü karşıma çıktı:

— Azizim, hiç olmazsa biraz esaslı tedbirler üzerinde konuşalım. Benim bildiğim ve anladığıma göre artık Suriye'de ordu, kuvvet, durum, hepsi sözden ibarettir. Beni oraya göndermekle öc alıyorsunuz. Sonra usul dışında bana bizzat padişaha emir verdirdiniz.

Enver Paşa gülüyordu.

İkinci defa yedinci ordu komutanı olarak Nablüs'teki karargâhındadır. İlk işi çok yorucu dolaşmalarla cepheyi görmek ve durumu incelemek olmuştur. Şu kanıya varmıştır ki, her şey bitmiştir. Yakın felâketi önlemek için esaslı tedbir bulmak güçtür. Yüzlerce kilometre uzunluğunda bir cephe üzerinde üç ordu vardır. Adları ordu... Zayıf, dağınık bir takım kuvvetler... Daha İstanbul'dan ayrılmazdan önce düşündüğü, şekiller içinden çıkmak, gerçekler içine girmekti. Yani bütün kuvvetlerle ufak da olsa değeri olan tek bir ordu kurulmalıydı. Gene daha önce bu tek kuvvetin kendi emrine verilmesi lâzım geldiğini bildirmişti. Teklifini ciddiye aldıramadı.

Karslsbad'dan tam iyileşmiş olarak dönmüş değildi. Çektiği üzüntüler ve cephe dolaşmaları yorgunluğu ile tekrar rahatsız olmuştu. İstanbul'dan çıkalı on beş gün olmamıştı. Yatağındaydı. Bir gün kurmay başkanı o günün raporlarını okudu. Basit raporlar, her zamanki gibi... Şimdi kendisini dinleyelim: "Yalnız raporlar içinde bir nokta dikkatimi çekti. Bu bir İngiliz esirinin söyledikleriydi. Sezdim ki bir veya iki gün sonra İngilizler bütün cephe üzerinde saldırıya geçeceklerdir." "Biraz sonra kurmay heyetini toplu olarak görmek isterim," dedim. Yataktan kalktım. Giyindim. Çalışma odasına giderek bir emir yazdım. Bu emre, düşman 19 Eylül günü umumî saldırı savaşına geçecektir, diye başlıyor ve buna karşı alınacak tedbirleri sıralıyordum. Emri bilgi edinmesi için grup kumandanı Liman Von Sanders Paşa'ya gönderdim. Çok saydığım bu zat benim raporlardan çıkardığım sonucu uzak görmüş ve gülmüş. Bununla beraber ihtiyatlı olmaktan zarar gelmez diye bana da fazla bir şey söylemeye lüzum görmemiş. Ben verdiğim emrin uğrayabileceği anlayışsızlığı tahmin etmiştim. Onun için düşmanı çok dikkatle takip ediyordum. 19 - 20 Eylül gecesi kolordu komutanlarını telefon başına çağırdım ve sordum:

— Verdiğim emri ve ona göre tedbirleri aldınız mı?

— Emriniz yapılmıştır, cevabını verdiler.

Ben daha telefon konuşmasını bitirmeden düşman topçusu hatlarımız üzerine ateş etmeye başladı. Gece savaşla geçti. Benim ordumun sağ kanadındaki ordu esir düştü ve boş kalan cepheden geçen düşman süvarileri Liman Von Sanders'in karargâhını bastı. Gerçek meydana çıkmıştı. Fakat neye yarar?

Anlatılması uzun güçlükler içinde nehirlerden geçerek, çöllerden aşarak ordumu Şam'a kadar getirebildim. Şam'ın içinde bir anormallik sezindim. Bunun manasını anlamak güçtü. Fakat ben okuldan kurmay yüzbaşı olarak çıktıktan sonra ilk sürgün yerim olan Şam'ı tanımış olduğum için kolaylıkla bize karşı sinsi bir hazırlanma olduğunu anladım. Şam'da Von Sanders'i bulacağımı sanıyordum. Bırakmış, gitmiş. Daha önce gönderdiğim kurmay başkanım Sedat Bey'e direktif vermiş. Buna göre ben ordumu Şam'ı savunması için dördüncü ordu komutanı Mersinli Cemal Paşa'nın emrine vereceğim ve kendim Rayak taraflarındaki komutansız kuvvetleri emrime almak üzere hemen hareket edeceğim. Victoria Oteli'ndeki karargâhından Cemal Paşa'yı buldum. Benim aldığım direktiften onun da bilgisi vardı. Yedinci Ordu Kuvvetlerini kolordu komutanlarından İsmet Bey'in kumandası altında ona teslim ettim. Ben de o gece hususî bir trenle Rayak'a gittim. Rayak'ta Von Sanders'le görüştüm. Benim karargâhım Rayak'ta, Von Sanders'inki Baalbek'teydi. Gördüğüme göre Rayak çevresinde dağınık, morali bozuk, bir takım insanlardan başka kuvvet denecek bir şey yoktu. Erleri güvendiğim subaylar ve komutanlar tarafından hemen toplayıp teftiş ettim. Rayak istasyonunun ateşe verilmesini de emretmiştim. Bana bazı ordu komutanlarının atla kuzeye geçtiklerini haber verdiler. Şam'ı savunacak komutanın ayrılıp gittiği anlaşılıyordu. Düşmana teslim olan bir kolordunun komutanının da Rayak'a geldiğini duydum. Yanıma çağırttım, dedim ki:

—Kolorduyu bırakıp Beyrut'a gittiniz. Oradan da benim yolladığım trenle buraya geliyorsunuz. Kolordu denen şey, kuvvet bakımından en büyük birliktir. Bunun komutanı bir tek erini dahi kurtarmaksızın, bilâkis topunu birden düşman eline bırakarak şahsını kurtardığı vakit, bütün sebepler ve şartlar onun aleyhindedir. Şimdi size bir iyilik yapmak istiyorum. Fakat bir şartla: Kumanda etmek için maneviyatınız henüz yerinde midir?

Biraz düşündükten sonra:

— Evet, dedi.

— O halde Baalbek'te bekleyen Fuat Paşa'nın (Cebesoy) yanına gidiniz, yarın size bir kuvvetin kumandasını vereceğim.

Bu zat benim yanımdan ayrılmış ve Baalbek'e değil, trene binip İstanbul'a gitmiştir.

O gece bende şöyle bir uyanma oldu: Bütün cephelerde ve bütün kuvvetler üzerinde emir ve kumanda kalmamıştı. Adeta delice bir emir verdim. Bu emrin esaslı noktası şudur: "Şam'da ve Rayak'ta bulunan bütün kuvvetler kuzeye hareket edeceklerdir." Emrin bir kopyasını bilgi edinmesi için Von Sanders'e gönderdim. Bana karşı bir köpürme olmuş: "Kimdir bu adam ve ne yapıyor?" Ben zaten bunu bekliyordum. Yapacağım işin ne olduğunu anlatacağımdan şüphem olmayarak, Rayak istasyonunu yaktıktan sonra, yerli halkın ateşleri içinden geçerek Baalbek'e geldim. Oradaki kuvvetlere emrimi yerine getirmelerini söyleyerek Von Sanders'in bulunduğu Humus'a geçtim. Gece idi. Çok samimi olarak alınacak kararın bundan ibaret olduğunu Von Sanders'e söyledim Von Sanders çok asilce:

— Karar budur, dedi. Fakat ben nihayet bir yabancıyım, bu kararı veremem. Bunu ancak memleketin sahipleri verebilir.

— O halde karar uygulanacaktır, dedim.

— Yalnız rica ederim, benim kurmay başkanımla da anlaşır mısınız?

"Kurmay başkanı Diyarbakırlı Kâzım Paşa idi. Hastaydı. Von Sanders'le beraber yattığı odaya gittik. O da benim fikrime katıldı. Pratik kararım şuydu: Ortada kalan yedinci ordu adı ve birçok yıkıntı... Bunları Halep'te, Suriye'nin kuzey sonunda toplamak, ondan sonra yapılacak şeyi düşünmek... Bunu ben kendim yapacaktım. Von Sanders teklifimi kabul etti."

Bu kuvvetler Halep'te toplanmıştır. Devamlı yorgunluklar yüzünden birkaç gün rahatsızlık çekti. Yataktan kalkıp ta Baron otelindeki karargâhına geldiği günün ertesinde Halep hava hücumuna uğradı. Şehir ayaklanmaya yüz tuttu. Damlardan bombalar atılıyordu. Daha önce tertipli davrandığından Mustafa Kemal Halep'te bir sokak savaşı yapmak zorunda kaldı. Bir haydi adam öldü. Zâti Halep'te kalacak değildi. Otomobili ile şehirden çıkmak üzere iken Halep'teki komutana şu emri verdi: "Bu akşam Halep ilerisindeki kuvvetleri geriye çekeceğim. Yarın Halep'in kuzeybatısında İngiliz ve Araplarla savaşacağım. Hareketlerinizi buna göre tertipleyiniz."

Ertesi gün sabahleyin Türk kuvvetlerinin çekildiği zaman İngiliz ve Araplar saldırıya geçtiler. Mustafa Kemal onları yendi ve bozdu. Bu savaş sonucu tuttuğu hattı savunmaları için birliklerine emir verdi. Çok zaman sonra

Erzurum ve Sivas kongrelerinde millî sınırı çizmek için Türk süngülerinin çizdiği bu hat esas alınmıştır.

1915'de Arıburnu ve Anafartalar Zaferi ile İstanbul'u kurtaran ve 1916'da doğuda Ruslara karşı tek zaferi kazanan Mustafa Kemal, devlet düşmana teslim olacağı günlerde kuvvetlerini kurtaran tek kumandan olmuş ve son çarpışan Türk birlikleri ile İngilizlerin ileri hareketini durdurmuştu.

Halep'te bulunduğu son günlerde düşündüğü hep şuydu: Şimdi ne yapacaktık? Müttefiklerimiz ve biz partiyi kaybetmiştik. Fakat Türkiye için durum bütün varlığından olacak kadar tehlikeli idi. Kaybettiğimizi artık geri alamazdık. Ancak varlığımızı korumak için çabuk ve kesin tedbirlere başvurmalıydı. Harbi bu sonuca getiren o günkü hükümetten böyle bir hareket beklemek boşunaydı. Hemen bu kabine düşürülmeli, onun yerine Mustafa Kemal'in de içinde bulunduğu yeni bir hükümet kurulmalı ve bütün komuta Mustafa Kemal'e verilmeliydi. Fikrini telgrafla Padişah Vahidüddin'e yazdı. Telgraf şudur: "Seraver-i Hazret-i şehriyari Naci Beyefendiye: Talât Paşa kabinesinin mefluç bir halde bulunduğunu. Tevfik Paşa hazretlerinin de bir kabine teşkilinde müşkülâta uğradığını haber alıyorum. Ordular muharebe kudretinden mahrum ve zaten mevcut kuvvetler müdafaadan âciz bir hâle getirilmiştir. Düşman her gün daha müsait ve ezici şartlar elde etmektedir. Birlikte olmadığı takdirde münferit olarak ve behemehal sulhu takarrür ettirmek lâzımdır. Aksi takdirde memleketin kâmilen elden çıkması ve devletimizin tamir götürmez felâketlere maruz kalması ihtimalden uzak değildir. Muhterem Padişahınıza olan sadakatim ve vatanın selâmetini temin için arz ederim ki, Sadaretin Tevfik Paşa hazretlerine verilmesi ve Fethi, Tahsin, Rauf, Canbulat, Azmi, Şeyhülislâm Hayri ve âcizlerinden mürekkep bir kabine teşkil edilmesi zaruridir. Bu kabine vaziyete hâkim olacağı kanaatindeyim. Münasip ise bu zatların Şevketmeap efendimize arzını rica ederim. — 15 Birinci Teşrin 1918 — Fahrî Yaver'i hazret-i Şehriyarî Mustafa Kemal."

Gerçi Talât Paşa çekildikten sonra Tevfik Paşa yerine İzzet Paşa yeni hükümeti kurmuşsa da Mustafa Kemal Paşa bu hükümete alınmamıştır. Yalnız İzzet Paşa kendisine bir telgraf çekmiştir ki son cümlesi şu idi: "Badessulh refakatiniz eltaf'ı Sübhaniyeden memludür." Mustafa Kemal barışın çabuk gelmeyeceğini, o zamana kadar çok krizli ve önemli durumlar karşısında kalınabileceğini, bu günler içinde vatana ciddi hizmetlerde bulunmak imkânı olabileceğini, bu sebeple Harbiye Nazırlığını ve kuvvetler kumandanlığını istemiş olduğunu söylemişti.

Atatürk bana son harp günlerinin hâtıralarını anlatırken Gaziantep Milletvekili Ali Cenani Bey, ki Ticaret Bakanlığı da etmiştir, yanımızdaydı. Dediğine göre İstanbul'dan Gaziantep'e giderken Katma istasyonunda Mustafa Kemal Paşa'ya rastlamış. İstasyondaki karargâhında, çapulcuların şehir yakınlarına kadar geldiğini, ordu çekildikten sonra onun için memleketine gitmekte olduğunu anlatmış. Mustafa Kemal demiş ki:

— Memlekette adam kalmadı mı? Kendinizi savunma çarelerini düşününüz.

Ali Cenani hayretle sormuş:

— Ne ile? Nasıl?

— Teşkilât yapmalı... Millî bir kuvvet meydana koymalı... Ben istediğiniz silâhı veririm.

"Gerçekten de o zaman Mustafa Kemal tarafından verilen silâhlarla millî teşkilâtın çekirdeği kurulmuştu."

1918 yılının son aylarında yıldırım orduları grup kumandanlığı Mustafa Kemal'e verilmişti. Adana'ya geldi. Grup karargâhı şehir yakınında küçük bir otelde idi. Mareşal Liman Von Sanders ile kurmay heyetini bu otelde buldu. Liman Von Sanders ile Mustafa Kemal yalnız başlarına karşı karşıya. Von Sanders büyük terbiye ve nezaketle, fakat acıklı bir dille aşağıdaki sözleri söyleyerek kumandayı teslim etti:

— Siz savaş cephelerinde, Arıburnu ve Anafartalar'da çok yakından tanımış olduğum bir kumandansınız. Aramızda gerçi bazı hâdiseler de geçti. Ama bunlar bize birbirimizi daha iyi tanıtmaya yardım etmiştir. Bugün Türkiye'yi bırakmaya zorlanırken emrim altındaki orduları Türkiye'ye ilk geldiğim günden beri o takdir ettiğim kumandana teslim ediyorum. Bu umumî felâket içinde bedbahtlık duymamak imkânsızdır. Ben yalnız bir şeyle kendimi teselli ediyorum: Kumandayı size bırakmak! Bu dakikadan itibaren emir sizindir, ben misafirinizim."

Bu bölümü Enver Paşa üzerine bir fıkra ile belirtelim: Harbin sonlarına doğru İttihat ve Terakki ileri gelenleri de umut keserek tek bir barış denemesinde bulunmak istemişlerdi. Fakat Enver Paşa ile bu bahis üzerinde konuşmak ihtimali yoktu. Atatürk'ün eski umum kâtibi Hasan Rıza Soyak'ın babası Üsküb'de 1908 ihtilâlinden önce Enver'i de tanımıştı. Enver kendisinin elini öper, herkesten kaçırdığı Sultan eşini de yalnız ona çıkarırdı. Bir gün kendisini Merkez-i Umumî'ye çağırıp:

— Senden bir ricam var. Enver Paşa'ya yalnız sen söz anlatabilirsin, dediler.

Meselenin ne olduğunu da söylediler. Enver Paşa'ya gitti, başkumandan kendisini yemeğe alıkoydu. Soyak'ın babası uzun uzun anlattı. Enver Paşa cevap olarak:

— Vah vah, dedi, seni de zehirlemişler. Ben Cenab-ı Hak tarafından Türk milletini kurtarmak ve yükseltmek için "müekkel"im.7 Onun için hiç üzülme. Rahat uyu.

Akşam eve döndükten sonra babası oğluna der ki:

— Hani Harbiye Nazırı, Başkumandan, damat olmasa Enver'in yeri tımarhanedir.

---

7 Vekil edilmiştim.

ÇÖKME

YIKILIŞ

Osmanlı Âyan Meclisi üyelerinden Şamlı Abdurrahman Paşa, devrinin sayılı şişmanlarından biriydi. 1918 kış mevsimini Karlsbad kaplıcalarında geçirmişti. Dönüşte Sadrâzam Talât Paşa'yı Berlin'den İstanbul'a getiren trene bindi. Sofya istasyonunda Bulgar Hükümet adamları Talât Paşa'yı karşılamaya geldiler. Sadrâzam bir müddet onlarla görüştükten sonra, vagonda kendini seyredenlere işittiği haberin tatsızlığını hissettirmemek için Abdürrahman Paşa'ya alaycı bir sesle:

— Kaplıcalara gidiyorsun, ama bir türlü bu şişmanlıktan kurtulamıyorsun, dedi.

Abdürrahman Paşa:

— Evet efendim, bu semen[8] beni öldürecek. Cevabını verdi.

Talât Paşa trene girmişti. Arkasını kompartımana dayayıp, sessizce bir ah ederek:

— Keşke ben ölseydim... diye içini çekti.

İstasyonda Bulgar ordusunun çözüldüğünü ve Sofya Hükümetinin tekli barış yapmak üzere İtilâf Devletlerine başvurduğunu öğrenmişti.

Berlin'den İstanbul'a getirdiği müjdelerin arık hiçbir değeri kalmamıştı.

---

8 Semen=Şişmanlık.

Talât Paşa'yı o hali ile gözümün önüne getiriyorum. Bir yıl kadar özel kaleminde bulunmuştum. Bu sözünde samimi olduğuna hiç şüphe etmem. Gönülden bir vatan ve halk adamıydı.

Şamlı Abdurrahman Paşa yerine bir başkası olup da:

— Paşam, böyle olacağını bilseydiniz, Almanlarla beraber harbe girer mi idiniz? diye sorsaydı, acaba hiç olmazsa içinden "evet." cevabını verir mi idi? Sanmıyorum. Fakat kendi eli ile yazdığı hâtıralarında niçin bu itirafta bulunmamıştır, doğrusu bunu da pek anlayamıyorum. Artık bütün belgeler elimizdedir. Bu belgelerden anlaşılıyor ki bizim için Birinci Dünya Harbine girmemek, İkinci Dünya Harbine katılmamak kadar kolaydı. Şüphesiz daha da yerindeydi.

Geriye dönüp olup bitenleri kısaca gözden geçirelim. Balkan Harbini henüz kaybetmiştik. Tükenmiştik, silâhsızdık. Almanlar Marn'da durdukları için iki devletler grubu, Doğu'da ve Batı'da, olanca kuvvetleri ile mıhlanmak üzere idiler.

Niçin girmiştik? Talât Paşa'nın hâtıralarını okuyuncaya kadar ben de duraksamalı idim. Mustafa Kemal ve İsmet (İnönü) gibi askerlerin, birçok diplomatımızın ve Cavit gibi hükümet adamlarının harbe girmememiz aleyhinde olduklarını biliyordum. Bir kıta devletinin İngiltere ile müttefiklerine karşı zafer kazanamayacağı fikri, Türkiye'de hemen hemen umumî idi. Uzun sürecek bir harpte yenilecek devlet grubunun yanında bile bile nasıl ateşe atılırdık? Daha bir iki ay beklemiş olsaydık, iki taraf da bizi el üstünde tutacaktı. Düyun-u Umumiye'yi, demiryollarını idaremize soksak büyük gelir sağlayacaktık. Acaba niçin böyle yapmadık? Almanya ve müttefiklerinin mutlak zafer kazanacağını hesap edenler sorumlu hükümeti inandırmışlar mı idi?

Talât Paşa'nın hâtıralarına göre İttihat ve Terakki Hükümeti öteden beri memleket varlığını korumak için büyük devlet gruplarından biri ile ittifak etmek lâzım olduğu kanısında idi. 1914'de Almanya Büyükelçisi, bir gün Sadrâzam Sait Halim Paşa'ya gelir ve Almanya'nın Türkiye ile eşit şartlar içinde ittifak etmek istediğini söyler. Bu sır dört kişi arasındadır: Sait Halim Paşa, Talât Paşa (o zaman bey), Enver Paşa ve Halil Bey (Hariciye Nazırı). Dört nazır, bir sonuca varıncaya kadar meseleyi arkadaşlarından gizlemeye karar vermişlerdir. Dört arkadaş biliyorlarmış ki Almanya'nın böyle bir teklifte bulunuşu, bir harbi yakın gördüğünden ve bizi kendi saflarında çarpıştırmak isteyişindendi. Fakat onlar harp çıkmayacağı fikrindeymişler. Beklemedikleri harp patlayınca sözleşmeyi yerine getirmek meselesi ortaya çıkar. Sait Halim Paşa karar vermek sırası gelince ter döküp durur. Nihayet biraz geciktirme bahanesi bulunmuştur. Bulgaristan'dan emin olmalıyız. Onlar da Romanya'dan emin olmak kaygısındadırlar. Hükümet Almanya Büyükelçisine bu işler çözülünceye kadar sabredilmesini söyler.

— Bir çocuğumuz dünyaya geldi, diye haber verir.

Yapılacak şey basittir. İki gemi ya 48 saatte geri gitmelidirler yahut silâhsızlandırılmalıdırlar. Sait Halim Paşa'nın bu tekliflerine karşı Alman Büyükelçisi öfkeden köpürür. Bir müddet sonra Halim Bey'in aklına gemileri satın almak gelir. Biri "Yavuz" biri "Midilli" adı ile donanmamıza katılacaksa da, gene de Alman amirallerinin elindedirler.

Talât Bey Sofya'ya giderek, Bulgar Hükümeti ile görüşür. Bulgaristan karar veremez. Romanya büsbütün menfi cevap verir. Talât Bey İstanbul'a döner ve bir karara varılmak için sabırsızlık gösterir. Sait Halim Paşa ve onun tarafını tutanlar vakit kazanmak isterler.

Fakat bir arife günü bizim misafir teknelerin Karadeniz'de Rus kıyılarını bombardıman ettikleri haberi gelir. Talât Paşa'nın anlattığına göre, Enver Paşa bile bu olaydan hiçbir haberi olmadığına yemin etmiştir.

Nazırların çoğu hâlâ harbe girmek fikrinde değildirler. Bir yandan da İtilâf Devletlerinin baskısı vardır. Nihayet toplanıp:

— Artık bir karar verelim, derler.

Böylece harbe gireriz. Cavit ve harbi istemeyen öteki nazırlar istifalarını verirler.

Harbe böyle girmiştik. Fakat şimdi nasıl çıkacaktık? "Keşke ben ölseydim..." Talât Paşa'nın bu sözü samimi idi. Şüphe yok, fakat keşke devlet ölmeseydi... Çünkü çöküyorduk.

İkinci Dünya Harbi sonlarına doğru İsmet İnönü, 1914'de Umumî Karargâh'ta Harekât Şubesi Müdürü İsmet Bey, bir gün bana demişti ki:

— Düşün ne kadar da cahilmişiz. Gerçi ben ve arkadaşlarım bizim ordunun böyle bir harbe karışacak halde olmadığını biliyorduk. Fakat öyle sanılıyordu ki eğer Almanlar Fransa'yı yıkarlarsa harp bitecektir. Japonlar ve İtalyanlar o zaman Almanya'ya karşıydılar. Bu harpte Almanlarla beraberdiler. Fransa yıkılmıştır. Harp tabii yine de Almanya aleyhinde!

İttihatçılar vatansever adamlardı. Harbe girişlerini bozgundan sonra da haklı göstermeğe çalıştıklarını hatırlıyorum. Dayandıkları bir mantık da Osmanlı İmparatorluğunun artık pek yaşayamayacağı idi. Madem ki şimdi Türk topraklarında son bir Türk devleti kurmuştuk, sanki iyi olmuş da Birinci Dünya Harbine katılmışız gibi bir şey...

Gerçi biz Avrupa Türkiye'sini kaybettikten sonra parçalanma sırası Osmanlı küçük Asya'sına geldi idi. Araplık meselesi ile karşı karşıya idik. Ruslar Doğu Anadolu'da bir Ermenistan kurma peşinde idiler. Ermeni halkın çektiği zulmü bahane ederek, Balkan Harbinden sonra Bab-ı Âli'ye Ermenilerin oturduğu vilâyetler için bir yabancı müfettiş getirmek fikrini kabul ettirmişlerdi. Bunun ne demek olduğunu anlıyorduk. Kürdistan meselesi de ateşlenmek üzere idi.

İttihatçıların milliyetçiliği ne Ermenistan ne Kürdistan bağımsızlık veya otonomisini akla bile getirmeğe elverişli değildi. Fakat Arap memleketlerine tavizlerde bulunmağa başlamışlardı: Arapça konuşan nüfuzlu ilçe ve bucaklara Arap kaymakam ve müdür tayin etmek gibi... Öyle görünüyordu ki Türkçülük hareketi Osmanlı - İslâmcılık fikir akımını gevşettikçe Hicaz, Suriye ve Irak Araplığı ile Anadolu ve Trakya Türklüğü arasında bir federasyon yapmak imkânsız bir şey olmayacaktı. Türkçülerden ileri görüşlüler bu fikirde idiler. Ben Şam'da iken oraya gelen Mustafa Kemal'in konuşmaları üzerine işittiklerimden onun da bu kanaate iyice meyilli olduğunu anlamıştım. Yirminci asrın ilk dekadlarına kadar Türkleşmeye ve Türkçe diline yatmayan som Araplığın, bu milliyet çağında temsil edilmesine ihtimal yoktu. Hatta oralara giden Türkler pek çabuk Araplaşmakta idiler. Azimzadeler, ki Suriye eşrafının başındadırlar. Konya'dan göçme "Kemik Hüseyin"in torunları idiler. Halep ailelerinden pek çoğu Türk aslındandı. Hepsini kaybetmiştik.

Bunları hatırlatmaktan maksadım, eğer harbe girilmeseydi Küçük Asya'da İmparatorluğun bir yaşama şekli bulabileceğini göstermek içindir. Böylece şimdi dünya petrol kaynaklarının pek önemli kısmını bağrında tutan bu zengin bölgeler devletimizin sınırları içinde bulunacaktı.

Harp sürdükçe büyük devletler zayıflayacakları için kapitülasyonlardan ve her türlü yabancı baskı ve kontrol şartlarından kurtulacaktık. Birinci Dünya Harbi sırasında iki milyon kurban verdikten sonra dahi Kuvay-ı Milliye ile başa çıkamayan Batılı devletler, bütün ordusu ayakta duran İmparatorluğa karşı elbette herhangi bir harekette bulunamayacaklardı.

Biz Birinci Dünya Harbi'ne hırs değil, cahillik yüzünden girmişizdir. Almanlara satılmamışızdır. İttihatçılar vatan satıcısı değil idiler. Liderlerinin hepsi parasız ve yardımsız, düşman kurşunları altında can vermişlerdir. Fakat bir umumî dünya görüşünden, realiteleri elde tutarak ve karşılaştırarak uzun vadeli hesaplar yapmak ve hükümler çıkarmak gücünden, yetkisinden yoksun idiler. Hiç olmazsa kendi partileri içinde serbest bir denetleme olsaydı gene de kendimizi koruyabilirdik.

Ya Almanlar harbi kazansaydı, o bitik hâlimizle ne olacaktık? Bir gün Harekât Şubesi Müdürü İsmet Bey, kendisi ile çalışan bir Alman yüksek subayına der ki:

— Canım, siz kalabalıksınız. Sanayicisiniz. Belçika da öyle. Onu kendinize mi katacaksınız? Yahut aynı haldeki Avrupa memleketlerini mi? Zaferden sonraki kazancınız ne olacak?

Subay, kendi aralarında sık sık bu konu üzere konuşmayı âdet etmiş olacaklar ki ağzından kaçıverir:

— Die Turkei!

1918 Eylül ayındayız. Büyükada'daki Yat Kulübünde son Türk mevsimini tamamlamak üzereyiz.

1914'e kadar, bankalar, şirketler ve piyasalar gibi, kulüpler de Türklere hemen hemen kapalıydı. Şimdi "Büyük Kulüp" dediğimiz Cercle d'Orient'in resmî dili Fransızcadır. Bugünkü İstanbul Kulübünün bir adı da İngiliz Kulübüdür. Padişahlıktan en küçük idare hizmetine kadar siyasî iktidar biz Türklerde iken, Beyoğlu ve Galata tam bir sömürgeciler yatağı, Osmanlı - Müslüman sınıfı ise bir proletarya ezginliği içinde idi. 1908 Meşrutiyeti Saltanat devrinin 33 yıllık mabeyn ve Bab-ı Âli oligarşisini de yıktığı için, büsbütün yaldızsız, gösterişsiz bir kalabalığa dönmüştük. İttihat ve Terakki Fırkasının Rumeli'den İstanbul'a taşınan merkez-i umumisi, uzun müddet, eski Alemdar Mustafa Paşa takımına benzer, şivesi tuhaf, adetleri iptidaî, mizacı dağlı bir komiteciler ve fedailer ocağı gibi yadırganmıştı. Gece vakti bir paşa, birkaç gazeteci öldürülmüş, bazılarının katilleri hiç aranmamış, bulunanlar da merkez-i umumî nüfuzu ile korunmuştu. İlk Bâb-ı Âli hükümetleri bu esrarlı cemiyeti idare edenlerin kuklaları sanılırdı. Fakat merkez-i umumî'nin de hükmü Türklere idi. Hıristiyanlar tekin değildi. Ecnebiler ise büsbütün imtiyazlı idiler. Mahkemeleri dahi ayrıydı.

1914 Harbi başlayınca Beyoğlu çevreleri sindiler. Tekâlif-i-harbiye denen rekizisyondan ve polisten korktukları için Hıristiyanların Türklere yanaşmak ve onlara hoş görünmek yolunu tutmaları tabii idi. Kapitülâsyonları kaldıran İttihatçılar, ekonomi ve ticaret gibi, kulüpleri, hattâ otelleri de Türkleştirmek lâzım geldiğini düşünmüş olacaklardı. Merkez-i umuminin başlıca üyeleri harp yazlarında Büyükada'ya göç ederler ve Yat Kulübüne yahut kiralık köşklere yerleşirlerdi.

Harp zenginleri ve karaborsacıları zayıf mizaçlılara sokulmak yolunu kolayca bulmuşlardı. Bir kılı kırk yaran ahlâkçıların nasıl olup da halk sefaletiyle bir hızda artan, küstah ve sırıtıcı sefihliğin iç yüzüne doğru bakmak merakını duymadıklarına şaşardık.

Yat Kulübü'nde iki parola vardı: Harbe devam ve zafer. Zaferde en küçük şüphe imansızlıkla damgalanmak için yeterdi. Bir merkez-i umumî üyesi vardı ki, kardeşi az zamanda harp zenginleri arasına geçmişti. Kendisi ise Yat Kulübün bahçesinde fikir adamlarına bir iman korkuluğu gibi görünürdü. Çok dürüst kalmıştı da! Mutfak ihtiyaçlarını merkez-i umumî devletinin vermekte olduğu bu devirde fikri uğruna yiyecek kuponlarını tehlikeye koyabilecek pek az kahraman çıkmış olması tabiî değil midir?

— Zenginler bir gün işe yarar, düşüncesi de vardı. Sanki bütün bu zenginler paralarını İttihat ve Terakki hesabına biriktirmekteydiler. Sonraları bana aynı kulübün bahçesinde, sağ elinin parmaklarıyla sol elinin avucunu göstererek:

—İki milyon lirayı elimde gördüm, diyen Selânikli Karasu, İngiliz donanması İstanbul'a girdikten hemen sonra İtalyan uyrukluğuna geçmişti. İttihatçı Nazırlardan birinin korurluğu ile yüz binler kazanan bir iş adamı, Mütareke zamanı çocuklarının İsviçre'ye gidebilmesi için bilet parası vermenizi rica etmektedir, dediğimde:

— Nerede bende para? Kendim nasıl geçineceğimi düşünüyorum, diye yazıhanesinin kapısını yüzüme kapamıştı.

Talât Paşa da Berlin'den yazdığı bir mektupta, pek az bir borç yüzünden anasının kira evinden atılmamasına yardım etmeyenlerden, acı acı şikâyet eder. Himayelerinde milyonerler yetişen bu İttihatçı şefleri namuslu idiler. Talât Paşa Nişantaşı'ndaki Sadrâzamlık konağına taşınmamış, "Sonra çıkması güç olur!" demişti. Levazım Reisi İsmail Hakkı Paşa'nın yolladığı hususî beyaz ekmeği geri yollayarak: "Biz herkesle beraber fırından nafakamızı alıyoruz!" demişti. Bu çamur gibi, ne idüğü belirsiz bir hamur parçası idi.

Yat Kulübün bahçesinde yalnız Ziya Gökalp ile açık konuşabilirdik. O ise saplı fikirlerinin kapalı havası içinde idi.

1918 Eylülünde son buluşmalar hayli hüzünlü olmuştur. Donanmadan ve cepheden gelen haberler iyi değildi. 1914'te bize:

— Ya batacağız, ya çıkacağız!, demiş olanlar, 1919'daki fikirleri ne olduğunu söylemek için artık bizimle karşılaşmak fırsatını bulamayacaklardı.

Eylülün 27'nci günkü İstanbul gazetelerinin birinci sayfalarında üç sütun üzerine Veliefendi at yarışlarının haberleri ve resimleri vardı. "Akşam"ın başlıca yazısı rahmetli Ömer Seyfeddin'in edebiyatta tenkidin faydası üzerine bir konuşmasıydı.

Ertesi gün birden bire, Bulgar Başvekili Malinof'un İtilâf Devletlerine barış teklif etmiş olduğu ve Bulgar ordusunun dağılmaya başladığı havadisleri İstanbul gazetelerinin yosunlu su durgunluğu üzerinden çığlıklı bir dalga gibi geçti. Halk efkârının altı üstüne geldi. Gerçi Alman komutanı Makenzen'in Bulgaristan kargaşalığını yatıştırmak üzere Makedonya cephesine gittiği yazılmışsa da, artık kimseyi Alman mucizesine inandırmak imkânı yoktu.

İki taraf da harpten usanarak uzlaşmalı bir barışa varmak umudu iflâs etmişti. Almanya henüz teslim olmadığı için, acaba biz de bir tekli barış teklif etsek cezamızı hafifletebilir miyiz, İngilizleri bir defa daha Osmanlı Devletini kurtarmak fikrine yatırabilir miyiz, gibi avutucu hayallere kapılıyorduk. Yat Kulüpte Merkez-i Umumî masasında bulunanlardan bir arkadaş nihayet bu fikri ortaya atma cesaretini gösterir. Daha cümlesini tamamlamadan rahmetli Doktor Nazım:

— Türkler kancık değildirler, sonuna kadar Almanlarla beraber... diye kesip atar.

Ama Mareşal Alenbi'nin yaklaştığı Halep, İstanbul'a uzaksa da Frandchet d'Ekperey orduları Türk Trakyasına yaklaşmak üzereydi.

Vagonları üstünde "Enverland" yazılı Balkanzuğ trenleri artık Berlin istasyonundan kalkmıyordu.

Yat Kulübü Rumlar teslim almağa hazırlanmaktaydılar. Gelecek yaz, kulübün kapıları Türklere kapanacaktı. İçeride Yunan zaferleri şerefine yapılan şenlikleri görüp kahrolmamak için arka sokağından bile geçmeyecektik.

Bulgar orduları çözüldükten sonra, İstanbul üzerine yürüyen General Franchet d'Esperey ordularını hangi kuvvetle durduracaktık? Sonradan duyduğumuza göre General Francet d'Esperey'nin fikri hiç durmadan İstanbul'a yürümek ve Osmanlı Devletini, olduğu gibi, sarayıyla, Bâb-ı Âli'siyle, varıyla yoğuyla teslim almakmış. Hattâ dünkü müttefikimiz Bulgarla, kendileri mümkün olduğu kadar az ziyanla kurtulmak için ordularını bize karşı kullanılmak üzere Franchet d'Esperey'nin emrine vermeyi teklif etmişler, general reddetmiş.

Böyle korkunç kaza ve kader günlerinde sorumlu iktidar ile halk arasına nasıl onulmaz bir yabancılık girer, nasıl en yakınları bile ikbaldekilerin yanından kaçıp kaybolmak ister, ömrümde ilk defa görüyordum. Ordu ve polis baskısından biraz nefes alabilse, halk iktidarı ayakları altında çiğneyecekti. Harbe girerken ona sormuşlar mıdır? Halk, açlık ve yoksulluk çekerken, yüz binlerce delikanlı cephelerde can verirken, şehirler ve ülkeler birbiri ardına düşman ordularının eline geçerken, onu zafer-i nihaî edebiyatı ile avutmamışlar mıdır? Hiçbir saldırış olmamışken, Mısır ve Kafkasya üzerine fetih akınları ile harbe giren iktidar, şimdi dönüp de halka nasıl:

— Ne yapalım, talihimiz yokmuş, mahvolduk! diyebilirdi?

Merkez Komutanlığı ve polis henüz emirlerinde olduğu için eski nazırlardan bir kısmının eski caka'larından hiçbir şey feda etmediklerini görmek de gönül kırıcı bir şeydi. Sanki devlet batmakla, kendilerine karşı bir kusur işlenmekte idi.

İtilâf devletleri İttihat ve Terakki liderlerini ayrıca şahıs şahıs cezalandıracaklarını ilân etmişlerdi. Halk için bir ölüm-kalım, iktidar için sadece bir ölüm günü yaklaşmaktadır.

Gazeteler Vilson prensiplerinin dünyaya hükmedecek yeni esaslar olduğunu yazarak havanın ağırlığını biraz gidermeye çalışmaktadırlar. Acaba Osmanlı İmparatorluğunun bu prensiplere göre tasfiye edilmesine razı olduğumuzu bildirsek, Hicaz'ı, Suriye'yi, Filistin'i ve Irak'ı kaybetsek Türklerin vatanını kurtarabilir mi idik?

Almanya'dan hiçbir umut kalmadığını gören İttihatçılar, partilerinin yerine eski liderlerden hiç birinin bulunmadığı yeni bir parti kurmak ve harp suçluları arasında sayılmayan İzzet Paşa'nın reisliği altında, harp politikasını tenkit eden arkadaşları ile bir hükümet kurmak çaresine başvurdular. Yeni partinin ismi "Teceddüt" idi.

8 Ekim'de Talât Paşa istifa etti. Ben Bahriye Nazırı Cemal Paşa'nın Hususî Kalem Müdür Muavini idim. Nazırım son günlerde pek bitkin, âdeta ağlamaklıydı. Kendisine bu hizmete yedek subaylıktan geldiğimi, memurluk mesleğim olmadığını söyleyerek, çarkçı mektebinin edebiyat hocalığını istedim. Kabul etti, son emirlerinden birini benim için yazdı.

Bunun bile kaç günlük bir şey olduğunu kendi kendime soruyordum.

Bir devletin batışı günlerindeydik. Düyun-u Umumiye İngiliz Dainler Vekili Sır Adam Block, 1914'de harbe girmemiz üzerine İstanbul'dan ayrılacağı zaman şöyle demişti:

— Eğer Almanya kazanırsa, siz de Alman kolonisi olacaksınız. Eğer İngiltere kazanırsa mahvoldunuz!

Harbi İngiltere kazanmıştı.

İstanbul pek susturucu bir asker sıkısı altındaydı. Harp müddetinde halk yalnız bir defa hıncını duyurabilmişti. O da gene sessizce Sultan Hamid'in tabutu arkasına takılmaktan ibaretti. Alay yolu üstünde bazı pencerelerden başlarını uzatan kadınlar:

— Kırk paraya ekmek yediren, yirmi paraya kömür yaktıran padişahım, bizi kime bırakıp da gidiyorsun, diye inlemişlerdi.

Harbin sonlarına doğru, artık hiçbir şey ummayan, bir zaferi de bildirse hiçbir habere sevinmeyen halkın bu sessizliğinden iktidara vehim mi geldi, nedir, "Gazetelere biraz serbestlik versek..." derler. Kimi bunun havadaki zehri almak gibi faydası, kimi de zararlı olacağını söyler. Talât Paşa gülümseyerek:

— Sanki ne olacak sanıyorsunuz? Hürriyeti buldular mı gazeteciler birbirlerine hücum ederler, halkı da hükümeti de unuturlar, cevabını verir.

İyi de sezmiş. Gazeteler nefes alınca, bir şeker yolsuzluğu dedikodusu üstünde birbirlerine girmişler, hücum etmek için gene de kendi kendilerini arayıp bulmuşlardı. Fakat İzzet Paşa kabinesi kurulunca mesele değişti. Hürriyet ve İtilâfçı yazarlar, gazetelerde göründüler. Daha ilk günden nasıl bir iç boğazlaşmaya doğru sürüklenip gittiğimizi anlıyorduk.

İzzet Paşa kabinesi harpte İzmir İngilizlerine yardım eden Vali Rahmi Bey veya harp esiri olarak bizden pek iyi muamele gören General Tavshend gibi bazı şahsiyetlerle ortalığı yokladıktan sonra, Mondros mütarekesini imzalamaktan başka çare olmadığını gördü.

Sonradan Ali Çetinkaya ve bazı arkadaşlarının bu mütarekeyi imzaladığı için Rauf Bey'e' (Orbay) niçin hücum ettiklerini anlamak güçtür. Mondros Mütarekesi o günkü şartlar içinde seçmek zorunda olduğumuz felâketlerin en hafifiydi. Ya mütareke yapacaktık veya General Franchet d'Esperey, orduları ile İstanbul'a girerek devlete el koyacaktı.

Mesele namuslu hükümet adamlarının mütareke şartlarının kötüye kullanılmasını önleyecek karakterde olmasıydı. Bir milli bütünlük kurmamızda, düşman pençesi altında birbirimize girmememizdi. Bir ahlâk imtihanı geçirecektik.

Bir müddet sonra limanda düşman donanmasını ve şehirde Hıristiyan nümayişlerini nasıl görüp katlanabileceğimizi elimizle kalbimizi sıkarak düşünüyorduk.

Gerçi daha beteri olduğunu da hatırlamıyorduk. Ya Çar Rusyası 1917'de yıkılmamış olsaydı? Müttefiklerle aralarındaki anlaşmaya göre İstanbul Sakarya kıyılarına kadar Rusların mülkü olacaktı. 1918'in o haftalarında Rus orduları kumandanı, Çar Nikola'yı Dolmabahçe Sarayı'nın rıhtımında karşılayacaktı. Daha neye uğradığını bilmeden, Doğudan Güneye doğru, Adana'ya kadar uzayan bir Ermenistan kurulacaktı. Lenin Çarlığı devrildiği sırada, Rus ordularının nerede ise Sivas kapılarına dayanmış olduğunu unutuyorduk.

Henüz İstanbul'da bulunan Cemal Paşa, Ali Kemal'in kendi hakkındaki bir yazısı üzerine küçük bir açıklamasını gazetelere koydurabilmek için beni Boyacıköyü'ndeki yalısına çağırdı.

— Gazetelerin taşkınlığını görüyorsun. İzzet Paşa kabinesi yarı yarıya bizden. Şimdiden şahıslarımıza hücum ederlerse, yarın ne yapmazlar?

Dedi ve Refik Halit, Celâl Nuri, tarihçi Ahmet Refik gibi bazı yazar isimleri sayarak kendilerine biraz para vermesi faydalı olup olmayacağını sordu:

— Bilirsin ki ben paralı bir adam değilim, dedi, Enver Paşa'da Alman gizli ödeneğinden kırk beş bin lira kalmış. Bunun onbeş bin lirasını bana, onbeş bin lirasını Talât Paşa'ya verdi, gerisini de kendine alıkoydu.

Bu paranın memleketten kaçarak dışarıda hizmet imkânları aramak için bölüşülmüş olduğunu bir iki gün sonra anladım.

Daha birkaç gün öncesine kadar son santimine kadar kâğıdının parasını ödemiş olduğu Celâl Nuri'nin gazetesinde bile onun yazısına iki satırlık yer bulamadım. Her zaman olduğu gibi "ehibbâ âdâyi şive-i yağmada mephut" etmek üzere idi.

Bir akşamüstü binbir tasa ile başım ve gönlüm ağır, Büyükada iskelesine çıkarken biri geldi, elime bir zarf tutuşturdu. Sonra da:

— Acaba Halide Edip Hanım'ı nerede bulabilirim, diye sordu.

Cemal Paşa'nın mektubu şöyleydi: **Oğlum Falih Rıfkı, memleketin galeyanı, avam kitlelerini ayaklandırmak için bazı eclaf (reziller) ve esafilin (sefiller) teşebbüsleri beni her zaman için bazı nahoş tecavüzlere maruz bırakabilirdi. Memleketin hayır ve selâmetine hizmetkâr olmaktan başka hiçbir emel beslememiş olan benim gibi bir adamın esafil-i nas'ın çarıkları altında kalmayı**

istemeyeceği bidihidir. Binaenaleyh memlekette sükûn avdet edinceye kadar, daha doğrusu aramıza girecek olan ecnebi kuvvetleri sulh olup vatanı gene münhasıran milletin eline bırakıncaya kadar maddî hakaretlerin yetişemeyeceği bir yere çekilmeyi münasip gördüm. Siyasî ve idarî ef'al ve icraatımın hesaplarını vermeye her an hazır olduğumu herkesten fazla sen bilirsin. Verdiğim talimatlar dairesinde hareket ederek hukuk ve haysiyetimi vikaye (korumak) etmeye çalışacağına itimat ediyorum. Vesikalarımı evvelki gibi kullanarak aleyhimde yapılabilecek her türlü iftiralara cevap verebilirsin. İnşallah dönüşümde seni mesut ve müsterih görürüm. Gözlerini öperim oğlum. Boyacıköy 1 Teşrinisani 1334".

Mektubu Süleyman Nazif ve Cenap Şahabettin'e de göstermemi ve Yahya Kemal'e selâm söylememi de mektubun kenarına yazmıştı. Süleyman Nazif ve Cenap Şahabettin vaktiyle Suriye'ye gelmişler ve onun yardımı ile ipek alıp satmışlardı. Yahya Kemal de Bahriye nazırlığı anbarından besledikleri arasındaydı. Celâl Nuri gazetesinde dünkü efendilerinin sitemlerini beş sütuna iri punto ile şöyle haber verecekti: Ferre, yefürrü, firara... Nazif ve Cenap adını bile ağızlarına almayacaklar, Yahya Kemal ise ilk sövenlerden biri olacaktı.

Böyle çöküşlerde herkes başının derdine düşer. Tek korunma çaresi geçmişe saldırmaktır. Hücum saflarında, çok defa, dost düşmanın önüne geçerse buna hiç şaşmamak gerektiğini kitaplarda okurdum. Mütarekede kendim de görüyordum.

Bu mektubun "verdiğim talimatlar dairesinde" ve "resmi vesikalarımı kullanarak" sözleri yüzünden sırası gelince anlatacağım üzere az daha asılacaktım. "Talimat vermek sözü Suriye ve Garbî Arabistan umum kumandan ve Bahriye Nazırı Cemal Paşa'nın bir "kalem alışkanlığı" idi. Resmî vesikalara gelince bende bir kâğıt parçası bile yoktu. Sonradan işittiğime göre bazı dosyalarını Seyfi adında bir adamına bırakmış, o da korkudan yakmıştır.

Talât Paşa da Sadrazam İzzet Paşa'ya bir mektup yollamıştı: "**Pek muhterem ve mübarek tanıdığım İzzet Paşa Hazretlerine, memleketin bir müddet ecnebi nüfuz ve tesiri altında kalacağını anladım. Buna rağmen memlekette kalmak ve millet karşısında muhakeme olmak fikrinde idim. Bütün dostlarım bunu âtiye (gelecek) bırakmak için ısrar ettiler. Zât-ı fahimaneleri ile istişare edemedim. Müşkil mevkide kalacağınızı çok düşündükten sonra sarf-ı nazar ettim. Bütün hayat-ı siyasiyemde hedefim memlekete namuskârane ve fedakârane hizmet etmek idi.[9] Bütün servetim Zat-ı Şahane'nin ikram ettiği otomobil parası ile her ay arttırdığım yirmişer liradan bin altıyüz liralık istikraz-ı dahilî bedelinden ve bir de dört arkadaşımla birlikte kiraladığımız çiftliğin devri ile hasıl olan paradan ibarettir. Bunun bir kısmını aileme terk ederek bir kısmını yanıma aldım. Bundan başka nesneye malik değilim. Millete hesap vermek ve muhakeme olunarak tayin edilecek cezayı kemal-i cesaretle çekmek isterim. İşte Zat-ı fahimanelerine söz veriyorum. Memleketin ecnebî nüfuz ve tesirinden azade kaldığı gün ilk telgrafınıza itaat edeceğim. Kemal-i hörmetle ellerinizi öperim, Muhterem Paşa Hazretleri. 2 Teşrinisani 1334.**"

En yakın gelecekten bile haberli değildi. İstanbul'da tam bir çökme, maddî ve manevî çökme devrine giriyor-

---

9 Burada şu cümle silinmiştir: "Şahsen buna muvaffak oldum."

duk. İzzet Paşa'lar da silinip süpürülecek, İngiliz subaylarının emirlerindeki bir Kürt paşasına kanıp divanlar kuracaktı. Eski sadrazamın, Harbiye ve Bahriye nazırlarının adlarını, sanıklar arasında, şöyle okuyacaktık: "Talât Efendi, Enver Efendi, Cemal Efendi..."

Gene o günlerde son zamanlara kadar seviştiğimiz ve Bahriye anbarından beslenmesine yardım ettiğim Ahmet Haşim'in, İngiliz Casusu Sait Molla'nın "İstanbul" adlı gazetesinde çirkin bir yazısı çıktı. Suriye'de Edip Hanım bir sihirbaz kazanı karıştırırken ben nasıl şampanya içermişim. Halide Edip Hanım, Beyrut'ta mektep işlerine bakardı. Kendisini hiçbir suvara'de gördüğümü hatırlamıyorum. Açlarla, yetimlerle uğraşır ve Cemal Paşa'nın yanında biraz nüfuzu varsa, yalnız onlar için kullanırdı. Ben ise nihayet bir yedek subaydım. Başkalarından farkım, ara sıra "Tanin" gazetesine edebi yazılar yazmak, hususî kalem işlerine baktığım için de ordu kumandanı ile beraber İstanbul'a gelip gitmekti.

Mütarekeye cebimde 25 lira ile çıkmıştım. Çarkçı mektebinden aldığım aylığı haftada iki gece kaldığım otele bırakırdım. Bu yazı hayli gücüme gitti. Birkaç satır karaladım. Gene benim vasıtamla bunca iyilik gören gazeteye gittim. Celâl Nuri'yi gördüm: "Vay edepsiz vay!" dedi, "Hem siz hafif yazmışsınız, bana bırakınız. Hakkından geleyim!"

Ertesi günü gazeteyi açtım, hiçbir şey yok. Telefonla aradım. Biraz soğuk: "Biliyorsunuz, şimdi İttihatçılık davası var. Siz de damgalı sayılırsınız. Gazete için bir şey değil... Fakat size fenalığımız dokunmasın diye yazmadık!" dedi.

Zavallı Hâşim bir ruh hastasıydı. Sonra gene barıştık. Ölmeden önce son defa beni Haydarpaşa garında uğurladığı vakit görmüştüm. Bu da tedavi edilmek üzere Almanya'ya gidebilmesi için kendisine bir para yardımı sağlamış olduğumdandı. Geçmişteki öyle bir vakadan sonra kendisi ile hâlâ nasıl görüşebileceğimi soranlara:

— Ne yapayım, hoşlanıyorum. Siz tütüne kızar mısınız? Veya enfiyede ahlâk arar mısınız, diye cevap verirdim.

Gücüme giden olayı da anlatayım: Bahriye Kurmay Başkanı Rauf Bey'in (Orbay) Cemal Paşa ile arası iyi değildi. Olabilir. Onun yerine Bahriye nazırlığına geldi.

Cemal Paşa son iktidar günlerinde beni çağırarak:

— Biliyorsun, bana Adana'dan dilediğim hayır işlerine harcanmak üzere bir hayli para verilmişti. Yirmi bin lirası arttı. İstanbul'a getirdim. Kendi adıma vezne kasasındadır. Fakat benim param değildir. Acaba nereye verebilirim, diye sordu.

Türk ocakları hatırıma geldi. Ocağın kimsesiz çocukları okuttuğunu da biliyordum:

— Çok iyi... Parayı al, götür, Halide Hanımefendi'ye teslim et. Nereye harcayacağını o daha iyi bilir. Senedi al, getir, dedi.

Dediğini yaptım. Halide Hanım da pek sevinmişti.

Bir gün beni Bahriye Nazırı Rauf Bey'in istediğini söylediler. Gittim:

— Son günlerde vezne kasasından 20 bin lira çekilmiş. Nedir bu, dedi.

Hikâyeyi anlattım. Paranın Bahriye ile hiçbir ilişiği olmadığını da sözlerime ekledim. Cemal Paşa memleketi bırakırken alıp götürse de hiçbir şey çıkmazdı. Rauf Bey:

— Ocak mı? Türk ocağı ha... Ben öyle şey dinlemem. Ya gidip geri alarak getirirsin ya da Cemal Paşa'yı da, Halide Hanım'ı da sizi de gazetelere veririm, dedi.

Parayı geri verdik.

13 Kasım'dan beri düşman donanmaları İstanbul limanındadır. Harp suçluları ile politika zenginlerinden çoğu memleketten kaçmışlardır. Hiçbir günahları olmadığını sananlar, meselâ Hüseyin Cahit ve Cavit, gazetecilere:

— Kaçmadık, hesap vereceğiz, derler.

Boşuna bir iyimserlik bu. Hürriyet ve İtilâf gazetelerinin suçlu suçsuz ayırdığı yok. Eski muhaliflerin başta olmak üzere çıkardığı yahut yazdığı gazeteler memleketi harbe sokanlarla Ermeni'leri "tehcir" edenlerin hemen yargılanmasını istemektedirler.

Daha fenası var: Harp müddetince Tasvir-i Efkâr gazetesini birlikte çıkaran Yunus Nadi ile Velid Ebüzziya ayrılmışlardı. Yunus Nadi "Yeni Gün" gazetesini kurmuştur. Nadi bir İttihatçı ve milliyetçidir. Velid'in de vatanseverliği söz götürmez. Düşman zırhlıları Galata rıhtımına yanaştığı günlerde Velid Yunus Nadi ile hesaplaşmaya kalkmıştır. İki memleket gazetesi amansız bir boğazlaşma halindedirler.

Bir manevi çözülüş içindeyiz. Edebiyatta bir kelime olarak kullandığımız "inkıraz'" denen şey bu mu idi?

Milliyetçi Türk ne yapacağını, hattâ ne düşüneceğini bilmez. Yaşamaksa, nasıl ve niçin yaşamak? Ölmekse, nerede, nasıl ve niçin ölmek? Acaba bize ne yapacaklar? Koyu Türklüğünde şüphe olmayan Yahya Kemal bana gelir:

— Ah parçalamasalar... Bari İngilizler vatanımızı toptan alsalar... Mısır gibi olsak... der. Mısır, Osmanlı Hidivinin yarı-köle Mısır'ı aklını şaşıran milliyetçinin bomboş hayalindeki bir bahtiyarlık serabı gibi buhar buhar tüter.

— Çünkü, diyor, Tanzimatçılar bir millet değil, bir vatan yapmaya çalıştılar. Tarih gösteriyor ki eğer millet kalırsa, kaybolan vatanı yerine koymak imkânı vardır. Biz parçalanırsak, elden ele geçersek millet olarak kalabilir miyiz? Devletin çekildiği yerlerde Türklüğün tükendiğini görmüyor muyuz? Fes Köstence'de hamalın, Filibe istasyonunda pabuç boyacısının başında kalmış...

Hürriyet ve İtilâfçılardan bir kısmının basit bir formülü var: Düvel-i Muazzama'nın adaletine sığınmaktan başka çaremiz yoktur. Eğer onlara günahlarımızı affettirmek istiyorsak, hemen darağaçlarını harpçiler ve İttihatçılarla donatmaya bakmalıyız.

Bir kısmı o kadar öç alma heveslisiydi ki, adeta sevinç içinde. İkide bir yüzünüze:

— İşte battık, der.

Bu sözü de:

— İyi ki battık, der gibi söyler.

Biraz isyan etmek isterseniz:

— Hâlâ mı o kafa, diye bir kahkaha püskürür.

Yaşamak ve beklemek lâzımdı. Genç ve cesaretli idim. Gazeteciliğe atılmak istiyordum. O sırada "Akşam" gazetesinin ortaklığı fırsatı çıktı.

Bab-ı Âli caddesinde Reşid Efendi Hanının birkaç odasına sığınan "Akşam" gazetesi kötü baskılı, az satışlı, avuç kadar bir şeydi. Üç ortağın –Necmeddin Sadak, Kâzım Şinasi ve Ali Naci– yazıcıdan fazla sermayeye ihtiyaçları vardı. Bir dostumuz teşebbüsü ele aldı. O, Yahya Kemal, Fazıl Ahmet, Rıfat Müeyyet ve ben Akşam sahipleri ile beraber bir şirket kuracaktık. Günlerce toplanarak, konuştuk, dağıldık. Nihayet ben babamdan kalma evin satışından arttırdığım beşyüz lirayı yatırdım. İngiliz Rıfat diye tanınan Rıfat Müeyyet de parasını verdi. Beş ortak olduk.

Bab-ı Âli camiinin bitişiğindeki kırmızı ahşap binayı vaktiyle İttihat ve terakki tutmuş. İçine bir iki düz makine yerleştirmiş. Maksat "Yeni Mecmua"yı çıkarmak. Hepsi Merkez-i Umumî üyelerinden Küçük Talât'ın üzerinde idi.

Ben "Yeni Mecmua"yı da çıkarmak şartıyla binayı ve makineleri devraldık. Ziya Gökalp'in dergisini ziyanına katlanmak mümkün olduğu müddetçe çıkardım.

Yeni bina ayaküstü olduğundan elverişli bir toplantı yeri idi. Üst kat odalardan bir kısmını sonradan Matbuat Cemiyetine kiralamıştık. İstanbul'un kalburüstü yazarları ve fikir adamları ile sık sık buluşur, dertleşirdik. Ben gazetenin üçüncü sayfasının başında "Günün fıkrası"nı yazıyordum. Yakup Kadri de bitişiğimizdeki "İkdam" gazetesinin ikinci sayfasına yerleşti. Pek az, geçindiremeyecek kadar az kazanıyorduk. Hiç olmazsa, içimizi dökebiliyorduk.

Ara - Kabine düşerek yerine Tevfik Paşa hükümeti geçmiştir. Artık saray ve sarayla oynayanlar, Bâb-ı Âli üzerinde tam hükümlerini yürütmektedirler. Hürriyet ve İtilâfçılar da padişahı ele geçirmeye uğraşmaktadırlar. Tevfik Paşa kabinesinde Hürriyet ve İtilâfçı Rıza Tevfik'i Maarif Nazırı olarak buluyoruz.

Bir gün köprüye doğru gidiyordum. Bir otomobil durdu, içinden gülerek, seslenerek Rıza Tevfik indi, karşı kaldırımda bir İngiliz yüzbaşısına doğru yürüdü. Bir şeyler anlattığı zaman, yüzbaşı soğuktu bile...

Bir Osmanlı nâzırı için bir İngiliz yüzbaşısından iltifat görmek... O, şimdi, daha bir yıl önce Şam sokaklarında bir Suriyeli eşrafın bir Osmanlı kumandanı ile selâmlaşabilmesi kadar göstermeye ve gösterişe değen bir hâdiseydi.

1908 Meşrutiyeti'nin ilk devirlerinde tenkitlerini sevmedikleri için Zeki Bey, Hasan Fehmi ve Samim gibi gazetecileri birer gece kurşunu ile yere seren fedailerden hiçbirinin, her gün üç dört sütun bütün efendilerine, şereflerine ve tarihlerine sövdükten sonra, tek başına, ferah ve kibirli, "Sabah" gazetesinden köprüye yaya inen Ali Kemal'e yan baktıklarını bile görmüyorduk.

Atatürk hakkında "Bozkurt" kitabını yazan Armstrong, Mütarekede İngiliz subayı olarak İstanbul'a gelmiştir. Bir başka kitabında tatlı Su Osmanlılığı, Hürriyet ve İtilâf Türklüğü ve Beyoğlu Hıristiyanlığının İstanbul'u hakkında şu fikri söyler: "İstanbul şehri bir yara. Burada büyük idealler ve ilhamlar yok. Burası entrika, rezalet, hile, korkaklık karargâhı. Hain erkekler ve namussuz kadınlar şehri."

Zamane şeyhülislâmının kendi kapısında görüşme nöbeti beklediğini de yine bu subay aynı risalesinde yazar.

General Franchet d'Esperey, Köprübaşından beyaz bir ata binerek ve atı ürktüğü için kendini selamlayan mızıkayı kırbacıyla susturarak Galata nümayişçileri arasından Beyoğlu'na çıktı. Bu beyaz at, fetih resimlerinde İkinci Mehmed'in suya at süren 465 yıllık hayaletini çiğnedi, geçti.

Öğle üzeri Padişahı kovarak Dolmabahçe sarayına kendi yerleşmek istediği havadisini duyduk. Acaba Fransız generalini Dolmabahçe sarayı üzerinde kendi bayrağını dalgalandırma fikrinden caydırmak mümkün olacak mıydı? Bütün kaygımız bu.

Rahmetli Süleyman Nazif, gazetelerden birinde, bu giriş gününe "kara gün" adını vermiştir ve birkaç satırlık bir fıkra yazmıştır. Franchet d'Esperey bunu haber alınca:

— Hemen yakalayınız, kurşuna diziniz, emrini verir. Kim bilir kimlerin ricaları üzerine Dolmabahçe sarayına yerleşmek ve Süleyman Nazif'i kurşuna dizdirmekten vazgeçer.

Bu çözülüş gittikçe ağırlaşarak Yunanlılar İzmir'e ve Mustafa Kemal Samsun'a çıkıncaya kadar sürüp gidecektir.

İstanbul'da hayat denebilecek ne varsa, birkaç gün içinde Türklüğün havasından çıktı. 1911'den, hele Rumeli'yi kaybettikten beri durmadan düşen İstanbul'un Birinci Dünya Harbi'nde çekmedik çilesi kalmayan Müslüman semtleri bir göçüş hali gösterir. Hemen bütün mülkler, mücevhere benzer şeyler Emniyet Sandığı'na veya tefecilere rehin verilmiştir. Atina Bankası, Türk malı satın alacak olanlara hesapsız kredi açar. Gazetelerde ikide bir, "satmayınız", "göçmeyiniz" konulu yazılar okursunuz.

Kendi kendime düşünürüm: Eğer o hal devam etseydi ne olurduk? Padişahın sarayından son memurun yuvasına kadar cemiyetin başı hazineye bağlı idi.

Galata kaynaşmakta, Beyoğlu şenlik içinde, biz ise şehrin bu yakasında birbirimizin boğazına sarılmış, sövüşüp duruyorduk. Sevmediklerinden öç almak için işgal casuslarına yanaşanlar çoktu. Bir sabah gazetelerde Asquit'in şu sözlerini okumuştuk: "Asırların gördüğü en aşağılık idareyi tahrip ederek ileriye doğru bir adım attık. Büyük hasta; ölüm döşeğinde. Birçok defalar pişmanlık getirmiştir. Bu hastanın milletler ailesi ortasında, bir şer kuvveti olarak son günlerini yaşadığını umut edelim. Mezarı üstüne yazılacak kitabenin ne olacağını bilmiyorum, fakat Osmanlı Devleti bir daha bâs-ü bâdelmevte nail olamayacaktır."

Hemen o gün Maarif Nazırı:

— Elbet... Elbette, diyor, mağlûp değil miyiz? İstediklerini yapacaklar.

Ertesi gün halkın yılgınlığı içinden bir ses çıkıyor. Bu ses Kadıköy kadınlarınındır. Kimdi bu hanımlar bilmiyorum. Gazetelerin koymaya cesaret ettikleri telgraf şuydu: "Çanakkale müdafaasını yapan şehitlerin muazzez ruhları önünde Türk kadınlığına ve medeniyet âlemine hitap ediyoruz. Limanımıza girdiğini gördüğümüz ahenin kalelerin karaya çıkardıkları yarım milyon askeri denize döken milletimizi mağlûp adletmiyoruz. Peçelerimizi yırtan, sonra da cihan hürriyeti namına harp ettiklerini ilân edenlere teessüf ediyoruz. Millî hukukumuzu ve ismetimizi muhafaza edecek hükümet ve erkek yoksa biz varız."

Böyle seslerle ara sıra yanmış yüreğimizin serinliğini duyardık. Bu sesler Anadolu ihtilâlinin ilk müjdeleriydi.

O günlerde halk kâbuslarından biri de Ayasofya'dır. Ara sıra İstanbul semtlerinin sessiz ve gamlı durgunluğu üstünden bir ürperiş geçerdi. Bir gün öğleye doğru Gülhane kapısından Sultanahmed'e doğru çılgınca bir akına rastladım. Sanki dalgalar beni kaptı, içine kattı.

— Ne var, diye soruyordum.

Heyecandan bitkin sesler:

— Ayasofya'ya çan takacaklarmış, diyor.

Camiin kapısına kadar gidiyoruz. Avlusunda silâhlarını çatmış, ayaklarını germiş, askerler var.

Rahat bir nefes alıyoruz.

Bunlar kravatsız tıraşlı, eski esvaplı fakir halk adamları...

Karşı yakadan gelen haberleri ise kötüdür. Tatlısu Türkü, halk ıstırabından sıyrılmanın ve yabancılara sokulmanın yolunu bulmuştur. İşte size o zamandan kalma bir not: "Orada İngiliz zabitinin dizini bacağı ile saran kadın. Barlar, kabareler, mızıkalar. Burada sandıklarının dibini karıştırarak son işlemeli peşkirini ve gümüş parçasını arayan halk kadını. Bedestende üstleri başları eski, sesleri titreyerek, bezirgândan fiyat sormaya utanan, sapsarı yüzlerinde köklü bir İstanbul hüznü yaşanan kadınlar."

İngiliz subayı Armstrong'un da notları vardır: "İstanbul'da hayat şen, günahkâr ve zevkliydi. Gazinolar içki ve dans ile dolu idi. Vatanını düşünen yoktu. Tokatlıyan'a gidip orkestrayı dinlemek, güzel kızları bakışlarla yakalayarak masalar arasında dans etmek, Marmara adalarına giderek denizde yüzmek hoştu. Evler, arabalar, motorlar emre hazırdı. Şişli tarafında Türk hanımlarının da katıldığı çaylar verilmekte idi. Bu hanımlar beni kırık dökük Türkçemle konuşmaya teşvik etmekte ve benim çok iyi Türkçe konuştuğumu söylemekte idiler. Hâlbuki bu doğru da değildi. Fakat o kadar methediyorlardı ki, pabuçlarımın ayağımda uzadığını, mahmuzlarımın her yere takıldığını hissediyordum."

"Ateş ve Güneş"i bugünlerde çıkardım. Durmadan kötülenen geçmiş içinden millet kahramanlığının birkaç hikâyesini kurtarmaya çalışıyordum.

Bir iki fırçaya daha ihtiyaç var. İstanbul'un Mütareke dekoru içine Rus'ların göçünü de katmak lâzım. İhtilâl ordularının yıkılmasından umut kesilmiştir. Hanedanın sağ kalan prenslerinden, Çarın son Hariciye Nazırı Çarikof'a kadar, generaller, amiraller, Bolşeviklerin elinden yakasını kurtarabilen bütün burjuvalar İstanbul'a geliyor. Yıkılan Rusya, Osmanlı saltanatının başkentine sığınmaktadır.

İngilizler, yerli Hıristiyan polisleri aracılığıyla şehrin içinde ve yazlıklarında Türk ailelerini evlerinden kovmakta ve göçmenleri yerleştirmektedirler.

Yuvalarını ellerinden almak şantajı altında Türk halkı soyulup durmaktadır. İstanbul'a kendi ordularının ve donanmalarının arkasından "sahip" ve "hâkim" olarak gelecek olanları, şehrin sokaklarında sürünür görmekten bile, vatan acısıyla, ferahlanamıyoruz.

Eski Erzurum Valisi rahmetli Tahsin Bey anlatmıştı. Harpten önce Beyoğlu Mutasarrıfı iken kendisine haber verirler. Rusya Büyükelçisi Büyükdere rıhtımı üzerine dikilen telefon direklerinden sefarethane karşısına düşenlerin hemen kaldırılmasını ister. Yoksa kavasları ile söktürüp denize attıracağını söyler. Yüreğinin yumuşaklığına getirip izin almak imkânı olup olmadığını bir denemek için Mutasarrıf Büyükdere Rus Elçilik binasında sefir hazretlerini görmeye gitmiş. Kapıdan girdiği vakit, sefir merdivenlerden inmekte imiş:

— Kimdir bu adam, diye sorar.

— Beyoğlu Mutasarrıfı imiş, sizden bir ricada bulunmaya gelmiş, derler.

— Beyoğlu Mutasarrıfının benimle ne münasebeti var? Bir diyecekleri varsa Sadrâzamları gelip konuşur, öyle söyleyiniz, der ve Tahsin Bey'i geri çevirir.

Mütareke günlerinde Tahsin Bey evinde kızına Fransızca dersi vermek için Rus muhacirleri arasından ucuzca bir hoca aradığı vakit kimi bulsa beğenirsiniz? Kendini kapı eşiğinden kovan büyük elçiyi. Kibarlık edip vakayı hatırlatmaz bile!

Henüz başka yerlere gidemedikleri için İstanbul, Rus güzelleri ve kibarları ile dolu idi. Onlarla beraber Beyoğlu lokanta ve gece lokallerine büsbütün başka bir üslûp geldi. Eski Rum ve Levanten havasındaki bu değişiklik pek cazibeli idi. Ruslar harcayıcı ve eğlenici millettirler. Türklerden parası olanlar veya mallarını satıp para edinenler de öyle idi. Büyük facia ortasında bir israf ve sefahattir gitti. Tripolar ve aşk tuzakları birçok ocakların sönmesine sebep olmuştur. Göçmenlerin mücevherleri ve değerli eşyalarının çoğu da İstanbul'da tefecilerin elinde kaldı.

Florya'yı açanlar da göçmenlerdir. Osmanlı devrinde ne Türkler, ne de Hıristiyanlar açık denizde yıkanma, hele güneşlenme meraklısı değildiler. Sosyal hayata hiç alışılmadık bir serbestlik geldi. Son aile hâtıralarını mezata ve rehine veren Osmanlı kibarlığı artıklarıyla, Rus saray ve konaklarının yurtsuz göçmenleri arasındaki bu trajik kaynaşmaya hüzünle bakardık. Rusya'yı kan götürmektedir. Anadolu'da ise, haydut çeteleri, anarşi ve parçalanma korkusu içinde, sekiz buçuk asırlık Türklük kaderini karartmakta idi.

Beyoğlu'nun o devir hatıraları arasında Yunan generalinin oturduğu binanın kâbusu da vardır. Balkonuna Yunan bayrağı çekildiği zaman, halk zorla selâma dururdu. Türkler geçişlerini bu zamana rastlatmamak için hesapla yola çıkarlardı.

Türklükten de kaçan kaçana idi. Bir gün dostlarımdan biri nefes nefese matbaaya gelerek Beyoğlu Caddesi'nde Osmanlı büyükelçilerinden birinin oğlunu Kafkas esvabıyla gördüğünü, bir felâketmiş gibi, haber verdi. Şivesi şivemizden, kafası kafamızdan nice tanıdıklarımızın Kürt olduklarını anlıyordu. "İçtihat"çı Abdullah Cevdet'in yazı yazdığı gündelik gazetenin adı "Jin" idi. Bunun Kürtçe "Hayat" demek olduğunu öğrenmiştik.

İttihatçılar hapistedir. Ziya Gökalp da onlarla beraber. Bir gün, işgal uşağı sabah gazetelerinin birinde bir milliyetçi yazarın, Akagündüz'ün10 şu fıkrasını okuduk: "Ah ne yazık ki onu asacaklar. Yemin ederim ki asıldığını istemiyorum. Hürmet ettiğim bir zatın bir fikri vardır ki ne güzeldir: Ziya'nın kafatasına bir düzine nalıncı çivisi çakmalı. Yaya olarak Anadolu'ya çıkarmalı. Kasaba kasaba, köy köy, oba oba gezdirmeli. Eyvah böyle yapmayacaklar da onu asacaklar. Ne kadar yazık! Ne kadar adaletsizlik."

Bu, işlediği bir suç üzerine tabii cezasını çeken eski bir İttihatçı idi.

---

10 Çünkü Akagündüz harp çıktığı vakit Beyoğlu nümayişlerinin önünde Totaklıyan'ın camlarını kırdıktan sonra, otel sahibinden şantaj haracı istemiş, o da polise haber vererek bir suçüstü yapılmış. Talât Bey Akagündüz'ü Konya'ya sürmüştü. Gökalp'e düşmanlığı kendini o vakit korumamış olmasındandı.

Türkçülük ve Türkçüler, hiç politikaya karışmasalar bile, suçlu ve sorumlular arasındadır. Mütareke edebiyatında cinayet yerine geçen şeylerden biri de "Türklerde milliyet hissini uyandırmak" tı. Sanki bütün felâketlere o yüzden uğranmıştı. Maarif Nazırları'ndan biri kıraat kitaplarından "Türk" kelimesinin çıkarılmasını emretmiştir. Üniversiteden Türkçü profesörler tasfiye edilmiştir. Ne acı şeydir ki, bu tasfiye işinden kurtulmak için, Ziya Gökalp'ın en yakın çömezleri Damat Ferit hükümetlerine yaranmak yolunu bulmuşlardı.

Geçen Mütareke tarihini yüzünden okursanız, İstanbul politikacılarının ikiye ayrıldığını görürsünüz: Vatanseverler, vatan hainleri!

Mesele o kadar sade değildir.

Acaba bazı tanınmış kimseler üzerinde bir deneme yapsam, işin içinden daha kolay çıkabilir miyim?

1917 yazının sıcak bir gününü hatırlıyorum. Yahya Kemal'le can sıkıntısından ne yapacağımızı düşünüyordum. Arkadaşım:

— Ali Kemal'i tanır mısın, diye sordu.

— Hayır.

— Gel gidelim, tuhaf bir adamdır, dedi.

Servet-i Fünun devrindeki Hüseyin Cahit - Ali Kemal tartışmalarını okuduğumdan beri ismini bilirdim. O vakitler Hüseyin Cahit İstanbul'dan hiç çıkmamış tam bir garplı. Ali Kemal ise İstanbul gazetelerine Paris'ten yazı gönderen alaca bir şarklı. Biri genç nesle tenkit örneği vermek için Hyppolite Tain'in Balzac hakkındaki yazısını Türkçe'ye çevirirken, öteki Paris hayatına ait yazıları Arap şairi Mütenebbi'nin Arapça beyitleri ile donatırdı.

Bir gün "İkdam" gazetesinde Ali Kemal'in Elize Sarayı'nda Cumhur Reisini ziyaret ettiğini hikâye eden bir Paris mektubu çıkıyor. Bu mektubun Figaro gazetesi muhabirinin yazısından kopya edilmiş olduğunu Hüseyin Cahit Servet-i Fünun'da teşhir eder. İki yazar ondan sonra galiba hiç barışmamıştır.

Ben erkenden Edebiyat-ı Cedide'ye bağlandığım için, Ali Kemal'den adını daha öğrendiğimiz zaman soğumuştum. 1908 Meşrutiyeti gelince Hüseyin Cahit "Tanin"i çıkardı ve memlekete Paris'ten hürriyet kahramanları arasında dönen Ali Kemal'e Abdülhamit'ten aldığı paraları ne yaptığını soran bir fıkra neşretti. Cahit İttihatçıların gazetecisiydi. Ali Kemal, muhalefet safına geçti. İlk Meşrutiyet aylarında İttihatçılardan "hain" damgasını yedi, iç kargaşalıklar sırasında Avrupa'ya kaçarak idam edilmekten kendini kurtarabildi. Galiba Bahriye Nazırı Cemal Paşa'nın yardımı ile çok sonra İstanbul'a döndü ve köşesine çekildi.

Arkadaşımla beraber Fındıklı veya Cihangir taraflarında kısa bir yokuşu tırmandık. Ahşap bir evin ikinci katına çıktık. Ev sahibesi, bir eski devir müşirinin kızı, kibar ve sade, fakat Frenk terbiyesiyle yetişmiş İstanbul hanımlarındandı. Patiska entarisi ile bizi yalın ayak ve terlikli karşılayan Ali Kemal ile, bize çay ikramına hazırlanan hanımı arasındaki aykırılık hâlâ gözümün önünden gitmez.

Harbin nasıl biteceğini görmemek için pek sâf olmalıydı. Düşünürken aklı zorlayan büyük facianın bazı kimselerde sevince benzer bir duygu ile beklendiğini o gün Ali Kemal'de sezinledim.

Arkadaşım, biz harbe girdiğimiz için Rusya'nın yıkıldığını, hiç olmazsa o belâdan kurtulduğumuzu söyleyince, ev sahibi de bir fıkra anlattı: Berlin elçimizi bir hususî ava davet etmişler. Ormanda onu da bir kayabaşına yatırmışlar. Kendi avlayacağı ayının hangi taraftan geleceğini de göstermişler. Elçi sapsarı kesilmiş. Gözünü yola dikmiş. Hem bekler, hem de içinden avın yolunu şaşırıp bir başka yana gitmesine dua edermiş. Derken koskoca bir ayı homurdanarak çıkagelmez mi? Bizim elçi sendelemiş, kayadan yuvarlanıp düşmüş. Fakat tesadüfe bakınız ki elindeki tüfek taşa çarparak ateş almış ve ayıyı tam alnından vurmuş. Herkes şaşkın şaşkın üstünü başını temizlemeye uğraşan elçimizin yanına gelmişler, nişancılığını tebrik etmişler. Bizim de Rusya'yı yıkışımızın hikâyesi böyleydi. Sonra: "O da mahvoldu, fakat ben dahi elden gittim!" mısraını söyleyerek bir kahkaha attı.

Ali Kemal, Hüseyin Cahid'in kaçacağı ve kendisinin bir gazeteye yerleşeceği günü beklemekteydi. Hain olduğundan mı? Hangi mânaya? Ali Kemal parasız ölmüştür ve yabancı uşaklığı yapacak bir mizaçta da değildi.

Ali Kemal bir Tanzimatçıdır. Ne istiklâlci ne de milliyetçidir. Fakat huyu suyu, ahlâkı, üslubu ile zamanının tam "millî"si, o günkü toplumun yetiştirdiği normal bir insan tipiydi. Ona göre Osmanlı devleti ancak Düvel-i Muazzama'nın himayesi altında yaşayabilir, hattâ aynı devletlerin teminatı ile Meşrutî bir hayat evrimi geçirmelidir. Türkler kendi başlarına kaldılar mı, İttihat ve Terakki rejiminden başka türlüsünü yapamazlar. Ne ekonomilerini ne de maliyelerini düzeltebilirler. Şimdi buna bir şey daha eklemek lâzımdır: Ali Kemal, bu memlekette dilediği gibi yazarak yaşabilmek için, imtiyazlı yabancılar kadar arkalı ve teminatlı olmalıydı. İttihat ve Terakki, yahut ona benzer milliyetçiler iktidara geldi mi, Ali Kemal için ömrünü gurbette veya hapiste geçirmekten başka çare kalmazdı.

Ali Kemal bu yüzden, Mütarekede amansız İttihatçı düşmanlığı yapacaktı. Bir İttihatçı isyanı saydığı, yahut nasıl olsa öyle bir rejime varacağı için Kuvay-i Milliye'nin de hasmı olacaktı. Bir zafer havadisi duyduğu zaman bile:

— Evet iyi, ama tarihimizde zafer mi yok, eğer bunun faydasını görmek istiyorsak Mustafa Kemal artık işi Düvel-i Muazzama'nın güveneceği bir Bâb-ı Ali'ye bırakmalıdır, diyecekti.

Unutulmamalıdır ki Osmanlı Saltanatı bir yarı sömürgeydi. Kapitülâsyonlar rejimi altındaydı. Osmanlı ideali Düvel-i Muazzama'nın kontrolü altında "tamamiyet-i mülkiyesini" toprak bütünlüğünü koruyabilmekten ibarettir. Kayıtsız şartsız bağımsızlık, bir ihtilâl ve zafer parolasıdır. Meşrutiyet Türkçülüğünün gayesi de, hiç şüphesiz bu topraklara bütün kaynaklarıyla Türkleri sahip kılmaktı. Ama bu uzak, hayale benzer bir amaçtı. Ali Kemal, o kadar Türk halli iken, Türkçülüğe karşıydı. Satılmış bir adam değilse de kaybolmuş bir adamdı.

Damat Ferit Paşa da öyle bir kafa ve ruh kuruluşudur.

İkinci bir tip vardır: Abdullah Cevdet, İkinci Meşrutiyet'ten önceki gizli edebiyat kahramanlarından biriydi. Çevirme kitaplarını Beyazıt'taki acem sahaflardan bin bir korku ile alıp yataklarımızda okurduk. Meşrutiyette de "İçtihat" dergisi en ileri fikirlere açık görünürdü. Lâtin yazısına başlangıç olmak üzere ilk defa Latin rakamlarını dergisinde, kitaplarında kullanan odur. Jön Türkler Avrupa'da, onun ne güvenilmez bir ahlâkı olduğunu sezmişler ve kendisini aralarına sokmamışlardı. Abdullah Cevdet, eline fırsat düşer gibi olunca, bir hürriyetçiden beklenen şeyin tam aksini yapmıştır. Abdullah Cevdet'in Türk milletinden hiçbir hayır ummadığını sonradan öğrenmiştik. Anadolu Türklerine Avrupa kanını aşılama fikrini ileri sürmüştü. Birinci Dünya Harbi sırasında onun bir fıkrasını duymuştum:

— Ne dersin doktor? Balkan ordularına karşı üç günde çözülüp dağılalım da İngiliz ve Fransız ordularını Çanakkale'de denize dökelim.

— Öyledir evlât, öyledir. Balkanlar'da bize vahşet hücum etti, ona hemen kucağımızı açtık. Medeniyete karşı dayatma hassamız bilinen bir şeydir.

Nitekim mütareke olunca Abdullah Cevdet'in İngilizlere sığınarak onların âdeta emri ile sıhhiye müdürlüğünü aldığını duymuştuk. Kürtlük davası peşine düşenlerden biri de oydu.

Mütareke gazetecilerinden ve politikacılarından Sait Mola, tam bir ücretli yabancı uşağıdır. Hoş yüzlü, gösterişli de bir Molla idi. Fakat onun için satılmayacak hiçbir şey yoktur.

Mütarekedeki milliyetçilik ve Kuvay-ı Milliye düşmanlarını bu üç tip arasından şahıslandırabilirsiniz. Fakat en iyi niyetlisi de vatansever Osmanlı'dan ve Türk'ten bir noktada farklıydı: Vatansever Osmanlı ve Türk, cesaretli ve azimli ise, bu toprakları bu millete mal etmek için her türlü fedakârlığa girer. İnanmıyorsa ve zayıfsa bile, kahramanlar bir fırsat hazırladığı zaman, ona karşı durmaz. Bilâkis, başarı kazanmasına hiç olmazsa dua eder. Tevfik Paşa ve ona benzer Osmanlılar böyle yaptılar.

Böyle yapmamaları için hiçbir sebep olmayanları da ittihatçı kini yanlış yola sürüklemiştir. Politikada kin, çok defa aklı yenmiştir.

Vatandaşa hak ve hayat güvenliği veren adaletin, topluluğu bu türlü hastalıklardan koruma gibi güzel bir sihri vardır. Bu millet, hürriyet diye bir hak tanımadığı zamanlardan beri adaleti aramıştır. Hürriyetler dahi, milletten bu adalet susayışını gidermemiştir.

Dağılma

Tarihin böyle acı ve karanlık günlerinde en büyük tehlike iç çöküştür. Biz harbe girdikten sonra büyük devletler arasında bir takım paylaşma tasarıları yapıldığını biliyorduk. Arap ülkelerini kaybetmekle kalmayacaktık. Maraş'la birlikte Kilikya'ya doğru altı vilâyetimizde Ermenistan kurulacaktı. Antalya çevresi İtalya'ya, Kilikya çevresi Fransa'ya verilecek, bu iki devlet ayrıca nüfuz bölgeleri edineceklerdi. Fransız nüfuz bölgesi Sivas'a kadar uzanmakta idi. Türkleri Avrupa'dan çıkarmak, İstanbul ve Boğazları özel bir rejim altına almak davasında İngilizlerle müttefikleri arasında anlaşmazlık yoktu. Trakya, Yunanlıların olacaktı. İzmir için henüz bir girişme yoksa da Avrupa gazeteleri söylentilerle doluydu. Vilson Prensipleri'nden faydalanma hakkından yoksun etmek üzere Vilson'un barış notasına verdikleri cevapta müttefikler, Hıristiyan ve yabancıları batı medeniyetine düşman Türklerin elinden kurtarmak ve Türkleri Avrupa dışına atmak şartlarını ileri sürmüşlerdi.

İngilizler padişah ve Bab-ı Ali'nin emirlerine boyun eğdiklerini görünce Türkiye işinin kolayca çözümleneceği inancına varmışlardı. Padişah vatansever İzzet Paşa kabinesi çekildiği gün Dolmabahçe camiindeki selâmlık töreninde Bahriye Nazırı Rauf Bey'e (Orbay):

—Millet bir koyun sürüsüdür. Ona bir çoban lâzımdır. O da benim, demişti.

Milletin İngiliz uşağı gözü ile baktığı Damat Ferit Paşa'ya sadrazamlık verilmesine dokunan Meclis Reis Vekili Hüseyin Kâzım Bey'e de:

— Ben istersem Rum Patriğini de, Ermeni Patriğini de getiririm, Haham başı'nı da getiririm, cevabını vermişti.

İngilizler Türk ordusunu diledikleri gibi kullanmak için yirmibeş ordu ve kolordu komutanını geri çağırtmışlar, bazılarını da tutuklamışlardı.

Soysuz Osmanlı aydınlarını bir yana bırakalım. Vatanseverliklerine hiç şüphe olmayanların imzaladığı bir tarihî belge 1918'deki iç çöküşün ne kadar derinlere kadar gittiğini gösterir. Belgenin Türkçesi yokedilmiştir. Fakat İngilizcesi Amerika'nın Dış İşleri Bakanlığı arşivinden alınıp Ankara Üniversitesi Tarih Araştırmaları dergisinin III. Cilt 4-5'inci sayısına ek olarak yayınlanmıştır. Birinci imza Halide Edip, sonra sırası ile Yunus Nadi, Ahmet Emin, Velid Ebuzziya, Celâl Nuri, Necmeddin Sadak gibi isimleri görüyoruz. Bu dilekçe Türk Wilsoncular Birliği adına 5 Aralık 1918 tarihi ile Amerika Birleşik Devletleri Başkanı Woodrow Wilson'a verilmiştir. Belgede Türkiye'deki dinler ve ırklar meselesinin çözümlenmesi için Amerikan yardımı istenmekte, Türkiye vatanseverlerinin ve aydınlarının tarih ve geleneklerinden ve ırklar arası anlaşmazlıklardan dolayı kendileri tarafından kabul edilecek herhangi bir sistemin bir müstebitliğe soysuzlaşacağı kanısına vardıkları bildirilmektedir. Bu sebeple kendi milletlerinin, belirli bir zaman içinde, devlet işlerini bilen yabancı bir idarenin yönetimi altına sokulmaya ihtiyacı olduğu inancındadırlar. Dilekleri, gelişmemiş ve geri kalmış bir milleti, belki bir zaman için, eğitmektir. Belge bu önsözden sonra şartlara geçiyor: 1- Padişahın hükümranlığı ve Türkiye için meşruti bir hükümet şekli korunacaktır. 2- Bütün seçimlerde nispî temsil azınlıkların hakkını temin edecektir. Bütün Osmanlı uyrukları, en alttan en üste kadar, hükümet memurluklarına alınacaktır. 3- Finans, tarım, endüstri, bayındırlık, eğitim bakanlıklarının her birine uzman yardımcıları ile birlikte bir Amerikan baş müsteşarı getirilecek bu müsteşarlardan kurulu Amerikan komisyonu yeni esaslara göre gereken reformları yapacak, yeni metotları getirecek, sosyal refah ve öğretimle ilgili bütün çalışmaları düzenleyecek ve tamamıyla idare edecektir. 4- Adliye reformu için Amerikan müsteşarının uygun göreceği memleket ve milletlerden seçilecek uzmanlardan bir heyet kurulacaktır. 5- Jandarma ve polis işleri bir Amerikan umumî müfettişine ve onun seçeceği memurlara bırakılacaktır. 6- Türkiye'nin her vilâyetinde görevi yerli idarede reform yapmak olan bir Amerikan başmüfettişi ile ona bağlı uzmanlar bulunacaktır. 7- Bu şekildeki yerli idare her vilâyetin özel olarak ve en iyi yolda gelişmesi için Amerikan yardımı ile yürütülecektir. 8- Amerikan yönetimi en az on beş, en çok yirmi beş yıl sürecektir. Amerika'dan yönetmesi istenen Türkiye'nin sınırları barış konferansında tespit edilecektir."

Viyana kapılarına kadar giden koca Osmanlı İmparatorluğunun son aydınları, hem de koyu milliyetçi aydınlar kuşağının son sözü buydu.

Paris'te Osmanlı devletini ortadan kaldırmak isteyenlerin, gerekçe olarak bu belgeyi yabancı dillere çevirmekten başka kullanacakları hiçbir zahmetleri yoktu.

Sınırlarımızı bile bizi medeniyetlerinden saymayanların keyiflerine bırakıyorduk. Ordumuz için tek bir sözümüz yoktu.

Kendi kendimizden kurtulmak istiyorduk.

1918 Aralık'ında bütün ekonomi, bütün iç ve dış ticaret, bakkallara kadar çarşılarımız, kadrolarında bir tek Türk bulunmayan banka ve imtiyazlar, şirketler, hepsi Hıristiyan, Yahudi veya ecnebiydi. Su, ışık, gaz, her türlü ulaştırma, telefon, rıhtımlar ve limanlar, fenerler hepsi yabancıların elindeydi. Türk halk yığınları medrese eğitimi altında, vicdan ve kafa karanlığı içindeydi. Sivil eğitim pek küçük bir azınlıkça benimsenmişti. Amerika şüphesiz Ermenilerin yurtlarına dönmelerine engel olmayacaktı. Türklere Hıristiyanlardan farklı davranmasa bile, onun idaresi altındaki bir Türkiye'nin 1919+25=1944'deki durumunu göz önüne getirir misiniz? Türkiye Türklerinin bugünkü Bulgaristan veya Yunanistan yahut Yugoslavya Türk ve Müslümanlarından ne farkı kalacaktı? Acaba Amerika Türkiye'yi kaç otonomiden kurulma bir federasyon olarak bırakacaktı?

İç çöküşün bir iki örneğini daha verelim: Süleyman Nazif, ki Fransız askeri İstanbul'a girdiği zaman "Kara gün" diye yazdığı bir fıkra için az daha kurşuna dizilecekti, Veliaht Mecit Efendi'nin de bulunduğu bir toplantıda İstanbul'u gözyaşları içinde coşturduydu, Rauf Orbay'ın Malta hatıralarında anlattığına göre bir gün koca vatansever komutan Yakup Şevki Paşa'ya:

— Vatanları nehirler sınırlamıştır. Siz de ben de Fırat'ın öbür yakasındayız. Türk sayılmayız. İngilizlere başvurup sürgünden kurtulalım, demiş ve hayli hakaret görmüştü. Aynı Süleyman Nazif Mihran'ın gazetesinde Ali Kemal'e sığındı ve "Sen haklı imişsin!" dedi. "Akşam"da kendisine pek ağır hücumlarda bulunmuştum.

Sevres Antlaşması padişah delegelerine verilirken Celemenceau'nun müttefikler adına verdiği nutkun yukarıdaki belgede birinci sınıf vatansever Türk aydınlarının söylediklerinden farkı var mı idi: "Ne çare ki Türk milletinin değerleri yanında başka unsurları idare edebilmek yeterliliği göremiyoruz. Tecrübeler pek uzun bir zaman içinde o kadar çok tekrarlanmıştır ki, sonucu üzerinde hiçbir şüpheye düşülemez. Tarihte birçok Türk başarıları, birçok da Türk felâketleri vardır. Başarıları birtakım yabancı kavimleri Türk egemenliği altına alınmasından, felâketleri ise bu kavimlerin o egemenlikten yakalarını kurtarmalarından ibarettir. Ne Avrupa, ne Asya, ne de Afrika'da hiçbir zaman, Türk egemenliği kalkınca o memleketin maddî refahı ve medenî düzeyi yükselmediğini gösterir hiçbir misal de yoktur. Türk savaşta kazandığını barışta feyizlendirecek yeterliği göstermemiştir."

Folklor tipi şiirlerini o kadar sevdiğimiz ve fıkraları ile o kadar eğlendiğimiz, tam "millî" tipte Rıza Tevfik, ki maarif nazırı ve delege olarak Paris'e gitmişti, antlaşmayı pek ağır bulup bir defa da padişaha ve onun vezirler meclisine11 danışmak kararı veren heyete kızmış ve gazetecilere şöyle demişti:

— Clemenceau bizi bir hayli iyi haşladı. İler tutar yerimizi bırakmadı. Yerden göğe hakkı vardı ya hoca adamın. Fakat bizimkiler meram anlayacak takımdan mı? Elimize verilen sulh muamelesini hemen oracıkta imza edip işin içinden çıkacağımız yerde bir şey yapmadan dönüyoruz. Neymiş? Bir daha Padişah'a arzetmek lâzımmış. Yahut da nazırlar meclisinde görüşülmesi gerekirmiş. Bu da yetmiyormuş gibi sadrazam paşa, Allah selâmet versin, bir de Ayan meclisinin fikrini almaya mecburuz, demesin mi? Clemenceau'yu da beni de afakanlar boğuyordu...

İngilizlere göre,

Padişah onlarla, Bab-ı Âli onlarla, Ordu dağıtılmış, Enverci ordu ve kolordu kumandanları ayıklanmıştır. Belli başlı ittihatçılar tutulmuş ve hapse atılmıştır.

Türkiye'de her şey yapılabilir.

---

11 Şuray-ı saltanat ki antlaşmayı hemen onaylamıştı.

Trakya Yunanistan'a, Doğu genişleyecek olan Ermenistan'a, İzmir ve hinterlandı Yunanistan veya İtalya'ya, Kilikya Fransızlara verilmek korkusu içindedir. Hürriyet ve İtilâf Partisi büyük devletler ne yaparlarsa hepsini haklı bir ceza gibi görmektedir. Her vatansever ittihatçı, her ittihatçı da Ermeni öldürmek ve Türkiye'yi savaşa sokmak suçlusu? Nereden bir protesto sesi gelirse ona hemen ittihatçılık damgası vurulur. Bununla beraber bazılarının merkezi İstanbul'da da olsa Doğu, Güney, Ege ve Trakya'nın haklarını korumak için millî dernekler kurulmuştur. Bunlar dağınıktır. Her biri kendi bölgesinin kaygısında. Yaptıkları da o bölgelerde Türklerin çoğunlukta olduğunu gösterici istatistikler toplamak, yayınlarda bulunmak. Doğu'nun batıyla, kuzeyin güneyle ilgisi yok. Çünkü "baş" yok. "Toplayıcı", "birleştirici" yok. Vali, kaymakam, jandarma, polis, asker İstanbul'a bağlı. Hükümet boyun eğicilerin elinde. Ama yurtta:

— Hayır... sesleri var. Hele Ermeniye, Ruma köle olmak, bu Türklüğü çıldırtıcı bir şey... Ne yapmalı?

Evet, ne yapmalı? Daha Mondros mütarekesi imzalanır imzalanmaz Adana'ya gidip bu suali Yıldırım Orduları Kumandanı Mustafa Kemal'e soralım: Mustafa Kemal diyor ki: "Kumandasını üzerime aldığım kuvvetler şunlardı: Birinci Ordu, karargâhı Adana. Yedinci Ordu. Hicaz kuvvetleri ve Maan'da bazı birlikler... Şu tedbirleri düşünüyorum: Doğrudan doğruya elim altında bulunan kuvvetleri geçirdikleri felâketlere rağmen gene gerçek kuvvetler hâline getirmek, düzenlemek, ayıklamak, güçlendirmek! Hicaz ve Maan'da bulunanları hiç hesaba katmıyordum. Onların esir düşmeye mahkûm olduklarını daha iki yıl önce Enver ve Cemal Paşalara söylemiştim. Musul yakınlarındaki Altıncı Orduyu faydalanılabilir bir halde görmek isterdim. Bu maksatla ordunun kumandanı ile doğrudan doğruya haberleşmeye giriştim. İstanbul ve Çanakkale çevresindeki kuvvetlere umut bağlamıyordum. Doğu'da Azerbaycan ve İran'da bulunan ordularla hiçbir temas ve ilişkim yoktu. Aden kapısını zorlayan Sait Paşa tümeninin varlığını hatıra bile getirmiyordum. Fakat her şeyden önce elim altında bulunan iki orduyu istediğim gibi kuvvetlendirmek, bütün felâketlere rağmen, Türk sesini duyurabilmek için lâzımdı. Bu yolda işe koyuldum. Bana yardım eden ordu, kolordu kumandanları ve kurmayları her ihtimale karşı benimle olmaya söz vermiş şahsiyetler idi. Böyle olmayanları birer birer bahane ile uzaklaştırdım."

Bu sırada İstanbul'dan Mondros mütarekesinin imzalandığı haberi ve bu ordunun da mütareke şartlarına göre görevlerini yerine getirmesi emri geldi.

Yıldırım Orduları Grup Kumandanı Mustafa Kemal Paşa memleketi ve milleti için olduğu gibi, kendisi için de yeni bir devir başladığına mı hükmetmiştir, nedir, mütarakaname şartlarını ve bunlar üzerinde Bab-ı Âli ile tartışmalarını bez kaplı bir cep defterine geçirmiştir. Sayfalarda kırmızı mavi kalemle işaretleri ve ara sıra "benim imzam" gibi notları vardır.

Mustafa Kemal, son çağ Türk tarihinde parlayıp sönen birçok şöhretler gibi tesadüflerin adamı değildi. Onun askerlik ve reformculuk hayatı, tâ ilk gençliğinden beri âhenkli ve hiçbir zaman çelişmeyen bir gelişme gösterir. 1918'de Suriye kuzeyinde Birinci Dünya Harbi'nin son savaşını veren Mustafa Kemal Paşa, henüz genç bir kurmay subayıyken Arnavutluk isyanında, sadece sanat üstünlüğüyle, kendini belirten ve arkadaşları arasında imtiyazlandıran Mustafa Kemal Bey'dir.

Çankaya sofrasında konuşan Atatürk de, daha Meşrutiyetten önce Selânik birahanelerinden birindeki masasında konuşan Mustafa Kemal Bey'in tıpkısıdır. Kafası bin bir fikirle, içi bin bir ihtirasla kaynar, fakat hiçbir zaman aklının yolundan şaşmaz. Onda idealist ve realist iç içe girmiştir. Daima ateşi ve o kadar hesaplıdır. Deha uzun bir sabırdır, demişler. Mustafa Kemal hiç acele etmemiş, eline geçen hiçbir fırsatı da kaçırmamıştır.

31 Ekim 1918'de Türkiye, Birinci Dünya Harbi'ni Almanya ve Avusturya İmparatorluklarını yenerek kazanan büyük devletlere teslim olmuştur. "Yapacak bir şey kalmamıştı." Türklüğün kaderi zafer devletlerinin lütuflarına bağlıydı. Geçmiş ve yıkılmış idareyi bütün suçları ile harpçi liderlere ve onların partisine mal ederek ve bunda ne kadar samimi olduğumuzu göstermek üzere hele İngilizlere tam bir boyun eğişle bağlanarak, "Ne verseler ana Şakir, ne kılsalar ana şâd", tevekkül kapısından ayrılmamalı idik.

O günlerde memleketin hiçbir tarafında hiçbir dayanma yoktur. Mütareke şartları, sadrâzam ve başkomutanlık kurmay reisliği tarafından Yıldırım Orduları Grubu Komutanlığı'na da bildirilmiştir ve bu şartlara göre kendisine düşen görevin yapılması emredilmiştir.

Mustafa Kemal'e göre, bir iş başında bulunan herkesin daima yapacağı bir "şey" vardır. Bir görev ve sorumluluk adamı, "teslim olmaz." Nitekim Yıldırım Orduları Grubu Komutanı mütareke şartlarının bazılarını çok karışık ve gelecek için tehlikeli görmektedir. Daha 11 Kasım'da İzzet Paşa'ya bir telgraf yollayarak, Toros tünelleri, Suriye sınırı gibi meselelerde ve mütarekenamenin bir takım şartlarında karışıklık olduğunu söyler ve açıklama ister. İzzet Paşa hemen cevap verir: Toros tünelleri İtilâf devletleri kuvvetleri tarafından sadece "korunma" için işgal olunacaktır. İşletme ordular grubuna aittir. İtilâf kuvvetlerinin Amanos tünellerini de işgal etmeye hakları yoktur. Suriye'deki garnizonların teslim olması maddesi de "ihtiyat" olarak yazılmıştır. Cephedeki kıtalar bunlar arasında değildir.

Yıldırım Orduları Komutanı bu telgraftan rahat etmez. Bir cevap yazarak, Suriye'deki garnizonların teslimi ihtiyat olarak yazılmış bir maddedir, diyorsunuz, benim anlayışıma göre bu madde İngilizler tarafından bizi aldatmak için konmuştur, mütareke şartlarını hükümetin başka türlü, İngilizlerin başka türlü anladıklarına şüphe etmiyorum, nitekim İngilizler bu gece (5/6.11.1334) raporla anlatacağımız üzere Suriye kıtasındadır, diyerek Yedinci Ordunun teslimini istemişlerdir. Kilikya sınırını sormaktan maksadım, bu tarihî ismi kabul eden hükümetin bu bölgeyi gösteren İngilizce atlasta Kilikya sınırının Maraş kuzeyinden geçtiğini dikkate alıp almadığını anlamaktı, çünkü benim fikrimce Adana ismi yerine tarihî Kilikya ismini koyan İngilizler Suriye sınırlarını Kilikya kuzey sınırı doğusuna uzanmasından ibaret kabul etmektedirler, diyor.

5.11.1918 tarihli bu telgrafın sonu şu cümle ile bitmektedir: "Pek ciddi ve samimî olarak arzederim ki, mütareke şartları arasında anlaşmazlıkları giderecek tedbirler alınmadıkça orduları terhis edecek ve İngilizlerin her dediğine boyun eğecek olursak, İngiliz ihtiraslarının önüne geçmeye imkân kalmayacaktır."

Bâb-ı Âli ruhu ve kafası ile Kuvay-i Milliyle kafası arasındaki derin ayrılığı belirten ilk tarihî belge budur, sanıyoruz. Mustafa Kemal, sonradan, son cümlenin yanını pek kalın bir mavi çizgi ile çevirmiştir.

Sadrâzamın konağından Adana'ya 5.11.1918'de şu telgraf gelir: "Mütareke şartlarına göre gerçi İngilizlerin İskenderun'u işgal etmeye hakları yoksa da Halep çevresindeki ordularını beslemek için İskenderun'dan faydalanmak istemeleri de haklı bir istek mahiyetindedir. Mütarekenamedeki bir hayli maddeleri tadil ederek vaktin darlığından dolayı bize yalnız "şifahen (ağızdan) izahat ve teminat" veren İngiliz delegesinin bu "centilmenliğine karşı" bir karşılık olmak ve "Yunanistan'ın faaliyet sahasına çıkarılmamasını" temin etmek üzere İskenderun limanından İngilizlerin erzak ve saire taşımak için istifade etmelerine ve İskenderun - Halep yolunu tamir edebilmelerine müsaade etmekte bir mahzur görmüyorum. Bununla İskenderun liman ve şehrini terk etmiş olmuyoruz. Askerî ve mülkî hükümetimiz yine yerli yerinde kalacaktır. Keyfiyeti kendi tarafınızdan İngiliz Suriye ordusu kumandanlığına bildiriniz."

Bu emri Mustafa Kemal'in aklı almaz. Hemen cevap verir: "Halep çevresindeki ordularını beslemek için İngilizlerin İskenderun'dan istifade etmek istemeleri haklı değildir. İngilizlerin eline geçen Halep şehrinde milyonlarca erzak olduktan başka, mütarekenin 21'inci maddesine göre Halep'te İngiliz ordusuna beslemece yardım etmek lâzım gelirse, pek çok erzak bulunan Kilis ve Antep taraflarından kendilerine istedikleri satılabilir. Sizi temin ederim ki, maksat Halep'teki İngiliz ordusunu beslemek değil, İskenderun'u işgal etmek ve İskenderun-Kırıkhan - Katma yolu ile hareket ederek Yedinci ordunun ricat hattını kesmek ve bu orduyu, Musul'da Altıncı orduya yaptıkları gibi, teslim olmaktan çekinemez bir vaziyete sokmaktır. İngilizlerin Ermeni çetelerini bugün İslâhiye'de harekete geçirmiş olmaları da bu zannın yanlış olmadığını gösterir. İngiliz delegelesinin centilmenliğini ve buna karşılık göstermeyi "idrâk ve takdir nezaketinden mahrum" bulunduğumu arz ederim. Yunanistan'ın faaliyet sahasına çıkarılmaması ile İngilizlerin İskenderun - Halep yolunda yerleşmelerindeki mantıkî münasebeti anlayamadığım gibi bu hususta müsamahayı da pek mahzurlu görüyorum. Onun için meseleyi sizin tarafınızdan İngiliz Suriye ordusu kumandanına bildirmekte mazurum. İskenderun'a her ne sebep ve bahane ile asker çıkarmaya teşebbüs edecek İngilizlere ateşle karşı konulmasını ve Yedinci orduyu da, bugün bulunulan hatta pek zayıf ileri karakol tertibatı bırakarak kuvvetlerini, Katma-İslâhiye istikametinde hareket ettirip Kilikya sınırları içerisine geçirmesini emrettim.

"İngilizlerin aldatıcı muamele, teklif ve hareketlerini İngilizlerden fazla haklı ve nazik ve buna karşılık gösterecek emirleri tatbik etmeye yaradılışım müsait olmadığından, hâlbuki başkomutanlık Erkân-ı Harbiyesi'nin içtihadına uymadığım takdirde birçok ithamlar altında kalmam tabii bulunduğundan kumandayı hemen teslim etmek üzere yerime tayin buyuracağınız zatın süratle gönderilmesini rica ederim."

Bu telgrafın üstünde "aceledir" ve "tehir eden idam olunur" işaretleri vardır.

İngilizlere ateşle karşı koymak? Sadrâzam ve başkumandanlık erkân-ı harbiye reisinin ve hükümetinin aklı başından gider. 6.11.1918'de Grup Kumandanlığına bir telgraf gelir. Bunda silâh kullanma emrinin hemen geri alınması, mütarekenamenin tatbikinde zorluklar çıktığı, fakat bu zorlukları kabul ettiren şeyin gaflet değil, "kat'i mağlubiyetimiz" olduğu bildirilmekte ve siyasî teşebbüslerde bulunulduğu da ilâve edilmektedir. Telgrafta "grubun kaldırılması karargâha Dördüncü Ordu Karargâhı unvanı verilmesi muvafık görüldüğü, fakat vazife başında bulunanların bundan kaçınmayacaklarına güvenildiği" de bildirilmektedir.

Mustafa Kemal'in 7.11.1918 tarihli cevabında şöyle denilmektedir: "İskenderun'a çıkacaklara ateşle karşı konulması hakkındaki emrimin maddesi şudur: "İngilizlerin muhtelif bahanelerle Yedinci Ordu kıtalarını müşkül vaziyete sokmak istediklerini anlıyorum. Buna meydan vermemek üzere Üçüncü Kolordu İskenderun'a kuvvet çıkarılmasını, Yirminci Kolordu için beşinci maddede zikrolunan harekât nihayet buluncaya kadar icap ederse ateşle men edecektir. Bu harekât nihayet bulmuş olduğundan silâh kullanma hakkındaki emrin de tatbik edilmesine lüzum kalmamıştır."

Telgrafta Mustafa Kemal siyasî teşebbüslerde bulunulduğu fıkrası ile hemen hemen alay eder: "Mazhar-ı eltaf-ı süphâniyye olmanızı tazarru ederim" der. Karargâhtaki görevine devam etmesi fıkrasına da, şu kâhince cevabı verir: "Cephedeki hareketlerin tarafımdan ifasında izhar buyrulan emniyetin samimiyetine şüphe etmem. Bu samimiyet ve teveccühe itimadımın derecesi, memleketin kurtulması için uhde-i âcizaneme muhavvel vazifelerin tatbik-i fiiliyatında sübut bulacaktır." Devletin durumu hakkındaki ihtarları aynı telgrafta şöyle karşılamıştır: "Bugünkü vaziyetin nezaketini bütün mahiyeti ile takdir edebileceğimde tereddüt etmeniz kadar beni müteessir edecek bir şey olamaz. Vazife yaparken yalnız memleket selâmetini hedef edinen icraatımın ve bunun lüzum gösterdiği ricalarımın su-i telâkkiye uğramamasını rica ederim."

Mustafa Kemal'in sezindiği tehlikelerde nasıl doğru gördüğü hemen meydana çıkmıştır. 8.11.1918 tarihli bir telgrafı ile İzzet Paşa şunları bildirmektedir: "Bugün Britanya hükümeti tarafından aldığı emir üzerine Visamiral Galtrop İskenderun şehrini, General Allenby tarafından bildirilecek müddet içinde teslimini talep etmiş ve kabul olunmazsa Generalin şehri cebren işgal edeceğini bildirmiştir. Bu bapta mütarekenamenin yedinci, onuncu, onbirinci maddelerine göre şehri teslim teklifine hakkı ve selâhiyeti olduğu ve harbe devam etmekten mutlak surette âciz bulunduğumuza göre güç hal ile akdettiğimiz mütarekenin İskenderun şehri için feshedilebileceği, onun için teklifin kabul edilmesi zaruri olduğu ilâve edilmektedir."

Telgrafta Mustafa Kemal'i sinirlendiren bir fıkra şudur: "İskenderun limanından ve Halep soşesinden istifade edebilecekleri teklif edilmişken böyle "dehşetli" bir cevap karşısında kalmamıza da İtilâf devletlerinin ilk müracaatlarına tarafınızdan sert ve soğuk cevap almalarının da dahl-i küllisi" olduğu "kaviyyen melhuz" olduğundan "ibraz-i fütur" etmemek şartı ile bu aczimizin dikkatte bulundurulması lâzımdır."

Mustafa Kemal'in Sadrâzama mütareke defterindeki son şahsi cevabı şu olmuştur: "İskenderun limanından ve Halep şoşesinden istifade etmeleri hakkında İtilâf devletlerinin ilk müracaatlarına tarafımızdan sert ve soğuk cevap verilmiş olduğu telâkkisinin sebebi anlaşılmamıştır. Bilâkis oradaki kumandanımızın İngilizlere cevapları çok nazikâne olmuştur. İngilizlerin "dehşetli" bulduğunuz en son müracaatlarının sebeplerini başka yerde aramak lâzımdır ve tedricen bütün memleketimizi istilâ etmeye kadar varacak olan böyle "dehşetli" müracaatların tekrarlanacağına şüphe olmadığından, asıl sebeplerin muhakeme edilmesi lüzumunu arzetmeyi vazife addederim. İngilizlerle akdolunan mütarekenin imza altındaki şekli devletin sıyanet ve selâmetini muhafaza eder mahiyette değildir. Bu mütareke maddelerinin, müphem ve şümullü medlûllerini bir an evvel tespit etmek lâzımdır. Yoksa İngilizlerin tekliflerine bugüne kadar olduğu gibi mukabele edilmekte devam olunursa, şimdi Kilis - Payas hattına kadar olan araziyi isteyen İngilizlerin yarın Toros'a kadar olan Kilikya mıntıkasını ve daha sonra Konya-İzmir hattının işgali gibi tekliflerin birbirini takip edeceği ve ordumuzun kendileri tarafından sevk ve idare, hattâ vükelâmızın Britanya Hükümeti tarafından intihap edilmesi gibi teklifler karşısında kalmamız ihtimalden uzak değildir. Aczimiz ve zaafımız derecesini pek iyi bilirim. Bununla beraber devletin yapmaya mecbur oluğu fedakârlığın derecesini de tayin ve tahdit etmek lâzım geleceği kanaatini muhafaza ederim. Yoksa Almanya ile ittifak halinde sonuna kadar harbe devam edilerek büsbütün bozguna uğradığımıza göre, İngilizlerin elde etmek istediklerini onlara kendi yardımımızla bahşetmek, tarihte Osmanlılık için, bilhassa bugünkü hükümet için pek kara bir sayfa vücuda getirir. Vatanın âkıbeti ile endişeli olmaktan mütevellit ve samimi olduğuna şüphe edilmemek lâzımgelen işbu mütalâalarımın münakaşa mahiyetinde telâkki edilmemesini rica ederim. Bilhassa sizce yakından malûm olmuştur ki, âcizleri her ne hal ve her ne vasıfta bulunursam bulunayım doğru olduğuna kani bulunduğum ve icap edenlere bildirilmesini memleket selâmeti icabı saydığım içtihatlarıma bağlı kalmaktan nefsimi menetmeye muktedir değilim."

Mustafa Kemal ondan sonra İstanbul'a gelecek, Anadolu'da İstiklâl Mücadelesine başlamak fırsatını bekleyecektir. Mütarekenin o ilk günlerinde olduğu gibi, kendisine hâkim olan başlıca fikir elde kalan silâhları ve kuvvetleri mümkün olduğu kadar içeriye alarak saklamak ve ilk ayaklanmada kullanmaktır. Bütün Komutan arkadaşlarına bunu tavsiye eder. Mustafa Kemal'e göre İngiliz adaları halkı yeni bir harbe tutuşmayı istemez. İngilizlerin esas menfaatlerine dokunulmadıkça, Anadolu'da bir mukavemet hareketine girişilebilir. Mustafa Kemal bunu Hürriyet ve İtilâf hükümetlerine de telkin etmiştir. Onlar sadece gülmüşlerdir.

Görülüyor ki o daha ilk günden bir "dayatmacı" idi. Yukarıdaki tartışmalara özel önem verdiğim için bu hâtıralar içine katmış değilim. Fakat umutsuzlar ve bitkinler ruhuyla, vatan için ve şeref için en kötü şartlar içinde dahi daima yapacak bir şey olduğu düşünüşünden ve duyuşundan ayrılmayan dayatışçılar ruhu arasındaki farkı göstermek istedim.

Eğer bu dayatışçılık ruhu olmasaydı, Fransızlar güney vilâyetlerimize yürüdükleri zaman, kendiliğinden karşı koyucu halk hareketleri olabilir miydi? Yunan istilâsına karşı da, hiçbir komutasız, önceden ve arkadan tertipsiz, ayaklanmalar olur muydu?

İzzet Paşa istifa edeceği zaman Mustafa Kemal'in İstanbul'da bulunması doğru olacağını kendisine yazar. O da İstanbul'da krizli günler geçirildiğini anlayarak komuta ettiği grup da kaldırılmış olduğu için, İstanbul'a hareket etti. 19 Kasım 1918'de İstanbul'dadır. 19 Mayıs 1919'da Samsun'a ayak basacaktır. Aradaki altı ayı İstanbul'da nasıl geçirmiş olduğunu bana anlatmıştı. Kurtuluş tarihimizde bu altı ayın büyük önemi vardır.

Mustafa Kemal'in harbe girilmesine karşı olduğu, Enver'le ve İttihatçılarla durmadan savaştığı bilindiği için, ne henüz iktidarı almamakla beraber asıl gücü ellerinde tutan Hürriyet ve İtilâfçıların ne de İngilizlerin ondan bir şüpheleri yoktu. Tam fırsat gelmedikçe sırlarını tutmayı ve sabırlı olmayı bilen de bir adamdı.

İstanbul'da önce İzzet Paşa'nın kaldığı sadrazam konağına gitti. Kendinden dinlediğine göre çekilmenin sebebi bir haysiyet meselesiydi. Mustafa Kemal bunu doğru bulmadığı, yeni sadrazam Tevfik Paşa'nın hükümet kurmasını önlemek ve İzzet Paşa'nın tekrar iktidara gelmesini sağlamak için çalışmanın doğru olacağı fikrinde olduğunu bildirdi. Bu fikrini kabul ettirmiş, hatta yeni bir nazırlar listesi de hazırlanmıştır. Hemen meclis üyeleri ile buluşma ve görüşmeler yaptı. Harpten kalma meclis henüz dağılmış değildi. Tevfik Paşa'ya güvenoyu verileceği gün sivil esvapla meclise gitti. Birtakım milletvekilleri düşünüyorlardı ki eğer güvensizlik oyu verirlerse meclis dağıtılabilir. Fakat güvenoyu vermekle vakit kazanılıp belki faydalı işler de yapılabilir. Hâlbuki meclis zati dağıtılacaktı. Dağıtacak olan da Tevfik Paşa idi. Ama meclisi dağıtabilmek için önce ondan güvenoyu almalıydı. Ayaküstü bir sürü tartışmalardan sonra önemli sayıda milletvekilleri bir salonda toplandılar ve Mustafa Kemal'i de çağırdılar, Mustafa Kemal aydınlatıcı açıklamalar yaptıktan sonra güvensizlik oyu verilmesini tavsiye etti. Hazır bulunanlar teklifini kabul ettiler ve dinleyiciler locasında olayların sayılmasını beklerken, Tevfik Paşa'nın çoğunlukla güvenoyu aldığını öğrenerek şaştı, kaldı.

Evine döner dönmez saraya telefon ederek Padişah'tan bir görüşme izni istenmesini söyledi. Maksadı kendisi ile açık görüşmek ve en iyi tedbirleri almasına yardım etmekti. Padişah Cuma selâmlığına gelmesi ve kendisi ile orada görüşeceği cevabını verdi. Hemen konuşmak mümkün olmamıştı. Cuma günü namazdan sonra Vahidüddin Mustafa Kemal'i yanına aldı. Hayli uzun görüştüler. Fakat Mustafa Kemal istediklerini söylemeye fırsat bulamadı. Tam bir önsöz yaparken Padişah konuşmayı keserek:

— Ordunun komutan ve subaylarının seni çok sevdiklerinden eminim. Bana teminat verir misiniz ki onlardan bana bir zarar gelmeyecektir.

— Ordu tarafından aleyhte harekete ait duyduklarınız var mı, efendim?

Padişah gözlerini kapadı, olumlu olumsuz bir şey demedi. Mustafa Kemal cevap verdi:

— Gerçi ben İstanbul'a geleli ancak birkaç gün oldu. Buradaki hali yakından bilmiyorum. Fakat ordu komutan ve subaylarının zat-i şahanenize karşı bulunması için hiçbir sebep olabileceğini sanmıyorum. Onun için temin ederim ki, hiçbir fenalık beklemeyiniz.

— Yalnız bugünden bahsetmiyorum. Bugünden ve yarından!

Padişah bir karar vermiş olmalı idi. Ayağa kalktı ve şu sözlerle buluşmaya son verdi:

— Siz akıllı bir komutansınız. Arkadaşlarınızı tenvir (aydınlatmak) ve teskin (yatıştırmak) edeceğinizden eminim.

Çok umutsuzca, fakat üzüntüsünün sebebini pek de anlayamayarak yanından çıktı.

İki gün sonra meclis dağıtılmıştı. "Şişli'deki evimde vaziyeti düşünüyordum. İstanbul sokakları İtilâf askerlerinin süngülü askerleri ile doluydu. Boğaziçi, toplarını sağa sola çeviren düşman harp gemileri ile mavi suları görünmeyecek kadar örtülmüştü. Herkes ancak gündelik ihtiyaçları için evlerinden çıkıyor, yollarda hatır ve hayale gelmeyen hakaretlere uğramamak için caddelerin duvar diplerinden büzülerek, eğilerek ve korkarak gelip gidiyordu. Her türlü ihtiyatlara rağmen her türlü saldırış ve sataşma sahneleri gene eksik değildi. Koskoca İstanbul ve yüzbinlerce halkın sesleri kısılmış bir haldeydi. Çok şaşılacak şeydir ki ayaklar altında çiğnenen bu şehirde hâlâ bir saltanat, bir hükümet, bir varlık bulunduğunu sananlar vardır."

Bir gün anasının Akaretler'deki evindeyken kapıyı İtalyan askerlerinin zorladığını haber verdiler. Arama yapacaklardı. Aşağı indi kendisinin kim olduğunu söyleyerek yukarı çıkmamalarını istedi. Mustafa Kemal'in pek sinirli olduğunu gören subay:

— Biz böyle emraldık, dedi.

— Size bu emri veren kimdir?

— Kumandanımız!

— Kumandanınızdan size emir almaya çalışırım. O zamana kadar siz olduğunuz yerde kalınız.

Subay nazik davrandı. Evde telefon olmadığı için bir köşe yukarda oturan bir general arkadaşının apartmanına koştu. İtalyan temsilciliğini aradı, başına geleni anlattı, bir müddet sonra kendisine, "Affedersiniz, bir yanlışlık olmalı... askerlerin başındaki subayı çağırırsanız emir verilecektir," dediler. Subay geldi, konuştular ve evi zorlamaktan vazgeçtiler. Ertesi günü de Şişli bölge komutanından, bu eve kimse dokunamaz, diye yazılı bir kâğıt getirdiler. Birkaç gün sonra İtalyan olmayan bir asker takımı gene eve geldi. Mustafa Kemal yoktu. Kendilerine kâğıdı gösterdiler. Askerlerin başındaki subay, ki İngilizdi, İtalyan belgesini yırttı ve bütün evi aradı.

Bu sıralarda Mustafa Kemal'in başından bir ticaret ve bir gazete macerası geçiyor: Ordular Grup Kumandanlığından İstanbul'a geldiği zaman bazı ahbapları bakmışlar ki, Atatürk'ün üç beş bin lira tasarrufu var:

— Artık bir vazifeniz yok, böyle arkası gelmeyen masrafa dayanılmaz, paranızı bir ticarete koysak, demişler.

— Ama ben ticaret bilmem ki...

— Bilmenize hacet yok, efendim. Mesele A... Beyefendiye sizin bu ehemmiyetsiz paranızı kabul ettirebilmekte. Ondan sonra paranız kendiliğinden işler, durur.

Söyleyen eski bir ahbabı. A... Beyefendi de tanımadığı bir İstanbul kibarı. Kendi kendine, öyle ya topu topu birkaç bin lira var, anamın sandığında duracağına A... Beyefendi kim ise, onun sermayesi içinde dönüp çoğalsa hiç de fena olmaz, diye düşünür. Ahbabı:

— Dün hatırıma geldi de A... Beyefendiye danışmadan size geldim. Onun razı olacağını söyleyemem. Çok büyük işler görür. Bunlar arasında birkaç bin liranızla alâkadar olacağını tahmin etmiyorsam da bu defa görüşür, tanışırsınız... Pek hoş sohbet bir zattır da...

A... Beyefendi akşam meclislerinden birine davet eder. Mustafa Kemal yanına Fethi Bey'i alarak gider. Niyeti Beyefendi lütuf buyurursa, Fethi Bey'in tasarrufunu da kendi parasına katarak "nemalandırmak"tır.

İstanbul tarafında bir konağa girmişler. Sofra, yemekler, salon hepsi yerinde. Beyefendi Bâb-ı Âli üslûbu ile sohbetler açar, terbiyeli konuşur, pek nezaketli dinler, ticaret ve para gibi bahislere tenezzül edip dokunmaz bile! Mustafa Kemal içinden, "Galiba bizi beğenmedi, paramızı kabul etmeyecek", diye kaygılara bile düşer. Bir aralık, hani bizim mesele, der gibi ahbabına göz ucu ile işaret eder. Ahbabı sonunda güçlükle meseleyi açar, Beyefendi yarı dinler, yarı dinlemez.

— Hele Paşa Hazretleri yazıhaneye teşrif etsinler de... gibi yarım ağız bir vaitte bulunduktan sonra felsefeye mi, politikaya mı bir kibar bahse daha geçer.

Gece geç vakit konaktan çıkmışlar. Mustafa Kemal yolda Fethi Bey'e:

— Nasıl, demiş.

— Nesi nasıl? İş nedir? Ne verilecek? Ne getirecek? Bir şey söylemedi ki...

— Tuhafsın Fethi, adamın nezaketine, kibarlığına baksana... Kendisinden böyle adî şeyler sorulur mu hiç?

— Ben bilmediğim işe senetsiz kontratsız on para koymam, der.

Mustafa Kemal, inatçılığı yüzünden, arkadaşının böyle bir fırsatı kaçırmasına onun hesabına esef eder ve ertesi sabah anasının da:

— Ne yapacaksın yavrum? Sakın paranı elinden kapmasınlar, gibi ihtiyatlı sözlerine karşı da, âdeta Beyefendi hesabına sıkılarak parasını alıp götürür. Yaveri Cevad'ın galiba yüz elli lirası birikmiş. O da rica ederek bu sermayesini komutanının parasına katmış. Yolda Mustafa Kemal'in korkusu, ya kabul buyurmazsa? Yazıhaneye gitmişler. Beyefendi Mustafa Kemal'in zarfını almış:

— Bir defa saysanız...

Sözüne değer mi, gibi bir yarı gülüşle baktıktan sonra kasasını açmış, içine atıvermiş.

Binlerce liranın eksik olup olmadığını bile merak etmeyecek kadar kibar olmak için kim bilir ne kadar zengin olmalı, diye düşünen Mustafa Kemal, sermayesinin de konduğu ticaret işinin teferruatı üzerine konuşmaktan bile sıkılmış. Çıkıp gitmişler.

Nihayet işi ahbabından sorabilmiş. O da bir incir meselesinden bahsetmiş. İzmir'den bir yelkenliye konacakmış. Bir yere götürülecek, satılıp bir şeyler alınacak. O İstanbul'a gelecek, karma karışık, dolambaçlı bir iş, ama ahbabı:

— Büyük kâr böyle olur. Yüzde ikiden, yüzde üçten ne çıkar? Bir iki dönüşte konan para iki misline çıkmalı ki, bir şey anlayasınız.

Bir iki dönüşte iki misli, üç dört dönüşte dört misli, Mustafa Kemal anacığına alacağı evi hayalinde bir iyi döşemiştir bile!

Günler geçer. Yelkenli bu, gün ölçüsüne gelmez. Haftalar geçer, Mustafa Kemal Fethi Bey'e bir sorayım, der o soğukkanlı ve realist:

— Ne yelkenlisi, ne inciri birader... Mükemmel dolandırdılar seni...

Derse de, atlas döşeli kupa, sofra üstündeki kristal kadehler, yaldızlı koltuklar, sonra Beyefendinin para zarfını şöyle kasaya doğru atışı gözü önünde canlanan Mustafa Kemal arkadaşına kızar:

— Sen de hep böylesin. Her şeyin fena taraflarını bulursun, diye sinirlenip yine ahbabı ile soruşturur.

Yanlış bir limana mı gitmişler, yoksa incirde kurt yokmuş da var diye rüşvet mi istemişler, boşalmış da yerine yükleneceği mi beklemekte imişler, her görüşmede yeni bir havadis! Hattâ hepsinin Beyefendide telgrafları var.

Bir gün bütün cesaretini toplayıp Beyefendi'ye gider. Aaaa... Sanki hiçbir şey yok. Adamcağız masanın başında, eski hal, eski düzen... Büyükdere postası sekiz on dakika rötar yapmış gibi bir şey... Mustafa Kemal, zahir büyük tüccarlık bu, hiç tecrübem olmadığı için ben telâşlanıyorum galiba, diye ayrılıp yine beklemeye koyulursa da içine nihayet bir şüphe de girmiş. Ha geldi ha gelecek günlerinde Sultanahmet meydanının deniz görür bir köşesinde zavallıya o gün ikindiye doğru enginde görünecek yelkenliyi bile gözetletmişler.

Tabii sizin de anlayacağınız üzere en sonunda tekne batmış!

Cevat ne kadar olsa küçük subay, parasız. Yüz elli lirasını kaybetmeyi bir türlü içine sindiremediğinden bir gün Beyefendiyi Köprü üstünde sıkıştırır:

— Buraya bak, ben Paşa değilim, ya şimdi paramı verirsin, ya seni Köprüden aşağı atarım, demiş ve sermayesini kurtarmış.

Mustafa Kemal, o güzel tatlı anlatışı ile bu ticaret macerasını ara sıra tekrarladığı zaman, hâlâ maaş artıklarından birikme parasına içi yanardı.

Bir müddet sonra İstanbul'da bir gündelik gazete meselesi ortaya çıkar. Gazetenin başında Fethi Bey var. Mustafa Kemal, az da olsa, sermaye koyanlar arasında.

Bu yeni ticaret büsbütün tatlı. Yazacaksın, yazdıracaksın, fikir kavgaları yapacaksın, üstelik para da kazanacaksın.

Gazete müşterisi nedir? Bir gazeteyi alanlardan yüzde kaçı ciddi yazı okur, yüzde kaçı meraklı havadisler ve tefrikalar peşindedir, Mustafa Kemal'in bunlar hakkında hiçbir fikri yok. O sanıyor ki, o günkü gazetelerde Fethi Bey'den daha akıllı başyazar mı var, kendisinden daha iyi polemik ilhamları kim verebilir, o halde bu gazetenin, sürümü de hepsinden daha yüksek olması pek tabii değil midir? Birçok fikir adamları ve yazarlar bu hataya düşmüşlerdir ve imzalı makalelerinin bir gazeteyi, ne kadar sürdüreceği sualini kendilerine sormamışlar, sonra bir gazete yazıcılığının özellikleri üzerinde de durmamışlardır. Biz okurlarımızla konuştuklarımızı birbirine karıştırırız. Konuştuklarımız seviyece, zevkçe aşağı yukarı bir ayarda olduklarımızdır. Bunlar, çok defa, gündelik gazete bile okumazlar. Beğendikleri gazete en az, ele alamadıkları gazete ise en çok satar. Evet, gazetecilik de bir ticaret, ama bir fikir adamı için dahi incir üzüm alışverişi kadar anlamadığı bir ticaret!

Mustafa Kemal de, gazetesini evinde okur. Pek hoşuna gider, herkesin elinde görmek sevincini tatmak için erken sokağa çıkar. Ne kimsenin elinde, ne de satıcıların ağzındadır. Böyle bir gazete çıktığından sokaktaki, tramvaydaki ve vapurdaki şehirli habersiz görünür. Hâlbuki Mustafa Kemal meclislerinin hepsinde herkesin gazeteden haberi vardır.

Gazete teknesi, incir teknesi kadar da dayanmaz. Bütün komutanlık hayatından nesi kalmışsa, o da en çok sürülmemesi için hiçbir sebep olmayan bu gazetede eriyip gider.

Mustafa Kemal'in ne saray ne hükümetten umudu kalmamıştı. Tanıdıklarını ve bildiklerini arayarak veya kendini arayanlarla buluşarak bu gidişle vatanın hayrına herhangi bir barış elde etmek ihtimali olmadığına göre, bir millî dayatma hareketinin hazırlığına geçiyor. Ne yapabiliriz? Fikir yoklamak üzere konuştukları arasında yakın arkadaşları, eski ittihatçılar, Hürriyet ve İtilâfçılar, işgal kuvvetleri ile birlikte çalışanlar da vardır. Bir gün Fethi Bey ve dört arkadaş ihtilâlci bir Komite kurmaya bile karar verdiler: Padişahı değiştirmek, hükümeti devirmek, yeni bir hükümetle daha azimli hareketlere başvurmak gibi tedbirler üzerinde konuşulduğu sırada dört kişiden biri, İsmail Canbulat12 eğer hareket başarısızlığa uğrarsa yedek olarak kalması daha doğru olacağını söyleyerek özür diledi. Fethi ile bir göz danışması yaptıktan sonra Mustafa Kemal: "Beyefendinin katılmayacağı bir hareket akıllıca da olmayabilir. Onun için Cemiyeti hemen dağıtalım" dedi. Öyle yaptılar ve Canbulat izin alıp gittikten sonra kalanlar Cemiyeti yeniden kurmuş oldular.

---

12 Meşrutiyet devrinde milli emniyet müdürlüğü, daha sonra dahiliye nazırlığı etmiştir. Cumhuriyet devri milletvekillerinden idi. İzmir komplosu yargılanmasında idam hükmü giymiştir.

Günler geçtikçe Vahidüddin'i öldürmekten veya değiştirmekten, hükümeti düşürmekten bir şey çıkmayacağını düşündüler. Yenileri de düşmanın süngüleri karşısında kalmaktan kurtulamayacaktı. Mustafa Kemal kararını vermişti: "Uygun bir zaman ve fırsat kollayarak İstanbul'dan kaybolmak, basit bir tertiple Anadolu'nun içine girmek, bir müddet isimsiz çalıştıktan sonra millete felâketi haber vermek!"

İçinde sakladığı bu sırrı vakit gelmedikçe kimseye açmadı. Böyle bir karar vermemiş gibi buluşma ve konuşmalara devam etti. Bir gün İsmet Bey'i evine çağırdı. İsmet Bey (İnönü) barış konferansı için askerî hazırlıklar komisyonunda çalışıyordu. Mustafa Kemal masanın üstüne bir harita açtı: "Meselâ," dedi, hiçbir sıfat ve yetkim olmaksızın Anadolu'ya geçmek ve orada milleti uyandırarak kurtulma çarelerini aramak için en elverişli bölge ve beni o bölgeye götürecek en kolay yol hangisi olabilir?"

İsmet Bey harita üzerinde derin derin düşündükten sonra:

— Yollar çok, bölgeler çok, dedi.

Atatürk bu hazırlık günleri için bana demişti ki: "Düşünebilirsiniz ki verilmiş bir kararım varken onu niçin hemen tatbik etmiyorum? Hemen söylemeliyim ki ağır ve kat'i bir kararın doğruluğuna inanmak için vaziyeti her köşesinden ele almak, incelemek lâzımdır. Bir karar tatbik edilmeye başlandıktan sonra, keşke şu tarafını da düşünseydik belki bir çıkar yol bulurduk, yeniden bunca kan dökmeye lüzum kalmazdı, gibi kaygılara yer kalmamalıdır. Böyle bir kaygılanma karar sahibini yaptığının doğruluğundan şüpheye düşürür. Bundan başka beraber çalışacak olanlar, yapılandan başka bir şey yapılmak ihtimali kalmadığına inanmalıydılar. İşte benim mütareke devrinin beş altı ayını İstanbul'da geçirmemin sebebi budur. Bu geçirdiğim zamanın bir kısmını da hazırlıklara ayırdım. Fikir hazırlıkları, seferberlikte davul zurna çalarak asker toplamak gibi olmaz. Alçak gönüllülükle çalışmak, kendini silmek karşısındakilere samimi bir kanı vermek şarttır."

Anadolu'ya geçen komutanlarla ilgilenmekte idi. Kulağından rahatsız olduğu günlerde eski arkadaşı Ali Fuat Paşa (Cebesoy) onu hasta yatağında görmeye geldi. Ulukışla taraflarından Ankara'ya alınmak üzere yirminci kolordu komutanlığına atanmıştı. "— Bu kolordunun başında bulunmalısın. Bundan sonra önemli şeyler olacaktır. Kolorduna hâkim ol. Çevrene emniyet ver. Hele halk ile yakından ilgilen!" dedi.

Mustafa Kemal'le konuşanlar arasında Anadolu'ya gitmek sergüzeştini tehlikeli bulanlar az değildi. İngilizlere güven verebilsek yahut Fransızları kazanabilsek veya İtalyanlarla iyi geçinmek yollarını arasak, gibi umutlara kapılanlar hâlâ vardı. Meselâ bir söylentiye göre İngiltere elçiliğinin papazı, ki Fru adı ile duyardık, Padişahla görüşmek istemiştir, ona şu veya bu türlü teminat vermiştir. Hemen etrafa bir ferahlıktır gelir. İstanbul her gün bu türlü avutucu kulak haberleri ile çalkalanmaktaydı. Bir gün harpte tanıdığı bir otel müdürü Mustafa Kemal'e geldi. Fethi de yanında idi: "— Ben yabancılarla temastayım. Size ne kadar önem verdiklerini de biliyorum. İngiliz elçiliğinde bir mösyö sizinle görüşmek istediğini bana birkaç defa tekrar etti. İster misiniz, sizi bizim evde buluşturayım?"

Fethi, kabul et, der gibi baktı. "— Konuşalım, dedi. Fakat isteyen o ise..."

Bir hanımın salonunda Fransızca görüştüler. Papaz Fru Türkiye'nin yaptığı kötülüklerden söz açtı. Eğer hepsi bilinse medeniyet dünyasının bu memleketi belki de büsbütün ortadan kaldıracağını söyledi. Mustafa Kemal: "— Bu hanımla kocası sizin benimle görüşmek istediğinizi ve böyle bir buluşmanın faydalı olacağını söylediler. Bunları anlatmak için mi beni aradınız?" dedi. "Önce İttihat ve Terakki'nin cinayetlerini tasdik etmelisiniz!" dedi. Mustafa Kemal İttihat ve Terakki'nin pek çok kusurları olabileceğini, fakat vatanseverliğinin her türlü tartışmalar üstünde olduğu cevabını verdi ve bu adamın kendini niçin aramış olduğunu bir türlü anlayamadı. Neden sonra, Kuvay-ı Milliye'nin başındayken bu papaz Antalya'ya gelerek Mustafa Kemal'in kendisinden İstanbul'da, "Gene görüşelim", diye ayrıldığını söyleyerek bir buluşma aradıysa da kapı dışarı edilmiştir. Yabancılarla bu temaslar onu tanıdıklarından birçoğunun anlayışlarından uzaklaştırdı. Bana demişti ki: "Benim kanaatim oydu ki ve daima o oldu ki, insan diye yaşamak isteyenler, insan olmak vasfını ve gücünü kendilerinde görmelidirler. Bu uğurda her türlü fedakârlığa göğüslerini germelidirler. Yoksa hiçbir medenî millet onları kendi sırasında ve safında görmek istemez."

İstanbul'daki itilâf devletleri temsilcilerinin, politikacı, hatta askerlerinin anlamaya çalıştıkları şey, Türkiye'de bütün memlekete nüfuzunu geçirebilecek bir teşkilât olmasına ihtimal var mıdır, böyle bir teşkilât varsa başına geçebilecek şahsiyetler kimler olabilir, meselesi idi. İttihat ve Terakki'yi hiç hatırlarından çıkardıkları yoktu. Bir gün bir başka tanıdığı, bir İtalyan şahsiyetinin kendisi ve Fethi Bey'le görüşmek istediğini haber verdi. Beyoğlu'nda Bonmarşe karşısında bir İtalyan mimarının evine gittiler. Gelen adam, Türkiye'nin dostu olduğundan, hükümetin zaafı yüzünden memleketin kötüye doğru sürüklendiğinden bahsederek Mustafa Kemal ve Fethi'ye yeni bir hükümet kurabilecek teşkilât ve adamları olup olmadığını sordu.

Mustafa Kemal ilk tanıştığı bir yabancıya açılmaktan çekindi. Fethi, belki de kendilerine verilen önemi boşa çıkarmamak için kuvvetli olduklarını ve güçlü arkadaşları da olduğunu söyledi. "O halde kendinizi göstermelisiniz," dedi.

Niçindi bu buluşma ve soruşturma? Her halde İtalyanların bir başka maksatları olmalıydı. Arkadaşlar arasında bu maksadın Antalya ve çevresinden başka İzmir ve çevresine de hâkim olmak olduğuna karar verdiler. İzmir ve hinterlandını Yunanlılara bırakmamak! Bu İtalyan Arnavut asıllı bazı İttihatçılarla da görüşüyormuş. Onlara şöyle bir sır da emanet etmiş. İzmir ve hinterlandını Yunanlılara işgal ettireceklerdir. Türkiye şüphesiz bunu istemez. İtalya da aynı kaygıdadır. Onun için İzmir ve çevresinde Yunan işgaline karşı silâhlı teşkilât yapmalıdır. Eğer karşı konulamazsa hiç olmazsa dost İtalya tercih edilmelidir. Bu iş için İtalya istenildiği kadar silâh ve cephane verecekmiş. Bu teklifi dinleyenler arasında akla yakın bulanlar, hattâ İtalyan gemileri ile İzmir'e giderek taraf toplamaya çalışanlar bile olmuş. Gene onlar böyle bir teşkilâtın başına geçecek adamı da seçmişler: Mustafa Kemal! İtalyan şahsiyetine de adını haber vermişler ve Mustafa Kemal'in bu işi yapacağını da kendisine söylemişler. Asıl görüştükleri Comte Sforça13 idi. Mustafa Kemal'e meseleyi "İtalyanların Türklere doğrudan doğruya yardım edecekleri" yolunda anlatmışlardı. Mustafa Kemal, İtalya'nın böyle bir şey yapacağına inananları pek saf bulmakla beraber, madem ki buluşma gününü bile kararlaştırmışlardı, gidip konuşmakta bir sakınca görmedi. Bu bir acı hatırasıydı. Bana şöyle anlatmıştı: "Buluşma saatinde Comte Sforça'nın çalışma odasında

---

13 İtalyan yüksek komiseri. Sonra dış bakanlığı da yapmıştır.

bulunuyordum.14 Çok terbiyeli ve nazikti. Evimi basan İtalya askerlerinin geri çağrılması için temsilciliğin nasıl yardım ettiğini hatırlattım.

— Ekselans, dedi, herhangi bir tehlike karşısında elçiliğin emrinize hazır olduğunu ben de söyleyebilirim.

Yıldırımla vurulmuşa döndüm. Üzüntümü saklamak için kendimi güç tuttum. İtalyan tebaası (uyruk) mı olmuştum? dedim ki:

— Beni buraya önemli bir meseleden bahsetmek için siz davet etmişsiniz. Bu önemli şeyi dinlemek istiyorum.

— Bir an durdu: "Ha, dedi, buluşmamızı sizin de tanıdığınız arkadaşlarınız istediler. Öyle pek önemli bir mesele bahis mevzuu (konusu) değildi.

— Öyle ise fazla rahatsız etmeyeyim, dedim ve kalktım.

"Bir millet esirliğe düşünce milletten olan herkes nasıl bir hiç olur. Ben bu yabancının evinden çıkarken, bütün uşakların arkamdan güldüklerini duyar gibi oluyordum. Caddenin kalabalığı arasında kendimi kaybetmeye çalıştım ve beni buraya sürüklemiş olanlara küstüm. Bununla beraber bu zat, ilk sözünün benim üstümdeki tesirini görünce, bana bütün o tasarılarından bahsetmemek inceliğini göstermişti."

O sırada İstanbul'da birçok kimseleri, İngilizlerin emriyle, hapse atmışlardı. Fethi Bey de bunlar arasındaydı. Mustafa Kemal arkadaşını ve tanıdıklarını görmek üzere polis müdürlüğüne gitti: "Dam katına çıktık. Etrafıma baktım. Bir dar koridor üzerinde karşılıklı ufak odalar! Görünüş heybetliydi. Sadrazamlar, nazırlar, bütün Osmanlı "rical-i mühimmesi" ve bazı tanınmış gazeteciler.

---

14 Tepebaşındaki konsolosluk binası.

Ne kadar derin düşüncelere daldım. Canımın yandığı şuydu: Bu kimseler arasında hesap sorulması lâzım gelenler vardı. Fakat hesap soran millet değildi. Bilakis milleti daha ağır felâkete sürükleyen insanlardı. Ben de o günlerde bazı takiplere uğrar gibi olduğumu hissettim. Ne azledilmiş, ne tekaüt olmuş, ne de açığa çıkarılmıştım. Resmî vaziyetim üzerimdeydi. Harbiye Nazırlığı yaverimi, otomobilimi almış ve tahsisatımı kesmişti. İktidarda bulunanlardan böyle bir hareket beklemiyordum. Bu nereden geldiği henüz belli olmayan bir baskıydı. O tarihlerde General Allenki İstanbul'a gelmişti. Bir gün Harbiye Nazırını ve Kurmay İkinci Başkanı'nı karşısına alarak cebinden çıkardığı bir not defterinden bazı şeyler not ettirmek ister. Nazır ve İkinci Başkan konuşmaya kalkınca da:

— Sizi görüşmek için değil, bazı arzularımı söylemek için kabul ettim, der.

— İşte o buluşmada Allenki Altıncı Ordu Kumandanlığı'na benim tayin olunmamı tavsiye eder. Gideceğim yerin neresi ve alacağım vazifenin ne olduğunu ve ne vaziyette kalacağımı bildiğim için hemen reddettim. Yaver, otomobil ve tahsisat meselesi bu vakaya bağlı olsa gerektir.

Mustafa Kemal'i niçin tutmamışlardı? İzzet Paşa'dan sonra sadrazamlığa gelenlerle, durmadan değişen kabinelerdeki nazırlar onun hakkında şöyle bir anlayışta idiler: Mustafa Kemal Talât ve Enver Paşaların ve umumî olarak İttihat ve Terakki'nin muhalifiydi. Bu sebeple kendi taraflarına kazanılabilirdi. Kendisi ile bu yolda yakınlık kurmak isteyenler de olmuştu. Meselâ Sarayın, Damat Ferid'in ve İngilizlerin başlıca adamlarından Dahiliye Nazırı Mehmet Ali Bey! Evine kadar gelip kendisiyle görüştü. Arkadaşlarına görüşmeden memnun kaldığını da haber verdi. Mustafa Kemal'in İstanbul'dan çıkıncaya kadar Hürriyet ve İtilaf'çıları oyaladığı meydandadır. Bu oyalamanın, onun en elverişli yoldan Anadolu'ya geçmesi için de faydası büyük olacaktır. Hürriyet ve İtilaf'çılar arasında ona güvenmek doğru olmadığı inancında olanlar da vardı. Hoca Zeynel Abidin bunlardan biridir. Bir gün:

— Siz ondaki o gök gözleri görüyor musunuz? Eline fırsat geçerse ne halife bırakır, ne padişah, demişti.

Koca ve kara kafa haklıydı. İyi ki ona inanmışlardı.

Harp Divanı'nın başında pek açık Arnavut şivesiyle bir sakallı paşa. Savcı bir Rum. Âzadan biri Ermeni. Eski Yozgat Mutasarrıfı Kemal, Boğazlıyan Kaymakamı iken tehcir facialarına sebep olduğu için yargılanmakta; tanıkları topladığı, hazırladığı, getirip götürdüğü için de patrikhane.

Ermeniler Büyük Ermenistan'ın, birtakım dünkü Türkler bu Ermenistan yanında Kürdistan'ın, Rumlar İzmir'in, Trakya'nın ve Karadeniz kıyılarında Pontus Krallığı'nın peşinde. Anadolu eşrafı, Hıristiyanların ve Hürriyet ve İtilâfın curnalları ile koğalanma altında. Tabii kimse de şerefini, canını gelen gidene kahve gibi ikram etmez. Yakalanmayanlar ya gizlenmişlerdir, yahut silâhlanarak dağa çıkmışlar, çiftliklerine çekilmişlerdir. Kuvay-ı Milliye'nin ilk kaynağı.

İstanbul'da tutmak, hapse atmak, sürmek, hattâ asmak kolaydır ama Anadolu'da, "Ferman padişahın, dağlar, kim silâhını kapmış, çalı dibi seçmişse onundur." Hıristiyan çetelere karşı Türk çeteleri çıkmış, baskın, pusu, vuruşma ve kaçışma, hele Karadeniz kıyılarının bazı bölgelerinde bir boğazlaşmadır gider.

Acaba Hıristiyan azınlıklar, nerede biraz Hıristiyan topluluğu varsa orada Türk devleti varlığının tehlikede olduğuna Türkleri büsbütün inandırmakla iyi mi etmekteydiler? Ermeni tehciri faciasının sebebi de bu değil midi? 1914'te Çar Rusya'sının ısrarı ile doğu Anadolu'ya gelen bir yabancı umum müfettiş Türklere, doğu Anadolu'nun da, Rumeli gibi vatandan kopmak üzere olduğu korkusunu vermemiş miydi?

Osmanlı saltanatından yeryüzünde hiçbir kuvvetin hesap soramayacağı çağlarda, dinleri, dilleri ve kiliseleriyle çepçevre Müslümanlık ortasında yaşayabilen. Ortaçağdan yirminci asra kadar gelebilen Hıristiyanlık, bu korku yüzünden değil midir ki nihayet Anadolu'da son yuvasına kadar dağılmıştır?

Bu sıralarda gazetelerde ilk defa "Trabzon Muhafaza-i Hukuk Cemiyeti" başlıklı bir havadis çıkıyor. Cemiyetin maksadı basit: "Vilâyetimizin hukuk-ı milliyesini muhafaza etmek için Rum ve Ermeni teşebbüsatına karşı sulh konferansı nezdinde müdafaada bulunmak." Trakya da böyle bir cemiyet kuracaktır.

İstanbul etrafında Hıristiyan haydut çeteleri var. Bunlardan biri Erenköy tarafında bir köşkü basarak içindekileri balta ile boğazlamıştır. Şehirde polis, Hıristiyanların saldırılarına uğramaktadır. O kadar ki İngilizler, bir bildiri ile herkesi Türk polisine itaate çağırmak zorunda kalmışlardır. Yüreklerine ve parmaklarına güvenen Türkler, akşam karardıktan sonra evlerine dönecekleri zaman, tabancalarını dış ceplerine yerleştirmekte ve kenar sokaklara emniyet tetiklerini hazırlayarak girmektedirler. Ara sıra evine gittiğim bir ahbabım: "— Sakın karanlıkta beni seçersen selâm vereyim, deme! Bir telâşa gelir" diyordu.

Nihayet Hürriyet ve İtilâf'çıların istediği olmuştur. İlk Damat Ferit Paşa hükümeti iktidara geliyor. Gerçi padişah kendisine, "Hasis ve sefil bir hiss-i menfaat ve intikam ile hükümet etmeyeceğinizi ümit ederim" diyor. Fakat Hürriyet ve İtilâf'çılar gazetelerinde ve toplantılarında, "Harp ve tehcir mesullerini cezalandırarak itilâf devletlerini samimiyetimize inandırma" bahanesi altında vatansever ve milliyetçi şöhretleri tasfiye etmek meselesini büsbütün kızıştırmışlardır. Nitekim Damat Ferid'in yeni Divan-ı Harbi zavallı Kemal'i idama mahkûm eder. Boğazlıyan Kaymakamı sigarasını içerek, büyük bir soğukkanlılıkla sehpaya gider ve idam fermanını sükût ve saygı ile dinler: "— Evlât ve iyalimi millete emanet ediyorum" der ve "Yaşasın millet!" diye haykırarak can verir.

Kemal'in cenazesi, İstanbul milliyetçiliğinin, bilhassa gençliğin iç isyanını göstermeye fırsat olmuştur. Tıbbiyeliler, cesaretle öne atılmışlardır. İç çözülüş, bu türlü heyecanlı hâdiselerde, bir duraklama geçirir. Bir dik bayır üstünden yuvarlanış, hiç olmazsa bir müddet bir çalıya tutunur.

Su ile zeytinyağı ayrılır gibi, bu idamı haklı bir ceza sayan saray ve işgal takımı ile, onu cinayet sayan milliyetçiler ve halk takımı birbirinden ayrılmıştır.

Damat Ferit hükümeti, Anadolu'da Türklerle Hıristiyanlar arasındaki çatışmaları "nasihat heyetleri" göndererek yatıştırmaya da kalkar. Bu heyetlerde şehzadeler ve Rum patrikhanesi temsilcileri de vardır. Dahiliye Nazırı:

— Patrikhaneyi memnun etmek için elimizden geleni yapıyoruz, der.

Anadolu "şerir"lerinin, Anadolu'da bir harekete önayak olabileceklerin yakalanmaları hakkında emirler gider, havadisler gelir. Bütün bu kaynaşmalar, İzmir işgali hazırlıklarının bittiğini göstermekte idi.

Havada bir titreme var. Bir türlü sahi olabileceğine inanmıyoruz. Fakat vapur güvertelerinde ve kamaralarda Rumlar, bize yan yan bakarak ve sözlerinin işitilmemesine dikkat ederek konuşuyorlar. Yüzlerinden sevinç akıyor.

Ajansların getirdiği Avrupa edebiyatı kötü mü kötü. Damat Ferit Divan-ı Harbi milliyetçi Türkler için neyse, büyük devletlerin yüksek meclisi bütün Türkler için öyle bir mahkeme.

Ah Pierre Loti Paris gazetelerinden birine bir mektup yazmaz mısın? Kaleminin renkli mürekkebini gönül yaşlarımıza katmaz mısın? Sen olmazsan Claude Farrere! Vay Times'in bir köşesinden Ağa Han! Umutlarımız bunlar.

16 Mayıs'ta Yunanlılar İzmir'e, 19 Mayıs'ta Mustafa Kemal Samsun'a çıkacaktır.

16 ve 19 Mayıs

Bu ikisine bir de 16 Mart'ı eklemeliyim. Tuhaf kader cilveleri vardır. Eğer Lenin çarlığı yıkmasaydı ve Rusya zafer gününe erişseydi, İstanbul Rus olacaktı. İnsanın acaba bir İstanbul köşesine Lenin'in büstünü koysak mı, diyeceği gelir. Eğer Yunan ordusu 16 Mayıs 1919'da İzmir'e çıkmasaydı, bizim büyük devletler cephesine karşı bir savaşa girişmemiz pek güç, belki imkânsız olacağına şüphe yoktu. Dağdan haydutlar inerek vatanı kurtarma savaşına katılacaklar, Anadolu'nun bütün dağınık dayatış kuvvetleri artık ortaklaşa bir savaş amacı bulacaklardı. 16 Mart'ta İngilizler İstanbul'u işgal edince de, Anadolu İstanbul'dan büsbütün koparak tam beş hafta sonra, 23 Nisan'da Ankara'da yeni Türk devletinin temelleri atılacaktı.

Özel notlarımın arasındaki bir hikâye, tarih kitaplarında çocuklarımızın okumakta olduklarını bir hoş tamamlamaktadır. Bu notlar, işgal gecesi Harbiye Nezaretinde nöbet tutan muhabere memurunun anlatışı üzerine hazırlanmıştır: "Gece yarısından sonra muhabere makinesinin tıkırtısı ile uyandım. Durmaksızın 'acele' işaretiyle Harbiye Nezaretini arayan makinenin başına geçtim":

— Neresi orası? diye sordum.

— İzmir! cevabı geldi.

Ne istediklerini sorunca, Kolordu Askerlik Dairesi Reisi Süleyman Fethi Bey'in Harbiye Nazırı paşa ile makine başında hemen konuşmak istediği cevabını verdiler. Telefonla Harbiye Nazırının evini buldum. Haberi verdim. Nazır Paşa hemen geleceğini söylemiş. İzmir'e bildirdim.

"Çok geçmeden önde Harbiye Nazırı Müşir Şakir Paşa, arkasında büyük Fevzi Paşa (Çakmak), küçük Fevzi Paşa (Ahmet Fevzi) içeri girdiler. Nazır yanımdaki iskemleye oturdu. İzmir'i buldum. Harbiye Nazırı, kollarını muhabere masasının üstüne dayamış, ben verilen haberleri yazdıkça, okuyordu. İzmir haberi şöyleydi: "Paşam, İzmir limanına girip demirleyen itilâf donanması amirali Galtrop, mütarekenamenin 7'nci maddesine göre İzmir istihkâmlarının teslimini istedi. Karaburun'dan gelen haberlere göre körfez dışında asker dolu birçok Yunan nakliye gemileri beklemektedir. İstihkâmları biz verir vermez Yunanlılar işgal edecekler. Halk galeyandadır. Müsaade ederseniz biz bu isteği reddederek elimizdeki kuvvetlerle İzmir'i müdafaa edeceğiz. Kuvvetimiz de buna elverişlidir. Ferman sizindir."

Şakir Paşa bu notu okur okumaz ayağa kalktı ve:

— Haydi evlâtlar, Allah muvaffakiyet versin, Tanrı yardımcınız olsun, dedi ve yaşlı gözlerini silerek bana:

— Onlara bu sözlerimi yaz, dedi.

— Paşam, sözlerinizi bir kâğıda yazınız da tekrar edeyim, dedim.

Kâğıda yazmak sırası gelince toplandılar. "Nasıl olur da mütarekenamenin 7'nci maddesinin tatbik edilmesine karşı koyarız?" meselesi çıktı.

Şakir Paşa: "İzmir'i Yunanlılara teslim etmek olur mu?" diyordu.

Küçük Fevzi Paşa: "7'nci madde meydandadır. Şayet Yunanlılar İzmir'e çıkacak olurlarsa, Bab-ı Âli vasıtasıyla protesto ederiz" diyordu.

Nihayet Şakir Paşa, sapsarı kesilmiş bir halde, benden yana döndü ve sinirinden titreyen elindeki kalemiyle eski notu silerek şunları yazdı ve imzaladı. Sonra bana bakarak:

"Oğul bunu yaz, innâ lillâh ve innâ ileyhi râciun" dedi.

Yazı şu idi: "Amiral Galtrop'un mütarekenamenin 7'nci maddesine istinaden vukubulan talebini yerine getiriniz. Ben Bab-ı Âli'ye gidiyorum, lâzım gelen teşebbüse bulunacağım."

Yunanlıların İzmir'e çıkışı üzerine mânevi çözülüş devri, birden bire, bütün halk yığınlarının, iyi ruhlu halk evlâtlarının yüreğinden kopan:

— Hayır, sesiyle sona erer.

Nihayet sonu ölüm de olsa, gidilecek bir yol var. İzmir işgali, sanki bu göz gözü görmez, gönül gönüle ulaşmaz kaos içinde, Türklüğü bir kara ve dipsiz batağa gömüle gömüle boğulup gitmekten kurtarmak için, gökten bir Tanrı eli gibi uzanmıştır.

Gerçi ilk acı, Türk bayrağının kırmızı rengini karaya çevirtecek, bütün sokaklar bir cenaze arkasından kopan ağlayışlar ve çığlıklarla inleyecek, her şeyin bittiği duyguyu verecek bir yanıp yakılış gibi idi.

Böyle bir umutsuzluk halinin kurtarıcı iradeler kaynağı olabileceğini hemen tahmin etmek kolay değildi. Ama böyle haller fertler gibi toplumları da son karara doğru sürükleyebilir. Nitekim hepimiz İzmir taraflarından ufak tefek çarpışma haberlerinden bile hemen umuda kapılıyoruz. Sadece bir şeref borcu ödemek için de olsa bir dövüşme istiyoruz. Şu Anadolu baştanbaşa ayaklansa ve seller gibi İzmir'e doğru aksa... İzmir Anadolu toprağından değil de, etimizden ve canımızdan kopuyor sanki...

İzmir etrafında telgrafhanelere koşuşan halk, aç susuz, İstanbul'dan, saray ve Bab-ı Âli'den haber beklemekte... 19 Mayıs'ta ise Damat Ferit hükümeti büsbütün Hürriyet ve İtilâfçı bir karakter almıştır. Yeni Harbiye Nazırı Şevket Turgut Paşa müstesna! Çünkü o politika ile uğraşmayan sade ve mütevazı bir askerdi.

Rum ve Ermeni gazetelerinin neler yazdıklarını tercüme ettirip okumayı bile göze alamıyorduk. 20 Mayıs tarihli bir Türk gazetesinde çıkan şu satırlara bakınız: "İzmir'i kaybettik. Halkı avutmaya lüzum yok. Yarın İstanbul'u da kaybedince yine bağırıp çağıracak mıyız? Buna ne hakkımız var?"

Yani hepsi cezamız. Bütün millet elbirliği ile bir cinayet işlemiştir. Bütün millet, devletini, hürriyetini, vilâyetlerini vererek ve hiç ses çıkarmayarak bu cinayetin cezasını ödemeye razı olmalıdır.

23 Mayıs'ta halk, kapkara Türk bayraklarıyla, kadınları, çoluk çocuklarıyla Sultanahmet Meydanına doğru aktı. Kürsü üzerindeki siyah çarşaflı kadın hayaletleri ve siyah bayrak, o günlerin iki sembolü olarak kalmıştır.

Divanyolu'nda bir kenarda duruyordum. Meydandan gelip caddeyi tıkayan gürültülü halk kalabalığı, birden, eğer bir mahşer varsa tıpkı o kaynayışla, ilâhi bir cezbeleniş içinde kendinden geçti:

— Padişahım... Padişahım, diye haykırıyorlardı.

Tahtını sarayını bırakıp artık kendilerine katılmaya gelen Vahdettin'in otomobilinden inerek önlerine geçtiğini sanıyorlardı. Padişahın aynı selâmlıktaki üniformalı resimlerine benzeyen bir adam, ta önde, heyecandan sapsarı, Beyazıt Meydanı'na doğru yürüyordu.

Bakışlarda, seslerde, çırpınışlarda öyle bir çılgınlık vardı ki, nereye gitse gidecekler, ne istese yapacaklardı. Sanki padişah milleti bir mucizeler ve tılsımlar yerine doğru sürüklüyordu. Fatihlerin, Yavuzların evlâdı, nihayet:

— Artık yeter, demişti.

"Padişahım... Padişahım..." diye bağrışanlar, düşüp bayılanlar, çiğnenenler, bir tersin yüze veya bir yüzün terse çevrilişi gibi, her insan kendi kendisinin başkası idi.

Zavallılar, Şevket Turgut Paşa'yı Vahdettin'e benzetmişlerdi.

Kalabalık Harbiye Nezareti'nin, kapanan dış kapısı önünde durdu. Padişah bir şey söyleyecekti. Bir emir verecekti. Onun sesini duyacaklardı. Bir yaver, Harbiye Nazırı Şevket Turgut Paşa'nın kendilerini sükûnetle dağılmaya davet ettiğini söyledi. Kıpkırmızı ateş suya düştü ve kömür rengi bağladı.

Mustafa Kemal'i daha önce Anadolu'ya "sürmeye" karar vermişlerdi. Enverci harp suçlusu ve İttihatçı değildi, ama tekin de değildi. Çalmadığı kapı yoktu.

Bir gün Harbiye Nazırı Şakir Paşa kendisini çağırdı, yanına gittiği vakit bir tek kelime söylemeden önüne bir dosya uzattı:

— Bunu okur musunuz, dedi.

Mustafa Kemal dosyayı baştan sona gözden geçirdi. İtilâf makamları tarafından verilen raporların özeti şu idi: "Samsun ve çevresinde birçok Rum köyleri her gün Türklerin saldırısına uğramaktadır. Hükümet bu barbarca saldırıların önüne geçememektedir. Oraların emniyet ve huzurunu temin etmek insanlık namına borcumuzdur." Raporlar İstanbul Hükümeti'ne verilirken bir de ültimatomsu protesto eklenmiştir: "Eğer siz aciz iseniz, bu vazifeyi biz üstümüze alacağız." Dosyayı okuduktan sonra Harbiye Nazırı'nın yüzüne baktı.

— Emriniz Paşam?

— Bu böyle midir sanırsınız?

— Sanmıyorum, ama bir şeyler olmak ihtimali vardır.

Nazır asıl konuya geçti:

— İşte, dedi, böyle midir, değil midir, önce bunu meydana çıkarmak için oralara bizim gidip tetkikler yapmamız lâzım. Ben Sadrazam Paşa (Damat Ferit) ile görüştüm. Sizi münasip gördük. Gider ve meselenin ne olduğunu anlarsınız.

— Memnunlukla giderim. Ancak ben oraya Türkler Rumlara zulmediyorlar mı, etmiyorlar mı, yalnız bunu anlamak için mi gideceğim?

— Evet, dedi, konuştuğumuz bu!

— Pekâlâ, yalnız eğer izin verirseniz memuriyetime bir şekil vermek lâzım. Sizi üzmeyeyim, arzu ederseniz, Erkân-ı Harbiye reisinizle (Kurmay Başkanı) görüşerek bunu tespit edelim.

— Hay, hay, dedi.

Mustafa Kemal, Kurmay Başkanı Fevzi Paşa'yı (Çakmak) aradı. Yerinde yoktu. Yirmi günden beri hasta olduğu için gelmemekte olduğunu söylediler. Meğer General Allenki, İstanbul'a geleceği vakit Harbiye Nazırı gidip karşılamasını söylemiş. "Ben bunu yapamam!" demiş. "Yapmak lâzımdır!" cevabını da alınca: "Hastayım evime gidiyorum!" demiş. O günden beri de gelmiyormuş. Mustafa Kemal dairede İkinci Başkan Diyarbakırlı Kâzım Paşa ile karşılaştı. Harbiye Nazırı'nın kendisine verdiği görevden bilgisi yoktu.

— İşte ben sana haber veriyorum, dedi.

Kâzım Paşa ile açık konuştu ve yeni durumdan olabildiği kadar çok faydalanmak gerektiğini anlattı. Kâzım Paşa:

— Ha, dedi, zaten ordu müfettişlikleri meselesi var. Sen de oralara bu sıfatla gidebilirsin.

Şakir Paşa ile gidip görüşen Kâzım Paşa'nın aldığı direktif şuydu: "Maksat Samsun taraflarında Rumlara saldıran Türkleri yola getirmek, sonra Anadolu'da birtakım millî teşkilâtlanmalar oluyormuş, onları da ortadan kaldırmak! Mustafa Kemal'i bunun için yolluyoruz. Kendisine Sadrazam Paşa ile beraber bir selâhiyetname vereceğiz."

— Onlar ne istiyorlarsa daha fazlasını da katınız. Yalnız bir iki noktayı ben not ettireyim.

Asıl önem verdiği yetki meselesi idi. Samsun'dan başlayarak bütün doğu vilâyetlerinde bulunan kuvvetleri, komutası ve bu kuvvetlerin bulunduğu vilâyetlerdeki valileri emri altına alabilmeli, bundan başka bu bölge ile herhangi ilgisi bulunan askerlik ve idare makamlarınca sözü geçmeli idi. Kâzım Paşa yüzüne baktı:

— Bir şey mi yapacaksın?

— Kulağını bana uzat, dedi... Evet bir şey yapacağım. Bu maddeler olsa da olmasa da yapacağım.

Anlaştıkları üzere yazılan Talimatname'yi Kâzım Paşa, Nazır'a götürdü. Döndüğünde söylediğine göre Sadrazam, Talimatname'yi imzalamayacakmış. Şakir Paşa da imzasını koymaktan çekinmiş ama "mühür basarım!" demiş.

Mustafa Kemal mühürlü Talimatname'yi cebine koydu.

Yetkisi büyüktü. "Ne ala şey, talih bana öyle elverişli şartlar hazırlamış ki, kendimi onların kucağında hissettiğim zaman ne kadar bahtiyarlık duyduğumu anlatamam. Harbiye Nezareti'nden çıkarken heyecandan dudaklarımı ısırdığımı hatırlıyorum. Kafes açılmış, önümde geniş bir âlem, kanatlarımı çırparak uçmaya hazırlanmış bir kuş gibiydim."

Dokuzuncu Ordu Müfettişi Mustafa Kemal Paşa karargâhına alacaklarını kendi seçti. Bunlar arasında Miralay (Albay) Kâzım Bey (Kâzım Dirik), Miralay Refet Bey (Refet Bele), Dr. Refik Bey (Başbakanlık eden Refik Saydam) vardı.

Sadrazam Damat Ferit Paşa'ya gitti. Pek güler yüzlüydü. Kendisinden çok şeyler beklediğini söyledikten sonra, her istediğinizi doğrudan doğruya bana yazabilirsiniz, dedi. Sonra Dâhiliye Nazırı Mehmet Ali Bey'i gördü. O da pek samimî davrandı. Uğradıklarından biri de İsmet Bey'di. Kendisinden hatıralarını İsmet Paşa başvekil iken almıştım. Bana yazdırdığı şuydu: "Süleymaniye sokaklarından birinde hoş bir ev... Buraya vakitsiz ve teklifsiz gitmiştim. Ev sahibi geldi:

— Ne haber, ne haber... Bu ne baskın?

— Vaktim dar. Sana hikâyeyi kısaca söyleyeyim, dedim ve her şeyi anlattım:

— Ben yerleşinceye kadar sen de burada kalacaksın ve iş başladığı vakit yanıma geleceksin, dedim. İstanbul'da bulunduğum kadar benimle az alâkalı görünmesini de söyledim."

Cümle bittikten sonra Atatürk yüzüme baktı: "Sen benim tarihimi yazacak olanlardansın. İşin gerçeği, kendisinin benimle gelmesini istemeye gitmiştim.

— Yeni evlendim. Beni biraz rahat bırak, dedi.

Gelmek istemedi."

Yıllar sonra bir yolculukta Tokat'a uğramıştık. Milletvekillerinden Mustafa'nın evindeydik. Sedat Paşa Kolordu Komutanı idi. Kuvay-ı Milliye'ye katılmadığı için emekliye ayrılacakken, Atatürk, İstanbul'da benim isteğimle kalmıştır, diye bir belge vermesi üzerine kurtulmuştu. Atatürk:

— Fena mı ettik? Ordumuza iyi bir komutan kazandırdık, dedikten sonra:

— Söz aramızda, İsmet de öyle değil mi? diye gülümseyerek yüzümüze bakmıştı.

19 Mayıs'ta Samsun'a hasta çıkan ve birkaç saatte bir sıcak bir banyo almak için dura dura büyük sergüzeşte doğru giden Mustafa Kemal, nihayet bir tertiple alabildiği ordu müfettişliği otoritesi ile Hıristiyanlara zulmeden Türk çetelerini "Tenkil" etmeye gitmek üzeredir.

İstanbul'dan son ayrılış hikâyesini, bana anlatmış olduğu hatıralarından dinleyiniz:

"— Yunanlılar İzmir'e asker çıkarmazdan önce, galiba Mayıs'ın 14. günü, Sadrazam Damat Ferit Paşa'nın Nişantaşı'ndaki evine akşam yemeğine davetli idim. Belli saatte gittim. Benden başka henüz kimse yoktu. Kısa birkaç kelimeden sonra uzunca bir durgunluk devam etti. Kendisinde Harbiye Nazırı ile beraber gördüğüm zamanki samimilikten eser yoktu. Benimle yalnız kalmaktan sıkılıyor gibi idi. Bir aralık saatine baktı: "Acaba nerede kaldı?" "Birini mi bekliyordunuz efendim!" "Evet, Cevat Paşa Hazretleri gelecekti." Gene sükût... Biraz sonra Cevat Paşa salona girdi. Hemen üçümüz beraber yemek salonuna geçtik. Sofrada çatal ve tabak tıkırtılarından başka ses yok. Üçümüz de susuyoruz. İçimden gelen suallere kendi kendime içimden cevap vermeye çalışıyordum. Herhalde benimle konuşacak bazı şeyleri olmalı idi. Belki de çok önemli meseleler vardı, sofradan sonraya saklıyordur, diyordum. Yemeğin sonuna yaklaşmıştık. Sadrazam Paşa kısa bir cümlesi ile beni vehimlerimden kurtardı. Cevat Paşa'ya ve bana bakarak:

— Yemekten sonra biraz görüşelim, dedi.

— Emir buyurursunuz!

Ortasında genişçe bir masa bulunan çok dar, fakat hoş bir salon. Daha ayakta iken Sadrazam dedi ki: "Bir pafta getirsek de Müfettiş Paşa onun üzerinde izahat verse..." Kipert'in atlası geldi. Anadolu paftasını bulduk. Sadrazam Paşa'ya baktım, "Ne cihetlerden izahat emir buyrulur" dedim. "Meselâ, dedi, Samsun ve havalisinde ne yapacaksınız?" Kelimeler âdeta ağzımdan dökülmeye başladı: "Efendim, dedim. İngiliz raporlarına göre Samsun ve havalisinde bazı karışıklıklar varmış... Biraz mübalâğalıdır, zannediyorum. Ne de olsa bunlar basit şeyler... Yerinde yapacağımız tetkikat ile hallederiz. Şimdiden isabetli bir şey söylemekten korkarım." Cevat Paşa'ya döndü: "Siz ne dersiniz?" Cevat Paşa pek tabii bir tavırla: "Öyledir efendim, bu gibi işler yerinde hallolur." Kanaat getirmemiş görünen Sadrazam'ın kafasında daha büyük bir endişe, sual şekil arıyordu. Derken biraz heyecanlı bir sesle sordu: "Pekâlâ, siz bana harita üzerinde nerelere kadar kumanda edeceksiniz, gösterir misiniz?" Vesveseye düştüğü noktayı hemen anlamıştım: "Efendim henüz ben de pek iyi bilmiyorum, belki... takriben... (Kipert'in küçük haritasına elimi koyarak) ihtimal şu kadar ufak bir parça..." diye bazı vilâyetleri gösterdim ve manalı bir tarzda Cevat Paşa'nın yüzüne baktım. Ben haritadan elimi kaldırırken o da ilâve etti: "Efendim, dedi, Paşa tabii o bölgedeki kuvvete kumanda edecek... Zaten nerede ne kadar kuvvet kaldı ki..."

Sözünü tamamlarken, vaziyetin hiç de önemli olmadığını anlatmak istermiş gibi, masadan uzaklaşır gibi oldu. İçimden Cevat Paşa'ya teşekkür ediyordum. Her birimiz birer koltuğa çekildik ve kahvelerimizi içmeye başladık. Damat Paşa ferahlamış gibi idi: "Ne vakit hareket edeceksiniz?" "Ne vakit emir buyrulursa... Ben hazırım, arzu ederseniz yarın veya öbür gün..." "Zatı şahaneyi ziyaret ettiniz mi?" "Hayır efendim," "Ziyaret etmeden mi gideceksiniz?" "İrade buyrulmadı..." "Ben irade-i seniyeyi tebliğ ediyorum, yarın kendilerini ziyaret ediniz." "Peki efendim."

"Başka ziyaretlerde de bulunmak lâzımdı. Harbiye Nazırı'nı, Sadrazamı, Dâhiliye Nazırı'nı aradım. Hiçbiri makamında yoktu. İçtima halinde imişler. En kestirmesi Bab-ı Âli'ye gidip kendilerine haber vermekti. Beni Sadaret bekleme salonuna aldılar. Benim geldiğimi duyan bazı nazırların da heyecanlı heyecanlı salona geldiklerini görerek, biraz şaşırdım. Mehmet Ali Bey beni meraktan kurtardı: "Allah Allah ne küstahlık... İşittiniz mi efendim, Yunanlılar İzmir'e çıkıyor..." Bu sözleri Bahriye Nazırı teyit etti: "Ya... dedim, bu da mı oldu?" "Evet..." ben memleketin başına neler geleceğini tahmin etmemiş değildim, fakat kimseye anlatamamıştım. Nazırların telâşı karşısında ağlamak mı, gülmek mi lâzımdı? Kendimi tutuyordum. Fakat bu emrivaki karşısında ben "Allah Allah..." demekten başka bir şey düşünemeyen bu nazırlara ibretle bakıyordum. İtidalden ayrılmamaya pek dikkat ederek: "Ne yapmayı tasavvur ediyorsunuz?" diye sordum. "Protesto edeceğiz!" cevabını verdiler. "Bu lâzımdır, doğrudur. Ancak böyle bir protesto ile Yunanlıların İzmir'den geri çekileceklerine veya İngilizlerin onları geri çekeceklerine ihtimal veriyor musunuz?" Yüzüme baktılar: "Fakat başka ne yapabiliriz?" "Belki daha kat'i tedbirler düşünülebilir."

"Meselâ ne gibi?" O zaman bir ses, eğer yanlış hatırımda kalmamışsa, Mehmet Ali Bey'in sesi cevap verdi: "Öyle hareketlere kalkarsak bize ne yaparlar bilir misiniz?" Tabii: "Kalkar benim yanıma gelirsiniz!" diyemezdim. Avni Paşa'nın elini tuttum: "Bizi Anadolu'ya götürecek vapur hazırdır, değil mi?" "Çoktan tertip etmiştim. Bandırma vapuru emrinizdedir." "Doğrudan doğruya vapur kaptanına emir verebilir miyim?" "Hay hay..." dedi. Yaverime seslendim, "Paşa Hazretleri'nin bir emirleri var, not ediniz." Yaverim kurşun kalemi ile Bandırma kaptanına bir emir yazdı, imza edilmek üzere Avni Paşa'ya uzattı.

Damat Ferit kabinesini bu perişanlık içinde bırakarak Zatı şahaneyi ziyaret etmek üzere Bab-ı Âli'den ayrıldım."

Şimdi bir de Türkiye Cumhuriyeti'nin ilk Cumhurbaşkanı ile Osmanlı saltanatının son padişahı arasındaki ayrılış görüşmesinde bulunalım:

"— Yıldız Sarayı'nın ufak bir salonunda Vahdettin'le âdeta diz dize denecek kadar yakın oturduk. Sağında, dirseğini dayamış olduğu bir masa ve üstünde bir kitap var. Salonun Boğaziçi'ne doğru açılan penceresinden gördüğümüz manzara şu. Birbirine paralel hatlar üzerine düşman zırhlıları! Bordalarındaki toplar sanki Yıldız Sarayı'na doğrulmuş! Manzarayı görmek için oturduğumuz yerlerden başlarımızı sağa sola çevirmek kâfi idi. Vahdettin hiç unutmayacağım şu sözlerle konuşmaya başladı: "Paşa Paşa, şimdiye kadar devlete çok hizmet ettin, bunların hepsi artık bu kitaba girmiştir (elini demin bahsettiğim kitabın üstüne bastı ve ilâve etti:) tarihe geçmiştir." O zaman bunun bir tarih kitabı olduğunu anladım. Dikkatle ve sükûnla dinliyordum: "Bunları unutun, dedi, asıl şimdi yapacağın hizmet hepsinden mühim olabilir. Paşa Paşa, devleti kurtarabilirsin!" Bu son sözlerden hayrete düştüm.

Acaba Vahdettin benimle samimi mi konuşuyor? O Vahdettin ki ecnebi hükümetlerin yüzüncü derece âletleriyle temas arayarak, devletini ve saltanatını kurtarmaya çalışıyordu, bütün yaptıklarından pişman mı idi? Aldatıldığını mı anlamıştı? Fakat böyle bir tahminle başka bahislere girişmeyi tehlikeli addettim. Kendisine basit cevaplar verdim: "Hakkımdaki teveccüh ve itimada arz-ı teşekkür ederim. Elimden gelen hizmette kusur etmeyeceğime emniyet buyurunuz." Söylerken, kafamdaki muammayı da halletmeye uğraşıyordum. Çok iyi anladığım, veliahtlığında, padişahlığında, bütün his ve fikirlerini, temayüllerini tanıdığım adamdan nasıl yüksek ve asil bir hareket bekleyebilirdim? Memleketi kurtarmak lâzımdır, istersem bunu yapabilirmişim. Nasıl? Hemen hüküm verdim: Vahdettin demek istiyordu ki hiçbir kuvvetimiz yoktur. Tek mesnedimiz İstanbul'a hâkim olanların siyasetine uymaktır. Benim memuriyetim, onların şikâyet ettikleri meseleleri halletmektir. Eğer onları memnun edebilirsem, memleketi ve halkı bu siyasetin doğru olduğuna inandırabilirsem ve bu siyasete karşı gelen Türkleri uslandırırsam, Vahdettin'in arzularını yerine getirmiş olacaktım. "— Merak buyurmayın efendimiz, dedim, nokta-i nazar-ı şahanenizi anladım. İrade-i seniyeniz olursa hemen hareket edeceğim ve bana emir buyurduklarınızı bir an unutmayacağım." "Muvaffak ol!" hitab-ı şahanesine mazhar olduktan sonra, huzurundan çıktım. Naci Paşa, padişahın yaveri, fakat benim hocam, derhal benimle buluştu. Elinde ufak muhafaza içinde bir şey tutuyordu. "Zat-ı şahanenin ufak bir hatırası" dedi. Kapağının üzerine Vahdettin'in inisyalleri işlenmiş bir saatti: "Peki, teşekkür ederim" dedim.

"Sonra, sanki Yıldız Sarayı'ndan çıktığımızı ve hareket etmek üzere olduğumuzu gizlemek, saklamak ister gibi bir ihtiyatla, ayaklarımızın patırtısını işittirmekten korkarak, saraydan uzaklaştık."

Artık Şişli'deki evi bırakmak üzeredir. Bandırma vapuru Galata Rıhtımı'nda hazır. Otomobil kapı önünde. Tam o sırada Rauf Bey (Orbay) eve geldi ve Mustafa Kemal'i bürosuna götürerek, İngilizlerin ya hareketine izin vermeyecekleri, ya yolda vapuru batıracakları söylentisi dolaştığını haber verdi. Mustafa Kemal yıldırımla vurulmuşa döndü. Biri daha geldi, aynı haberi verdi. Bir an yalnız kalarak durumu düşündü. Şu anda düşmanların elinde idi. Ona her istediklerini yapamazlar mı idi? Ancak onun için artık yakalanmak, hapsolmak, sürülmek, düşündüklerini yapmaktan alıkonulmak, hepsi ölmekle birdi.

Hemen karar verdi. Otomobiline atlayarak Galata Rıhtımı'na geldi. Vapur uzakta idi. Sandalla gittiler.

Karadeniz boğazından çıktıktan sonra kaptana mümkün olduğu kadar kıyılara yakın gitmesini tavsiye etti. Bundan sonra Anadolu'nun bir kara parçasına ayak basmaktan başka kaygısı yoktu. Önce Sinop'a geldiler. Orada Samsun'a kara yolu olup olmadığını sordu. Yokmuş. Çok zorluk çekecek, günlerce yollarda kalacakmış: "Bilmem neden Samsun'a bir an önce varmak için o kadar acele ediyordum ki vakit kaybetmektense tehlikeye göğüs germeyi tercih ettim. Aynı tertipte yolculuğa devam ederek Samsun Limanı'na ulaştık."

LİDERLİĞE DOĞRU

DURUM

Mustafa Kemal, Samsun'a çıktığı vakit durum kötüdür. Çerkes Ethem ve Demirci Efe çeteleri batıda daha gelecek ay harekete geçecekler. Yunan yürüyüşünü aksatıcı bir dayatma henüz yok. İtalyanların Konya'da, Antalya'da, Akşehir, Fethiye, Afyon, Marmaris, Burdur, Bodrum, Milâs, Bucak ve Kuşadası'nda askerleri var. Sanki barış olup da nüfuz bölgelerinde iş görmeye sıra gelmiş gibi Antalya-Burdur-Bolvadin demiryolu için uzmanları ilk çalışmalar üzerinde. Fransızlar, Kilikya'da ve güney bölgelerimize yerleşmekte. Rumlar nispetsiz azınlıklarına rağmen Sivas vilâyetinin Amasya ve Tokat gibi sancaklarında bile yirmi bir çete ile harekete geçmişler. Maksat güvenlik olmadığını göstermek ve müdahale bahanesi yaratmak. İngiliz subayları ile o kadar sıkı temasları var ki Havza'daki alay komutanı bir taburla haydutları yakalamak için bir köyü abluka edince Merzifon'dan otomobilleri ile gelen İngiliz subayları hemen müdahale etmiştir. İstanbul Hükümeti'nin kaymakamı da Rum Margerit Efendi. Bağımsız Pontus Hükümeti kurma kışkırtıcılığı alabildiğine. Rusya'daki bütün Rumları getirip kıyı ve hinterlandı bölgesine yerleştirmek istediklerini gören Türk halkı da ayaklanmıştır. Bir sürü çete de onlardan. Doğu'da Brest Littovsk Antlaşması ile aldığımız üç vilâyeti geri vermiştik. Kars ve Sarıkamış'ta on bir Ermeni askerinin toplandığı haberi var. Arkalarında Batum'a giren İngilizler. İki İngiliz subayı Ermeni kuvvetlerinin başında Nahçıvan ve çevresi Türk köylerini almıştır. Fransız Cumhurbaşkanı Ermeni lideri Bogos Nobas Paşa aracılığı ile Ermeni generali Antran'ı kabul etmiştir. Ermenistan davacılarının hayalleri geniş: Yedi ilimizi alıp Kilikya'ya kadar uzanmak! İngilizler Van, Bitlis, Diyarbakır, Musul vilâyetlerindeki Kürtleri de kışkırtmakta. İstanbul'da bir dernekleri ve gazeteleri var. Babanoğulları ve Abdullah Cevdet gibi Osmanlı aydınları işin içinde. Hürriyet ve İtilâf, Kürtlere otonomi verme yolunda bir protokol imzalamıştır. Hiçbiri gizli de değildir. Biz Türkler her gün gazeteleri açtığımızda vatanımızın nasıl parçalanma yolunda olduğunu okuyoruz. Anadolu'nun ortasında, belki de denize yolu bile olmayan bir beylik olarak kalacağız.

Mustafa Kemal, 22 Mayıs'ta Samsun'daki İngilizlerle konuştuktan sonra İstanbul'a bir rapor gönderir. Bu raporda Samsun ve çevresi Rumları hırslarından vazgeçmedikçe yatışma olamayacağını, Türklüğün yabancı mandasına katlanamayacağını, millî hareketlere hak vermek gerektiğini bildirir. Oysa görevi başkaldıran Türkleri ezmek ve susturmaktı.

Samsun'a gelince İngilizler kuvvetlerini artırmışlar ve bir kısmını içeriye yollamışlardı. Bu hal hem mütarekeye aykırı idi, hem de kendini güç duruma sokuyordu. 24 Mayıs'ta karargâhını Havza'ya götürür. Sık sık sıcak banyo almasını gerektiren hastalığı için oranın hamamları faydalı da olmuştur. Mustafa Kemal üzerine İstanbul'a gelen haberler İngilizleri kuşkulandırır ve hükümeti de telâşlandırır. Konya'dan İstanbul'a dönen General Milne, Mustafa Kemal'in görevlerinin ne olduğunu sorar. Geri çağrılmasını ister. Amiral Galthape de aynı istektedir. General Milne, Erzurum'daki Kolordu'nun silâh teslimi yapmadığından da şikâyetçi idi.

Haziranın ilk haftasında Harbiye Nazırı önemli meseleler görüşmek üzere İstanbul'a gelmesini yazdı. 18 Haziran'da Nazır bir telgraf daha gönderir: "İngilizler o bölgedeki çalışmalarınızı iyi bulmadıklarından İstanbul'a çağrılmanızı istemişlerdir."

21 Haziran'da Kâzım Karabekir Paşa'yı onun yerine müfettişliğe atamak isterlerse de o bunu doğru bulmaz ve Mustafa Kemal Paşa'nın değiştirilmesinin yerinde olmadığı cevabını verir. Sadrazama vekil olarak kabineye başkanlık eden Hürriyet ve İtilâfçı Mustafa Sabri Hoca, çağrılıp gelmediği ve halkı kışkırttığı için hemen azledilmesine karar verildiğini söyler. Bu arada hükümet milli kurtuluş için kurulan kuruluşların telgraflarının alınmaması için postanelere emir verir. Mustafa Kemal de, "bu emir milletin sesini boğmaktır, hemen geri alınız" der. Anadolu ve İstanbul arasında çatışma başlamıştır.

Artık toparlanmak sırası idi. Bütün dağınık ve kendi başlarına buyruk kuruluşları bir araya toplamalı, her toplanışa bir millî hareket karakteri vermeli, Mustafa Kemal de onun lideri olmalı idi. Mustafa Kemal adım adım, yoklaya kollaya bu isteğini iki üç ay içinde gerçekleştirmiştir. Bu iki üç ay içinde o, bir hayli bakımdan, büyük bir yalnızlık içinde ve içini açmadan ve dökmeden, gelecekte birçokları ile asla birlik olamayacağı kimselerle çalışmak zorunda idi. 1907 ve sonrasında Selanik'te Yonyo açık sözcüsü ve isyancısı bütün güdüm cihazlarını eli altına alıncaya kadar bir sabır heykeli gibi katlanıcı, uzlaşıcı ve yer yer tavizci, ama hiç şaşmaksızın amacına doğru yürüyecekti. Profesör Pittard'ın eşi, romancı ve tarih yazarı Noelle Royer bir gün Atatürk'e bütün isteklerine ulaşma başarısının sırrını sormuştu:

— Durur, durur, dinlerim, dedi.

Sonra tekrarladı:

— Durur, durur, dinlerim. Ve sustu.

Sakarya zaferi tacını giyinceye kadar durup durup dinleyecekti: "Ben herhangi bir işe giriştiğim zaman karşımdakinin ne yapabileceğini ve en kötü ihtimalleri düşünürüm. Ona göre tedbirlerimi alarak hareket ederim." İç dünyası hiç dışarı sızmamalı idi.

6 Haziran'da 20. Kolordu Komutanı, eski arkadaşı Fuat Paşa, Ankara'dan kendisine bir telgraf çekti. Rauf Bey'in (Orbay) geldiğini haber verdikten sonra Osmancık veya İskilip'te buluşalım, diyordu. Mustafa Kemal kendilerini Havza'ya çağırdı. Geldiğinden beri buranın ileri gelenlerini millî savunmaya hazırlamakta idi: "Hiçbir zaman umut kesmeyeceğiz. Çalışacağız, memleketi kurtaracağız" diyordu. Diyarbakır bölgesindeki birliklerimizden alınarak Samsun'a götürülen binlerce tüfek mekanizmasına Havza'da el koymuş, askerî depodaki silâhları da evlere taşıtmıştı. Merzifon'da önemlice bir İngiliz birliği bulunduğundan Havza'da kalması da pek tekin değildi. Karargâhını Amasya'ya götürmeye ve arkadaşları ile toplantıyı burada yapmaya karar verdi. 13 Haziran'da Havza'dan ayrılırken son bir konuşma yaptı: "Bugün bir millet adamıyım. Bir üniformalı değilim", demişti. Askerlikten çekileceğini anlamakta, fakat halk yığınlarının Paşa üniformasına ve padişah yaverliği sırmalı kordonuna ne kadar önem verdiğini de bildiğinden, liderliğe doğru yükselişinde, mümkün olduğu kadar uzun müddet bir rütbe ve sıfat otoritesini bırakmamak kararında idi.

Amasya Toplantısı'nın ve bu toplantıda alınan kararların millî kurtuluş tarihinde büyük önemi vardır. Arkadaşları ile konuşma saatlerce sürdü. 21/22 Haziran gecesi yaverine şu esasları not ettirmişti: 1- Vatan bütünlüğü, millet bağımsızlığı korunacaktır. 2- İstanbul Hükümeti bu görevini yapamadığı için milletimiz yokmuş yerine konulmaktadır. 3- Millet bağımsızlığını kendi kendine kurtaracaktır. 4- Milletin sesini dünyaya duyurmak için hiçbir baskı altında olmayan bir millî heyet kurulmalıdır. 5- Sivas'ta en çabuk zamanda bir millî kongre toplanmalıdır. 6- Her vilâyetten üç delege seçilerek yola çıkarılmalıdır. 7- Delegelerin seçimi ve yolculukları gizli tutulmalıdır. 8- Şark Vilâyetleri adına 10 Temmuz'da Erzurum'da bir kongre toplanacaktır. O tarihe kadar öteki vilâyetler delegeleri de Sivas'a ulaşabilmişlerse, Erzurum Kongresi'nin azaları da Sivas Umumî toplantısına girmek üzere hareket edeceklerdir."

Konya'daki kuvvetlerin başında bulunan Mersinli Cemal Paşa bu karara hemen katılmıştır. Ankara'daki kolordunun komutanı kararı hazırlayanlar arasında. Yalnız Erzurum'daki Kolordu Komutanı Kâzım Karabekir var: O daha önce Erzurum Kongresi'nin toplanmasında direndiği için üç arkadaş da bunu kabul etmişlerdir. Bundan sonra Amasya kararları her tarafta asker sivil makamlara bildirilmiştir.

Mustafa Kemal, İstanbul'da çalışanlarla Anadolu'daki valilere ayrıca bildiriler yollamış, vatanın parçalanma tehlikesi karşısında millî savunma hareketlerinin hızla devam ettiğini, yalnız miting gibi gösterilerle hiçbir zaman kurtuluşa varılamayacağını, bu kurtuluş sağlanıncaya kadar kendisinin Anadolu'dan ve milletten ayrılmayacağını yazmış ve sonuna kadar bir millet ferdi gibi çalışacağına mukaddesatı adına söz vermiştir.

Amasya Antlaşması'nın hiç açıklanmayan bir gizli maddesi vardır. Bu maddeye göre Mustafa Kemal, Kâzım Karabekir, Fuat Paşa'larla Rauf Bey bir millî hükümetin ilk kadrosu olarak tespit edilmiştir.

Erzurum'a Doğru

Mustafa Kemal 23 Haziran'da Tokat-Sivas yolu ile Erzurum'a hareket etti. İstanbul onu geri almakta direniyordu. Mustafa Kemal'i hiçbir sıfatla tanımamak için her yana emirler verilmiştir. Azlettiler, aldırış etmedi. Üstündeki resmî sıfatı millî kongrelerde liderlik otoritesini alıncaya kadar kendi üstünde tutmaya çalışacaktı. Zaafa düşenlere de durmadan umut ve yürek pekliği vermek lâzımdı. İstanbul'da Kuvay-ı Milliye öncülüğü yapanlar bile Urfa, Maraş ve Antep'i alan Fransızlara hoş görünmesini öğüt veriyorlardı. Mustafa Kemal: "Fransızları hoş tutmakla ne kazanacağımıza akıl erdiremiyorum. Garp zihniyeti dalkavukluk ve riyakârlık, hele zulüm görmüş bir milletten gelirse, o milletin yaşamak hakkı olmadığına hükmeder. Tersine haksızlık ve zulme karşı avazımız çıktığı kadar haykırmalıyız. Avrupa'ya yaşamaya hakkımız olduğunu anlatmalıyız. Sizler de bu yolda yürüyünüz" diye cevap veriyordu.

Refet (Bele), komutanlığını İstanbul'da İngiliz gemisi ile yerine gönderilmiş olana teslim ediyordu. Mustafa Kemal onunla hayli tartıştı. Refet:

— Almanya'ya karşı bizim de ihtiyatlı davranmamızı gerektirmez mi?

Kararsız ve programsız hareketlerle maksada hıyanet ederiz, diyordu.

Yolda bir de Ali Galip hikâyesi vardı. İstanbul onu Mustafa Kemal'i yakalamak için yollamıştır. Fesatçı ve fırsatçı olduğu kadar korkak bir adam. Mustafa Kemal onu bile elde etmek için sabaha kadar dil döker. Bu yüzden uyumaz. Yanındakiler de uykusuzdur. Sabah bayram topları atılırken Sivas'tan yola çıkarlar. Geceyi Refahiye'de geçiren Mustafa Kemal ertesi gün uzun bir yürüyüşle Erzurum'a varmak ister. Yol bozuk. Yanlarına aldıkları yemekten dolayı onun dışında herkes hastaydı.

Çardak boğazından Fırat'ın yanından geçen şose üzerine yamaçtan düşen bir metre kutrunda kaya yolu tıkamıştır. Arabanın geçmesine imkân yoktu. Yanlarına bir kazma almışlardı. İki kişi zorla bir geçit açabildiler. Mustafa Kemal eski açık bir arabada idi. Durmadan bozulur, şoför tamir etmek için uğraşıp durur ve yorgun argın arabayı sürerdi. Bu yüzden Erzurum'a varılamayacağı anlaşıldığından Erzincan'ı tutmak istediler.

Karanlık bastı. Çardak boğazından bir türlü çıkamamışlardı. Haziran olduğu halde çevrede kar vardı. Gece ilerleyince yolu da kaybettiler. Seller şoseyi berbat etmişti. Arkadaki iki otomobil de yetişememişti.

— Geceyi olduğumuz yerde geçirelim, dedi.

Arabadaki battaniyeyi toprağa serdiler. Bu arkadaşının yatağı idi. Kendisi açık otomobilin içinde uyumaya çalıştı. Gün aydınlığında yeniden yola düzüldüler.

Kâzım Karabekir ve yanındakiler Mustafa Kemal ve arkadaşlarını karşılamak üzere Ilıca'ya kadar gelmişlerdi. Söğüt ağaçları altında konuklara yorgunluk kahvesi ikram edilmişti. Sekiz on kişi kahve içerek konuşuyorlardı. Mustafa Kemal'in gözü Ilıca başındaki sırtlara ilişti. Sıcak yaz güneşi batmak üzere idi. Tam yolun geçtiği yerde, arkasını güneş aldığı için, kaya renkli ve parıltılı, heykel gibi, bir hayal. Gölge ve ışık oyunu. Yanındakilere gösterdi. Ufuk üzerinde yeni insan ve kağnı siluetleri. Aşağı doğru inen kervan yavaş yavaş söğütlüğe kadar geldi. Başlarındaki adam oturanların önemli kimseler olduğunu sezinerek elini göğsüne götürüp selâm verdi. Mustafa Kemal hatırını sordu:

— Ağa böyle nereden geliyorsun?

— Rus gelirken muhacir olmuştum. Çukurova'da idim. Şimdi köyüme dönüyorum.

Zaman kötü. Güvenlik yok. Böyle iken kışa doğru buralara neden geldiğini sorar:

Yoksa oralarda geçinemedin mi?

— Hayır Paşa... Çukurova cennet gibi yer... Bize tarla da verdiler. Rahattık. Yalnız son günlerde bizim Erzurum'u Ermenilere vereceklermiş sözü çıktı. Geldim ki göreyim, kimin malını kime verecekler.

Mustafa Kemal yanındakilere:

— Bu milletle neler yapılmaz, dedi.

Erzurum'a geldikleri vakit Kâzım Karabekir Paşa, Refet Bey'den gelen bir telgrafı Mustafa Kemal Paşa'ya verdi. Bu telgrafta İstanbul'un Mustafa Kemal hakkındaki kararları bildirilmekte idi. Kararlardan biri de, Mustafa Kemal imzalı hiçbir telgraf alınıp çekilmeyecekti. Refet Bey'e göre Mustafa Kemal askerlikten çekilmeli, Sivas'a da gelmeyerek Erzurum'da kalmalı idi. Mustafa Kemal:

— Ne yapmalıyız? dedi.

Karabekir:

— Üzülecek bir şey yok paşam. Üniformanızı çıkarsanız da mukaddesatın üzerine söz veriyorum ki size üstüm olduğunuz zamandan daha bağlı kalacağım, dedi.

Mustafa Kemal millî hareketin başı tanınacak ve orduya böyle tanıtılacaktı. İstanbul'dan Harbiye Nazırı Şevket Turgut Paşa kendisine Mustafa Kemal yerine ordu müfettişliğini teklif ettiği vakit, ben Erzurum'dan ayrılamam,

Mustafa Kemal'in de çekilmesi doğru olmaz, yolundaki cevabını da gösterdi.

Henüz bir halk temsilcileri toplantısı olmamıştı. Mustafa Kemal askerlikten çekilince, bizim şartlarımıza göre, hiçbir otoritesi kalmayacaktı. Onun için kendine eşraf ve halk yığınları üzerinde nüfuz sağlayan Padişah yaveri kordonlu üniformasını mümkün olduğu kadar uzun müddet üstünde tutmak faydalı olacaktı. Halk devlete itibar edegelmiştir. Fakat askerlikten de kovulmak üzere idi. İster istemez istifa etti. Kovulma haberi de ondan sonra geldi.

Burada pek dramatik bir sahneyi anlatmak isterim: Mustafa Kemal, Rauf Orbay'la otururken Müfettişlik Kurmay Başkanı Kâzım Bey (Dirik), ki bütün haberleşmelerde kâtiplik etmekte idi ve ölünceye kadar Mustafa Kemal'le birlikte kalacağına yemin edenlerdendi, yanlarına geldi, askerce bir selâm verdi.

— Artık görevime devam etme imkânı yok, izin verirseniz Kâzım Karabekir Paşa'dan vazife isteyeceğim. Dosyaları kime teslim etmemi emredersiniz? dedi.

Mustafa Kemal ve Rauf Orbay vurulmuşa döndüler. Mustafa Kemal hüzün dolu gözleri ile Kâzım Bey'e bakarak:

— Ya öyle mi efendim? Peki dosyaları Hüsrev Bey'e verirsiniz.

Kâzım Bey çalımlı çalımlı çıktı, gitti.

Kâzım Bey, Mustafa Kemal'in ta Rumeli'den tanıdığı idi. Sonra onu affetmiş ve Cumhuriyet devrinde kendisine İzmir Valiliği ve Trakya Umum Müfettişliği gibi görevler vermişti.

Mustafa Kemal, Orbay'a döndü:

— Gördün mü, dedi, rütbe ve üniformanın ehemmiyeti yok mu imiş?

Biraz sonra Karabekir Paşa'nın geldiğini haber verdiler. Mustafa Kemal'in içinden üzüntülü bir şüphe geçti. Kâzım Karabekir:

— Kumandamda bulunan subay ve erlerin saygılarını sunmaya geldim. Siz bundan sonra da kumandanımızsınız, dedi.

Mustafa Kemal, Karabekir'i kucakladı.

Kâzım (Dirik), Kuvay-ı Milliye günlerinde de güç duruma düştüğü vakit Mustafa Kemal tarafından tutulduğuna göre, yukarıdaki ayrılış ikisi arasında, Rauf Bey'den de habersiz, hazırlanmışa benzer. Çünkü Mustafa Kemal, Kâzım Karabekir'e karşı ihtiyatlı davranmalı idi.

Kuvay-ı Milliye ve Cumhuriyet tarihinde Karabekir'in bir hayli adı geçecektir. Onun şimdiden kısa bir portresini çizmek isterim. Karabekir karakterli, ahlâklı, yurtsever, fakat kültürsüz ve kafaca "pek orta" bir adamdı. Eskiden tiyatro Osmanlıcaya "ibret" sözü ile çevrilmiştir. Operet'i "Şarkılı ibret"e çevirerek pek gülünç bir eser yazmış, Erzurum'da okul çocuklarına oynatıp durmuştur. "Şarkılı İbret"in hem güfteci hem bestecisi idi. Mustafa Kemal'in uzak görüşlü politikacılığı ve hele Batı medeniyetçiliği yolundaki devrim anlayışı ile hiçbir ilgisi yoktu. Askerlikleri arasındaki sanat ıraklığı da söz götürmez. Birinci Dünya Savaşı'nda ve daha sonra Mustafa Kemal'in gölgesinde kalmış olanlardandı. Fakat Bolşevik İhtilâli olup da Çar ordusu çöktükten sonra Erzincan, Erzurum ve Kars'ı almak fırsatı ona düşerek Doğu'da iyice tanınmış, general de olmuştu. Kendine olduğundan pek çok üstünde değer veren ruh hastalarındandı. En küçük eşyasının müzelik olduğuna inanırdı. Eğitim ve ekonomi işlerini en iyi kendi yola koyacağını sanırdı. En çok sevdiği kelime "ben"di. "Rüya" adlı bir şiiri, 1950'de yayınlanmıştır, bu şiirde Abdülhamit'in ruhu ona der ki: "Beni ve saltanatı devirenler arasında sen de vardın –Hele sonuncusunda hem de mebus, hem kumandandın– İstiklâl harbini sen kurdun ve başı da sen buldun."

Mondros Mütarekesi'nden sonra büyük tehlikelerden biri Doğu'da Ermenistan kurulması idi. Bütün dünya halk efkârı, harp sırasındaki "katliam ve tehcir" haberlerinin etkisi altında, Ermenici idi. İstanbul'a gelen haberlerde "vilâyat-ı Sitte - altı vilâyet" denen Erzurum, Van, Bitlis, Harput, Diyarbakır, Sivas illerinin yeni Ermenistan olacağı bildirilmekte ve Ermeni liderlerinin Kilikya'ya kadar sarkmak peşinde oldukları bilinmekte idi. Doğu'yu nasıl kurtarmalı idi. Önce İstanbul'da "vilâyat-ı Şarkiye Müdafaa-i Hukuk-u Milliye" adında ve sadece bu vilâyetlerin Türk olduğunu yayınlarla anlatmak, barış konferansına başvurup anlatmak üzere bir dernek kurulmuştur ki sonradan Erzurum'da adı "Vilâyat-ı Şarkiyye Müdafaa-i Hukuk Cemiyeti"ne çevrilmiştir.

Kâzım Karabekir o çevredeki tanınmışlığından da faydalanacağını, tehlike baş gösterdiği vakit bir hareket yapılabilmek ihtimali varsa önderlik etmeyi düşünerek Erzurum'daki kuvvetin başına gitmek istemiştir. Kendisinin, Ali Fuat Cebesoy ve Rauf Orbay'ın hatıralarında anlattıklarına göre 1918 Kasımı'nda Karabekir, Zeyrek'te İsmet Bey'le (İnönü) görüşür. İsmet Bey, Osmanlı Harbiye Nazırlığı'nın o vakit belli başlı şahsiyetleri arasında idi. Karabekir eski arkadaşına:

— Beni Erzurum'a tayin ettirmeye çalışınız, der. Ben orada milleti aydınlatırım. Bir anarşi olursa Doğu'da bir Türk idaresi kurarız. Orayı tehlikeden kurtardıktan sonra batı için çalışırız, demişti.

İsmet Bey:

— Tehlike büyük. Söylediğini yapmak imkânsız. İkimiz de askerlikten çekilerek bir köyde çiftçilik yapalım, cevabını verir.

Fevzi Paşa (Çakmak), ki o vakit genelkurmay başkanı idi, gider, Doğu'ya gideceğini söyler. Fevzi Paşa:

— Gitme, seni tasfiye edeceklerine de şüphe etme, küçük düşer, dönersin, der.

Doğu'da millî bir hareket çekirdeği kurulmakla tasfiye edilmenin ne ilişiği olduğunu sorması üzerine de Fevzi Paşa kendisine bu yüzden Divan-ı Harp'e verileceğini söyler.

Kâzım Karabekir'in bütün düşündüğü ne yapılabilirse ancak Doğu'da yapılabileceği idi. Türlü kuruluşları orada birleştirmeli, hazırlanmalı, olayların gelişmesini beklemeli idi. Ülkenin öteki bölgeleri millî hareket için elverişli değildi. İstanbul'da ise devleti teslim almış olanların istediklerini uygulamaktan başka bir harekete girişilemezdi.

Mustafa Kemal, Anadolu'ya giden Ali Fuad (Cebesoy) gibi onunla da görüştü. Mustafa Kemal'e göre de Anadolu'da hazırlanmak, fırsat gözetmek, eğer barış şartları ağır olursa girişilecek millî hareketin şartlarını sağlamak lâzımdı. Ama o, memleketi doğu ve batı diye ikiye ayırmayı doğru bulmuyordu. Vatan bir bütün olarak ele alınmalı idi ve kurtuluş için milletçe yurt ölçüsünde tedbirler ve çareler aranıp bulunmalı idi.

Karabekir daima kendi üstünde gördüğü Mustafa Kemal'e söz verdi ama komutan o, kuvvet onda idi. Mustafa Kemal'in kendinden başka dayanağı olmadığı, Erzurum Kongresi'ne gelecek olanların da ancak kendisine bağlı kalacakları fikrine saplanmıştı. Mustafa Kemal ise askerlikten çekildikten sonra milletin başına geçmiş olmak durumunda ve davranışı da bu yolda idi.

Karabekir:

— Ben şahısların milleti kurtaracaklarına ve kurtuluşun şahısları sivriltmekte olduğuna inanmam, diyordu.

Sebebi, bir toplantıda:

— Millî harekete bir lider lâzımdır. Hareketin başına Mustafa Kemal geçmeli, arkadaşlar ona yardımcı olmalıdır, diye karar verilmiş olması ve bu fikir etrafında propaganda yapılması idi. Karabekir liderliğe "şahısçılık" damgası vurduğu vakit düşündüğü Mustafa Kemal'i başa geçirmemek ve kendi, açıkça meydanda görünmeksizin, başta bulunmak olduğuna şüphe yoktu. Erzurum'a gelen delegelerden bazıları ile Erzurumlulara verdiği bir çadır yemeğinde:

— Bu size birinci yemeğim. İkincisini inşallah İstanbul'da Yuşa Tepesi'nde yiyerek şükran namazını da Eyüp Camii'nde kılacağız, demişti.

Bir İngiliz şairinin kadınlar için söylediği, ne onlarla ne onlarsız, sözü hatırlardadır. Mustafa Kemal şimdi onlarsız yapamayacakları ile birlik olmak, ama ilerde onlarla yapamayacağını da düşünerek tedbirli olmak zorunda idi. Karabekir, sözde hizmetinde bulunmak, gerçekte onun en küçük hareketini gözden kaçırmamak, sual sorarsa sır vermemek görevi ile Başçavuş Ali'yi Mustafa Kemal'in emrine vermişti. Ali Çavuş dilediği vakit komutanı Karabekir'in yanına izinsiz girebilecekti. Ali Çavuş'tan Mustafa Kemal kuşkulanmış, onu elde etmiştir. Daha sonraları Kâzım Karabekir de "Dehi Halit" denen tümen komutanı Halit Paşa'nın, Mustafa Kemal, Erzurum'dan ayrıldığı zaman, onunla şifre ile haberleştiğini öğrenip onun emri üzerine hareket edeceği hakkında bir de telgrafını yakalamıştı. Halit Paşa, gerektiğinde Kâzım Karabekir'le ilgisini keserek doğrudan doğruya Mustafa Kemal'i tanıyacağını yazıyordu. Karabekir bu kararın Mustafa Kemal, Erzurum'da iken verilmiş olduğunu tespit etti. Pek atılgan ve pek gözlü Halit Paşa gerektiğinde kumandaya doğrudan doğruya el koyacaktı.

Erzurum Kongresi

Mustafa Kemal askerlikten çekildikten sonra beş kişi gelerek kendisine Müdafaa-i Hukuk Cemiyeti'nin başkanı olduğunu bildirmişlerdi. Cemiyetin yeri yok, kadrosu yok, bütçesi yoktur. Pek çoklarında umut da yoktu. Müdafaa-i Hukuk'un bütün parası doksan lira kadar bir şeydi. Bazıları, kadınlarımızın nesi varsa satalım, demişlerse de onlar da savaş yılları göçlerinde satılıp tükenmişti.

23 Temmuz 1919. Pek orta halli bir okul. Yirmiye on iki metrelik sularında çam tahtalarından, halı ve seccade ile örtülü, bir başkan, iki de kâtip kürsüsü. Gene çam tahtasından öğrenci sıraları. Duvar ve pencereler çıplak.

Bağımsızlık savaşı ve ondan sonraki yeni Türkiye kuruluşunun temeli, ilk bu salondaki toplantıda atılacaktı. Beş vilâyetten elli dört delege gelmiştir. Öteki vilâyet valileri delege göndertmemişlerdi. Gelenlerden on yedisi çiftçi ve tüccar, beşi emekli subay, dördü emekli memur, beşi öğretmen, dördü gazeteci, beşi hukukçu, dördü mühendis, biri hekim, altısı sarıklı hoca, üçü eski milletvekili, biri komutan, biri de eski bakandı. Kâzım Karabekir toplantıda yoktu.

Başkan kim olacaktı? Kâzım Karabekir'e göre Mustafa Kemal olmamalı idi. Gene ona göre birçok delegeler de bu fikirdeydiler. Rauf Orbay da bir başkasının başkan olmasını ister. İlk toplantı başkanlık, İttihatçılık ve İtilâfçılık tartışmaları ile geçti. Bir hoca, ki tanınmış bir gerici idi, kongreyi açtığı vakit, Trabzonlu bir delege:

— İttihatçıların reisliğini istemiyoruz, in aşağı! diye bağırmıştı. Hoca kürsüden indi, başkası da çıkmadı.

Daha sonra başkanlık edecek biri de, "İtilâfçı istemiyoruz, in aşağı!" haykırışları arasında kürsüyü bıraktı. Sonunda bir delege söz alarak:

— İşte Mustafa Kemal Paşa... İşte Rauf Bey... Ben kendi hesabıma Mustafa Kemal'i seçiyorum, siz de seçerseniz kürsüye onu davet edelim, dedi.

Hava da buna göre hazırlandığı için her taraftan:

—Hay, hay... sesleri geldi. Mustafa Kemal kürsüye çıktı. Başka esvabı olmadığı için üniformalı idi. Delegelerden bazıları bu hâli sertçe tenkit ettiler. "Paşalık üniformasını bırak, bizim gibi ol" diyorlardı.

Rauf Bey:

— Paşam Erzurum valisini azletmişler. Gidecek. Ondan birtakım isteyelim, dedi. Vali redingot takımını verdi. Atatürk'ün bana anlattığına göre parasını da tam almıştır.

Kongre on dört gün sürdü. Alınan kararlar şunlardı: 1 — Millî sınırlar içindeki bütün vatan kısımları bir bütündür. 2 — Her türlü yabancı işgal ve istilâsına karşı ve Osmanlı hükümetinin çöküşü halinde millet hep birlik olarak savunma ve dayatma görevini yapacaktır. 3 — Hükümet, vatanı ve istiklâli koruyamazsa bir geçici hükümet kurulacaktır. Bu hükümet heyetini millî kongre seçecektir. Eğer kongre toplantıda değilse bu seçimi "Heyet-i temsiliyye" yapacaktır. 4 —Kuvay-ı Milliye'yi "âmil" ve millî iradeyi "Hâkim" kılmak esastır. 5 — Manda ve himaye kabul olunamaz. 6 — Millet Meclisi'nin toplantısının sağlanmasına ve böylece hükümetin murakabe altında bulundurulmasına karar verilmiştir.

"Heyet-i temsiliye" başkanlığı, hükümet, hatta devlet başkanlığı demekti. Kim olmalı idi, Kâzım Karabekir de, başkaları da Mustafa Kemal'i seçtirmek istemiyorlardı. Mustafa Kemal bu mesele için herkesin düşündüğünü açıkça bilmek ister. Toplantıdakilere birer kâğıt verir. Kâzım Dirik'in fikri: "Mustafa Kemal Paşa nokta-ı hücum olduğundan Heyet-i temsiliyye'ye girmemelidir. Hüsrev (Gerede): "Girmesinin bir zararı yoktur." İbrahim Tali, "Mustafa Kemal uzakta kalmalıdır." Bunlar 19 Mayıs gününün en yakın arkadaşları, millî kurtuluş savaşçısının "yar-ı gar"ları idi.

Heyet-i Temsiliye'ye dokuz kişi seçilmiştir. İçlerinden biri Erzincan Nakşî şeyhi, biri de Mutki aşireti reisidir. Mustafa Kemal'in o günler nasıl bir hava içinde bulunduğunu daha iyi belirtmek için, gelecekteki lâyık cumhuriyet kurucusunun Erzurum Kongresi'ndeki duasını okuyalım: "Cenab-ı Vâcib-ül-müteal hazretleri habib-i ekremi hürmetine mübarek vatanın sahip ve müdafii ve diyanet-i celile-i Ahmediyye'nin ilâ yevm-il kıyâme hâris-i esdakı olan millet-i necibemizi ve makam-ı saltanat ve hilâfet-i kübrayı masun ve mukaddesatımızı düşünmekle mükellef olan heyetimizi muvaffak buyursun, âmin."

Mustafa Kemal, Erzurum'dan ayrılmadan önce Cevat Dursunoğlu ile bazı arkadaşlarına demişti ki:

— Ben milletle kumar oynamam. Muvaffak olacağımızı biliyorum, artık milletlerin kendi kendilerini kurtarmaları devri gelmiştir. Müstemleke devri sona ermiştir.

Sivas Kongresi

Artık Sivas Kongresi'ni toplamalı, hepsi kendi başına buyruk millî kuruluşları bir tek yönetime bağlamalı, millî kuruluş hareketinin bir lideri olmalı idi.

Trakya - Paşaeli Cemiyeti'nin davası ne idi? Osmanlı Devleti toprakları bölüşüldüğünde İngiltere, olmazsa Fransa'ya sığınarak Trakya'yı kurtarmaya çalışmak!

Şark Vilâyetleri Müdafaa-ı Hukuk Cemiyeti'nin programı bu vilâyetlerdeki İslâm ve Hıristiyan unsurların serbestçe gelişmelerini sağlamak, İslâm halkın tarihî ve millî haklarını tanıtmak ve savunmak, yapılmış zulümlerin hesabını sormak, sorumluları olanları cezalandırmak, yakılıp yıkılmaları yerine koymanın çarelerini aramak!

Trabzon'da Pontus hükümeti kuruluşunu önlemek üzere "adem-i merkeziyet"çi bir Cemiyetin de yolu aynı idi.

Batı'da Yunanlılara karşı çete savaşına girişenler kendilerini millî kurtuluşun kurucu ve yöneticisi saymakta idiler.

Sivas'ta vatan bütünlüğü ve bütün millet adına bir kongre toplamaya karşı olanlar çoktu. Amasya Toplantısı'nda Rauf Bey (Orbay):

— Ben misafirim, diye Mustafa Kemal'in hazırladığı bildiri ve çağırış vesikasını imzalamaktan çekinmiş, sonra bir hatıra olarak imzalamıştı. Refet Bey önce reddetmiş, Ali Fuad Paşa (Cebesoy)'un ısrarı üzerine belli belirsiz bir imza koymuştu.

Balıkesir'deki "Karasi - Saruhan Havalisi Hareket-i milliye ve Redd-i ilhak Cemiyeti" kongre başkanı Hacı Muhiddin, Sivas'a delege yollamak daveti üzerine:

— Ne kuvveti var bunların? Medeniyet âlemini şantaj ve blöfle ne kadar aldatabiliriz? diyordu.

Bu cephedekiler daha sonra Sivas'a:

— Karşımızda seksen bin asker var. Biz komutanlarımızla ve teşkilâtımızla bağımsız kalmalıyız, diye kafa tutacaktı.

Kâzım Karabekir'e göre Sivas'ta toplanmak varlığımızı kendi elimizle tehlikeye atmaktı. Yeni bir kargaşalığa sebep olacaktık. Erzurum Kongresi kararları ile yetinmeli idik. Barış esasları anlaşılıncaya kadar da hiç kımıldamayarak sabretmeli idik.

İşgal kuvvetleri ile İstanbul Hükümeti de kongreyi toplatmamak için el birliği etmişlerdi. Binbaşı rütbesinde bir Fransız jandarma subayı, yanına bir tercüman alarak Sivas valisine geldi: "Eğer burada kongre toplanırsa Fransızlar, Sivas'ı işgal edecekler" dedi.

Vali, Mustafa Kemal'e ikinci bir kongreden vazgeçilmesini tavsiye etti. Yahut Erzincan'ı seçmeli idiler. Kuvay-ı Milliyeci bir genç, sonradan, Sivas milletvekili Rasim de valiyi desteklemekte idi. Mustafa Kemal, İngilizlerin Samsun'u topa tutmak, on güne kadar yeni işgaller yapmak şantajı ile kendi çalışmalarına engel olmak istediklerini hatırlatarak bu blöflere kulak asmamaları cevabını verdi.

Erzurum'dan Sivas'a gitmek için paraları yoktu. Bir emekli binbaşı bütün parasını ödünç verdi ki 900 lira idi, 100 lira da aralarında toplayarak 29 Ağustos 1919'da Erzurum'dan ayrıldıkları vakit Heyet-i Temsiliye'den yalnız beş kişi idiler. Dördü gelmemişlerdi.

Erzincan boğazına geldiklerinde bazı jandarma subay ve erleri otomobilleri durdurup boğazın Kürt haydutları tarafından tutulmuş olduğunu bildirdiler. Merkezden kuvvet istedikleri için, bu kuvvet gelip boğaz açılıncaya kadar beklemelerini söylediler. Erzincan'a dönecekler, kim bilir ne kadar orada kalacaklardı. Fakat daha büyük tehlike tam gününde Sivas'a varmamaktı. Mustafa Kemal, çift mitralyözlü bir otomobili öne katarak hemen yürümek kararını verdi. Ufak tefek ateşlere önem verilmeyecek, vurulanla ölenle uğraşılmayacak, haydutlarla yakın karşılaşma olursa hepsi arabalarına atlayıp çarpışacaklar, sağ kalanlar yola devam edeceklerdi. Dadaloğlu'nun yazdığı gibi, "ölenler ölür, kalan sağlar bizimdir."

Hiçbir vaka olmadan 2 Eylül akşamı Sivas'a varılmıştır. Şehirde ne kadar fayton ve yaylı araba varsa hepsini karşılayıcılar tutmuşlardı. Yalnız Hürriyet ve İtilâf Partisi'nden kimse yoktu. Kalabalık arasında Fransız subayının tehdidi üzerine telâşlanan genç Rasim'i görünce Mustafa Kemal:

— "Gençler için vatan işlerinde ölmek olabilir, korkmak asla!" dedi.

Kurtuluş Savaşı'nda Sakarya Zaferi nasıl bir kader dönümü olmuşsa, Anadolu'da yeni devletin kuruluşunda Sivas Kongresi'nin o kadar büyük önemi vardır.

İsmet Bey (İnönü), Halide Edip (Adıvar) ve Refet Bey (Bele) de içinde olmak üzere birçok yurtsever kimseler Anadolu'da kurtuluş savaşı verilebileceğine inanmıyorlar. Amerikan mandası altına girmekten daha iyi bir çare görmüyorlardı. Halide Edip'in 10 Ağustos 1919 tarihi ile yazdığı mektup metni Atatürk'ün Nutku'nda vardır, "Biz İstanbul'da kendimiz için bütün eski yeni Türkiye sınırlarını içine almak üzere geçici bir Amerikan mandasını ehven-i şer olarak görüyoruz," dedikten sonra mektubunu; sergüzeşt ve cidal devri geçmiştir. Hudutlarında bu kadar çok evlâdı ölen zavallı milletimizin fikir ve temeddün (medenileşmek) muharebesinde kaç tane şehidi var? diye bitiriyordu. İsmet İnönü'nün Kâzım Karabekir'e yazdığı mektubu buraya olduğu gibi alıyorum:

"Kardeşim Kâzımcığım,

"Bundan evvel bir mektup yazmıştım. Onu daha almamışsınızdır. Bununla vaziyet hakkında malûmat vermek istiyorum: Şimdi İstanbul'da belli başlı iki cereyan vardır. Amerika, İngiliz taraftarlığı, İngiliz tarafında Hürriyet ve İtilâf ve Türkçe İstanbul gazetesi, Adil bey... v.s. Mütebakisi Tevfik Paşa dahil olduğu halde Ameri-

kan muaveneti taraftarıdırlar. Evvelce Amerikalıların kabul etmesi pek şüpheli olduğu için İngilizler sakin idiler. Hâlbuki tahmin hilâfına olarak, Amerika'da gelmek için temayül artmış. İstanbul'da propagandaya başladılar. Taraftarlarını hükümet ile beraber körüklüyorlar. İstanbul'un bazı mahallerine beyannameler bile dağıtmışlar. İngilizleri isteriz diye... İngilizlerin emeli bu esnada memlekette, Amerikan heyetinin tahkikatını ve temayülatını iptal edebilecek cereyan ihzar ve ilân ettirmek, bu suretle bir defa Amerika işini suya düşürdükten sonra yine bildiklerini yapmaktır, diye tahmin olunuyor. Korkulur ki bütün Asya'yı eline geçirmiş olan İngilizler, yegâne kabiliyet-i harbiye ve ihtilaliyesi olan Türkiye'yi elinde bulundurarak tamamen çürütüp mahvetmek isteyeceklerdir. Eğer Amerika'nın gelmesi suya düşerse, İngilizler için bugünkü taksim vaziyetini teşvik etmekten başka yapılacak bir şey yok gibidir ki, İngilizlere diğerleri bu hususta muavenet edecekler, muhalefet etmeyeceklerdir.

"Eğer Anadolu'da halkın Amerikalıları herkese tercih ettikleri zemininde, Amerika milletine müracaat edilse pek ziyade faydası olacaktır, deniyor ki ben de tamamıyla bu kanaatteyim. Bütün memleketi parçalamadan Amerika'nın murakabesine tevdi etmek yaşayabilmek için yegâne ehven çare gibidir. Fakat bugün bu kanaatin kıymeti onun ihzarındadır. Avrupa'nın Amerika'nın pazarlık ettikleri bir zamanda Amerika aleyhine bir koz gösterilmemektedir. Sen Erzurum'a giderken korkuyorum ki seni bir şeye karıştıracaklar demiştin. Evimden dışarı çıkmadım ve hiçbir şeye karışmadım.

"Fakat muhitim karıştı. Ben karışmadım da ne oldu, hiç! Şuray-ı askeri teşkil ettiklerini ve beni oraya tayin ettiklerini bildirdiler. Bir hafta sonra affettiklerini söylediler. Kim istemişti? Sonra ne sebeple af ettiler? Bilen ve söyleyen yoktur. Anadolu'ya silâh ve cephane giderse ben gönderirmişim, hep ben idare edermişim, Adil Bey'in kanaati bu... Merhumun her bildiği böyle ise vay milletin başına... (İsmet İnönü ben göndermiyorum ki demek istiyor.) Dahili nifak, Hükümetle millet arasındaki iftirak en soysuz en alçak kısmın idare başında bulunması gibi ahvalin memleketi daha nice felâketlere süreceğine şüphe yoktur. Anadolu'da anarşi günden güne artıyor. Hükümetsizlik her gün daha ziyade tebarüz ediyor. Bu hal yalnız başına bir felâkettir. En muktedir, en temiz insanlar bu anarşiyi senelerce tedavi ve mahvolan nüfuz-u hükümeti de iadeye teşebbüs etseler muvaffakiyetleri şüphelidir. Bilakis tutulan sakim yolun inat ve ısrarla takibinden mütevellit netayiç bakalım ne olacaktır? İşte biz evimizde hiçbir kimse ve hiçbir şeyle alâkadar olmaksızın hükümetin kanaatine rağmen ahvali böyle teessürle görüyoruz. Dilhun oluyoruz. Duadan başka elimizden bir şey gelmez. Malatya'dan bana Malatya mebusluğunu teklif ediyorlar. Sen ne dersin? Gözlerinden öperim. Seni bağrıma basarım sevgili kardeşim Kâzımcığım.

İsmet"

Vatanseverliklerinden hiç şüphe olmayan, asker sivil birçoklarına göre iki ihtimal vardır: Biri Hürriyet ve İtilâf Partisi ile Saraya ve Bab-ı Âli'ye dayanan İngilizler elinde parçalanmak, bölünmek, ikincisi yalvara yakara Amerikan mandası altına girmek ve böylece yurt bütünlüğünü korumak! Büyük devletlere meydan okuyucu bir bağımsızlık savaşı, bunlar için, imkânsız bir şey...

Kâzım Karabekir gibi gerektiğinde parçalanmaya karşı dayatmak fikrinde olanlar için de sonuna kadar beklemek, büyük devletleri gücendirici davranışlardan çekinmek, İstanbul'ca "asi", yani kanun dışı tanınmamak şart. Damat Ferit Hükümeti Sivas kongrecilerini bastırmak için Kürtlüğü bile ayaklandırmak üzere, İngilizlerle elbirliği yaparak cüretli fesatçılar yollamıştı.

Şüphesiz Padişah da Damat Ferit de birer "hain" değildirler. Fakat onlara göre tek çıkar yol İngilizlere sığınmak, itaat etmek, iyi niyet göstermek ve onlardan yardım beklemektir. Yapabilecek başka bir şey yoktur.

Sivas Kongresi'nin amaçlarından biri tam bir milli dayatıştan başka bütün düşünüş ve tasarlamaların hayalden ibaret olduğuna vatansever ve milliyetçileri inandırmak olacaktı.

Tuhaftır, Kâzım Karabekir gene yeni liderin kaygısı altında idi. Mustafa Kemal'e yazdığı bir şifreli telgrafta: "Telgraflar ve tamimler altında imzanız olmamalıdır. Siz "münferit" görünmemelisiniz," diyordu.

Özel konuşmalarında da, efendim herkes Mustafa Kemal, Padişah'ı indirip yerine geçecek, diyor diye kendi korkusunu ileri sürüyordu.

Amerika liberal bir devlettir. Hıristiyan'dır. Ermeni katliamından bütün Türklüğü sorumlu tutmaktadır. Eğer onun mandası altına girsek Amerika, Doğu Anadolu'ya bir Ermeni göçüne engel olacak mı idi? Hayır. Kürk otonomicilerini susturacak mı idi? Hayır. Hıristiyanların elinden ekonomik ve tarım egemenliğini zorla alıp sadece ırgatlık, askerlik ve memurluk yapan Türklere devredecek mi idi? Hayır. Demokratik yolda medreseciler ve şeriatçılar eğitim ve yönetimi durdurup devrimci bir yol mu tutacaktı? Hayır. Nice misyonerlerin o vatanın dört köşesinde okullar açıp Türk olmayan unsurları yetiştirdikleri böyle bir mandadan sonra Türklüğün hali ne olacaktı? İzmir 1914'den önce ticaretçe, varlıkça, yaşayışça Rum'du. Van, Ermeni idi.

Umutsuzluk içinde bunları düşünebilen yoktu. Bir millî kurtuluşun ilk şartının bir lider bulmak olduğunu da anlamazlıktan gelmek tuhaf bir şey, daha doğrusu o sıra manevi otoriteyi ellerinde tutanların kendi yoksun oldukları liderlik niteliğini bir başkasında görmek istemeyişten, birtakımı için de henüz maceracılık çilesini çektiğimiz Enver'in bir ikincisine uğramaktan çekinişlerinden idi.

Kongre toplanacağı günün arifesinde Hüsrev (Gerede) Mustafa Kemal'e geldi. İsmail Fazıl Paşa (Ali Fuad Cebesoy'un babası) Rauf Bey (Orbay), Bekir Sami sizi başkan yapmamaya ve İsmail Fazıl Paşa'yı reisliğe seçtirmeye karar verdiler, dedi.

— Araya fitne mi sokuyorsun?

— Hayır efendim, ben de beraberdim.

Ertesi günü kongrenin toplanacağı lise merdivenlerini çıkarken Rauf Bey'e:

— Kimi reis yapalım? diye sordu.

Rauf Bey heyecanla:

— Siz reis olmalısınız, dedi.

— Demek bana Bekir Sami Bey'in evindeki kararınızı bildiriyorsunuz, dedi ve yürüdü.

Mustafa Kemal kürsüye çıkarak kongreyi açtı:

Reisinizi seçiniz, dedi.

Biri kürsüye geldi:

— Bendeniz birer gün veya birer hafta nöbetle, vilâyet adlarının harf sırasına göre reislik yapılması fikrindeyim, dedi.

Teklifçinin vilâyeti eliflerin (a) başında idi:

Mustafa Kemal:

— Neden lâzım geliyor bu? diye sordu.

—Şahsiyat olmamak için. İşe politika karıştırmamak, müsavat olmak için...

Sonunda üç oy eksikle Mustafa Kemal'i seçtiler.

Sivas Kongresi'nin ilk üç günü hemen hemen boşuna, kongredeki temsilcilerin İttihatçı olmadıklarına dair yemin formülü hazırlamak, Padişaha "arıza" yazmak, gelen telgraflara cevap yazmak, kongre politika ile uğraşacak mı uğraşmayacak mı, gibi tartışmalarla geçti.

Dördüncü günü önemli idi. Cemiyetin "Şarki Anadolu Müdafaa-i Hukuk" olan adı "Anadolu ve Rumeli Müdafaa-i Hukuk Cemiyeti"ne çevrilmiş, "Heyet-i Temsiliye Şarki Anadolu'nun heyet-i umumiyesini temsil eder," maddesi de "Heyet-i Temsiliye vatanın heyet-i umumiyesini temsil eder," olarak değiştirilmiştir.

Kongre üzerine en büyük baskı Amerikan mandacılarından geldi. İstanbul'da Ahmet Rıza Bey, Ahmet İzzet Paşa, Cevat Paşa, Çürüksulu Mahmut Paşa, Reşat Hikmet, Cami, Reşit Sadi Beyler, Esat Paşa, Kara Vasıf gibi başta gelen şahsiyetlerin hep manda taraflısı olduğuna dair şifreler yağdı. Bekir Sami ve Refet Beyler (Bele) kürsüde bu davanın sözcülüğünü yaptılar. Rauf Bey de nutkunu:

— Bu tehlikeler karşısında memleketimize karşı en bitaraf vaziyette bulunan Amerika'nın müzaheretini kabul etmeye mecburuz. Ben bu kanaatteyim, diye bitirmiştir.

Manda üzerine geçen uzun tartışmalar, ki *Nutuk*'ta bol yer verilmiştir, sonunda heyet istemek için Amerika'ya bir mektup yollamak gibi, ki gönderilmemiştir, sudan bir karara bağlanıp kalmıştır. Mustafa Kemal'in mandacılara karşı en kuvvetli silâhı Erzurum Kongresi'nin "manda ve himaye kabul olunmaz" yolundaki kararı idi.

Kongre 11 Eylül 1919'da daha kalabalık bir Heyet-i Temsiliye seçerek sona ermiştir. Fakat üyeler olağanüstü toplantı ihtimali ile bir müddet daha Sivas'ta kalacaktı. Yeni bir seçim yapılarak meclis toplanması da Kongre'nin kararları arasında idi.

Kâzım Karabekir telgraf çekerek:

— Sivas Heyet-i Temsiliyesi Erzurum Heyet-i Temsiliyesi'ni kaldıramaz. Yalnız oraya seçilenler buradan çekilmelidirler, diyordu.

Bu sırada Mustafa Kemal çok ileri bir adım daha attı: Millî hareketi durdurmak için Malatya'da Kürtçülük ayaklanmasına kadar haince hareketleri kongre adına doğrudan doğruya padişaha bildirmek için İstanbul Hükümeti'nden izin istedi. Verilmemesi üzerine, gene Kongre adına, Anadolu ile İstanbul'un bütün ilişkilerini kesmeye karar verip sivil ve askerî makamlara, bugünün padişahı ile milleti arasına giren hainler hükümeti yerine meşru bir hükümet iktidara gelinceye kadar hepsinin Sivas'ta Heyet-i Temsiliye'ye bağlı olduklarını bildirdi. Gerçi pek çok tenkitler ve karşı gelmeler olmuşsa da artık Anadolu'da İstanbul'dakinden ayrı millî bir iktidar çekinilmez bir olupbitti, bu yeni iktidarın başı da Mustafa Kemal'di. 12 Eylül 1919'da Anadolu, İstanbul'dan ayrılmıştır.

Sivas Kongresi konuşmalarından günü gününe haber verilmediği için şikâyetler eden Kâzım Karabekir, bu defa da, acele edildiğini söylüyordu. Kendini tek yetkili kuvvet sahibi gören Kâzım Karabekir:

— İstanbul'da kötü bir hükümet bu hareketi büsbütün isyancı saydırabilir, halk ayaklanabilir, Anadolu'da kardeş kanı dökülebilir, diyordu.

Gerçi sonradan sıra ile bunların hepsi olacaktı. Ama bir kurtuluş savaşı için hepsini göze almalı idi.

İngiliz Yüksek Komiseri Amiral Robeck, Dış Bakanı'na 13 Eylül 1919'da şöyle yazıyordu: "Sadrazam Damat Ferit'le görüştüm. Mustafa Kemal'in hareketine gittikçe daha önem vermektedir. Bu hareket, ona göre, Ankara, Sivas ve Erzurum vilâyetlerinde beş yüz kadar subayın işi. Ya onları ezecek bir Osmanlı kuvveti gönderelim, ya da eğer müttefikler buna izin vermezlerse, kendileri bazı kilit noktaları işgal etmek üzere kuvvetler göndermelidirler. Ben kendisine şu cevabı verdim: Eğer Türk kuvveti giderse bir iç savaş olur. Müttefikler harpten yorulmuşlardır. Kan dökülmesini istemezler. Ferit'e göre halk, müttefikleri çok kuvvetli biliyor. Barış kararlarını kabul etmeye hazırdır. Kendisine Mustafa Kemal'e bir görüşme fırsatı aramasını söyledim. "Bunun için vakit geçti," dedi.

17 Eylül tarihli bir rapora göre de "Anadolu'da millî hareket bağımsız bir Cumhuriyete doğru gitmektedir. Bu hareket İstanbul'dan, bilhassa Harbiye Nazırlığı'ndan desteklenmekte, halk efkârını Damat Ferit'ten fazla Mustafa Kemal temsil etmektedir. Onlara hükümetin kabul edeceği bir anlaşmayı silâh kuvveti ile zorlamak gerekecektir. Damat Ferit, 'ben çekilirim ama bu padişahı bırakmak manasına gelir' diyor, Padişah ise kendine karşı gelenlerle bir hükümet kurmaktansa tahtından vazgeçmeyi tercih eder," deniyordu.

Amerika'dan gelip Sivas'ta kendisi ile görüşen General Harburd şöyle yazmıştır: "Mustafa Kemal otuz sekiz yaşlarında. Zayıfça, boyu posu yerinde. Asker tavırlı bir genç adam. Türklerin evde ve dışarıda başları kapalıdır. Bunun ise açık. Ateş hattında tehlikeye uğramaktan çekinmez olduğunu ve bu yüzden Alman subaylarının kendisinden şikâyetçi olduklarını işittiğimizden kendisi ile ilgili idik. Cevapları pek açık ve akarsu gibi idi. Sıkıntılı işler içinde bulunduğu, güzel tespihini hiç durmadan çektiğinden belli idi. Şahsiyeti ile arkadaşlarına kolayca hâkim olmuştu. Onun ve yakın arkadaşlarının gerçek vatansever olduklarını gördük."

General Pershing'in kurmay başkanı olan General Harburd, Sivas'ta Mustafa Kemal'le görüşürken der ki:

— Türk tarihini okudum. Milletiniz büyük kumandanlar yetiştirmiş, büyük ordular hazırlamıştır. Bunları yapan bir millet elbette bir medeniyet sahibi olmalıdır. Takdir ederim. Ama bugünkü duruma bakalım. Başta Almanya, müttefiklerinizle dört yıl harp ettiniz, yenildiniz. Dördünüz bir arada yapamadığınız şeyi, bu durumda tek başınıza yapmayı nasıl düşünebiliyorsunuz? Fertlerin intihar ettikleri vakit vakit görülür. Bir milletin intihar ettiğini mi göreceğiz?

Mustafa Kemal, General'e: "Teşekkür ederim, dedi. Tarihimizi okumuş, bizi öğrenmişsiniz. Fakat şunu bilmenizi isterdim ki biz emperyalist pençesine düşen bir kuş gibi yavaş yavaş aşağılık bir ölüme mahkûm olmaktansa babalarımızın oğulları olarak vuruşa vuruşa ölmeyi tercih ediyoruz.

General ve arkadaşları sessizce ayağa kalktılar.

— Biz de olsak böyle yapardık!

Dış Bakanı Lord Gürzon şöyle diyordu: "Şu menhus İzmir çıkarmasından beri her Türk, Mustafa Kemal'in temsil ettiği yurtseverlik davasına karşı derin bir sempatiden başka duygu besleyemez." İngiliz Genelkurmay Başkanı Sir Henry Wilson artık İngiliz politikası Mustafa Kemal'le dost olmaktır, demişti. İstanbul Komutanlığı'na gelen Sir Charles Harrington yazdığı mektupta gene Sir Henri Wilson'a, yapacağımız en doğru hareket İstanbul'dan çıkıp gitmek ve Türklerle dost olmaktır, diye yazıyordu.

Mustafa Kemal davranışlarında meşrutiyetçi kalmaya pek dikkatli idi. Anadolu'da Millî Meclis açılıncaya kadar Osmanlı "mevzuat"ına dokunmamıştır.

— Her şeyi yapabilirsiniz, diyenlere, daima, hayır cevabını vermiştir. Kendisini devrimci kararlara sürüklemek isteyen Türkçü ve ilerici gençlere de:

— Biz şimdi vatanı kurtaracağız. Bu işlerin sırası değildir, derdi.

Sivas Kongresi çoğu dürtüşle gelen 31 üye ile toplanmış, Heyet-i Temsiliye sayısına 6 kişi eklenmişti. 18 gün sonra toplanan Balıkesir Kongresi hareket bütünlüğünün sağlanmadığını gösterir. Başta bulunanlar:

— Biz Yunanlılara karşı bir cephe kurduk. Sivas'takilere katılırsak politikaya karışmış oluruz, diyorlardı.

İstanbul'dan da, onlarla birlik olmadığınızı ilân ederseniz size silâh da veririz, diye ayrılığı kışkırtıyorlardı. İzmir Kuzey Bölgesi Kuvay-ı Milliyesi adına 28 kişi ancak 1920 Martı'nda şu kararı verdi: "4 Eylül 1919 Sivas Kongresi'nin vahdet-i milliye maksatlarına ve siyasî emellerine tamamiyle iştirâk ederiz."

16 Mayıs İzmir işgali, uyanışını, 16 Mart İstanbul işgali tamamlayacaktı.

Damat Ferit'in dayatışı ekime kadar sürdü. 1 Ekim'de Padişah ve halifeye bağlı, fakat yurtsever şahsiyetlerden bir hükümet kurulmuştur. Mustafa Kemal bu hükümeti kendi yönetimi altında tutmak, yeni Millet Meclisi'ni de Anadolu'da toplamak isteğinde idi. İstanbul Hükümeti'ne yardımcı olmak için bir hayli şartlar ileri sürdü. Yeni hükümet kongre kararlarını tutmalı idi. Meclis toplanıncaya kadar millet kaderi ile ilgili hiçbir karar vermemeli idi. Barış Konferansı'na gidecek delegeler milletin güvenini kazanan şahsiyetler olmalı idi. Bazı tutuklama, aziller, sorumlu olanları cezalandırmak, alınan rütbeleri geri verme, Kuvay-ı milliyeciler aleyhindeki davaları durdurma, basını yabancı sansüründen kurtarma gibi istekler vardı. Çoğu, İstanbul Hükümeti'nin yapamayacağı şeylerdi. Bir hayli haberleşme, makina başında görüşmelerden sonra, İstanbul Hükümeti Bahriye Nazırı Salih Paşa'yı Mustafa Kemal'le konuşmak ve anlaşmak için Anadolu'ya göndermeye karar verdi. Mustafa Kemal, 18 Ekim'de Sivas'tan kalkarak Salih Paşa ile buluşmak üzere Amasya'ya gitti. Bu toplantıda beş protokol imzalanmıştır. Esaslar hep Mustafa Kemal'in istedikleri idi. Pek önemli mesele yeni seçimden sonra Millet Meclisi'nin toplantı yeri olmuştur: Mustafa Kemal'e göre Meclis, Anadolu'da bulunmalı idi. Salih Paşa ile Bursa üzerinde bir uzlaşmaya vardılarsa da Bahriye Nazırı verdiği sözlerin hiçbirini yerine getiremez.

Mustafa Kemal, Sivas'ta iken Sivas'taki Hürriyet ve İtilâfçılar Padişaha telgraflar çekerek ne Heyet-i Temsiliye, ne de başındakileri tanımadıklarını bildirmişlerdi. İstanbul'da hükümet değişmiş olsa da padişahçı takım her yanda yığın kaynaştırıcılığında devam ediyordu. İstanbul'un, Meclis'in Anadolu'da toplanmasına karşı olduğu haberi gelince Mustafa Kemal, Kâzım Karabekir'i ve Ali Fuat Paşa'yı Sivas'ta son bir görüşmeye çağırdı. Gerek Meclis, gerek Paris'te hazırlığı bitmek üzere bulunan Barış Konferansı diktasından sonra ne yapılacağı üzerine bir karar verilmeli idi.

Buluşma tarihi 28 Kasım 1919. Heyet-i Temsiliye'nin çoğunluğu ve Mustafa Kemal, yeni meclisi Anadolu'da toplamak fikrinde. Kâzım Karabekir bu defa bütün ağırlığı ile bu fikre karşı koymuştur: "İstanbul'la bozuşuruz. Bir Damat Ferit hükümeti daha gelir. Halk ayaklandırılabilir," diyordu. Kuvvet başında yalnız kendi vardır, sanıyordu.

Bu tek bir kolordudan ibaretti. Birinci gün sonuç alamadı ise de ertesi gün Rauf Bey'in de katılması ile Mustafa Kemal ve arkadaşları daha fazla diretmediler. Rauf Bey kendi de İstanbul'a gitmek, fedakârca tehlikenin içinde bulunmakta millî hareket için fayda görür. Rauf Bey, hâlâ, Hamidiye kahramanı'dır. Tek başına feda olmaktan ne çıkabilir? Kâzım Karabekir, Padişah ve Halife'yi, İngilizleri fazla huylandırmaktan çekinip durur. Sabırlı olmak lâzımdı.

İstanbul'a gidecek milletvekilleri ile görüşerek direktifler vermek üzere Mustafa Kemal batıya doğru gitmeye karar verir. 18 Aralık'ta Sivas'tan ayrılarak Ankara'ya gelir. Gene yol parası yoktu. Bankalardan almak istemiyordu. Birinden borç aldılar. Otomobil lastiğini de Amerikan okulu müdüründen. Ankara'da bir nutuk vardır. Bu nutukta ilk defa zaferle dahi işlerin bitmeyeceğini söylemiştir: "Bugünkü yapacağımız vatanı parçalanmaktan ve milleti esir olmaktan kurtarmaktır. Ama vazifemiz bununla bitmeyecektir. Medenî milletler arasında faal bir unsur olabileceğimizi ispat etmemiz lâzımdır," der.

Seçim yapıldıktan sonra son İstanbul Meclis-i Mebusan'ı 12 Ocak'ta yüz kırk kişi ile toplanmıştır. 80 milletvekillik çoğunluk kendine "Müdafaa-i Hukuk Grubu" adını vermek istemez. "Felah-ı vatan" teklifini benimser. Padişah "inhiraf-ı mizaç"ını ileri sürerek Meclis'i açmaya bile gelmez. Padişah, Hürriyet ve İtilâfçılarla İngiliz korkusunun baskısı altındadır. Meclisi kendine mal etmekten korkmaktadır. Milletvekillerinden birtakımı da sarayın gölgesi altına girmiştir.

Bu meclisin tek faydası Misak-ı Milli'yi kabul etmesidir. Misak-ı Milli yabancı işgal kuvvetlerine millî hareketin sadece Türk vilâyetleri üzerinde hak dava ettiğini, ne Suriye'de Fransızların, ne de Irak'ta İngilizlerin kazançlarına dokunulmayacağı inancını vermek bakımından şüphesiz pek faydalı idi. Profesör Yeşke der ki: "Mustafa Kemal ezeli düşman tanımazdı. Hiçbir zaman kazandığı zaferi aşırı isteklerle tehlikeye sokmamıştır. 30 Ekim 1918 mütareke hattı ötesindeki Osmanlı topraklarından cesaretle vazgeçmesi, ihtilâlci eserlerinin en büyüğüdür. Atatürk bu istekler çizgisini Batı - Trakya meselesinde bile aşmamış ve Dünya Harbi'nden sonra biricik gerçek antlaşma olan Lausanne'ı elde etmiştir."

Sevres Antlaşması'nın ne Anadolu, ne onun bu meclisine zorlanamayacağını bilen müttefikler için yeni bir hava yaratmak lâzımdı. 18 Mart 1915'de Çanakkale Boğazı'na saldıran filoya komuta etmiş olan Amiral Robeck, ki İstanbul'da İngiliz yüksek komiseri idi, verdiği raporda der ki: "Her tarafta fiilî kontrolde bulunamayız. Çok gemi ve kuvvetle yalnız İstanbul'a ve kıyılara hâkim olabiliriz. Meclis açılınca liderler İstanbul'a geldiler. Davranışları müttefiklere karşı düşmancadır. Batum'u boşaltarak kuvvetleri İstanbul'a toplamalıyız. Barışı çabuk yapmalıyız. Padişah'ın durumunu kuvvetlendirmeliyiz."

İstanbul işgaline karar verilmişti. Mustafa Kemal, Rauf Bey'e "arkadaşlarını al gel" der. Hayır. Bilakis arkadaşlarını alarak Padişahla görüşmeye gider, Vahdettin onlara öğüt verir:

— Mecliste konuşmalarınıza dikkat ediniz. Müttefikler her şey yapabilirler. İsterlerse Ankara'ya da giderler, der.

Bir milletvekili saray penceresinden düşman zırhlılarını göstererek:

— Padişahım bunların hükmü su kenarına kadar geçer. Rahat olunuz. Anadolu pulattır. Vatan savaşı başarılacaktır, der.

Sonunda Padişah ve Halife gene son sözünü söyler:

— Rauf Bey bir millet var. Koyun sürüsü. Buna bir çoban lâzım. O da benim!

16 Mart 1920 günü idi. Rauf Bey, Meclis'e dönünce muhafız kıtası kumandanı gelir. Rauf Bey'e:

— Kapıda İngiliz var. Sizi ve Kara Vasıf Bey'i teslim almaya gelmişler, der.

Rauf Bey, Malta'ya sürülür.

İstanbul

Şimdi biraz da duruma İstanbul'dan bakalım.

1920 Martı'nın 16'sında İstanbul'un İtilâf Kuvvetleri tarafından işgal edilmesine kadar süren bir devir geçirmiştik. Bu devirde Anadolu, yavaş yavaş İstanbul'dan kopup uzaklaşacaktır.

Yunanlılara karşı ilk dayatma baş göstermiştir. Her tarafta millî kuvvetler kurulmaktadır.

Saray, Bab-ı âli, Hürriyet ve İtilâf gazeteleri Anadolu direnişinin barış şartlarını ağırlaştırmaktan başka bir şeye yaramayacağını yazmaktadır. Millî kuvvetlerin adı, İstanbul edebiyatında "haydut çeteleri"dir. Dâhiliye Nazırı Ali Kemal'in bir tamimine göre Anadolu'da "yeniden şekavet ve yağma devrini açanlar" Yunanlıların ekmeğine yağ sürmektedirler.

Damat Ferit'i ikinci defa iktidara getirdiği vakit, Meclis ikinci başkanı Hüseyin Kâzım Bey itiraz edince Padişah:

— Ben istersem Rum patriğini de, Ermeni patriğini de, hahambaşını da iktidara getiririm, demişti.

Damat Ferit kabinelerinden birinde Adliye Nazırı Bosnalı Ali Rüştü Bey, Yunan taarruzu başarısı için dua ettirmiştir.

İstanbul'un vatansever ve milliyetçi takımı da Anadolu direnişinden kesin bir sonuç bekliyor mu idi. Hayır. Birinci Dünya Harbi'nde varını yoğunu kaybeden, biten, tükenen, nihayet arta kalmış silâhlarının çoğunu teslim eden bir memleket, gerilla çeteleriyle, İtilâf Devletleri'nin ordularına ve donanmalarına nasıl karşı koyabilecekti. Üstelik şimdi İzmir'den içeriye doğru bir de istilâ ordusu sürmüşlerdi. Ama Türk milletinin her şeye boyun eğmeyeceğini gösteren bir dayatma hareketi barış pazarlığı bakımından elbette faydalı idi. O şartla ki Anadolu, pek ihtiyatlı davranmalıydı. Hele İngilizleri gücendirmemeye dikkat etmeliydi. O sıralarda İstanbul fikir ve politika adamlarından bir haylisinin bizim *Akşam* binasındaki Matbuat Cemiyeti salonunda bir toplantısı olmuştur. Varılan karar Mustafa Kemal'e "itidali elden bırakmaması ve İngilizleri kuşkulandırmamaya çalışması" için bir telgraf çekmek! İngilizleri kuşkulandırmamaktan maksat, Eskişehir gibi bazı merkezlerde bulunan İngiliz kıtalarına saldırmamaktı. Bu toplantı için İstihzarat-ı Sulhiye Komisyonu'nda çalışan İsmet Bey'i (İsmet Paşa) davet etmiştik. Kendisini daha eskiden tanırdım.

Geç geldi ve salonun bitişiğindeki odada oturdu. Toplantı tartışmalarını kendisine anlattık:

— Peki ama Anadolu ne diyor? dedi.

Toplantıya gelenlerin unuttukları da bu idi.

Bu sırada İsmet Bey'in Necmeddin'le bana:

— Anadolu'da yeni bir kahraman yaratmaya çalışmayın, dediğini de hatırlarım.

Anadolu? Anadolu, İstanbul'un kılavuzluğuna bağlanmalı idi. Fakat İstanbul ne yapacaktı?

Çoktandır İstanbul'a Amerikan mandası fikri alıp yürümüştü. Vatansever ve milliyetçi takımının başlıca söz ve kalem sahiplerine göre eğer Türkiye topyekûn Amerikan mandasına girecek olursa ileride yeniden kurtulmak imkânını bulabilirdi. Büyük tehlike, parçalanmakta,

Anadolu ve Trakya'nın Fransız, İtalyan ve Yunan nüfuz bölgelerine ayrılmasındadır. Fakat iki büyük mesele var: Amerika'yı Türkiye mandasını kabul etmeye nasıl kandırabiliriz? Ermeni öldürüşçülüğü suçumuzu Amerikalılara nasıl affettirebiliriz?

Yahya Kemal'in:

— Ah bizi toptan yalnız biri alsa... diye kıvrandığı gözümün önüne gelir İster Amerika, ister İngiltere veya Fransa...

Bu sıralarda İstanbul'a uğrayan bir Amerikan âyanı manda meselesini Kongre'ye kabul ettirmenin hemen hemen imkânı olmadığını söylemiştir.

Bir de İngiltere mandacıları, daha doğrusu himayecileri vardı. Bunlar "İngiliz Muhipleri Cemiyeti"ni kurmuşlardır. Cemiyet, Sait Molla gibi satılık ajanların elindedir. Programları basittir: "Eğer İngiltere bize bir lütufta bulunursa, Osmanlı Saltanatı, Hilâfetin ruhanî ve manevî bütün kudretini İngiliz müttefiklerine hâdim kılmayı taahhüt eder."

Henüz barış şartları hakkında bir şey bilindiği de yok. Ama tasarlamaların yaman olduğunu biliyoruz. Müttefikler Wilson'ın barış notasına verdikleri cevapta "yabancı toplumları Batı medeniyetine düşman Osmanlı idaresinden kurtarmak ve Osmanlı devletini İstanbul'dan dışarı atmak" gerektiğini söylemişlerdi.

İstanbul, Avrupa Kıtası'nda idi.

İstanbul Hükümeti, Paris'e bir heyet göndermeye karar verir. 1919 yılının Haziranı'ndayız. Paris'e gidecek heyetin eşyası, tuhaf bir tesadüf olarak, "Demokrasi" zırhlısına yüklenmiştir.

Paris'e gidenler İttihatçı ve Anadolu düşmanı olmalarına ve Ermeni öldürüşçülüğü suçu ile adam asmalarına güvenmektedirler. Clemenceau bir sözle onların bu türlü hayallerini altüst eder: "Her millet, kendi başındakilerin yaptıklarından sorumludur" der.

Heyet, bir kuru vaat bile almaksızın, barış şartlarının dikte edileceği günlerde yeniden çağırılacağını öğrenerek İstanbul'a döner. Delegelerden biri Rıza Tevfik idi. Heyetle beraber elimize geçen Paris gazetelerinde onun bir konuşması çıkmıştı. Anasının bir odalık ve babasının Arnavut olduğunu söyleyen Osmanlı delegesi:

— İngilizlerden çok şey öğrendim. Fransız medeniyeti'ne tutkunum. Bende his ve fikir itibariyle beğenilecek ne varsa sizindir. Bende fena olan her şeyin kaynağı benim, dediğini okuruz.

Milliyetçi gazeteler, sansür ve terör altında, bu sözleri tenkit edebilmek hürriyetinden bile yoksun. Divan-ı Harp ölüm sehpalarıyla başuçlarında.

Serkeş Anadolu "millî sınırlar içinde bütün vatan parçalarının bir bütün olduğu" ve "ne manda, ne himaye fikirlerinin asla kabul edilmeyeceği" prensipleri üzerine dayanan davası ile İstanbul'da alıp veren bin bir çeşit fikir akımlarının karşısına dikilip durur. Nedir bu Anadolu? Hiçbir şey, henüz birkaç çete. Kimdir başındaki bu Mustafa Kemal? Askerlikten de istifa ettiği için hiçbir yetkisi olmayan bir adam, fakat bir lider... Daha Temmuz ayında onun ve arkadaşlarının yakalanarak yargılanmak üzere İstanbul'a getirilmeleri emri çıkmıştır. İstanbul'a dönmesi istendiği için askerlikten çekilen Mustafa Kemal, Erzurum ve Sivas Kongreleri'ne bir çeşit millî meclisler karakterini vermiştir. Bu kongrelerin kararlarını yürütmek üzere bir Heyet-i Temsiliye seçilmiştir. Bu bir hükümet demektir, reisi de Mustafa Kemal'dir.

Gene o sıralarda yeni bir Mebusan Meclisi seçilmek üzeredir. Hürriyet ve İtilâfçılar, daha şimdiden, seçimin Anadolu'da İttihatçı baskısı altında geçtiğini söyleyerek yeni Meclis'i İngilizler jurnal etmektedirler.

Fakat dışarıdan bir şey koparamayan, içeride bir itibarı kalmayan Damat Ferit Paşa'dan Saray da umut keser. Anadolu'daki itaatsizliği önleyebilmek, memleketi padişah etrafında toplamak üzere sessiz bir "hamiyetli paşa" bulur. Sadrazam yapar: Adı Ali Rıza Paşa. Biz gazetecilere söylediği bir cümlesi hatırımdadır: "Bütün dünya demokrasi yaparken biz nasıl aristokrasi yaparız?" Rejimler hakkındaki fikri bile bu...

Sütunlarımızın siperlerinde nöbet tutan milliyetçiler, genişçe bir nefes alıyoruz. Damat Ferit'in hıyanetinden bahsedebiliyoruz. Yakalanıp İstanbul'a getirilmesi için hükümetin emirlerini yayınlayan gazetelerde, Mustafa Kemal'in ilk demeci çıkıyor. Mustafa Kemal bu demecinde mahallî Müdafaa-i Hukuk teşkilâtlarının artık memleket ölçüsünde bir nitelik aldıklarını bildirir. Bu birleşmekten gaye, "vatanı ve milleti kurtarmak" tır. Mustafa Kemal Paşa bu fırsatla şu iki teminatı da vermeye lüzum görür: "İttihatçı değiliz, Hıristiyan düşmanı değiliz!"

Ali Rıza Paşa Hükümeti bir arabulma hükümetidir. Mustafa Kemal ve arkadaşlarını Padişah etrafında toplanmaya kandırmak üzere Anadolu'ya Hurşit ve Fevzi (Fevzi Çakmak) Paşaları gönderir. Fevzi Paşa'nın Sivas'ta güç bir duruma düştüğü ve bu yüzden Erzurum'a doğru yola çıktığı hakkında İstanbul gazetelerinde haberler çıkar.

Mustafa Kemal yeni Meclis'i Anadolu'da toplamak fikrini yürütemedi. Fransızlar, Adana ve hinterlandını, Antep ve Maraş'ı işgal ettikleri sırada, Padişah imparatorluğun son Mebusan Meclisi'ni Fındıklı Sarayı'nda açacaktır.

O günlerde *Akşam* matbaasında otururken beni bir paşanın görmek istediğini haber verdiler. Kapıdan pırıl pırıl üniformasiyle Damat Ferit'in Divan-ı Harp Reisi Kürt Mustafa Paşa girdi. Bu adamın aynı zamanda Kürt Teâli Cemiyeti'nden olduğunu biliyordum. Oturdu, *Akşam* gazetesinde çıkan bir havadisi düzeltmek için bir şey yazdığını söyledi, bana bir kâğıt uzattı. Yazı: "Sadr-ı sabık Damat Ferit Paşa Hazretleri..." diye başlıyordu. Damat Ferit'ten de, Kürt Mustafa'dan da tiksinirdim:

— Biz öyle bir haine "hazretleri" diyen yazıları gazeteye koyamayız, dedim.

Benim kararlı halimi görünce, herhangi bir ağız çatışmasına meydan vermemek için gülümseyerek kâğıdı aldı, kalktı gitti.

Bir müddet sonra Damat Ferit gene Sadrazam, Kürt Mustafa yeniden Divan-ı Harb Reisi olacaktı. Ben de ölmekliğim ve yaşamaklığım dilinin ucundaki bir kelimeye bağlı olan bu adamın karşısına çıkacaktım.

1920 Martı'nın 16'sına, İstanbul'un işgaline yaklaşıyoruz.

İstanbul'da 1919 yılının 16 Mayısı'na, İzmir işgaline kadar süren manevî çözülüş devri ile 1920 yılının 16 Martı'ndaki İstanbul işgaline kadar süren, yeis içinde bin bir umuda kapılma ve bir şey, ismi konmayan, gökten mi ineceği, yerden mi biteceği bilinmeyen bir şey arama devri böyle geçti.

Kuvay-ı Milliye tarihinin iç yüzünü bilmeyenler biraz yukarıdaki: "Ali Rıza Paşa Hükümeti bir arabulma hükümetidir. Mustafa Kemal ve arkadaşlarını padişah etrafında toplanmaya kandırmak üzere Anadolu'ya Hurşid ve Fevzi

(Fevzi Çakmak) Paşaları gönderir. Fevzi Paşa'nın Sivas'ta güç bir duruma düştüğü ve bu yüzden Erzurum'a doğru yola çıktığı hakkında İstanbul gazetelerinde haberler çıkar," fıkrasını şaşarak okumuşlardır. Çünkü onların Cumhuriyet kitaplarında okuduklarına göre Fevzi Çakmak, Millî Savaş'ın temel direklerinden biri idi.

Hikâye Mustafa Kemal'in nasıl yapayalnızdan yetiştiğini ve bazı karakter özelliklerini belirttiği için anlatılmaya değer. Fevzi Çakmak vatanını seven ve onun uğruna her zaman ölecek bir Osmanlı askeri idi. Mustafa Kemal'in Ordu Müfettişliği ile Anadolu'ya gitmesi tertiplerini hazırlayanlardan biri idi. Bir gün Genelkurmay Reisliği odasında Mustafa Kemal, Cevdet Paşa ve o baş başa verdikleri zaman, İstanbul korkusu ile her şeyi feda etmekten bahis açılması üzerine:

— (Harita üzerinde İstanbul'u göstererek) Bir nokta için (elini bütün memleket üzerinde gezdirerek) hepsini feda etmek! diye haykıran o idi.

Fakat Fevzi Çakmak kafa ve vicdan kuruluşu bakımından muhafazakârdır. Padişaha ve Halife'ye bağlıdır. Mustafa Kemal'in Anadolu hizmetlerini de bu disiplin çerçevesi içinde görür. O gün, ki Mustafa Kemal askerlikten ayrılarak bir "ferd-i millet" olmuştur, Padişah ve Halife'ye karşı isyan bayrağı açmıştır. Fevzi Çakmak hiç şüphesiz ikiden biri arasında onu seçmez.

Bir aralık Anadolu'da bulunan komutanlar da Ankara'yı değil, İstanbul'u tanımaya davet edildikleri zaman Bursa ve Konya'da bulunan ikisi Mustafa Kemal'den ayrılmışlardı. Bunlar belli başlı ordu parçaları idi. Refet Bey'in (General Refet Bele) bir baskını ile Konya'daki kolordu kumandanı, kıtalarının başından alınmıştı. Sonradan bu kumandan dahi, Fevzi Çakmak gibi, kurtuluş savaşlarında büyük hizmetler görmüştür.

Fevzi Çakmak bir aralık Padişah'tan Heyet'i Nasıha vazifesini, Anadolu'yu İstanbul'a itaat ettirmek ve Mustafa Kemal isyanından ayırmak için üstüne almıştır. Bunda yabancı devlet menfaatlerini düşündüğü pek uzaktan bile hatıra gelemez. Ona göre devlet ve vatan, Padişah ve Halifesi ile bir bütündür. O bu bütünün parçalanmasında bir ölüm kaderi görür.

Şimdi rahmetli Kâzım Karabekir'in bir hâtırasını dinleyiniz; Kâzım Karabekir bu hâtırayı 1946'da İstanbul Milletvekili seçildiği zaman Vali Lütfi Kırdar ve yanındakilere anlatmıştır. Fevzi Paşa dindar tanınmış, iyi konuşur, halk için pek cazibeli bir şahsiyet idi. Sivas'a kadar bir hayli tesir yaparak gelmişti. O vakitler şahsî itibarından başka hiçbir kuvveti olmayan Mustafa Kemal bu yolculuktan kuşkulandı. Fevzi Çakmak'ı daha fazla dolaştırmayarak İstanbul'a geri göndermesini Kâzım Karabekir Paşa'dan rica etti. Kâzım Karabekir, Fevzi Çakmak'a yolculuğunun faydasızlığını söyleyerek birlikte Doğu'ya doğru yola çıkmışlar. Yolda Fevzi Çakmak, Karabekir'e:

— Sen vatansever bir askersin. Eğer Mustafa Kemal itaat etmezse onu Padişah ve Halife'nin hükümetine teslim etmez misin, demiş.

Kâzım Karabekir, aynı olayı Ali Fuat Cebesoy'a şöyle anlatmıştır:

— Fevzi Paşa bana, Mustafa Kemal ve Ali Fuat Paşa'lar "muhteris" ve menfaat düşkünüdürler, dayandıkları sensin, şunu bil ki eğer Mustafa Kemal başa geçerse ilk işi seni ortadan kaldırmaktır, hatta en güvendiğin İsmet Bey (İnönü) ve Samsunlu Şefik Bey de bu fikirdedirler, Mustafa Kemal ve Ali Fuat Paşaları yakalayıp İstanbul'a götüreceğim, sen mani olma! demişti.

Fevzi Çakmak işgal tarihine kadar İstanbul'da kaldı. İngilizler devlet merkezine de el koyarak, vatanseverler arasında kendisini de tutacaklarını öğrenince Anadolu'ya sığınmaktan başka çare görmedi. Gizlice başkentten kaçtı ve Geyve'de Ali Fuat Paşa, (Ali Fuat Cebesoy) karargâhına geldi. Hikâyenin bu kısmını da Ali Fuat Cebesoy'dan ben dinledim: Cebesoy hemen bir telgrafla bu sığınma haberini Mustafa Kemal'e verir. Fevzi Çakmak'ın, Kâzım Karabekir'e söylemiş olduğunu bilmemekle beraber Heyet-i Nasıha macerasını unutmayan Mustafa Kemal, Fevzi Çakmak'ın geri çevrilmesini ister. Cebesoy, İstanbul Hükümeti Harbiye Nazırı'nın bu sığınmasının Anadolu'nun itibarını artıracağını yazarak ısrar eder. Nihayet güçlükle kabul ettirir.

Fevzi Çakmak, Ankara'da, tıpkı Padişah ve Halife'ye olduğu gibi, Mustafa Kemal'e bağlanmıştır. O bu defa da samimî idi ve şüphesiz düşündüğü tek şey, artık düşman boyunduruğu altına giren Padişah ve Halife'yi kurtarmaktı. İnsanlar üzerine hiç hayal yapmayan, realist ve işini bilir Mustafa Kemal kendisini hükümet reisliğine kadar çıkarmıştır. Sonra da ölünceye kadar Genelkurmay Başkanlığı'nda tuttu.

Fevzi Çakmak devletin ve görevinin adamı idi. Muhafazakârdı: Devrimlerden hiçbirinin taraflısı olmadığını bilirdik. Genelkurmay Başkanlığı'ndan ayrılıncaya kadar eski yazıyı kullanmıştır. Atatürk belli başlı devrim kararlarını verdikten sonra, bir defa pek sevdiği Diyanet İşleri Reisi Hoca Rıfat Efendi'yi çağırıp onu tatlı dille kandırır, sonra:

— Şimdi Mareşal'e gidelim, derdi.

Biri camilerin ve hocaların, biri ordunun başında idi. Yüzümüze karşı bir şey demez, fakat biz ileri hareket takımına kem gözle baktığını hissederdik. Fevzi Çakmak'ın geri düşünüşlüğü yasak bölgeler sisteminde kendini gösterir. Bir defa Antalya valisi Haşim İşcan'la beraber Finike'ye doğru gidiyorduk. Bir yeni yol yapılıyordu. Vali:

— Bu yolu kaçırıyorum, demişti. Sonra açıkladı:

— Fevzi Paşa kıyıdan içeriye doğru yol yapmayı yasak etti. İtalyan taarruzuna yardımı olur diye...

İzmir bir yasak bölgeler hapsi içinde idi. Pek verimli birçok ziraat toprakları nüfussuz kalmıştı. Hatta bir gün oradaki komutana:

— Canım Paşam, uğraşsanız da İzmir'e biraz nefes aldırsanız... diyecek oldum. Tıpkı Fevzi Paşa gibi düşünen komutan:

— Benim fikrimce asıl yapılacak şey, İzmir'i bu körfez dışına çıkarmaktır, cevabını vermişti.

— Ama unutuyorsunuz ki millet Erzurum'dan buraya kadar işte bu İzmir'e kavuşmak için kanını akıta akıta koştu, geldi.

Mimar Yansen, İzmit Tersanesi'nin kaldırılmasını ve şehrin denize açılmasını teklif etmişti. Bir defasında Başbakan Celâl Bayar'la birlikte İzmit'e gittiğimizde bunu kendisine hatırlattım. Yanımızda bulunanlar:

— Ne diyorsunuz Beyefendi, Fevzi Paşa Hazretleri diyorlar ki Kâğıt Fabrikası'na başka bir vilâyette yer bulunuz. Onu da yasak bölge içine alacağım.

Bütün İzmit Körfezi boğuluyordu. Mustafa Kemal'in emri ve baskısı üzerine Yalova'nın serbest bırakılarak İstanbul'a bağlanıp imar edilmeye başlanması üzerine:

— Yapınız, yapınız, ben Yalova'nın on kilometresine bir top koyunca masraflarınızın ne kadar boşa gittiğini anlarsınız, demişti.

Medenice manası ile yaşamaktan, imardan ve dünya zevklerinden bir şey anlamazdı. Bir lokma bir hırka ruhlu idi. Demir ve çelik endüstrisini Karabük'e sürdüren, zekâsı yontulmuş mühendis ve ihtisas adamlarının maddî manevî ihtiyaçlarının nasıl bir çevre arayacağını düşünmeden Kırıkkale'deki bozkır gurbetlerinde fabrikalar kurduran odur. Hatta İktisat Bakanlığı'nın, Karabük'te kurulmaktansa demir ve çelik endüstrisine başlamamak daha doğrudur, diye söylemesi üzerine Fevzi Paşa, Atatürk'e:

— Demir ve çelik yapmak için benim ölümümü bekliyorlar, diye haber yollamıştı. Atatürk önce Bakan Celâl Bayar'a:

— Rica ederim, telefona gidiniz ve kendisine demir ve çelik endüstrisinin Karabük'te kurulacağını haber veriniz, demişti.

Ordu ile pek ilgilenen ve Terakkiperverler muhalefetinden önceki komutanlar vakasından beri dikkat kesilen Atatürk, harpte kendisi Başkomutan olacağını düşündüğüne göre, barışta askeri kuvvetlerin başında tamamıyla güvenilir bir şahsiyet bulundurmak istemişti. Zaafı bundandır.

Rejim Fevzi Çakmak'ı gerektiğinden çok fazla ordunun başında tuttu. Aydın general ve subaylar, eski anlayışlarla bağlılık yüzünden, ordunun pek geri kaldığından daima şikâyetçi idiler. İspanya İç Savaşı sırasında kendisinin:

— Harpte tankın ve uçağın büyük değeri olmadığı sabit olmuştur, dediğini yakınlarından duyarak içimiz yanıyordu:

—İnşallah Çakmak devrinde bir harbe tutuşmayız, diye dua ediyorduk.

Nihayet emekli yaşı geldi, çattı. Uzatma imkânları da tükenince İnönü kendisini emekliye ayırtmak zorunda kaldı. Fevzi Çakmak küstü. Ordu onun malı gibi bir şeydi sanki. Kolundan yakalanıp ana baba yuvasından atılmışa döndü. Kendisini ziyarete gelen Devlet Reisine gitmedi. İlk muhalefet hareketleri meydana gelince de, içinde bu kinle harekete geçti.

Ankara'dan İstanbul'a bir gelişinde Beykoz'a uğramıştı. Kahvede toplanan halka şöyle diyordu:

— İstanbul işgalinden sonra vatanı kurtarmak için Anadolu'ya buradan hareket ettiğim zaman...

16 Mart'tan sonra Ankara'ya gelmekten başka çare kalmadığını gören ve Saffet Arıkan'la arkadaşlarına katılarak Ankara'ya gelen İsmet Bey (İnönü), Atatürk'ün bana anlattığını yukarda söylediğim gibi 19 Mayıs'tan önce yeni evlendiğini ileri sürerek, Anadolu'ya gelmek teklifini reddetmişti. 1920'de bir defa Ankara'ya gelmiş, fakat Ali Fuat Paşa (Cebesoy)'dan dinlediğime göre Mustafa Kemal kendisine soğuk davranmıştır.

Atatürk'ün kendisi ile birlikte yürümeyeceğini bildiği şöhretlere karşı yeni prestijlere ihtiyacı vardı. Fevzi Paşa ile ismet Bey onun çok işine yaramışlardı. Bir ikinci adam olarak, çalışma ve kültür bakımından, en iyisi şüphesiz İnönü idi ve Fevzi Paşa da o da tam hizmet tipi idiler.

Hatıralarını anlattığı sırada Atatürk'e bir sual sormuştum. Kuvay-ı Milliye'ye katılıp katılmamak, erken veya geç katılmak bir zamanlar Ankara'da başlıca tartışma konusu olduğunu söyleyerek:

— Bu meselede yalnız siz hoş görür davranıyorsunuz. Hatta size karşı İstanbul'da cephe almış olanları bile affetmiştiniz, dedim.

Bakışları eski hatıralara doğru uzaklaşarak ve sislenerek:

— İnanmayanlar da inananlar kadar haklı idiler. Ben Erzurum'dan İzmir'e sağ elimde tabanca, sol elimde sehpa, öyle geldim, demişti.

"Nutku"nda Ordu'nun kuruluşuna, hatta belki de Sakarya Zaferi'ne kadar süren devrin hikâyelerini okurken hâlâ ruhum ürperir.

Kitabın "gerilla" bölümünde hikâyelerini dinleyeceksiniz. Birinci Dünya Harbi'nden çıktığımız vakit, Anadolu dağları asker kaçakları ve haydut çeteleriyle doluydu. Mütareke ile beraber hele Karadeniz kıyılarında Hıristiyan çeteleri türediği için, bunlara karşı Müslüman halk silâhlanarak harekete geçmişti. Yunanlıların İzmir'e çıkması üzerine yer yer millî kuvvetler de kurulunca, Anadolu'nun ne hâle geldiği kolayca anlaşılabilir. Bitkin halk, bir yandan düşmanın, bir yandan bu silâhlı kuvvetlerin baskısı altında bezmiş haldeydi. Düşman vurur, dost vurur. Köyler kasabalar haraç altındadır. Halifeci gelir, şüphelendiğini ipe çeker. Birkaç silâhlı ile bir dağ başını tutan herkes başına buyruktur. Ne kanun bilir, ne devlet, ne kongre tanır. Bu tam tavaif-i mülûk kargaşası idi.

Lider Mustafa Kemal mahallî Müdafaa-i Hukuk kuruluşlarını Ankara'da Millet Meclisi içinde kaynaştırıncaya kadar pek çetin günler geçirmiştir. Asker Mustafa Kemal, çeteleri ve milli kuvvetleri nizamlı bir ordu içinde yoğurup komutası altına alıncaya kadar aynı çileyi dolduracaktır.

Anadolu'da askerî kıtalara komuta edenler, Mustafa Kemal rütbelerini bırakıp üstünde vatandaşlıktan başka sıfat kalmadığı zaman, gene onunla işbirliği ettikleri için Kurtuluş Savaşı'nın şereflerine hiç şüphesiz ortaktırlar. Fakat Mustafa Kemal'in şef tanınması hayli güç olmuştur.

Ama o lider mizacı ile doğmuştu. Lider vasıfları edinerek büyümüştü. Hiçbir zaman, en küçük rütbesinde bile, sıra adamı olmamıştı. Karar vermek zamanı gelinceye kadar büyük bir sabır gösterir. Yenilmeyecek şartları zorlamaz. İlk zamanları "Makam-ı mukaddes-i hilâfeti düşman esaretinden" kurtarmak, vatanı ve milleti kurtarmak gibi, dilden düşürmediği sözler arasındadır.

Erzurum ve Sivas kongrelerine âdeta millî meclisler önemi verdirmiştir. Heyet-i Temsiliye, halk iradesini belirten bu kongrelerin hükümeti demektir. O kendisi Heyet-i Temsiliye'nin reisliğine de bir devlet reisliği önemi verdirmekte gecikmez. Müstesna bir zekânın bütün fırsatları sabır ve soğukkanlılıkla kollamasını ve kullanmasını bilen taktikleri önünde herkes sürüklenip gider. Belli başlı arkadaşlarından hiçbirine ikincilik muamelesinin ağırlığını hissettirmez. Fakat daima birinci olarak kalmayı da bilir. Basit çete reislerine, millî kuvvetlerin başında bulunanlara, rütbe ve şahsiyet farkına bakmaksızın, kahraman saygısı gösterir. Halka karşı apaçık zulümlerini bile durdurmak için boşuna gidecek müdahalelerde bulunmaz ve sergerdeleri huylandırmak istemez. Büyük kararlarda "geç kalmamak" kadar, "erken davranmamak" da liderlik dehasının büyük bir vasfıdır. Daima tam vaktini seçer. Bu vakit öyle seçilmiştir ki bir gün önce kimsenin hatırından geçmeyen şeyler, bir gün sonra gerçekleşiverir. Herkes şaşırır. Kimse dayatma denemesinde bulunamaz. Bu lider "orta" ve "küçük" adamların, belki birtakım haklı şartlar içinde, kendileriyle görüşmeye razı olup olmamakta duraksadıkları bir "büyük adam"dır.

Çetelere, millî kuvvetler ve kıtalara komuta edenler arasında, emir verilecek askerleri olmak bakımından, en zayıfı odur. Komutanlardan kendisini çekemeyenler de vatanseverdirler. Şahsi hırs ve rakiplik yüzünden davayı çürütmek hiçbirinin aklından geçmez. Hiçbirinde çeteci Ethem'in binde bir soysuzluğu yoktur. Nihayet kızarlar, tartışır, "Bakalım!" der, bırakırlar.

Bu notlarımı Mustafa Kemal'in devrim atılışlarını anlattığım zaman hatırlayacaksınız. Fakat o devirdeki Mustafa Kemal, 19 Mayıs'la zafer arasında geçen devrin Mustafa Kemal'i yanında insana çok daha "kolay" hissini verir. Türkiye'yi 1919-1921 krizleri içinden sıyırıp çıkarmak, bir dev işidir. Birinci Dünya Harbi'ni kazanan büyük devletler, yer yer ayaklanmalarla Anadolu'nun birçok vilâyetler halkı, daha sonra bu isyanları bastıran millî kuvvetler, zaman zaman Meclis ve arkadaşları, ya onun karşısına geçmişler yahut onunla uyuşamamışlardır. Hepsini ve her şeyi idare etti. İradesinin insana şaşkınlık verecek bir eğilip bükülme kabiliyeti vardı. Onda politikacı kahramanı korur, kahraman politikacıyı kurtarırdı.

Öyle şartlar içinde Mustafa Kemal'in yaptığını yapabilecek, cesarette demiyorum, belki ondan gözüpekler vardı, azminde demiyorum, belki onun kadar azimli olanları vardı, bilgi de demiyorum, şüphesiz ondan daha bilgili olanları vardı, fakat kırk yıllık ömrümde onun liderlik dehasında hiç kimseyi tanımadım.

Mustafa Kemal, anasından tam gününde ve saatinde doğmuştu.

---

16 Mart'tan sonra vatansever ve milliyetçilerden çoğu Mustafa Kemal'e bağlanmıştır. Bazıları sadece umutsuz düşmüşlerdir. Meselâ Fransız generali İstanbul'a girdiği zaman "kara gün" fıkrasını yazdığı için kurşuna dizilmekten güç kurtulan Süleyman Nazif, Malta'da ordu komutanı Yakup Şevki Paşa'ya, yukarıda anlattığım üzere:

— Sınırları nehirler çizer. En doğrusu da budur. Paşam ben Diyarbakırlıyım, siz Harputlusunuz. Bu iki şehir de Fırat ve Dicle nehirleri içindeki bölgededir. Siz de ben de Iraklı olarak Bağdat hükümetine katılmalıyız. Osmanlı İmparatorluğu'ndan umut yoktur. Başımızın çaresine bakalım, der.

Aynı Süleyman Nazif ilk defa İstanbul'da kurulan müdafaa-i Hukuk Cemiyeti'nin, Cevad Dursunoğlu'nun deyimi ile, "ruh-i muharriki" idi. Bu dava için çıkacak gazetenin sorumluluğunu o üstüne almıştı.

Bazıları bütün nitelikleri ile "hain"dirler. Düşmandan para ve nimet dilencisidirler. Adları anılmaya değmez.

Bir kısmı İngilizlere sığınmaktan başka çare olmadığı ve Anadolu dayatışı İngiliz yardımından bizi yoksun edeceği için "hainlik" denebilecek davranışlarda bulunmuşlardır. Başta Vahdettin vardır. Ona göre, İngilizlerce Mustafa Kemal ve yanındakiler "Heyet-i kaatile"dendirler. Yani Hıristiyan öldürücüleri! Onlar "tenkil" olunmadıkça Türkiye, İngiltere'den yardım bekleyemez. Meselâ Yunan taarruzu olduğu vakit dördüncü Damat Ferit kabinesinin Adliye Nazırı, gazetecilere şu demeci verir:

— Hükümetimiz Yunan ordusu tarafından yapılan harekâtı protesto etmeyecek midir?

— Hükümetimiz Mustafa Kemal'i resmen mahkûm etmiş ve hilâfetle vatana hain olduğunu ilân eylemiştir. Binaenaleyh vazifesi asilere lâyık oldukları cezayı vermekti. O halde kendi programımıza dâhil bulunan bir hareketi neye protesto etmeli?

— Bu harekât mühim güçlüklerle karşılaşacak mıdır?

— Hayır, Mustafa Kemal ordusu öteden beriden toplanmış haydutlardan, sabıkalılardan mürekkep, teşkilâtsız, inzibatsız bir ordudur.

— Fikrinizce harekât uzun sürecek mi?

— Asker değilim. Fakat intibaım şu merkezdedir ki General Paros-Kevupulos'un ordusu şimdi sürat ve şiddetle harekâta devam ederek birkaç hafta içinde Ankara surları önünde bulunacaktır.

Ama bütün İstanbul bu değildir. Canlarını ortaya atan asker ve sivil milliyetçiler M. M. grubu ve "Karakol Cemiyeti" gibi komiteler kurup Anadolu'ya gerek adam, gerek silâh kaçırmak işine koyulmuşlardır. Bir defa Gülhane Parkı'nda Türk kadınlarına saldıran üç Fransız eri öldürüp kaçanlar Karakol'un fedaileri idi. İngiliz yüzbaşısı Armstoriz yazdığı kitapta der ki: "İstanbul'un silâh ve mühimmat depolarından kaçakçılık yapıldığını öğrenmiştik. Nöbetçileri tuttuk. Küçük subayları hapsettik. Önleyemedik. Ben Haliç'teki büyük silâh deposunda bir yana saklanarak durumu incelemeye karar verdim. Geceleyin Türkler gene geldiler. Barut mahzenlerinde rahat rahat sigara içiyorlar, birkaç tahta kırarak ateş yakıyor ve yemek pişiriyorlardı. Patlayıcı maddeleri hiç çekinmeyerek taşıyorlardı. Kaçakçılık devam etti."

Matbaaya çok defa arkadaşlardan daha önce gelirdim. O sabah Saraçhane başındaki evimden Bab-ı Âli'ye kadar caddeler ve yollar sessizlik içinde idi. Kimse ile konuşmadığımdan ne olup bittiğini bilmiyordum. Yalnız caddeden bir Zenci birliğinin geçişine mana verememiştim. "Akşam"ın kapısından girince avlunun sağındaki odaya uğradım. Burası Kâzım Şinasi'nin bürosu idi. Bir iki arkadaş:

— Haberiniz yok mu? diye sordu.

— Neden?

— İngiliz'ler İstanbul'u işgal ettiler.

Birkaç günden beri ajanslar İtilâf Devletleri arasında İstanbul meselesinin konuşulduğunu haber vermekte idiler. Türkleri İstanbul'da bırakıp bırakmamak, ikide bir tehdit olarak ortaya atıldığı için pek de umursamamıştık.

Hemen bir iskemleye yığılıvermiştim. Haber benim üstümde, İstanbul'u bizden aldılar, manasına geldi. Bir müddet sonra, Şehzade Karakolu faciasına, İngilizlerin bazı devlet dairelerine yerleştiklerine dair havadisler arasında kendimizi toparlamaya vakit bulmadan, bir İngiliz subayı ile İngiliz üniformalı bir Ermeni tercüman odaya girdi. Subay:

— Siz kimsiniz? diye sordu.

Tutuklanacağımı sanıyordum. İlk önce kimliğimi gizlemek hatırımdan geçti, bir faydası olmadığını düşünerek gazetenin yazı işlerine bakan sorumlu olduğumu ve adımı söyledim. Hemen cebinden bir kâğıt çıkararak:

— Şimdi bunu dizdireceksiniz, gazeteye basacaksınız, o zamana kadar burada kalacağız, dedi.

Uzattığı kâğıt İstanbul'un işgali bildirisi idi:

— Hiçbir yerini değiştirmeyeceksiniz, diyordu.

Bildiri öyle yazılmıştı ki bu işgalin sebebinin Türklerin suçları olduğunu sayıp dökenler, bizim hükümet midir, işgal makamları mıydı, belli değildi. Bildirideki "muharebe" sözünün tam Ermeni şivesiyle "mahrebe" yazıldığı dikkatime çarptı. Mürettiphaneye götürdüğüm vakit, baş diziciye usulca:

— Sakın bu kelimeyi düzeltmeyiniz, dedim.

Tek başarımız, bu kelimeyi olduğu gibi basarak işgal bildirisinin yabancı kaleminden çıkma ve Ermeni şivesiyle Türkçeye çevrilme olduğunu *Akşam* okurlarına anlatmaktı.

Mürettiphane ve matbaa, gazete çıkıncaya kadar, İngiliz işgali altında kalacaktı. Arkadaşlarla:

— Ne yapabiliriz?

diye düşündük. Bab-ı Âli bitişiğimizde idi. Birimiz oraya gitti. Toplantı halinde bulunan Nazırlar Meclisi'ne haber yollayarak gazetede geçenleri anlattı. Bildiriyi yayınlatmamak onların elinde değildi. Düşünmüşler, taşınmışlar, hükümet adına da kısa bir resmi tebliğde bulunmaya karar vermişler. Tebliğ geldi, hiç olmazsa halk efkârını herhangi bir şüpheye düşmekten koruyucu bir belge idi.

İngiliz subayı kendi getirdiği yazının başa konacağını söyledi. Hükümet tebliğinin de onun sol tarafındaki sütunlara konması için güçlükle izin aldık. İlk önce altta bir köşeye sıkıştırılmasını istiyordu.

Gazete öyle çıktı. Geç vakte kadar gelip gidenlerden işgalin bin türlü acı vakalarını öğreniyorduk. Yazı odaları üst katta, denize karşı idi. Limandaki zırhlılarda bir ateşe tutma hazırlığı görüyorduk. İçlerinden birini Galata Rıhtımı'na yanaştırmışlardı.

Merkez-i umumîden tanıdığım Cafer de işte o gün bizden haber almaya geldi, pek vatansever bir Rumeli delikanlısı idi. Bitkin bir halde idi. Sigara paketimi uzatırım:

— Off.... der.

İkram ettiğim kahveyi getirirler:

— Of.... der.

Bir müddet sonra gözleri yaşararak bana limana giren İngiliz gemilerini gösterdi. Hepsinin topları havaya dikilmişti. Zafer, Osmanlı İmparatorluğu'nu yere serenlerin zaferi, Padişah'ın oturduğu Dolmabahçe Sarayı'nın biraz açığına demirlemişti. O pençe, derin ve onulmaz acı pençesi bütün tırnaklarını boğazımıza geçirmişti. Kımıldamıyorduk. Bir aralık Cafer'in gözleri kurudu. İki yumruğunu pencereden zafer filosuna doğru sıkarak:

— Biz size gösteririz, dedi.

Kuvay-ı Milliye işte bu sıkılmış yumruktan ibaretti.

Arkadaşlarımızdan yaşlı bir efendinin, sabah kılığı ile penceresinde otururken, bir düşman birliğinin geçtiğini görünce yüreğine inip öldüğünü haber aldım. İstanbul'un binlerce yüreği böyle bir inmenin hasretlisiydi.

Daha sonra eğer uslanırsak ve serkeşlikten vazgeçersek, İstanbul'un gene Türkiye başkenti olacağına dair bazı telgraflar geldi. Türklerin büsbütün İstanbul'dan atılmasını teklif eden birine Loyd George şu cevabı veriyordu:

— Türkleri kolayca Hıristiyan öldürmeyecekleri bir yerden çıkarıp öldürüşler yapabilecekleri yerlere mi gönderelim? Türk Hükümeti İngiliz toplarının tehdidi altında kalmalıdır.

Dolmabahçe'de oturan Zıllûllah-ı Fil'âlem, daha şimdiden bu topların gölgesinde idi.

Eski politikacılardan tutulanlar İngiliz sürgünlerine götürülmekte, tutulmayanlar Anadolu'ya kaçmakta idiler.

Gazeteler müttefikler arası sansürün elinde büsbütün söndü. Ağlamaya bile izin alamıyorduk. Dosyalarımda o günlerden kalan bir yazımın başlangıcı şu: "Bu sene bile bahar geliyor. Bu sene bile bahçelerimizdeki ağaçlar kar beyaz çiçekler döktü. Kanunî Süleyman eyyamında da bahar böyle gelmez miydi? Fatih ordusu Bizans'ı kuşattığı zaman, sur diplerinde ve Topkapı kırlarında açan çiçekler de böyle değil miydi?"

Nisan haftasında Padişah yeniden Damat Ferit'i Hükümet başına geçirdi. 11 Nisan'da meşhur "Fetâvay-i Şerife" çıktı. Bu fetvalara göre Mustafa Kemal'in emri altında vuruşanlar ve ölenler şehit olmayacaklardı, Kuvay-ı Milliye'ye karşı cihat ilân edilmekte idi.

Padişahın çetecisi Anzavur'un haydutları "Kuvay-ı Muhammediye" adı almışlardı. Bütün halk, Anadolu'da ve her yerde, din adına Mustafa Kemal'e isyan etmeye ve padişah itaatine girmeye davet olunmakta idi. Bu fetvaların gerçekte sadece Vahdettin'in "hal'i15" fetvaları değil, padişahlığın ve halifeliğin tarihine nihayet veren fetvalar olduğu o zaman hatıra gelir miydi?

İtilâf Devletleri Mayıs ayında Sevres Antlaşması'nı tebliğ ettiler. Bu antlaşmanın imzalanıp imzalanmaması için toplanan Saltanat Şûrası'nda yalnız bir kişi "müstenkif" kalabildi: O da Topçu Feriki Rıza Paşa idi.

Yunan ordusu büyük taarruzunu yaparak Bursa'ya kadar geldi. Birçoklarında gene Anadolu dayatışının sönmekte olduğu hissi vardı.

Armstrong, İstanbul hatıralarını yazdığı kitabında telgrafın icat edilmiş olduğuna esef eder. Çünkü İstanbul'da bulunan İngilizler, Anadolu dayatışının kolayca yenilebilecek çete kuvvetlerinden ibaret olduğu zamanlar, hemen ellerinde bulunan kıtaları gönderip hareketi durdurmaya karar vermişler. Amrstrong'a göre, eğer telgraf icat edilmeyip de eski devirlerde olduğu gibi, mahallî İngiliz görevlileri içlerinde bulundukları şartlara göre karar vermek ve kararları uygulamak yetkisinde olsalardı, Anadolu işini halletmek o kadar güç olmayacaktı.

Fakat İngiltere'de ruh hali o kadar değişmiş ve herkes silâhlı maceralardan o kadar nefret etmişti ki fikirlerini bir türlü Londra'ya kabul ettirememişler. Neden sonra Anadolu'ya karşı bir hareket yapılması yeniden düşünülmüşse de o kadar büyük bir kuvvete ihtiyaç varmış ki teşebbüs edememişler. Anadolu dayatış hareketinin tutunmasında

15 Hal'i = tahttan indirme.

ve kuvvetlenmesinde Mustafa Kemal ve teşkilâtını önemsiz göstermeye ve müttefiklere, Padişah taraftarlarının nihayet hepsini ortadan kaldıracağı inanışı vermeye çalışan Hürriyet ve İtilâfçıların da yardımı olmuştur. Bunlar, eğer Mustafa Kemal ve teşkilâtının nüfuzlu ve köklü olduğuna hükmederlerse İngilizlerin kendilerinden yüz çevirip onlarla işbirliği edeceklerinden korkmuşlardır.

Yıllarca sonra çıkan kitabında Armstrong bakınız, o günler üzerine neler yazar: "... Padişahın lehinde bulunmak, bize göre en sağlam siyasetti. Meşru hükümeti temsil ettikten başka müttefiklerin emirlerini yapmaya hazırdı." "...Damat Ferit bambaşka bir tipti. İnatçı, cüretkâr ve akılsız bir adamdı. Kürt kanı ile karışık bir Arnavut olan Damat Ferit'in ruhu kan güdenlerin bütün düşmanlılığını taşımakta idi. Bu bir kabile adamı idi. Malta sürgünlerinin bir kısmı Damat Ferit'in ricasıyla tevkif olunmuşlardır. Damat Ferit, Kürtleri de ayaklandırmak için teşebbüs etti." "... Sevres muahedesinden sonra Türkler, memleketlerini kurtarmak için birleşmişlerdi. Padişahın avenesi bunların dışında idi. Her kıymetli Türk, milliyetperverdi."

Sarayın ve Bab-ı Âli'nin yüzüne gülen düşmanın içi de işte bu idi.

Bir Hikâye

Sadece mütarekedeki İstanbul havasını size teneffüs ettirebilmek için başımdan geçen bir vakayı hikâye edeceğim:

Ramazan ayı idi. Büyükada'da oturuyordum. Bir sabah vapurdan Köprü'ye çıktığım vakit, Anadolu ile gizli temaslarda bulunan ve bu görevle Harbiye Nezareti'nde

kalan Dördüncü Ordu Karargâhı'ndan tanıştığımız bir yüzbaşı bana doğru geldi:

— İngilizler senin de ismini hükümete verdiler. Tevkif edileceksin. Anadolu'ya kaçmanı düşündük, dedi.

— Nasıl gidebilirim?

Bir ticaret yazıhanesinde bu işlerle uğraşan Tolçalı Süleyman Bey'in adresini vererek:

— Süleyman Bey'i gör, o sana söyler, dedi.

Tolçalı Süleyman eski bir İttihatçı idi. Kendisini ben de tanırdım. Gidip gördüm. Cumartesi günü Üsküdar'da bir adrese gidecek, Teşkilât adamlarıyla buluşacaktım. Tolça'lı Süleyman kendilerine hemen haber verecekti. Onlar beni de bir kafileye katarak kaçıracaklardı.

Nikâhlanmak üzere olduğumdan, kendi kendime daha öteki cumartesiye kalmanın bir sakıncası olmayacağına karar verdim. Önümüzdeki cumartesinin son fırsat olduğunu nereden keşfedebilirdim? Meğer o hafta İngilizler teşkilâtın bulunduğu yeri haber almışlar, basmışlar ve yol kapanmış.

Fakat ben de iyi ki tutulmuş ve hapsedilmiştim. Neden sonra teşkilâtta bulunan arkadaşlardan biri demişti ki:

— İhtilâl zamanıdır bu... Herkes herkesten şüphe eder. Biz de haber verdikleri halde sen gelmedin, İngilizler tam o gün baskın yapıp yolu kapayınca, doğrusu, kendini kurtarmak için bizi ele verdin, diye vehimlenmiştik. Yakalandığını duyunca ferahladık.

Geceyi Büyükada'da geçiren Yakup Kadri ile beraber sabah vapuruna yetişmek üzere iskeleye iniyorduk. Karakolun önünde iki kişinin ceketlerini telâşla arkalarına geçirerek peşimize düşmelerinden biraz huylandım.

Bunlar beni takip etmek üzere bir akşam önce Ada'ya gönderilmişler. Köprü'ye çıktık, yürüye yürüye Bab-ı Âli yokuşunu tırmandık, Yakup, kapı komşumuz "İkdam" gazetesine girdi, ben de "Akşam"ın üst katındaki odama çıktım.

Aradan pek az geçti. Hademe, Polis Müdürlüğü'nden bir sivil memurun beni aradığını haber verdi. Odama almasını söyledim. Geldi:

— Sizi Polis Müdürlüğü'nden istiyorlar, dedi.

O vakit Polis Müdürü "Arnavut" diye lâkaplanan meşhur Tahsin'di. Yanına bile çıkarmadılar: "Merkez Kumandanlığı'na gideceksiniz" dediler. İkileşen sivil polisle beraber bir atlı arabaya bindik. Beyazıt'a, Harbiye Nezareti giriş köşklerinin sağındaki Merkez Kumandanı'na gittim.

Sofada ilk karşılaştığım subay, o vakitler Merkez Komutanı Emin Paşa'nın muavinliğini yapan Müfit Özdeş (Sonradan Kırşehir mebusu) idi. Müfit Bey'i biz Türkçü bilirdik. Yanıma sokularak:

— Sorma Falih, dedi, seni tutacaklarını dün geç vakit öğrendim. Fakat bir yolunu bulup haber yollayamadım.

Büyükçe bir odada bir köşeye iliştim. Galiba bekleme salonu idi. Bir aralık Kiraz Hamdi Paşa içeri girdi, oturdu, ağız yoklama kabilinden benimle konuştu. Biraz geçince tutulmuş olduğumu öğrendim. İttihatçıların emekliye ayırdığı, İtilâfçıların yeniden hizmete aldığı yaşlıca bir subay:

— Buyurun gideceğiz, dedi.

— Nereye?

— Önce İstanbul'daki evinize...

Ellerime kelepçe takmak istediler. Kelepçelenecek kadar ağır bir suçum olabilir miydi? Ben nihayet "Akşam" gazetesinde yazdıklarım hoşa gitmediği için yakalanmamış mıydım? İlk defa isyan ettim. Bir hayli tartışma üzerine, bileklerime kelepçe takmaktan vazgeçtiler. Yine bir atlı arabaya binmiştik. Harbiye Nezareti dış kapısından çıkınca yanımdaki subay:

— Benim oğlumun arkadaşısınız... dedi, sizinle mahsus ben gelmek istedim. Evinizde evrak aranacaktır. Ben sizi bir müddet yalnız bırakacağım. Odanızda şüpheli bir şeyler varsa, saklayınız, dedi.

Sonra: "İttihatçılar beni ekmeğimden, mesleğimden ettiler, tramvay kondüktörlüğü yaptım," diye şikâyet etti.

Evde acele ile arandım. Cemal Paşa'nın mektubu elime geçti. Rahmetli komutan bu veda mektubunda bile kendisini görev başında sanıp "verdiğim talimatlar dairesinde hareket ederek" gibi, hele intikamcı bir Divan-ı Harb heyetinin önünde izah edilemeyecek sözler kullanmıştı. Mektubu ortadan kaldırdım. Subay geldi. Sözde şüphelendiği bir iki önemli kâğıt aldı, çıkıp Merkez Komutanlığı'na döndük. Akşama doğru beni Sultanahmet'te, meydan üstündeki eski hapishanenin tevkifhane kısmına götürüp bir koğuşa bıraktılar.

Koğuş tıka basa doluydu. Hava boğucu, yataklar tahtakurusu içinde, ilk geceyi daracık bir masa üstünde kâğıt falı açan dertlilerle geçirdim. Ben sanıyordum ki, hemen çağıracaklar, birkaç sual soracaklar, böylece bana bir gözdağı vermiş olacaklardı. Yakup Kadri'nin tutulup biraz sonra serbest kalmasından umutlanmıştım. Şimdi artık o devrin tarihe mal olmuş belgelerinden16 çok sonraları öğrendiğime göre "şarkın huzur ve

16 Bu belge Ankara'da "Yeni Gün" gazetesinde çıkmıştır.

sükûnunu ihlâl etmek suçu ile behemehal idam edilmek üzere" yakalandığımı hatırıma bile getirebilir miydim? İngiliz casusu Arnavut Tahsin tarafından Harbiye Nazırı Süleyman Şefik Paşa'ya havale olunan elli küsur kişilik liste içinde imişim. Bir haylimizi seçmişler, yakalamışlar, Sadrazam İzzet Paşa gibi bir iki kişiyi de bırakmışlar.

Ara sıra büyük dış kapıda parmaklık arkasından beni ziyarete gelenlerle görüşüyordum. Onların da bir şey bildiği yoktu. Doğrusu ziyaretçilerim de üç beş kişi idi. Hele siyasî hapse giren bir adamın birden bire ne kadar yalnız kalacağını ilk defa öğreniyordum.

Yine çok sonra öğrendiğime göre Kuvay-ı Milliye tarafını tutanları tedhiş etmek için Kürt Mustafa ve arkadaşları bir hükümet adamı ile bir gazeteciyi aradan çıkarmaya karar vermişler. Hükümet adamı, eski vali ve Dâhiliye Nazırı rahmetli Hazım Bey, gazeteci de ben! Hazım Bey'in hıyaneti, 16 Mart günü Galata Rıhtımı'na yanaşan zırhlıyı göstererek, vapur kamarasında bulunanlara:

— Sanki bu toplar İstanbul'a ne yapar? demekmiş. Tabii buna bir sürü rivayetler de eklemiş olacaklar.

İlk defa öğleüstü ikimizi aldılar, Harbiye Nezareti'ne götürdüler. Niçin bu kadar çok süngülü ile götürüldüğümüzü bir türlü anlamıyordum. En tehlikeli eşkıyalar gibi muhafaza altında idik.

Sorguya çekilmek için doğrudan doğruya mahkeme karşısına çıktım. Mustafa Paşa, Akşam gazetesinde beni görmeye geldiği pırıl pırıl üniforması ile karşımda idi. Bana soracaklarını şöyle tertip etmiş: Anadolu'da halkın canına malına kıyan çeteler vardır. Ben Kuvay-ı Milliyecilik etmekle, bu çeteleri halkın canına malına kıymaya teşvik ediyormuşum. İşlenen cinayetlerini nasıl bilmezmişim?

Anadolu'da vatan müdafaasına uğraşanların, başka hiç kimsenin taraflısı, kanunsuzlukları, cinayet ve zulümleri teşvik edecek bir adam olmadığımı söyledim ve hep bu tema üzerinde durdum.

Bir aralık Suriye'den ne kadar servetle döndüğümü sordular. Ali Kemal, bir aralık beni de Suriye'den çıkın çıkın altınlarla dönenler arasında saymıştı. İftirası o kadar gülünçtü ki cevap bile vermemiştim. Bu iftiranın zararını, sadece, iane istemek için benimle akrabalık, dostluk, mektep arkadaşlığı icat eden bir sürü kimse ile savuşturduğumu sanıyordum. Bir gazetecinin iftirası, şimdi, Divan-ı Harp'in yazılı suallerinden biri olarak karşıma çıkıyordu.

Sorgu sualden sonra sofada Hazım Bey'le buluştuk. Bir arabaya binerek dönmek üzere izin almamız teklifinde bulundum:

— Hayır, yaya gidelim, millet mazlumlarını görmelidir, dedi.

İftar vakti idi. Beyazıt ve Divanyolu'ndan Ramazan kalabalığı taşıyor. Yalnız biz sıkışmıyoruz. Süngüler arasında iki kişi gören herkes başını çevirerek bir yana kaçıyor. İçimden, kendini göstermek için dimdik yürüyen ve yüzüne bir martir hali veren Hazım Bey'e gülüyordum. O zamanlar Hasan Âli'yi de tanımazdım. Sonradan anlattığına göre, o da pek, ama pek yakın bir dostumla Yahya Kemal'le o kalabalığın içinde imiş. Kemal bizi uzaktan görünce:

— Aman şu sokağa sapalım, der.

Hasan Âli:

— Niçin, sebebi? diye sorar.

— Falih Rıfkı'yı getiriyorlar. Göz göze gelmeyelim. Selâm vermeye mecbur oluruz, cevabını verir.

Size 88 gün süren hapsin hikâyesini anlatacak değilim. Öldürülmek istendiğimi bilmediğim için bu basit bir sıkıntıdan ibaretti. Hürriyetsiz ve güneşsiz kalmak, yatağımın altındaki tahtayı ikide bir gazla yakarak tahtakurusu temizlemek, ölüm mahkûmlarının son ıstıraplarını görüp içlenmek gibi şeyler...

Yalnız size, devrin zulmünü ve ruh halini gösterecek, başkalarına ait, bazı vakaları fıkralar halinde toplamak istiyorum.

Koğuşumuz karmakarışıktı. Ben üstüme âdeta baygınlık hali gelmeden uyuyamıyordum. Bir akşam kulaktan kulağa bir fısıltı dolaştı:

— Suikastçılardan altısı yarın sabah idam edilecekmiş, dediler.

Bunlar on iki idiler. Altısı Polis Müdürlüğü'nde, altısı bizim tevkifhanede idi. İçlerinden biri, Enver Paşa'nın eski yaveri, Müslüman ve efendi bir asker, yanı başımda yatardı.

Sonra ikinci fısıltı geldi:

— Terziler aşağıda idam gömleği biçiyorlarmış.

Demek bizimle olanlar idam edileceklerdi. Onlar bunu bizim bakışlarımızdan öğrendiler. Yüzleri soldu. İsli lâmba ışığı altında ölülerin balmumu rengini bağladılar. Ellerine dokunsam belki soğumuşlardı bile... İdam mahkûmları ile bu akşam henüz yaşayan ve gün doğmadan ölecek olanlarla beraber ilk defa gece geçiriyordum. Hiçbir hastalıkları ve hiçbir suçları olmayan, bıraksalar yirmi otuz yıl daha ömür sürecek bu altı kişi, karılarının saçlarını bir daha koklamadan, analarının buruşuk ellerini ve çocuklarının taze yanaklarını bir daha öpmeden, boyunlarına ip takılıp bir sehpanın ayakları arasında sallanacaklardı.

Ne kendi aramızda, ne onlarla konuşabiliyorduk. Onlar da bize artık içinden çıkıp gittikleri bir âlemde kalmış yabancılar gibi bakıyorlardı. Yanımdaki subayın, yarı soyunup, kollarıyla durmadan idman hareketleri yapmasına şaşıyordum. Acaba oynatmış mıydı?

Ölüm geceleri, bir dar ve tıka basa koğuşun içinde, bir bunaltıcı havada bile ne kadar soğuk ve saatleri ne kadar uzundur. Fecirden önce bir yangın, bir yer sarsımı, minareleri uçuran, kubbeleri deviren bir İlâhî afet bekliyorduk. Böylece, gönlümüz düğümlene düğümlene ortalık ağardı, can kulağımızı vererek, her an duyar gibi olduğumuz ayak sesleri, ölüm habercilerinin sesleri gelmedi, yavaş yavaş umutlandık. Nihayet günün bütün aydınlığı söktü.

Meğer Polis Müdürlüğü'ndeki altı kişiyi asmışlar. Oradakileri tanımadığımız için bizdekilerin kurtuluşuna sevinç hissi, bir olan, farksız olan facianın acısına bir uyuşukluk verdi.

Enver Paşa'nın yaverine nihayet sordum:

— Doğrusu ya, dün gece yatağında idman yaparken acaba oynattı mı diye şüphelenmiştim.

— Yook, dedi, neden oynatayım? Ama şehit olmak için kan akmalı. Kendimi, beni götürecek olanlarla boğuşmaya hazırlıyordum. Nasıl olsa vücuduma bir iki süngü saplayacaklardı. Sehpaya kanlı kanlı gidecektim, dedi.

Umumî hapishanenin koğuşlarına sığmıyorduk. Henüz biten Sultanahmet tevkifhanesine taşınmamız için emir geldi.

"Akşam"daki arkadaşlar Merkez Komutanı Emin Bey'e rüşvet vermeye başladıklarından, (büyük bir şey değil, Merkez Komutanlığı'nda evden gelenlerle konuşmak üzere her çıkışım için 15 lira), beni "ekâbir koğuşu" denen odaya aldılar. Bu odada Topçu Hasan Rıza Paşa, Şevket Turgut Paşa, Pertev Paşa, Hazım Bey ve daha bir hayli büyük ve orta rütbeli Osmanlı şahsiyetleri vardı. Sözde 31 Mart vakası üzerine Hareket Ordusu, İstanbul'a geldiği vakit Yıldız Sarayı yağma edilmiş. Bu paşalar o yağmadan sorumlu imişler. Tehcir sanığı Mutasarrıf Nusret de bu koğuşta idi. Karyolaların hepsi tek, biri çiftti. Ben bu çift karyolanın üstünde, eski Musul Mebusu İbrahim Fevzi de altında yatıyorduk.

Karşımızdaki koğuş, hırsız ve yankesici gibi adî suçlularla, onun yanındaki büyük koğuş da Kuvay-ı Milliyeci subaylar, küçük İttihatçılar, Anadolu'dan getirilme tehcir sanıklarıyla doluydu.

Bu paşalar hatıralarla dolu olmalı idiler. Bir genç gazeteci için, hemen hemen yarım asrın tarihi ile baş başa günler, geceler geçirmek ele geçer fırsat mı idi? Fakat çoğu iştahsız ve düşünceli idiler. Ah bilseniz kapalı havada insanlar ne çabuk biter. Lâf lâfı bir türlü açmaz.

Bir kısmı da fakir adamlardı. Hareket Ordusu'ndan beri ismini duyduğumuz, Osmanlı Devleti'nde Harbiye Nazırlığı eden Şevket Turgut Paşa'nın yemeği, küçük bir ispirto ocağı üzerinde titrek elleri ile pişirdiği iki üç yumurta idi. Birçoklarımız dışardan, bazılarımız evlerden oldukça iyi yemekler getiriyorduk.

Tevkifhane Müdürü Yasin Efendi, Sultan Hamid'in alaylı subaylarından biri idi. Uzun, sırım gibi, yağsız bir Habeşî. Eski yerimizde iken bu Yasin Efendi'nin çadırına uğrayıp hediye vermeden bizimle görüşmek imkânı yoktu. Meşhur bir yankesiciyi Ramazan akşamları Divanyolu'na salıverdiğini ve onun tramvaylarda vurduğu para ve eşyayı beraber paylaştıklarını da biliyorduk. Bu yankesici onun av atmacası gibi bir şeydi.

Yasin Efendi'yi 31 Mart'tan sonra tüfekçiler, harem ağaları ve öteki saray adamları ile beraber tutup Harbiye Nezareti'nin en alt katında bir avluya tıkmışlar. O vakit 31 Mart asilerini asan Divan-ı Harbi'n Reisi, şimdi koğuşumuzda bulunan Topçu Rıza Paşa idi. Bir gün Rıza Paşa, yargılanacak daha kimler olduğunu görmek üzere Harbiye Nezareti'nin altındaki bodrumu teftiş etmeye gider. Yasin Efendi ve bir sürü arkadaşı korkudan titreye titreye, bu kelli felli, iri yarı, sert paşanın ağzından çıkacak kelimeyi bekledikleri sırada, Rıza Paşa, çizmesinin ucu ile birkaçını dürterek:

— Bu kadar Arabı çorabı ben ne yapacağım? Tutup tutup asmalı... der. Daha doğrusu diyeceği tutar.

Bu sözün, harem ağaları ve tüfekçiler gibi Yasin Efendi'yi de ne hâle soktuğunu tasarlayabilirsiniz. Mütareke olunca rütbesi geri verilen Yasin Efendi, Kürt Mustafa Paşa'ın tanıdığı olduğundan, tevkifhane müdürlüğüne gelir. Topçu Hasan Rıza Paşa artık eski azametinden hiç eser kalmayan, yaşlı, çökük, umutsuz bir insan artığı idi. Yasin Efendi ara sıra koğuş kapısına bir sehpa gibi dikilip, Habeşle Arap arası bir şive ile:

— Sen... Rıza Paşa... Sen. Asın şunları, asın şunları! Şimdi ben seni asacağım. Mustafa Paşa'ya yalvardım, emir verdi, seni ben asayım diye... Bakkaldan ipini aldım, yağladım... der, zavallı Osmanlı paşası boyun büker, dururdu.

Bir gün beni Yasin Efendi'nin yanına çağırdılar. Müdür:

— Adliye Müsteşarı Sait Molla Beyefendi seni görecek, dedi. Deniz üstündeki odada, mütareke devrinin meşhur Mollası ile karşılaştım:

— İyi bir muharrirsiniz. Ben size hürmet ederim. Arkadaşlarınız da gelip bana müracaat ettiler. Mustafa Paşa nasıl zalimdir, bilmezsiniz. Elinden sizi kurtarmak isterim. Fakat paradan başka dinleri imanları yoktur. Siz de bana yardım etmelisiniz. Bu herifleri biraz doyurmalısınız, dedi.

Sait Molla da benim Suriye'den getirdiğim altın çıkınlarını sakladığımı sananlardan ve ellerinde iken mümkün olduğu kadar "sızdırmaya" karar verenlerden olmalı idi. Gerçekten parasız bir gazeteci olduğumu söyledim:

— Fakat bir defa arkadaşlarla konuşayım, belki biraz para bulmak ihtimalleri olabilir, dedim.

"Soyulmak" ve "sızdırılmak" umudu ile artık Divan-ı Harp'e çağrılmıyordum. Necmettin Sadak ve Kâzım Şinasi de ellerinden geleni yapmakta idiler. Bir aralık Refik Halit (Karay) vasıtası ile Mustafa Paşa'yı yumuşatmak tecrübesinde bulunmuşlar. Refik Halit hatıralarında bu vakayı teferruatı ile hikâye etmiştir. Gider, Mustafa Paşa'yı görür. Benim bırakılmaklığımı rica eder. Mustafa Paşa, hiç cevap vermeden, hademeyi çağırır. Mahkeme üyelerini yanına davet etmesini emreder. Onlara:

— Mahkememize verilen vesikalara göre Falih Rıfkı'nın cezası vicdanınızca nedir? diye sorar.

Hepsi: "İdamdır!" derler. Refik Halit dona kalır.

Demek bir para bulmak, bulunabilecek para ile de bunları kandırmak lâzımdı.

Anadolu korkusu ile İstanbul'a yeni bir gevşeklik gelip beni bırakıncaya kadar bulabilip de verdiğimiz para 500 liraya varmamıştı.

Zindanda yalnız umut ışığı sönmez. Büyük koğuştakiler Mustafa Kemal'in bir çete göndererek bir gece hepimizi kaçıracağını fısıldaşmakta idiler. Bu çete İstanbul yakasına nereden geçecekti? Nasıl Sultanahmet'e kadar gelecek ve tevkifhaneyi basarak bizleri kurtaracaktı? Hepsi mümkün olsa bile, Mustafa Kemal bunca fedainin hayatını tehlikeye atarak bizleri kurtarmakla ne kazanacaktı?

Gerçi o günlerde Kuvay-ı Milliye çetelerinin Gebze'ye kadar aktığından bahsedildiğini gelen gidenden işitiyorduk. Ali Kemal bile, Peyam-ı Eyyam'da: "Beykoz'a Gegboza'dan gelse acep mi kartal?" diye bu rivayetleri alaya tutardı.

Nihayet bir gece tevkifhanenin dışından gelen yaylım ateş sesleri arasında uykumuzdan sıçradık. Muhafızlar avludaki çadırda idiler. Hemen hükmettik ki bizi kurtarmaya gelmişler ve muhafız bölüğü ile vuruşmaya başlamışlardır.

Tevkifhane avlusunda karmakarışık bir uğultu, çığlık ve telaş. Karyolamdan koğuşun karanlığına doğru sarktım. Beyaz gecelikle paşalardan biri başucundaki mumu yaktı. Koğuşun karanlığı bulandı, alaca hayaletler, gözlerinin yalnız korkudan büyümüş bebekleri görünerek, yarı bellerine kadar doğrulmuş sessiz bakışıyorlardı.

Tüfek sesleri susmuştu. Fakat içeriye bir akın olduğunu duymuyorduk. Paşalardan biri sızlandı:

— Canım, dedi, şöyle böyle kendi başımıza uğraşıp duruyorduk. Onlara kim bizi kurtarınız dedi?

Bir daha ihtiyarcası: "Süngüleneceğiz!" diye içini çekti.

Baskın yapanlardan hepsinin yakalanmış veya öldürülmüş olduğunu farzedenlerden biri:

— Zavallılar! Delilik kurbanları! Yahu çoluk çocuğumuz var!

Koridordan Yasin Efendi'nin sesi geliyordu:

— Yakarım, yakarım...

Büyük koğuştan birtakım sesler de onu yatıştırmaya çalışıyor:

— Beybaba silâhını bırak... Beybaba silâhını bırak... Gel de kendin gör, ne kaçan var, ne bir şey...

Telâşla uyanan Yasin Efendi tabancasını yakalamış, don paça bizim koğuşa doğru geliyormuş. Kurşun mu, süngü mü, birden bire tevkifhane ihtilâl tarihlerindeki ölüm gecelerinden birinin dehşeti içine düştü.

Meğer yanımızdaki binada yatan meşhur yankesici Fantoma Mehmet o gece de kaçmaya kalkmış. Nöbetçi olup olmadığını anlamak için önce yatak çarşafını büzüp katlayıp iple pencerede sarkıtmış. Karşıdaki nöbetçi, acelesinden pencereye doğru silâh atmış. Çadırlarında uyuyan nöbetçilerimiz de neye uğradıklarını bilmeyerek tüfeklerine sarılmışlar ve rasgele havaya boşaltmışlar.

Sabahleyin hikâyeyi duyanlar, Mustafa Kemal'in kendilerini kurtarmak için Anadolu'dan bir çete göndermediğine ne kadar sevindilerdi.

Bu Hayran Baba'nın ölüm hikâyesidir. Vaktiyle bir yazıma da konu olarak almıştım.

Hayran Baba, Erzincan eşrafından Hafız Avni Efendi'nin saz şiirlerinde kullandığı ismi idi. Olgun bir ehl-i dil olduğundan bütün derdi, gamı kendi içinde idi.

Tevkifhanede içkiye vurmuştu. Gitgide sinir muvazenesi iyiden iyiye bozulduğu için doktor raporu üzerine hastaneye yolladılar. Ertesi gün Divan-ı Harb Reisi, Hayran Baba'yı istedi. Hastanede olduğundan getirmediler. Mustafa Paşa müdürü çağırarak:

— Bu adamı niçin getirmediniz?

Diye sordu. Hastanede olduğunu söylediler:

— Ben bu adamı asacağım! Nasıl şuraya buraya gönderirsiniz? diye bağırdı.

Nihayet iş Muhafız komutana geldi. Muhafız, Doktor Necip Bey'i yanına çağırıp:

— Hayran Baba'yı niçin hastaneye gönderdiniz? diye sordu. Doktor:

— Bu emirle! diyerek cebinden hasta mevkuflar hakkındaki tamimi çıkarıp okudu ve:

— Ben rapor vermeye mecburum, gönderip göndermemek makama aittir, dedi.

Merkez Komutanı, Hayran Baba'nın Divan-ı Harp'e yollanmasını emretti. Muhakeme günü hastaneye bildirildiyse de hastane doktorları Hayran Baba'nın bir yere çıkamayacağı hakkında bir rapor verdiler.

Daha hiçbir muhakemeye çağırılmayan Hayran Baba'nın idam olunacağı ağızdan ağza söylenmekte idi. Bu sırada bütün hasta mevkufların ancak Selimiye Hastanesi'nde tedavi olunacağı hakkında bir karar verildiğinden Hayran Baba da Selimiye'ye gönderilmek üzere raporu ile beraber tevkifhaneye teslim edilmiş, fakat Selimiye'ye gönderilmeyip hapsedilmiştir.

Hayran Baba'nın sağlık durumu gitgide fenalaştığından doktor yeni bir rapor daha verdiyse de okumadılar bile.

Bir gün Hayran Baba'nın çektiği ıstıraba kalbi dayanamayan doktor her türlü tehlikeyi göze alıp bir rapor daha vermeye cesaret etti. Hayran Baba'yı muhafaza altında Selimiye Hastanesi'ne gönderdiler. Divan-ı Harp Reisi vakayı haber alır almaz gece yarısı bir zabit yolladı, hastanın bileklerine kelepçe vurdurdu. Hayran Baba'yı sürükleye sürükleye Haydarpaşa İskelesi'ne indirdiler, zavallı adam doğruca sehpaya gittiğini sanıyordu:

— Beni asmaya götürüyorsunuz, biliyorum, sabaha kadar sabretseniz ne olur? diyordu.

Hayran Baba'yı getirdiler, o bitkin halinde taş locaya attılar. Bizler Sultanahmet tevkifhanesine naklolunacağımız sırada eline kelepçe vurulduğunu ve omzuna bütün eşyasının yüklendiğini gören Hayran Baba:

— Ölüm eziyeti dediğin beş dakikalıktır. Bu cevrü cefaya ne lüzum var? diye inliyordu.

Hayran Baba idam olunacağını bilerek yirmi gün yirmi gece taş locada aç ve ilâçsız yattı. Biraz merhamet duygulu gardiyanlar bile aynı locanın yanındaki locada yatan bir öğretmene:

— Şu pencereden zavallıya biraz süt veriniz! diye yalvarıyorlardı.

Hayran Baba bu yirmi gün ölüm bekleyişi içinde kıvrandı. "Şu kapıyı bir lâhza açınız, biraz hava alayım!" diyordu.

Ve böylece loca rutubeti ve açlık içinde yirmi gün işkence çektikten sonra, bir gece sabaha karşı kendini asılmak için uyandırdıkları zaman, tıpkı hürriyete kavuşuyor gibi sevindi, subayın omuzlarını okşadı.

Hüseyin Hüsnü Paşa, âyan azasından ak sakallı, inmeli ihtiyar bir efendi idi. Gündüzleri çoluğu çocuğu paşayı kolundan, koltuğundan tutup kendisine bahçede biraz nefes aldırırlardı. Bir gün çocukları yine paşayı köşkün kapısından bahçeye çıkarmak üzere iken, dış kapının zorlandığını, subaylarla polislerin içeriye daldığını gördüler.

Hüseyin Hüsnü Paşa, Hareket Ordusu kıtalarının başında bulunanlardan olduğu için hapsedilecekti. Tutmaya gelenlerin başında, muharebede toplarını bırakarak kaçtığı için askerlikten kovulan ve Mütarekede yine hizmete alınan bir binbaşı vardı. Paşanın köşke alınmak üzere olduğunu görünce hemen tabancalarını çektiler ve kapıya hücum ettiler.

— Çabuk açınız!

— Kimi arıyorsunuz?

— Paşanızı almaya geldik...

Hüseyin Hüsnü Paşa ihtiyar bir feriktir. Gelenler mülâzım ve başları binbaşı. Bir yandan çizmeleriyle vurmakta, kapıyı omuzlarıyla itmekte, kasaturalarıyla kilidi zorlamakta idiler. Kadınların çığlıkları arasında kapı kırıldı, sinema ilânlarındaki polis baskınlarına imrenen bu binbaşı ile küçük subaylar başları öne uzanmış, parmakları tabancaların tetiğinde, aksakallı inmeli komutanın ve kadınların üzerine atıldılar:

— Haydi, gideceğiz!

Paşa:

— Müsaade ediniz, giyineyim! diye rica etti. Çünkü arkasında entarisiyle ropdöşambrı vardı. Mülâzım: "Hayır, lüzumu yok, böyle gideriz!" diyordu.

Nihayet bir başkası bir elinde saati, bir elinde tabancasını tutarak:

— Haydi, beş dakika müsaade! dedi.

Hanımı ve çocukları yukarıdan esvap namına ne buldularsa aşağı koşturdular. Entarisinin üstüne ceketini, pantolonunu geçirdiler, ayağına bir çift pabuç soktular.

— Çabuk, çabuk, diyorlardı.

Beş dakika nihayet bulur bulmaz hemen ihtiyar Paşa'yı kolundan, omzundan, ayağından tutarak otomobile bindirdiler. Hanımı kalpağını otomobile dar yetiştirebilmişti.

İhtiyar hasta sandal içinde İstanbul'a geçti. Önce Merkez Komutanlığı'na, oradan Sultanahmet Tevkifhanesi'ne götürdüler. Tevkifhane'de Hüsnü Paşa'nın haline acıyarak kendisini ayrı bir odaya koydular. Gece yarısı yaklaşıyordu. Merkez Komutanlığı'ndan Tevkifhane'ye sordular:

— Hüsnü Paşa orada mı?

— Evet!

— Nereye koydunuz?

— Odalardan birine...

— Hayır, şimdi locaya atacaksınız.

Bu emir, Hüsnü Paşa'nın hasta ve inmeli olduğu haber alındıktan sonra veriliyordu. Loca taş, çıplak, rutubetli ve ışıksızdı. Hastayı iniltileri arasında uyandırıp:

— Sizi başka bir odaya nakledeceğiz! dediler.

Hüsnü Paşa sendeleyerek kalktı. Demir parmaklıklar içinden geçerek localar koridoruna girdi. Kapıyı açtılar. Hüsnü Paşa bu tek delikli dar locayı görünce:

— Beni diri diri mezara mı gömüyorsunuz? diye sızlandı.

Gece yarısı bu loca kapağı açılmış bir lâhde benziyordu. İhtiyarı içine atıverdiler.

Mutasarrıf Nusret'in ölümü eşsiz bir faciadır.

Terbiyeli, özü sözü birbirinden temiz bir Türk milliyetçisi idi. Tehcir sanığı olarak bizim koğuşta yatıyordu. Bir gün kendisini acele Merkez Komutanlığı'na istemişlerdi. Malta'ya sürüleceği havadisini duyduk ve sevindik.

Sapsarı geri döndü:

— Benden hayır yok, beni öldürecekler... dedi.

Sonra anlattı:

— Kulağımla duydum. Yan odada İngilizlerden gelen subaya Mustafa Paşa yalvararak: "Onu bırakınız. Birkaç güne kadar idam edeceğiz," diyordu. Bu söz üzerine beni tekrar aranıza yolladılar.

Birinci Divan-ı Harp'te muhakeme edilerek, sadece vazifesini kötüye kullanmak suçu ile 3 yıla mahkûm edilmişti.

Yeni Reis Mustafa Paşa üyelerden biri ikisiyle birleşerek Nusret'in idamını istemiş. Ötekiler muhalif kaldıklarından on beş yıl kürek cezası üzerine anlaşmışlar. İkinci tutanak böyle yazılmış. Fakat Divan-ı Harp kâtibi tutanağı bir türlü beyaza çekmez, soranlara:

— İşlerimiz çok, birkaç güne kadar çıkartırız, cevabını verirmiş.

Mustafa Paşa arada kendiliğinden bir şahit daha icad eder. Kararın yeniden ağırlaştırılmasına karşı koyan üyelerle kavga çıkar. Bir iki gün sonra bu üyelerin değiştirildiğine dair Nezaret'ten emir gelir. Merkez Komutanlığı vakası bu sırada olmuştur.

Nusret'i tekrar mahkemeye çağırdılar. Patrikhane'den dört yeni kadın şahit getirilmişti. Nusret hâkimlerin karşısında iken, ezberlediklerini söyleyen kadınlara:

— Nusret Bey burada mı? Tanıyor musunuz? diye sorulunca kadınlar:

— Tanıyoruz ama burada değil! cevabını vermeleri üzerine, tekrar dışarıya çıkarmışlar, bir müddet sonra yerlerine dönerek:

— Nusret budur, diye göstermişlerdir.

Hükümet düşmesi üzerine Mustafa Paşa aleyhine kovuşturma yapıldığı zaman bu çift tutanaklar meydana çıkmıştı.

Nusret kullanılmaktan kayış hâline gelen iskambil kâğıtları ile fal açarak ölümünü bekliyordu. Nihayet bir akşam locaya indirmek üzere aramızdan aldılar. Bize ağlayışlı bir sesle veda etti. Sanki hayattan kopup gittiğine değil de, dostlarından ayrıldığına yanıyordu. Kapıdan çıkarken pantolonunun yamasını gördüm.

Sabaha doğru koridorda süngülü muhafızların ayak seslerini duyduk. Nusret, sehpaya gidiyordu. İbrahim Fevzi karyolasının ucuna çıktı, ezan okumaya başladı.

Karısına ve çocuklarına bile gösterilmemişti. Göğsüne asılan yaftada "para çalmak için kıtal yaptığı" söylenen Nusret'in yamalı pantolonu cebindeki cüzdanında yalnız bir kâğıt lira bulmuşlardı.

Sabahın ilk saatlerinde tevkifhane avlusundan, zavallı karısının çığlıkları geliyordu.

Bir akşam da eski vali ve Dâhiliye Nazırı Hâzım Bey'i müdürün yanına çağırdılar. Koğuşa dönmediği için merak ettik: Aşağı locaya indirmişler, ertesi sabah asacaklarmış.

Hâzım Bey dürüstlüğünden, namusundan ve kanun saygısından başka hiçbir hikâyesi söylenmeyen bir devlet emektarı idi. Bu idam, tam bir "katil"di.

Hâzım Bey locaya iner ve ölüm nöbetini bekler. Sabaha doğru biraz dışarı çıkmak ihtiyacını duyar. Loca kapısının deliğinden subayı çağırtarak:

— Tuvalete kadar gideyim. Kapıyı açar mısınız? der.

Subay: "Canım efendim yarım saat sonra ölüp gideceksin. Biraz kendini tutuver!" cevabını verir.

Sultan Hamid'in Adliye Nazırı Abdurrahman Paşa'nın oğlu damatlardan idi. Hâzım Bey'le eski tanışıklığı olduğu için, meğer o akşam saraya gitmiş. Vahdettin'in yanına çıkmaya muvaffak olmuş. El öpmüş, etek öpmüş, nihayet Hâzım Bey'in idamdan atfedilerek cezasının ebedî hapse çevrilmesi için müsaade alabilmiş. Mahkûmu sehpaya götürecek olanlar son hazırlıklarını yaparken, nefes nefese koşan memurlar, iradeyi Tevkifhane Müdürü'ne getirmişler.

Hiç uyumamıştık. Sabaha doğru koridordaki ayak seslerini bekliyorduk. Sesler duyuldu. İbrahim Fevzi ezana başlamadan, koğuş kapısı açıldı. Yataklarımıza dikilip baktık: Hâzım Bey!

İpten indirilmiş kadar sarı idi. Bir müddet yutkundu, sonra:

— Kurtuldum, diye ağladı.

Yuvasına pek bağlı bir aile babası idi. Hıçkırık içinde hikâyesini dinledik. Hâzım Bey Fransızca manzumeler yazardı. Hikâyesini bitirdikten sonra:

Bakınız, cebimde ne ile asılmaya gidiyorum, dedi.

Eser-i cedid denen büyükçe beyaz bir kâğıt çıkardı, okumaya başladı.

Bu, oğluna yazılmış Fransızca bir manzume idi.

Kaç türlü güldük, bilseniz... Kahvaltılarımızı birbirimize ikram ettik.

Hâzım Bey sonra İkinci Meclis'e mebus geldi. Cumhuriyetin ilânı kanunu konuşulduğu sırada, kürsüye çıktı, memleketten gönderilecek hanedan âzalarından, damatların çıkarılmaması için birkaç söz söyledi:

— Vay hanedancı... Vay mürteci...

Sesleri arasında nutkunu tamamlayamadı.

Nasıl bir borç ödemek istediğini yalnız ben biliyordum.

GERİLLA DEVRİ

KURULUŞ

Önsöz

Anadolu'da yeni bir Türk devletinin temeli 23 Nisan 1920'de Büyük Millet Meclisi açıldığı gün atılmıştır. Mustafa Kemal bu meclis başkanı seçildiği gün, gerçekte, yeni Türk devletinin ilk başkanı olmuştur.

23 Nisan 1921'den 13 Eylül 1921'de Sakarya Zaferi kazanılıncaya kadar bu devir büyük ve tehlikeli krizler içinde geçmiştir. Mustafa Kemal'in eşsiz liderlik nitelikleri asıl bu krizler sırasında kendini gösterir.

Gerilla devri 1920 sonlarında kuzey ve güney batı cephesi komutanlıkları Genelkurmay Başkanı İsmet Bey'le Dâhiliye Vekili Refet (Bele) Bey'e verilerek nizamlı ordu devri başlayıncaya kadar sürer. Kara günler üstüne Sakarya Zaferi ışık tutuncaya kadar on altı aydan fazla geçecektir.

Ortam

Birinci Dünya Savaşı'nın sonunda Anadolu anarşi içinde idi. Seferberliğin daha ikinci yılında asker kaçakları irili ufaklı çeteler kurmuşlardı. Halk ordudan da, hükümetten de, türlü çetelerden de bezgindi. O yılları Yedinci Ordu Komutanlığı'ndan çekildiği vakit başkomutanlığa verdiği ve kopyasını Sadrazam Talat Paşa'ya yolladığı raporda Mustafa Kemal açıkça anlatmıştır. Halk, içinden, devlete karşı idi. Savaştan hiçbir şey beklediği yoktu.

Bir örnek vermek istiyoruz. Çanakkale'de düşman boğazı zorlarken arkalarda Laz Mehmet, Arnavut İzzet ve asker kaçağı çeteleri yolları tutmakta, köyleri basmaktadır. Biga'nın Kayapınar Köyü'nden Kara Hasan'ın da otuz kişilik bir çetesi vardır. Parası olduğu söylenen kasabalı veya köy ağasına haber gönderir veya çocuğunu dağa kaldırır. Haraç başlıca gelir kaynağı. 1916 Kasım ayında hükümet kaçakları affetmekten başka çare bulamaz. Kara Hasan da altmış kişilik çetesi ile Biga'ya gelip silâhları kendilerinde kalmak şartıyla teslim olmuştur. Çeteden kimse köyüne dönemez. Arada kan vardır. Hak ve öç vardır. Kara Hasan yirmi odalı Piti Hanı'nı kira ile tutarak çetesini yerleştirir. İçlerinden kimse okuyup yazma bilmediği için belindeki fişekliği, omzunda tüfeği ile okuryazar bir celep de aralarına girer. Geçinmek lâzım. Kara Hasan alacak verecek, evlenme boşanma gibi işlere bakmakla kendi kendini görevlendirir. Han bir karargâhtır. Kimin kimden alacağı varsa ona gelir. Borçlu ya öder veya kefil gösterir yahut hanın mahzenine hapsolup dayandığı kadar cop yer. Ölenler de olmuştur. Alınan paranın yarısı Kara Hasan'ın. Bir kızı gözüne kestiren, Kara Hasan'a başvurur. Kocası ile geçinemeyen kadın, damadını istemeyen kaynata hanın kapısındadır. Mahkeme dosyaları çete karargâhına aktarılmıştır. Mal mülk anlaşmazlıkları önce handa, sonra tapuda çözülür. Resmî makamlar ileri gitmemesini diledikleri vakit de:

— Ben bu kadar adamı ne ile besleyeceğim öyleyse? Masraflarımı siz mi vereceksiniz? der.

Bir defa çete adamları, borcunu ödetmek istedikleri okumuş bir genç:

— Siz kim oluyorsunuz? Alacaklı varsa mahkemeye gider, demesi üzerine dövmüşler, o da karşı koyunca öldürmüşler, kurtarmak için araya giren kıza bir kurşun sıkmışlardır.

Suçüstüdür. Öldürenler yakalanıp hapse atılmıştır. Kara Hasan savcıya gider:

— Bir yanlışlık olmalı. Onlara biz ceza veririz, der ve savcının biraz direnmesi üzerine de:

— Akşama bana uğra. Yoksa yeniden dağa çıkarız, tehdidini savurur. Hapistekileri kurtarır.

Burası Biga'dır. Başkomutan korkunç Enver Paşa, İstanbul'dadır. Artık Anadolu'nun öbür taraflarını düşünüz. Harp bitip de İngilizler ve müttefikleri İttihatçı ve hele Ermeni öldürüşçülüğü hesaplarını sormak yoluna gidince ne kadar gocunan varsa silâhlanıp bir çeteye katılmıştır.

Yunanlılar İzmir'e çıkınca gâvura karşı ilk dayatma cephesinde çeteler vardır. Sonra bu cephe Mustafa Kemal'ci damgasını yiyince onlara karşı giden Halifeci kuvvet de gene bu çetelerdir.

Mustafa Kemal, Sivas'tan Müdafaa-i Hukuk teşkilâtı yapılması için Biga'ya da yazmıştır. Kaymakam ve müftü halkı uyarmaya gidince Karabiga'da ileri gelenler:

— Padişah var. Şeyhülislam Sabri Efendi gibi ulema var. Mustafa Kemal Paşa'nın emri ile teşkilât olmaz. Bu isyan demektir, derler. Üç yüz kişi ile Balıkesir cephesine gönderilen Kara Hasan'dan yardım istemek lâzım. Müftüye: "Korkma, memleketi gâvurdan kurtarmak için çarpışa çarpışa Mustafa Kemal'e kadar gideceğiz," diye haber gönderir.

Dayatışmacılar arasında yalnız haydut çeteleri yoktur. Asker ve sivil kahramanlar vardır. Fransızlar elindeki Akbaş cephaneliğini basıp Anadolu'ya kaçıran Hamdi Bey, Edremit kaymakamı idi. Teşkilât yapmak, silâh toplamak, vermeyeni cezalandırmak, evleri aramak gibi ciddi hareketlere girişince Kara Hasan:

— Bir kümeste iki horoz ötmez, der. Sapıtmıştır da: Bir punduna getirip Kara Hasan'ı öldürmek lâzım gelir. Halifeci çete reisi Anzavur da Kuvay-ı Milliyeci Hamdi Bey'i işkenceler içinde öldürtmüştür.

Batıda Kuvay'ı Milliye'nin ilk kahramanları arasında çeteciler başta gelir. Çerkez Ethem'i bir zamanlar Mustafa Kemal'in üstünde görenler olmuştur. Ethem gençken askerliği sever. Babası istemezse de 19 yaşında Osmanlı Harbiye Nazırlığı Muhafız Süvari Alayı'na girer. Staj görür. Başçavuş, daha sonra Balkan Savaşı'na katılarak süvari yedek subayı olmuştur. Birinci Dünya Savaşı'nda İttihatçılar ordu dışında hareketler yapmak üzere Teşkilât-ı Mahsusa denen çeteler kurmuşlardı. Ben hem askerlik yaşında, hem gazeteci olduğum için bu teşkilâta girmek üzere Merkez-i Umumî'ye giderek Dr. Nazım'ı gördümdü: "Onları hapishanelerdeki katillerden topluyoruz. Ne işin var aralarında?" demişti. Ethem bu teşkilâta girmiştir. Rauf Orbay'ın yanında İran'a gitmiştir. Mütareke sırasında Bandırma'dadır. Yunanlılar İzmir'e gelmeden önce çetesini Müdafaa-i Hukuk Cemiyeti'ne besletmekte idi. Bu sırada İzmir Valisi Rahmi Bey'in oğlunu dağa kaldırarak 30.000 lira haraç almıştır. Adapazarı'nda tüccar Arapzade'den de 50.000 ve Karacabeyli birinden 5.000 lira almış olduğunu Atina'da yazdırdığı hatıralarında söylemiştir. Gezer Divan-ı Harp'i vardır. Konduğu yerde darağaçları kurar. Devlet gelirine el koyar. Bir kasabada tütün stoku mu buldu, hemen paraya çevirir. Bir defa Ankara Maliye Bakanı Ferit Bey ondan önce davrandığı için:

— Sen orada bülbül gibi ötüyorsun. Biz burada canımızı ortaya koymuşuz. Ankara'ya gelince sana hesabını sorarım, demekten çekinmez. Nitekim Ankara'ya gelince çete adamları Ferit Bey'i bulmuşlar, "Ethem Bey istasyonda seni ister," diye götürmek istemişler, iki polis ve birkaç kişi bakanı ellerinden güç kurtarmışlardır. Bir gün Nazilli'ye, Yunan geliyor, diye haber gelmesi üzerine kasaba boşalmıştır. Sonra düşman hareketinin durduğu haber alınması üzerine kasabaya dönenler ne görseler beğenirsiniz, Ethem Çetesinin develeri tüccar malını yükleyip götürmektedir.

Ethem'in iki büyük kardeşi vardır. Biri Millet Meclisi'ndedir. İkincisi Divan-ı Harp'in ve gerektiği vakit kuvvetlerin başındadır. Adı Tevfik. En sonu Ethem kuvvetlerinin ordu emri altına girmesi istendiği vakit Tevfik Bey komutanlığa verdiği cevapta, "bizim kuvvetimiz ne tümen, ne de herhangi bir ordu kuvveti hâline sokulamaz, bu serserilerin başına ne bir subay, ne de hesap memuru konamaz, subay gördüler mi, Azrail görmüş gibi isyan ederler, bizim birliklerimiz, Pehlivan ağa, Ahmet Onbaşı, Sarı Mehmet, Halil Efe, Topal İsmail gibi adamlar tarafından idare edilmektedir. Bölük emirleri de yazdığını okuyamaz, okuduğunu yazamaz kimselerdir," der.

Ethem 1919 Haziranı'nda harekete katılmıştır. Temmuzda Demirci Efe denen eşkıya, gâvura karşı cepheye gelmiştir. Bu efe, generalleri bile hapsetmiştir. Öldürülen efendisinin öcünü almak için Denizli'ye yaptığı akın Kuvay-ı Milliye tarihinin en acı hatıraları arasındadır. Denizli'ye bir efe ile birkaç kizanı gitmişti. Düşman gelmek ihtimaline göre Kuvay-ı Milliyeci görünmek için halktan bazı kimseler efe ile kızanları vurmuşlardır. Demirci büyük kuvvetle geldi. Elini eskiden beri saygı ile öptüğü eşraftan biri ile iki yüz kişi karşılamaya gittiler. Demirci tam ağasının elini öpmek için eğildiği sırada, yaralı ve donlu bir kızan sürünerek geldi, bunlar bizi bu hale koydular, dedi ve Demirci, Tevfik Bey'i tabancasını çekerek vurmuş, iki yüz kişiyi öldürtmüştür. Sonra:

— Hepsinin kanları helâldir, dedi.

Bulduklarını kestiler.

Soyguncu idi. Sonraları demiştir ki: "Yedi vilâyete kumanda etmek bana düştü, idare ya ilim ile olur ya zulüm ile, bende ilim olmadığından zulüm ile idare ettim."

Demirci Efe'yi kullanmak üzere yollanan Refet Bey (Bele) onun emrine girmişti. Gâvura karşı yararlığı görünen Demirci Efe de nizamlı ordu kurulduğu vakit Ethem ayaklanmasına katılmak istedi ise de gözü tutmamış, Refet Paşa, İğdecik'te basarak efeyi kaçırmıştır. Refet Paşa, bir top savurdum, kaçtı, tam yüz bin lirası elime geçti, ama bu parayı sonraları gene onlara harcadım, demiştir. Bu baskın yüz bin lirası hayli dedikodu konusu olmuştu.

Bir Yörük Ali Efe de vardır. Vurguncu değildir. Gözü pektir. Aydın baskınında iki yüz kişi ile bir alay Yunanlı kaçırmıştır.

Çeteler Kuvay-ı Milliyesi Yunan tehlikesi ile batıda, Ermeni tehlikesi ile güneyde, Pontus tehlikesi ile Karadeniz bölgesinde kendini göstermiştir. Bir ara Pontus Rum çeteleri altı yedi binden yirmi beş bine yükselmiştir. Bunlara karşı koymak için de Kel Oğlan veya Topal Osman gibi halk kahramanları çıkmıştır. Topal Osman beş on kişi ile harekete geçti. Bir Türk evine karşı üç Rum evi yakmak, mezarını kendine kazdırıp diri diri adam gömmek, vapur kazanına kömür yerine canlı adam atmak gibi zulüm ve işkenceleri ile tanınmıştır. Sonunda Pontus Rumluğunu iyice yıldırdı idi. Yanındakiler azıtarak dağa eşraf kaldırmak gibi haydutluklara başlamaları üzerine Samsun'daki Tümen Komutanı, Topal Osman'ı Ankara'ya aldırmak istemiş, Mustafa Kemal imzası ile bir telgraf uydurmuştur. Cumaları mızıka ile selâmlık yapmak kadar kendini gözünde büyülten ve varlıklıyı haraca kesen Osman Ağa:

— Değil Mustafa Kemal, Allah emretse yerimden kımıldamam, gidecek zamanı ben bilirim, demişti.

Komutan sabırlı davrandı. Kan gütme davasından çekindiği bir adamı kullanarak gitmesini sağlayabildiler. Sakarya Savaşı arifesi idi. Mustafa Kemal, Osman Ağa ile çetesini muhafız kuvvet olarak yanına almakla onu hareketsiz kıldı. Fakat zaferden sonra bir milletvekili boğdurarak, Mustafa Kemal'in başına büyük dert açmıştır.

Adana, Maraş, Antakya, Urfa, Kilis ve Antep'te Ermeni lejyonları ile güçlendirmeli iki Fransız tümenine karşı, Ermenistan olmamak için, ayaklananlar haydut çeteleri değildirler. Yerli vatanseverler ve askerlerdir.

İngiliz ve Fransızlar güneye Ermeni milisleri ile birlikte girmişler, Adana Ermenileri onları yollara halılar serek karşılamışlardı. İlk dayatış cephesini kuranlar Mustafa Kemal'den yardım istedikleri vakit, silâhımız çok az, eğer Diyarbakır'a adam yollarsanız bir şeyler alabilirsiniz, ama bunu gizli tutunuz ve eşkıyadan sakınınız, cevabını almışlardı. Sivas Kongresi ve Mustafa Kemal adı dayatışmacılara manevi dayanak olmuştu. Bir aralık Suriye Fransız Yüksek Komiseri George Picot, Sivas'a giderek (Kasım 1919) Mustafa Kemal'le görüştü idi. Onlar Ermenileri çekecekler, halka zulmetmeyecekler, biz de Fransızları rahat bırakacaktık. İngilizler bu sözde yaklaşmayı bile içlerine sindirememişlerdir. 16 Mart'tan önce bir rapor veren dış bakanı Lord Gurzon şöyle diyordu: "Fransa doğu İslâm dünyasına Arabistan, Irak, İran, Afganistan ve Hindistan'la bir batı İslâm dünyası katarak hepsini himayesi altına almak istemektedir. Picot, Sivas'a gitti. Harbe girişi ile onu en az iki yıl uzatan yenilmiş düşman Avrupa'dan çekilmelidir. Beş yüz yıldan beri süren bu meseleyi kökünden çözmek için elimizdeki fırsatı kaçırmamalıyız."

Picot sözünde de durmamış, 1919 sonlarında ve 1920 başlarında Urfa, Maraş, Antep ve bütün Adana çevresinde çarpışmalar olmuştur.

Batı cephesinde yalnız haydut çeteleri değil, fedai vatanseverler ve büyük küçük rütbeli askerler de savaşa atılmışlardır. Bursa'da Gökbayrak taburunu kuran Dağıstanlı Cemal Bey'in İnönü Harbi'ne kadar büyük hizmetleri olmuştur. Bu tabur ilk aldığı emirle ordu saflarına girmiştir. Osmanlı genelkurmayı cephe kuruluşlarına el altından yardımcı idi. Albay Bekir Sami ile Akhisar'a teşkilât yapmaya giden Albay Kâzım, İstanbul'a dönerek 61. Tümen Komutanlığını istediği vakit Genelkurmay Başkanı Cevat Paşa'ya:

— Bandırma'daki tümenin komutanlığına gitmeliyim. Sizden emir aldım demem. Yunanlılarla çarpışırım, demişti...

Cevat Paşa da:

— Yahu yapabilir misin bunu? diye gözlerinden öpmüştü.

Hükümetin Harbiye Nazırı ise:

— Zorda kalmadan Yunanlılarla çarpışmamaya dikkat edin, diyordu.

Demirci Efe'ye kadar ilk dayatma hareketlerini üç albay yönetmişti. Balıkesir bir askerî cephe idi.

Halk ve Ordu

Ortam havasını iyice anlatabilmek için halkın ve ordunun durumunu yorumlamalıyız. Çünkü bu çeteler iç ayaklanmaları bastırmışlar, dünyaya Türklüğün: "Hayır!" sesini duyurmuşlar, fakat Yunan saldırışı önünde dağılmışlar veya pek az dayandıktan sonra çekilmişlerdir.

Halk bıkkın ve bitkin halde idi. Yurdu Erzurum'a dönen Cevat Dursunoğlu'nun geçtiği köyler bomboş, ot yok ocak yok. Geçen dört yılın kışında insan eti yemeye alışan kurt sürüleri akın etmekte. Birçok günler yavan ekmek bile bulamaz. Kaldığı her köy ışıksız ve ateşsiz. 80.000 nüfuslu eski Erzurum yıkık, harap, kalanlar üç dört bin kılıç artığı. Köylü göçmenler. Doğu savaş bölgeleri hep böyle.

Trakya ve Anadolu halkının Balkan savaşından beri kıtlıktan, seferlerden, eşkıyadan çekmediği kalmamıştır. Mustafa Kemal halk yığınları hareketsizliğinin millet için iyi yorumlanmayacağını anlatmak ister. Asker sivil her yöneticiye halkı uyarma görevini verir. Kırklareli'nden gelen rapora göre Balkan Savaşı bölgeyi çok sarsmıştır. Eşraf çekingendir. Fedakârlık beklenemez. Raporda "Âli hissiyat namına bir şey yok," demektedir. Keşan'daki 60. Tümen'in raporuna göre yerli halk "teşkilâtsız, duygusuz, kaygısız, silâhsız"dır. Teşkilât isteyen yok. Ellerindeki silâhları Rumlara satanlar bile var. Rumeli göçmenleri ile Pomaklardan belki faydalanılabilir.

Zorlu çetelere karşı kimse baş kaldıramaz. Fakat Fransızlar elindeki Akbaş iskele ve deposunu basarak Akhisar ve İzmir cephesine cephane kaçıran Hamdi Bey, halkı çetelere haraç yerine cepheye para ve gönüllü vermek için baskı yaptığı için, bir kışkırtma ile esvapları soyulup, don gömlek, işkence edilerek, yalınayak dolaştırılarak, sopa atılarak, sırtına binilerek öldürülür.

Albay Bekir Sami, Akhisar'a geldiği vakit hemen Askerlik Dairesi'ne gider. Yapayalnızdır. Bir odada bir kişi. Dışarıda sekiz on kişi. Sert, disiplinci Albay şaşalamıştır. Pencereden bakınca eğerli atını görür. Koca kolordu bir kişiye inmiştir. Kimsenin asker olmaya hevesi yok. Herkes subaya ve üstlere karşı. Jandarma bölüğünden kaçan kaçana. Birçokları da Uşak'a doğru göç yolunda. "Bandırma'dan Balıkesir'e geldik. Bütün istasyonlara Yunan bayrağı çekilmişti. Herkes Yunanlıyı bekliyordu. Eğer Yunanlı gelirse malını canını emniyete alacağı kanısında idi. Terzi dükkânları Yunan bayrakları dikiyordu."

— Biz bir şey yapamayız. Devlet asker gönderirse gönderir. Yunanlıya boyun eğeriz, derler.

O sıralarda o çevrede bulunan Rauf Orbay:

— İntibaım iyi değil. Bu şartlar altında bir şey yapılamaz, der.

Bu devir Çerkez Ethem'ler, Demirci Efe'ler, Yörük Ali'ler, Topal Osman'lar devridir. Uzun, ta 1912'den beri devamlı bir işkence gibi sürüp giden savaş sıkıntısı halkın devletten de ordudan da sıtkını sıyırmıştır.

Birinci Dünya Savaşı'na 22.000.000 nüfus ve 1.700.000 km^2 toprakla girmiştik. Toprağımızın hemen hemen 1.000.000 km^2'sini ve 12.000.000 nüfus kaybetmiştik. Türklüğü seferlerde, sonra açlıktan ve kıtlıktan tüketirce harcamıştık. Dört cephede devlerle dövüşen ordulardan, meselâ, Yıldırım orduları grubunda son savaşlarda 75.000 esir de verdikten sonra 2.500 kadar piyade kalmıştı. Kuvay-ı Milliye'nin ilk devirlerinde seferberlik yapmak imkânı yoktu. Eldeki kuvvetleri kullanmak da, hele Padişah ve Halife, halk yığınlarına, Anadolu'ya "asi" tanıttıktan sonra tehlikeli idi. Halk ayaklanma bölgelerinde göreve giden kuvvetleri tekbirler getirerek karşılıyor, kolayca kandırıp dağıtıyordu. Ankara çevresi güvenliği için yola çıkan Arif Bey kuvveti Beypazarı ve Ayaş'ta başarı kazandıktan sonra komutan kendi erleri tarafından öldürülmüş ve kuvvet dağılıvermiştir. Kütahya'da uzun müddet iyi giden bin beş yüz mevcutlu millî tabur bir gün ansızın dağılmış, komutanı güçlükle canını kurtarmıştır. Propaganda o kadar kötü idi ki subaylar bile çetelerde görev almak peşinde idiler. Çerkez Ethem çetesi ayaklanmaları bastırdığı sırada subay ve milletvekilleri arasında bile klâsik teşkilâtlanmanın lüzumsuz olduğunu ileri sürenler az değildi. Sonradan ordu komutanı İzzettin Çalışlar, batıda Ali Fuad Paşa'nın başkanlığındaki bir toplantıda yalnız kendisinin yakası kapalı olduğunu söyler. Hâlbuki toplantıda tek sivil Çerkez Ethem'di.

Çetelere bu aşırı güvenlik sırasında, Keskinli Rıza denen haydut, ki milletvekili idi, sonraları asılmıştır, bir süvari alayı ile kendi bildiği bir geçitten Bursa'ya girip düşmandan alacağını söylemiş, Meclis Mustafa Kemal'e rağmen kendisine bu alayı kurdurmak kararını vermiştir. Tabii bu alay ilk ateşte dağılmıştır. Fakat hepsi Türk köylerini yağmaya koyulmuşlar, bu defa da bin güçlükle silâhları geri alınabilmiştir.

Çetelerin itibarı Yunan ileri hareketleri karşısında hiçbir işe yaramadıkları günlere kadar devam etti. İlk zamanlarda Meclis'te ordunun görev yapamadığı tartışma konusu olduğu vakit, 12 Temmuz 1920'de, Mustafa Kemal:

— Uzun müddet çarpışabilmek ve halkın savaş şevkini ayakta tutmak için Harb-ı Sağir17 yapacağız. Buna başladık. Hedefimiz düşman maneviyatını kırmak, kendi maneviyatımızı ayakta tutmaktır, demişti.

17 Mustafa Kemal o vaktin dili ile Gerilla'yı böyle Osmanlıcaya çevirmişti.

KUŞATILMA

19 Mayıs 1919'dan hayli gerilerdeyiz. Henüz İzmir'e Yunanlılar gelmemiştir. Ama İstanbul'da düşman baskısı vardır. Türkiye için ne kadar kötü şeyler düşünüldüğünü de biliyoruz.

Yurtsever Osmanlı aydınları aranış içindedirler. Ne yapsak da millî bir uyanış hareketi yaratabilsek, yarın katlanılmaz barış şartları diktası altında kalırsak, hayır diye haykırabilsek! Toplantı yerlerinden biri de göz hekimi Esat Paşa'nın evi. Dertleşenler arasında Profesör Akçuraoğlu Yusuf ve Ferit (Tek) Beyler de var. Hepsinin birleştiği nokta İstanbul düşman baskısı altındadır. Burada bir şey yapılamaz. Çıkar yol Anadolu'yu hazırlamaktır. Fakat kim yapabilir bu işi? Kimi göndermeli Anadolu'ya? Refet Bey (Bele) Jandarma Komutanı, Gazze savaşlarından tanınmıştır. Bir defa da ona danışalım, demişler ve kendisini toplantıya çağırıp fikrini almak istemişler. Refet Bey:

— Siz düşünün, ben de aradığınız adamın kim olabileceğini araştırayım, gelecek defa görüşürüz, der.

Ertesi toplanışta sormuş:

— Kimi tasarladınız?

— Rauf Bey'e (Orbay) ne dersiniz?

— Yüzde elli bulmuşsunuz. Bende bir yüzde yüz var, bizi kurtarır ama, sonra biz ondan nasıl kurtulabiliriz, bilmem.

— Canım, gâvura kalmaktansa ona kalırız.

— Mustafa Kemal!

İttihatçıların daha Selanik'te iken vurdukları damga üstündedir: "Haris"dir, hiçbir rütbe ve makama doymaz. İnsanca yaşamayı, eğlenmeyi ve içmeyi sevdiği için o devir anlayışına göre "Sefih"dir. Ve durmadan tenkit ettiği ve İttihatçıların tutumunu beğenmediği için "uzlaşılmaz" bir adamdır.

Mustafa Kemal, Osmanlı düzenini altüst eden devrimler yapılmadıkça bizim bir batı medeniyeti toplumu olamayacağımız ve bunu da, her çeşit yoklamalardan sonra gerçekleştirebileceği inancında idi.

Erzurum ve Sivas kongrelerinde Kâzım Karabekir ve Rauf Orbay gibi kendisine, başımızdasın, diyen arkadaşlarının bile başkan olmaması için nasıl çalıştıklarını biliyoruz. Onsuz olmazdı, o olmalı idi, ama başta olmamalı idi, hareket kolektif, Mustafa Kemal bu kolektifin gölgesinde kalmalı idi.

Nitekim 16 Mart İstanbul işgalinden sonra Mustafa Kemal Heyet-i Temsiliye'yi geçici bir hükümet olarak tanıtmak ve o vakit "meclis-i müessesan" denen bir "Kurucu Meclis" toplamak ister. Bütün asker ve sivil otoritelere, artık yetkili otorite biziz, İstanbul'la bütün ilgilerinizi keseceksiniz diye bildirir. Komutanların fikirlerini sorar. "Kurucu Meclis" sözü başta Kâzım Karabekir'i kuşkulandırır. Komutanlara ve sivil makamlara bildirdikleri arasında şunlar da vardı: 1 — İstanbul işgali her tarafta protesto edilecektir. 2 — İstanbul'da hiçbir resmî makamla temas edilmeyecektir. 3 — Hıristiyanlara kötü davranılmayacaktır. 4 — İngiliz subayları rehin olarak tutulacaktır. Bu rehin ilerde Malta sürgünlerinin kurtarılmasına yarayacaktı.

Bazı irkilmeler üzerine ikinci bir bildiri ile Kurucu Meclis yerine olağanüstü bir meclis toplanmaya karar verildiğini söyler. Seçim 19 Mart'ta yapılacaktır. İstanbul'dan kaçanlar meclise katılacak, gelmeyenler yerine yenileri seçilecek, Belediye ve vilâyet meclisleri ile Müdafaa-i Hukuk Heyetleri de temsilci yollayacaklardı. 441 yerine 381 milletvekili ile yeni meclis kurulmuştur. 115 memur ve emekli, 61 sarıklı, 51 asker, 26 çiftçi, 37 tüccar, 49 avukat, 21 hekim, 8 şeyh, 6 gazeteci, 5 ağa, 5 aşiret reisi.

İngilizler ve İstanbul Hükümeti 16 Mart'tan sonra Ankara'yı yıkmak için türlü tedbirler almışlardı. İlk deneme, İngiltere şiddet gösteriyorsa sebebi başta Mustafa Kemal olduğundandır, eğer onu bırakırsanız barış şartları da hafifler, fitnesi idi.

Mustafa Kemal'in son İstanbul Meclisi'ne güveni yoktu. Kâzım Karabekir'e yazdığı bir telgrafta "mebusların ikbal düşkünlüğü yüzünden grupta dayanışma sağlanamadığını, daha fazla hükümetin aldatıcı politikasına kapıldıklarını" söylemişti. Bazı vali ve komutanlar da Ankara'nın İstanbul ile ilgi kesilmek emrine karşı, hükümet İstanbul'da, onunla ilgiyi kesmek nasıl olur, yollu tenkitlerde bulunmuşlardı. Bir 23 Nisan akşamı Çankaya'da Atatürk o günün hikâyesini şöyle anlattı idi: "İç isyan Ankara kapılarındadır. Başta ben olmazsam tehlikenin hafifleyeceği fikrinde olanlar böyle bir denemenin faydalı olacağını bana kadar işittirdiler. Ben nereye gidebilirim, diye sormaklığım üzerine de, şarka doğru, tavsiyesinde bulunmuşlardı. (Sofrada bulunan Recep Peker'e dönerek) Hatırlar mısın Recep, yeni gelmiştin, sana da fikrini sordum, memleketin menfaati bunda ise fedakârlık etmelisiniz, demiştin. Fakat ben, tarihî bir görevimiz var; meclisi açmak! Bu görevi yerine getirelim de sonra düşünürüz, cevabını verdim ve meclisin hemen toplanması için tedbir aldım."

Hiçbir zaman söz altında kalmayan Recep bu hatırlatma üzerine başını önüne eğmiş idi.

23 Nisan 1920 Cuma günü Cuma namazından sonra dinî törenle meclis açılmış ve her idare merkezinde hatim duaları, Bahari-i Şerifler, minarelerde sala ve "sevgili padişahımıza sadakat" yeminleri ile aynı tören yapılmıştır. Meclis toplanır toplanmaz "ilk ve son sözü Padişah ve Halife'ye bağlılık" olduğuna yemin edilmiştir! "Cenab-ı Hak

ve Resul-i Ekrem'i namına yemin ederiz ki Padişah'a ve Halife'ye isyan sözü yalandan ibarettir."

Mustafa Kemal ilk amacına ermiştir. Bir millet meclisi vardır. Onun başkanı ve hükümeti vardır. Yeni devlet kurulmuştur. İstanbul için tek umut bunu yıkmakta, hatta düşmana yıktırmakta, yeni devletin de tek dayanağı vatanı düşmandan kurtarmaktadır. Ya hep ya hiç!

Mustafa Kemal, Ankara'ya geldiği vakit 1200 lirası kalmıştı. Bu da müfettişliğe verilen 20.000 liranın artığı idi. Sonradan Diyanet İşleri Başkanı olan Rıfat Hoca tüccarlardan 6.000 lira toplayarak kendisine vermişti. Para bulmak, bu küçücük sermaye ile kurulan devleti beslemek daima çetin bir mesele olacaktı.

19 Mart'ta Fevzi Paşa (Çakmak) İstanbul'da Harbiye Nazırı idi. Ankara, İstanbul Hükümeti ile haberleşmeyi kestiği için Bursa'daki Kolordu Komutanı Yusuf İzzet Paşa Harbiye Nazırı ile görüşmek için kendisine yol verilmeyince görevinden çekildi idi. 19 Mart'ta bir İngiliz torpidosu Harbiye Nazırı Fevzi Paşa'nın emrini getirip kendisine yolladı. Emir şu: "Amiral Galtrop, Anadolu, İstanbul Hükümeti'ni tanımamak yoluna girdiği için daha şiddetli tedbirler alınacağını bildirmiştir. Anadolu'da bazı sergerdelerin hareketleri menafi-i hakikiye-i Osmaniye'ye muhaliftir. Anadolu'da taraf-ı şahaneden mansup (tayin edilmiş) en kıdemli kumandan sizsiniz. Harbiye Nezareti'nin emrini bütün kıtalara tebliğ ederek ordunun İstanbul Hükümeti'ni tanımakta devam etmesini temin ediniz." Yusuf İzzet Paşa emri komutanlara bildirir. İçlerinden Bekir Sami, Ankara'da Heyet-i Temsiliye ile görüşeceği cevabını verir. Konya'da Fahrettin Altay hemen itaat eder. Bu pek tehlikeli bir şeydi. Hemen hal çaresi bulunmadı idi. Mustafa Kemal, Refet Bey'i (Bele) hemen Konya'ya gönderir.

Refet bir istasyon önce treni durdurur. Fahrettin Altay'a görüşmek için haber gönderir. Gelince hemen treni hareket ettirerek komutanı Ankara'ya götürür. Onun yerine o sıralarda ikinci defa Ankara'ya gelen İsmet Bey gönderilecekti. Fakat Fahrettin Altay, Mustafa Kemal'in emrine girdiğine ve emrinde kalacağına söz vererek görevi başına döner.

Damat Ferit Paşa yeni hükümetini 5 Nisan'da kurdu idi. Eski kabine ile Harbiye Nazırlığı'ndan çekilen Fevzi Paşa bu hükümete de girmek için Boğaziçi komşusu Cemil Molla'nın aracılığını ister. Gerekçesi, Anadolu ile ancak kendisinin başa çıkacağı, eski paşalardan hükümetin faydalanamayacağı idi. Cemil Molla gider, Damat Ferit'e bunu söyler. O da doğru bulur. Fakat Padişah'ın İngilizlerin Fevzi Paşa'ya güvenmediklerini söylemesi üzerine Damat vazgeçer. Fevzi Paşa da Beykoz'daki evine çekilir. İstanbul'dan Anadolu'ya adam kaçıran o çevre komitesinin başı kendisine gelir. Malta'ya sürüleceğini, en yakın kafile ile Anadolu'ya kaçmasını tavsiye eder. Fevzi Paşa'nın Ankara'ya gitmesi böyle olmuştur. Adapazarı, ayaklanma bölgesi olduğundan Fevzi Paşa kendini götüren subayla, Geyve'de Ali Fuat Paşa'nın (Cebesoy) karargâhına gider. Ali Fuat, Ankara'ya haber verir. Mustafa Kemal, Fevzi Paşa'yı affetmez. Ali Fuat, İstanbul Hükümeti Harbiye Nazırı'nın bile Ankara'ya gelip millî idareye katılmış olmasının çok iyi bir hava yaratacağını anlatarak Mustafa Kemal'i caydırır. İşte ikinci Mareşal ve ikinci Kurtuluş kahramanımızın, yakalanıp İstanbul'a getirerek, Padişah'a teslim etmek istediği, sonra da bütün komutanlara kendisini tanımamak emrini verdiği Mustafa Kemal'le birleşme hikâyesi budur. Ankara'ya gider gitmez, gericilerin de hoşuna gider tipte olduğundan

Fevzi Paşa'yı Meclis kürsüsüne çıkarmış, İstanbul'u yerdirmiş, daha birinci günü hizmetine almıştır.

İnönü'nün tarihçilerine göre İsmet Bey, Anadolu'ya ilk önce 1920 başında gelmiş ve Atatürk'e karargâhında misafir olmuştu ve karargâhta savunma hareketlerini bir kurmay subay gibi takip etmekle görevlendirilmişti. Bu, Anadolu'da savunmanın tam bir gerilla niteliği taşıdığı devirdir. Şubat ortasında Harbiye Nazırı Fevzi Paşa, İnönü'yü İstanbul'a istemiştir. Onun üzerine Atatürk'le aralarında durum şöyle ele alınmıştır: Gelecek ordu savaşını hazırlamak için para ve subaya ihtiyaç vardır. İstanbul'un yardımı lâzımdır. İhtiyaçları anlatmak ve hazırlıkları yapmak üzere İsmet Bey, İstanbul'a gitmelidir. Atatürk nutkunda meseleyi böyle anlatmış idi.

Ali Fuat Cebesoy bu ilk gidişinde İsmet Bey'i yanında alıkoymak için hayli çalıştığını, İsmet Bey'in ise Atatürk'ten bir teklif almadığını ileri sürerek geri döndüğünü söylediğini yukarda yazmıştım. Mustafa Kemal, Ali Fuat'ın aracılığını iyi karşılamamıştır. İstanbul işgalinden sonra kendisini de, ya Ankara ya Malta, diye sıkıştırarak Maltepe yolundan götürmüşler, bir söylentiye göre de adını Ankara'dan istenenler listesinde görmediği için geri bile dönmek istemişse de bırakılmamıştır.

Atatürk'ün ilk devirlerdeki yalnızlığını anlamak için bu gerçekleri öğrenmek lâzımdır. Daha sonraları Fevzi Paşa'dan da, İnönü'den de Atatürk'ün nasıl faydalanmış olduğunu ve ikisinin güç günlerde hangi boşluğu doldurduklarını anlatacağız.

Yunanlılar Milne hattını tutmuşlardı. Bu hat Menemen Boğazı demek. İngilizler bir Yunan saldırısına başvurmazdan önce Halife ve hükümetinin Ankara'yı ordu itaatsizliği ve halk ayaklanmaları ile sararak yıkmak istemişlerdi. Mustafa Kemal orduyu tuttu ise de Ankara Hükümeti'ni tanımayı küfür sayan Halife fetvalarına dayanan ayaklanmalar Mustafa Kemal'e pek güç günler geçirtmiştir.

Paris'te bize zorlanacak barış antlaşması hazırlanmıştı. Damat Ferit 22 Nisan 1920'de çağrılarak antlaşma ona verilecekti. İstanbul ister istemez bu şartlara boyun eğecekti. Daha önce Ankara ile birlikte olanların dinden çıkacaklarını bildiren fetvalarını verdi ve türlü yollardan bu fetvalar Anadolu'ya yayıldı. 19 Nisan'da İstanbul'un başlıca isyancısı Anzavur büsbütün ortaya çıkmıştır.

Halkı okuryazar olmayan, medrese softalarının baskısı altındaki o zamanki Türkiye'de din kuvvetine karşı koymak kolay değildi. 9 Mayıs 1920 Edirne Kongresi'nde Mekteb-i Mülkiye'den (Siyasî Bilgiler Okulu) diplomalı İstatistik Müdürü:

— "Savaş, Padişahımızın emir ve iradesine bağlıdır. Bizde bu yetki var mıdır? Dinimiz buna elverişli midir? Önce meselenin dince tarafı çözülmelidir? diyordu.

İpsala Müftüsü:

— Cihadı imam ilân eder. İmam olmadıkça harp olmaz. Padişahımız serbest değildir. Cihadı kimse ilân edemez, derken öteki müftüler de ona katılıyorlardı.

Halifeci hocalar büyük sarsıntı yaratmışlardı. Aralarında silâhlı olanlar da vardı. Eskiden "mektepli subay" düşmanı yobazlar, Bolu ve Gerede dolaylarının Kör Ali Hocası, Biga'nın Gâvur İmamı, Düzce'nin Ahmet Hocası ve daha bir sürü hoca ve şeyh halkı kışkırtıyordu. Konya'da Çukurova cephesini hazırlayan Adanalı Yurtseverler, Ereğli'ye varınca kendileri ile birlik görünenler Konya'da fetva bildirilerinin duvarlara asıldığını duydukları zaman dağılıvermişler, ısmarlanan ve söz veren arabalar gelmemiş, hayli de ağırlıkları da olduğundan pek güçlükle yola çıkabilmişlerdir.

Ayaklanmalara karşı Çerkez Ethem ve Demirci Efe gibi zorbaları kullanmaktan başka da çare yoktu. Atatürk: "Boğucu isyan dalgaları Ankara'daki karargâhımızın kapılarına kadar çarpıyordu. Dört aydan fazla kan ve ateş içinde çırpındık. "İhanet-i Vataniye" kanunu çıkararak komutanlara olağanüstü yetkiler verdik, İstiklâl Mahkemeleri kurduk," der.

Çeteler ise diledikleri gibi asıp kesiyorlardı. İlk baş kaldırma 1919 Ekim ayında, Sivas Kongresi'nden sonra Gönen çevresinde kendini göstermiştir. İstanbul'dan Emekli Jandarma Binbaşısı Anzavur Ahmet, Kuvay-ı Milliye'ye karşı teşkilât yapmaya gelmişti. Parolası "yanımda Kur'an, göğsümde iman, elimde ferman, Padişahımızın emri ile geldim" sözü idi. Susurluk'ta halkı toplayarak:

— Artık askerlik yok. Askerler evlerine gitsinler. Kuvay-ı Milliye için toplanan paraların hesabını soracağız, demişti.

Damat Ferit, İzmit Mutasarrıfı ve Mir-i Miran paşası olan Anzavur'a, İngilizlerden izin alarak, Maçka silâhhanesinden 600 tüfek, 30.000 fişek, 80.000 makinalı tüfek cephanesi verdiydi. 1920 Nisan'ının ilk haftasında Gönen ve Manyas çevresine Anzavur hâkimdi. Fetvalar devrinde Ankara'ya karşı ayaklanma Balıkesir kuzey bölgesinden başlayıp Adapazarı, Hendek, Düzce, Bolu yönlerinde gelişti. Bursa'ya doğru Eskişehir'den yollanan askerler kaçmışlardır. Subaylar nefer esvabı giyerek kaçma sebeplerini anlamak istediler, köylü ve hoca kıyafetli kimseler:

— Anzavur ve adamları, Padişah'ın Müslüman askerleridir. Onlara silâh atmak cinayettir, Padişah'a isyan etmektir, diyorlardı.

Anzavur, Kuvay-ı Ahmediye komutanı idi. 13 Nisan'da Heyet-i Temsiliye, Anzavur'a karşı hareket emri verdi. Yunan cephesi boşalarak çete kuvvetleri ayaklanma bölgesine gidiyorlardı. Padişah isyancılara nişan veriyor, ayrıca İzmit'ten harekete geçmek üzere Kuvay-ı İnzibatiye adı altında bir ordu kuruyordu.

Balıkesir cephesinden Kâzım Özalp, Çerkez Ethem'e gönderdiği telgrafta, cephemize yakın yerlere kadar her tarafta durum kötüdür, Anzavur, Rahmi Bey alayını yendi, esir aldığı subay ve erlere Halife adına yemin ettirmektedir, askerin Bursa'ya çekilişi ile durum güçleşti, bizzat ve herhalde hareket ediniz, diyordu. Ethem, Kirmastı'da Anzavur kuvvetleri ile karşılaştı. Çarpışma on saat sürdü. Ethem, Anzavur kuvvetlerini bozdu. Kirmastı'ya girdikleri vakit kasabayı ikiye ayıran köprü yanında üç darağacı gördüler. Anzavur Divan-ı Harbi üç kişi için idam ölüm kararı vermiş, hemen asılmak üzere idiler. Divan-ı Harp üyeleri henüz şehirde idiler. Başkan Subay Tatar Hasan'ın ipini, ellerini çözdükleri üç ölüm hükümlüsüne çektirdiler.

Daha sonra Biga'ya yürüdü. Aynı gün bir harp gemisi Anzavur'u Karabiga'dan alıp götürmüştü. Günün bir tanığı diyor ki: "Biga alındıktan sonra adamlar asılıyordu. Cellât İbrahim, aç kurt gibi, darağacına çekilecek adam peşinde idi."

Bu arada Genelkurmay Başkanı Miralay İsmet Bey, Ethem'i telgraf başına çağırdı. önce zaferini tebrik ettikten sonra dedi ki: "Umumî durum iyi değildir. Mustafa Kemal Paşa ve kardeşiniz Reşit Bey (milletvekili seçilmişti) yanımdadır. Makina başır ıayız. Acı haberler vereceğim. Merkezde kuvvetimiz yok. Miralay Mahmut Bey fırkasına Hendek boğazında hücum ettiler. Mahmut Bey öldü.

Ankara'nın kuzey batı tarafındaki isyan bölgesine yolladığımız Kaymakam Arif Bey'in birliği yenildi ve geri gelirken kendisi de suikasta kurban gitti. Askerleri isyancılara katıldı ve dağıldı. Geyve boğazını isyancılara karşı müdafaa eden 22. Kolordu Komutanı Ali Fuat Paşa'nın (Cebesoy) durumu da tehlikededir. Orada Miralay Kâzım Bey'i (Özalp) bırakarak en kestirme yoldan Geyve boğazında Ali Fuat Paşa'ya yardıma yetişiniz."

Ethem, Manyas bölgesinde teslim olanları da kendi çetesine aldığından kuvveti beş bini aşıyordu. Gerilla devri havasını anlatmak için bir fıkrasını yazımıza aktaralım: "Kuvay-ı Milliyecilerin topladıkları para listesine baktım. Arnavut Galip Paşa adı karşısında 150 lira. Altın mı, kâğıt mı, diye sorup da kâğıt para olduğu cevabını alınca, toplantıda hazır bulunan Galip Paşa'ya:

— Sen birahanede elli lira yersin. Nasıl şey bu? dedim.

— İanedir. İsteğe bağlıdır. Fazlasını vermem, dedi.

"Fena kızdım. Tutun, götürün, dedim. Bir gece hapiste kaldı. Ertesi sabah erkenden beş bin lira getirdiler."

Dinlenmek için daha önce Bursa'ya gidecekti. Ali Fuat Paşa, rahata ihtiyacınız var ama durum kötü, Geyve'ye geliniz, diye telgraf çeker. (27 Nisan 1920)

Ertesi günden sonra geleceğini bildiren telgrafının altındaki imza şöyledir: "Salihli cephesi ve Kuvay-ı Tedibiye kumandanı Ethem".

Kuvay-ı İnzibatiye denen Halife ordusu Geyve boğazına hâkim bir durum almak üzeredir. Ethem'in azıtmaya doğru nasıl gittiğini gösteren ilk olay: Hemen ertesi günü taarruza geçecekti. Ali Fuat Paşa acele bir taarruzun başarısızlığa uğramasından çekinmektedir. Gece Mustafa Kemal ve İsmet Bey'le görüşülür. Onlar daha emniyetli bir sonuç alabilmesi için kendisine üç günlük bir yürüyüşten sonra kuzey-doğu ve Ankara yönünden hücum etmesini salık vermişler. Bu plân tehlikesizdi ama iki gün yürümek lâzımdı. Dinlemedi, saldırıya geçti, yendi.

Bu yeniş Başçavuş Ethem'e büyük komutanları gölgesinde görmek gururunu vermiştir.

Eline düşen subayları Adapazarı'ndaki kendi divan-ı harbine verdi. İstanbul kuvvetlerinden artanlar harp gemilerine sığınarak kaçabildiler. Subaylar Ankara'ya gönderilerek fesat sanıkları darağaçlarına çekildiler. Sonra Düzce'ye girerek isyancılardan ele geçenleri astı. Mustafa Kemal bütün Millet Meclisi adına kendine Ali Fuat aracılığı ile teşekkür etti. Ethem hem Salihli cephesini idare etmek, hem gerektiğinde içeriye kuvvet gönderebilmek için Eskişehir'e yerleşti.

Düzce-Bolu bölgesi temizlenmiştir ama Yozgat ve çevresi ayaklanması tehlikeli bir hal almıştır. Oraya da Ethem'i göndermek şart. Ethem, kuvvetlerinden bir kısmını Salihli cephesine gönderir. Sözde Yunan ordusu saldırmak üzeredir de onu geri çevirecek. Ankara bu kuvvet yollanışını duyunca telâşa düşer. Şimdi Ethem'in gururuna bakınız: "Ben kuvvetlerimin hepsini cepheye göndermediğimi Ankara'dan gizlemiştim. Bundan maksadım da Ankara merkezini dua edici halinden çıkarıp onlara Yozgat isyanını söndürme vazifesini gördürmek ve Ankara'yı faaliyete alıştırmaktı. Maalesef Ankara'nın kuvvetlice bir eşkıya çetesini bile tedip etmekten aciz olduğunu anlamıştım."

Ethem ısrarlı çağırılar üzerine Ankara'ya gitti. İstasyonda kendisini karşılayanlar arasında bulunan Mustafa Kemal Paşa Ethem'i otomobiline aldı. Doğruca Ziraat Mektebi'ne gittiler. Bu okul hem Genelkurmay Başkanlığı, hem Millî Savunma Bakanlığı idi. İlk gecesini de orada geçirdi.

Şimdi şu acı hâle bakınız. Mustafa Kemal Paşa, Fevzi Paşa (Çakmak) ve İsmet Bey (İnönü) çeteci başçavuşla karşı karşıya oturmuşlardır. Ethem'in büyük kardeşi Tevfik de beraber. Duruşta davranışta lider Ethem. Yalnız kuvvet değil, akıl da onda.

İsmet Bey durum üzerine bir açıklama yaptı. Ethem:

— Buraya gelişim bence önemsiz, sizce önemli. Yozgat isyanı hakkında bilgi edinmek, Yunan cephesi ile mi Yozgat'la mı uğraşmak daha gerekli olduğuna karar vermektir, dedi.

Ethem'in anlattığına göre Mustafa Kemal Paşa hiç ses çıkarmamakta, Fevzi Paşa ya İsmet Bey'e, ya Ethem'e hak vermektedir. Ama Fevzi Paşa'ya göre bir Yunan saldırısı henüz beklenemez. İsmet Bey'e göre isyan bastırılmadan ne Ethem, ne de kuvvetleri cepheye dönmemelidir.

Şimda Başçavuş'un Anafartalar kahramanı ile iki komutana yaptığı çıkışmaya bakınız:

— Sivas'ta Heyet-i Temsiliye ve Ankara'da Meclis kurulduğundan beri bir yıldan fazla zaman geçmiştir. Bu müddet içinde Anadolu'da neden esaslıca bir harekette bulunulmamış olduğuna şaşıyorum. Niçin merkezinizi kuvvetlendirmediniz? Cephe için de hiçbir esaslı gayret görmedik. Sonunda bizi cepheden gerilere gelip size düşen vazifeleri yapmaya mecbur ettiniz.

Sonra kendisi Yozgat'a giderse içlerinden birinin cephe işlerini üstüne almasını şart koştu. Mustafa Kemal Paşa, Yozgat hareketi devam ettiği kadar Fevzi Paşa'nın cephe işleri ile uğraşması uygun olacağını söyledi: "Şikâyetlerinizde haksız değilsiniz, ama milletvekillerinden birtakımının nasıl fesatlıklar çevirdiklerini, bir takımının da İstanbul Hükümeti tarafını tuttuklarını bilmiyorsunuz. Çoktan beri çıkarmaya çalıştığımız İhanet-i Vataniye Kanunu'nu

Meclis'ten geçirinceye kadar göbeğimiz çatladı. Karşı taraf da çalışmalarımızı felce uğratmak için her şeyi yapıyor. Son fetvaları ve fesatları ile az çok edindiğimiz kuvvetleri dağıtmışlardır. Faaliyetlerimiz bu yüzden sekteye uğramıştır. Onun için sizi cepheden çağırmak zorunda kaldık, dedi.

Ethem kuvvetlerini topladığı günlerde Ankara'da Mustafa Kemal düşmanlarının iyice telkinleri altında kalmıştır. Lider Ethem'di. Kuvvet onda idi. Kendilerini Mustafa Kemal'den kurtarmaya bakmalı idi. Mecliste alkışlarla ayakta karşılanan Ehem'in kurumu yamandı.

İsyan bölgesinde Zile'ye giden bir birliğimiz çarpışmada bozulmuştu. Yalnız Cemil Cahid kendi bölgesinde isyanın genişlemesini önleyebilmişti.

Ethem, Yozgat'a varınca şehri hemen temizlemiş, harp divanını kurmuş, on iki kişi de asılmıştır. Harp divanı başkanı ağabeysi Tevfik'ti. Divan, Yozgat Mutasarrıfı'nı hapse atmıştı. Sözde soruşturmalara göre ayaklanmadan asıl suçlu Ankara Valisi Yahya Galip'ti. Vali suç yeri Yozgat'a gelmeli idi. Hastalığını bahane etti. Gene Harp Divanı'na göre valiyi göndermeyen Mustafa Kemal'di. Çünkü soruşturma sonunda onun da hesap vermesi gerekecekti. Mustafa Kemal, Ethem'in milletvekili kardeşi Reşid'i Bursa'dan getirterek ve Yozgat'la telgraf başında görüştürerek, Yahya Galip olayının güçlükle önüne geçti.

Ethem o günlerde Ankara'ya gelerek Mustafa Kemal'i Meclis önünde asacağını söylemişti. İşiten ve haber verenlerin biri de Yozgat Milletvekili Süleyman Sırrı idi. Mustafa Kemal Reşit Bey aracılığı ile Yunan Taarruzu da başladığı için, Ethem ve kuvvetlerinin Konya üstünden cepheye gitmelerini sağlamak istemiştir. Ethem'in, kardeşine son cevabı şu idi:

Benden niçin müsamaha istiyorsunuz? En son defa vicdanım razı olmayarak vali hakkındaki kararımı iptal ediyorum. Konya'dan geçerek gitmeğe ise lüzum görmüyorum.

Ethem kuvvetleri Türk köylerini yağma ederek Ankara'ya gelmişler, talan eşyasını açıkça Ankara pazarında satmışlardır. Mustafa Kemal Paşa, bir ihtiyat tedbiri olarak, o sırada Afyon'a gitmiştir.

Mustafa Kemal kısa bir müddet için daha Ethem'den faydalanmakla beraber artık ondan kurtulmayı, gerilla devrinden çıkarak Millet Meclisi ordularını kurmayı tasarlamaktadır.

Ankara'yı içinden yıkamayacaklarını görünce İngilizler, Yunanlıları taarruza geçirmişlerdi. Yunanlılar bütün dayanışmaları çöktürerek ilerlemekte idiler. Bursa kolayca düşmüştü. Ethem, Demirci üzerinden hareketine devam eden düşman kolu üzerine karşı saldırıda bulunacaktı. Kütahya çevresindeki hapishanelerde birçok mahkûm olduğunu öğrenerek bunlarla, kendi deyimi ile, bir "katiller taburu" da kurdu. Çetesine yol vermeyen Simav'daki isyancılarla vuruşarak ova batısındaki Yunanlılara hücum etti. Simav ayaklanışı Yunan kışkırtması eseri idi. Ethem'in Yunanlılara karşı tek kazancı, bu akın sırasındaki Demirci savaşıdır. Mustafa Kemal, Afyon'dan çektiği bir telgrafta o çevrelerde Yunanlılara karşı koyabilecek kuvvet bulamadığını, umutlarının Ethem'in denenmiş savaşçılarında olduğunu bildirmekte idi. Demirci'yi geri aldığı için kendisini tebrik eden Mustafa Kemal hemen Ankara'ya dönmek zorunda kaldığını da yazmıştı. Mecliste bozguncu takımının fesatlarını durdurmak lâzımdı.

24 Nisan 1920'den beri Mustafa Kemal Paşa, Meclis ve hükümet başkanı idi. 18 Haziran'da meclis Misak-ı Milli'ye yemin etmiş, 22 Nisan'da Paris Barış Konferansı'na çağrılan İstanbul Hükümeti 25 Haziran'da Damat Ferit heyetini görevlendirmişti. Ankara'yı içten yıkma denemesinin suya düştüğünü gören İngilizler 25 Haziran'da Mudanya ve Bandırma'ya asker çıkarmışlar ve aynı gün Yunanlıları taarruza geçirmişlerdi. İstanbul nasıl olsa Paris diktalarına boyun eğecekti. Şimdi Ankara'yı da İstanbul Hükümeti'ne uymaktan başka çare olmadığına inandırmak için Yunanlılar ilerlemeli, Meclis bozguncularına fırsat verilmeli idi. Sevres Antlaşması 10 Ağustos'ta Osmanlı delegeleri Rıza Tevfik ile Hadi Paşa tarafından imzalanmıştır. Yunan taarruzu sırasında, Kuvay-ı Milliye'nin önemli kısmı iç isyanları bastırmak üzere içeri alındığında Ayvalık'ta beş-altı yüz, Soma bölgesinde yedi yüz, Akhisar bölgesinde dört-beş yüz, Güney'deki 57. Tümen'de beş bin kadar silâhlı, sonra Demirci Efe, Yörük Ali çeteleri kalmıştı. Bu barış baskısı yapmak için en elverişli zamandı. Türk cephesi gerçekten de bozguna uğratılarak iki hafta içinde Bursa, Akşehir, Nazilli hattına kadar gelen Yunanlılar 9 Ağustos'ta Uşak bölgesini de ele geçirmişlerdi.

İttihat ve Terakki'nin çatısı açık numune mektebine biraz çeki düzen verilerek yerleşen Meclis, yazdığım gibi, 115 memur ve emekli ile 61 hoca, 51 asker, 26 çiftçi, 37 tüccar, 49 avukat, 51 hekim, 8 şeyh, 6 gazeteci, 5 ağa, 5 aşiret reisi, 2 mühendisten kurulu idi. Meclisteki eski İttihatçılardan çoğu Mustafa Kemal'e hep eski gözle bakmışlar, onun yerine Enver'i getirmeyi düşünmüşlerdir.

Mustafa Kemal'in başında Enver de bir derttir. İstanbul'dan kaçtığı vakit kendi yerine Mustafa Kemal'i Harbiye Nazırlığı için salık veren Enver, şimdi Anadolu'daki millî kurtuluş savaşının lideri olmak hırsındadır. Mustafa Kemal'i, hâlâ, başkumandan iken emri altındaki ordu kumandanı gibi görmektedir.

Bir yandan İstanbul Hükümeti ve İngilizler, Anadolu hareketine İttihatçı damgası vurmakta. Mustafa Kemal ve arkadaşları da bu tehlikeli isnattan kurtulmaya çalışmaktadır. Enver yalnız İttihatçılığın değil, girdikten çıkıncaya kadar, bütün harp sorumluluklarının sembolüdür.

Enver, Berlin'den Moskova'ya, oradan Bakü'ye gelmiştir. Şark ve İslâm Kongresi'ne katılmıştır. Trabzon'daki partizanları ile haberleşmektedir. Kahvelerde Enver Paşa gelecek, sözleri dönüp durmaktadır. Kâzım Karabekir, Albay Sami Sabit'i Enver'in içeri girmesini önlemek görevi ile Trabzon'a gönderir. Ardahan Milletvekili Hilmi Salim Sabit'e gider:

— Sen kime dayanarak Enver Paşa'ya karşı cephe açmışsın?

Selim Sabit, göğsünü göstererek:

— Kendime!

— Azizim bir mecliste kırk üstünde İttihatçıyız. İstediğimiz vakit Mustafa Kemal'i alaşağı eder, Enver'i onun yerine geçirebiliriz.

İttihatçıların fikri, Mustafa Kemal yetersizdir, bu irade böyle devam edemez, yolunda idi.

Mustafa Kemal, Enver'e şu tekliflerde bulunmuştu: Ankara'ya gelmemelidir. Harpten sonra da bir müddet memleket iktidarını rahat bırakmalıdır.

Enver (1920), Mustafa Kemal'e bir mektup yollamıştı: "Bir Hıristiyan Kızıl Ordu'nun yardımı kötü sonuçlar doğurur. Ben Dağıstan ve Kafkasya Müslümanlarından kuvvet toplayarak ilkbaharda size yardıma geleceğim. O zamana kadar dayanın. Güçlükler içinde imişsiniz. Ruslardan medet ummayın. Masrafları kısmaya bakın!" Bu bir çeşit direktif vermekti. Ama 4 Ekim 1920'de amcası Halil Paşa'yı yazdığı mektupta içini açmıştır: "Yapılacak iş Osmanlı saltanatını federasyon olarak yaşatmaktır. İngilizler elbet razı olmazlar buna! Onun için bir kuvvetle ilkbaharda Anadolu'ya geçeceğim. Eğer Ruslar Müslüman asker toplamaya izin vermezlerse gizli gireceğim."

Halil Paşa, Moskova'da dış bakanlığında Karahan'a yazdığını, kuvvet verilmesi güç olduğu, Anadolu'ya geçerseniz seçimle iktidarı alabileceğini söylemesi üzerine Trabzon'a geçmesine izin verileceği cevabını aldığını bildirir.

Enver, Anadolu durumunun kendisinin oraya gitmesini gerektirdiğini, Rusların ilkbaharda kendisine kuvvet verip vermeyeceğini anlamasını tekrar Halil Paşa'ya yazmıştır.

Karahan, kuvvet vermeyi reddetti ve üstelik:

— Bu Anadolu'da ikiliğe sebep olacak ve ancak İngilizleri sevindirecektir, dedi.

İki hafta sonra Enver, amcasına yeni bir mektup göndermiş, bunda İslâm İhtilâl Cemiyeti'nin kendi elinde olduğunu, Şükrü'ye (Eski yaveri, Yenibahçeli) direktif vererek memleket içinde doğrudan doğruya kendine bağlı arkadaşlarla bir teşkilât kurmasını ve silâhlanmasını bildirdiğini yazmıştır. Halil Paşa, Enver'e Anadolu'ya geçmemek öğüdü vermiştir.

Enver'in tasarladığı Arap liderleri ile anlaşarak Misak-ı Milli disiplini altındaki Anadolu kurtuluş savaşını, Irak-Suriye-Filistin ve Türkiye arası bir federasyon yönüne çevirmekti. Kanatları yumurta akı ve patateste korunan tek uçaklı ve tanksız Türk ordusunun karşısına İngilizleri ve Fransızları da almış olacaktık. Enver'in bu davranışı Sakarya Zaferi'ne kadar sürdü. Sonra Orta Asya sergüzeştine atılarak Kızıl Ordu ile çarpışırken ölmüştür.

İttihatçılar da Ankara'ya haber vermeden Ruslara yaklaşmak istemişlerdir. Fikirleri şu idi: Biz bu işi kendimiz başaramayız. Rus devrimine yanaşmalıyız. Müslüman dünyasında komünist devrimini örnek edinecek bir sosyalist ihtilâl yapmalıyız. Tarihe Yeşil Ordu diye geçen kuruluş bu düşüncenin eseridir. Yeşil Ordu Cemiyeti umumî kâtibi Hakkı Behiç, ki bir ara Maliye Bakanı idi: "Biz cemiyeti gizli kurmuştuk. Türkistan'da, İran'da, Azerbaycan'da birçok kuruluşların bulunduğunu haber almıştık. Hepsini birbiri ile bağlamak istedik" demişti. Bu, İslâmlar arası geniş bir elbirliği plânı idi. Batı emperyalizmine karşı büyük Doğu devrimi ile daha sıkı bir yakınlık sağlanacaktı. Sonra da eğer gene Rusya ile sınırdaş olursak (henüz değildik) bundan doğabilecek tehlikeleri önlemekti. Anadolu halkının da morali yükselecekti.

Mustafa Kemal: "Faydalı olur," diye hareketi başlangıçta tuttu. Güvendiği arkadaşlarından birkaçını da teşkilât içine soktu. Daha sonra Çerkez Ethem, Yeşil Ordu'nun başlıca dayanağı sayılmıştır. Eskişehir'de Arif Oruç adındaki adamının başında bulunduğu gazete iyice solculuk karakteri almıştır. Durum tehlike gösterince Mustafa Kemal, Yeşil Ordu Cemiyeti'ni, hayli güçlükle, dağıtmak zorunda kalmıştır.

Meclis'te daha azılı ve açık komünist takımı da Mustafa Kemal'e karşı idi. Bolşevikler daha ilk günlerde Meclis'e el atmışlardı. Lenin, emperyalizmle savaşan millî hareketleri tutmalıyız, emperyalistlerin çekildiği yere biz yerleşiriz, diyordu. İhtilâlci Moskova'nın ilk burjuva devlet olarak Ankara'yı tanıyışının mantığı budur. Daha 1919'da parçalanmış Türkiye'ye Bolşevikliğin ilk doyumluğu gibi bakan Çiçerin 13 Eylül'de Türk "köylü ve işçilerine çağrı" bildirisinde şöyle diyordu:

"— Ülkeniz sömürücü paşaların elinde. Sizi ne asker yöneticileriniz, ne de demokrasi partileri bundan kurtaramaz. Bütün dünya emekçileri kendilerine baskı yapanlara karşı birleşmelidirler. Bu bakımdan Rusya hükümeti umut eder ki siz Türk köylüleri ve işçileri bize kardeş elinizi uzatasınız." O tarihte Moskova'daki Türk komünistlerinin başı Mustafa Suphi idi. Daha 1918'de partiyi kurmuş, Stalin'in güvenini kazanarak "Yeni Dünya" gazetesini çıkarmıştı. Bolşevikler Azerbaycan'ı alınca o da parti merkezini Bakü'ye götürmüş, oradan vatanlarına dönecek Türk esirlerine komünist eğitimi vermiştir. Onun çabası ile 14 Temmuz 1920'de Ankara'da Üçüncü Enternasyonal'in merkezi kurulmuştur. Türk komünistleri daha ilk "Doğu Milletleri Birinci Kongresi"nde Mustafa Kemal'i karşılarına almışlardır. Kongre başkanı şöyle demişti:

— Başında Mustafa Kemal'in bulunduğu hareketin bir komünist hareketi olmadığını bir an bile unutmuyoruz. Bu hareketin amacı İngiliz efendilerine masadan ayaklarını çekmelerini dilemektedir. Sonra da Türk ağalarının ayaklarını masa üstüne koymalarına izin vermektir. Biz Türkiye'de gerçek bir halk ihtilâli çıkıncaya kadar beklemek zorundayız."

Ankara, Rusya ile anlaşmak zorunda idi. Silâhı ondan, parayı ondan bekliyorduk. Kafkasya'daki İngilizler iki komşuyu birbirinden ayırıyordu. 1919 Mayısı'ndan 23 Nisan 1920'ye kadar iç savaşlarla uğraşan Rusya ile ilişki kuramamıştık. İlk defa Enver'in amcası, eski ordu komutanı Halil Paşa, para ve silâh istemek için Rusya'ya gönderilmiştir. Erzurum'dan geçtiği sırada Kâzım Karabekir, bize Rus yardımı sağlayın, demiş ve Taşnaklar yüzünden bütün kuvveti doğuda tutup batıya asker yollayamamaktan yakınmıştır. Ruslar 1920 Nisanı'nda Azerbaycan'a girmişlerse de Ermenistan ve Gürcistan henüz Menşevikler elinde idi.

23 Nisan 1920'de Büyük Millet Meclisi kurulduktan sonra Başkan Mustafa Kemal Paşa 29 Nisan'da Moskova'ya ilk telgrafını çekmişti. Meclis, Rusya ile daha yakınlaşmak ve bir antlaşma yapmak üzere bir heyet yollamaya karar verdi. Bekir Sami heyeti, Paris'te Osmanlı delegelerine ağır barış şartları dikta edildiği sırada hareket etti. Trabzon'dan deniz yolu ile Rusya'ya geçerek 19 Temmuz 1920'de Moskova'ya vardı. Bu arada doğudaki kuvvetimiz yirmi iki bini bulmuştu. Karabekir 1920 Haziranı'nda Sarıkamış-Kars yönünde saldırıya geçerek, İngilizlerin bizden alıp Ermeni ve Gürcülere verdiği toprakları geri almak, Paris Konferansı'nda Ermeni heyetine yapılan vaatlerden ve İngiliz desteğinden faydalanmaya kalkışan Ermenistan tehlikesini durdurmak istiyordu. Mustafa Kemal, Moskova'ya "Emperyalist hükümetlere karşı Rusya ile işbirliğine Türkiye'nin hazır olduğunu, Ruslar, Menşevik Gürcistan'a karşı harekete geçerse, Türkiye'nin de emperyalist Ermenistan'a yürüyeceğini, Azerbaycan'da Sovyet yönetiminin kurulmasını kabul ettiğini" yazmış ve para yardımı istemişti. Çiçerin'in ise, Ermenistan, Kürdistan, Lazistan, Batum ve Trakya bölgesinde bir referandumdan söz etmesi Ankara'yı kuşkulandırmış, Kâzım Karabekir'e bekleme direktifi verilmiştir. Moskova'da 22 Temmuz-24 Ağustos arasında hazırlanan dostluk anlaşması, Dışişleri Bakanı yoldaş Çiçerin, Van, Bitlis ve Muş illerinin Ermenistan'a verilmesine bağlayınca, geri kalmıştır. Rusya o sırada Menşevik Ermenistan'la bir anlaşma yaparak Nahçıvan bölgesini

ona bırakmıştı. 11 Eylül 1920'de bizim heyet Moskova'dan Kafkasya'ya inmişti. Bir milyon altın ruble, silâh ve cephane yardımını denizden motorlarla alıyorduk.

Heyetten Türkiye'ye gelen Yusuf Kemal (Tengirşek), Moskova'da iken Lenin'in kulağına:

— Ermenilerle anlaşma yapmakla yanıldık. Biz düzeltmeye çalışacağız. Biz yapmazsak siz düzeltirsiniz, demiş olduğunu anlattı.

24 Eylül 1920'de Ermeniler, Sevres Antlaşması'ndaki büyük Ermenistan vaatlerine ve Yunan saldırısına ve Çiçerin'in Türk heyetine söylediklerine güvenerek ve dayanarak taarruza geçti. 30 Eylül'de Sarıkamış'ı aldık. Ruslar ve Gürcüler anlaşmalı olduklarından, ordu Kars'a yürümeyi sakıncalı gördü. Fakat Mustafa Kemal ancak Kars ile bir çözüm yoluna gidilebileceği kanısında olduğundan, Vekiller Heyeti 11 Ekim'de harekâta devam etmek kararını verdi. Kars'ı aldık. Gümrü Antlaşması'nı yaptık. Ermenistan'ın Bolşevikliği de sağlanmış olduğu için Lenin, Mustafa Kemal'e dostça ve tutarca bir telgraf çekti. Menşevik Gürcistan elindeki Ardahan, Artvin, Ahıska ve Batum'u almıştık. Sovyetlerle antlaşma sonunda Batum ve Ahıska Gürcülere bırakılmıştır.

Bu zaferle Ankara'nın itibarı kadar Rus sevgisi de artmıştı. Bir hayli milletvekili rejimin hâlâ komünistlikte ayarlanmamasından şikâyetçi idiler. "Ne bekliyoruz? Niçin komünizmle halka yeni bir ruh aşılamıyoruz? Hangi mal, hangi servet kaldı ki korkalım?" diyorlardı.

Belediye bahçesinde masa masa açıkça propaganda yapılmakta idi. Kalpak üstünde kırmızı renk ve boyunlarda kırmızı kravat moda olmuştu.

— Sen de mi komünistsin?

— Rusya'dan başka nerde umut var? Sevres Antlaşması'nı okudum. Bizi çorak steplere atmışlar. Burada bile serbest değiliz. Yokluğumuz fermanı çıkmıştır. 20.000.000 Yunanistan kurulma yolunda. Bu halde iken başımdaki çuhanın rengini neden sorarsın?

Meclis içinde ve dışında Tokat Milletvekili Nazım, Bursa Milletvekili Şeyh Servet ve Afyon Milletvekili Şükrü alabildiklerine çalışmakta idiler. Meclisteki teşkilâtlanma Sovyet elçisinin eseri idi. Büyükelçi Medivani, Ankara'ya kadınlı erkekli iki yüz kişi ve telsiz cihazlarıyla gelmişti. Daha önce Kars'ta bir iki gün yerine, bir ay kalıp propagandaya koyulmuştu. Ankara'da Kurşunlu Camii yanında, biri geniş, birkaç ev tutmuştu. At sırtında kırlarda gezintiye çıkar, şehrin içinden kalabalıkla ve gürültü ile geçerdi. Direktifçi bir hali vardı. El altından Meclis'teki partizanlarını çoğaltmış, kırmızı çuhalı kalpak sayısı artmıştı. Yeşil Ordu ve Ethem'i iyice avucu içine aldığı anlaşılmakta, Arif Oruç'un "Yeni Dünya"sı Ankara'da satılmakta idi. Meclis'tekiler artık işi açığa vurmuşlardı. Bir gün Tokat milletvekili Nazım, Hacıbayram yakınlarında yeni açtıkları kulübe birçok kimseleri çağırdı. Kapıda karşılayıcı Şeyh Servet'ti. "Meclis'te bir grup yapalım. Memleketin buna ihtiyacı var. Komünistlik İslâm esaslarına uygundur. Ebubekir komünisttir. Müslüman olduktan sonra bütün varını yoksullara dağıttı idi" diyordu.

Anadolu'da teşkilâtlarını yapmak için Rusya'dan dört yüz bin altın almak için Mustafa Suphi ile haberleştiler. Moskova ise bu işleri Radek'in kontrolü altında ancak Mustafa Suphi'ye emanet edebilecekti. Mustafa Suphi arkadaşları ile Trabzon'a geldi. İç duruma o kadar güveniyordu ki Ankara'ya:

— Üçüncü Enternasyonal'in Türkiye ile işbirliği yapması için çalışacağız. Fakat bu sırada sosyal devrim esaslarını hazırlamak üzere propaganda yapacağım. Eğer menfi davranırsanız yardımdan mahrum olursunuz, diyordu.

Çerkes Ethem onlarla idi: "Yurdun Kafkas'tır, uludur oymağın" diye başlayan bir marşı bile vardı.

İş çığırından çıkmak üzere idi. Mustafa Suphi ve on yedi arkadaşı Yahya Kaptan'la adamları tarafından bir takaya bindirilerek denize atılmışlardır. Meclis komünistleri vatana hıyanet suçu ile İstiklâl Mahkemesi'ne verilmişlerdir. Meclis'te partizanları üçte bire çıkmışken dokunulmazlığın kaldırılması görüşmesinde yapayalnız kalmışlardı.

Meclis'te altmış yaşındaki Isparta Milletvekili Mehmet Nadir Bey de İtalyan casusluğu ile yargılanmıştır. "Niçin casusluk yaptın?" sorusuna şu cevabı vermişti: "Yunan ordusu ilerliyordu. Çetelere güvenmiyorduk. Bir araya geldik. Kurtuluşu İtalyanlara sığınmakta bulduk."

Mecliste Mustafa Kemal'den kuşkulanan en tehlikeli ve azgın grup muhafazakâr takımı idi. Mütareke yıllarında Osmanlıca irtica dediğimiz gericilik İstanbul'da da, Anadolu'da da alıp yürümüştü. İttihatçılar Şeriye Mahkemeleri'ni Şeyhülislâmlık dairesinden adliye dairesine taşımayı devrimsi bir hareket saymışlardı. Yukarda yazdığım üzere bu taşınma bile geri alınmıştı. İstanbul Maarif Nazırı, okuma kitaplarından "Türk" kelimelerinin kaldırılarak yerine "Osmanlı" sözü konmasını emretmişti. Ankara'da Maarif Vekilliği resim dersini çizgi dersine çevirmiş, alabildiğine yeni medrese açmıştı. Anadolu'da Tanzimat'tan da öncesini hatırlatan bir hava vardı. Şair Akif, sarıklı hocalardan çoğu, Trabzon milletvekili Ali Şükrü bu grupta idiler. Ali Şükrü bir deniz kurmayı olduğu halde en azılı olanlardan biri idi. 26 yaşında Meclis'e gelmişti. Cüretli ve atılgandı. Bir sağlık kanunu tartışmasında: "Kadınlarımızdan ne ister bunlar? Yüzlerini açtırmayacağız!" diye haykırmıştı.

İstiklâl Marşı'nı yazan şair Akif, Meclis'te bir daha ağzını açmıştı: Neden sivil gazete "Hakimiyet-i Milliye"ye ödenek verilmiş de Şeriatçı Sebilürreşad dergisine verilmemiştir, kavgasında bu yardımı esirgeyenlere "Dalkavuklar!" diye bağırmak için!

Sıhhiye komisyonunda o vakitler Anadolu'yu saran frengi illetini önleme tedbirleri arasında evlenecek kadınların daha önce muayene edilmesi için kanun hazırlanmıştı. Gericiler hemen, bir bakire kadın hekime gösterilemez, diye ayaklanıverdiler. Bir hoca, evlenecek olanı ebe kadın görür, hekime gördüklerini söyler, lâzımsa, hekim ilâç verir, diye teklif etti. Komisyon sözcüsü Dr. Emin Bey dayattığı ve tartışma sırasında bir hocaya tokat attığı için az daha linç edilecekti.

1920 Nisan 20'sinde İkinci Mahmud'un Rumlardan taklit ettiği fes için dışarıya milyonlarca lira verildiğini ileri sürerek kalpağın başlık olarak seçilmesini ileri süren bir teklif yüzünden kıyamet koptu:

— Hayır, hayır.

— Fes, Türkün ruhuna yerleşmiştir.

— Fas ve Tunus İslâmları fes giyer.

— İslâm dünyası için fes alâmet-i farika'dır.

Hücumları arasında teklif reddedilmiş,

— Yaşasın fes!

— Yaşasın kalpak!

çığlıkları arasında Meclis birbirine girmiştir.

Men-i müskirat adlı içki yasağı kanunu deniz kurmayı Ali Şükrü'nün teklifi üzerine bir şeriat kanunu olarak çıkmıştır. Maliye Vekili, boş hazinenin bu yüzden yirmi milyon lira daha kaybedeceğini boş yere anlatmaya çalıştı:

— Ağır vergi koyalım, diyordu.

Hatta kiliselerde dinleri gereği Hıristiyanların şarap bulundurma hakkı bile tanınmamıştır. Bir hoca:

— Kiliseleri meyhaneye çevirip Müslümanları soyarlar, diyordu.

Başkanlık eden hoca Vehbi Hadd-i Şeri denen dayak cezasını da teklif etti. İlk defası için 80 değnek vurulacaktı. Bir milletvekili:

— Yahu dört kadeh içene dört kere seksen sopa! Nasıl dayanır bu insan! diye haykırdı.

Gericiler için Meclis de Hükümet de geçici idi. İlk fırsatta Osmanlı meşrutî saltanat sistemine dönülecekti. Mustafa Kemal'in gelecekte yeni bir rejim kurma korkusunda gerici olmayanlar da onlarla birlikti. Kâzım Karabekir tanıdıklarına:

— İdare tek ele doğru gitmektedir, diye şikâyet ediyordu.

Kuvvetler birliği üzerine yapılan ilk Anayasa tartışmaları ağır olmuştu. Bir hukukçu, Mustafa Kemal'e:

— Sizin kurmak istediğiniz sistem hiçbir hukuk kitabında yoktur, demesi üzerine Mustafa Kemal:

— Uygulanıp denemeden geçen işler prensip ve kaide haline gelirler. Ben yapayım, siz kitaba yazarsınız, cevabını vermişti.

22 Haziran 1920'deki Yunan saldırısı sonunda Burhaniye - İvrindi - Soma - Akhisar, Salihli - Nazilli cephesindeki çok zayıf millî cephemizin iki günde çökmesi ve iki hafta içinde Yunanlılar Nazilli - Akşehir - Bursa hattına kadar ilerlemesi ve üçüncü bir saldırı ile Uşak ve Doğu Trakya bölgesi de düşman eline geçmesi üzerine Meclis'te muhalefet alabildiğine azıttı. Mustafa Kemal'in cepheden Ankara'ya koşması bu yüzdendir. Hamdullah Suphi (Tanrıöver) gibi yakın arkadaşları ile bile sert tartışmalar yapmak zorunda kaldı.

Artık nizamlı ordu devrine girmenin ve Ethem çetesini de ordu içine almanın sırası gelmişti. Meclis'te ordu fikrini tutmayanlar çoktu. Milis kuvvetleri ile savaşa devam etmek daha uygun olacağını ileri sürenler arasında komutanlar bile olduğu bilinen bir şeydi.

Mantıklı bir düzen, millî kurtuluş savaşını doğu ve batı cephelerine ayırmak, ikisini bir başkomutanlığın emri altına vermekti. Mustafa Kemal:

— Bu doğrudur ama bir geri çekilişte yenilen ben olursam başka sermayemiz kalmaz, diyordu.

İstanbul, Ankara'yı yıkmak için Yunan saldırısına bel bağlamıştır. Adliye Nazırı Ali Rüştü Efendi'nin gazete muhabirinin:

— Hükümet, Yunan ordusu tarafından yapılan hareketleri protesto etmek niyetinde midir? sorusuna:

— Hükümetimiz Mustafa Kemal taraftarlarını resmen mahkûm etmiş ve hilafetle vatana hain olduklarını ilân etmiştir. Vazifesi asilere lâyık oldukları cezayı vermekti. Kendi programımız içinde bulunan bir hareketi nasıl protesto ederiz?

Cevabını verdiğini yazmıştım.

Nazır:

— Bazı haberlere göre Mustafa Kemal taraftarları arasında anlaşmazlık baş göstermiştir, sorusuna da:

— Bu söylentilere dair henüz bir resmî havadis almadık. Fakat doğru olduğu fikrindeyim. Halk barış ve sükûnet istemektedir, cevabını vermişti.

Gerilla Devrinin Sonu

Ordu devrine geçmezden önce gerilla devri özelliklerinin bir özetini yapalım: Bir zamanlar Topal Osman,

Karadeniz kıyılarının destan kahramanı idi. Pontus Rum Krallığı'nı kurmak için silâhlanan çeteler, Türk köylerine ölüm, talan ve ateş saldıkları zaman, karşılarına o ve onun gibi yiğitler çıktı. Yunan istilâsının ilk aylarında Türk halk edebiyatı Demirci Efe'nin şöhreti ile çalkalanmıştır. Atlı çetelerinin başında yıldırım hızı isyandan isyana koşan ve hepsini olduğu yerde bastıran Çerkes Ethem, bir gün Millet Meclisi'nde göründüğü vakit bütün milletvekilleri onu ayağa kalkarak selâmladılar ve alkışladılar.

Yalnız Anadolu için değil, İstanbul Hükümeti ve düşman için de bu bir çeteler devri idi. Başta Anzavur olmak üzere, memleketin hemen her köşesinde Halifeci şefler saf halk yığınlarını kışkırtmakta, Konya'da olduğu gibi, fırsat elverince hükümete bile el koymakta idiler.

Halife'nin fetvalarına göre Topal Osman'lar, Demirci Efe'ler ve Çerkes Ethem'ler asi, Anzavur'lar kahraman, Anadolu hocalarının fetvalarına göre de Mustafa Kemal ve Büyük Millet Meclisi'ne karşı koyanlar asi, onları vuranlar kahramandı.

Eğer devlet otoritesinin bu çözülüp dağılışı Ortaçağın sonlarına doğru olsaydı, çete reislerinden her biri yeni beylikler kuracaklar, ya Anadolu'yu bölüşecekler yahut içlerinden biri rakiplerini yenip yeni bir devlet bânisi olacaktı.

Hâlbuki başlarında komutanları ile doğu cephesinde kuvvetlerimiz, şurada burada fırkalarımız ve alaylarımız da vardı. Çeteler sözde, fakat onlar gerçekten, Büyük Millet Meclisi hükümetinin emrinde idiler. Acaba niçin daha önceden nizamlı ordu millî dayatış hareketlerine hâkim olmamıştır? Niçin, nizamlı ordu millî dayatış hareketlerine hâkim olabilmek için Kuvay-i Milliye çetelerini vurmak lâzım gelmiştir?

İçlerinden yalnız Topal Osman kuvveti Mustafa Kemal'in muhafız kıtası olarak İzmir zaferinden biraz sonraya kadar ayakta kalmıştır. Zaferin ilk günleri İzmir'e vardığım vakit Topal Osman'ı Buca'da görmüştüm. Söz arasında:

— Ah Mustafa Kemal Paşa o kadını bana verse de karşı koymak nedir, ona göstersem... diyordu.

Bahsettiği kadın Halide Edip Hanım'dı. Karşı koymak dediği şey de, Halide Edip Hanım'ın her türlü şiddet hareketlerini önlemek için Başkomutan ve Cephe Kumandanı'ndan daimî dileklerde bulunması idi.

Bir defasında da: "Mustafa Kemal Paşa'dan bir şey isterim. İstanbul'a gidince çadırlarımı Fener'de kurayım," diyordu. Fener, Rum Patrikhanesi'nin bulunduğu semtin adıdır. Daha sonra İstanbul'a gelip Beyoğlu caddesinde dolaştığı zaman da, çarşaflı, peçesi açık bir kadın görmüş:

— Biz bu karıları böyle görmek için mi dövüştük? diye mırıldanmıştı.

Karadeniz kıyılarının bu destan kahramanı, sonuna kadar Mustafa Kemal'e bağlı kalan, çetesinin adamlarına Çankaya'da ve köşkle şehir arasındaki yolda nöbet bekleten Topal Osman da, en sonunda, nizamlı ordunun kıta komutanlarından İsmail Hakkı Tekçe tarafından ve Mustafa Kemal'in emriyle Çankaya sırtlarında vurulmuştur.

Sonra, uzun yıllar, bu hikâyeleri Atatürk'ten, İnönü'den, rahmetli General İzzeddin Çalışlar'dan, Başkomutanlık ve Garp Cephesi karargâhında bulunanlardan merakla dinleyip notlar almıştım.

Kuvay-i Milliye çetelerinin başında kahramanlar da, haydutlar da, sahtekârlar da bulunmuştur. Kahramanlardan pek çoğunun adı unutulmuştur. Bunlar görevlerini bitirince yuvalarına çekilmişler, zaferden sonra da ne edebiyattan, ne devletten hizmetlerinin ödenmesini istememişlerdir.

Bazıları sadece kahramandır. Bazıları, kahraman-haydut karışımıdır. Bununla beraber 1920–1921 yılı arasındaki yer yer ayaklanmalar, bu çete kuvvetleriyle bastırılmıştır. Bir defa yirmiden fazla yerde çıkan isyanlardan birinin ucu Ankara sırtlarına dayanmıştır. Başka isyanların, İstanbul Hükümeti'nin de, büyük Millet Meclisi Hükümeti'nin de emri geçmeyen, nüfuzu olmayan büyük doğu bölgeleri dışında olduğunu unutmayınız.

Bir çete reisi kimdir? Bazen bu Ethem gibi bir çavuştan ibaret. Ethem, kuvvetlerini kendisi toplamıştır. Silâhlarını kendi bulmuştur. Bu kuvvetleri besleyecek parayı kendi sağlamıştır. Astığı astık, kestiği kestiktir. Ethem'e kanundan, mahkemeden, meşruluktan bahis açılamaz. Bir isyan bastırmıştır. Dönüşte kendi adamları Ankara çarşısında sırmalı kuşaklar satar. Her uğradığı yerde çarşılar talandan geçer. Ambardan devlet malı tütünleri alıp mektepli bir subayın komutasında neferleriyle Ankara'ya satılmaya gönderir. Maliye Vekili, devlet malıdır, der. Sattırmamak ister. Ethem: "Seni gelip asarım," diye telgraf çeker. Sonra İsmet Bey'i cephede görünce:

— Senin hatırın için gelip de asmadım, der.

Bir başka öfkesinde Ankara Valisi'ni asmaya kalkar. Etrafına topladıklarına Mustafa Kemal'i, Meclis önünde sallandıracağını söyleyerek övünür. Hatta başucunda yalnız onu fazla ve fuzulî gördüğü için, istasyondaki evine giderek hasta yatağında Mustafa Kemal'i öldürmek ister. Fakat binanın etrafı Mustafa Kemal'in muhafızları tarafından sarılıp kendisi için de kurtulmak imkânı kalmadığını anlayınca, yanındakine Çerkesçe bir şeyler söyleyerek vazgeçer.

Bir köyde birini öldürmüştür. Cinayete köylülerden birkaçını da katmıştır. Bu suçlular artık onun kulu kölesidirler. Çetesinin sadık erleridirler. Herhangi alay veya tümende bulunan bir subay, komutanı tarafından cezalandırılacağını anladığı vakit, gidip onun kuvvetlerine girer. Ethem'den bu kaçaklardan hiçbirini geri almak mümkün olmamıştır.

Ordu kurulsa ve çeteler kalksa, Mustafa Kemal askerî kuvvetlerin başına geçecektir. Millet Meclisi'ndeki birçok hasımları bunu istemez. Bazıları da, samimî olarak, ancak gerilla yapılabileceği fikrindedirler. Hepsi çete şeflerini tutarlar. Elde bir bahane daha vardır: Millet Birinci Dünya Harbi'nden bitkin çıkmıştır. Ordu yapmak, seferberlik yapmak demektir. Vergi almak, bütçe yapmak demektir. Bunları başarabilir miyiz? Hayır! Ordu aleyhindeki propaganda İstanbul'da ve batı illerinde o kadar kök salmıştır ki subaylardan bile millî kuvvetlerde görev almayı tercih edenler çoktu. Birtakımı da ordunun eğitim ve disiplin sıkıntısından uzakta kalmak isterdi.

Bundan başka iç isyanlarda ordu kuvvetleri bir türlü başarı gösterememişti. Bazı isyan bölgelerine giden birlikler, ellerinde Halife fetvalarını tutanların tekbirleriyle karşılanmışlar, güler yüzle misafir edilmişler ve geceleyin baskın yapan asiler bu birliklerin silâhlarını alıp dağıtmışlardır. Hâlbuki yaşlı, tecrübeli ve gönüllü çeteciler, her türlü fesada karşı koymuşlardır.

Ama bu çeteler de, bir yandan, asker ve para toplamışlar, keyfî cezalandırmalar, yağmalar yüzünden itibarlarını kaybetmişler, bir yandan da düşmanın nizamlı ordusuna karşı hiçbir başarı kazanamadıkları için, ordu kurmak ihtiyacını sonunda iyice hissettirmişlerdir.

Bir gün kardeşiyle seferlerinin birinden dönen Ethem:

— Bir düzine adam astık, demişti.

— Tabii muhakeme ettiniz, diye sorulunca, birbirlerine bakıştılar. Dış görünüşü kurtarmak için ezbere bir ilâm düzdürülmüş, o sırada düzme de olsa ölümleri bir ilâma bağlamak, soyma, vurma da olsa alınan paralar için kuru senet verdirilmek bile büyük bir ilerleme sayılmıştır.

Kahramanlıkları gibi, çetelerin zulümleri de dillerde destandı. Çete şeflerinden biri, Topal Osman bir gün bir kaymakama kızmış, eline kazmayı vermiş:

— Burada bir çukur kaz! diye emretmiş, derinlik kıvamını bulunca:

— Gir içine! demiş ve kaymakamı kendi eliyle kazdığı mezara gömmüştü.

Bir defasında bir çete reisinin, içindekilerle beraber yaktırdığı evden, bir ananın dışarı attığı çocuğu soğukkanlılıkla kucaklayıp tekrar aleve doğru fırlattığı görülmüştür. Gemi ocağına kömür yerine sürülenlerin hikâyesi uzun müddet tüylerimizi ürpertmişti.

Ah bu vatan, bu vatan, ne güç şartlar içinde, dosta karşı ve düşmana karşı, ne uzun, ne çetin sabır ve çile işkencesinden sonra kurtarılmıştır. O zamanları görmemiş olanlar, vicdanın unutulmasını emrettiği bu hikâyeleri, Mustafa Kemal ile onun medeniyetçi fikir arkadaşlarını iyi tanımamız için yazıyorum.

Biraz da İstanbul havasına dönelim:

Beyoğlu'nda İngiliz karargâhına uğrayalım, Yüzbaşı Armstrong'la bir defa daha görüşelim. Armstrong der ki:

"Londra'da iken Türkiye'deki yanılmalarımızın sebebini anlamak istedim. Fakat boşuna uğraştım. Lond-

ra'da sanılıyordu ki Türkiye'ye ait kararlar İstanbul'da verilmektedir, İstanbul'da ise bunun aksi sanılmakta idi. Asıl mesele harp ruhunun sönmüş olmasında idi. Hiçbir sınıfta kuvvet kullanmak hevesi yoktu. "Kızıl bayrak" tahrikleriyle çalkalanan İngiliz adalarının yanı başında İrlanda ateş içinde idi. Hükümet dış politika ile uğraşmaya vakit bulamıyordu. Yakınşark'a önem verilmiyordu. Yeni bir Türkiye'nin doğduğu, müttefikler karşısında dayanabilecek bir kuvvet meydana geldiği anlaşılmıyordu. Şark işlerini bilmeyen Lloyd George'u güden duygu ve düşünce, Gladstonkârî Türk düşmanlığı idi. Yunanistan büyümeli ve İngiltere ile yeni büyük Yunanistan'ın menfaatleri birleştirilmeliydi. Lloyd George'un bilgisi, eski Yunanistan'ın şairleri ve filozofları olmuş olmasından ibaretti. Bir defa Clemençeau demişti ki: "Lloyd George'un okumak bildiğini biliyorum, fakat okuduğundan şüphe ediyorum." Venizelos'un sihrine kapılan Lloyd George'a göre Yunanistan, Avrupa ve Anadolu'da eski şan ve şerefine kavuşacak, Boğazları Avrupa'ya açık tutacak, Akdeniz'de İngiltere ile beraber yürüyecekti. Yunanistan oyunbozanlığa kalkarsa, İngiltere donanması onu uslandırmaya yeterdi. Lloyd George'un aldandığı nokta, Yunanlıların kendilerine verilen görevi başarabilecek güçte olmadığı idi.

"Birbiri arkasından gelen üç ağır çarpma, Lloyd George'u uyandırmalıydı. Biri, bir maymun ısırması ile ölen Kral Aleksandr'ın yerine Yunanlılar Kral Konstantin'i getirmiş, Venizelos'u düşürmüşlerdi. Fransızlar, Yunanlılara yardım etmekten vazgeçerek Türk milliyetçileri tarafını tutmuşlardı. Bolşevikler Vrangel ordusunu yenerek güneydeki son ihtilâl düşmanı kuvvetleri denize döktüklerinden beri, Mustafa Kemal, Lenin Rusyası'nda yeni bir yardımcı bulmuştu.

"Durumun gerçeği anlaşılmadan Sevres Antlaşması'nın uygulanmasına geçilmiştir. Birçok komisyonlara ben de katılmıştım. Her taraftan iyi iş aramaya gelen küçük büyük rütbede subaylar, Türkiye'nin, Kitchner devrindeki Mısır gibi, yeni Feldmareşaller yetiştirecek bir yeni fırsat yeri olacağı fikrinde idiler. Türkiye'de işler Sir Charles Harrington'un reisliği altında yürütülecekti. Komisyonlarda generaller, albaylar ve subaylar doluydu. Kitaplar, haritalar, diyagramlar çizilip duruyordu. Hepsi boş, hepsi lüzumsuzdu. Sevres AndTlaşması kuvvet kullanılmadan uygulanamazdı. Müttefikler ise kuvvet kullanamaz halde idiler. Yunanlılar, Türklerle başa çıkamayacaklardır. İngiltere yalnız İngiltere'yi düşünmek zorunda idi.

İstanbul, bu şehri dünyanın hiçbir tarafı ile temas ettirmeyen bir Yunan duvarı ile çevrili idi. Her tarafta Yunanlılar vardı. Bunlar Karadeniz'den Marmara'ya, Marmara'dan Çanakkale'ye ve Akdeniz'e kadar bütün kıyıları tutmuşlardı. Gelibolu yarımadası ile Trakya da onların elinde idi.

"Mustafa Kemal artık bir İstanbul Hükümeti kalmamış olduğunu ilân etmesine rağmen Sevres Antlaşması'nın uygulanma hazırlıkları devam etti.

"Bir gün Dolmabahçe Sarayı'na yakın olan Beşiktaş iskelesinden bir kayığa binerek Üsküdar'a gidiyordum. Sular henüz sisli idi. Güneş doğmamıştı. Boğaz'ın kıyılarına beyaz köşkler, saraylar, camiler ve duvarlı bahçeler sıralanmıştır. Birçoğu haraptı.

"Üsküdar'a giderken akıntı bizi Yunan zırhlısı Averof ile hemşerisi Kılkış'ın yanından geçirdi. Bir nöbetçi

baktı. Ben bu gemilerin burada emniyetle durabilmelerine şaşıyordum. Müttefiklerin tarafsız bölge ilân ettikleri yerde idiler. Hasım tarafından hiçbirinin gemisi burada duramazdı. Yunanlılar Osmanlı başkentini üs diye kullanmakta, buradan Karadeniz ve Marmara kıyılarına akın ederek Türk köylerini ateşe tutmakta idiler. Türklerin de bu gemileri batırmaya girişmediklerine şaşıyordum. Küçük bir çabayla batırılmaları mümkündü.

"Üsküdar eski bir tuhaf yerdir. Caddeleri, Beyoğlu sokakları gibi dik ve dolambaçlı. Evlerinin damlarına yağan yağmur, geçenlerin başlarına dökülür. Üsküdar iptidaî, mutaassıp, garip ve henüz on yedinci asırda yaşayan bir yer. Mesafece Avrupa'nın biraz ötesinde iken asrımızdan üç asır geriydi.

"Üsküdar Mutasarrıfı şişman, tembel ve yetersiz bir adam. Benimle Türkçe konuşmaktan utanarak Fransızca söylemek isterdi.

"Padişahla birlikte kalanlar böyle işe yaramaz adamlar, iyi Türklerin çoğu Mustafa Kemal ile beraber."

Sizleri İngiliz karargâhının havası içine sokmaktan maksadım belli. İtilâf Devletleri, Yunanlıları yalnız bizim illerimizi alıp kendi vatanına katmak değil, kendi davalarını da yürütmek için Anadolu'ya çıkarmışlardır.

Ahval öyle gelişiyor ki İtilâf Devletleri, Türkiye'ye karşı uygulanacak politikada artık beraber değildirler. İtalya karmakarışıktır. Zaten Yunanlıların Anadolu'ya yerleşmesini de kıskanmıştır. Fransa Suriye'deki toprak kazançlarını yeter görmektedir.

Mustafa Kemal, Misak-ı Millî Andı ile Türk davasını öz Türk vatanı sınırları içine aldığı ve *irredantizm* yapmadığı için, Osmanlı saltanatı mirasçılarının Anadolu hareketinden bir korkusu yoktur.

Artık Yunanlılar, kendi ordularıyla Anadolu'ya boyun eğdirmek zorundadırlar. Mustafa Kemal de Yunan ordusunu yenerse, Türkiye'yi kurtarmış olacaktır.

Bu küçük bir ordu değildir. Ve elbette iyi komutanların yönetimindeki nizamlı bir ordunun savaşları ile yenilebilir. Kuvay-i Milliye devri görevini bitirmiştir. Büyük Millet Meclisi hükümetinin ve ordusunun devri gelmiştir.

Nitekim millî çeteleri kolaylıkla sürüp dilediği bölgeleri işgal eden Yunan ordusu, Büyük Millet Meclisi ordusu ile Birinci ve İkinci İnönü harplerinde duraklayacak, Sakarya Harbi'nde duracak ve geri dönecek, Afyon ve Dumlupınar harplerinde ise mahvolacaktır.

ORDU DEVRİ

ORDU

İstanbul Hükümeti'nin Ankara'yı içinden yıkmak için son başarılarından biri Konya'da Delibaş İsyanı'nı çıkarmaktır. Beş yüz kadar asker kaçağı toplayan Delibaş, önce Çumra'yı, sonra Konya'yı bastı. Beyşehri ve Akşehir ilçelerinden de ayaklanma haberleri geldi. Bu son isyanlar fedakârca harekete geçen komutanlarımızca bastırılmıştır.

Batı cephesi kurularak çetelerin de ordu içine alınacağı haberleri Ethem ve kardeşleri ile Meclis'teki partizanları harekete geçirmiştir. Meclis'te:

— Ordudan fayda yok. Hepimiz Kuvay-ı Milliye olalım, yollu propaganda aldı, yürüdü.

Bu günlerde bir yenilgi Mustafa Kemal'in işine yaramıştır. Gediz'deki Yunan tümeninin ordu ile bağsız kaldığını ileri sürerek bir taarruz yapılmasını isteyen Ethem ve kardeşlerini destekleyen Batı Cephesi Komutanı Ali Fuat Paşa (Cebesoy), Ankara'ya bir teklif yaptı. Genelkurmay bu teklifi doğru bulmadı ve reddetti. Taarruz buna rağmen iki tümenimiz ve Ethem kuvvetleri ile birlikte yapılmıştır ve yenilmişizdir. Yunanlılar bir karşılık olarak Yenişehir ve İnegöl'ü işgal ettiler. Suçlu orduya göre Ethem, Ethem'e göre ordu idi. Bu taarruzun yapılması için Meclis'teki bütün gerilla partizanları da seferber olmuşlardı.

Gerilla devrinin en fırtınalı günlerini geçiriyorduk. Mustafa Kemal Paşa, Batı Cephesi'ni ikiye ayırarak Albay İsmet'le Albay Refet'in komutası altına vermişti. Genelkurmay Başkanlığı Albay İsmet'in üstünde idi. Refet'i can düşmanı bilen ve Konya'da kendine karşı hazırlık yaptığını öğrenen Ethem iyice huylanmıştı.

Albay İsmet'in, komutası altındaki birliklere ilk emri şu idi:

1- Komutanlar ihtiyaçları olan parayı cepheden isteyeceklerdir. Hiçbir sebeple ve hiçbir ihtiyaç için halktan para istemeyeceklerdir.

2- Komutanlar ihtiyaçları olan askeri cepheden isteyecekler ve kendileri memleket içinden ne asker toplayacaklar ne askere gelmeyenleri kovuşturacaklardır.

3- Komutanlar halktan hiç kimseyi tutuklamayacak ve yargılamayacaklardır. Şikâyetlerini cepheye bildireceklerdir. Cephe komutanından başka hiç kimsenin idam hükümlerini onaylamaya ve uygulatmaya yetkisi yoktur."

Bu bildiri doğrudan doğruya Ethem gibi, Demirci Efe gibi çete başlarını amaç edinmekte idi. İlk önce Ethem, Mustafa Kemal Paşa'ya bir telgraf çekerek bundan böyle raporlarını Meclis Başkanlığı'na vereceğini ve yalnız ondan emir alacağını bildirmiştir. Mustafa Kemal Paşa ordu ile çeteler arasında bir çatışma için hazırlanılmasını emretti. Asıl isteği ise, bu çatışmayı önlemek ve çetelerin ordu ile kaynaşmasını sağlamaktı. Bunun için son dakikaya kadar çalıştı.

Ama işler kötü gitmekte idi. Herhangi bir birlikte bir subay veya er suç işlerse hemen Ethem kuvvetlerine katılıyordu. Onlar da hiçbir suçluyu birliğine geri göndermiyorlardı. Ethem kuvvetleri herhangi bir depoya veya cephaneliğe istedikleri zaman gidip istediklerini alıyorlardı. Anadolu içinde suçlu saydıkları vatandaşları kendi adamları ile kovuşturuyorlardı. Ordu karargâhı ile Ethem kuvvetleri karargâhı aynı kasabada bulundukları vakit birbirlerine karşı güvenlik tedbirleri alıyorlardı. Bir defa Eskişehir'de uzun bir konuşmadan sonra Mustafa Kemal Paşa ile İsmet Bey aynı vagonda kalmışlar, İsmet Bey üniforması ile asker karyolasına uzanmış ve uyandığı vakit Mustafa Kemal Paşa'nın sabaha kadar uyanık beklediğini görmüştü. Mustafa Kemal Paşa:

— Şimdi sen çalışmaya başla, ben Ankara'ya döneceğim, demişti.

Meclis'te çok kimseler eğer çeteler ortadan kalkarsa, ordusu ile baş başa kalan Mustafa Kemal'le baş edilemeyeceği fikrinde idiler. Cephe komutanlığından pek kuşkulanan Ethem'in kendi anlattığı şu olay o günlerdeki havayı pek iyi kavratmaktadır: "15 kadar muhafızımla ve doktorumla trene binerek Kütahya'dan Eskişehir'e gittim. Maksadım cephe komutanı ile karşı karşıya anlaşmazlıkları görüşmekti. Bundan sonra da Ankara'ya gidip Mustafa Kemal Paşa ile konuşacaktım. Pek uygunsuz giden işlerin bir yola girip giremeyeceğini anlamak istiyordum. Akşamdan önce Eskişehir'e vardım. Kendi yerimde dinlenirken Kuvay-ı Seyyare'de yüzbaşı İsmail Hakkı Efendi çıkageldi. İzinli olarak Eskişehir'de bulunuyormuş. Kendisine şu emri verdim:

— Git bak. İsmet Bey karargâhında ise kendisini gör. Görüşmeye geleceğimi haber ver.

Yüzbaşı gitti, bir saat sonra geldi. Güneş batmıştı. Bana şu cevabı getirdi:

— Karargâh komutanını gördüm. Ordu komutanının işi varmış. Bu akşam kimseyi alamayız, diye emir vermiş. Yarın gelirlerse görebilirler, dedi komutan.

"Bu cevap beni büyük hayrete düşürdü. Düşünceye daldığımı gören ve henüz ayakta duran yüzbaşının şu sözleri ile uyandım:

— Efendim, Kuvay-ı Seyyare'mizin ordudaki "irtibat zabiti" ile dün konuşmuştum. Onun söylediğine göre İsmet Bey bu günlerde hastaneden çıkmış. Kuvay-ı Seyyare subaylarına rastladığı zaman onlara hakaret etmek için bahane arıyormuş. Ben de karargâh subayından nezaketsizce bir muamele gördüm.

"Bu sözler, acısı altında inlediğim hastalığın gerdiği sinirlerim üzerinde öyle bir kırbaç tesiri yaptı ki, hiçbir taraftan ciddilik ve samimilik eseri görmediğim bu ortaklık hayatına bir son vermeliyim, bu artık kaçırılmayacak bir fırsattır, yeter ki İsmet Bey'le buluşayım, hele beni hafife aldığını göreyim, diye düşündüm ve içimden böyle bir hal karşısında ne yapacağıma da karar vermiştim. Oturduğum yatağımdan fırladım. Arkadaşlarıma:

— Arkamdan gelin! dedim.

"Hep birlikte sokağa fırladık. Karargâh oturduğum eve uzak değildi. Yürürken en güvendiğim arkadaşlardan ikisine bazı direktifler verdim. Karargâh kapısına yaklaştık. Çifte nöbet bekleyen askerler emir almış olacaklar ki:

— Yasaktır efendim, nöbetçi subayına haber verelim dediler.

"Birisi zili çalmak istedi ise de önlendi. Nöbetçilerin yanına arkadaşlarımdan dördünü bırakarak ötekilerle Nizamiye kapısından içeriye daldım. Bu atakla İsmet Bey karargâhının kapısı bizim elimize geçmiş demekti. Hızla İsmet Bey'in bulunduğu ikinci kata çıktık. Yaver ve kurmaylar odasının kapısına bakan merdivenin başına iki nöbetçi diktikten sonra kendimi koridorun sonundaki komutanlık odasının kapısında buldum. Odanın kapısını vurmakla açıp içeri girmekliğim bir oldu. Arkadaşlarımı koridorda bıraktım.

"İsmet Bey koltukta idi. Karşısında ayakta levazım subayı duruyor, yüksek sesle kendisine bir şeyler söylüyordu. En son işittiğim kelimeler "Kuvay-ı Seyyare" idi. İsmet Bey beni görünce şaşırmış halde ayağa kalkarak kısa bir duraklama geçirdi. Sonra gergin adımlarla bana doğru geldi. Yüzündeki şaşkınlık gülümsemeye çevrilmişti. Ellerimi tutarak, nabzımı yoklayarak, kollarımı okşayarak:

— Ne vakit teşrif ettiniz? Sizi ateşli ve sıkıntılı buldum. Rahatsızlığınız nasıl? diye beni masaya doğru çekti. Karşı karşıya oturduk. İsmet Bey'e:

— Beyefendi izin veriniz de levazım reisiniz bizi yalnız bıraksınlar, dedim.

İsmet Bey'in işareti üzerine reis elindeki kâğıtları masanın üzerine bırakarak çıktı. Ben hemen şunları söyledim:

— Samimilikten eser kalmayan aramızdaki münasebetlere son vermeye geldim. Şu günlerde aleyhimizdeki maskeli ve maskesiz hareketlerden maksat nedir? Eğer bana ve Kuvay-ı Seyyare'ye ihtiyaç kalmamışsa açıkça söyleyin, hemen dağıtayım. Görüyorsunuz ki hastayım. Kafaca, vücutça dinlenmeye ihtiyacım var. Ben sizinle açık görüşüyorum ve böyle cevap vermenizi istiyorum.

İsmet Bey:

— Allah şu fesatçıların cezasını versin, dedi. Samimi söylüyorum ki ben sizi Fuat Paşa'dan daha çok seviyorum. Emin olunuz, memleket müdafaasında size ve kuvvetlerinize lüzum kalmadığı inancında değilim. Fakat görüyorum ki bire bin katan nifakçılar sizi hakkımda şüpheye düşürmüşler. Bütün bu anlaşmazlıkların eskisi gibi ortadan kalkmasını istiyorum. Ben sizin gibi arkadaşların fedakârlığına güvenerek ordu komutanlığını alıp geldim. Önce şunu söyleyeyim ki sizi hizmetlerinize uygun düşecek bir askerî üniforma içinde görmek istiyorum. Rütbenin derecesini siz tayin ediniz. Karar vermek ve emrini almak benim vazifemdir. Refet Bey meselesine gelince İstiklâl Mahkemesi'ne verdiğiniz dosyayı geri aldırınız. Bu yargılamanın bırakılmasını rica ederim. Refet Bey sizi daima takdir etmiştir. Size istediğiniz yerde tarziye verecektir.

"İsmet Bey kulaklarını avucunun içine almış, gözlerini gözlerime dikerek vereceğim cevabı bekliyordu. İltifatına teşekkür ettim. Rütbe meraklısı olmadığımı söyledim. "Sırası düşünce zararlı gördüğüm bazı vatandaşların, hatta bazı akrabamın idam kararlarını imza ettim. Rütbe alırsam küçülürüm. Ben bu lütfe, kuvvetlerinle çalışan subayları lâyık görürüm," dedim. "Refet Bey'e gelince o mahkemede beraat etmesine imkân olmayan bir sanık olduğu için Dâhiliye Vekili olması bile doğru değilken nasıl olurmuş da Güneş Cephesi Komutanlığı'na gönderilirmiş? Yarın Ankara'ya gideceğim. Dönüşte tekrar bu meseleyi görüşmek isterim? Karargâh komutanınızı da uyarmanızı rica ederim. Bu akşam size karşı biraz nezaketsizce hareket etmekliğime o sebep olmuştur."

Ethem: "İsmet Bey'in konuşması tasarladığımı yapmaktan beni vazgeçirdi" diyor. Bu tasarladığının ne olduğunu derinleştirmeye hacet yok. Bir müddet sonra Ethem'in nasıl bir ruh hali içinde olduğunu Mustafa Kemal Paşa ile Ankara'dan Eskişehir'e geldiği zaman daha iyi anlayacağız.

Ethem ertesi günü Ankara'ya gitti. Ankara'da bütün nifakçılar etrafını sarmışlar, Ethem'i alabildiğine kışkırtmışlardı. "Nasıl, sen Mustafa Kemal'e güvenme dediğimiz vakit bize inanmamıştın. Senin için ne düşündüklerini görüyorsun!" diyorlardı. Mustafa Kemal'i ise üzgün bulmuştu. Mustafa Kemal: "Siz Kütahya'dan ayrıldıktan sonra kardeşiniz Tevfik Bey'le cephe komutanı arasında anlaşmazlık artmıştır. Acele Kütahya'ya dönmelisiniz," diyordu. Tevfik Bey, Kuvay-ı Seyyare bölgesine gönderilen kaymakam İbrahim Bey'i komutası altındaki süvari kuvveti ile birlikte geri göndermişti. Sözde İbrahim Bey, Kuvay-ı Seyyare aleyhine bildiriler dağıtmıştı. Tevfik Bey: "Bize şerefsizlik isnat eden sizin gibi bir komutanı bundan sonra tanıyamam, sizinle münasebetlerimi kesiyorum," diyordu.

Tevfik, Ankara'da Ethem'e de bir telgraf çekerek, gel işi düzelt, yoksa ben bu şartlarla bu görevde kalmam, bundan böyle de fesatlık yapanların karargâhıma yollanmasını emrettim, hepsini muhakemesiz ve kayıtsız şartsız idam edeceğim, diyordu.

Cephe komutanının Kuvay-ı Seyyare'ye karşı tutumu meydanda idi. Ethem bu telgrafı aldığı gece Nazilli'den Demirci Efe kendisini telgraf başına çağırdı. Efe diyordu ki: "Bundan iki buçuk ay önce Konya isyanı üzerine oraya gönderilmiştim. Miralay Refet Bey'le çalıştıktan sonra Nazilli'ye döndüm. Dinlenmeye ihtiyacım olduğundan kendi köyümde kaldım. Kuvvetlerimi cepheye göndermiştim. Konya'dan döndüğümde apaçık görüyorum ki şahsıma karşı entrikalar çevrilmektedir. Yanımdakiler bile bile aleyhime kışkırtılmaktadır. Refet Bey'den dün bir telgraf aldım. Askerî birliklerden birine komuta etmek üzere Konya'ya gel, diyor. Benim bulunduğum yer cepheye Konya'dan daha yakın. Sonra ordu birliğine benim komutan olmaklığım ne demek? Ben bunda bir samimilik görmüyorum. Bilmem siz ne dersiniz?" Ethem şu cevabı verdi:

"Refet Bey'in istediğini yapıp yapmamak senin bileceğin şey. Onu benden daha iyi tanıman lâzım. Yakın vakte kadar sizinle beraber bulunmuştur. İhtiyatlı bulun. Ben de bu meseleyi Meclis yolu ile halletmek için Ankara'ya gelmiştim. Fakat Meclis'te bir şaşkınlık var. Bu uygunsuzluklara tam bir son vermeden Kütahya'ya dönmek zorundayım. Süratle dönüşüm Kuvay-ı Seyyare ile cephe arasında bir fenalığa meydan vermemek içindir. Refet Bey'i geri aldırmak yolu ile meseleyi halletmek isteyen mebuslar var. Refet Bey İstiklâl Mahkemesi'nde sanıktır. Yörük Ali ile aranız nasıldır? Birkaç gün önce bir mektubunu almıştım. Cevap veremedim. Cevabımda size sadık kalmasını tavsiye edeceğim."

Her şeyin yoluna konacağı söylendiği için Kütahya'ya gitti. İsmet Bey, Eskişehir'de olmadığından onunla görüşemedi.

İngilizler, Anadolu'ya asker yollamak ve Yunanlılara yardım niyetinde değildiler. Venizelos, Yunanistan'ın kendi ordusu ile İzmir ve hinterlandını ele geçirmeyi başaracağını söylemişti. Ülke dışındaki Yunan zenginlerinden de büyük yardım görmüştü.

Yunan taarruzu yalnız işgal bölgesini genişletmekten ve kuvvetleri yayıp dağıtmaktan başka sonuç vermeyince İngilizler bir barış taarruzuna geçtiler. Padişah, Ekim başlarında Damat Ferit'i çekerek yerine ihtiyar Vezir Tevfik Paşa'yı getirdi. İzzet ve Salih Paşalar da kabinede idiler. Yeni hükümet Sevr Antlaşması'nı hafifletme ve İngilizlerle anlaşma umudu belirdiğini bildirerek Ankara'yı yumuşatmaya kalkıştı. Uzaktan haberleşme ile sonuç almayınca İzzet ve Salih Paşalar bazı önemli şahsiyetlerle birlikte

Mustafa Kemal Paşa ile buluşmak istediler. Mustafa Kemal kendilerini Bilecik'te bulacağını yazdı.

Ethem tehlikesi de o aralık durmalı ve Kuvay-ı Seyyare'nin başıboş bırakılmamalı idi. Mustafa Kemal Kütahya'da Ethem'e şu telgrafı çekti: "İstanbul'dan Ankara'ya gelmek üzere yola çıktıkları bildirilen İzzet Paşa heyetinin karşılanması için Meclis tarafından bir heyet gönderilmesini ve bu heyet arasında sizinle benim de bulunmaklığımızı arkadaşlar uygun bulduklarından rahatsızlığınıza rağmen hususi trenle Ankara'ya dönmenizi bekliyorum."

Atatürk'e göre Ethem ve Tevfik Kardeşler isyan etmeye karar vermişlerdi. Cephede Tevfik Bey fırsat aramakta idi. Ankara'da kardeşi milletvekili Reşit Bey ve Ethem takımı hareketlerini buna göre ayarlıyorlardı. Önce cephe komutanını itibardan ve makamından düşürmek, orduya hâkim olmak, ondan sonra Meclis havasını lehlerine çevirerek başarıyı tamamlamak lâzımdı. Mustafa Kemal cephede ve Ankara'da her türlü tedbiri aldırdıktan sonra Ethem'i davet etmişti. Sonuna kadar kendilerini yola getirmeye çalışacak, olmazsa son kararını verecekti. Ankara'ya gelen Ethem'i ve kardeşi ile bazı şahsiyetleri yanına alarak önce Eskişehir'e gitmek ve orada İsmet Bey'le buluşarak görüşme açmak istiyordu. Ethem'in hastalığını ileri sürerek beraber gidemeyeceğini bildirmesi üzerine Dr. Adnan'ı (Adıvar) yoklamaya gönderdi. O da rahatsızlığının doğru olduğunu söyledi ise de Mustafa Kemal ısrar etti. Beraber trene bindiler. Gidenler arasında Kâzım Paşa (Özalp) ve Celâl Bayar'dan başka Ethem'in güvendiği Hacı Şükrü de vardı. Mustafa Kemal diyor ki: "Henüz ben uykuda iken tren Eskişehir'e vardı. Daha önce İsmet Bey'in Bilecik'te bulunduğunu öğrenmiştik. Eskişehir'de uyandığım zaman trenin niçin durduğunu sordum. Yaverlerim arkadaşların kahvaltı yapmak üzere istasyon karşısındaki lokantaya gittiklerini ve gelmek üzere olduklarını söylediler. Çabuk gelmeleri için haber yollattım. Birkaç dakika sonra, hazırız, dediler. Bütün arkadaşların gelip gelmediklerini sordum. Herkes hazırdı ama Ethem ve bir arkadaşı yoktu. Ethem Bey olmaksızın bizim Bilecik'e gitmemizde fayda yoktu. Daha önce ve hususi görüşmemiz lüzumlu olduğundan ben de bir iki istasyon ileri giderek buluştuk."

Hikâyeyi burada bırakarak Ethem'in anlattığını dinleyelim: "Ankara'da trenden inince Meclis yakınındaki otelde Hacı Şükrü Bey'in yatağına uzandım. Biraz sonra kabine ve Meclis üyelerinden bazıları yoklamaya geldiler. Biraz sonra Mustafa Kemal Paşa ile Dr. Adnan Bey de geldi. Adnan Bey beni muayene etti. Ateşimin yüksek olduğunu ve dinlenmem lâzım geldiğini söyledi. Mustafa Kemal Paşa ayakta söylenenleri dinliyordu. Bir ara Adnan Bey'e şöyle dediğini işittim: "Üç dört saat sonra, karşılama heyeti ile biz de hareket etmek zorundayız. O zamana kadar ateşi düşürecek çareler bulunuz. Trende yataklı ve hususi bir yerin Ethem Bey için hazırlanmasını temin ediniz. Gelen heyet herhalde Ethem Bey'i de aramızda görmelidir." Mustafa Kemal Paşa bunları söyledikten sonra ayrılıp gitti. Bu defa Paşa'nın yüzünde bir anormallik gözüme çarpar gibi oldu. Acaba gelen heyete çok mu önem vermekte idi? Yoksa bana karşı içinde kurduklarının bir belirtisi mi idi? Bunları düşünecek halde değildim. Adnan Bey'in verdiği ilâç da ateşimi biraz sonra düşürmüştü. Mustafa Kemal Paşa gittikten sonra gelen mebuslar beni uyarıyorlardı. Şahsıma karşı bir şey tasarlandığından şüphe etmek istemiyor gibi idiler. Vakti gelince istasyona giderek Mustafa Kemal Paşa ile buluştuk ve Eskişehir'e doğru hareket ettik. (Ethem burada beraber giden heyettekilerin adlarını saymaktadır. Yalnız Kâzım Paşa'nın adı eksik.) Mustafa Kemal Paşa'nın elli kişilik sivil bir müfrezesi, benim ise on beş kişi kadar adamım ve yaverim vardı. Bunlar ayrı ayrı kompartımanlarda idiler. Mustafa ayakta durarak sağlığımı soruyor, sonra ayrılıp gidiyordu. Yüzünde bana karşı güler yüzlülüğünün samimi olmadığını gösterir bazı belirtiler görüyorsam da derinliğine varamıyordum. Dik bakışlı gözlerinde sözlerinin zayıflığını okuyordum. Tren güneş doğarken Eskişehir istasyonuna geldi. Trenin burada su gibi ihtiyaçlar için bir müddet duracağını tahmin ediyordum. Bilecik'e yetişmek için aceleye lüzum yoktu. Bu sırada trenden inmiş olan yaverim dönüp geldi. Ordudan iki subayın benimle hususi görüşmek istediklerini söyledi. "Tren burada iki üç saat kadar kalacak. Daha iyi dinlenebilmek için şehirdeki makamınıza gitmeniz uygun olmaz mı? Aynı zamanda sizi görmek isteyen subayların ne söylemek istediklerini de öğrenirsiniz!" dedi. Trenden yanımda gelenlerle birlikte indim. Şehirdeki yerime geldim. Kendi subayım beni görmeye gelenlerin birliklerini ve adlarını haber verdi. Beni neden görmek istediklerini sordum. Şu cevabı verdi: "Efendim Ankara'ya gittiğiniz günden beri ordu birlikleri arasında tertipli değişiklikler var. Dün gece hususi trenle İnönü'nden hücum taburunu Eskişehir'e getirdiler. Aynı zamanda başka bir piyade alayı da Kütahya yolu üzerindeki Porsuk Nehri köprüsüne yakın bir yere yerleştirilmiştir. Çok gizli tutulmak istenen bir faaliyet var. İsmet Bey iki günden beri Bilecik tarafında. Ne olduğu bilinmeyen bu haller karşısında Eskişehir halkı da telâşlı ve heyecanlı. Bazı vefalı ordu subaylarından sızan haberlere göre bu tertiplerin hepsi sizin içindir. Bu iki subay da bu maksatla sizi görmeye ve uyarmaya gelmişler. Bana biraz açıldılar. Söyledikleri benim anlattıklarıma uygun. Kendilerini getireyim, siz de görüşün." İki subayla konuştum. Aldığım bilgilere göre şu kanaati edindim: Ustaca tertiplenen bu tren yolculuğunda herhangi bir noktada çalımına getirebilirlerse, ben ve lüzum olursa az olan adamlarım ortadan kaldırılacaktık. Yolda buna imkân bulunmazsa Bilecik İstasyonu'na vardığımızda seçme bir müfreze ben ve yanımdakileri çevirecek, diri olarak teslim olmazsam ölü olarak ele geçirileceğim. Eskişehir'e getirilen taburun vazifesi halkta ayaklanma olursa onu bastırmak, Porsuk Köprüsü yakınlarına dikilen piyade alayının vazifesi de Kuvay-ı seyyare, Eskişehir üstüne yürürse onu önlemektir.

Ben bu bilgileri edindikten sonra işi talihe bırakmayı uygun bulmadım. Hemen güvendiğim arkadaşlarımdan birini odama çağırdım. Şu direktifi verdim: Dikkati çekmeyerek açıkgöz bir arkadaşı silâhsız olarak istasyona gönder. Vazifesi bizi getiren treni gözaltında bulundurmak. Mustafa Kemal Paşa ile dışardan gelip buluşanları sıkı bir kontrol altında tutmak. Dikkati çekecek küçük bir hal oldu mu, hemen bana haber yetiştirmek. İkinci bir arkadaşa da şu emri verdim: Kuvayı Seyyare'den olup da izinli olarak burada bulunan veya tedavi için gelip de iyileşen güvenilir adamlardan beş altı kişiyi silâhlandırıp buraya getirecek. Bunlar size katılacaklar ve hemen harekete hazır bulunacaksınız. İki arkadaşı salona çıkıp yolladıktan sonra odama döndüm. Kararım şu idi: İstasyona süratle dönmek. Mustafa Kemal'le lâzım geldiği gibi görüşmek ve kendisini kapana sıkıştırmak."

O sırada heyetten birkaç kişi geliyor. Merak etmişler. Hatır sormuşlar ama kaygılı ve düşünceli imişler. Neden Ethem trenden indi ve şehre niçin geldi diye! Aralarından biri salona giren iki silâhlıyı görür. "Gözleri velfecri okuyor," der. Ethem bu adamdan emindi, teklif etsem hemen bana katılacaktı, diyor. Hacı Şükrü olmalı idi.

Heyetten başka biri Mustafa Kemal'den selâm getirdiğini ve kendisini beklediğini söyler. Ethem istemeksizin bu gelene soğuk davranmıştı. Etrafta gördüklerinden şüphelenen bu kimse heyetten olanlara:

— Paşa'nın bir siparişi var. Ben hemen gideyim, siz de gelirsiniz, dedi ve gitti.

Ethem de ziyaretçilere:

— Siz de buyurun, ben arkanızdan geliyorum, dedi.

Ve hemen salona çıktı. Bekleyen adamlarına:

— Kaç kişisiniz? diye sordu.

— Silâhlı olarak 17 kişiyiz, cevabını verdiler.

"Haydi, düşelim yola, diyerek evden çıktık. İstasyona doğru biraz yürümüştük ki karşıdan birinin koşarak geldiğini gördük. Yaklaşınca tanıdım. Gözcülük vazifesi verdiğim arkadaşımdı. Nefes nefese idi. Sormaya vakit bırakmadan söyledi:

— Tren hareket etti.

— Heyet yetişti mi?

— Hayır efendim, istasyona geldilerse de binemediler.

"Kontrole gelen ve bir ısmarlama bahane eden tam vaktinde haber ulaştırmış olmalı idi."

Belli ki Ethem büyük bir şaşkınlık içinde idi. İstasyonda treni ve Mustafa Kemal'i bulsaydı ne yapacaktı? Mustafa Kemal'in de hazırlıklı olduğuna şüphe yoktu.

Ethem'in kendi ağzı ile de anlattığı ikinci hesaplaşma atılımıdır bu. Birincisini Mustafa Kemal'den dinlemiştim. O da bir istasyonda, fakat ayrı şartlar altında geçmiştir. Mustafa Kemal henüz Ankara İstasyonu'ndaki evde idi. Rahatsız olduğu için odasında yattığı sırada Ethem ve kardeşinin gelmek üzere olduğunu haber vermişler. Ethem'in Mustafa Kemal'i başlarından atmak isteyenlerce iyiden iyiye doldurulduğu günlerde idi. Mustafa Kemal: "Ethem'le kardeşi odama geldikleri vakit penceremden görülecek gibi evin etrafını askerle sarınız" emrini verir ve tabancası yastığının altında, soğukkanlılıkla bekler. Ethem kapıya ve merdiven basamaklarına adamlarını koyarak odaya girer: "Yatağımdan yarı doğrulmuştum. Tüfekleri ile gelip karşımda oturdular. Mecliste çok dedikodu varmış. Dış ve iç politika iyi gitmiyormuş. Bunun sonu ne olacakmış. Ağır ağır, tavrımı bozmadan kendilerine iç ve dış durum üzerine düşündüklerimi söylemeye koyuldum. O sırada dışardan sarıldıklarını da görmüşlerdi. Kardeşi, Ethem'e Çerkezce bir şeyler söyledi. Benimle konuştuklarından hoşnut kalmış gibi görünerek gittiler."

Kardeşinin adını söylemiş miydi, hatırlamıyorum. Fakat Tevfik idi.

Mustafa Kemal istasyon olayı akşamı Eskişehir'e döndü. Kalan arkadaşları ile bir lokantada yemek yediler. Ethem yoktu. Rahatsız olduğunu söylediler. Hâlbuki İsmet Bey'in karargâhında hep birlikte konuşulacaktı. Kardeşi Reşit Bey, Ethem'in rahatsız olduğunu söylerken karargâhtaki toplantıya gelebileceğini de söylemişti. Yemekten sonra karargâha gidilince Mustafa Kemal, Ethem'in ne zaman geleceğini Reşit'e sordu. Reşit kısaca:

— Ethem Bey bu dakikada kuvvetlerinin başındadır, dedi.

İsmet Bey, Tevfik'in serkeşliğini anlatıyor, Reşit Bey kendisi ve kardeşleri adına cevap veriyordu. Konuşması sert ve saldırgan idi. Kardeşleri birer kahramandı. Hiç kimsenin emrine giremezlerdi. Herkes bunu böyle kabul etmek zorunda idi. Mustafa Kemal'i dinleyelim: "Dedim ki bu dakikaya kadar sizinle eski bir arkadaşınız olarak ve lehinize bir sonuç almak için görüşüyordum. Artık arkadaşlık sıfatım son bulmuştur. Şimdi karşınızda Türkiye Büyük Millet Meclisi'nin ve Hükümeti'nin Reisi bulunmaktadır. Devlet Reisi sıfatı ile garp cephesi komutanına ne yapmak gerekse yetkisini kullanmasını emrediyorum."

İsmet Bey de: "Ben onu yola getirmeyi bilirim" deyince avazı çıktığı kadar bağırarak konuşan Reşit Bey durumun ciddiliğini görerek sığınırca bir davranış aldı. İleri gidilmemesini, kardeşlerinin yanına giderse bir çare bulacağını ileri sürdü. Maksadı kardeşlerini aydınlatmak, zaman kazanmaktı. Buna rağmen teklifini kabul ettiler. Kâzım Paşa da Reşit'le birlikte gidecekti. Hareket ettiler.

Mustafa Kemal sonra Bilecik'te İzzet ve Salih Paşa'larla buluşmaya gitti. Kendisini:

— Türkiye Büyük Millet Meclisi ve Hükümeti Reisi... diye tanıttıktan sonra:

— Kimlerle konuşuyorum? diye sordu.

Salih Paşa kendisinin Bahriye ve İzzet Paşa'nın Dâhiliye Nazırı olduğunu söyleyince, Mustafa Kemal, İstanbul'da bir hükümet tanımadığını, eğer öyle bir hükümetin temsilcileri olarak görüşeceklerse kendisinin buna katılmayacağını bildirdi. Sıfat ve yetki söz konusu edilmeksizin konuşma açıldı. Mustafa Kemal, bir müddet sonra, kendilerinin İstanbul'a dönmelerine izin vermeyeceğini, birlikte Ankara'ya gideceklerini haber verdi. Gelenlerin şahsiyetlerinden faydalanmayı düşünüyordu. Ajans yolu ile de Paşaların ve heyetin Ankara rejimine katıldıklarını ilân etti.

Bu sırada Ethem ve kardeşleri kuvvetlerini arttırmak, Ankara çevresinde hazırlıklar yapmak, Mustafa Kemal'i oyalayarak cepheyi ele geçirici tertiplere girişmek yolunu tutmuşlardı. Meclis'teki adamlarını da olanca güçlerini seferber etmişlerdi. Mustafa Kemal eğer bazı şartları kabul ederse, Kuvay-ı Seyyare'nin olduğu gibi kalmasına izin verileceği vaadine kadar uysalca davrandı. Son defa Kütahya'ya bir heyet de yolladı. Ethem ve kardeşleri bu heyeti diledikleri gibi kullanmışlar, telgraf çektirmişler, heyet üyeleri Ankara'da kendilerine daha faydalı olacaklarını söyleyerek güçlükle ellerinden kurtulmuşlardır. Bu arada İsmet Bey'i ve Refet Bey'i cepheden çektirmek için Meclis'te kıyametler kopmuştur. Ethem partizanları ile Mustafa Kemal'e karşı olanlara göre bütün sorumluluk Ethem'le pek iyi anlaşan Ali Fuat Paşa'nın cephe komutanlığından alınmasında idi.

Sonunda Mustafa Kemal vekiller heyetinden bir türlü yola gelmeyen Kuvay-ı Seyyare'nin asker kuvveti ile serkeşliğini önlemek kararını almış, çetin bir çarpışmadan sonra Ethem kuvvetleri bozguna uğratılmış ve kendisi de Yunanlılara sığınmıştır. Ethem'den orduyu gocunduran son vesika kendisi tarafından İstanbul'a çekilen bir telgraftır. Ethem "Kongre" adını verdiği Büyük Millet Meclisi'ni dağıtacağını bildiriyordu. Bursa taraflarında bir sınır istasyonundan çekilmek istenen telgraf, memur tarafından İstanbul'a değil, İsmet Bey'e gönderilmiştir. Daha önce Refet Bey, Demirci Efe'nin köyünü basmış, kaçan efe bir müddet sonra sığınmıştır. Ethem'in Yunanlılara teslim olduğu zamanki çırpıntıları arasında bir ahbabının şu sözü hatırlamaya değer:

— Canım Napolyon bile fitne fesat içinde kaldı. Başka çare bulamadı. Karşısındaki düşmanlara teslim olup esirlik ve sürgün hayatı içinde öldü."

Yağmacılar, darağaçları ve baskınlar kahramanı Yunanlılara sığınınca daha bir gün önce Mustafa Kemal, Meclis'te kürsüye çıktığı vakit onun Ethem gibi bir kahramanı feda etmekle suçlayanlar, şimdi, Mustafa Kemal "Ethem" ve "Reşit" isimlerine "Bey" sıfatını ekleyince:

— Hayır, hayır onlara bey diyemezsiniz, hain deyiniz, diye bağırıyorlardı.

Mustafa Kemal:

— Ethem için pekiyi... Fakat Reşit Bey henüz meclisimiz üyesidir, dedi.

Bir nefeste Reşit'in milletvekilliğini üstünden alıverdiler.

Yozgat isyanını bastırır gibi Ankara devletini ortadan kaldırmaya kalkan ve ara sıra:

— "Bolşeviklik nasıl olsa bizde de olacaktır. Önce biz kuralım, hayallerine kapılan sergüzeştler kahramanı Yunanlı elinde postsuz koyuna dönmüştür: "1920 Şubatı'nın sonları idi. Susurluk'a gelen kardeşim Tevfik Bey, Kaymakam Aleksandr, Teğmen Yorgiadis, Şevket Bey, ben ve birkaç arkadaşım trene binerek İzmir'e hareket ettik. İstasyonlarda durdukça yerli Müslüman ve Rum halk, kimi nefret ve hakaretle, kimi sevinçle bize bakıyordu. Kırkağaç İstasyonu'nda kolu başçavuş işaretli biri içeriye girerek bana Rumca ve Türkçe küfürler etti. Aleksandr ile Yorgiyadis seslerini çıkarmıyorlardı. Çavuşun etrafında Yunan askerleri gittikçe artıyor, küfürler çoğalıyordu. Gelen inzibatlar çavuşu alıp götürdüler.

Türk ordusunda Mustafa Kemal komutanlarının emri altında, hatta imtiyazlı bir birlik başında kalmak kibrine dokunan bu çetebaşının şerefli sonu bu idi.

Pek güç şartlar içinde nihayet Büyük Millet Meclisi'nin nizam ordusu kurulmuştur. Gerilla devri sona ermiştir.

İşte Birinci İnönü Savaşı bu güç askerî ve siyasî şartlar içinde olmuştur. Kuvvetlerimizin bir kısmı artık Yunan safları arasında idi. Ordu 5 Ocak'a kadar Ethem'i kovaladı.

Yunanlılar 6 Ocak'ta bütün kuvvetleriyle kıtalarımıza karşı taarruza geçtiler. Birinci İnönü Harbi kazanılmalıydı. Rahmetli İzzettin Paşa, Atatürk'ün pek sevdiği ve güvendiği komutanlarımız arasındadır. İyi ve gözü pek bir asker, pek dürüst bir vatansever, Mustafa Kemal'in de âşıkı idi. İsmet İnönü'nün şöhretini ve hizmetini küçültmek için, Birinci İnönü zaferini söndürmeye uğraşan zamane politikacılarını ölünceye kadar affetmemiştir. Son yazısında diyordu ki: "Bu muharebe tam bir zaferdir. Bir takım kalemler bu zaferi Yunanlılar gibi, hiçe saymak istemişlerdir. Yunanlılar bu muharebeden kendilerini Aksu-Dimboz müstahkem hattına atarak kurtulabildiler."

Asıl sevinç Mustafa Kemal'de idi. Birinci İnönü Zaferi olunca: "Bu muharebe ile pek çok şey kurtarılmıştır!" demiş, sonra bu sözünü şöyle tamamlamıştı: "Hayır, her şey kurtarılmıştır!"

Mustafa Kemal gibi askerlik sanatını âdeta mukaddes sayan, tam askerliğini takındığı vakit yakın dostlarını tenkit etmekten ve nefret ettiği düşmanlarının hakkını vermekten çekinmeyen bir adam, Birinci İnönü'de ilk ordu zaferiyle ne kazanılmış olduğunu bilmekte idi.

Bu savaşın yıldönümünde Garp Cephesi Komutanı İsmet Paşa'ya *Akşam* gazetesi adına bir tebrik telgrafı yollamıştık. İsmet Paşa'nın cevabı bugün de okunmaya değer: "Birinci İnönü'nde şehit olanlar, memlekette nizamı cephede ordu ile müdafaayı temin için feday-i hayat etmişlerdir. Hiçbir muharebenin şehitleri bu kadar fevkalâde şartlar içinde ve o derece dünyevî, hatta uhrevî menfaatlerden azade olarak feday-i hayat etmemişlerdir."

Çünkü Halife'nin fetvalarına göre Anadolu türedilerinin emirlerine uyarak Yunanlılarla dövüşenler şehit sayılmak şerefinden ve hakkından mahrum idiler.

Teşbihte hata olmaz derler. Mareşal Petain, İkinci Dünya Harbi'nde Almanlarla işbirliği ettiği için Fransız vatanseverleri tarafından idama mahkûm edilerek bir zindan köşesinde ölmüştür. Fakat Mareşal Petain'in Birinci Dünya Harbi'nde Fransız ordusuna kazandırdığı şeref, bir millî şeref olarak kalmıştır. Hatta o şeref Petain'in adından ayrılmamıştır. Hiçbir Fransız politikacısı, Petain'in ne kadar kötü bir Fransız olduğuna kendi milletini inandırmak için, Fransa tarihinin bir şerefine hakaret ve iftira etmeyi düşünmemiştir.

İsmet İnönü'nün 1938'den sonraki politikasını haklı veya haksız olarak sevmeyenler yahut onunla haklı veya haksız bir geçmişi olanlar, vatana yaptığı son fenalık, Türk milletini İkinci Dünya Harbi'ne katılarak bugün bir demirperde peyki olmak faciasından kurtaran bu devlet ve politika adamını kötülemek için, İnönü savaşlarını Türk tarihinden silmeye kadar gitmişlerdir.

İnönü savaşları, çete devrinden çıkan Anadolu'nun nizamlı ordusu ile ilk kazandığı zaferlerdir. Bu iki zaferin arkasından Sakarya, onun arkasından da Afyon ve Dumlupınar gelir. Sakarya, Afyon ve Dumlupınar, sadece, yüksek bilgili sanatçı komutanların emri altındaki nizamlı ordular tarafından başarılabilecek tarihî savaşlardır. Gerilla işleri değildir.

Bir Fransız Kuvay-ı Milliyesi de vardır. Dayatma edebiyatı ve bu sıradaki şeref yarışmaları hâlâ, Fransız edebiyatını süsler, durur. Ama Fransa, Normandiya kıyılarında karaya çıkan nizamlı orduların zaferi ile kurtulmuştur.

Unutulmamalıdır ki, Birinci İnönü Savaşı, cephe gerisinde orduyu isteyenler ve istemeyenler arasındaki kavga ile aynı günlerde olmuştur. Şahsî rakiplikler ve hırslar yüzünden davanın kazanılması ile kaybedilmesinin oynak talihin küçük bir cilvesine bağlı kaldığını öğrenmek şimdi bile tüyler ürpertici bir şey değil midir?

Mustafa Kemal'in, iç kargaşalıklar arasında umutsuzluğu yenecek bir lider olmak için hep bildiğimiz vasıfları vardı. Fakat Türkiye'yi kurtarmak için bir ordusu olmalıydı. Sonunda komutanlık vasıflarını göstermek fırsatını bulmalıydı. Alaylarının başında bilgili ve sanatlı komutanlar, fırkaların başında kumandanlar, kolordu ve orduların başında kumandanlar, nihayet hepsinin başında kendisi bulunmalıydı.

Bu ordu, Ethem üzerine yürüyüşten Birinci İnönü Zaferi kazanılıncaya kadar süren beş on katî çalışma günlerinin eseridir.

Kolay şöhret, güç sanatın şerefini daima kıskanmıştır. Bir kasabada asileri temizleyen bir çeteci, karargâh masasının başındaki kurmay başkanı idi: "Bu adam da kim?" der. O adamın kalemi kurtuluş zaferinin plân taslaklarını hazırlamaktadır. Baskıncı ya bir alaylı subay yahut ona yakın bir şeydir. Hatta bu Atatürk'ün sık sık:

— *Simple soldat*... diye eğlendiği kültürsüz, görüşsüz, sanatsız ve çala pala vuruş kırıcı bir dukandan da olabilir.

Sonra harp, kıdemleri ve nizamname hiyerarşilerini altüst eder. Bir harbe general giren emekli çıkar, yüzbaşı giren general çıkar. Harp, zekâ, irade ve sanat taşlarını ileri süre süre, oyun tahtasının üstünde nihayet birkaç taş kaldığı görülür.

Fakat bu kader, kıdem gururlarının sonuna kadar hırslanmalarını yatıştırmaz. "Nutuk"un bu türlü şahıs hikâyeleri içine doğrusu hiç girmek istemiyordum. Bu hikâyeleri, insanî ve tabiî de buluyordum.

Ancak Mustafa Kemal ayarında bir süvarinin, seferde, kendini dilediği konağa eriştireceğinden şüphe ettiği atlara hatır için binmesi akla gelir şey midir?

Mustafa Kemal son derece hesapçı idi ve bir başarı hesapçısı idi.

Birinci İnönü ile Kuvay-ı Milliye'nin başıbozuk devri son bulduktan, Ordu ve Meclis otoritesi kurulduktan sonra, Mustafa Kemal, saray ve Bab-ı Âli ile her türlü pazarlığı kesti. Artık hakiki Devlet Reisi idi.

İstanbul'da Tevfik Paşa Hükümeti vardır. İtilâf Devletleri Vahdettin ve Damat Ferit tertipleriyle Anadolu'nun yıkılmayacağını ve Sevr Antlaşması'nın olduğu gibi uygulanılmayacağını anlamışlardır. İstanbul düşünür ki madem Yunanlılar zayıflamışlardır, madem büyük devletler zor kullanabilecek halde değildirler, ne olur, Mustafa Kemal de inadından vazgeçse, İstanbul ve Ankara anlaşsalar, Sevr Antlaşması'nı şimdilik ne kadar mümkünse o kadar yumuşatsalar, gerisini tarihin gidişine bıraksak...

Nitekim bu fırsat da çıkmıştır. Büyük devletler Londra'da Türkler ve Yunanlılarla bir arada konuşmak üzere bir konferans toplamaya karar vermişlerdir. Osmanlı delegeleri arasında Ankara temsilcilerinin de bulunmasını şart koşmaktadırlar. Bir yanda Birinci İnönü, bir yanda Londra Konferansı var. Herkesin içinde bir umut ve gönüllerin ta içinde:

— Ah bir uzlaşsak, bitirsek... sesi.

Mustafa Kemal ise Misak-ı Millî der, ne Nuh ne Peygamber demez. Sadrazam Tevfik Paşa'ya aksi cevaplar verir. Türk milletini yalnız Büyük Millet Meclisi'nin temsil ettiğini söyler ve Ankara delegelerinin İstanbul heyetine asla katılmayacaklarını bildirir. Tevfik Paşa gibi vatanın hayrını isteyen şahsiyetler eğer bir şey yapacaklarsa, Mustafa Kemal'e göre, Vahdettin'den Büyük Millet Meclisi'ni tanıdığını gösterir emr-i irade almalıdırlar. Tevfik Paşa gerçekten vatanın hayrını isteyen bir ihtiyar vezirdir ama İstanbul'da padişahın bir hükümeti kalmamak gibi ihtilâlci bir fikir onun bütün anlayışlarına aykırıdır. Misak-ı Milli'yi daha o ve arkadaşları şüphesiz bir ham hayal saymaktadırlar. Yunanlı ve yabancı ordular Türkiye'nin her yerinden çekilip gidecekler, İzmir'i, İstanbul'u, Edirne'yi kayıtsız şartsız Büyük Millet Meclisi hükümetine teslim edecekler, Türkiye'nin kayıtsız şartsız bağımsızlığını tanıyacaklar. Yoksa ordularımızla düşman topraklarındayız da onlara şartlarımızı mı dikte ediyorduk?

İstanbul'dakilere ve Büyük Millet Meclisi'nin yüzde yüz Mustafa Kemalci olmayanlarına göre Anadolu ve Yunan ordusunu ve yabancı kıtaları yurdumuzdan atabilir, ne de İngiliz donanmasını denizlerimizden kovabilir. Memleket bir Enver'den öteki Enver'e çatmıştır. Biri İmparatorluğu harbe soktu, batırdı, biri de nasılsa elimize geçen güzel imkânları tehlikeye sokmaktadır.

Nasılsa mı? Fakat bu güzel imkânları yaratan adam Ankara'dadır. Bu güzel imkânlar uğruna halkın damarlarından, oluktan su akar gibi, kan akmıştır. Antlaşmanın maddelerinde bir takım tavizler ne demek? Tam ve kesin bir millî kurtuluş yolunda sonuna kadar irkilmeksizin yürümek lâzımdır.

Büyük adam, küçük adamdan bir yıl daha uzağı görmezse bu sıfata nasıl hak kazanabilir? Herkes 1921'in eşiğinde, büyük stratejist ve lider ise 1922 Ağustosu'nun son haftalarındadır:

— Ah bana inanınız... Geri gideceğiz, ileri gideceğiz, fakat düşman bize boyun eğdiremez. Sonunda onu yeneceğiz. Hürriyet denen şeyi böyle bir zaferden başka bir temel üstünde tutturamayız, diyordu.

İstanbul'a böyle diyor, dönüp Büyük Millet Meclisi'ne böyle diyordu. Belki de çok defa kendisine yalnız kendisi inanıyordu.

Mustafa Kemal artık zar atmıyordu. Satranç oynuyordu. Bu oyunun da, bilmeyenlere seyri bile, yorgunluk verir.

Türlü durumları, fırsatları ve şartları pek iyi kollamasını ve kullanmasını bildiğinden, harp ve politika işlerini de kıskıvrak iradesine bağlamıştır. Önde, gidip daima yerinde bulacağı bir ordusu, arkada, gelip daima kavuşacağı bir insanlar takımı vardır. Fakat her günkü kürsü kavgalarından sonra:

— Canım efendim bu Meclis de nedir? İzin veriniz, dağıtalım.

Gibi tekliflerde bulunan dar kafalı gayretkeşlerden de, ürpererek uzak durur. Mustafa Kemal, meclissiz yaşamayı aklı almayan bir yirminci asır lideridir. Söyler, inandırır, zora getirir, susturur, fakat meclissiz yapamaz.

Londra Konferansı'na giden Ankara heyetinin başında Bekir Sami Bey'in bulunuşu bir talihsizlik olmuştur. Bekir Sami Bey, İngiliz ve Fransız Nazırlarıyla bazı meseleler üzerinde hususî konuşmalarda kendiliğinden tavizlerde bulunmuştur. Konferanstan bir şey çıkmayacağı belliydi. Teklif olunan antlaşma tadilleri pek sudan şeylerdi. Fakat sonradan Bekir Sami Bey'in tavizlerini birer birer geri almak lâzım geldi. Bekir Sami Bey bu ikinci Avrupa yolculuğunda tam bir Bab-ı Âli adamı olmuştur. Onun da inancı, harbe devam etmenin bir felâket olacağı idi.

Konferanstan Yunanlılar hoşnut muydu? Hayır! İtilâf Devletleri, Anadolu ile onun sırtından pazarlık etmek yolunda idiler. Ankara gibi, Atina'nın da elindeki çare, ordusunun zaferinden ibaretti.

Nitekim Yunanlılar konferanstan umut keserek büyük bir taarruza daha geçtiler. Bu taarruzu da İkinci İnönü Zaferi durdurmuştur.

Zafer, İstanbul'a gökten bir müjde gibi indi. Gazetelerin ilk sayfaları büyük resimler ve zafer edebiyatı ile kaplanıp bezendi. O sırada, 8 Nisan 1921, bazı ukalâ gazeteciler İzzet Paşa'ya giderek İnönü Zaferinin kendisi Ankara'da iken hazırladığı plânlarla kazanıldığı rivayetinin doğru olup olmadığını sormuşlar. İzzet Paşa: "Zaferde hiçbir hissem yok," dedikten sonra "İsmet bir dâhidir," diyor. Ama daha sonra, Yunan orduları birliklerimizi yenerek Sakarya'ya doğru yürüdükleri vakit, bu dâhiye bir mektup yazarak Ankara'da iken kendi dehasına inanmadıkları için başlarına gelen felâkete şaşmamaları lâzım geldiğini hatırlatacaktır.

Mustafa Kemal, yine o günlerde, bir başka gazeteciye:

— Millî mukavemet bu halini buluncaya kadar kaç defa ölümle göz göze geldik, diyor.

İstanbul da rahatsız. Gazetelerimizde yalnız Büyük Millet Meclisi Hükümeti'nden bahsediyoruz. Hürriyet ve İtilâfçı gazetelere ağız açtırmıyoruz.

Adalar'da lâternalar, "Zito, zito Venizelos" şarkıları susmuştur.

Haziran'da İngiliz Nazırları, Türk -Yunan harbinde tarafsız kalacaklarını ilân etmişler, İstanbul bölgesine bir Yunan saldırısı yaptırılmayacağı için de teminat vermişlerdir. Daha ileri giderek, Yunanlıların işi artık müttefiklere emanet etmesi lâzım geldiğini söylemişlerse de Yunanlılar bu teklifi reddettiler.

Fakat aramızda düşmandan da düşman var. Bab-ı Âli Caddesi'nde, ah Mustafa Kemal zaferi kazansa da kurtulsak, diyen milliyetçiler, ah Yunanlılar şu ordunun hakkından gelseler de Mustafa Kemal'den ve İttihatçılardan kurtulsak, diye bekleşen bozguncu ve hainlerle karşılaşıyoruz. *Verçinlur* Ermeni gazetesinin sahibi Zaven iki taraflı Türk gazetelerini dolaşıp haber sızdırmağa bakarken:

— Anadolu'da Mustafa Kemal, İstanbul'da Ali Kemal, asayiş berkemal... diye alay eder. Size bir İstanbullu Türk'ün o zamanki yazısından bir fıkra alıyorum: "Hop oturuyorduk. Bir adama sorduk:

"Bu memlekette tekrar İttihat ve Terakki'nin mi, yoksa Yunanlıların mı hükmetmesini istersiniz?

"Bilâtereddüt:

"Yunanlıların! dedi.

Bunun üzerine ev sahibi:

"Ben evimde böyle bir söz söylenmesine tahammül edemem, diye haykırdı."

Nihayet Temmuz sıcaklarında Kral Kostantin zarını attı. Umumî seferberlik yapmıştı. Pek ciddi İngiliz yardımı da görüyordu. Bizim ordumuz, taarruz edecek Yunanlıların üçte biri kadar bir şeydi. Kral ordularıyla Ankara'ya gidecek ve zaferini orada Mustafa Kemal'e dikte edecekti.

Yine kara günler geldi. İlk çarpışmalarda ordumuzu yendiler. Eskişehir düştü. Rum gazetelerine göre artık hiçbir dayatış imkânı kalmamıştı. Hürriyet ve İtilâfçıların da fikri bu idi. Saray, yeniden bir Damat Ferit hükümeti kurmak için Kral Kostantin'in Ankara'ya ayak basmasını bekliyordu. O kara günlerde *Akşam* gazetesinde bir yazı yazmıştım. Bu yazı: "Eskişehir de şehir olarak Bursa'dan kıymetli değildi. Ordumuz bize yeter!" diye bitiyordu. Büyükada vapuruna bindiğim vakit, zafer ve sevinç günlerinde gülerek birbirlerine beni gösterenler, şimdi "Bu hain... İşte bu hain..." der gibi parmaklarını uzattıktan sonra başlarını çeviriyorlardı.

Ertesi gün gazetelerde:

— Babanın malı mı Eskişehir? diye başlayan ağız dolusu küfürler çıkıyordu.

Peyam-ı Sabah: "Sivas'a çekileceğiz de orada dayanacağız ha... Heyhat!" diyor, yazısını: "Hamaset ve celâdet neye yarar? Zavallı Türk akıbet ricata mecbur değil mi?" diye tamamlıyordu.

Hilâl-i Ahmer'e koşuyorduk. Başlangıçtan beri burası bir vatansever ocağı idi. Gizli Anadolu haberlerini hep oradakilerden alırdık. Hiç kimsenin ağzını bıçak açmıyordu. Fevzi Paşa'ya *Akşam*'dan bir telgraf çektik; "Ordumuz manevra kabiliyetini muhafaza ediyor" diye manasını sökemediğimiz bir cevap geldi. Bilir sandıklarımızdan sorduk, "Her şey bitmiştir diyemez a..." cevabını verdiler.

Yalnız Anadolu'dan geldiğini duyup görüştüğümüz bir erkân-ı harp miralayı:

— Benim bildiğim Mustafa Kemal, Anadolu'nun son tepesine kadar gider, yine teslim olmaz, diyordu.

Son tepe... Son tepe... ona da razı idik. Adalar'da gene sabahlara kadar, sarhoş kafilelerinin önüne düşen laternalar, Türk kapılarının eşiğinde durup marş çalıyorlardı. Rumların sokucu bir gülüşleri vardı. Ne gazete açabiliyor, ne sokağa çıkmaya katlanıyorduk. İlk mütareke günlerinden de azgın, şımarık ve boğucu bir hava idi.

— Acaba Londra Konferansı'nda daha uysal mı olmalıydık?

— Sonunu getiremeyiz, azizim, sonunu getiremeyiz. Biz böyleyiz, diyenler çoğalmıştı. Meclislerde:

— "Ben demedim mi idi"lerden geçilmiyordu.

En coşkun Anadolucular bile caymışlardı.

Mustafa Kemal... Bütün öfkeler, hakaretler ve küfürler onun üstüne doğru köpürdüğü gibi, son umutlar, bir türlü cevabı bulunmayan sualler de onun üstünde düğümleniyordu.

Felâkette idik. Tek sorumlu o idi. Acaba kurtulunca zafer şerefini ona verecek miydik?

Mustafa Kemal, Karacahisar'daki karargâhında Garp Cephesi Komutanı ile durumun ağırlığını inceledikten sonra:

— Birliklerinizi toparlayarak düşmanla kendi aranızda büyük bir mesafe koymaya bakınız. Düşmanı üslerinden uzaklaştırmak için Sakarya doğusuna kadar çekilebilirsiniz. Şehirler bırakmak halk efkârını sarsabilir. Biz askerliğimizi yapalım, der.

Büyük sanat, soğukkanlı karar iradesiyle el ele vermiştir. Ordu, nesi kalmış ve kurtarabilmişse, dağıtmamağa çalışarak gerilemeye devam eder.

Meclis kaynaşmaktadır:

— Nerede o kahraman?

Mustafa Kemal'in düşmanları, Mustafa Kemal'i sormaktadır:

— Millet nereye götürülmektedir? Ordu nereye gitmektedir? Bu faciaların sorumlusu nerede? Onu cephenin başında görmek isteriz.

Eğer Mustafa Kemal de bir yenilmeye uğrarsa ortada hiçbir otorite kalmayacağını düşünen ve onun cepheye gitmesini doğru bulmayan birkaç arkadaşı müstesna, dostu da düşmanı da Mustafa Kemal'i ordunun başına geçirmek ister. Dostları samimidirler. Mustafa Kemal'in askerlik dehasına güvenmektedirler. Düşmanları ise, nasıl olsa dönüş ve bozgun facialları içinde onun da kaynayıp gideceğini ummaktadırlar.

Nihayet Mustafa Kemal, Başkomutanlığı kabul eder.

Meclis'tekiler:

— Hayır, hayır Başkomutanlık hakkı Meclis'indir. Başkomutan vekili olabilirsiniz, derler.

Düşmanlarının oyununu sezen Mustafa Kemal, onları kendi oyununa getirmeyi bilir. Yalnız Başkomutan olmak değil, Başkomutan oldukça Meclis'in yetkilerini kullanmak hakkını ister. Bu, diktatörlük demektir. Sakarya cephesi tutunmazsa, Mustafa Kemal mücadeleyi bırakacak mı? Hayır. Ama Meclis onu bırakabilir. Ne Ankara üstüne yürüyen Kral Kostantin, ne de Meclis'in içindeki hasımları nasıl bir zekâ ve karakter kuvveti ile boy ölçüştüklerinin farkında değildirler.

Meclis, istediği sıfatı da, yetkileri de kendisine vermiştir. Mustafa Kemal, Başkomutan, bilhassa cephe gerisi için pek kati tedbirlere başvurur. Asker toplamak, umutsuzluk yüzünden artan kaçakçılığı önlemek, ayaklanmalara fırsat vermemek için İstiklâl Mahkemeleri kurulur. Milletin varından yoğundan ordu ihtiyaçlarının temin edilebilmesi için bir sürü emirler verir.

Hikâyesini her yerde okuyabileceğiniz Sakarya Meydan Muharebesi, orta Anadolu'nun bağrından kopmuştur. Önde zaferlerine güvenen gururlu bir Kral ve ordusu, arkada bin türlü fesat vardır. Rahmetli Necati ile beraber Kastamonu İstiklâl Mahkemesi'nde bulunan dostum Nebizade Hamdi'den dinlemiştim. Binlerce kandırılmış, fesatlanmış kaçak toplayıp cepheye sürmüşler:

— Yalnız bir kişi idam ettik, o da onuncu defa kaçtığı için... demişti.

Kılıksız kıyafetsiz, yoksul ve biçare halk, batan bir devletin yerine geçecek yeni bir Türk devletinin temellerini attıklarını bilmeksizin, dişi ile tırnağı ile uğraşıyordu. Bu, komutanların ve subayların erlerle omuz omuza, kara namlu deliği ve süngü pırıltısı önünde insan cesaretini tarife ihtiyaç bırakmadıkları bir ölüm-kalım boğuşması idi. Atından inerken bir kemiği kırılan Mustafa Kemal, güçlükle doğrularak:

— Ya sen, ya ben... demişti.

Ya Kral Konstantin, ya o...

Eskişehir bozgunundan sonra düşmanla teması keserek iki yüz kilometre geri çekilmiş ve Sakarya cephesini kurmuştuk. Bu cephe yüz kilometre genişliğinde ve yirmi kilometre kadar derinliğinde idi.

Ankara ve Meclis'teki vatanseverler de, umutların pek zayıfladığı günlerde bile, şehri bırakıp Anadolu içine gitmek tekliflerini reddetmişlerdir.

Bütün Türklerin kalpleri Sakarya cephesindedır. İstanbul'un her sokağı bu cephenin bir parçası idi.

Ne kadar da uzun sürmüştü bilseniz... Tarih kitaplarından hangi gün başlayıp hangi gün bittiğini öğrenerek bu uzunluğu ölçemezsiniz. Sakarya Harbi'nin her dakikası kendi başına bir "zaman" gelen, geldiğini duyuran, giden, gittiğini duyuran bir zamandı. Uyanıklığımızda, uykuda imiş gibi, sıçrıyorduk. Çünkü ben şimdi İstanbul'un bir köşesinde bu satırları, Sakarya Savaşı'nı kazandığımız için yazabiliyorum. Bu sırada siz İstanbul denizini hâlâ o zafer şerefine seyrediyorsunuz.

Nihayet müjde erişti. Sayfalarımızı Mustafa Kemal'in üniformalı resmiyle kapladık. Bu resim, o günlerde sancak gibi bir şeydi.

Dil tutulur gibi, kalemlerimiz tutuluverdi. Hepimiz bir şevk denizi içinde öçlerimizden, yaslarımızdan, acılarımızdan yıkanmışa döndük.

Sakarya Savaşı'nın son günlerine ait hatıralarını Atatürk'ün kendisinden dinlemiştim:

— Cephe Kurmay Başkanı odama geldi. Kemiğim kırık olduğu için yatıyordum. Bana umutsuz bir sesle son raporları okudu. Bu raporlara göre düşman taze kuvvetler alıyordu. Raporlar ara sıra kanatlanan uçağımızın görüşleri idi. "Bir daha oku!" dedim. Dikkatle dinledim. Raporu verenin, Yunan cephesinin bir kanadından öbür kanadına giden (bu sanatların adlarını hatırlayamıyorum), kuvvetleri yeni kıtalar sanmış olduğunu anlamakta gecikmedim. Bu aktarma ancak bir çekilme hareketi olabilirdi. İsmet Paşa'ya: "Zaferini tebrik ederim Paşam!" dedim ve hemen karşı taarruz emri vermelerini söyledim. Bir müddet sonra Genelkurmay Başkanı Fevzi Paşa (Çakmak) odama geldi. Bir kolordu komutanından bahsederek: (Kelamettin Sami) "Kendisini taarruza kandıramıyoruz. Emri doğru bulmuyor. Sedye ile de olsa telefon başına kadar gel!" dedi. Gittim. Telefonla bu komutana: "Sen olmazsan yerine bir çavuş gönderir, taarruz ettiririz," dedim. Biraz sertçe olan sesimi tanıyınca: "Ya... Böyle mi tensip buyurdunuz, emredersiniz!" dedi.

PERDE ARKASI

Sakarya Zaferi ile "gazi ve müşir" Mustafa Kemal Paşa tam otoritesini elde etmiştir. Biraz sonra Meclis'te "Müdafaa-i Hukuk Grubu" adı ile kendi partisini kuracaktır. Artık bir yeni devlet vardır. Onun başında bulunan adam da Mustafa Kemal'dir. Bu olupbittiyi içlerine sindiremeyenler çoktur ve durmaksızın bozgunculuk fırsatı arayacaklardır ama Mustafa Kemal eskisinden çok daha kolayca bu muhalefetleri önleyecektir. Asıl büyük kriz atlatılmıştır.

Ordunun kurtuluşu ile Sakarya Zaferi arasındaki devir üzerine bir hayli hatıra yazılmıştır. Bu hatıralar birbiri ile ve hepsi Atatürk'ün Nutku ile çatışıp durur. Atatürk, İsmet Paşa'yı Ali Fuat Cebesoy'a ve Refet Bele'ye karşı tutmuştur ve kendisine hakkı olmadığı şerefleri vermiştir, iddiası bile sürülmüştür. Tenkitçilere göre İnönü soyadı Atatürk'ün bir kayırmasından ibarettir. Bu zaferler onun değildir. Ethem kuvvetlerinin kaldırılması bile, bazı hatıralarda, ona mal edilmez. Demokrasi devrinde İnönü Zaferi tarih kitaplarından silinecek kadar ileri gidilmiştir.

Gerilla devrine son vererek orduyu kurmak Atatürk'le İsmet Paşa'nın ortaklaşa eseri olduğuna şüphe edilemez. Şurası gerçektir ki Atatürk, birçok yakınları da Ethem'i tuttukları için son zamanlarda Kâzım Paşa (Özalp) komutası altında Kuvay-ı Seyyare'ye bağımsızca bir durum tanımakta bir sakınca olmadığı fikrine yatmıştı. Ethem'in yanına giden heyet Kütahya'dan dönerken Mustafa Kemal tarafından İsmet Bey'e şöyle bir şifre gelmiş ve Yaver Şükrü Bey (Sökmensüer) tarafından açılmıştır: "Merkezi Kütahya'da olmak üzere Kâzım Özalp komutası altında bir tümeni Ethem kuvvetleri, öteki de 61. Tümen olmak üzere Garp Cephesi Komutanlığı'na bağlı bir grup teşkil ederek Ethem'le olan anlaşmazlığın ortadan kalkabileceği düşünülmektedir. Bu konuda ne düşündüğünüzün bildirilmesi." İsmet Bey kısaca yaveri Şükrü'yü hemen yola çıkardığı cevabını vermiştir. Şükrü Sökmensüer, Mustafa Kemal'le görüşmesini şöyle anlatmaktadır: "İstasyonun hemen yanı başındaki küçük binadaki odasında beni kabul eden Mustafa Kemal Paşa'ya, Ethem ve kardeşi Tevfik'in isyancı durumlarını, gizli maksatlarını açıkladıktan sonra millî mücadelenin selâmetinin bu kuvvetleri ortadan kaldırmakta olduğunu ve Garp Cephesinin buna gücü yeteceğini, ayrı grup kurulmasının büyük mahzurlara yol açacağını, zaten 61. Tümen'in bir alayının Kütahya'da Ethem tarafından silâhları alındığını, tümen Kütahya'ya gidince aynı hâle uğraması ihtimali bulunduğunu ve böylece Garp Cephesinin en çok güvendiği bir kuvvetten ve komutandan (İzzettin Çalışlar) mahrum kalacağını söyledim. Mustafa Kemal Paşa bir iki defa şu sualleri sordu: "Garp Cephesi kuvvetleri Ethem kuvvetlerini yenecek güçte midir ve buna güvenebilir miyiz?" Her defasında müspet cevap verdim. Tabii söylediklerimin hepsi İsmet Bey'den aldığım direktif üzerine idi."

İsmet İnönü'nün bir düzen ve kanun rejimi adamı olduğu söz götürmez.

Fakat İnönü zaferleri üzerindeki emir ve komuta payı üzerinde anlaşmazlık büyüktür. Kendi kurmay başkanı Tevfik Bıyıklı'nın, "İnönü zaferlerini İsmet Paşa mı kazanmıştı?" başlıklı uzun bir tenkit yazısı harp tarihi dosyaları içinde bulunsa gerek. Bir kopyası bendedir. Bu tenkitlere göre "İnönü zaferlerinde İsmet Paşa'nın hiç hissesi yok gibidir." Bu savaşlar birlikler başında bulunan pek kahraman komutanlar tarafından kazanılmıştır. İkinci İnönü'nün hikâyesini son geceyi Ankara'da Ziraat Mektebi'nde Atatürk'ün yanında geçiren eski bir bakandan şöyle dinlemiştim: "Odanın ortasında bir masa. Üstünde bir harita. Mustafa Kemal:

— Bir kadeh bir şey içmek istiyorum, dedi.

Oturduk. Biraz sonra bir kurmay subay geldi.

— Haber kötü... sağ kanadımız çekiliyormuş, efendim, dedi.

"Meğer sözde Yunan süvarileri istasyona girmişler. İsmet Bey geri çekilme emri vermiş. Kendisi Çukurhisar'a doğru yola çıkmış. Mustafa Kemal Paşa'nın çektiği telgrafa yerinde kalan komutanın verdiği cevapta şöyle deniyordu: "Sol kanatta Nazım Bey dayanmaktadır. Sağ kanat tutundu. Biz de ne yapacağımızı bilmiyoruz." Mustafa Kemal hemen İsmet Paşa'yı buldurarak durumu haber verdi. O da yeniden kuvvetlerinin başına döndü. İşte İsmet Paşa'ya çektiği tarihi telgraf bu gecenin sabahında yazılmıştır."

Tevfik Bıyıklı'nın tenkit yazısına göre daha sonraki Kütahya, Eskişehir bozgunu ise İsmet Paşa'nın komuta yetersizliğini büsbütün açığa vurmuştur. Bıyıklı "Bu bozgun komutanları harp divanına götürür" diyordu.

Bu bozgunda ordu hemen hemen yok olmuş gibi idi. Rahmetli Cevdet Kerim'den dinlemiştim: "Sakarya yolunda bir köy odası. İsmet Paşa uykuda. Kapının önünde Tevfik (Bıyıklı). Bizim tümenden de bir şey kalmamış ama karargâh yerinin neresi olacağını anlamak için gelmiştim. Tevfik:

— Her şey bitti. Ne umut kalmıştır, ne bir şey... Bak ben sakal bıraktım. Niyetim birkaç koyunluk bir sürü ile Suriye'ye geçmek. Sen de başının çaresine bak, der.

Mustafa Kemal, Ankara'da bozgun haberini aldığı vakit pek öfkeli idi. Fakat soğukkanlılığını takınarak cepheye geldi. İsmet Paşa, Mustafa Kemal'e selâm durur:

— Yapamıyorum, der.

Mustafa Kemal daha önce Garp Cephesi Komutanlığına Fevzi Paşa'yı getirmeyi düşünmüş, Fevzi Paşa yanında kalmak isteyerek özür dilemişti.

Mustafa Kemal, İsmet Paşa'ya:

— Yaparsın, yapacaksın, dedi.

Fakat Tevfik Bıyıklı'nın söylediğine göre, ondan sonra da ne cephe komutanlığında, ne sivil hizmetlerinde, sonuna kadar, İsmet Paşa'yı kendi başına bırakmamıştır.

Bozgun sırasında Ankara'da Meclis'in havası pek bozuktu. Kimsenin ağzını bıçak açmıyordu. Mustafa Kemal görünüşte soğukkanlı olmakla beraber geceleri uyuduğu yoktu. Ziraat Mektebi'ndeki harita başından ayrılmıyordu. Sabahleyin evine gittiği vakit sadece yıkanıyor, sonra hemen Meclis'e gidiyordu. Meclis ateş üstünde idi. Mustafa Kemal içeri girdiği vakit, eskisi gibi, herkesin gözü onun üstünde değildi. Homurtu ile karşılandığı bile olurdu. Birçok milletvekillerine göre uğranılan bozgunun gerçek sorumluluğu onun omuzlarında idi. Odasında ise birçokları ondan haber almaya gelir: "Ordu manevra yapıyor..." cevabını alırdı.

Yetmiş bin askerden ancak otuz bin kadarı Sakarya'nın doğusuna çekilmişti. Onlar da bitkin bir halde idiler. Bereket Yunanlılar duraklamışlardı. Vekiller heyeti ve Genelkurmay Başkanı Fevzi Paşa (Çakmak) bir gün gizli oturum istedi. Rengi uçmuş, tıraşsız kim bilir kaç gündür uykusuz, milletvekillerine:

"Arkadaşlar, dedi, tarihî günler yaşıyoruz. Yunanlıların çok üstün kuvvetlerle yaptıkları taarruza karşı askerlerimiz kahramanca dövüştüler. Ağır kayıplara uğradık. Biz şehir ve bölge harbi yapmıyoruz. Hedefimiz zaferdir. Ordumuz stratejik bakımdan en elverişli yerde harbe devam edecektir. Hükümetimiz adına Ankara'yı bu hafta içinde boşaltmaya, merkezi Kayseri'ye götürmeye karar verdik. Şimdiden hazırlığa başlanmasını rica ediyoruz."

Bir kıyamettir koptu. Kürsüden inen çıkan belli değildi. Milletvekilleri iki noktada birleşiyorlardı:

1 — Ankara'yı harpsiz bırakmamak,

2 — Bozguna sebep olanları şiddetle cezalandırmak.

Fevzi Paşa bozgun sorumluluğunu üstüne almak zorunda kaldı. Kürsüye gelerek:

— Stratejik komuta hatalarına gelince, Genelkurmay Başkanı olarak onlardan ben sorumluyum. Vereceğiniz cezayı şimdiden kabul ediyorum, dedi ve ben ölümden korkmam, milletin uğruna seve seve şehit olmasını bilirim, diyerek yerine oturdu.

Meclis cepheye bir heyet yollamaya karar verdi. Heyet gitti, geldi. Ankara'da siperler kazılmak, cepheye asker yetiştirmek için her asker alınma bölgesine olağanüstü yetkilerle milletvekilleri gönderilmek gibi tedbirlere başvuruldu.

Bu sırada bazı milletvekillerinin hatırlarına Mustafa Kemal'i başkomutan yapmak fikri geldi. Bunlar meclise tekliflerini verdiler. Teklif üzerine bir gizli oturumda görüşmeler iki gün sürdü. Vatanın son tepesine kadar savaş kararında olan Mustafa Kemal herhangi bir çarpışmanın doğrudan doğruya sorumluluğunu üstüne almak istemiyordu. İki gün süren tartışmalardan sonra Mustafa Kemal kürsüye geldi:

— Bu tekliften maksat nedir? dedi. Eğer işin başında benim bulunmam ise, esasen işin içindeyim. Durumu yakından takip ediyorum. Genelkurmay Başkanı ile benim karargâhım Ankara'dadır. Lâzım gelen tedbirleri buradan alıyoruz. Bu teklif beni Ankara'dan uzaklaştırmaktan başka mana taşımaz.

Öfkeli idi. Kötü arka niyetli kimselerin maksadı onu yıpratma fırsatı aramaktı ama teklif sahipleri Sakarya zaferinin ancak onun cephe başında bulunması ile mümkün olacağı inancında idiler. Bunun üzerine Mustafa Kemal,

Meclis'in bütün yetkileri üç ay müddetle kendisine verilmek şartı ile başkomutanlığı kabul edeceğini bildiren bir takrir verdi. Yeniden bir kaynaşma. Söz alan alana. İki gün de bu tartışma devam etti. Bunun üzerine Mustafa Kemal, Sakarya'da bir bozgun olsa da durumu elinde tutabilmesine elverişli yetki ile 5 Ağustos 1921'de Başkomutanlığa geldi.

Mustafa Kemal cepheye gider gitmez daha önce alınan tedbirde değişiklikler yaptı. Savaş pek güç şartlar içinde, pek çetin olmuştur. Bu bir subaylar savaşı idi. Eski Afyon Milletvekili Ali Taşkapılı'dan dinlemiştim. Yedek subay olarak umumî karargâhta iken, bir sabah erkenden Mustafa Kemal'i köyün sokağında dolaşırken görür. Mustafa Kemal kendisine:

— Yahu Ali Bey neden kaçağımız çok. Günde ne kadar? diye sorar.

— Bin kadar efendim.

— Geriden cepheye gelen ne kadar?

— Sekiz yüz kadar...

Mustafa Kemal şöyle bir hesap yaparak:

— On beş günde iki bin beş yüz... Pek farketmez, der.

Bir defa İsmet Paşa'yı telefonla arayan Yusuf İzzet Paşa Mustafa Kemal'le görüşmek istediğini söyler. Telefonu Mustafa Kemal'e verirler:

— Beni aramışsınız, buyurun.

— Gizli emirlerinizi bildirmediniz. Yani geri çekilme lâzım geldiği vakit istikametimiz ne olacaktır?

Pek kızan Mustafa Kemal, daha savaşa girmeden kaçmayı düşünen bu komutana:

— Paşa Paşa gizli emrim, senin kemiklerinin orada gömülmesidir, der.

"Hatt-ı müdafaa yoktur, sath-ı müdafaa vardır," emrini Yusuf İzzet Paşa'nın kendisi ile bu görüşmesinden sonra vermiştir.

Savaş sırasında düşman hatlarımızda tehlikeli bir gedik açmış, genişletiyordu. Bu gedik hemen kapatılmalı, düşman süngü hücumu ile geri çevrilmeli idi. İhtiyat kuvvetlerinin hemen oraya gönderilmesini istedi. İhtiyat kuvvetimiz kalmadığı cevabını verdiler. Yalnız Giresunlu Osman Ağa'nın çetesi vardı. Onların da süngüleri yoktu. "Süngüleri yoksa bellerinde bıçakları vardır, düşman üzerine atılacaklar, onu eski yerine kovacaklardır," dedi. Bu kahraman çocuklar eğri bıçakları ile Yunanlıları eski yerlerine kadar sürmüşlerdir.

Bir defasında Fevzi Paşa'nın ne yaptığını sordu:

— Kur'an okuyor, efendim, dediler.

— Çağırın!

Geldiğinde dedi ki:

— Efendim bir komutan ihtiyatları ile harp eder. Bir tek nefer ihtiyatım yok. İhtiyatımız senin itibarından ibaret. Onun korunması için Kur'an okumaktan başka ne yapabilirim?

Sakarya'dan dönüşünde, Çankaya'da:

— Ben galiba en iyi gene şu askerliği yapabiliyorum, demişti.

Bu savaşta iki şey buldum. Daha iyi atılmak için çekilmeler yaptığım sırada, sırt vere vere ta Ankara kapılarına geleceğimizi göz önünde tutarak, bu hat da elden giderse hangi hattı savunacağız, diye benden üzülerek soran bir komutana, "vatanı korumakta hatt-ı müdafaa yoktur, sath-ı müdafaa vardır. Bu satıh baştanbaşa vatanın bütün yüzüdür. Vatan sathı en son kayasına kadar düşmanla boğuşularak müdafaa edilecektir," cevabını vermiştim. Bu formülü bir gündelik emirle bütün orduya bildirdim. İkincisi de bana Sakarya'da gelen şu düşüncedir: Hiçbir zafer gaye değildir. Zafer ancak kendisinden daha büyük bir gayeyi elde etmek için gereken en belli başlı vasıtadır. Gaye, fikirdir. Zaferin, bir fikri kazandırdığı kadar değeri vardır. Bir fikri kazandırmaya yaramayan zafer kalamaz. Her büyük meydan savaşından sonra yeni bir âlem doğmalıdır. Yoksa başlı başına zafer boşuna bir çaba olur.

Kendisine Napolyon'un:

— Programınız nedir? sorusuna:

— Ben yürürüm. Programım kendiliğinden çıkar, dediği hatırlatılması üzerine:

— Ama o türlü giden sonunda başını Saint - Helen kayalarına çarpar, cevabını vermiştir.

Ankara'da Fransız delegeleri ile Çukurova Anlaşması'nı yapacak, böylece Ankara Hükümeti büyük devletlerden biri tarafından tanınmış olacaktır.

Sakarya zaferi yeni Türk devletinin belli başlı temel taşıdır. Mustafa Kemal, Meclis'te Müdafaa-i Hukuk adı altında kendi partisini kurarak, Meclis kargaşalığını önleyecek, rakipsiz liderliği ile bütün yönetimi eline almış olacaktır.

SAKARYA'DAN SONRA

1921 Eylülü'ndeyiz. Hatıralarımın içinden sizinle beraber 1918 Eylülü'nde yola çıkmıştık. Aradan otuz beş ay geçti. Dile kolay. Bir imparatorluğun yıkılışından, Sakarya'nın doğusunda nihayet bugünkü Türkiye'nin temelleri atılıncaya kadar geçen otuz beş ay kaç çile ve mihnet yılı ağırlığında idi, yaşamayan bilmez.

Bugünkü Türkiye'nin doğuşu sözünü kullanmak için öteki ağustosu beklemiyorum. Çünkü biz Sakarya Zaferi ile artık kurtulacağımıza inanmıştık. Avrupa devletleri için dahi başkent İstanbul değil, Ankara idi. İlk önce Fransa geldi, yeni Türkiye ile Ankara İtilâfnamesi'ni imzaladı. Kilikya davasını hallettik. O Fransa ki, 1919'da Sivas dahi onun nüfuz bölgesinde idi.

Gerçi zafere hemen hemen bir yıl daha var. Fakat İstanbul mütareke devrinin bu yılı uzun boylu anlatılmaya değmez. Türkler artık ya İstanbul'daki Halife ve Padişah'ın, ya Ankara'daki Mustafa Kemal'in yanındadırlar. İşgal kuvvetleri ile işbirliği etmiş olanların talihi de Tanrı'ya kalmıştır. Herkes biliyor ki, Sakarya'dan sonra Sevr Antlaşması yürüyemez. Fakat Mustafa Kemal tam bir zafer kazanıp Misak'ı Millî Türkiyesi'ni kurabilir mi? Şimdi tam kelimenin yeri geldi, Kemalistlere göre ya evet, ya belki. Yunanlılar gibi, Mustafa Kemal'den de kurtulmayı düşünenlere göre ya hayır, ya inşallah hayır.

1921'in bazı hâdiseleri üstünde durarak ve mütarekenin son bir iki tablosunu çizerek İzmir'de Birinci Kordon üstündeki evinde Gazi ve Müşir Mustafa Kemal Paşa ile buluşmak için bir Fransız vapuruna binip İstanbul'dan ayrılacağız.

Fransa ve İtalya gibi, Lenin Rusyası da Ankara'ya sokulmaktadır. Başlıca ihtilâlcilerden General Franze bu yıl Ankara'ya geldi. Bu gelişin eski deyimi ile bir "istikşaf" olduğuna şüphe yoktu. Meclis'teki nutuklarının birkaçında ve bazı bildirilerinde "kapitalizm ve emperyalizm"e karşı savaştığını söyleyen Mustafa Kemal, Moskova için de bilmece idi.

Bu ziyaretin hikâyelerini sonradan dinlemiştim. Mustafa Kemal, General Franze'yı kendisine ve davasına ısındırmak için pek sıcak davranmıştır. Geç vakitlere kadar birlikte yemişler, içmişler ve kucaklaşmışlardır. General Franze, Türkiye'den döndüğü vakit Tiflis gazetecilerine demiştir ki:

— Ankara bizi düşmanca değil, fakat ihtiyatlı kabul etti. Ben her şeyi gördüm. Türkiye tarafından bize bir saldırı tehlikesi yok. Daha ileri giderek derim ki hiçbir Türk hükümeti Türk milletini böyle bir saldırıya sürükleyemez. Ankara'da müstebit bir hükümet yoktur. Demokrasiye doğru gitmek istidadında bir hükümet var.

Sonra Ankara'daki dostlarına hitap ederek diyor ki: "Ankara'yı da kaybetseniz, istediğiniz kadar çekiliniz, arkanızı Rusya'ya dayayınız ve harbe devam ediniz."

Mustafa Kemal de iç şüpheleri gidermek için şöyle demişti: "Bizde komünizm olamaz. Son zamanlarda kurulan partiler bunu anlayarak dağılmışlardır."

Ankara'da komünist yoktu. Fakat tek dostluk gösteren, yardım eden, doğu illeri meselesini halleden Lenin Rusyası'nın herkes dostu idi.

Kemalist'in bağımsızlık fikri tertemiz, pürüzsüz, tavizsiz Türkçü ve Türkiyeci idi. Mustafa Kemal, daha sonra misallerini göreceğiniz üzere, kafaca, nasıl âdeta şark sözünden tiksinecek kadar bir Batılı ve medeniyetçisi ise "Xénophobe = ecnebi-sevmez" denecek kadar da Frenklikten uzaktı. Şarklı ve mutaassıplar gibi, tatlı su Frenklerinin de düşmanı idi. O mizaçta, ahlâkça hürriyetçiden başka bir şey olamazdı. Milliyetçiliğinin bir niteliği, kibir sertliğinde bir gururdur.

Bütün savaş yıllarında Mustafa Kemal, ne cumhuriyetçilikten, ne garpçılıktan, ne devrimcilikten bahsetmiştir. Gericilik her tarafta idi.

Hocalar ve şeriatçılık kışkırtıcılığı üçe bölünmüştü: Bir kısmı İstanbul'da Halife ile beraber, bir kısmı da İngiliz ve Yunanlıların emrinde idi. Fakat hepsinin ortaklaşa düşmanı, ta Tanzimat'a kadar, topyekûn "Batılaşma" davası idi.

Devlet çöker çökmez İstanbul'da hemen seslerini duyurmuşlardı. Tabii ilk adımda kadın ve "tesettür" ve Şer'iye Mahkemeleri meselesini ortaya attılar. Bu mahkemeleri yeniden meşihat binası çatıları altına götürmek için kurulan komisyonun raporu şöyle başlıyordu: "Bir asırdan beri çilesini çektiğimiz dâül'ıslahat...", yani daha ilk kelimede Tanzimat'tan beri devam eden yeni nizam, veba gibi bir hastalıktı: "Avrupa'da ihtilâf amilleri aristokrat, burjuva ve demokrat gibi tabakat-ı içtimaiye arasında sa'y-i beşerle aşılamayacak uçurumlar olup bizde ise bir köylü nazır olabileceğinden" devrimlere hiç lüzum yoktu.

Bir ahlâk komisyonu da bilhassa kadına karşı harekete geçti. Ramazan akşamı Direklerarası'nda dolaşırken, yan sokaklarda süngülü askerler görmüştüm. Bunların görevi, caddeye çarşaflı peçeli de olsa kadın sokmamaktı. Şeriatçı *Tevhid-i Efkâr*, siyasette Anadolucu iken, kadın açık saçıklığına dikkat etmediği için gün aşırı polise hücum etmekte idi. Mustafa Kemal'i ve onunla beraber olanları "tekfir" eden fetvaları İstanbul hocaları vermişlerdir.

İstanbul, Tanzimat'a doğru, Anadolu ise Tanzimat'tan geriye doğru yuvarlanıp gidiyordu. Büyük Millet Meclisi'nde bir hoca milletvekili Teşkilât-ı Esasiye Kanunu'nda Büyük Millet Meclisi'nin kanun koymak hakkı bahis konusu edildiği sırada, kürsüye çıkmış, Tanrı'nın kitabı dururken kanun koymak iddiasında bulunan bir Meclis'te üye kalamayacağını söyleyerek memleketine dönmüştü. Mekteplerden resim dersi kaldırılıyor, Anadolu'da alabildiğine medrese açılıyordu. Men-i müskirat Kanunu'nun tartışması sırasında iki hoca, Meclis'in sokağa doğru penceresini açarak:

— Ey ümmet-i Muhammed, din elden gidiyor, diye avaz avaz haykırmışlardı.

Mustafa Kemal'siz bir Anadolu zaferinin, o Meclis ve memleket havası içinde yeni devlete nasıl bir karakter vereceği asla belli değildi. Mustafa Kemal, savaşın, gayesi makam-ı mukaddes-i hilâfeti kurtarmak olduğunu sık sık tekrarlamak zorunda kalırdı. Dehanın sabır niteliğine en iyi misal, büyük liderin gericiliğe karşı yıllar süren sessiz ve uysal katlanışıdır. İstanbul, Ankara gericiliği ve düşmanla birlik gericiler hepsi bir tek programın üstünde idiler. Padişah ve Halife de, Mustafa Kemal de, Yunanlılar da kazansa, Türkiye'de garpçılık nizamı davasını kökünden kazımak olan bir program yürümeliydi. Yazık ki, bu program, bugünkü gericinin de elindedir. Bugünkü gericilik de, bütün siyasî partiler arasında saflarını tutmuştur. Yalnız onlar bir program peşindedirler.

Mustafa Kemal, zaferi bir eline geçirse, hemen geriye dönerek kılıcını gericiliğin tepesine indirecekti. Fakat onu, ister istemez, başının üstünde taşır görünmek lâzımdı. Yalnız Teşkilât-ı Esasiye'de hilâfet müessesine dair hocaların koymak istedikleri teminatı bin dereden su getirerek atlatmaya muvaffak oluyordu. Hasımları Mustafa Kemal'den nasıl kurtulacaklarını düşündükleri gibi, hocalar da tam bir şeriat nizamı kurmak için bin bir tertip arkasında idiler.

Artık İstanbul'da yeni hiçbir şey yoktur. Son Bizans İmparatoru gibi, Osmanlı Padişahı'nın da hükmü İstanbul şehri surlarının kapılarına kadar geçiyor. Bu hüküm de kime karşı? İngiliz polisi bir gün trafik nizamlarına aykırı hareket etmiştir diye sadaret otomobilini çevirip karargâha kadar götürdü. Sadrazam içinde idi. Dolmabahçe, Boğaziçi kıyılarında hâlâ bir saray ise de içindeki saltanat sönüp gitmiştir. Vahdettin, Afrika sömürgelerindeki bir emiri veya sultanı andırmaktadır. Kapılarından küçük rütbeli bir işgal subayı yürek oynatarak girer, acaba bir müjdesi mi, bir kara haberi mi vardır. Beşiktaş kıyıları karşısında demirleyen zırhlılar, şimdi, bu sarayın nöbetçisidirler. Umut, onlardadır. Sarayın bütün müşavirleri derler ki, Yunan ordusu müstahkem hatlar arkasındadır. Türk ordusu mümkün değil bu hatları sökemez. Er geç Ankara da İngilizlerle bir uzlaşma yolu arayacaktır: "Hiç İngilizler efendimizi bırakırlar mı?"

Doğru, bırakmayacaklar ama birlikte götüreceklerdir. Vahdettin, ceddi İkinci Mehmed'in fethettiği şehri son defa, penceresinin karşısındaki zırhlının güvertesinden seyredecek. Balta Limanı'ndaki yalısının rutubetli loş odalarında kinlerini ve hınçlarını kemiren Damat Ferit, kendini çürüyüşe bırakmıştır. Kürt Mustafa, Bağdat'ta! Ankara'dan, ikide bir, idam mahkûmunun sesi geliyor: Müşir ve Gazi Mustafa Kemal Paşa! Ne müşirlik fermanında Padişah'ın mührü, ne de gazilik menşurunda tuğrası var.

Saraycıların son avuntusu da bu: "Hiç Türk ordusunun taarruz savaşı yaptığı görülmüş müdür? Bu ordu yalnız savunmaya yarar. İki ordu da karşı karşıya yıllarca beklemez ya, elbette ortalama bir barış olacaktır."

Mustafa Kemal'in Millet Meclisi'ndeki hasımları, Sakarya Zaferinin sevinci soğur soğumaz, gene meseleler çıkarmaya koyulmuşlardır. Efendim aynı adam hem Başkomutan, hem Millet Meclisi Reisi nasıl olabilir? Ya cephede, ya Ankara'da bulunmalı değil midir? Ya ordu? Taarruz edecek midir? Mustafa Kemal'in Büyük Millet Meclisi'ndeki muhalifleri de, saray ve Bab-ı âli müşavirleri gibi, Türk ordusunun taarruz edemeyeceği fikrindedirler. Yalnız Yunan mı var? Yunan'ın arkasında İngiliz var. Biz muharebe ile bu işin içinden nasıl çıkarız? Bir uzlaşma çaresi aramalı ve bulmalı değil miyiz?

İşte bu sıralarda Mustafa Kemal millî kurtuluş davasının başlıca tehlikelerinden birini daha atlatmıştır: İtilâf Devletleri'nin Hariciye Nazırları toplanarak Türkiye ve Yunan hükümetlerine mütareke teklif ettiler. Yunanlılar, bu teklifi hemen kabul etmişlerdir. Mustafa Kemal doğrudan doğruya red cevabı vermenin ne kadar aykırı olacağını düşündüğü için, hükümete bir karşı teklif hazırlatmıştır. Teklifin esası, dört ay içinde bütün işgal altındaki topraklarımızın boşaltılması idi. Bu teklif, ister istemez red mahiyeti almıştır.

Vaktiyle İsmet Paşa'dan dinlediğime göre, Mustafa Kemal en korkulu günlerini bu mütareke teklifi sırasında geçirmiştir. Biz savaşla işin içinden çıkamayız, bir uzlaşma yolu bulmalıyız, propagandası cephe gerisini iyice sarmıştı. Fakat en kötüsü cephe maneviyatının sarsılması idi. Mustafa Kemal, karargâh karargâh, komutan komutan dolaşarak, mütareke teklifinin bir oyun olduğunu ve Yunanlılara karşı zafer kazanacağımızdan artık hiç kimsenin şüphesi kalmadığını gösterdiğine, tanıdıklarına tanımadıklarına inandırmaya uğraşmıştır. Komutanlardan biri:

— Nasıl nasıl? Mütareke teklifini kabul etmediniz mi? diye haykırmıştı.

Mütareke teklifini kabul etmemek cinayetini nasıl oldu da işlediniz, dememek için kendini pek güç tutmuş olmalıydı. Mustafa Kemal hiç tınmaksızın ona da delillerini saymış ve karargâhtan çıktıktan sonra İsmet Paşa'ya dönerek:

— Ben bu adamın bir kalpazan olduğunu sana söylemez miydim? demişti.

Büyük gürültü biraz daha sonra Başkomutanlık Kanunu'nun yenilenmesinde koptu. Muhiddin Baha Pars anlatmıştı:

— Bir yanda Mustafa Kemal ve yanındakiler, bir yanda Ziya Hurşit (sonra suikasttan idam edilmiştir) ve bütün arkadaşları, elleri ceplerinde ve tabancalarında birbirlerine karşı yürürken, Mustafa Kemal'i o gün öldürecekler sanmıştık.

Mustafa Kemal, Başkomutanlıktan düşmüş gibiydi. Kendisinin Meclis'e karşı iki dikta jesti vardır. Biri bu meselede olmuştur:

— Bu dakikada ordu komutansızdır. Eğer ben komuta etmekte devam ediyorsam, kanunsuz komuta ediyorum. Yerine konmaz bir felâketi karşılamak zorundayım. Düşman karşısında ordu, başsız bırakılmaz. Onun için bırakmadım, bırakamam, bırakmayacağım, demişti.

Meclis istese de istemese de ordularının başkomutanı olarak görevine devam edecekti.

Ordu hazırlıklarını bitirmek üzere idi. Mustafa Kemal daha haziran ortasında taarruza karar vermişti.

Taarruz bir yıldırım gibi inecekti. Cüretin sanat kadar yer almakta olduğu plân, son dakikaya kadar gizli kalmalıydı.

Mustafa Kemal'in azim, karar ve irade kuvvetini, 1922 Ağustosu'nun son haftasında iki ay önce sahneden çekiniz. Bugünkü Türkiye gene bu Türkiye olmazdı. Onun içindir ki bir defasında hasımları ile şahıslara mı dayanılmalıdır, yoksa yalnız millet mi vardır, gibi sık sık geri tepen bir tartışmada:

— Adamlar vardır, adam vardır, adam! diye haykırmıştı.

Yapmakta olduğu şeyin değerini iyice bilirdi. Tevazuunun üstüne fazla varmaya gelmezdi.

ZAFER

Türkler 1071'de Malazgirt Savaşı'nı kazandıktan kısa bir müddet sonra, İznik taraflarında Türkçe konuşuluyordu. Meydan savaşlarında devletler batar, devletler doğar. Bir meydan muharebesinin takvimdeki tarihi, bazı defa, yeni bir devletin tarihteki başlangıcıdır.

1914'deki Osmanlı İmparatorluğu, kapitülâsyon rejimi altında bir yarı sömürge idi. Eğer 1918'de Birinci Dünya Harbi'ni kazanmış olanlar bu imparatorluğu affetmiş olsaydılar, "Dile bizden ne dilersin," deseydiler, eskisi gibi kalmaktan başka bir şey bekleyebilir miydi? Hâlbuki Millî Kurtuluş Savaşı'ndan, Lausanne'da İngiltere kadar bağımsız bir yeni Türkiye doğdu.

Bu yeni Türkiye iki meydan savaşının eseridir. Biri, 1921 Ağustos'unda Sakarya Nehri boyunda, ikincisi 1922 Ağustos'unda Afyon cephesinde verilmiştir. İkisinde de Türk ordularının Başkomutanı Mustafa Kemal idi. Nitekim askerlik tarihinde ikinci kesin çarpışmanın adı "Başkomutanlık Meydan Muharebesi"dir.

Meclis'te hava bozuktu. Ordunun bir saldırı harbi veremeyeceği fikri büyük çoğunlukta idi. İngilizler de artık yumuşamış olduğu için, Anadolu'yu boşaltmak esası üzerinden görüşme yapılmalı idi. İşin içinde İstanbul'la birleşmek, Mustafa Kemal'den kurtulmak fikrinin de büyük payı vardır.

Saldırı harbi verilmeli idi.

Garp Cephesi Komutanlığı saldırı harbi yapamayacağımız inancında idi. Cephenin haber kaynağı İstanbul'du. İstanbul'dan gelen haberlere göre Yunan cephesinde, maddî manevî, her şey yerinde idi. Genelkurmay'ın Rus kaynaklarından öğrendiğine göre Yunan Başkomutanı Hacı Anesti, ordunun Anadolu ortasında durumunu kötü buluyordu. Menemen Boğazı'ndaki Milne hattına çekilmeli, Trakya'daki birliklerle İstanbul işgal edilerek Ankara üzerine baskı yapılmalı idi. Fransızlar İstanbul'un işgal fikrini reddetmişlerdi. Mustafa Kemal'e göre saldırının sırası idi.

İçişleri Bakanı'na göre Karadeniz kıyılarından Ankara çevresine kadar hemen her bölgede güvenlik bozuktur. Gelir, Mustafa Kemal'e raporları okur. Daha geçen gün İnebolu'dan gelen kamyon yolcuları Ankara'nın on beş kilometre ötesinde soyulmuşlardır.

Millî Savunma Bakanı'na göre günün birinde herhangi bir hareket emri verilecek olsa ordunun yürümek için pabucu yoktur. Silâh kayışı yoktur. Bunları edinmek için hemen hiç olmazsa altı yüz bin lira lâzımdır.

Maliye Vekili'ne göre kasada on para kalmamıştır. Yakınlarda vergi toplamak da imkânsızdır.

Meclis'teki muhaliflerine göre, milletvekilleri aldatılmaktadır. Çünkü o da biliyor ki ordu yürüyemez.

Hindistan'dan Mustafa Kemal'e gelen bir para vardı. Mustafa Kemal son ihtiyaçların karşılanması için bu parayı hükümet emrine verdi. Şimdi saldırıya geçilmek için son kararları almak sırası idi. Yanına Genelkurmay Başkanı'nı alarak Garp Cephesi Karargâhı'na hareket etti.

Ordu komutanlarından biri Yakup Şevki Paşa idi. İkinci ordu Komutanı Ali İhsan Paşa, cephe komutanına karşı entrikacı davranışlarından ve ordu içinde bölücülük yaptığından, geri alınmıştı. Yerini Ali Fuat Paşa'ya teklif etmiş, "Ben cephe komutanlığı yaptım" diye reddetmişti. Refet Paşa'ya teklif etmiş, "Önemli bir şey mi olacak?" "Evet olacak," "Ben sanmıyorum, olacağı zaman düşünürüm," demişti. Ordu komutanlığını Nureddin Paşa'ya verdi.

Çay'da toplanılmıştı. Fevzi Çakmak saldırı plânını açıklamıştır. İsmet Paşa saldırıya karşıdır. Yakup Şevki Paşa, milletin varını yoğunu zar gibi atmanın tarihçe cinayet sayılacağını söyler. Mustafa Kemal:

— Milletin varı yoğu bundan mı ibarettir Paşam?

— Evet!

— O halde kesin sonucu bununla almak zorundayız.

Kolordu Komutanı Kemalettin Sami Paşa bizim geri teşkilâtının düşmanı yirmi kilometreden fazla kovalayamayacağını söyler. Mustafa Kemal:

— Bizim geri teşkilâtımız düşmanı yirmi kilometreden fazla kovalayamaz mı?

— Hayır Paşam!

— Demek düşmanı yirmi kilometre içinde yok etmek zorundayız.

İkinci Ordu Komutanı Nureddin Paşa ise henüz cepheye yeni geldiğinden bir fikri olmadığı cevabını verir.

Bu arada, belki ikisi arasındaki bir tertip eseri olarak, Fevzi Paşa:

— Mademki ordunun bana güveni yok, ben çekiliyorum, diye istifasını verir. Mustafa Kemal de Genelkurmay

Başkanı çekildiğine göre kendisinin de komutanlık görevinde kalamayacağını bildirir. Telâşa düşen İsmet Paşa:

— Efendim bize fikrimizi sordunuz, söyledik. Yoksa hepimiz emrinizdeyiz, ne yolda isterseniz öyle hareket ederiz, der.

Saldırıya karar verilmiştir.

Atatürk, Ankara'da vekiller heyetini toplayarak saldırı kararına onları da kattı.

Yunanlıların cephede 120.000, geride 30.000 askerleri vardı. Bizim ordu 105.000 kişi. Topçumuz Yunanınkinden eksik, süvarimiz daha fazla idi.

24 Ağustos sabahı Ankara'dan hareket etti. Afyon'un güneyindeki Şuhut kasabasında geceyi geçirdi. 25-26 gecesi Kocatepe'nin hemen güneyindeki dere içine Başkomutanlık Karargâhı'na geldi. Şafakla beraber saldırı emrini verdi.

Ankara'dan hareket edeceği günün akşamını Keçiören'de yakın adamları ile geçirmişti. Ayrıldığı zaman bir hayli yorgundu. Yanındakilere:

— Taarruz haberini alınca hesap ediniz. On beşinci günü İzmir'deyiz, demişti.

Acaba içkinin tesiri mi idi? Arkasından hafifçe gülüştüler bile... İzmir'den dönüşünde karşılayıcılar arasında o gece beraber bulunduklarından bir ikisini görünce:

— Bir gün yanılmışım, dedi, ama kusur bende değil, düşmanda!

İzmir'e taarruzun on dördüncü günü girmişti.

Cepheye geldiği zaman raporları dinledi. Kıtalar yerlerine varmışlardı. Sordu:

— Düşmanda bir sezinti var mı?

— Aldığımız raporlara göre henüz yok.

— Baskın muvaffak olmuştur, dedi.

Ve meşhur Fransız generalinin kelimesi gibi, yazıya geçemeyecek bir söz savurdu.

Kocatepe'de, bir ağır düşüncenin ebedî heykelini andıran fotoğrafını göz önüne getiriyor musunuz? Mustafa Kemal 26 Ağustos sabahı orduyu saldırıya sürmüştür.

Başlarını ateşe, taşa ve çeliğe çarpa çarpa kan köpüren Türk kahramanlığının düşünen, arayan, bulan, gösteren, bazen bir "evet"i ile bir "hayır"ına vatan talihi bağlanan başıdır o! Akıp giden sular gibi, boşanıp giden millî kaderler böyle bir set bulursa durur. Bu millî kahraman denen adamdır. Dağın eteklerinde dövüşen halk ve tepenin üstündeki zafer yaratıcısı, o sabah ikisi birbirine ne kadar lâyık idiler.

Fakat taarruz sökmeli idi. Arkasından bütün şafaklar sökecek. Mustafa kemal bu anlarında sert, yalçın, kalbi ve siniri aransa bulunmaz bir iradeden ibarettir. Tam zamanında emrini yerine getiremediği için pek sevdiği bir tümen kumandanı intihar eder. Mustafa Kemal, vah vah, demez. Ağzından ağır bir kelime çıkar. Boşuna da ölmüştür. Çünkü biraz sonra tümeni vazifesini yapmıştır. Canına kıymak, velev onun uğruna canına kıymak! Ne çıkar bundan? Mustafa Kemal, kendisine verdiği söz uğruna ölen bu sevgili arkadaşının, kanlar içindeki hayaletini görmek, "Yazık oldu çocuğa..." demek için bile şafakların ötesindeki bir günü bekleyecektir.

Uşak'ta esir Başkomutan Trikopis'le general Denis'i karşısına getirdikleri zaman, kendisi de bu kadar kolay ve çabuk zaferin merakı içinde idi. Onları dostça yanına aldı ve meslektaşça konuştu. General, bir ucu Afyonkarahisar'da, öbür ucu Kütahya'da bulunan bir Türk ilerleyişinin bir anda kesinleşerek hızla daraldığını, etraflarını git gide üçgenlemesine kapladığını ve sonunda kendilerini bir dağın eteğine doğru sürdüğünü söyledi!

— Böyle bir şeyin olacağını anlamadınız mı?

Trikopis taarruzun son dakikaya kadar iyi gizlenebilmiş olduğunu itiraf etti. Kendisinin yüksek yaylada tedbirler alınmaksızın barınılamayacağını yüksek makamlara anlatamadığını söyledi. Ordularını kuşatan üçgen darala darala öyle bir kerteye gelmişti ki bir yamacın eteğine dalmışlardı.

— O zamana kadar toplarımızı az çok kullanarak geri çekiliyorduk. Fakat sırtımız o yamaca dayatıldıktan sonra kıpırdamaklığımıza imkân kalmamıştı. O sırada işleyemez bir darlığa geldik. Ancak ellerimizdeki tüfekleri kullanabiliyorduk. Sonunda bir an geldi ki tüfeklerin bile işleyemediği bir darlığa düşürüldük. Süngüler parlamaya başladı. Arkamız, önümüz, her yanımız süngü! Böylece artık iş bitmişti. Atımı bile bulamıyordum. Yaya olarak ormanlar içine düştük.

Sonra sordu:

— Siz bu harbi nereden idare ediyordunuz?

— İşte tam o süngülerin parladığını söylediğiniz yerde askerlerin yanında idim.

— Harp böyle kazanılır. Yoksa beş yüz elli kilometre uzakta, durum gözle görülüp hüküm verilmeksizin, bir harita üzerinde pergelle ölçülerek yattan idare edilmez, dedi.

Sakarya'da 3282 ölü ve 13618 yaralı vermiştik. Büyük saldırı harbi bize 2542 ölü ve 9977 yaralıya mal olmuştur.

Bu zafer Millet Meclisi'ne, hükümete, ordu komutanlarına rağmen Başkomutan Mustafa Kemal tarafından kazanılmıştır.

Bu tarihî günlere bir de İstanbul'dan bakalım:

Gazeteye geldiğim vakit, Anadolu'nun birdenbire kapandığını söylediler. İstanbul ve Türkiye'nin işgal altındaki köyleriyle, memleketin öbür kısmı arasında hiçbir temas yapmaya imkân yoktu. Aradan 30 yıl geçti. O sabahki heyecanımın, şimdi bile gönlümü ürperttiğini duyuyorum.

— Acaba Yunanlılar mı taarruza geçtiler?

— Belki de bizimkiler...

Tarihte hiçbir perde, bu kadar ağır bir kader sırrı üstüne inmemiştir. Ne Rumca ve Ermenice gazetelerde, ne İngiliz veya Fransız ağzı konuşanların sözlerinde merak giderici bir yayıntı bile yoktu.

— Canım biz taarruz edebilir miyiz? Daha geçenlerde Fethi Bey mütareke aramak için Londra'ya gitti. Ummam ki böyle bir delilik yapalım.

— İhtimal ne cepheyi ve ne de cephe gerisini tutamaz hâle geldikleri için bir son çare aramışlardır.

Hepimiz Mustafa Kemal'in askerlik dehasına inanırdık. Onun her şeyi, vara olduğu kadar, yoka da çevirecek bir zar atmayacağını biliyorduk.

Fakat nasıl haber almalı idi?

Bütün günümüz, âdeta merak sancısı içinde geçti. Yalnız yemekten değil, düşünmekten kesilmiştik. Zırhlıları ile tümenleri ve alayları ile Birinci Dünya Harbi düşmanlarının zaferi, hâlâ İstanbul'un surlarında ve sokaklarında idi. Bir tek umut, bir avuç askerde ve Mustafa Kemal denen bir isimdedir. Kapkara perdenin arkasında yalnız onların yaklaşıp uzaklaşan hayaletlerini sezinliyoruz.

Nihayet Rumca gazetelerde ilk rivayetler çıktı, biz, taarruza geçmiştik ve başımızı Yunan ordusunun çelik kayasına boş yere çarpıp duruyorduk.

Türk ordusunun bir taarruz savaşına giremeyeceği fikri, bizim kuşağımız için değişmez gerçeklerden biri idi. Ordumuzun kahramanlığına bel bağlardık, fakat onun ancak dayanma mucizeleri verebileceğini sanırdık. Onun son destanları 1877 Harbi'nde Plevne, 1912 Harbi'nde Edirne, sonra da Çanakkale idi. Rumca gazetelerin haberi ile merakımız biraz azalsa bile, kaygımız ateş gibi yanıyordu.

Zaman geçtikçe umutsuzluğumuz arttı. Havadis duyurmakta Beyoğlu gazeteleriyle yarış eden ve üst üste kasabalar alındığı rivayetlerini uyduran bir Türkçe sürüm gazetesine kızıyorduk.

— Taarruz çökmüş olsa, bir tebliğ verirlerdi. Durduk mu, geriledik mi? Ah, hiç olmazsa bir iki kasaba alsak da öyle dursak...

Bir iki kasaba alıp durmayı nimet saymaya başlamıştık. Az da olsa bir başarıyı, halk güvenini arttırma yolunda kullanmak kolaydır. Bu, bir edebiyat işidir. Fakat ya hiçbir şey yapamadıksa, ya geriledikse?

Mustafa Kemal'e kızanlar ağızlarını açmışlardı bile...

Akşamüstü gene beynimizin içinde aynı burgu, kalbimizin içinde aynı ağrı Büyükada'ya gidiyordum. Aydınlık, ferah bir Ağustos akşamı... Köpüklü, uyanık ve neşeli bir deniz. Güverte, tıka basa dolu... Türkçe konuşmayanlarda, birbirinin sözünü kapan bir sevinç var. Sadece bu sevinç, bizi yıkmaya yeterdi. "Ne olmuştu?" diye sormaktan korkuyorduk.

Bir fena şey vardı. Kimseye bir şey sormaksızın onu zihnimizde hafifletmeye uğraşıyorduk. İhtimal durmuştuk. Belki de bir iki noktada gerilemiştik. Ordu bozulmamışsa bundan ne çıkardı? Yunanlılar da artık bitkin bir halde değil mi idiler? Aşağı yukarı bir uzlaşma yapabilirdik. Bu da, elbette Sevr Antlaşması'ndan daha iyi olurdu.

Fakat içimizdeki sorunun, kimseden aramaya cesaret edemediğimiz cevabı kendiliğinden yayılıverdi: Başkomutan Mustafa Kemal Paşa bütün karargâhı ile beraber esir olmuş...

Keder insanları öldürmez derlerse, bu söze inanınız. Kalp denen şeyin ne dayanıklı bir maddeden yapılmış olduğunu ben, o akşamüstü Büyükada vapurunun güvertesinde öğrendim.

Türkleri Büyükada Yat Kulübü'nden kovmuşlardı. Yalnız bir iki sırnaşık, yolunu bularak içlerine sokulabilmişlerdi. Bunlar, o akşam cezalarını çekmişlerdir. Çünkü kulüpte, Mustafa Kemal'in esir olması şerefine kulübün bütün şampanyaları patlıyor ve Türkler de dağıtılan kadehleri içmeye zorlanıyordu. Ada sokakları, çoluk çocuğun çığlıklarıyla geçilmez bir hâle geldi.

Ölümü bir uyku, rahat bir uyku gibi arayarak sabahı ettik. İlk vapurun en görünmez köşesine sığınarak, iki büklüm köprüye indik.

Bütün Türkleri, yas içinde bulacağımı sanıyordum. Meğer ne kadar soysuzluğa uğramışız. Acaba sokaktakilerin hepsi, şu veya bu muhipler cemiyeti üyeleri mi idi? Bizimkiler utançlarından evlerinde mi kalmışlardı? Bu gülüşler, bu çırpınışlar, bu el sıkışlar ne idi?

Meğer bütün karargâhı ile Başkomutan Mustafa Kemal değil, Yunan Başkomutanı Trikopis esir olmuş...

Size, kalbin ne kadar dayanıklı bir maddeden yapılmış olduğunu yukarıda söylemeseydim, burada söylerdim. Bir çocuk gibi sıçramaya başladım. Habere, havadise, telgrafa koşuyorum. Hani dün kızdığımız o sürüm gazetesi yok mu, meğer resmî tebliğlerin kilometrelerce gerisinde imiş. Yunan ordusunu yok etmişiz ve İzmir'e iniyormuşuz.

Ben, ömrümde hiçbir edebiyat eserinde, ordulara ilk hedeflerinin Akdeniz olduğunu bildiren günlük emri okurken duyduğum zevki duymadım. Bu, bütün heyecanların üstünde bir heyecan veren, bütün şiirlerin üstünde bir şiirdi. Ne olmuştuk, biliyor musunuz? Kurtulmuştuk.

Ah Mustafa Kemal, Mustafa Kemal, sana ölünceye kadar o günün sevincini ödeyebilmekten başka bir şey düşünmeyeceğim.

Konuşmak için dilim, yazmak için kalemim tutuldu. İkdam'daki Yakup Kadri'yi aradım, ilk vapurla İzmir'e gitmeyi teklif ettim.

Tuhaf şey: İzmir'in alındığı haberi geldiği vakit, içimizde artık sevinme gücü kalmamıştı. Gönlümüz, uzun ve derin uykuya dalmış gibi idi. Bir hastanın başında günlerce beklemekten sonraki yığılıp kalmaya benzer bir uyku... Hatta daha fazla ağlamalı bir hal... Bir akşam önce şampanya bayramı yapanların yüzlerindeki onulmaz yası gidip görmek düşüncesinden bile sevinmiyorduk.

Nemiz varsa, bağımsız bir devlet kurmuşsak, hür vatandaş olmuşsak, şerefli insanlar gibi dolaşıyorsak, yurdumuzu Batı'nın, vicdanımızı ve kafamızı Doğu'nun pençesinden kurtarmışsak, şu denizlere bizim diye bakıyor, bu topraklarda ana bağrının sıcağını duyuyorsak, belki nefes alıyorsak, hepsini, her şeyi 30 Ağustos Zaferi'ne borçluyuz.

Akşam'ın ilk sayfası için koskoca bir klişe hazırlamıştık: "Elhamdülillâh, İzmir'e kavuştuk!" Kapıları açmanın imkânı mı var? Gazeteyi pencereden akıtıyorduk. Alan, yüzüne gözüne sürüyordu. Galata Rıhtımı üzerinde kamçısı ile selâm marşını susturan beyaz atlı Franchet d'Esprey, o korkunç hayal, sanki bir operet sahnesinden kalma hoş bir hatıra idi! Doğrusu, daha fazla Dolmabahçe'ye gidip Vahdettin'i görmek istiyordum. İçimdeki tek zulüm hevesi bu idi.

Vahdettin'i göremedim. Fakat sonradan ilk Meclis'ten kalma bir dostum, Muhiddin Baha, bana bir Ankara hikâyesi anlattı. Onlar da sevinçten ne yapacaklarını bilmiyorlarmış. Meclis'te bir aralık ellerini yıkamaya gitmiş. Asık suratlı bir milletvekili görmüş. Mustafa Kemal'in muhaliflerinden biri:

— Yahu nedir bu halin? diye sormuş. Öteki dudaklarını ısırarak:

— Ne var sanki? Nasıl olsa İzmir'i bize vereceklerdi. Nesini büyültüp duruyorsunuz? diye çıkışmış da!

Sonra da:

— Yunanlılardan kurtulduk. Bakalım Mustafa Kemal'den nasıl kurtulacağız? demiş.

Evet, muhalifleri ve rakipleri sapsarı idiler. Ah! Bir kurşun, son Yunan kurşunu Mustafa Kemal'in göğsüne saplanamaz mıydı?

Doğu böyledir, dostlarım, Doğuda kin, kolayca hıyanete kadar götürür. O gün sapsarı kesilenler veya onların kinini güdenler, şimdi bile o günün hatırasını söndürmeye uğraşmakta değil midirler? Doğu kini, vicdanları saran bu kanser... Kanserlerin en habis soyu!

O umulmaz günleri daha fazla canlandırmak için size gündelik notlarımdan bir özet sunuyorum:

24 Ağustos - Gazeteler, Fethi Bey'in Londra'daki şerait ve teklifatından bahsetmektedir. "Lifild" Ajansı'nın bir tebliğine göre Lloyd George, Mart teklifleri

reddedildiği takdirde bu tekliflerin istikbal için keen-lemyekûn addedileceğini Türklere bildirecektir. *Akşam* gazetesinin bir başlığı: "Konferansa ne zaman davet edileceğiz?"

25 Ağustos - Venedik'te akdedilecek konferans hakkında henüz hiçbir tebliğ olmamıştır. İngiliz sansürü tarafından bazı satırları silinen bir havadise göre konferansa aynı zamanda Ankara Hükümeti ve Bab-ı Âli davet edilecektir. Bab-ı Âli delegelerine İzzet veya Tevfik Paşa riyaset edecektir.

26 Ağustos - Her gün olduğu gibi, gazetede çalışıyoruz. Henüz Çatalca üstüne yürüyen Yunan tümenlerinden kaygı içindeyiz. Bir rivayete göre, eğer biz son teklifleri reddedersek, Yunanlılar İstanbul'u alacaklar. Bütün umut Fransız işgal ordusunun dayatışına bağlıdır. Henüz Saray, Bab-ı Âli ve hepsinin üstünde Kroker Oteli'nin saltanatı var.18 Rum ve Ermeni sansürlerinden geçirebilmek için yazılarımızı bin dikkatle yazıyoruz.

Ankara yolcularından hazırlık ve harp haberleri alıyoruz. Bu haberlere kendilerinin de inandığı yok. Fakat hemen herkesin kafasına şu "fikr-i sabit" yerleşiyor: Bu sonbaharda eğer Ankara iyi kötü bir harekette bulunmazsa, kışın Anadolu'yu tutmak mümkün değildir. Ordunun siperler içinde bir kış daha geçirmeye tahammül edeceğinden şüphe ediyoruz. Usanç umumidir. Zafer kelimesi, ancak politika edebiyatının ağzında. Salâhiyet sahibi zannettiklerimizin hemen hepsi bizim bir taarruz teşebbüsümüzün cinnet olduğu kanaatindedir. Sonra öğrendik ki, Ankara'da iç durum daha başka

---

18 İngiliz karargâhı.

türlü değildi. Zafere iman etmiş olanlar orada da ekall-i kalil idiler.

"Ne yapacağız?" Hepimizin dilinde bu acı soru var, saat on bire geliyor. Arkadaşlarımızdan biri odadan içeri girdi, yüzünde sır taşıyanlarda görülen bir acayiplik göze çarpıyor:

"Size Hilâl-i Ahmer'den bir havadis getiriyorum, fakat son derece ihtiyat ile yazalım, doğru çıkmayabilir" dedi. Havadis şuydu: "Bugün öğleyin şehrimizin salâhiyettar menabiinde, Kocaeli bölgesinde Türk ordusu tarafından harekât-ı mühimme-i askeriye icrasına başlandığı söylenilmekte idi. Vakit geç olduğundan dolayı bu harekâtın bir taarruz mukaddemesi mahiyetinde olup olmadığını tahkik edemedik. Havadisimizin mevsukiyetine itimad etmekle beraber, karilerimizin tebliğ-i resmîlerimize intizar etmelerini tavsiye ederiz. Haber doğru ise, Allah ordumuzla beraberdir, neticeye itminan ile muntazır olabiliriz."

Ve tam altında Ajans Rötyerin bir tebliği: "Delegeler Venedik'te ve Saray'i kralîde yahut Lido Adası'nda toplanacaklardır."

27 Ağustos - Roma'dan bir küçük telgraf var: "Menderes vadisinde Türk ileri hareketi teeyyüt ediyor."

Atina'dan gelen başka bir telgrafta deniyor ki: "Türkler vakıa cephenin bazı noktalarında kuvvetsiz müsademelere teşebbüs etmişlerdir. Bu faaliyet ehemmiyetsiz müsademeler mahiyetindedir."

Hilâl-i Ahmer'den, Fransız çevrelerinden, her taraftan tahkik ediyoruz. Muhbirler havadissiz dönüyor. Akşama kadar öldürücü bir merak içindeyiz. Havada asabiyet var.

28 Ağustos - Anadolu, telgraf ve posta muhaberatını kesmiştir. Motorlar ve kayıklar Anadolu ile İs-

tanbul arasında münakalâttan menolunmuştur. Ve ilk doğru haber: "Ordumuz Afyonkarahisar cephesinde Yunan hatlarına taarruz etti." Yunan tebliği ise mütemadiyen muvaffakiyetsizliğimizden, geri çekildiğimizden, bazı köyleri birer müddet işgal ettiğimizden bahsediyor.

Istırap içinde eziliyoruz: "Muvaffak olamazsak, her şey bitti, değil mi?" Bu soruya herkes: "Evet!" cevabını veriyor. Ya Mustafa Kemal Paşa? O nerede? Herhalde taarruzu bir maksada veriliyor. Bazıları diyorlar ki: "Meclis'teki muhaliflerden o kadar bıktı ki, herçebadâbat bir harekete geçti." Bu "herçebadâbat" sözünü ise bir türlü yakıştıramıyoruz. Muhakkak bir bildiği, bir düşündüğü var. Fakat nedir? O sırada bir lâhza onun beynindeki esrarı anlamak için, canımızı vereceğiz. İstanbul'u taarruzun muvaffakiyetinden sonraki sevinçten ziyade, bir ricattan sonraki facialar işgal ediyor. Sokakta ecnebi askerlerini bizi yemeğe hazırlanan canavarlar gibi görüyoruz.

29 Ağustos - Anadolu hâlâ susuyor. *Akşam*'da rivayet kabilinden bir havadis: "Bir habere göre askerlerimiz Afyonkarahisar'a girdiler." Fakat altında meseleyi açıklıyoruz: "Bu sabah telgrafhane hiçbir malûmat almamıştır. Yunanlılar da öğleye kadar hiçbir tebliğ vermediler."

30 Ağustos - Anadolu tebliğleri karanlık içinden ilk ışıkları getirdi. Dört sütun büyük başlıkla şu havadisi veriyoruz: "Ordumuzun sol cenahı düşmanın bir seneden beri tahkim ve tel örgülerle takviye ettiği üç sıra siperden mürekkep müstahzar mevzii tamamen zaptederek süngü hücumlarıyla Afyonkarahisar'a girmiştir. Esirler ve ganimet pek çoktur."

Rivayet istediğiniz kadar: Eskişehir'i zaptetmişiz, Bilecik Boğazı ateşimiz altında imiş. Bir *Akşam* gazetesi bizi fersah fersah geçiyor, hatta Uşak'ın alındığını bile yazmak gayretkeşliğine düşüyor. Aramızda şöyle konuşuyoruz: "Anlaşılıyor ki Uşak-Bursa hattını alacağız. Şimdiden meseleyi bu kadar büyütmeye ne lüzum var? Ahali muvaffakiyetimizin derecesini ölçmek imkânlarını kaybedecek..." Bu gazetenin havadisleri hayalî, buna şüphe yok ve biz meslek adına onun bu yaygarasından sıkılıyoruz. Meğer o gün Yunan ordusu artık yokmuş, gerçek Akşam uydurucusunun hayalini bile geride bırakmış. Meğer o gün İzmir'e doğru yürüyormuşuz.

31 Ağustos - Sönük bir gün, son havadis şu: "Taarruzumuz olanca şiddetiyle berdevamdır. Yalnız henüz resmî haberler gelmemiştir." Gönlümüz kararıyor. Acaba bir bozguna mı uğradık?

Ertesi sabah zafer haberleri birbirini kovaladı. Gazeteleri sormayınız, hepsi başlık halinde çıkıyor: "Yunanlılar Dumlupınar Meydan Muharebesi'ni kaybettiler. Kahraman ordumuz mağlup Yunan kıtalarını Uşak'tan evvel yakalamış ve kısmı küllîsini imha derecesinde bir hezimete uğratmıştır. Eskişehir istirdat edilmiştir. Mukaddes Bursa'nın istirdadı haberine anbean intizar ediyoruz."

Fakat henüz izah edemediğimiz bir nokta var: Bizim tebliğlerimiz pek ihtiyatlı geliyor. Erkân-ı Harbiye'nin sükûtunu bir türlü anlayamıyoruz. Bu son müphemiyet günlerinde, galiba Eylül'ün biriydi, akşamüstü Ada'ya gidiyordum. Vapurda büyük bir Rum kalabalığı vardı. Eski yeisleri gitmiş, bir şeyler konuşuyorlardı, gülüşüyorlardı, bize garip bir tarzda bakıyorlardı. Merakla soruşturdum, acaba anî bir musibete mi uğramıştık?

Arkadaşlarımdan biri çeneleri kilitlenmiş, yanıma sokuldu, kulağıma eğilerek: "Güya bozulmuşuz. Uşak'ta Mustafa Kemal Paşa'yı esir almışlar."

O dakika nasıl ölemediğime hayret ediyorum. Geceyi nöbet içinde kendini kaybeden bir ağır hasta gibi, hezeyan içinde geçirdim. Sabahleyin matbaaya can attık; kimimiz Hilâl-i Ahmer'e, kimimiz Beyoğlu'na koştuk. Şehirde büyük yağmurlardan önceki boğucu hava vardı, nefes alamıyorduk. Hilâl-i Ahmer, Ankara'ya sordu. Akşama kadar heyecan ve ateş içinde dolaşıp, durduk.

Nihayet Hilâl-i Ahmer'e bir şifre geldiğini haber verdiler. Bu şifre âdeta Türk tarihinin anahtarı idi. Gittik, şu haberi okudular: "Yeni Yunan Başkomutanı General Trikopis, Erkân-ı Harbiye Reisi, Levazım Reisi, On üçüncü Fırka Kumandanı 2 Eylül akşamı Uşak civarında esir edilerek Mustafa Kemal Paşa Hazretleri'nin karargâhlarına gönderilmiştir. Başkomutan Mustafa Kemal Paşa Hazretleri esirlere nezaketle muamele ederek yeni Başkomutanı mukadderatın bu cilvesinden dolayı teselli eylemiştir."

Güya havadisi gizli tutacaktık, Ankara'nın tembihi böyle idi. Mümkün olsa gazeteyi bir tarafa bırakıp tellâl gibi sokaklarda bağırırdık. Susmak ve saklamak mümkün mü idi?

Nihayet *Akşam* gazetesinin matbaa pencerelerinden, sokakta çıldırmış gibi, saçlarını yolan, göğüslerini döven, yerlere yatarak çırpınan halka dağıttığımız sayılar ve bütün sayfayı dolduran klişe: "Elhamdülillâh İzmir'e kavuştuk."

Başkomutan ilk günü beyannamesini şu cümle ile bitirmişti: "Ordular İlk Hedefiniz Akdeniz'dir, İleri!"

Ve son gün-ü hâdiselere şu cümle ile nihayet veriyordu: "Akdeniz hedefine varıldı!"

Bir gün Müslüman memleketlerinden birinde (Mısır'da) bağımsızlık davası için çalışan liderlerden biri, Mustafa Kemal'i görmeye gelmişti. Kendisine:

— Bizim hareketin de başına geçmek istemez misiniz? diye sordu.

Olabilecek şey değildi ama insan yoklamalarını pek seven Mustafa Kemal:

— Yarım milyonunuz bu uğurda ölür mü? diye sordu.

Adamcağız yüzüne bakakaldı:

— Fakat Paşa hazretleri yarım milyonun ölmesine ne lüzum var? Başımızda siz olacaksınız ya... dedi.

— Benimle olmaz, beyefendi hazretleri, yalnız benimle olmaz. Ne zaman halkınızın yarım milyonu ölmeye karar verirse o vakit gelip beni ararsınız.

Komutanı, subayı, eri, çetesi, köylüsü, Mustafa Kemal hepsinin temsil ettiği Türk fedakârlığının başında idi. 1918 Türkiyesi'nin şartları içinde, sırtı sıra birbirinden beter üç harpten çıkan; başındakilerin akılsızlığı ve maceracılığı yüzünden milyonlarca evlât, vatanlarca toprak veren; ölü çocuklarını yiyen çıldırmış analar; yolsuz, demiryolsuz, tekniksiz, medeniyetsiz bir memleketin bir ucunda Rus devinin, öbür ucunda yedi düvelin ateş dalgaları içinde eriye eriye tükenen bir millet, gene de harp edecek şevk bulur; gene de başındakilerin peşine düşüp mandalarıyla top çekerek, kadınlarına gülle taşıtarak, don gömlek yirmi bir günlük meydan muharebeleri verir, âdeta eti ile istihkâmlara çarparak kaleler düşürür, bunsuz, böyle milletsiz Mustafa Kemal neye yarardı?

50. yıldönümünde bir heyetle ziyaretine gittiğimiz Hitler, o delice gururlu Hitler demişti ki:

— Mustafa Kemal, bir millet bütün vasıtalarından mahrum edilse dahi, kendini kurtaracak vasıtaları yaratabileceğini ispat eden adamdır. Onun ilk talebesi Mussolini'dir, ikinci talebesi benim!

Bu millet, Balkan bozgunu içinde dünyaya gülünç olduğumuz zaman da aynı yiğitlerin milleti idi.

Mustafa Kemal onsuz olmazdı. Fakat 1919-1922'de o da Mustafa Kemal'siz ne olurdu?

Çanakkale harpleri sırasında, bir gün, bir İngiliz hücumunu kırmak için Mustafa Kemal'in askerlerine bir karşı taarruz yaptırması lâzım gelmiş. Emir vermiş. Durmuş, arkalarından bakmış. Siperlerden fırlayıp ölüme doğru akarlarmış. Hepsi ölecekmiş ve ölmüşler. Anlatırken gözleri yaşarırdı.

Sadrazam İzzet Paşa'nın kardeşi Esat Paşa'yı pek sayardı. O da süvari komutanı imiş. Bir an olmuş ki bu süvariyi düşman üstüne sürmek lüzumunu duymuş. Yüzde yüz ölüm, Esat Paşa'ya emir vermiş. Hiç tınmaksızın:

— Baş üstüne! demiş.

Mustafa Kemal:

— Galiba anlamadı! diye tereddüt etmiş:

— Ne yapacağınızı acaba iyice ifade edebildim mi? diye sormuş.

— Evet Paşam, ölmekliğimizi emrediyorsunuz.

Sonra bu harekete sebep kalmamış. Esat Paşa ve süvarileri yaşamışlar.

Mustafa Kemal'in harp cephelerinde erleri onlar, komutanları bunlardı.

Ama bu kahramanlıkların hepsi Viyana dönüşünden Sakarya tutuşmasına kadar, nice kafasız komutanların hesapsız harplerinde, nice boş kafalı liderlerin bozuk politikalarında ziyan olup gitmemiş midir?

En iyi heykeltıraş, mermerini bulmalıdır. Çamur, kireç ve kerpiç, eser tutmaz.

Geliniz, yeni alınan İzmir'de Kordon üstündeki karargâhında Mustafa Kemal'i görmek üzere Galata Rıhtımı'ndan vapura binelim. Yeni devletin kuruluşunda ve devrimlerinde, fırsat elverdiği kadar, onunla beraber bulunalım.

ZAFER SONRASI

Sanatı: Gazetecilik. Nereye gideceği: İzmir'e. 9 Eylül 338 tarihli yolculuk vesikam şimdi masamın üstünde. Arka sayfasında fesli resmim ve biri Fransızca, biri İngilizce iki vize var. Sözde kendi memleketimizdeyiz.

Yakup Kadri ile beraber Paquet Kumpanyası'nın Lamartine vapurundayız. Ta Kadifekale'de Türk bayrağını görünceye kadar İzmir'e çıkıp çıkmayacağımızı bilmiyorduk. Eğer bir gecikme olmuşsa, vapurda kalacaktık.

Limanda derin bir sessizlik. Zırhlıları ile kruvazörleri ile, torpidoları ile İngiliz donanması orada. Fakat bir dev uyumuş da ürkütmemek için sanki hepsi birbirine: "Sus!" diyor. Lamartine vapurunun Akdeniz memleketlerine gidecek bütün yolcuları da içlerinden konuşmakta. Bazılarının sözlerini bakışlarından işitiyorum: "Zavallı şehir, yine mi Türklerin eline geçti?"

Bir motorla neşeli birkaç Türk subayı geldi. Güvertede Yakup ile benim vesikalarımıza baktılar. İsimlerimizi de tanımış olmalı idiler. Hemen izin verdiler.

Rıhtım boyunda kapı eşiklerine çömelen silâhlı askerlerle karşılaştık. Yüzleri güneş yanığı, üstleri başları toz içinde, hepsi taze zafer tütüyor. Fakat bir savaştan değil, bir trenden çıkmış gibi sade ve gösterişsiz bir halleri var:

— Ne yaptınız? diye sorsak, belki de:

— Hiç! deyip başlarını çevirecekler.

Boz esvaplarının büsbütün rengi atmış, sigara içiyor ve gelene geçene bakıyorlardı.

Önce Kramer Palas Oteli'ne gidip güçlükle üst katta bir oda bulduk ve eşyalarımızı bıraktık.

Otel yabancı ve yerli Hıristiyanlarla dolu idi. Sonradan bize anlattıklarına göre Mustafa Kemal de şehre girince bu otele uğramış. Ne sırması, ne de önünde arkasında koşuşan generalleri ve subayları var. Dolu salona girmek isteyince, garson yer olmadığını söylemiş. Fakat müşterilerden biri tanıyıp da:

— Mustafa Kemal... Mustafa Kemal... diye bağırınca, kalabalık birbirine girer. İhtimal hepsi dağılacaklar. Mustafa Kemal kimsenin rahatsız olmamasını rica eder ve yanındakilerle bir masaya oturur. Garson mudur, otel müdürü müdür, artık kim önce koşup gelmişse birer kadeh içki istediklerini söyler ve sorar:

— Kral Kostantin hiç bu otele gelip de bir kadeh rakı içti mi?

— Hayır Paşa efendimiz!

— Öyle ise neden İzmir'i almak istemiş? der ve İzmir'e girişinin ilk zevkli saatlerinden birini o masada geçirir.

Sokağa çıktık. Başında Ankara kalpağı ve uzun boyu ile Ruşen Eşref göründü:

— Mustafa Kemal Paşa'yı göreceksiniz, tabii... Ben sizi götüreyim... Karargâhı hemen şuracıkta, eski bir Rum evinde... Neler gördük neler... Tarih olduk artık.

Rıhtımda bir yalının alt kat salonunda açık bir pencere: Başkomutanı yanlamadan görüyoruz. Tığ gibi bir asker, keskin, canlı ve yanık bir yüz... Karşısında ayaküstü selâm duran iki İngiliz subayı. İstanbul'da bir sözleri ile küme küme insanlar hapse giren, Malta'ya sürülen, evlerinden kovulan, kapı uşakları bile Osmanlı nazırlarından daha dik konuşan üniformalı İngilizleri, Başkomutana put gibi selâm durur görmek, âdeta içlerimizi soğuttu. Bunlar büyük rütbeli subaylar imişler. Zırhlıları da nerede ise rıhtıma yanaşık...

Biraz sonra bizi âdeta sevinerek kabul etti. Refakat subayı Mahmut'tan daha sonra öğrendiğime göre *Akşam*'daki yazılarımın birçoklarını okurmuş. Gülerek İstanbul'dan haberler sordu. Acaba yenmiş olduğumuza artık inanmışlar mıydı? Zaferinin İstanbul'daki tepkilerini anlattık. Sonra:

— İsmet'in yanına gidelim, dedi. Sofaya çıkıp İsmet Paşa'nın bulunduğu bir masa etrafında toplandık.

Büyük yangın günü idi. Ateş mahalleleri sardıkça halk rıhtım üzerine koşuşuyordu. Bir iki saat sonra otele gitmeyi bile ihtiyatsız bulduk ve karargâhta kaldık. Bu evin sahibi son dakikada kaçmış. Mustafa Kemal'in de kaldığı yatak odasının başucu masasında bir açık kitap bırakmış: Bir Fransız'ın Mustafa Kemal aleyhine yazdığı eser!

Kalabalık arttıkça arttı. Bazen binlerce kişinin arasından bir çığlık kopuyordu. Bu çığlık, bir yaylım ateş gibi, kalabalığı sarıp kaplıyor, hava, boğuk seslerle kabarıp şişiyordu. Asker bir Yunan neferi olduğundan şüphelenip içlerinden birini yakaladı mı, gövdeden bir kol koparılmış gibi, önce bir kadın ağlayışı, sonra boğazları yırtan, alçala yüksele, dalgalana düzele sürüp giden bir haykırış başlıyordu. Denize atılanlar, sandalla donanmaya sokulanlar vardı. Toplarının gölgesi altında Yunanlıları İzmir Rıhtımı'na çıkaran bu donanma, şimdi, onlardan dönebilmiş olanlara, merdivenlere tırmanmak istedikleri zaman, uçlarına yangın ışığı vuran süngülerini çeviriyorlardı.

Yüreğim titreyerek eşsiz trajediyi seyrediyorum. Mustafa Kemal'in yalçın ve yırtılmaz sakinliğine bakıyordum. Bu saatlerde zafer bile ondan küçüktü.

İzmir yanmakta, şehrin içinden ve savaş boyundan akıp gelen Rumluk, ilk medeniyetlerin halkı, ortaçağı Müslümanlarla beraber geçirerek, yurtlarında ve yuvalarında rahatça yaşayan, İzmir ve Batı Anadolu'nun tarımını, ticaretini ve bütün ekonomisini ellerinde tutan, saraylar, konaklar, çiftlikler içinde ömür süren halk, yirminci asrın yirmi ikinci yılında bir daha dönmemek üzere ayrılıp gitmek için bir tekne parçasına can atmakta idi.

Yangın yaklaştığı için yaverleri ve dostları telâşta idi. Mustafa Kemal, kendisine evden çıkmayı kim teklif etmişse terslediği için bize geldiler:

— İstanbul'dan yeni geldiniz. Belki sizi paylamaz. Bir de siz söyleseniz... dediler.

Kordon boyunu tıklım tıklım dolduran halk içinde birçoğu da esvap değiştiren Yunan askerleri ve subayları bulunduğunu biliyorlardı. Tehlikeyi biz de anlıyorduk. Fakat Mustafa Kemal'e akıl öğretmek için İzmir'e gelmemiştik.

Nihayet yangının kızıl ve korkunç dili, hemen önümüzdeki binaların çatılarını yalamaya başladı. Çıkmak lâzımdı. Fakat nasıl?

Mustafa Kemal, İzmir'e geldiği vakit, bir Türk evine misafir olmasını isteyen Lâtife Hanım, Göztepe'deki aile köşkünü onun emrine vermişti. Mustafa Kemal oraya gidecekti. Biz de Kramer Palas yangın içinde olduğundan, Karşıyaka'da galiba Kral Kostantin'in kalmış olduğu bir eve yerleşecektik.

Bir kamyon dolusu askerle birkaç otomobil getirdiler, Mustafa Kemal açık arabasına bindi. Kamyon halkı güçlükle yarıyor, Mustafa Kemal'in arabası arkadan gidiyordu. Kamyon ve araba geçinceye kadar açılıp, sonra hemen dalgalar gibi birbirine kavuşarak halk arasından:

— O... O...

Ve korkarak:

— Mustafa Kemal... sesleri çıkıyordu.

Ağır yürüyen otomobile atılsalar, Mustafa Kemal'i kucaklarında boğarlardı. Fakat denize doğru kaçışıyorlardı. Panik nasıl bir korkudur, nasıl on binleri hiçe indirir, cesetleri eritip akılları durdurur ve hisleri uyuşturur, gözümle görüyordum.

Yangın artık bir sele benzeyen alevi ile denizi kaplayan filo arasında, on binlerce Rum, Ermeni ve Yunanlı içinden, Mustafa Kemal bir Tanrı iradesi gibi geçti, gitti.

Karşıyaka'daki evimize gittik ama üstümüze giymiş olduklarımızdan başka hiçbir eşyamız yoktu. Kramer Palas gerçi çok sonra yandı, fakat oraya kadar sokakları sökebilmek ihtimali yoktu.

Yangın, sonuna kadar yaktı ve doyarak dindi. Göztepe'de Mustafa Kemal Paşa'yı görmeye gidiyorduk. Arka caddeler atılan şapkalarla âdeta kaldırımlanmış gibi idi. Esirler geçiyordu. Durup dururken ikide bir:

— Yaşa Mustafa Kemal yaşa... diye bağırıyorlardı. Bunlar İzmir'e girdiklerinin birinci günü Şehit Fethi'yi:

— Zito Venizelos... diye bağırtmak için süngülemişlerdi.

Gâvur İzmir karanlıkta alev alev, gündüz tüte tüte yanıp bitti. Yangından sorumlu olanlar, o zaman bize söylendiğine göre, sadece Ermeni kundakçıları mı idi? Bu işte ordu Komutanı Nureddin Paşa'nın hayli marifeti olduğunu da söyleyenler çoktu. Atatürk'ün Nureddin Paşa'yı eskiden beri sevmediği "Nutku"n da görünür. Zafer sırasında Birinci Ordu'nun başında bulunması da tesadüf eseri idi. Ali İhsan Sabis'in atılışından sonra, Atatürk, Ali Fuad ve Refet Paşalara komutanlığı teklif etmiş, ikisinin de "kıdemsiz" İsmet Paşa'nın emrine girmek hoşlarına gitmeyerek, reddetmesi üzerine Nureddin Paşa hatıra gelmişti. Kibirli, dar kafalı, zulüm ve ceberut düşkünü bir kimse idi. Bu yüzden bir zamanlar Millet Meclisi kendini Harp Divanı'na verip mahkûm bile ettirmek istemişti. Bu kararın önüne geçmek için Mustafa Kemal'in ne kadar uğraşmış olduğunu *Nutuk*'tan öğreniyoruz. Nureddin Paşa'nın biri İzmir'de, biri İzmit'te tertip ettiği iki linçin hikâyesi gene o vakitler, bizi ikrah içinde bırakmıştır. Bunlardan biri İzmir Metropoliti Meletyos, öteki de *Peyam-ı Sabah* yazarı Ali Kemal'dir.

Bildiklerimin doğrusunu yazmaya karar verdiğim için o zamanki notlarımdan bir sayfayı buraya aktarmak istiyorum: "Yağmacılar da ateşin büyümesine yardım ettiler. En çok esef ettiğim şeylerden biri, bir fotoğrafçı dükkânını yağmaya giden subay, bütün taarruz harpleri boyunca çekmiş olduğu filmleri otelde bıraktığı için, bu tarihî vesikaların yanıp gitmesi olmuştur. İzmir'i niçin yakıyorduk? Kordon konakları, oteller ve gazinolar kalırsa, azınlıklardan kurtulamayacağımızdan mı korkuyorduk? Birinci Dünya Harbi'ne Ermeniler tehcir olunduğu vakit, Anadolu şehir ve kasabalarının oturulabilir ne kadar mahalle ve semtleri varsa, gene bu korku ile yakmıştık. Bu kuru kuruya tahripçilik hissinden gelme bir şey değildir. Bunda bir aşağılık duygusunun da etkisi var. Bir Avrupa parçasına benzeyen her köşe, sanki Hıristiyan veya yabancı olmak, mutlak bizim olmamak kaderinde idi. Bir harp daha olsa da yenilmiş olsak, İzmir'i arsalar halinde bırakmış olmak, şehrin Türklüğünü korumaya kâfi gelecek miydi? Koyu bir mutaassıp, öfkelendirici bir demagog olarak tanımış olduğum Nureddin Paşa olmasaydı, bu facianın sonuna kadar devam etmeyeceğini sanıyorum. Nureddin Paşa, ta Afyon'dan beri Yunanlıların yakıp kül ettiği Türk kasabalarının enkazını ve ağlayıp çırpınan halkını görerek gelen subayların ve neferlerin affetmez hınç ve intikam hislerinden de şüphesiz kuvvet almakta idi."

Nitekim İzmir zaferinin hemen arkasından bir Nureddin Paşa meselesi çıkacaktır. Zaferin bu en küçük hisseli adamı İzmir'e girer girmez şöyle bir vizite kartı bastırmıştı: "Küt-ül-Amaro muhasırı, Afyon ve Dumlupınar muharebeleri galibi, İzmir fatihi Nureddin Paşa." İzmir'de ilk buluştuğu adam da müftü idi. Nureddin Paşa kendisine bir vasiyetname bırakıyordu: Ölünce Kordon boyuna bir camii, bir de türbesi yapılacaktı. Fatih bu türbeye gömülecekti. Müftü, bir risalesi ile biraz sonra irticaın bu sakallı ve azametli liderini bütün Türkiye yobazlarına takdim ettirmek üzere idi. İzmir'den İzmit'e gittiği zaman da, Çay'da komutanlara danışıldığı zaman:

— Yeni geldim, diye taarruz hakkında oy vermeyen bu adam:

— Ben Mesta-Karasu üstüne yürümek için hazırlanmıştım, beni burada tuttular, diyecekti.

Yakup Kadri, ben ve Asım Us, Bornova'da bir İngiliz evine yerleştik. Bornova karargâhların bulunduğu yer olduğu için, her gün İsmet ve Fevzi Paşaları ve onlarla görüşmeye gelen Mustafa Kemal'i görüyorduk.

Bir gün bize uğradı:

"Ankara'dan arkadaşlarımız geldi, akşamı beraber geçirelim" dedi.

Göztepe'ye geldiğimiz zaman, Yakup Kadri ile beraber köşkte Lâtife Hanım'ın yatılı misafiri olacağımızı öğrendik. Bu münasebetle Lâtife Hanım'ın gerek o günlerde, gerek bütün evlilik devrinde Atatürk'ün fikir arkadaşlarına her zaman ne kadar nazik davrandığını söylemek isterim. Lâtife Hanım'ın ayrıldıktan sonra dahi, Atatürk'ün hatırasına karşı gösterdiği pek faziletli bağlılık birçok kimselere ders olabilecek bir asillik örneğidir.

Mustafa Kemal'in ilk sofrasında bulunacaktık. Holde toplandıktan biraz sonra, arkasında beyaz bir Kafkas gömleği ile merdivenden indi. Bu kemerli gömlek, pek ahenkli bir endam ister. Mustafa Kemal, ince, zarif ve güzel bir erkekti. Kahramanlık şanının, o günlerde, bu güzelliği nasıl cazibelendirmiş olduğu da kolay anlaşılabilir.

Şimdi onun şahsiyeti ile tanışmak fırsatı idi. Derin bir merakla bütün sözlerini ve jestlerini izliyordum. İlk öğrendiğim şey kuvvetli ve yanılmaz hafızası oldu. Bir aralık:

— Müsaade eder misiniz, sizi ilk önce nerede görmüş olduğumu anlatayım, dedim.

Hemen bakışı şehlâya kayarak:

— Hacı Adil denen vali, Dimetoka'da biz onu karşılamaya geldiğimiz vakit, arabasına Fethi Bey'i almalı idi. Siz nihayet bir gazete muhabiri idiniz... dedi.

Şaşakaldım.

Dikkatime çarpan ikinci özelliği konuşma zevki ve merakı ile renkli, neşeli ve sade anlatış üslûbu idi. Mustafa Kemal, bizim nesle, yazarken Namık Kemal'i, konuşurken Yahya Kemal'i hatıra getirirdi. Sohbetler ve meclisler adamı olduğu belli idi. Daha ilk geceden bir eski arkadaş kadar yakınlığını hissediyorduk. Fakat bir bakışı veya sözü ile aramızdan kendi istediği kadar uzaklaşıp ayrıldığı da seziliyordu. Bu iki adam sonuna kadar iç içe kalmıştır: Çocukluğundan beri arkadaşlık ettikleri dahi pek samimî gece âlemlerinin ertesinde, biraz çekingen davrandı mı, onunla henüz tanışanların duraksamasını duymuşlardır. O gerçekte büyük görev ve mesuliyetler adamı idi. Bu gerçek şahsiyeti, eğlence akşamlarında bile, çok defa, bütün gece yanından ayrılmamıştır. Zihni, daima, bir düşünceye takılı idi. Birine ham ervahlarca "sefih" adı konan iki adam birbirinin ömrünü kısaltmıştır: Fakat dalgalar gibi köpürmeksizin durmayan o mizaç, tehlikeli de olsa, iyi ki böyle bir denge kurabilmişti.

Sevmek mi, acımak mı, diye bir bahis açtı. Metotlu felsefe etütleri yaptığını sanmıyorum. Sözleri terimsiz, tarifsiz ve "zikir"sizdi. Ama sık sık derine inen bir felsefî düşünüş, ince bir zekânın ve titiz bir sağduyunun devamlı kontrolü altında bir mantıkçılık, duyduklarını kolayca tutup kavrayan, sonra hepsini hoş bir sentez içinde yoğuran bir muhakeme metotlu ve ilmî bir tefekkür eksikliğinin boşluğunu örtmekte idi. Sevmek mi, acımak mı? O geceki tartışma sırasında, ilk defa, bu yalçın savaş ve pek hesaplı politika adamının dünyalı ve insan tarafını görüyordum. Bu, şimdiye kadar bana tamamıyla yabancı idi.

Neslinin kurmayları gibi, Türkçü edebiyattan, tercümelerden, nizamsız sırasız, fakat türlü yayınlardan hırs ile faydalanmaya çalıştığına şüphe yoktu. Sonra bu kuşaktan olanlar genç yaşlarında düşündürücü, vaktinden önce olgunlaştırıcı çok şey görmüşlerdir. Mustafa Kemal de, 1908'den önce Şam'a sürülmüştür. "Hürriyet" cemiyetini kurmuştur. Selanik'te İttihatçıdır. 31 Mart'ta, Bingazi'de, Çanakkale'de, Rus cephesi karşısında, Suriye ve Filistin savaş cephesinde, her yerde vardır. Yüksek askerî öğretim, kafasını anlayışlara ve görüşlere hazırlamıştır.

Gene o gece ilk defa türküler söylediğini işittim. Mustafa Kemal vals oynayanların ve bir ataşemiliterlikte musikili salon toplantılarında bulunanların alışabileceği kadar Frenk musikisine bağlı, alaturka musikide ise makamları ayırabilecek kadar bilgili idi. Sesi mat, yavaş, tatlı ve cazibeli idi. Bilhassa Rumeli türküleri söylerken, derin ve onulmaz bir gurbet ve sıla acısı gözlerinde yaşarırdı. O vatanı unutmaz, kaybettiğimiz Rumeli ve Makedonya topraklarının kır kokularını alır gibi, su ve çıngırak seslerini duyar gibi, bakışları uzaklaşa uzaklaşa sislenir, bizim içinde olmadığımız hatıralar içine karışır giderdi. İyi vals ettiğini sonraları gördüm. O akşam zeybek oynadı. Oyunu efekâri ve kibardı. Bazı jestleri hiç yapmazdı. O bir alafranga değil, bir Batılı, bir alaturka değil, bir Türk idi.

Gün ağarırken uyuduk. Öğlenin geç bir vaktinde yemek masasında buluştuk. Dün geceki ahbabımızla değil, karargâhındaki başkomutanla konuşuyorduk. Yakup'la bana birçok şeylerden bahsetti. Hemen görülüyordu ki, zafer ve İzmir, işlerinin sonu değil, başlangıcı idi:

— Yeni Meclis'te sizinle arkadaşlık edeceğiz, dedi.

O gün Yakup'la bana uzun birer mülâkat verdi. Mülâkatı askerî ve siyasî ikiye ayırarak "Akşam" ve "İkdam" gazeteleri için paylaştık. Yazıda oldukça ağdalı bir Osmanlıcaya meraklı olmakla beraber, düşüncelerini pek iyi toparlayarak kolay ve pek insicamlı konuşuyordu. Kuvay-ı Milliye Meclisi'nin kürsüsünde hatiplik idmanlarını tamamlamıştı. Bu mülâkatta bize, yendiğimiz Yunan ordusunun, bu devletin o zamana kadar çıkardığı en kuvvetli ordu olduğunu söylemiştir: "26 ve 27 Ağustos'ta yarma hareketi ve 28, 29 ve 30 Ağustos Meydan Muharebesi de içinde olmak üzere ordularımız on beş günde dört yüz kilometre yol aldılar. Piyade ve süvarilerimiz İzmir'e kavuşmak için birbirleri ile âdeta yarıştılar. İzmir Rıhtımı'nda süvarilerimizin kılıçları suya aksederken, piyadelerimiz Kadifekale'ye Türk bayrağını çekiyorlardı. Hatıramda aldanmıyorsam, büyük orduların yürüyüş ölçüsü yirmi, yirmi iki buçuk kilometredir. Askerlerimiz bütün rekorları kırmıştır."

Ölü, hasta, yaralı, bizim kaybımız on bin kişi idi. Yunanlılar yalnız yüz binden fazla ölü bırakmışlardı.

Limandaki İngiliz donanması, Mustafa Kemal'i rahatsız etmekte idi. Yirmi dört saatte sularımızdan çıkması için amirale mektup göndereceği vakit, her zamanki zayıfların bir daha yürekleri oynadı: İşte şimdi başımızı belâya sokacaktık. İngiliz'lerle harbe tutuşacaktır.

İyi bir komutan, elindeki imkânların tam verimini alabilmelidir. "Basiret", "tedbir" ve "ihtiyat" denen şeyler, iyi bir komutanı bu tam verimi almak için aklını, sanatını ve iradesini kullanmaktan alıkoymak için değil, bu haddi aşmaktan korumak için gereklidir. İyi bir komutan, sade nerede duracağını değil, nereye kadar gideceğini de bilmelidir. Mustafa Kemal'in etrafında, Erzurum'dan beri, onu her ileriye gidişten önce tutmak ve gidip varınca durdurmak isteyenler eksik olmamıştır.

Birçoğu iyi niyetli orta adamlardı. İyi niyetli olmayanları da vardı.

Kimine göre İngiliz Filosu'nun İzmir Limanı'nda kalmasına ses çıkarmamalı idi. Kimine göre İstanbul üzerine yürüyüp itilâf Devletleri'nin kara ve deniz kuvvetlerini hiç saymalı idi. Mustafa Kemal ne onu, ne bunu yaptı.

Yirmi dört saat bitmeden İngiliz donanmasının limandan çıkıp gidişini seyrettik.

Yıldırım Orduları Grubu Komutanlığı'ndan İstanbul'a dönüp de düşman donanmalarını limanda gördüğü vakit yaveri Cevat Abbas'a:

— Geldikleri gibi giderler... demişti.

Geldikleri gibi gitmişlerdi.

İstanbul'daki Fransız yüksek komiseri General Pellé de bu sırada İzmir'e geldi. Ak saçlı, vakarlı bir askerdi. Göztepe köşkünün bahçesinde idik. Merdivenlerden çıkarken, pek sade kıyafeti ile Mustafa Kemal'i görünce sendelediğini hissettik. Bu zaferin ne demek olduğunu bilen general, kim bilir nasıl bir Şarklı komutan göreceğini tahmin etmiştir? Kendisi sırmasız, gösterişsiz, saf saf adamsız, mütevazı bir ev sahibi ile karşılaşıyordu.

General, gemisine dönünce bizi yanına çağırdı:

— Ordularınızı durdurunuz, diyor. Muzaffer ordularımızı daha uzun müddet nasıl tutabilirim? Çabuk mütareke yapılmalıdır, dedim. Acele İstanbul'a gidecek...

Sonra güldü:

— Bizim muzaffer ordular... Nerelere dağıldıklarını pek iyi bildiğim yok. Bir toplanmaya kalksak kim bilir ne kadar zaman geçer? dedi.

Bütün orduları bir yumruk gibi sıkıp Yunan ordusunun başına indiren bu komutan, şimdi de:

Mütareke olmadan tek bir Türk jandarmasını Trakya'ya geçirmem, diyordu.

Hesapsız ve lüzumsuz, "Bir tek Türk'ün hayatını tehlikeye sokmamak" davasından ömrünün sonuna kadar şaşmayacaktır.

Ömrünün sonlarında Hatay meselesinde bir başka sözünü duymuştum. Atatürk bu mesele yüzünden uykusuz, sinirli idi. Rastladığı elçilerle tartışır, söylemediğini bırakmaz, kendi hazır bulunduğu yerlerde ecnebi sefaretlerin kulağına gidecek nümayişler yaptırırdı. Bir akşam sofrada vaktiyle Hariciye'de de bulunan bir arkadaşı:

— Paşam, niçin kendinizi de milletinizi de üzüp duruyorsunuz? Bir tümen yollasanız Hatay'ı alırsınız. Renani'de Alman olup bitenlerini kabul eden Fransızlar, Suriye'nin bir sancağı için sizinle muharebe mi edecekler? dedi.

Öfke ve siniri dalga gibi dinerek, sesi yavaşladı:

— Evet bunu ben de bilirim. Bir tümen yollasam, Hatay'ı alabiliriz. Renani'de Almanlarla muharebe etmeyen Fransızlar da Hatay için bizimle muharebe açmazlar. Fakat ya bu sefer haysiyetlerine dokunup karşı koyacakları tutarsa?

Sual sorana dönerek:

— Ben bir sancak için altmış şu kadar Türk vilâyetini tehlikeye sokamam, dedi.

General Pellé'nin ziyaretini iade edecek miydi? Bunun için gemiye gitmesi lâzım olduğunu söyleyince:

— Ben gemiye gitmem, diye cevap verdi.

Ne olur ne olmaz, ayağı karada ve kendi vatanının karasında olmalı idi. Tuhaftır, son yıllarında Sovyet Sefareti'ndeki bir hâdiseden sonra, Stalin'in kendisi ile Kırım açıklarında bir gemide görüşebileceği söylendiği vakit aynı cevabı vermiştir. Irak Kralı'nın ve İran Şehinşahı'nın ziyaretlerini de iade etmek niyetinde değildi. İhtilâlciler, kendi elleri altında olmayan şartlara emniyet etmezler.

Bornova'da rastladığım Nureddin Paşa, kendi de "Akşam" gazetesine bir mülâkat vermek istediğinden, beni şehirdeki dairesine çağırdı. Gittim, iyi karşıladı ve ikram etti. Sonra tam bir medreseci üslûbuyla, neler yaptıklarını sayıp döktü. Bunları yazabileceğimi sanmasına şaştım. Eğer söyledikleri bir yabancı konsolosun raporunda çıksaydı, hemen yalanlamak için hükümet ve gazeteler hep bir olurduk.

Hayal bu ya, eğer taarruzun son günlerinde Mustafa Kemal ve bir iki arkadaşı kazaya uğrayıp da, İzmir fatihliği tacı böyle bir komutanın başında kalsaydı, diye de içimden bir ürperti geçer.

Mudanya'da bizim mütareke heyetimizin Başkanı İsmet İnönü, İngiliz ve Fransız heyetlerinin başkanları General Harington ve Charpi idi. Bu arada Çanakkale çevresinde tehlikeli bir olay geçti. Süvarilerimiz tarafsız bölgeye geçerek, silâh atmaksızın, İngiliz siperlerine girmişlerdi. İngiliz Hükümeti oraya yeni birlikler göndermesi, Mustafa Kemal'in müttefikleri İstanbul'dan çıkarmasına karşı kuvvet kullanması için General Harrington'a 15 Eylül 1922'de emir verdi. Churchill de Dış Bakanlığı'na sormadan, 16 Eylül'de sert bir bildiri yayınladı. Bu bildirinin ilk tepkisi Çanakkale Anadolu yakasındaki Fransız ve İtalyan birliklerinin, Türklerle çarpışmamak için, geriye alınması olmuştur. Londra'da o kadar sinirli bir hava esiyordu ki İngiliz kabinesi, Lord Curzon'un muhalefetine rağmen, 29 Eylül'de General Harington'a kendi tarafından tespit edilecek kısa bir zamanda Türkler tarafsız bölgeden geri çekilmezlerse ateş edilmesini bildirdi. İngiliz kabinesi çarpışmanın başladığı haberini bekleyerek toplantı halinde idi. General Harington ateş emrini saklamış ve Mudanya Mütarekesi'nin bitirilmesini sağlamıştır.

Mütareke görüşmeleri üç gün sürmüştü. Bizim baş delegenin:

— Türkiye'yi ne zaman boşaltacaksınız? sorusu üzerine görüşme kesilmiş, Fransız delegesi:

— Herhangi bir zamanda boşaltmaya karşı değiliz, cevabını vermişti.

Harington biraz mühlet istedi:

— Türk ordusu daha yirmi dört saat müsaade etsin! dedi.

Sonra on beş gün içinde boşaltılacağı haberini getirdi.

Halide Hanım, Yakup Kadri, Ruşen Eşref, Asım Us ve ben, Batı Anadolu üzerinden Bursa'ya giderek Yunan zulümleri üzerine belgeler toplayıp yazmayı kararlaştırdık. Yakup Kadri ile bana birer asker kaputu verdiler.

Bu yazılar *İzmir'den Bursa'ya* adlı bir kitapta toplanmıştır. Henüz çürümeyen cesetler ve neredeyse henüz tüten yangınlar içinden geçiyorduk. Yakup, külleri savrulan Manisa'ya, cetlerinin şehrine iki eli böğründe bakakaldı. Yunanlılar, çekilişlerinde, yok edici bir tahrip yapmışlardı. Yanmayanlar, vakit bulup da yakamadıkları, yaşayanlar, fırsat bulup da öldüremedikleri idi. İki millet arasında yalnız birinin arta kalacağı bir boğazlaşma geçmiş olduğunu görüyorduk. Batı Anadolu'yu Türkler için oturulmaz bir çöle çevirmek isteyen Yunanlılar, gerçekte kendi ırklarının, mitoloji masallarından son tarih günlerine kadar, bu topraklardaki yaşayışlarına son vermişlerdi. Rum halk, köklerine kadar sökülüp atılmakta idi. Onlarla beraber İzmir'in, bütün Batı Anadolu'nun her türlü ekonomisini de köklerinden söküp atıyorduk. Bir merkezde kasabalılar bize gelmişler:

— Arabamızı tamir ettiremiyoruz, giden Hıristiyanlardan sanat sahibi olanları geri göndertseniz... demişlerdi.

Yanmamış yerlerde çarşılar kapalı idi. Ticaret ve iyi tarım onların elinde olduğundan, Türkler alışmadıkları bir hayat tarzını yeni baştan kurmaya mahkûm idiler. Bu yeni hayat, yangın yerlerinde külden ve sıfırdan, ateş görmeyen yerlerde kapalı ve boş dükkânın açılmasından başlayacaktı.

Yuvaları yanan veya baba analarını, ya kardeş veya çocuklarını kaybeden halk, öfkeden ve kinden o kadar çıldırmıştı ki ellerinde balta ile esir kafilelerinin peşine düşüp:

— Hiç olmazsa birini verin, öldüreyim! diye yalvaran kadınlar görülüyordu. Hâlbuki Anadolu halk kadınları ne de yumuşak yürekli ve merhametlidirler!

Rauf Bey (Orbay), Ankara'da Refet Bey'i (Bele) de çağırarak bir görev vermesini Mustafa Kemal'den istemişti. O da Refet'i İstanbul'a girecek kuvvetlerin başına geçirmeye ve Ankara'nın İstanbul temsilcisi yapmaya karar verdi. Biz yolda kendisine rastladık, son durumun ne olduğunu sordu:

— İstanbul üstüne yürüyorlar mı?

— Hayır, Mudanya'da mütareke görüşmeleri yapacaklar.

— Şimdi her şeyi kabul ettiler, cevabını verdi. Refet değişmeyecekti.

Yanmayan yerleri dolaşarak sevinç içinde Bursa'ya kavuştuk. Bu sanat ve tarih şehrinin yangın görmemiş olması, zaferin başlıca zevklerinden biri idi. Bursa, değerini ölçemediğimiz kadar Türk'tür. "Değerini ölçememek" sözünü boşuna söylemiyorum. Onun semtlerine bile çimentodan galata parçaları yapıştırıp durmuyor muyuz?

Bursa'da valinin yanında bir toplantıda bulundum. Ankara'dan gelen pek uyanık fikirli bir iki milletvekili de vali ile beraberdi. Mustafa Kemal'i karşılama programını hazırlamakta idiler. Birinci madde, "Sultan Osman'ın türbesini ziyaret" idi.

— Mustafa Kemal'in bu ziyarette bulunacağını zannetmiyorum, dedim.

Şaşarak yüzüme baktılar. Hamdullah Suphi, ki şaşanlar arasında idi, Mustafa Kemal'i Kuvay-ı Milliye yıllarında pek yakından tanımıştı. Biz ise bir görüşte Mustafa Kemal'in İstanbul'a giderek bir yeni padişahın sadrazamı olmayacağını pek iyi biliyorduk. Hanedan, intihar etmişti. Ortaçağ'da olsaydık, Mustafa Kemal'e "biat edileceği ve hanedanın isim değiştireceği" zamanda idik. Yirminci asırda, çöken hanedanların yerine cumhuriyetler gelir. Mustafa Kemal'in devlet reisi olmaktan başka hiçbir şey olmasına ihtimal yoktu.

Bugünkü kuşak benim kuşağımın bir hikâyesini dinlemelidir.

"Beni karılarımla kızlarım öldürdü" diyerek son nefesini veren Sultan Mecit zayıf ve sönük bir padişah; yerine geçen Sultan Aziz bir yarı deli; ondan sonra gelen Sultan Murat bir tam deli; daha sonraki Sultan Hamit, Yıldız Tepesi'nden Boğaz'da bir geminin batışı gibi, devletin batışını seyreden bir kızıl müstebit; arkasından tahta çıkan Sultan Reşat arabası içinde gördüğümüz vakit utandığımız bir sarsak; sonuncusu da İngiliz zırhlısına binerek kaçan Vahdettin! Bizler bir padişah şerefi tatmak için asırlar gerisine doğru giderdik.

Bir münasebetle anlatacağım üzere Hanedandan yalnız Yusuf İzzeddin Efendi'yi Edirne seyahatinde tanımıştım. "Tanin"e bir mülâkat verdirmek üzere beni vagonuna götürmüşlerdi. Kanepede sağ ayağını sol ayağının altına sokmuş, yarı bağdaş oturuyordu. Bir genç yazıcının bütün merakı ile bekliyordum:

— Ben o bunağa senet al, dedim, almadı, dedi.

Bunak, Sadrazam Kâmil Paşa idi. Balkan Harbi başladığı vakit büyük devletler, harbin sonunda statükonun bozulmasına izin vermeyeceklerini söylemişlerdi. Bunun manası eğer, biz yenersek, Balkanlı Hıristiyan devletlerden toprak alamayacaktık. Veliaht, sözde, sadrazama: "Devletlerden senet al" demiş. O da almadığı için Rumeli'yi kaybetmişiz. Doğrusu ise, Kâmil Paşa, Hürriyet ve İtilâfçı olduğu için, Veliaht'ın "Tanin" gazetesinde İttihatçılara yaranmak isteyişi idi.

Sonra düşündü:

— Ben orduyu severim, gibi bir söz çıkarabildi.

Ne yazacağımı bilmiyordum. Meseleyi Edirne Valisi Hacı Âdil Bey'e anlattım. O Veliaht hesabına bir mülâkat dikte etti. Sonradan gelen Enver Bey, bu mülâkatı okudu, o da bir şeyler ilâve etti. "Tanin"de çıkan yazı bu idi.

Bir Osmanlı prensini de, 1910 sularında İstanbul'un bir seyranlığında görmüştüm. Açık körüklü, yaldız tekerlekli, mavi atlas döşemeli bir fayton içinde hemen hemen sarı kostümlü, bıyıklarının iki ucu kozmetikten dimdik, arabacının yanında bir haremağası, gençÇe bir kadın gördükçe yarı beline kadar dışarı eğilen ve peşinden uzun fesli saray adamları koşan bir şehzade idi. Yaşım küçük olmakla beraber, bana pek gülünç geldi. Osmanlı tarihinde ilk kurucu ve savaşçı padişahların devrini okuyorduk. Bir Osmanoğlunun bu ilk görünüşünü bir türlü hayalime yedirememiştim.

Prenslerden birini de Direklerarası salaşlarının birinde, konferans, sinema, kanto, komik hep bir arada, Meşrutiyet günlerinin "şerefe veya menfaate", altı üstünü tutmaz bir toplantısında görmüştüm. Sessiz sinema filminde bir yabanî at terbiyesi sahnesi gösteriliyordu. Bir aralık locadan:

— Sokulma... Sokulma... Tepecek... sesi geldi. Prens, filmde çifteli ata yanaşmak isteyen bir terbiyeciye haykırıyordu. Karanlıkta hepimizin kulağı, ışıklar yanınca gözleri onda idi.

Hanedan ve prenslere dair başka hatıram yoktu. Biz bunları sevmiyorduk.

Bununla beraber hanedansız bir devlet şekli de akla geldiği yoktu. Çok çok, genç bir prens yetiştirerek padişah yapmak, oğuldan oğla usulünü koyarak, ihtiyar padişahlar devrine nihayet vermek gibi şeyler düşünüldüğünü duyardık.

Geçenlerde son halife Abdülmecid'in yaveri Yümnü Bey (General Yümnü), Mustafa Kemal'in o vakit veliaht olan bu prensi Anadolu'ya davet ettiğini yazdı. Hikâyenin doğru olduğuna şüphe etmiyorum. Ben de hatıralarını anlattığı sırada, İstanbul'da Harbiye Nazırı olsaydı, ne yapacağı üzerine konuştuğum zaman:

— Vakti gelince Anadolu'ya padişahı da beraber geçirirdim, demişti.

Hanedanın son talihi, Tevfik Paşa sadrazam iken, Mustafa Kemal tarafından Vahdettin'e Büyük Millet Meclisi'ni tanıtmak teklifi yürütülemediği zaman kaybolmuştur. Eğer Vahdettin bu teklifi kabul etseydi, Büyük Millet Meclisi Hükümeti'ni tanımış olacaktı. İşgal kıtaları hiç şüphesiz sarayı kuşatacaklardı. Padişah, zindan haline gelen bu saray içinde, ordunun ve milletin gözlerini ve gönlünü ayırmadığı bir mazlum ve kahraman halini alacaktı.

Anadolu'nun zaferinden hiç şüpheleri kalmadığı vakit hanedan adına Prens Ömer Faruk, Anadolu'ya gelmek istemişse de, İnebolu'dan geri çevrilmiştir.

Hanedan devri sona ermişti!

Geçenlerde bana, Birinci Dünya Harbi'nden tanıdığım bir ahbap geldi. O vakitler, İttihat ve Terakki sürgünlerindendi. Mütareke devrinin Saray ve Hürriyet ve İtilâf tarafını yakından ve içinden görmüş olanlardandır. Bana anlattığına göre Vahdettin, Mustafa Kemal'in gerçekten memlekette faydalı şeyler yapabileceğine inanarak onu Ordu Müfettişliği'ne yollamıştır. Padişah Veliaht iken, Almanya'ya Mustafa Kemal ile birlikte gitmişti. Bu seyahat sırasında Mustafa Kemal, Almanya'nın durumu ve gelecek hâdiseler üzerine ne söylemişse, sonradan olduğu gibi çıkmıştı. Vahdettin'in kendisine güvenmesinin sebebi bu idi. Enver ve arkadaşlarının aleyhinde olduğunu da biliyordu.

Hürriyet ve İtilâfçıların çoğu Mustafa Kemal'in Anadolu'ya gönderilmesini istememişler. Hele Zeynelâbidin, ki partinin pek nüfuzlu şahsiyetlerindendi, bir gün ahbabım kendisine:

— Ben Mustafa Kemal'i bir defa gördüm. Kendisiyle dostluğum yok. Fakat bozgunda Suriye'de idim. Devletin, ordunun ve herkesin ne yapacağını şaşırdığı o anarşi içinde bu komutanın ordusunu nasıl tuttuğuna ve ricali nasıl idare ettiğine tanık oldum, başkalarına benzemiyor, demesi üzerine Zeynelâbidin:

— Sen onun gök gözlerinin içine bak. Bir fırsat bulursa ne padişahlığı bırakır, ne de halifeliği... demiş.

Yine bir gün bu ahbabım, Süleyman Nazif, mütarekenin meşhur gazetecilerinden biri, bir de sonradan İstanbul'da Nazırlık ettikten sonra Anadolu'ya geçen bir dostları ile oturuyorlarmış. Mustafa Kemal'den bahis açılmış. Ahbabım aynı sözleri tekrarlamış. Gazeteci:

— Yahu bana randevu vermişti. Gidip de bir konuşayım, demiş.

Gitmiş, neden sonra dönmüş. Ahbabıma:

— Hakkın varmış senin! Ne adam, ne adam... olacak olanların hepsini önceden görmüş. Hem lâfla değil, harp ceridelerinden birer birer vesikaları çıkarıp gösterdi, demiş.

Sonra:

— Ama birader, askerle İttihatçı bir adamda birleşti mi, gene tuhaf bir şey meydana çıkıyor. Bu kadar akıllısı bile sonunda bana ne dese beğenirsin? Fırsat bu fırsat imiş. Anadolu'da mukavemet etmekle kurtulurmuşuz. Müstakil devlet olurmuşuz. İngilizler artık asker gönderip muharebe edemezlermiş. Düşünün, azizim, İngiliz burada. Askerleri Anadolu'nun her yerinde,

Diyerek bir kahkaha atmış. Hepsi de gülmüşler. Yalnız Süleyman Nazif:

— Allah vere de abdala malûm olduğu gibi olsa... diye dua etmeyi unutmamış.

Bugün olacakları dün görmüş olan bu adamın, yarın olacaklar için düşündüklerinde bir gerçek olabilir mi? diye düşünmek de hiçbirinin hatırına gelmemiş.

Zafer günlerine dönelim. İstanbul milliyetçilerinin sesi:

— Yaşa'dan ibaretti. Henüz siyasî işlerde ve dedikodularda hiçbir hissesi yoktu. Ankara ise, kaynaşmakta idi.

Harpten sonra ihtilâl mi? Hiç kimse bu heveste değildi: "Bitirsek... Bitirmiş olsak!" diyorlardı. Bunun da çaresi devlet düzeninde bir değişiklik düşünmemekti. Vahdettin şüphesiz halledilecek, yerine Abdülmecit Efendi geçecekti. Barış olup da Büyük Millet Meclisi de Fındıklı Sarayı'na yerleşince, büyük sergüzeşti bir tatlıya bağlamış olurduk.

Mustafa Kemal'i ne yapmalı idi? Zaferin hemen arkasından onun artık siyasî işlerin Ankara'daki hükümetçe görülmemesi lâzım geldiği fikri ortaya çıktı. İstanbul'da henüz yazı yazan Hürriyet ve İtilâfçılara göre de, Anadolu son sözü Bab-ı Âli'ye bırakmalı idi.

Bir yandan hocalarda da halifecilik ve şeriat hareketi uyanmıştı. Mustafa Kemal'in padişahlığı kaldırmak gibi bir cinayet işlemesinden ödleri kopmakta idi. Çünkü onlara göre halifelik padişahlıktan ayrılamaz. Cismanî nüfuz ve kuvveti elinden alınamaz. Alınırsa şeriat yürümez.

Mustafa Kemal ise bütün işlerin başındadır. Barış konferansı için hazırlıklar yapar. Ankara, ikide bir bu olupbittiler karşısında nasıl silkinip de doğrulacağını bilmez. Zafer Mustafa Kemal'e öyle bir itibar ve şeref vermiştir ki, orduda ve halk arasında bu tek adam, bir devlet kuvvetindedir.

General Pellé, İzmir'den ayrıldığı vakit bir harp gemisiyle Franclin Bouillon'u göndereceğini söylemişti. O buluşmada mıdır, daha sonra bir temasları daha olmuş da ondan sonra mıdır, bilmiyorum. Notlarımın arasında Mustafa Kemal'in şu fıkrası var:

— Franclin Bouillon, Barış Konferansı'nda benim bulunmamı istiyordu. O vakit konferansın İzmir'de toplanması lâzım geleceğini söyledim. "Çalışırım, fakat birinci sınıf devlet adamlarını İzmir'e getirmekliğim güçtür," dedi. Ben gitmeyeceğime göre konferansa kimi baş delege yapmaklığımı düşündüğünü sordum:

"İsmet Paşa'yı gönder!" dedi.

"Yapabilir mi?"

"Evet... En iyisini..."

Mudanya Mütarekesi'ni yapmış olmakla beraber, Garp Cephesi Kumandanı'nın kendisine Barış Konferansı baş delegeliği teklif edileceğinden haberi yoktu.

Mustafa Kemal diyor ki:

"Ankara'ya gittiğim vakit Hariciye Vekili Yusuf Kemal Bey'le görüştüm. Barış Konferansı'nda baş delegeliği kimin yapabileceğini sordum: "Onu siz bilirsiniz!" dedi.

"Meselâ İsmet Paşa?"

"Yapabilir."

"Yusuf Kemal Bey'in vekillikten istifa ederek yerine İsmet Paşa'yı bırakması lâzımdı. Yusuf Kemal Bey feragatle vazifesinden çekildikten başka, kendi yerine İsmet Paşa'nın vekilliğe seçilmesini tavsiye etmiştir.

"Bursa'ya gelmiştim. Kâzım Karabekir de beraberimde idi. İsmet Paşa'nın hiçbir şeyden haberi yoktu. Telgraf gelince kendisine her şeyi anlattım ve Barış Konferansı'nda baş delegemiz olacağını söyledim:

"Kat'iyyen!" diye reddetti.

"Git bir defa Fevzi Paşa ve Kâzım Karabekir'le görüş, dedim.

"Fevzi Paşa hemen tavsiye etmiş. Kâzım Karabekir:

"Nasıl olur? Boşta generaller var! Cevabını vermiş. Boştaki general kendisi idi."

Tuhaf hikâyedir: Karabekir'i yatıştırmak için, siz Ruslarla antlaşma yaptınız, hâlbuki Ruslar bu konferansa gelmeyeceklerini bildirmişler, sizin bulunmanız doğru olmaz, demişler. Kabul etmiş: "Öyle ise askerler gönderilmemelidir!" demiş. Fakat bundan sonra Rusların konferansa katılacakları haberi alınınca:

— Artık benim gitmekliğim için mahzur kalktı, diyerek yeniden umuda düşmüş.

Çok sonraları İsmet Paşa'ya bu delegelik meselesini sormuştum. Bana:

— Evet, bu hiç hatırımda olmayan bir şeydi. Mudanya Mütarekesi müzakereleri gibi bir çalışmadır diyerek kabul ettim. Lausanne'da çektiklerimi tasavvur etseydim, gitmemekte ısrar ederdim, demişti.

Barış Konferansı delegeliğinin ikinci adayı Rauf Bey'di. Ama Kâzım Karabekir de, Rauf da kendi branşlarını yapacaklardı. Mustafa Kemal'e kendi branşlarını yapacaklardı. Mustafa Kemal'e kendi dediklerini dinleyecek ve şahsî şeref sağlama duygularına kapılmayacak biri lâzımdı.

Mustafa Kemal ilk Kuvay-ı Milliye arkadaşları ile arasındaki uzaklığı gidermek için çalışıyordu. İstanbul'a gidecek kuvvetleri Refet Paşa'nın emrine verdi. Ordunun şehre girişini Eminönü'nde seyrettim. Belki ilk fetih günü de bu kadar sevinçli geçmiştir. Refet Paşa, Anadolu Hükümeti'ni İstanbul'a yerleştirmek ve işgal kuvvetleri otoritesini eritmek için bütün enerji ve hünerlerini kullandı.

Türk askerinin İstanbul'a girişini gören Yüzbaşı Armstrong der ki: "Ruhumun isyan ettiğini duyuyorum. Türkler sanki Kanunî Sultan Süleyman devrinde imişler gibi düşünüyorlardı. İngiltere İmparatorluğu şerefinin bütün Asya'ya karşı, çamurlara yuvarlanması gururumu yaralıyordu."

Daha sonra Lausanne Antlaşması'nın imza töreninde bulunan bir meşhur Amerikalı muhabir de yazısını şöyle bitirecekti: "Garbın şark önünde eğilişi, hiçbir zaman bu kadar aşağıca olmamıştır."

Ama kendi milletinin adamları Mustafa Kemal'le uğraşıyordu. Ekim ayının krizli günlerinde Ankara'da Mustafa Kemal'i devlet şekli üzerine bir söze bağlamak, yani saltanat rejiminin devam edeceği teminatını elde etmek için çalıştılar. Rauf Bey başta idi. Kendisinden bir söz de almaya muvaffak oldular. Mustafa Kemal "Nutku"nda şöyle diyor: "Umumî ve tarihî vazifemden o güne ait safhayı ifa ettim."

Henüz olmayan şartları boşuna zorlayanlardan değildi. Fakat fırsat, ayın sonlarına doğru kendiliğinden eline geçti: Devletler bizi Barış Konferansı'na çağırırken, İstanbul Hükümeti'ne de davetname göndermişlerdi.

Saltanat kaldırılmadıkça ve milletin kendi kaderine yalnız kendi hâkim olduğu dünyaya anlatılmadıkça, bu karışıklıktan kurtulmak ihtimali yoktu. "Osmanlı İmparatorluğu'nun inkıraz bulduğunu" ve "Yeni bir Türk devletinin doğduğunu" ilân etmek lâzımdı. Saltanatı kaldırma teklifi Meclis'e geldi. İki kişi açıkça muhalefette bulunarak padişahlığı müdafaa ettiler. Bunlardan biri, sonradan Mustafa Kemal'i öldürmek istediği için İzmir'de idam olunan Lazistan Milletvekili Ziya Hurşit'tir.

Teklif "Teşkilât-ı Esasiye, Adliye ve Şer'iye Encümenlerinden mürekkep" bir karma komisyona verilmişti. Komisyonda hemen medrese başını doğrulttu. Saltanat hilâfetten ayrılabilir mi idi, ayrılamaz mı idi? Mecliste doğrudan doğruya oylarını göstermeyenler işi bir teoriler çıkmazı içine saplamak istiyorlardı. Mustafa Kemal'in Meclis'e karşı ikinci açık diktası bu encümende olmuştur.

Dinleyiciler arasında idi. Önündeki sıraya çıkarak yüksek sesle haykırdı:

— Hâkimiyet ve saltanat hiç kimseye hiç kimse tarafından ilim icabıdır diye müzakere ile verilmez. Hâkimiyet ve saltanat kuvvetle, zorla alınır. Türk milleti bu hâkimiyeti kendi eline almıştır. Şimdi bu millete saltanatı bırakacak mısın, diye sorulmaz. Mesele emr-i vâkidir ve behemehal olacaktır. Burada toplananlar, Meclis ve herkes meseleyi böyle tabiî görürse, muvafık olur. Yoksa hakikat gene usulü dairesinde ifade olunacaktır. Fakat ihtimal bazı kafalar kesilecektir.

Karma Komisyon üyeleri bu "izahat ile tenevvür ettiklerini" söyleyerek işi kısa kestiler.

Mecliste muhalifler zaferden beri taşkınlık için fırsat peşinde idiler. Zafer üzerine orduda terfiler yapılmıştı. Yeni rütbeler hükümet tarafından verilmiş ve Meclis Başkanı Mustafa Kemal tarafından onaylanmıştı. Muhaliflere göre bu, Meclis'in hakkına saldırmaktı. Başbakan Rauf Bey işte bir yolsuzluk olmadığını ileri sürdü. Muhaliflerden Hüseyin Avni:

— Ben Meclis iradesini çiğneyenleri Yunanlı kadar memlekete zararlı sayarım, diyordu.

Meclis'te sert çatışmalar oluyordu. Bir defasında Trabzon Milletvekili Ali Şükrü kürsüde konuşan Mustafa Kemal'e ağır sözler söyledi. Birbirlerinin üstlerine yürüdüler. Bu olaya çok sinirlenen Topal Osman bir adamını yollayarak Ali Şükrü'yü konuşmak üzere Çankaya tarafındaki evine çağırır ve karşısındaki iskemleye oturur oturmaz boğdurur.

Vaka çok önemli idi. Boğduran Mustafa Kemal'in muhafız komutanı. Mustafa Kemal'in evini bekleyen erler onun adamları. Düşmanları cinayeti Mustafa Kemal'den biliyorlardı. Mustafa Kemal, Muhafız Taburu Komutanı İsmail Hakkı'ya yakalama emri vererek kendisi eşi Lâtife Hanım'la birlikte Çankaya'dan uzaklaştı. Şiddetli bir çarpışma sonunda Topal Osman ölü olarak ele geçti. Adamları Mustafa Kemal'in Çankaya'daki köşküne ateş etmişlerdi.

Fakat olay bununla kalmadı. Trabzon'da Faik Barutçu denen avukat, ki Atatürk'ün ölümünden sonra İnönü'nün ilk milletvekillerinden biri olmuştur. "Katil Çankaya'da" başlıklı yazılar yazıyordu.

Lausanne konuşmaları devam ederken Meclis'teki hoca takımı da ayaklanmıştı. Ankara'da yayınlanan bir broşürde "Halife Meclisin, Meclis Halifenindir" deniyordu. İstanbul'daki Refet Paşa da Halife'ye iyice sokulmuştu. Bir aralık seçim kanununa bir madde eklenmesi için bir teklif getirdiler. Bu madde şu idi: "Büyük Millet Meclisi'ne üye seçilebilmek için Türkiye'nin bugünkü sınırları içindeki yerler halkından olmak veya seçim çevresi içinde oturmuş olmak şarttır. Göç yolu ile gelenlerden Türkler ve Kürtler yerleşme tarihinden beş yıl geçmiş ise seçilebilirler."

Bu madde doğrudan doğruya Mustafa Kemal'in seçilememesini sağlamak içindi. Mustafa Kemal kendisi kürsüde teklifin iç yüzünü açıkladı ve teklif geri çevrildi.

Lausanne'da görüşmeler bitmişti. Konferans sırasında aralarında geçen tartışmaları öne sürerek İsmet Paşa ile bir daha yüz yüze gelemeyeceğini söyleyen Rauf Bey, Başbakanlıktan çekildi.

Bir gün "Akşam"da oturuyordum. Afyon Mebusu Ali Bey'le Antalya Mebusu Rasih Hoca beni görmeye geldiler. İstanbul'da Müdafaa-ı Hukuk Cemiyeti'ni kurmaya memur edilmişler.

"Gazi Hazretleri sizinle Yakup Kadri Bey'in de bizimle çalışmanızı emretti" dediler.

Böylece ilk defa bir siyasî partiye girmiş oluyordum.

Milletvekili olmazdan önce Mustafa Kemal'i bir de İzmit Gazeteciler toplantısında gördüm. Beraber olduklarımızdan Velid Ebuzziya'yı, İsmail Müştak'ı ve İttihat ve Terakki'nin eski İstanbul kâtib-i mes'ulü Kara Kemal'i hatırlıyorum.

Mustafa Kemal'in söylediğine göre Anadolu ve Rumeli Müdafaa-i Hukuk Cemiyeti tarihî görevini artık bitirmişti. Yeni bir parti kurmak sırası idi. Bu fırkanın adı ne olmalı idi?

Bu konuşmalarda Mustafa Kemal'in bir liderlik vasfını daha öğrendim. Herkesi sonuna kadar söylemekle serbest bırakmak ve hiç hoşuna gitmeyecek fikirleri dahi sonuna kadar dinleme sabrını göstermek! Kesin kararını verinceye kadar böyle idi. Bu kesin kararı da herkesle beraber, herkesle inanarak, ortaklaşa bir karar haline sokmaya dikkat ederdi. Bir gün "Arkadaşlarla verdiğimiz karar" diyebilmeli idi. Çocukluk arkadaşı ve yaveri Salih Bozok der ki: "Fikirleri kendisince hiçbir değeri olmayan kimselerle görüştüğünü çok görmüşümdür. Hatta bir defasında dayanamayıp: "Paşam, dedim, şu fikir danıştıkların arasında öyleleri var ki şaşıyorum. Bunların fikirlerine nasıl olsa sonunda katılmayacaksın. Ne diye birer birer çağırıp karşında söyletirsin?" Atatürk şu cevabı verdi: "Bazen hiç umulmadık adamdan ben çok şeyler öğrenmişimdir. Hiçbir fikri aşağı görmemek lâzımdır. Sonunda kendi fikrimi tatbik edecek bile olsam, ayrı ayrı herkesi dinlemekten zevk alırım."

Gazetecilerin açık bir kanıları da yoktu. Acaba yeni partinin hangi sınıfa dayanması doğru olurdu? Memurlara ve aydınlara mı? Çiftçilere mi? Esnaflara mı? Tüccar ve sanayici diye kelimeler kullanıldığını sanmıyorum. Çünkü o vakit bunlar Türklük dışında şeylerdi. Mustafa Kemal:

— Fakat bunların hepsi halk değil mi? Hepsi biz değil miyiz? dedi.

Partisinin adını koymuştu. Bu adın bizler tarafından söylenmesine kadar bekleyecekti. İstanbul gazetecileri böylece partinin isim babaları olduk.

Halka nutuklar veriyor, bütün memleket bir yeni zamanlar savaşına çağrılıyordu. Bu bir bitirme değil, bir başlama idi.

İzmit'in bizler için bir fena hatırası vardır. Beyoğlu'nda Cercle d'Orient (şimdiki Büyük Kulüp) altındaki berberde tıraş olurken, Komiser Cemil ve arkadaşları Ali Kemal'i tutmuşlar ve bir motorla İzmit Körfezi'ne kaçırmışlardı. Henüz işgal kuvvetleri İstanbul'da olduğundan Ali Kemal, kendisinin emniyette olduğunu sanıyordu.

Ali Kemal, Ankara'ya gönderilecek ve orada yargılanacaktı. İzmit'te bulunan Nureddin Paşa, *Peyam-ı Sabah* başyazarını alıkoydu. Ordu hukuk müşavirliğinde bulunan rahmetli Necip Ali, komutanın emri üzerine, kendisini sorguya çekti. Necip Ali'nin sonradan bana anlattıklarına göre Ali Kemal, büyük bir kaygı duymuyormuş. Anadolu'nun böyle bir zafer kazanacağını asla ummadığını, memleketin menfaatini bir uzlaşmada gördüğü için kanaat mücadelesi yaptığını söylüyormuş. Sonra kendisini Nureddin Paşa'nın çağırdığını haber vermişler. Yanına girince:

— Artin Kemal sen misin? demiş.

Ali Kemal, sesi bile titremeksizin:

— Hayır Paşa Hazretleri, ben Artin Kemal değilim, Ali Kemal'im, demiş.

Komutan:

— Onu mahkemede anlatırsın! Cevabını vermiş ve:

— Çık dışarı! diye kovmuş.

Hâlbuki daha önce bazı neferleri sivil giydirerek Ali Kemal'i linç etmek için hazırlatmıştı. Komutanlık kapısından biraz uzaklaşınca taşlarla üzerine hücum etmişler.

Bir subaya sarılmış. Kuvvetli de bir adamdı. Koparır gibi almışlar ve taşla öldürmüşler. Üstü param parça köprünün üstüne asmışlar.

Sözde bu, Lausanne'a gitmek üzere o akşam İzmit'e gelecek olan İsmet Paşa ve arkadaşlarına bir şenlik tertibi idi. İsmet Paşa daha uzaktan meşalelerle aydınlanan bu korkunç sehpayı görünce yüzünü asmış, başını eğmiş ve hiç bakmayarak aralarında yalnız kalacakları binaya kadar öyle gitmiş. Orada Nureddin Paşa'ya söylemediğini bırakmamış. Mustafa Kemal de bu vakadan tiksinerek bahsederdi.

Şehitlerin, kurbanların ve kahramanların soylu hatıralarını bir cinayetle lekelemeğe kimin hakkı vardır? Sebepsiz bir cinayeti, hiç kimseyi affetmemişimdir. İnsan bir vuruşmada ölür, bir mahkeme kararı ile ölür. Bir fedai, vatan için zararlı bulduğu bir kimseyi canı pahasına da öldürebilir. Eğer Ali Kemal'i vatana zarar verdiği için bir fedai, işgal kuvvetlerinin tuttuğu İstanbul'da öldürseydi, onu İngilizler veya padişahçılar asarlardı. Halk affederdi. Nureddin Paşa bir adam öldürmeye nasıl karar verebilirdi? Haini dahi, tutulunca, ancak adalet öldürebilir.

Mustafa Kemal, Hürriyet ve İtilâfçılarla, gericilerle savaşacaktı. Fakat İttihatçılarla ne yapacaktı? Bunlar dışında politikacı da yoktu.

İyice kavramak için bu konuyu baştan sona bir gözden geçirelim.

Enver, Talat ve Cemal Paşalarla merkez-i umumî üyelerinden bazıları mütareke ile beraber memleketi bırakıp gitmişlerdi. Tarihimizde değişmeyecek gerçek şudur: Biz Birinci Dünya Harbi'ne girmeyebilirdik, girdik. Girmeseydik ne olacağı üzerine herkes bir hayal yürütebilir. Fakat girdiğimiz için Osmanlı Saltanatı battı.

İttihat ve Terakki için bir devlet batmasının sorumluluğu altından kurtulmaya imkân var mıdır? Talat Paşa, harbe girmek taraflısı olduğunu hatıralarında itiraf etmiştir. Enver bu taraflılığını hiçbir zaman inkâr etmemiştir. Bahriye Nazırı Cemal Paşa, Maliye Nazırı Cavit Beyle beraber, önce hiç harbe girmemek, sonra da hiç olmazsa birkaç ay beklemek fikrinde idi. Fakat harbe girilince öteki nazırlar gibi çekilmemiştir.

Sofya ataşemiliteri Mustafa Kemal Bey, harbe girmek aleyhinde idi. O sıralarda İstanbul'daki bir dostuna yazdığı mektup, tarihi belgelerimiz arasındadır. Memleketi ve orduyu yakından bilen Osmanlı subaylarından bir haylisi de Mustafa Kemal gibi düşünmekte idiler. Denizcilerin büyük çoğunluğu, İngiltere'ye karşı bir harbe tutuşmaklığın zaten gönüllü aleyhtarı idiler.

Kendiliğinden bir harbe katılmak sorumluluğundan tek kurtuluş yolu, o harpten zaferle çıkmaktır. Harp kaybolunca İttihat ve Terakki'nin hiç olmazsa sorumlu reisleri kendilerini unutturmaya çalışmalı idiler. Fakat bir yandan vatana pek bağlıdırlar. Bir yandan da İstanbul'da iktidarı ele alan Hürriyet ve İtilâfçıların düşmana gözleri bağlı kulluk edeceklerinden şüphe etmezler. Onun için gönülleri, bir hizmet fırsatına kavuşmaktı. Anadolu dayatışında İttihat ve Terakki Teşkilâtı, Mustafa Kemal ile birlikte çalışıyordu. Talat ve Cemal Paşalar için mesele yoktu. Mustafa Kemal'i, öpüp başlarına koyarlardı. Fakat Enver? Mustafa Kemal, nihayet kendisini onun naibi saymalı idi.

Atatürk, Enver'e pek kızardı. Bir akşam, gene ukalâlığından ve tehlikeli cüretlerinden bahsettiği sırada sofrada bulunan İsmet Paşa:

— Ama hepimizi komutası altında tuttu, deyince, Mustafa Kemal:

— Evet öyle! cevabını verdi.

Enver, Hitler gibi, Tanrı tarafından milletini kurtarmaya gönderildiği inancında idi. Hayaller içinde yaşamıştır ve bir hayal uğruna ölmüştür.

Mustafa Kemal, Anadolu'da Erzurum ve Sivas kongrelerini yaparak millî dayatış hareketinin başına geçtiği zaman, ilk uğradığı güçlük bu harekete "İttihatçı" damgası vurulmuş olmasıdır. Mustafa Kemal, içerideki İttihatçılardan faydalanmış olsa bile, İttihat ve Terakki'nin büyük sorumluları ile işbirliği yapmadığını anlatmak zorunda idi. Böyle de yaptı.

Enver'i hiç sevmezdi ve tehlikeli bulurdu. Talat Paşa'yı vatansever tanır, Cemal Paşa'yı severdi. Eğer sonuna kadar yaşasaydılar, Enver'i ne yapardı bilmiyorum. Fakat Talat Paşa ile belki çalışırdı. Cemal Paşa'yı ise daha Kuvay-ı Milliye zamanı memlekete almak niyetinde bulunmuş.

Atatürk bana şu hatırayı anlatmıştı: "Sakarya'dan önce ordu bozulup da Eskişehir'i bıraktığımız vakit, Batum'da Enver ve arkadaşlarının bir kongre yaptığını duyduk. İttihatçılardan Hafız Mehmed'i çağırdık:

— Ben Batum'a gideyim. Dönüşte size olanları anlatırım demişti.

"Gitti, döndü, fakat bir şey anlatmadı.

"O sırada Enver'in bir mektubunu yakalamıştık. Bir tertibe göre Karadeniz bölgesinde gönüllüler toplanacak, Enver de bir nefer gibi aralarına karışacaktı. Ankara'da kendi yetiştirmelerine güveniyor ve gelir gelmez bir darbe ile başa geçebileceğini sanıyordu.

"Ben bu gönüllülerin toplanmasını teşvik ettim. Enver'i tutturacaktım. Fakat Sakarya harbi kazanıldığı için onun teşebbüsü de, bizim hesabımız da geri kaldı.

"Enver bizi devirerek bir Osmanlı İmparatorluğu barışı yapmak için İtalyan generallerinden birine de müracaat etmiştir. Bu mektupları generalden aldırıp Ankara'ya getirttik.

"Cemal Paşa efendice hareket etti. Şahsî muhaberelerine kadar hepsini bana yolladı."

Acaba Enver, hal tercümesindeki Bab-ı Âli baskını sergüzeştini, bir Çankaya baskını macerası ile tamamlamaya gerçekten teşebbüs eder miydi? Bunu bilmezsem de eğer bütün şartlar elverişli olsaydı, bir irtica lideri olarak Enver'in Birinci Millet Meclisi temayüllerine daha uygun geleceğini tahmin ederim.

O sırada ben de hususî bir vasıta ile Münih'te bulunan Cemal Paşa'dan bir mektup almıştım. 30 İkinci Teşrin 921 tarihli mektubu şudur:

Münih: 30 Teşrinisani 921

Azizim Falih Rıfkı Bey;

Bazı mühim mesail için Afganistan'dan Avrupa'ya geldiğim sırada gayet garip bir havadisin İstanbul gazetelerini işgal etmekte olduğunu görerek son derecelerde müteaccip oldum. Enver Paşa ile rüfekasının Batum teşebbüsatından bahsetmek istiyorum. Enver Paşa ve rüfekası deyince, bilemem nasıl bir zihniyetle İstanbul gazetelerinden bazıları benim de bu işte müşarik olduğumu tahmin etmiş ve benim resmim de o meyanda neşredilmiş. Gayet vazıh bir lisan ile beyan etmek mecburiyetindeyim ki, gerek Batum teşebbüsatında ve gerek dahil-i memlekette fırkalar tesisi işlerinde benim Enver Paşa ile hiçbir alâka ve münasebetim olmadığı gibi mumaileyhi bu teşebbüsatından vazgeçirmek için bir seneyi mütecaviz bir zamandan beri kemal-i ciddiyet-

le meşgul olmaktayım. Kâbil'de bulunduğum sıralarda haber aldığım bu işler beni fevkalâde müteessir etmiş ve kendisini tarik-i savaba isal için kendisine birçok mektuplar yazmışımdır. Binaenaleyh Batum teşebbüsatı ve Anadolu'da fırkalar tesis ve beyannameler neşri vesaire işlerinde benim Enver Paşa rüfekasından olduğum hakkındaki zehabın tamamıyla hakikate mugayir olduğunun gazetenizde neşredilmesini sizden hassaten rica ederim. Vatanın selâmetine mugayir hiçbir teşebbüste bulunmayacağıma ve Afganistan'daki mesaimin menafi-i âliye-i vataniyeye tamamıyla mutabık bulunduğuna Anadolu Büyük Millet Meclisi Hükümet-i âliyesinin de kanaat ve itimadı vardır kanaatindeyim. Bu mektubum, aynen gazetenizle neşredilirse millet nazarında bi-gayri hakkın şüphe tahtında bulunmaktan beni kurtarmış olursunuz. Efendim.

Esbak Bahriye Nazırı
Ahmet Cemal

Üstünde şöyle bir çıkıntı da var: "Bahsettiğim gazete, *Tevhid-i Efkâr*'ın 3191–163 numaralı ve 22 İkinci Teşrin tarihli nüshasıdır."

Bu mektup Atatürk'ün anlattıklarını tamamlamakta, Enver'in memleket dışında ve içinde faaliyetlerde bulunmuş olduğunu göstermektedir.

Mustafa Kemal, İttihat ve Terakki'nin bir vatanseverler partisi olduğundan şüphe etmemiştir. Sorumlu olanlar, başında bulunanlardı. Onlar da gurbette ölmüşlerdi. Acaba geri kalanlar, eski bir İttihatçı olan Mustafa Kemal'in şefliğini tanıyarak onunla çalışacaklar mı idi? Küçük kadro için mesele yoktu. Fakat Doktor Nâzım gibi, Kara Kemal gibi hemen hemen Talat ayarında nüfuzlu merkez-i umumîciler ne fikirde idiler?

İşte Mustafa Kemal'in Kara Kemal'i İzmit'e davet edişinin sebebi budur. Acaba merkez-i umumîyi temsil edenler vaktiyle "Sarhoş, ahlâksız ve haris" damgasını vurarak hiçbir itibar kazanmamasına çalışmış oldukları adamı, vatan kurtarıcısı olarak başlarında görmeye katlanacaklar mıydı? Bu mesele İzmir suikastına kadar uzayacağı için, burada kısaca bahsettim.

Mustafa Kemal bütün iyi, faydalı ve nüfuzlu şahsiyetleri etrafında toplamaya çalışıyordu. Herkese karşı hak kazanmış olduğu için, bunu başaracağını sanıyordu. Fakat temellerine kadar yıkmakta daha da haklı olduğu Şark'ta idi. O Şark içinde ki kıdem rekabetleri yüzünden nerede ise zaferi kazanan ordu kurulamayacaktı. O şark ki, aynı partinin hizipleri içine bile hemen mezhep nifakları şiddeti ve hırsı girer. O şark ki, Doktor Nâzım'a:

— Eğer Mustafa Kemal, Talat Paşa'yı memlekete alsaydı, Ermeniler onu öldürmezdi. Mustafa Kemal mi? Talat Paşa'nın katili... diye sokak sokak haykıracaktır. Hatırına, meselâ:

— Talat'ın da benim gibi o zamanlar memlekete girmesi doğru değildi. O da benim gibi iyice saklansaydı, sağ kalırdı, demek gelmeyecekti.

Vatan kurtulmuş, fakat Talat Paşa kurtulmamıştı. Mustafa Kemal bütün millet için vatanın kurtarıcısı, fakat merkez-i umumi azası Doktor Nâzım için Talat Paşa'nın katili idi. Onu affetmeyecekti. Ve "Gazi" kelimesini alaya alarak, İzmir tramvaylarında:

— Gazaz paşa... diye aleyhine söylemediğini bırakmayacaktı.

Çünkü Şark'ta vatanseverliğin de bir haddi vardır.

YENİ DEVİR

ANKARA'DA İLK GÜNLER

— 1 —

Saltanatı kaldırmak, Osmanlı devrine son vermekti. Eski devlet, artık bir geçmiş zaman hatırası idi.

1922 sonunda yeni bir devrin eşiğindeyiz. Fakat bu yeni devir, henüz Mustafa Kemal'in bir sırrıdır. Cumhuriyet kelimesi, 1923 Nisanı'nda ilân olunan Halk Fırkası umdeleri arasında bile yoktur. Bağlı olduğu limandan ayrılmış bir geminin içindeyiz. Enginlere doğru uzaklaşıyoruz. Fakat nereye varmak için? Bunu yalnız kaptan köprüsündeki adam biliyor. Halk yolcuları şevk içinde türkü çağırmaktadırlar. Onların içinde tek bir şey var: Bu adama inanmak! Bu adam onlar için kader gibi bir şey.

Fakat Halife, İstanbul'dadır. Ne o, ne de Mustafa Kemal'in Büyük Millet Meclisi'ndeki muhalifleri ve bu muhaliflerle yeni işbirliği eden saltanatçı ve şeriatçı gazeteciler, Tanzimatçı veya medreseciler, bir esrarlar âlemine doğru bu gidişten hoşnut değildirler.

Dostum rahmetli Namık İsmail, son Halife Abdülmecit Efendi de resim meraklısı olduğu için, ara sıra veliaht köşküne devam ederdi. Halife seçildikten sonra saraya gitmiş. Mecit Efendi kendisini kabul etmiş:

— Bütün şehzadeliğimi bu halka iyi bir padişah olmak için neler yapacağımı düşünerek geçirmiştim. Bu düşüncelerimi bir deftere yazmıştım. Hepsini yaktım... demiş.

Biz Mustafa Kemal ile İzmit'te buluştuğumuz vakit telâşlıca bir gün geçirmiştik. Meclisteki hocalar "Hilâfet-i İslâmiye ve Büyük Millet Meclisi" isimli bir risale neşretmişlerdi. Bu risalede "Meclis Halife'nin ve Halife meclisindir" deniyordu. Tasvir-i Efkâr sahibi Velid Ebüzziya da toplantıda:

— Yeni hükümetin dini olacak mı? diye sormuştu.

— Dini var efendim, fakat İslâm'da fikir hürriyeti de vardır.

— Hayır, anlamak istiyoruz. Hükümet bir din ile tedeyyün edecek mi?

Şimdi başka türlü ikiye ayrılmıştık. Artık bir tarafta hainler ve saraycılar, bir yanda milliyetçiler ve istiklâlciler yoktu. Ayrılık bu sonuncular arasında idi. İstiklâlci Mustafa Kemal, saltanatı kaldırdığı günden beri, eski müesseseleri ve nizamları nereye kadar ve nasıl değiştireceği bilinmeyen bir ihtilâlci idi. Tanzimat'tan beri her ıslahat hareketinde karşı karşıya gelenler, yine karşı karşıya idiler. Bu ayrılış daha da derindir. Çünkü ihtilâlcinin karşısında basit bir gericilik ayaklanışı yoktur. Saltanat geleneklerine bağlı Osmanlı Tanzimatçıları da onlarla beraberdirler.

Vakitsiz ve ihtiyatsız bir adım, Mustafa Kemal'i pek güç bir duruma sokabilir. Ama büyük strateji, bu güç durumları, fırsat buldukça muhalifleri için yaratacaktır. Muhalifleri de ona fırsat vermekte hiç hasis değildirler. Nitekim o günlerde seçim kanununda bir değişiklik teklif etmişlerdir. Bu değişikliğe göre bir seçim çevresinde beş yıl oturmamış olanlar milletvekili olamayacaklardı. Mustafa Kemal ise, o günkü Türkiye sınırları içinde hiçbir seçim çevresinde 5 yıl "mütemekkin" olmamıştı. Demek ki, yeni Meclis'e üye seçilemeyecekti. Fakat Rumeli kaybolmuşsa, harpler içinde beş yıl bir yerde oturmak imkânı bulmamışsa kabahat onun mu idi. Mustafa Kemal, bu tema üzerinden pek kolay bir savaş açtı. Memleketin her yanından Meclis'e protestolar yağdı. Düşmanları sinmek zorunda kaldılar.

Sekiz ay süren Lausanne Konferansı'nda bir kesilme olması üzerine Ankara'ya gelen baş delege İsmet Paşa'ya karşı hazırlanan hücum taktiği de havaya gitti.

Mustafa Kemal'in hiç boş durduğu yoktu. Bütün sırlarını sımsıkı gönlünün içine kapayarak, halkı kendine bağlamak için dolaşıp durmakta, Meclis dışındaki otoritesini kuvvetlendirmekte idi.

1923 Temmuz'unda Lausanne'da yeni devleti bütün dünyaya tanıtıyorduk. Kapitülasyonsuz, tam egemenlik ve bağımsızlık şartları içinde millî bir devlet olmuştuk. Birinci Dünya Harbi'ne girdiği vakit bu devlet, gerçi bir saltanattı ama bir yarı sömürge idi. Rus Çarı'ndan izin çıkmadıkça Alman sermayeli demiryolunu Ankara'dan bir karış ileriye yürütmeye hakkı yoktu. Doğu vilâyetleri, tıpkı Rumeli gibi, vatandan kopmak üzere idi.

İsmet Paşa, eski şartlardan ne mümkünse kurtarmak isteyen kibirli Lord Gürzon'un bütün tekliflerini reddetmişti. Birinci Dünya Harbi kazançcılarını bırakınız, yanında bulunan ileri fikirli arkadaşlarından bile buna şaşanlar vardı. Lord Gürzon, her reddolunan teklifi geri aldıkça:

— Ben bunu cebime koyuyorum. Yarın para bulmak için bize geleceksiniz. Para bende ve (Fransız baş delegesini göstererek) bunda var. Her para istedikçe cebime koyduğum reddedilmiş tekliflerden birini size takdim edeceğim, diyordu.

Bu söze dikkat ediniz, yeni Türkiye'nin kendi alınterinden başka hiçbir kaynak bulamayarak, devletçi sistemle, kalkınmaya uğraşmasının başlıca sebebini anlamış olacaksınız. Büyük devletler sekiz aydan fazla tartışmalar sonunda yeni Türk devletini tanıyacaklar, fakat daha birkaç sene "Kabul" etmeyecektir, hatta yeni başkente yerleşmek için elçilik arsası bile aramayacaklardı. Silâhlı bir dayatış savaşından silâhsız bir dayatış savaşına geçiyorduk. Kuvay-ı Milliyecilik ruhu, hiç zayıflamaksızın ve ümitsizliğe düşmeksizin, yeni devletin bütün kuruluş devrinde dinamizmini ve yılmaz iradesini titizce koruyacaktı.

Ağustos'ta Bolu milletvekili seçilmiştim. Mardin milletvekili Yakup Kadri ile beraber Ankara'da, Hamamönü taraflarında kerpiç bir ev bulduk.

— 2 —

Vaktiyle Hıristiyanlar, Ankara'nın da bütün iyi geçim ve kazanç kaynakları üstünde kurulmuşlar, Kale'nin istasyona bakan sırtını konakları, otelleri, lokanta ve hanları ile donatmışlar. Çankaya ve Keçiören semtlerine de asma, yemiş ve gölge ağacı dikerek yaz için serince birer köşe edinmişler. Biz Türk'ler efendiliğimizle kalmışız ama onlar, çorbacımız kesilmişler, 923'te Ankara'ya geldiğimiz vakit, bağ evleri müstesna, Hıristiyan mahallesinden eser yoktu. Trenden inince iki taraflı bir bataktan, ağaçsız bir mezarlıktan, kerpiç ve hımış esnaf barakaları arasından geçerek tozması bir türlü bitmeyen bir yangın yerine sapardık.

Şimdi geri bir Anadolu kasabasının bile o günkü Ankara kadar iptidaî olduğunu sanmıyorum. Yemek ve yazmak için eve bir masa yaptırmıştık. Dört ayağından hiçbiri ötekine koşut "muvazi" değildi. Yakup'la karşısına geçer, bu masanın nasıl düz durabileceğine şaşırdık. Ankara, İstanbul surları dışındaki bütün Türkiye'nin sembolü idi. Ermeniler ve Rumlarla beraber hayat ve "umran" denecek ne varsa hepsi sökülüp gitmişti. Bu şehri ve bu memleketi temelinden çatısına kadar kuracaktık.

Gazi Mustafa Kemal, Çankaya'da havuzlu bir küçük köşkte otururdu. Galiba bir İngiliz yapağı tüccarının evi imiş. Nakil vasıtaları yalnız atlı fayton arabaları olduğundan, şehirden oraya kadar bir hayli sürerdi. Yol denebilecek bir şey de yoktu. Eski Halkevi'nin bulunduğu tepe eteklerinden ta Çankaya sırtlarına kadar, bozulmuş bağlarla asma kütükleri ve yabani gülfidanları arasından sırsalı sarsıla giderdik. Çankaya'dan ufuklar boyu bomboş bir bozkır parçası görünürdü. Bu kül ve toz yığınları içinde bir yeni devlete başkent yapmayı düşünmek değil, onun yüzüne bakmak bile cesaret kırıcı bir şeydi.

Yerliler bize yaban derler ve aramıza katılmazlardı. Birinden bir ev arsası satın almak istemiştim. Beni Çankaya yokuşu üstündeki tarlasına götürdü, eni boyu, sınırı ve içindeki ağaçlar üzerine ne söyledi ise, hemen hiçbirini anlamamıştım. Lehçe ve şive bakımından da birbirimize o kadar yabancı idik.

Sokakta dolaşanlar veya Meclis yanındaki aşçı dükkânı ile belediye bahçesinde buluşanlar hep aynı kimseler olduğumuzdan selâmlaşmazdık bile! "— Ah bir anonim olmak, kalabalık içine karışıp kaybolmak tadına kavuşabilseydik..." diye hasretlenirdik. Gündüzleri Meclis'ten başka vakit geçirecek yer yoktu. Akşamları Mustafa Kemal tarafından çağrılmaya can atardık. Eğer davetli değilsek, Meclis'in yakınındaki aşçı dükkânının içki içebileceğimiz köşesinde toplanırdık. Men-i Müskirat Kanunu yürürlükte idi. İçkimizi polis müdürünün adamlarından temin ederdik. Bunun bir adı da "Dilaver suyu" idi. Dilaver, polis müdürü! Bağlarda oturan bazı milletvekillerinin de imbikleri vardı. Bir akşam böyle bir bağda bize sıcak rakı ikram edildiğini hatırlıyorum. Elektrik yoktu. İkide bir yavaşlayan ve kararan lüks lâmbaları ile didişip dururduk. Neden sonra lokomobilden bazı yerlere elektrik vermişlerdi. Işığı titreye titreye yanardı. O sıralarda "Hâkimiyet-i Milliye" gazetesinde şöyle ilânlar okurduk: "Elektrikli odalar kiralıktır!" Bu ilân Amerika'da okunsaydı, elektrikle dönen veya elektrik düğmesine basılınca duvar kapakları açılıp, ihtiyaca göre, yatak odası yahut yemek odası vazifesini gören son icat şeyler olduğu sanılacağını söyleyerek gülüşürdük. Evler de, eşyalar da bir âlemdi.

Çarşı o kadar iptidaî idi ki, küçük bir masanın üstünü, aynı çeşit bardak, kadeh ve tabakla donatamazdık. Şu bildiğimiz Beyoğlu, Karaoğlan çarşısından Paris'te bir bulvar gibi görünürdü.

Ankara Belediye Reisi:

— Tozdan ne zaman kurtulacağız? sorusuna:

— Bunlar ne biçim adamlar, hem yol isterler, hem toz istemezler... diyordu.

İlk kış, Ruşen Eşref'in evine ziyarete gitmiştik. Ana yolun bir dere aşırı sırtında idi. Biz evde iken kar yağdı, mübalâğa etmeyeyim ama galiba iki gün iki gece kımıldayamadık, misafir kaldık.

Bereket kış, kuru geçerdi. Toprak donar, her yer yola dönerdi. Yazın toz kasırgaları içinde boğulur gibi olurduk.

Ruslar devamlı otururlar, öteki yabancılar ara sıra gelir ve hemen dönerlerdi. Yerleşmeye hiç niyetleri yok gibi idi. Fransız Elçiliği, bir aralık, Kale tarafında Osmanlı Bankası'na taşınmış, depoyu Goblen halılarıyla kabul salonuna çevirmişti.

Bazıları:

— Sıfırın üstünde medeniyet kurulmaz, diyorlardı.

Şüphesiz İsviçre'nin deniz kıyısında olmadığını unutuyorlardı.

Eşek, yerli halkın başlıca nakil vasıtası olmakta devam ediyordu. Sık sık, sokaklarda tellâllar:

— Eşek bulaan... Eşek bulaan... diye haykırarak kaybolmuşları arardı. Yerli halk, devletin kalkıp gitmeyişinden memnun da değildi. Hayat pahalılaşacaktı. Kendileri, dışarıdan akın edenler arasında eriyip gideceklerdi. Bir avuç arsası olanın, birkaç yıl içinde zengin olacağını tahmin etmiyorlardı.

Ankaralı bir dostum anlattı: Şimdi Atatürk Bulvarı'nın üstündeki büyük apartmanlardan birinin arsası satılıkmış. Galiba 200 liraya kadar bir şey. Almak için haber yollamış. Bir ses çıkmamış. Sonradan öğrenmiş ki, sahibi bir yabancıya satmış:

— Yahu, niçin bana vermedin? diye sormuş.

— Vallahi burasını babam da ekti, ben de ektim. Bir hayrını görmedik. Ne diye seni zarara sokayım? Bir yabancıya verdim... demiş.

Akşamları masa başında geç vakitlere kadar konuşmaktan içimizi canlandırmaktan başka eğlencemiz yoktu. Yalnız toplantılar değil, evler, oteller, sokaklar hep kadınsızdı. Amerika'nın ilk göç zamanlarında bile kadın, Ankara'nın ilk kuruluş yıllarında olduğu kadar bulunmazlığı hissettirmiş midir, diye düşünürüm. Bir gün bir milletvekiline İstanbul usulü çarşaf giyen karısı ile Karaoğlan Çarsısı'nda rastlanması, Meclis'te dedikodu konusu olmuştu.

Geceleri araba olmadığı için, Yakup Kadri ile beraber Kemal'in lokantasından çıkınca sık sık cep fenerlerimizi yakarak, güçlükle evimize giderdik. Yol uzun, bitmeyecek gibi gelirdi. Hiç unutmam, bir akşam erken yatmağa karar verdik. Karaoğlan'ı geçtik. Tam yangın yerine gelince, boş ve ıssız karanlık bizi âdeta geriye doğru itti. Döndük, tekrar içki masasındakilere katıldık. Karşılıklı konuşmalarımızda öyle tükenirdik ki yeni bir İstanbul yolcusu meclislerimize taze bir hava katmazsa ne yapacağımızı bilmezdik.

Dairelerde, ancak aç kaldıkları için İstanbul'u bırakan memurlar vardı. Bir siyasî hırsları ve heyecanları da olmadığından bunlar büsbütün bedbaht kimselerdi. Beş on memurun bir tek kerpiç odaya sığındığı olurdu. Bir akşam rahmetli Nuri Conker, gece yarısından sonra Çankaya köşkünden çıkarak eski mahallelerden birindeki evinin kapısında otomobilden iner. Cebinden asma demirli büyük kapı kilidinin anahtarını çıkardığı sırada bir de bakar ki ayda bir tuhaflık var. Tam ortasından bölünmüş gibi bir şey... şaşıp seyrettiği sırada, o saate kadar kim bilir nerede hangi arkadaşı ile içip sallana sallana evine dönen bir memurun geldiğini görür.

— Birader efendi, diye çağırır.

— Buyurunuz.

— Hâdise-i cevviyeyi görüyor musunuz?

Adamcağız başını bile kaldırmayarak:

— Bırak Allah'ını seversen, benim burnumun ucunu görecek hâlim yok, cevabını verir.

Tek avuntu, ara sıra İstanbul'a kaçmak! Trenlerde henüz yataklı vagon ve lokanta yoktu. Sabahleyin kalkar, öğle yemeğini Polatlı, akşam yemeğini Eskişehir istasyonunda yer, geceyi rahatsız kompartımanlarda geçirir, ertesi sabah Kocaeli'nin yeşil tabiatını ve körfezin mavi sularını görünce, ölmüşten dirilmişe dönerdik. Tahtakurusu yüzünden çok defa kompartımanlarda uyunmazdı. Bir gece, açık pencerenin yanında ayakta kalmıştım. Trenin hızı ile kendini tutamayan bir baykuş göğsümün üstüne çarptı. Yolda sıtma alanlar çoktu. Yine de iki gün İstanbul keyfi sürmek için bunca zahmeti göze alırdık.

Henüz İstanbul'dan gelen bir iki arkadaş, bir akşamüstü Çankaya Köşkü'nün bahçesinde buluştuktu. Güneş batıyordu. İçlerinden biri:

— Paşa Hazretleri, gelin de bu gurubu İstanbul'da bulun, dedi.

Henüz İstanbul'a gitmek devri gelmediği için Ankara'dan ayrılmayan Mustafa Kemal davetlisinin yüzüne şöyle bir hazin bakmış idi.

Cumhuriyetin ilân edilmesine daha iki ay var. Ankara'nın başkentliğine bile karar vermemiştik, İstanbul'a dönmek istemeyen kaç kişi idi, bilmiyorum, fakat hiç olmazsa Eskişehir'e doğru, yeşil ve sulak yerlere doğru gitmek istemeyen hemen hemen yoktu. Mustafa Kemal:

— Ankara kendisi merkez olmuştur, istilâ onun kapısında durmuştur, diyordu.

Yer seçmek bahsi açılsa, Ankara'nın birçok rakipleri vardı. Garba doğru Eskişehir ve Bursa, merkeze doğru Konya belli başlılar arasında idi.

Ankara susuzdu. Ağaçsızdı. Kuru ve yabani idi. Fakat Büyük Millet Meclisi orada kurulmuş, orada toplanmış, bütün savaş oradan idare edilmişti. Yeni idarenin milletlerarası edebiyatta adı "Ankara Hükümeti" idi Meclis toplandıktan iki ay kadar sonra Malatya milletvekili İsmet Paşa, Ankara'nın başkent olması için Meclis Reisliğine takrir verdi. Bazı duraksamalar gösterilmekle beraber, sonunda herkes en kestirme yolun bulunduğumuz yerde kalmak olduğunda birleşti.

Meclis'ten çıktığımız vakit hemen kapı önüne eski bir idare âmirinin dikmiş olduğu çamı göstererek:

— Bakınız ağaç da pek iyi yetişiyor, diyorduk.

Vaktiyle bağlar ağaçlıkmış. Yakınlarda küçük korular varmış. Çankaya bekçisine bir gün:

— Buradaki ağaçları ne diye kestiler? diye sormuştum.

— Gölgeden başka bir şey verdikleri yoktu ki, dedi.

Bir defasında da yerli bir tanıdık bize:

— Geliniz, size bir mazılık göstereyim, dedi. Arka taraflara doğru gittik. Hayli uzaklaştık. Bir köşeden sapınca:

— Aa... dedi.

Çıplak bir dağ idi:

— Harpten önce burası mazılıktı, ne olmuş bunca ağaç? diye şaştı.

"Yeşil Ankara" başlığı ile "Hâkimiyet-i Milliye" gazetesinde bir başmakale yazdığım vakit, Meclis'te âdeta hakarete uğrayacaktım:

— Dalkavuk... diye söyleniyorlardı.

— Bakınız, dedim, ikiden biri, ya Ankara yeşil olur ve su gelir yahut devlet merkezi olmaz.

Hâlbuki ben Birinci Dünya Harbi'nde çölde Bir-üs-Saba'da yeşillik yarattığımızı görmüştüm. İsrail, birkaç binalı bir iki bahçeli bu kasabayı şimdi altmış bin nüfuslu şehir haline getirmiştir.

Ben insan iradesinin yaratıcılığından hiç şüphe etmemişimdir. Şevk ve iyimserliğimi en güç şartlar içinde kaybetmeyişimin sebebi budur. Ankara'nın modern bir merkez olabilmesi için aylarca, hatta yıllarca bütün edebiyatımı seferber ettim. Şehir plâncılığı fikrini yaymak için birkaç yüz yazı yazdım. Eğer Frenk uzmanları çabuk kovulmasaydı ve son defa İstanbul'da olduğu gibi, spekülâsyoncular ve arsa tüccarları plâna musallat olmasaydılar, Ankara bugün şimdikinden birkaç misli daha ileri bir şehir olurdu. Geçenlerde ölen eski İngiliz büyük elçilerinden Sir Georges Clarck, Türkiye'ye son gelişinde benimle buluştuğu vakit:

— Ankara'dan geliyorum. Hiçbir şeye şaşmadım. Çimento oldukça, bütün o binalar yapılabilirdi. Fakat Ankara'nın yeşilliğine şaştım, demişti.

Ben "Yeşil Ankara"yı yazdığım yıllarda Sir Georges Clarc da Çankaya'daki ahşap evinden ufuklar boyu bozkır boşluğunu seyrediyordu.

Ankara için bir rapordan bazı parçalar sunuyorum:

Şehirlerin kuruluşu, büyüyüşü ve yapılışı, mücerret manada almak şartıyla, rakımla hiç de ilgili değildir. İç Harp'ten önce dünyanın en bayındır şehirlerinden biri sayılan Madrid'in denizden yüksekliği 655 metre idi. Münih'in rakımı 526'dır. Buna karşı Berlin'in, Londra'nın, Paris'in, New York'un, Oslo'nun, Hamburg'un rakımları 30–200 metre arasındadır.

Fakat biz, Ankara'nın 907 metre olan yüksekliğini ne Berlin'in 70, ne de koca bir yeni zaman şehri olan San Salvador'un 682 metre olan rakımı ile kıyaslayarak bir hüküm çıkaramayız: Çünkü Ankara, üzerinde 13 vilâyet bulunan ve Türkiye'nin en geniş parçası olan iklim özellikleri kendine has Orta Anadolu'nun bir toprak parçası üstünde kuruludur.

Burası bir yayladır ve bu yüksek platformda dünyanın en engin medeniyetleri doğmuş ve gelişme imkânları bulmuştur. Çünkü bu yaylada iklim, erkek bir iklimdir. Yıllık ısı ortalamaları büyük farklar göstermez.

Traité de Climatologie Biologique et Medicale adlı eserinde Liyon Tıp Fakültesi Climatologie ve Hydrologie

Thérapetique profesörü Bay Piery, bu yaylayı -yanlış bir görüşle- bozkır olarak saydığı halde burada bir medeniyetin kuruluşu için en büyük vasıfların bolluğunu şu cümlelerle anlatmaktadır:

"... Bu iklim, mihnet ve meşakkate karşı koyma terbiyesini veren eşsiz bir mekteptir. Buradaki insan tabiatın asiliğiyle savaşmayı ahlâk edinmiştir. Sıcak memleketlerin yakıcılığına olduğu kadar, kutup soğukları ile uyuşabilir.

"Bu iklim, inisiyatif yeteneğini ve moral enerjiyi geliştirir. Bu ırkın cilt dokusu kuvvetlidir. Hava değişimleri onun karakterinde savaşçı vasıfları kuvvetlendirir."

Moskova Merkez Biyologie ve Climatologie Enstitüsü profesörlerinden Dr. Alexandroff'a göre: "Osmanlı Türklerinin, anayurt iklimlerine hiç benzemeyen dünyanın dört köşesinde asırlarca yaşayabilmeleri ve buraların muhit özelliklerine göre kuşaklar yetiştirmeleri, işte bu yayla ikliminin nimetlerinden biridir."

Ankara'nın on yıllık hava basıncı, ortalama 685,5 milimetredir. Deniz düzeyinin normal basıncı 760 milimetre olduğundan bunun manası şudur: İnsanların sıhhati üzerinde en büyük bir etkisi, atmosfer basıncı, enternasyonal miyarlara göre, Ankara'nın tatlı bir yayla özelliği gösterir ve çok değişmez.

Ankara ikliminin en orijinal tarafını ısıda buluyoruz. Ankara'nın on yıllık ısı ortalaması, sıfırın üstünde 12 derecedir. Hâlbuki bir de büyük şehirlerin yıllık ısı ortalamasına bakınız: Oslo 5.5, Stockholm 5.7, Kopenhag 6.9, Liverpool 9.4, Londra 9.8, Hamburg 8.4, Berlin 9.4, Münih 8.4, Paris 10.2, Zürih 8.4, Viyana 9.6, Belgrat 11.2, Bükreş 10.2, Varşova 7.9, Leningrad 4.6, Moskova 3.4, Odesa 9.9, Chicago 10, Newyork 11.00, Washington 12.07...

Bu, şu demektir ki, eğer siz, ısı ortalamasını, şehir gelişmesi için bir ölçü olarak alıyorsanız, Ankara'mız, dünyanın en ileri şehirlerinden biri olacaktır.

907 rakımlı Ankara'da ısı en yüksek olarak birkaç gün 37,5 dereceye çıkabilir. On yılda, yalnız tek bir gün müstesna, sıfırın altında 20,5 dereceden aşağıya düşmez. Gece gündüz ısı farkı nihayet 25 derecedir.

Hâlbuki rakımı 150'yi bulmayan Şimal Amerikası'nın Newyork, Washington ve bütün Ohio ve Texas vadileri üzerine kurulmuş yirminci asır şehirleriyle Avrupa'nın bazı büyük merkezlerinde bu ısı ortalamalarının büyük farkları bir felâket halindedir: Tayfunlar, kasırgalar, toz bulutları, fırtınalar, bütün medenî vasıtalarla cihazlı olan bu şehirleri daima tehdit etmektedir. Eksiksiz hijyen şartlarına rağmen sıcaktan ölenler, soğuktan donanlar, salgın hastalıklar, hayat ve hareketi felce uğratan tabiat afetleri hep bu müthiş sükûnet farklarının arkasından geliyor. Biz Ankara'da bunları yalnız gazetelerde okumaktayız.

Sonra Ankara'nın şu iklim özelliklerine bakınız: Ankara'da yılda 116 gün ısı 25 derecenin üstüne çıkabilir. 95 günün gecesi sıfırın altına iner ve yalnız 15 gün gündüzün sühunet sıfırın altında kalır. Ankara'da senede ancak 46 gün sis oluyor. Bunun 7 güne indiği de vakidir. Ankara'nın en çok esen rüzgârı poyraz, yani sağlık rüzgârıdır.

Önce Ankara, bir bozkır değildir. Çünkü enternasyonal birimlere 100 rutubet miyarına nispeti 55 - 75 derece olan yerler orta derecede kuru sayılır. Ankara'nın on yıllık rutubet vasatisi 57'dir. Yani orta derecede kuru şehirler arasındadır.

Yalnız, ısıda olduğu gibi, rutubette de Ankara havasında bir düzenlilik göze çarpar. Ankara'nın rutubet ortalamasının 60 olduğu yıllar vardır. Fakat 54'den aşağı düştüğü yoktur.

Şimdi, Ankara'nın modern şehir ve sıhhî şehir davasındaki büyük meselelerinden biri üzerinde duracağız. Prof. Piéry diyor ki: "… İç şehirler, bilhassa salgın hastalıkların yerleşmesine imkân vermez. Orta Anadolu'da insanlarda ve nebatlarda, bünyevi hastalıklara az rastlanır. Tüberküloz, ferdîdir. Buralarda daha fazla iklimin sıhhat üzerindeki menfi tesirlerini önleyecek hijyen vasıtalarının yokluğu dolayısıyla görülen anjin, grip gibi hastalıklara tesadüf edilir. İklim dolayısıyla yenen ağır yemekler, mide ve karaciğer hastalıklarını doğurur."

Tıp, mevsim hastalıklarının, bilhassa yüksek rakımlı yaylalarda, en fazla rutubetin kararlılığı ile önleneceği sonucuna varmıştır. Bugünkü fen, doğrudan doğruya yağmur yağdırtamıyor. Fakat tecrübeler, bize bu alanda kıymetli iki imkân vermiştir: Biri, tabiata rutubetin ekonomisini öğreten ağaç, öteki, sıhhatin en belli başlı şartlarından biri olan ısı ve rutubet derecelerini temin eden ısıtma santralleri.

Ağaç, rutubetin hazinesidir. Havada rutubet derecesi azaldıkça ona rutubet verir. Fakat toplu halde ağaç, yani orman, bir taraftan rutubeti korurken, diğer taraftan da yağmur bulutlarını toplar. Bol ağaç, ki bizim Orta Anadolu için büyük davamızdır, elde ettiğimiz zaman Ankara'nın rutubet varlığı için en büyük faktörü sağlamış olacağız.

Eksiklerimiz, bol ağaç ve modern ısıtmadır. Bunları yalnız Ankara için değil, bütün Türkiye ölçüsünde istiyoruz. Biz ki yerden fışkırır gibi şehir kurmuş ve dünyanın en zengin kömür ve linyit kaynaklarına sahip bir milletiz. Eksiklerimizin ikisini de tamamlamak, nihayet azamî kısaltılmış bir zaman meselesidir. Çünkü bol ağaç ve modern tesisin, Türkiye'de yeni zamanlar şehri kurmakta olan Kemalizm'in şehircilik davasının iki ana vasfıdır."

— 3 —

1923'de bir buçuk katlı Meclis binasına giriyoruz. Bu bina, Meşrutiyet devrinde İttihat ve Terakki Fırkası tarafından ihale ile yaptırılmıştır. Kapının karşısında reis yaverlerinin de oturduğu bir bekleme odası. Koridor üzerinde sağda küçük bir oda, reise ayrılmıştır. Solda büyük bir oda var ki, bakanlar, milletvekilleri burada buluşurlar. Mustafa Kemal de umumî temaslarda bulunmak için buraya gelir ve dipteki yazı masasında oturur. Toplantı salonu sıkıcı ve bozuk ışıklıdır. İki yanında merdivenle çıkılan dar dinleyici balkonları vardır. Dinleyiciler de, milletvekilleri gibi, aynı koridordan geçerek, aynı salon kapısından girip balkona çıkarlar. Milletvekillerinin oturmaları için ancak eski mektep sıraları bulunabilmiştir.

Millî Hâkimiyet rejimi, 23 Nisan 1920'de, eski bir siyasi partinin bir vilâyet merkezindeki bu kulüp binasında kurulmuştu. Kuvay-ı Millîye devri bu çatının altında geçmiştir. Padişahlık bu sıralarda oturanların oyları ile kaldırılmıştır. Sonradan Cumhuriyet Halk Partisi merkezi için kullanılmak üzere, birçok tadilatlar yapıldığından, şimdi aynı binanın içinde eski havayı yakalamak bile çok güç. O dekor olduğu gibi kalmalı idi. Yeni devrin başlıca hatırası idi. Bu hatırayı bozmak günahını işleyen, Halk Partisi umumî kâtibi Recep Peker'i affedemem.

1923 Ağustosu'nda yan locaya çıkıp da salonda toplananlara bakanlar, yarı Asyalı bir teokratik devletten tam Avrupalı bir lâyık devlet çıkarmak için bir sürü nizamlar koymaya hazırlanan devrimciler karşısında bulunduklarına şüphesiz inanmazlardı. Bunlar, eski müesseseleri yıkmak ve yeni müesseseler kurmak için açık programlı bir partiye söz vererek seçilmiş kimseler değildi. Vatanseverce işler görmeğe gelen, fakat 10 kişisi ikinci onuna uymayan, yetişmece farklı, kafaca farklı, anlayışça, görüşçe, isteyişçe, çok defa, taban tabana aykırı denecek kadar farklı bir "kalabalık"tı. Bu kelimeyi fena bir manaya almayınız. Topluluk manasına kullanıyorum. Mustafa Kemal'i liderlikten alınız. Yerine sağa doğru herhangi bir şahsiyet koyunuz. Bu "Kalabalık" arasında böyle bir liderin bilakis eski müesseseleri ayakta tutmak ve kuvvetlendirmek için kolayca çoğunluk bulacağına şüphe yoktu. Mustafa Kemal kendi çoğunluğunu, yavaş yavaş ve yerine göre, ya sevilmesine, ya sayılmasına, ya korkulmasına, inanılmasına veya arkasından gidilmekten başka çare olmayacağı kaderciliğine dayanarak yaratacaktı. Bu çoğunluk yine de çok uzun yıllar sunî ve eğreti olmaktan çıkmayacaktı.

Kalabalığı kısa ve kuş bakışı bir tahlilden geçirelim: Saraçoğlu, Mahmut Esat, Vasıf gibi, Ankara'da tanıdıklarımızla beraber biz Türkçüler, fakat Türkçülüğün tam Batılı kolu vardık. Tanzimat'tan beri devam eden kültür ve medeniyet ikizliğini tasfiye etmek, eski nizamı köklerine kadar yıkmak ve Türk milletine, Batı topluluğu içinde bir yeniçağ cemiyeti olarak yer alma imkânlarını vermek için Mustafa Kemal'in zafer otoritesini fırsat biliyorduk. Meşrutiyet devrinde Şer'iyye Mahkemelerini, niteliklerinde hiçbir değişiklik olmamak üzere, meşihat dairesinden alıp adliye binasına yerleştirmek bizler için bir başarı idi. Radikal reformlar fikri o kadar azınlıkta idi. O gidişle daha bir asır olduğumuz yerde bocaladık. Çünkü medreseler, sivil mekteplerden daha çok insan yetiştiriyordu.

Padişah aynı zamanda halifedir. Hükümette Padişah'ın sadrazamı varsa, Halife'nin de Şeyhülislâmı vardır, Maarif ikizdir: Sivil mektep ve medrese vardır. Sivil mektep dahi, kültür bakımından medresenin kontrolü altındadır. Adalet ikizdir: Batı dünyasından aldığımız kanunlarla hükmeden mahkemeler ve hâkimler, şeriat esaslarına göre hükmeden Şer'iyye Mahkemeleri ve kadılar vardır. Fetvasız harbe girilmez. Aile tamamıyla şeriatçılığın emri altındadır. İstanbul'dan en uzak merkeze doğru her yerde iki kadroyu iç içe görürsünüz. Sarıklı kadro, hiç şüphesiz, daha nüfuzludur. En itibarlı vali bile sarığa karşı riyakârlık eder. Kadın hukuksuzdur. İstanbul'da Türkçüler piyano çalan veya nutuk söyleyen çarşaflı bir hanımı sahneye çıkarmayı bir devrim sanmışlardır.

Fakat Birinci Dünya Harbi'nde kocası ile bir Ada oteline inen Türk kadını, polis müdürü tarafından kolundan tutulup kovulmuştur. Aynı arabaya binen kadın ve erkekten, polis karı koca vesikası sormaktadır. Üniversite vardır ama içinde hür düşünce nefes alamaz. Felsefe, medresenin malıdır. Biz ileri Türkçüler nihayet bu kargaşalıktan kurtulmak zamanı geldiğine seviniyoruz. Bereket Mustafa Kemal, Enver gibi, gericiliğe dayanarak sadece şahsî hüküm ve nüfuz kazanmak eğiliminde değildi. Hayalimizde ne varsa, onun yıkılmaz ve karşı konulmaz itibarına güvenerek gerçekleştirecektik. Hâlbuki onun devrimciliği, bizim hayallerimizi bile aşan bir enginlikte idi. Mavi gözlerine baktıkça, gelecek zamanların rüyalarını görürdük. Acaba eserini tamamlayıncaya kadar yaşayacak mıydı? Bütün kaygımız bundan ibaret.

İleri Türkçüler, dedim. Gerileri de vardır. İçlerinden Tanzimatçı ve gelenekçidirler. Bunlar köklere kadar inen devrim kararlarını sevmeyeceklerdir. Çoğu saltanatın kaldırılışını hazmetmemişlerdir. Bir kısmı hilâfetin kaldırılmasından memnun olmayacaklardır. Fakat hiçbiri yeni yazı ve dile, Türk milletini gerçek kültür hürriyetine kavuşturucu devrimlere kadar bizimle beraber kalmayacaklar, Mustafa Kemal'den de ayrılmayacaklardır. Bunlar "Kerhen" Kemalist'tirler. Şimdi de aynı kimseleri Türkçülük devrindeki geri akımlara saplanmış olarak görmekteyiz.

Bir kültür hazırlıkları olmamakla beraber, tam bir inanışla Mustafa Kemal'e bağlı olanları kaydetmeliyim. Bunlar için o ne yaparsa doğru idi. Ona bir yeni zamanlar habercisi gibi, samimî bir imanları vardı. Uğrunda ölmeye kadar her şeye razı idiler.

Hocalar vardır. Bazıları aydıncadırlar. Çoğu tam kara kuvvettirler. Birinciler kendi hallerine bırakılsalar, eski binadan hiçbir taş kımıldatmazlar ve halk arasında uyanık hocalıklarını değil, taassubu okşayan riyakârlıklarını kullanırlar. Mustafa Kemal, bunlardan hilâfetin dinde yeri olmadığını, dinî delillerle ispat ettirerek faydalanacaktır. Kara kuvvet ise, Mustafa Kemal, halife olsa kabul edecektir. Fakat hilâfeti kaldırınca da, kendilerine sağladığı menfaatler yüzünden, sessiz ve sinik, fırsat bekleyecektir. Yalnız birkaçı cesurdur. Her devrim kararını önlemek için kürsüye çıkacaklar. Onlara göre Mustafa Kemal büyük adamdır, millet kurtarıcısıdır, onsuz bu memleket olmaz ama hele şu etrafındakiler olmasa, gibi bir edebiyat tutturmuşlardır. Etrafındakiler, tabii bizler... Bütün hınçları, hücumları, kinleri, nefretleri bize doğrulacaktır. Hilâfet kalktığı, şapka giyildiği, yazı değiştirildiği vakit, Mustafa Kemal yine Mustafa Kemal'dir. Biz ise dalkavuklar, müfsitler, zındıklar olarak lânetlerine uğrayacağız.

Yeni seçimlerde Birinci Millet Meclisi'nin İkinci Grubu tasfiye edilmiştir. Fakat bir muhalefet partisinin bütün unsurları yeni Meclis'e gelmiştir. Aralarında siyasî şöhretler, yarı veya tam aydınlar, şöyle böyle Türkçüler, fakat bilhassa Osmanlılar vardır. Devrimci değildirler. Gerici de değildirler. Bunlar "bilâ kayd-ü şart hâkimiyet-i Milliye" prensibini tutacaklar, Mustafa Kemal'in diktatör olmaması için dostça, muhalifçe uğraşacaklardır. Biraz sonra ilk gerçek demokrasi savaşını bunlar verecekler, "Terakkiperver Cumhuriyet" fırkasını kuracaklardır. Kendileri ile Mustafa Kemal arasında asıl ayırıcı çarpışma, cumhuriyet ilân edildiği zaman başlayacaktır.

Vaktiyle "Roman" adlı kitabımda "Gaziciler" ismini verdiğim, o ne derse "Evet", neyi istemezse "Hayır" diyen, pek azı sevgi, birçoğu menfaat duygusu ile onun şahsına bağlı bir takım da vardır. Silâhlıdırlar. Meclis'in içinde bir çeşit "müfreze" halindedirler.

Washington'da ilk kongre toplandığı vakit, üyelerden birçoğu yatağanlı imiş. Birinci ve İkinci Millet Meclisi'nde de tabancalı idi.

Yaşayış, giyiniş ve tutum bakımından biz İstanbul kıyafetliler, İkinci Meclis'te yadırganırdık. Henüz potur ve külot bırakılmamıştı. Kalpaklar, birçoklarına, garip bir dağlılık hali verirdi.

İkinci Meclis'in yalnız vatanseverliğinde şüphe yoktu ve birbirlerine bu kadar aykırı kafa ve mizaçları biraz kaynaştıran yoğurucu hassa da bu idi.

Mustafa Kemal, Rauf Orbay'ın yerine eski arkadaşı Fethi Bey'i Başvekil seçtirmişti.

Mustafa Kemal, Ağustos'taki toplanışından 20 Ekim'e kadar hemen her gün Meclis'tedir. Parti grup toplantılarına reislik eder. Pek önemli işler olduğu vakit kürsüye çıkar, konuşur ve tartışmalar yapar.

Kendine has bir reisliği vardı. O zamanlar takrirlerin oya konmadan önce reis tarafından açıklama yapılması âdetti. Mustafa Kemal'in açıklaması öyle olurdu ki, takririn kabul mü, yoksa ret mi edilmesini istediği anlaşılırdı. Bir defa böyle takrirlerden birini oya koydu, beklediğinin aksi çıkınca:

— Lütfen ellerinizi indirir misiniz? Galiba iyi izah edemedim... dedi ve yeniden ret kararı istediğini hissettirerek izah etti. Büyük devrim devrinin başlangıcında hiçbir şeyi oluruna ve tesadüfe bırakmak niyetinde olmadığı belli idi.

Bir defa da Halk Partisi tüzüğü konuşulduğu zaman, hoca milletvekillerinden biri kürsüde ağır tenkitlerde bulunuyordu: Tenkitler hiç de hoşa gidecek şeyler değildi. Hoca bir aralık:

— Bu "asrî" kelimesi de ne demektir? deyince, Mustafa Kemal, reislik makamında oturduğunu unutarak, yukarıdan hatibe doğru eğildi:

— Adam olmak demektir, hocam, adam olmak... demişti.

Doğrusu bütün devrim programının da hülasası bu idi.

Yeni ve parasız devlet, yüz binlerce Rumeli göçmeninin yerleştirilmesi gibi pek ağır ve tehlikeli bir yük altında idi. Kapalı bir oturumda yerleştirme işleri üzerinde görüşmeler yapıldığı sırada, Türk şairi Mehmet Emin Bey kürsüye çıkmıştı. Hicretler ve muhacirlere dair uzun bir mensur şiir okumaya koyuldu. Amelî tedbirler üstünde durulmasını isteyen milletvekilleri sabırsızlanmakta idiler. Mustafa Kemal, yine hatibe doğru eğilerek:

— Sadede geliniz, beyefendi...

Dedi. Mehmet Emin Bey:

— Sadede arkadaşlar gelecek, Reis beyefendi... dedi ve kâğıtlarını toplayarak indi idi.

Cumhurreisi olduktan sonra, daima elindeki kâğıtları okumaya mahkûm oluşu ve Meclis tartışmalarına artık katılamaması, Mustafa Kemal'in bir hatip olarak tanınmamasına sebep olmuştur. Pek hünerli bir kürsü oyuncusu idi. Oyuncu kelimesini en iyi manasına almalısınız. Bazen bir hatip, dolgun bir Meclis havası içinde kürsüye çıkar. Çoğunluğun kararı âdeta bakışlarda okunur. Bu havayı önce hafifletmek, sonra dağıtmak, nihayet başka bir yöne aktarmak için Meclis'in ruh hali ile inceden inceye oynamak zarureti vardır. Mustafa Kemal zorlama taktiğini pek az, meydana çıkan meseleler hayatî önemde olduğu zaman kullanmıştır. Bir gün kürsüye fırlayarak aşağı yukarı demişti ki:

— Alacağımız kararlarda halk temayüllerini elbette göz önünde tutacağız. Mutlaka bu temayüllere karşı hareket etmeyeceğiz. Fakat eğer prensiplerimiz bahis konusu ise, başımızı veririz, prensiplerimizden fedakârlık etmeyiz!

Meclis'in türlü kaynaşmaları içinde genç hırslar da belirmekte idi. Bakanlar, milletvekilleri tarafından seçildiği için, çabuk parlamak isteyen gençler koridor avına çıkarlardı. Bunun ilk misalini rahmetli Necati vermişti. Bir iskân vekâleti kurulması için takrir imzalatıyor, bu büyük meselenin başlı başına bir vekâlet olmaksızın başarılamayacağını anlatmaya çalışıyordu. Yeni kuruluşun kahramanı olacağı için vekil de şüphesiz o seçilecekti. Kürsüden yine bütün ateşi ile konuştuğu sırada, milletvekilleri arasında, elinden hiç eksik etmediği tespihi ile ayakta duran Mustafa Kemal:

— Bütün bunları vekil olmak için söylüyorsun, seni vekil yapmayacağız, diyordu.

Fakat Fethi Bey kabinesinin listesinde "İskân Vekili Mustafa Necati" ismini görürsünüz. Mustafa Kemal, kendisi ile doğrudan doğruya hasımlaşılmadıkça, kinci ve inatçı değildi. Bilakis müstesna bir yetiştirmeci idi. Necati'yi de sonradan pek sevdi. Öldüğü vakit Mustafa Kemal arkasından âdeta "hüngür hüngür" ağlamıştır. Ağlama zaafına pek az düştüğünü de hatırlatmalıyım. Mustafa Kemal her türlü zaaftan tiksinen bir kuvvet, zekâ ve irade adamı idi.

Bir yanda muhafazakârlık, bir yanda Mustafa Kemal'in şahsî otoritesinin artmasını önlemek isteyen Millî Hâkimiyetçilik, bir yanda da ileri hareketçilik akımları artık iyice belirmektedir. Mustafa Kemal, akşamları sofrasında ileri hareketi ve onun uğrunda verilecek bütün savaşları hazırlamaktadır. Arkadaşı Fethi Bey'i ve hükümetin sağcı ve geri fikirli adamlarını tenkit etmektedir. Sanki bir devlet reisi değil de, bir muhalefet lideri idi. Bir defasında hükümet aleyhine iyice girişildiği sırada, holden Fethi Bey'in sesi duyuldu:

— Çocuklar susunuz, hükümet geliyor... diye telâşlanması görülecek şeydi.

Beklemek, sabırla, fakat hazırlayarak, yoklayarak, hatta sinerek, her vakanın hakkını vererek beklemek!

Bir defa Saraçoğlu kürsüde Arap kültürü diye tutturduğu vakit hocalar ayaklanmışlar, hatibi dövmek için kürsüye doğru yürümüşlerdi. Saraçoğlu, acaba kendimi üzerlerine mi atsam, ne yapsam, diye düşündüğü sırada kapıdan Vasıf ve arkadaşları girerek kürsüye koştular ve bir kavga cephesi kurdular. Böylece hocaların ayaklanışı sonuna kadar gitmedi. O akşam Mustafa Kemal, Saraçoğlu'na diyordu ki:

— Bak çocuk, büyük bir hata ettin. Ya seni dövselerdi ne olurdu. Yapacağımızı bir müddet daha geri bırakmaya mecbur kalırdık. Böyle şeyler tertip ister. Daha önce bize haber vermelisiniz. Hazırlıklı olmalıyız.

Sonra şu fıkrayı anlatmıştı:

— Sakarya'dan dönmüştüm. İstasyona çıkınca hocaların beni Hacı Bayram'a götüreceklerini haber verdiler. Baktım ki, Mehmetçiğin zaferini türbeye kaptıracağız. Ret de edemezdim, kalabalık arasında yavaş yavaş yürüyerek bir tertip düşünüyordum. Tam Meclis'in önüne gelince, birden ayrıldım, balkona çıkarak nutuk söylemeye hazırlandım. Halk da milletvekillerine katılarak karşımda bir dinleyiciler kalabalığı toplandı. Söyledim, sonra içeriye girdim. Program bu olmuş oldu.

Hemen hiç kimse de gidişattan memnun değildi. İleri hareketçiler, fırka seçimlerinde yüksek kadroya gerici hocaların sokulmasından şikâyetçi idiler. Bu kadrolarda, devrime inanarak Mustafa Kemal ile sonuna kadar çalışacak olanlardan hemen hiçbir genç yoktu. Büyük taktikçi, bu gençlerin kendisi ile birlik kalacağını bilmekte, asıl öteki ve aykırı kalabalığı nasıl yürüteceğini hesaplamakta idi. Onlar imtiyazlandıkça Mustafa Kemal'den ayrılmayacaklar, ikbal nimetleri uğruna kanaatlerini kolayca feda edeceklerdi. Feda etmeyecek olanları da muhalif olarak karşısına alacaktı. Bizler, kendimizin ne kadar azlıkta olduğumuzu unutuyor ve bir "tek"in bu bir avuç azlıkla nasıl bir duruma düşeceğini hesaplamıyorduk. O zaman düpedüz, sadece orduya dayanan bir istibdat rejimi kurmak lâzımdı. Mustafa Kemal ise Meclisçi idi. Her şey, son, en son imkânlar tecrübe edilerek millî iradenin "tecellisi" mantığına uymalı idi.

1923 notlarımdan birini okuyalım: "Bahçede Ahmet Bey yanıma oturdu. Seçim listelerini kendisine verdik. Daha önce bizimle konuşmaya gelen Bahriyeli Ali Rıza

Bey kalktı, Meclis'e girdi. Ahmet Bey, Ali Rıza Bey'in kalktığı yeri göstererek:

— Bizi bu mu idare edecek? dedi.

"İlk listede Ahmet Bey'in de adı varmış. Bu liste daha genç ve liberalmiş. Yeni listede ise geri, sönük ve itaat etmekten başka meziyetleri olmayan kimseler var.

"Ahmet Bey:

"— İttihat ve Terakki'nin yolunda gidiyoruz" dedi.

"Hem kızgın, hım kırgın idi. Oportünistlerle klikçilerin üste geçtiğini görüyorduk. Aramıza katılan genç bir milletvekili:

"— İktidar sağa kaçıyor. Hepimizi feda edecekler, diye söylendi.

"Liste çoğunluk kazandı. Hiç kimse kürsüye çıkıp koridorda söylediklerini tekrarlamamakla beraber, Mustafa Kemal Paşa'nın hatırı için susulduğu da belli idi. Sırada yanımda bulunan Yunus Nadi, Necmettin Molla'nın ismini ilâve etti. Ben hoca Mahir'le beğenmediğim birkaç kişinin adlarını sildim.

"İttihat ve Terakki devrini hatırlayanlar, idare heyetlerinin merkez-i umumî yerine geçeceğini düşünerek, hem istemediklerinin hüküm ve nüfuzu altında kalmaktan, hem de kendilerinin bu hüküm ve nüfuz mekanizmasında hisseleri olmadığından kederli idiler.

"Akşamüstü birkaç arkadaş çay içmek için belediye bahçesine gittik. Acı şeyler konuştuk. Bütün gazeteler Meclis'in düşmanı, bütün gençlik genç milletvekillerinin aleyhinde idi. Necati'ye arkadaşları mektup yollayarak:

"— Bu işin sonu çıkmayacağını anlamıyor musun? İstifa et, gel, diyorlarmış.

"Acaba Mustafa Kemal, partiyi ve Meclisi hükümete karşı daha serbest bırakmayacak mıydı? Eğer bugün böyle bir serbestlik olsa Fethi Bey hükümetinin ayakta duramayacağına şüphe yoktu.

"Bütün gün Meclis havası hep böyle üzüntülü geçti.

"Yakup Kadri ile beraber eve döndük. Yemekten sonra da dertleştik. Yakup, bir selâmını alabilmek için sabahtan akşama kadar Mustafa Kemal Paşa'nın yolunu bekleyen milletvekillerinden bahsederek:

"— Ben de onlardan olacakmışım gibi, o kadar sevdiğim Mustafa Kemal'e Meclis'te rastlamak istemiyorum, dedi. 14. Louis devrinde bütün asilzadeler kralın bir göz iltifatını kazanmak için Versay sarayının tavanarası odalarına yerleşirlerdi. İki bacağı olmadığı için ne ziyafetlerde, ne de suarelerde kralı göremeyen bir asilzade bir gün el arabası ile büyük havuzun kenarında bekler. Kral yanından geçer, fakat kötürüm asilzadenin yüzüne tiksinerek bakar. Asilzade kendisini havuza atarak intihar eder. Şimdi Meclis'te hep bu kötürüm hayalini sürükleyerek dolaşıyorum.

"Ben de, o da Mustafa Kemal'in inkılâpçılığına inanıyoruz. O bir hükümdar gibi putlaşamaz. İnsanlığı anlayışını da seviyoruz. Biz gençler kendi aramızda rekabetlerle, kıskançlıklarla parçalanarak ve yalnız onun kuvvetini yiyerek, Mustafa Kemal'i istemediğimiz tarafa kaydırmıyor muyuz? Ama ne bizi, ne de fikirlerini feda etmesine ihtimal var mı?

"Fırkada kuvvet kafadan fazla, kolun elinde! Gençler ne zaman toplanacaklar ve birleşecekler? Tabancalı olmamız değil, fakat yılmadığımızı göstermekliğimiz lâzım geliyor."

Mustafa Kemal ise, hocaları Men-i Müskirat Kanunu'-nun kaldırılmasına doğru hazırlamaktadır. İçlerinden biri demiş ki:

"— Dinde müskirat haram değildir, içene ceza verilir!"

Mustafa Kemal, taassubun baştanbaşa kasıp kavurduğu, memleketi Birinci Dünya Harbi öncesinden bin beter bir cehenneme çevirdiği o sırada hoca fetvasını içki kanununda ve son defa da hilâfetin kaldırılmasında kullanacaktır. Şimdi bu notları gözden geçirdikçe, biz titizlerin Mustafa Kemal'i 1923'de, Afgan Kralı Emanullah'a benzeteceğimizi düşünemediğimize şaşıyorum. 1923'de Türkiye'miz lüzumundan fazla geri, medreseler, tekkeler, şeyhler ve derebeyleri halk yığınlarına hâkimdi. Üstelik saltanat ve hilâfet taraftarlığından, başkentliği elden gittiği için topyekûn aleyhimize dönen İstanbul gazetelerinin tahriklerinden de kuvvet almakta idiler.

Ben "Akşam"da hemen hemen eski polemik sertliğini bulmuştum. Hava Ankara'ya karşı o kadar kötü idi. Üstelik en çok biz genç ve yazar milletvekilleri hücuma uğruyorduk. Adımız:

— Dalkavuklar... idi.

Salonlarda, toplantılarda, her yerde itibarımızı kaybetmiştik. İstanbul'a gelince zorcu ve cakacı milletvekilleri de Ankara hakkında pek kötü bir his bırakmakta idiler. Hemen her gün gazetelerde şöyle bir telgraf görülürdü: "Ankara — ...mebus... ...mebusu... İstanbul'a hareket etmişlerdir."

Kılık kıyafetleri, tavırları ve edaları ile bunlar bir rejimi sevdirecek değil, fakat zati hazmedilmeyen bir rejimden herkesi büsbütün nefret ettirecek kimselerdi. İstanbul inatçıları, havayı zehirlemekte Ankara gösterişçilerinden daha az zararlı değil idiler.

Zafer ve öncesi tamamıyla unutulmuştu. Bir yaz gününün küçük bir hatırasını nakledeyim. Köprüden vapura binmiş, Büyükada'ya gidiyorduk. Kâzım Şinasi, galiba Necmettin Sadak, rahmetli Cavit Bey ve ben güvertede beraber oturmuştuk. Moda iskelesinden vapura İttihat ve Terakki Merkez-i Umumî azasından rahmetli Dr. Nâzım bindi. Cavit alaycı ve tenkitçi idi. Anadolu'yu da, Ankara'yı da, Mustafa Kemal'i de pek hafife alıyordu. Milletvekilliği taslamamak için tartışma aramıyordum. Fakat Doktor Nâzım tam bir intikamcı ve kinci dili kullanıyordu. Hıristiyan azınlıklarla Türkler arasında fark yapıldığından şikâyet edecek kadar kendini unutmuştu. Politika tartışmalarını hiç sevmeyen Kâzım Şinasi bile, eski Merkez-i Umumî günlerini hatırlayarak, bir aralık:

— Aman doktorcuğum, hiç olmazsa sen bunları söyleme... dedi.

Doktor Nâzım:

— Bizim zamanımız başka idi, şimdiki zaman başka... diye cevap verdi, sonra da:

— Trabzon İttihat ve Terakki şubesinin evrakı neşrolunsun. Kuvay-ı Milliye'yi kim yapmıştır, öğrenirsiniz, diyordu.

Cavit:

— Evet, Mustafa Kemal bir devlet adamı olamaz, siyaset bilmez, hükümet işleri bilmez, fakat askerliğine de bir şey diyemezsiniz ya! diyecek olmuştu.

Doktor Nâzım:

— Askerlik mi? Ali İhsan Paşa ordunun başına geçsin. Plânları hazırlasın. Tam kumanda vereceği zaman sen gel, onu at, koşulu arabaya bin ve İzmir'e git... dedi.

Hatta kendi aralarında birbirine zıt birçok cereyanlar, Mustafa Kemal'i yıkmakta birleşmişlerdi. Hiç kimsenin de bir programı yoktu. Mustafa Kemal yıkılıp da ne olacaktı?

Şimdi daha iyi düşünüyorum: 14 Mayıs 1950'yi 1923 yılına doğru götürünüz. Ne olacağımızı kolayca anlayabilirsiniz.

Bereket Mustafa Kemal tanıdıkları adam değildi.

— 4 —

Feylesof, fiillerin tarihi fikirlerin tarihidir, der. Devrimci Mustafa Kemal'i yoğuran fikir hareketleri nelerdi? Mustafa Kemal kimleri ve neleri okumuş, kafasını nasıl hazırlamıştı?

Bu metotlu bir hazırlanış değildir. Bizim Tanzimat'tan sonraki fikir hayatımız, Fransa ihtilâlcilerini yetiştiren tarih, felsefe ve ilim geçmişine benzemez. Bu üstünkörü bir "ıslahat" edebiyatıdır. Onda ne ekonomik, ne sosyal bir meslek karakteri vardır.

Tanzimat'tan sonraki devrimizde, Meşrutiyetteki Türkçülük akımına kadar, kafalara yön verici sanatçılar ve düşünürler görülmez. Bu edebiyat, bazen uyanık vatanseverler, bazen vatanlarını da, milletlerini de hor gören Frenk taklitçileri yetiştirir. Nasıl bir cemiyet olacağız. Nasıl bir devlet olacağız? Batılaşma tarihinin tanınmış adamları eserlerinde böyle suallere cevap vermemişlerdir. Bir hürriyet ve meşrutiyet davasıdır, gider. Bu ise bir rejim meselesidir. Osmanlı devletinin ve cemiyetinin yeni zamanlara göre nasıl gelişmesi lâzım olduğunu tartışan fikrî, ekonomik ve sosyal devrim davası değildir.

Din ve dünya işleri birbiri içindedir. Devletin teokratik niteliğine dayanan ve halkın cehaleti ile taassubundan kuvvet alan medrese faktörü, bütün millî hayat üzerinde baskısını ve kontrolünü hissettirir. Üniversite, düşünce terbiyesi bakımından medresenin hükmü altındadır. Kadın hür değildir, düşünüş hür değildir, yaşayış hür değildir.

Hür düşünmeyi ve hür yaşamayı isteyen vatandaşları gibi, Mustafa Kemal de bu baskıyı geceli gündüzlü hisseder. Ondan nefret eder. Fakat bu nefret, Mustafa Kemal'i tatlı su Türkü gibi, memleketinden ve milletinden tiksindirmez. Onu ümitsizlik içinde, yıkıp devirmez. Bilakis ona ilk fırsatta bu baskıdan silkinmek, bu baskıyı, asıl hürriyet olan düşünce, vicdan ve yaşama hürriyetlerini yasaklayıcı baskıyı yıkıp devirmek aşkını verir.

O da meslek kitapları dışında umumî bilgiler edinmiştir. İyi muhakeme eder. Okuduklarını, gördüklerini ve dinlediklerini iyi kavrar ve onları "terkip" etmesini bilir.

Hayat ve sergüzeştleri kendisini bir şeye inandırmıştır: Biz Batılı bir millet ve bir Batı devleti olmadıkça kurtulamayız. Bizi Batılı bir millet olmaktan ve bir Batı devleti hâline gelmekten alıkoyan gelenekler ve müesseseler ortadan kalkmalıdır. Taassuba karşı açıkça cephe alınmalıdır. Halk, kara kuvvetin pençesinden kurtarılmalıdır. Halkı biz yetiştirmeliyiz. Onu kara kuvvet yobazlarının eğitimine bırakmamalıyız.

Mustafa Kemal'in Türkçülük hareketini takip etmiş olduğunu sanmıyorum, Kuvay-ı Milliye devrinde ve sonrasında ise, bilhassa Türkçü fikir ve sanat adamları ile temas etti. Ziya Gökalp'a, geç ve güç ısındığını hatırlıyorum. Asla siyasî ırkçı ve Turancı değildi. Türkiyeci, Türkiye Türkçüsü idi. Sonradan dil ve tarih bakımından o kadar sarıldığı milliyetçilikte Asya'ya doğru ve geriye doğru bakmazdı. Bu meselelerle de, hayli sonradan ilgilenmiştir. Mustafa Kemal, büyük bir realistti. Siyasette, ütopyacı zaaflarına düşmekten kaçardı. Ziya Gökalp, tanıdıktan sonra Mustafa Kemal'e hayran kalmıştır. Çünkü devrimci olarak, en ileri Türkçülerin bile kurtulacaklarını sanmadıkları Ortaçağ müesseselerini bir hamlede yıkmış ve Türk milliyetçiliğine engin ufuklar açmıştı.

Mustafa Kemal'in devrimcilik mesleğinde ilmiyi andıran formüller, sonradan ve kendiliğinden doğacaktır. Kurtuluş devri nihayet bulduktan sonra, devrimcilik eseri ilk zamanları hatıra gelmeyen hayret verici bir "tecanüs" gösterecek ve ileri Türkçüler bütün harekete "Kemalizm" ismini vereceklerdir.

Mustafa Kemal bir memleketli idi. Avrupa'ya birkaç defa "uğramıştır." İlk seyahatlerine dair tuhaf fıkralar anlatırdı. Fethi Bey ateşemiliter olduğu vakit Paris'e gitmişti. Selanik'te şapka ve sivil esvap almak üzere bir mağaza seçmiş. Uzun tüylü tirol şapkasından pek hoşlanmış ve satın alarak valizine koymuş, Fethi Bey vestiyerde o şapkayı görünce:

— Bu da ne Kemal? diye hayret etmiş.

Mustafa Kemal ise onun hayretine şaşmış:

— Beğenmedin mi? Mağazada en çok onu beğendim.

— Sokakta bu şapka ile kimseyi gördün mü?

Hemen orada kendi şapkalarından birini vermiş.

Grand Hotel'de telefonla hizmet ettirmeyi bir türlü beceremedikleri için, kahvaltı istemek üzere, yatak odasının kapısında arkadaşı ile bir garson yakalamak için nasıl nöbet tuttuklarını gülerek hikâye ederdi.

Büyük Harp'te tedavi olunmak üzere Viyana ve Karlsbat'da bulunmuştu. O seyahatten kalma bir hatıra defterini ara sıra okurdu. Defter, Fransızca idi. Zannederim, bir kadından Fransızca ders almış olmalıdır. Fransızcayı az konuşmakla beraber, okuduklarını anlayabilecek kadar bilirdi.

Çankaya'da devrimcilik hayatına giren Mustafa Kemal'in hazırlanışı üzerine edindiğimiz bilgiler bunlardı.

Sofraları uzun sürer, herkesi konuşturur, sabırla dinlerdi. Medenî Kanun fikri Mahmut Esat, Saraçoğlu, Şükrü Kaya gibi Batı'da okumuş Türkçüler tarafından "ilham" olunmuştur. Lâtin yazısı biz birkaç Türkçünün devamlı telkinleri sonucu idi. Bir arı gibi çiçeklerden bal toplardı. Ama o yapmalı idi. Onsuz hiçbirinin yapılmasına imkân yoktu.

KEMALİZM

DEVRİMLER

— 1 —

Gerçekte değişen ne idi? Hiçbir şey veya pek az şey... Padişahlık kalkmıştır ama "bil-irs-ü velistihkak" Vahdettin'in yerine geçen Abdülmecit, Halife'dir ve Dolmabahçe Sarayı'nda oturmaktadır. Müslümanlıkta din ile dünyanın birbirinden ayrılmayacağını iddia eden hocalar, Halife'nin Padişah da olması lâzım geldiği fikrinden caymamışlardır. Muhafazakâr Osmanlı ve sağ eğilimli Türkçüler de, hâlâ meşrutiyetçidirler. Mustafa Kemal hilâfeti padişahlıktan ayırmakla ve devlet merkezini Ankara'ya nakletmekle bütün hüküm ve nüfuzu kendi şahsında toplamak isteyen bir zorlama yapmıştır. Fakat Meclis, eski Meclis'tir. Hükümet başkanını ve üyelerini ayrı ayrı o seçer. Mustafa Kemal de, nihayet, bu Meclis'in reisidir. Bir gün meşruti hükümdarlığa dönmek için, bu sistem olduğu gibi kalmalıdır. "Gün doğmadan meşime-i şebden neler doğar?" Mustafa Kemal yarın ölebilir. Öldürülebilir. İtibarını kaybedebilir. Büyük gazeteler İstanbul'da çıkmaktadırlar ve halk efkârını bu güzel "ihtimal"e hazırlamaktadırlar.

Meclis'te hiç kimse Cumhuriyet kelimesinin ağza alınmasını istemez. Mustafa Kemal, İsmet Paşa ve fikirdaşları ise, sık sık, rejimdeki bu "gayr-i tabiîliğin" çabuk nihayet bulması gerektiğini ileri sürmektedirler. Yabancılara göre Türkiye'de devlet şekli askıdadır. Bir gün kapalı bir grup konuşmasında İsmet Paşa, yabancıların devlet şekli üzerindeki bu şüphelerini Milletvekillerine anlatmıştı.

Bir gün de Mustafa Kemal, galiba Avusturyalı bir gazeteci ile görüştüğü sırada "Cumhuriyet" kelimesini ağzından kaçırması üzerine Meclis'in ve İstanbul gazetecilerinin yüreği oynamıştır. Meclis Reisi'nin küçük odasına koşuşan birtakım Milletvekilleri Mustafa Kemal'in bu "dil sürçünü" düzeltmesini istemişlerdir. Başlarında Hamdullah Suphi'yi (Tanrıöver) görmek hayli tuhaftı. Yine bu küçük odada geçen konuşmayı 11 Eylül 1923 tarihli notlarım arasında saklamışım. Konuşmanın rejim meselesine değinen kısmını buraya alıyorum:

"Divandan sonra, saat yarımda, reis vekili Sabri Bey (rahmetli Sabri Toprak) ve bir iki arkadaşla yemeğe çıkıyorduk. Meclisin iç kapısından bahçeye ineceğimiz sırada, Mustafa Kemal Paşa'nın hademeye pabuçlarını sildirdiğini görünce daha zayıf ve yaşlı gösteren kenarı kapaklı toz gözlüğü vardı. Parti toplantısının kaçta olduğunu sordu. Üçte idi:

"— Bana birde olduğunu söylediler, onun için erken geldim, dedi.

"Odasına giderken bizi de çağırdı. Milletvekili olmakla beraber hâlâ yaverliğini yapan eski subaylardan biri, parti tüzüğünün son şeklini getirdi. Tüzük bugün bütün milletvekilleri tarafından birer birer imzalanacaktı.

"Biraz sonra cebinden tüzüğün bir nüshasını çıkardı: Sahife açığına yazdığı Fransızca bir cümleyi okudu. Bu, Fransız Cumhuriyetinin "bir gayr-i kabil-i tecezzi" olduğunu söyleyen cümle idi:

"— Dün akşam Fransız ihtilâl tarihini gözden geçirdiğim vakit not etmiştim, dedi ve sildi.

"Bir sualim üzerine Kanun-u esasî tadilleri meselesine geçtik. Biraz önce içeriye giren Yunus Nadi de aramızda idi.

"Gazi dedi ki:

"— Cumhuriyet ne demektir? Kamusa baktım, "chose publique" kelimeleriyle tercüme edilmiştir. Bizde manası ne olmalı?

"Gazi'nin, sözü hangi konu üstüne getirmek istediği belli idi. Kanun-u Esasî'de yeni hükümet şeklini açıkça göstermek sırası geldiğini söyleyen Sabri Bey:

"— Mesele bugünkü vaziyetin ifade edilmesinden ibarettir, dedi.

"Gazi: "— Ben projeyi gördüm. Çok eksik yerleri var. Bu hafta kendim uğraşacağım. Sonra bazı arkadaşlarla hususî müzakerede bulunuruz ve fırkaya getiririz, dedi.

"Yunus Nadi: "Bunu en kuvvetli zamanımızda yapmalıyız.

"Gazi, kalemini masaya vurarak:

— En kuvvetli zamanımız bugündür, dedi.

"Sonra yeni Kanun-u Esasî'nin kendi niyetine göre ilk maddesini okudu: "Türkiye Cumhuriyet usulü ile idare olunur bir halk davetlidir."

"Nihayet yakında cumhuriyetin ilân olunacağını Meclis'te Mustafa Kemal Paşa'nın ağzından işitiyorduk. Haber ağızdan ağza yayılarak, Mecliste herkes şüpheden kurtulacaktı. Acaba, böyle bir havadisi ölüm haberi gibi bekleyen harekete geçecek miydi?

"Aramızdan biri sordu:

"— Reis-i Cumhur olduktan sonra gene Halk Fırkası'nın reisi kalacak mısınız?

"Gazi gülümseyerek: "— Aramızda, öyle..." dedi.

"Reis-i Cumhurluk müddeti üzerine konuştuk. Onun fikrince Reis-i Cumhur, Büyük Millet Meclisi'nin de reisidir. Dört sene, yedi sene bahisleri geçti. Bir gayretkeş:

"— Kayd-ı hayat şartıyla de olabilir, dedi.

"Gazi sert bir tavırla bunu reddetti.

"Bir arkadaş fesih hakkı meselesini açtı:

"— Gerçi şimdiki meclis için düşünülecek bir şey yok. Sizin hükümetleriniz daima ekseriyet bulabilir. Fakat fırkalar çoğalınca hükümetsizlik tehlikeleri de baş gösterebilir, buna ne çare düşünüyorsunuz?

"— Millet Meclisi kendi kendini feshedebilir.

"Bu cevap emniyet verecek gibi değildi. Arkadaşların ortaya sürdüğü fikirler şöyle hülasa olunabilir: Cumhuriyeti Fransa'daki şekli ile almak arzusunda olanlar, bu hakkı Reis-i Cumhura ve hükümete bırakmak teklifinde bulundular. Eski İttihatçı Sabri Bey fesih hakkının Meşrutiyet devrinde iki defa kötüye kullanıldığını hatırlatarak, ihtiyatlı olmayı tavsiye etti. Bir arkadaş, acaba fesih hakkı şartlarını son derece kayıtlamak, meselâ, Reis-i Cumhur ve hükümetin, bu hakkı ancak fırkalar arasındaki nispetsizlik anarşiye vardığı zaman kullanması daha doğru değil midir? dedi.

"Gazi: "Millete müracaat eder, referandum yaparız" cevabını verdi.

"Arkadaşlar, bu usulün karışıklığını ve sebep olabileceği buhranları öne sürdüler. Münakaşaya gene kendisinin bulduğu şöyle bir formül üstünde karar kıldı: "Reis-i Cumhur ve hükümet, Millet Meclisi ifa-yı vazife imkânsızlığında kaldığı vakit yeni intihabat icra ettirmek hakkını haizdir."

10 Eylül'den 29 Ekim'e kadar kırk dokuz gün var. Yukarıdaki notu buraya alışımın sebebi, Cumhuriyet meselesinin sonuna kadar bir sır olarak saklanıp, bir gece, top sesleri ile ansızın ortaya çıkmış olmadığını anlatmaktır. Ankara'da ve İstanbul'da düşünebilen, görebilen ve duyabilen herkes biliyordu ki, hiçbir yerde benzeri olmayan o rejim öyle gidemez. Bir şey olacağı, bir şey hazırlandığı belli idi. Devlet şeklinin Cumhuriyet ve Mustafa Kemal'in Cumhurreisi olmasını istemeyenler, halk efkârını kendileri ile beraber sürükleyeceklerine inanmakta idiler ve bu inanışlarında haklı idiler. Eski Türkiye'de "Cumhuriyet" sözü "Şapka" sözü kadar kötü ve korkulu idi. Yobaz lügatindeki manası ile "gâvurluk" mahiyetinde idi. Gerçi Tanzimat'tan sonraki edebiyatta ilk Halifeler rejiminin Cumhuriyet demek olduğu gibi bir iki fıkraya tesadüf olunabilir. Fakat eski Türkiye'de hiçbir zaman Cumhuriyetçilik diye bir fikir akımı olmamıştır. Olmasına da imkân yoktu. Bir Osmanlıya Cumhuriyetçi demek, o zaman için "gâvur" demek, bugün için "komünist" demek gibi bir şeydi. Öyle ise Cumhuriyet, Millet Meclisi'nin bir toplanışta vereceği karar ile "emr-i vâki" olmamalı idi. Meclis'te ve gazetelerde tartışmaya konulmalı idi. Ayrıca milletin oyu alınmak gibi tekliflere fırsat verilmeli idi. Muhafazakârlar böyle bir devrimi "millete istetmemenin" ne kadar kolay olduğunu bilmekte idiler. Ama halk, her tarafta, medrese mutaassıplarının ve mürteci derebeylerin katî otoritesi altında olduğundan Mustafa Kemal de hasımlarının elindeki bu kolaylığın farkında idi.

O sıralarda Mustafa Kemal'e halife olmak teşvikleri dahi yapılmıştır. Bu teklifi, Hindistan'dan Antalya milletvekili Rasih Hoca da getirdi idi. Kendi kendime hanedanın bütün itibarını kaybederek, bir düşman zırhlısının güvertesinde intihar etmiş olduğu o devirde, Mustafa Kemal'in yerine Enver'i koyarım. İran'da Rıza Şah ne yaptıysa, onun da öyle yapacağı bana pek yakın bir ihtimal gibi görünür.

1923 yılının o haftalarında Büyük Millet Meclisi'nde Cumhuriyetçilik akımı var mıydı. Hayır! Mustafa Kemal ne yapsa ona itirazsız razı olacaklar dahi, içlerinden: "— Keşke bunu yapmasa..." diyorlardı. Mustafa Kemal o mecliste fikir tartışmaları ile tabiî bir "ekseriyet" elde edemezdi. İnce politika taktikleri ile bir "teslimiyet" havası yaratmalı idi.

Ya vekil seçilmek, ya, yüksek Meclis ve hükümet kadrosuna Mustafa Kemal'i frenleyeceği sanılan şahsiyetleri getirmek için el altından bir hizip kaynaşması vardı. Mustafa Kemal bu kaynaşmayı, ancak kendi hakemliği ile içinden çıkılabilecek bir buhrana doğru sürükletti. Meclis'teki bazı seçimleri kendi aleyhine bir hareket sayarak bu oyuna gelmeyeceğini gösterir bir tavır takındı. Kimsede Mustafa Kemal ile açık bir savaşa girişmek niyeti olmadığı için, onun bu tavrı gerçekten bir anarşiye doğru gidildiği duygusunu yaydı. Eski arkadaşı Başvekil Fethi Bey, bu "kuvvetli bir hükümete ihtiyaç olduğu" havası içinde istifasını verdi. Mecliste birçok listeler meydana geldi. Fakat bu listelerde şahsiyet denebilecek olanlar, Mustafa Kemal'den ayrılamazlardı. Ne onlarsız bir hükümet yapmak, ne de, Mustafa Kemal kendilerine seçilmeyi reddetmek tavsiyesinde bulunduğu için, onlarla bir hükümet kurmak ihtimali vardı. Öyle bir "hal ve şart" doğdu ki, ya Mustafa Kemal'i düşürmek yahut onunla birlikte yürümek yollarından birini tutmak lâzım geldi. Düşürmek mümkün olsa, bu fikir etrafında bir hayli insan toplamak imkânı da yok değildi. Fakat düşürmek mümkün değildi.

Gerçek bir ihtilâlci karşısındayız. O sonuna kadar her şeyi göze almıştır. Kimseye ne yapacağını da söylemez. Çankaya tepesinde kendisinden her şey beklenebilecek esrarlı bir tâli kuvveti bağlamıştır. Muhalifleri ise, işlerin "kendiliğinden" diledikleri gibi gelişmesini gizli gizli ve hiçbiri ortaya atılmayarak hazırlamaktan başka bir şey yapamamaktadırlar.

Mustafa Kemal bir ayaklanmadan korkmaz. Ordudaki zafer arkadaşlarına ve halk arasındaki mistik nüfuzuna güvenmektedir. Komutanına ve subaylarına tamamıyla bel bağladığı muhafız kıtası vardır. Çankaya, Türkiye'de tutunabilecek tek tepe olsa, bu muhafız kıtası ile ihtilâli o tepede savunacak ve oradan tekrar bütün memleketi etrafına toplayacaktır. Bu, son silâhtır. Hiçbir zaman kullanmayacaktır. Fakat o türlü bir karar ve irade ile Meclis koridorlarının kulaktan kulağa fısıltı ve küçük tertip taktikleri boy ölçüşemez.

Nihayet 1923 Ekimi'nin son günleri gelip çatar. 28'i 29'a bağlayan gece, Mustafa Kemal'in sofrasında bir toplantı olmuştur. Ertesi gün Meclis'ten gelecekler, "— İşin içinden çıkamıyoruz. Böyle zamanlarda liderler vazifeden kaçmamalıdırlar, buhranın halledilmesi için Meclis'e yardım etmelisiniz," diyeceklerdir. Mustafa Kemal de kısaca devlet şeklinin Cumhuriyet olmasından başka çare olmadığını söyleyecektir. Şüphesiz onu Cumhurreisi yapacaklar. Rejim kanunu, hükümete de artık normal kabine mahiyeti verecektir. O gece yemekte bulunanların çoğu, asker milletvekilleri idi. Aralarında Hariciye vekili İsmet Paşa da vardı. Mustafa Kemal, sabaha doğru Ocak 1921 tarihli Anayasa'nın birinci maddesinin sonuna şu fıkranın eklenmesine karar verdiler: "Türkiye devletinin şekli, Hükümet-i Cumhuriyedir."

Eski rejimin son günü idi. Bunu bilenler az, bilmeyenler çoktu. Bilenler kaygılı bir rahat içinde idiler. Rahat, çünkü mesele kökünden kesilip atılacaktı. Kaygılı, çünkü kim bilir kaç yıl için, sadece Mustafa Kemal'in ömrüne bağlı bir yabancı rejime giriyorduk. Halkı bu rejime ısındırabilecek tek şey, Mustafa Kemal'in başta bulunmasına alışkanlıktan ibaretti. Acaba Mustafa Kemal, Meclis'in içinde muhafaza ettiği halk adamlığı karakterinden uzaklaşacak mıydı? Çankaya ihtilâl karargâhı olmaktan çıkıp, yeni bir saray havasının itici merasim soğukluğu içinde, yaklaşılmaz, görüşülmez, kaynaşılmaz bir diktatörün saltanatkârî uzleti mi olacaktı? Kartal yuvası bozulacak mıydı? Hepimiz bir ucundan bu şüpheye tutulmuştuk. Mabeyni ve kuranası ile aramızdan ayrılıp giden Cumhurreisinde, inkılâpçıyı kaybetmekten korkuyorduk.

Bilmeyenler, bütün günü, ateşli bir hastalığın sayıklatıcı nöbetleri içinde geçirdiler. Bir Meclis hükümeti kurmak imkânı kalmamıştı. Mustafa Kemal'in arkadaşlık edebileceği her şahsiyet, başvekillik veya vekillik tekliflerine:

— Hayır! cevabını veriyordu.

Nihayet 29 Ekim 1923 Pazartesi günü Halk Fırkası grubu, grup idare heyeti başkanı Ali Fethi Bey'in (Okyar) başkanlığında saat onda toplanmış, yeni kabine üzerinde gene çetin tartışmalar başlamıştı. İdare heyeti, bir adaylar listesi hazırlamıştı. Listede iktisat vekilliğine aday gösterilen Celâl Bey (Bayar) söz almış, "— Bu listede görülenler, çekilenlerden daha kuvvetli değildir. Meclis'te ben kendimi iktisat vekilliğine lâyık görmüyorum" dedi. Öğleden sonra tartışmalar çok sertleşmişti. Sonra Kemalettin Sami Paşa'nın verdiği takrir, oya konmuştu. Bu takrire öre "umumî reis Mustafa Kemal Paşa buhrana çare bulması için davet edilmeli" idi. Mustafa Kemal, Çankaya'da bu kararı bekliyordu. O gün de dişi sancıyordu. Toplantı salonuna girince hemen kürsüye çıkmış:

"— Bana bir saat müsaade ediniz. Bulacağım hal tarzını arz ederim, demişti.

Küçük, reis odasına çekilerek orada Meclis arkadaşları ile son görüşmelerini yaptı. Ve yeniden toplantı salonuna gelerek, kuru ve kısa bir nutuktan sonra, hep bildiğimiz takririni reise uzattı.

Muhalifler, devlet şekli meselesini bırakalım, önce hükümet işini halledelim veya biz Teşkilât-ı Esasiye Kanunu'nu tadil edebilir miyiz, gibi geciktirici tedbirler üzerinde tartışma açılmasına çalıştılar. Tarihçi Abdurrahman Şeref Bey: "Doğan çocuğun adını koymaktan başka ne yapıyoruz?" diyordu. 23 Nisan 1920'den beri memleketi, sadece adı konmayan cumhuriyet rejimi ile idare etmiyor muyduk?

Fırka toplantısındaki görüşmeler hayli uzun sürdü. Akşama doğru, grup toplantısı, Meclis toplantısına çevrilerek, İkinci Millet Meclisi'nin milletvekilleri saat sekiz buçukta Teşkilât-ı Esasiye Kanunu'ndaki tadilleri kabul ettiler ve Mustafa Kemal'i Türkiye'nin ilk Cumhurreisi seçtiler.

Cumhuriyet teklifi oya sunulurken yanımda bulunan rahmetli ve eski valilerden, bir aralık Osmanlı Dâhiliye Nazırı Hâzım Bey'i hatırlıyorum. "— Birinci maddeyi kabul edenler?" İki elini kaldırıyor ve yarı sesle: "— Beyefendi niçin aman Allah?" diye sordum. "— Min küllilvücuh, yavrum, min küllilvücuh!" demişti. Oy, sanki yüreğinin içinden tırnakla sökülüyordu.

O gece birkaç arkadaş Belediye Bahçesi'ndeki gazinoya giderek geç vakitlere kadar şenlik yaptık. Beraber olduklarımıza bakıyordum: Meclis'in bütün karmalığı bu yuvarlak sofranın etrafında idi. Cumhuriyet hepimiz için ayrı bir şeydi. Bazıları Tanzimatçı bile değildirler. Mustafa Kemal'in ne kadar tehlikeli bir mesuliyet yüklenmiş olduğunu gözlerimle görüyordum. Eğer, bütün müesseseleri ve bizi Batı'dan ayıran gelenekleri ile eski düzeni yıkmaz, bütün müesseseleri ve bizi Doğu'dan ayıran gelenekleri ile yeni düzeni kurmazsak, devrimci Mustafa Kemal tarihî vazifesini yapmazsa, hiçbir şey kazanmış olamazdık. Belki, Saray'ın ve onun otoritesine dayanan vezirlerin, ara sıra, memlekette "ıslahat" yapmak ihtimalini de kaybetmiş olurduk. Cemiyet seviyesinin o günkü şartları devam ettikçe, her şey Mustafa Kemal'e bağlı idi.

Cumhuriyetten ileriye doğru daha bir şeyler umanlara, Mustafa Kemal'in zayıf damarlarını okşayarak onu "yapılmaması lâzım gelen şeyleri yapmaya teşvik edecek" fesatçılar gibi bakılmakta idi. Meclis'in büyük çoğunluğuna göre iş, hiç olmazsa burada kalmalıydı. Bu Meclis'te, devrimlerden hangisine dair bir fikir ortaya atılsa, zındık gibi taşlanırdık.

Hâlbuki Tanzimat'tan beri sürüp gelen medeniyet ve kültür savaşı, Garpçılık davası lehine bir zaferle nihayet bulmazsa, devlete, cumhuriyet şekli verilmemesi şüphesiz daha iyi olurdu. Mustafa Kemal hem bu vazifesini yapmalı, hem de eseri savunabilecek bir yeni nizam kadrosu yetiştirecek kadar yaşamalıydı.

Sabaha doğru uyuduk. Ertesi gün İstanbul gazetelerinde kıyamet koptuğunu duyduk. Sonradan Terakkiperver Cumhuriyet Fırkası'nı kuran paşalar ve şahsiyetler, gizli muhalefetlerine daha açık bir hal vermişlerdi. Her zaman bizden kalmış bir dostumdan 31 Ekim'de aldığım bir mektupta İstanbul'un o sıradaki havası kolayca hissedilebilir:

"Cumhuriyete diyecek yok. Fakat ilân tarzına bayıldık. Oyun pek mahirane tertip edilmiş, Millet Meclisi azasının çoğundan saklanmıştır. Doğrusu hâkimiyet-i milliye prensibinin cari olduğunu her vesile ile tekrar ettiğimiz bir devirde devlet şeklinin tespit edilmesi gibi bir meselenin böyle yapılıvermesi kolaylıkla hazmedilebilecek bir şey değildir."

Bütün parola bu idi.

Trabzon mevki komutanı Kâzım Paşa (Orbay) o gece top atarak Cumhuriyet ilânını kutlamak emrini almış ve yerine getirmişti. Trabzon'da bulunan Kâzım Karabekir:

"— Nedir bu toplar?" diye sordu. Kâzım Paşa, Cumhuriyetin ilân edildiği cevabını verince:

"— Neden bana sormadınız?" dedi.

"— Sorsaydım top atmamaklığımı mı emredecektiniz?"

"— Hayır ama... Biz bunu konuşmamıştık!" dedi.

Atatürk'ün bana anlattıkları arasından küçük bir notu buraya alayım: "Rauf Bey istifa edip yerine Fethi Bey seçildikten sonra, İsmet'i görmüştüm. Başvekillik meselesi çıkınca kendisinin seçileceğini düşünmüş olduğunu tahmin ediyordum:

"— Ben senin zihninden geçeni biliyorum, dedim.

Yüzüme baktı.

"Başvekil olmamaklığını düşünüyorsun. Fakat buna gelecekte cevap vereceğim, dedim.

"Cumhuriyetin ilânı üzerine kendisini Başvekil seçince:

"— Şimdi o günkü sözümü hatırla! Hangisi daha iyi? diye sordum.

"İsmet Paşa tarihe Cumhuriyet devrinin ilk Başvekili olarak geçiyordu.

1923 yılının Kasım ayında hoşnutsuzluk havası umumîleşti. Cumhuriyet, Meclis ve halk efkârı önünde açıkça ve serbestçe tartışılmaksızın "acele" ilân edilmiştir. Mesele bundan mı ibaretti?

Bu bir bahane idi.

İttihat ve Terakki Fırkası'ndan arta kalan nüfuzlular hâlâ eski Kolağası Mustafa Kemal'in aleyhindedirler. Talat Paşa'yı ve Merkez-i Umumî büyüklerini içeriye almamakta inat ederek öldürülmelerine o sebep olmuştur. Bu tez Dr. Nâzım'ındır. İttihat ve Terakki'nin İstanbul Kâtib-i Mesulü Kara Kemal, İzmit'teki toplantıya geldiği vakit, İttihat ve Terakki'nin temsilcisi sıfatı ile kendini takdim etmişti. Yakup Kadri Karaosmanoğlu, Müdafaa-i Hukuk adına seyahate katılmıştı. Mustafa Kemal, daha o zaman, Müdafaa-i Hukuk'tan gayrı bir siyasî teşekkül tanımadığını söylemişti. İttihat ve Terakki'nin bir kolu vaktiyle bu fırkanın kurmuş olduğu bir millî şirketi idare eden rahmetli Nail'in reisliği altında, Ankara'da idi. Nail'i tanıdığım için ara sıra evine gider ve onun yanındakiler tarafından yadırgandığımı hissederdim. Biz Mustafa Kemal'e bağlandığımız için, arkamızdan nankörler diye gammazlanıyorduk.

Eski Maliye Nazırı rahmetli Cavit, İttihat ve Terakki'nin göze görünür lideri hükmünde idi. Cavit bir komiteci değildi. Medeni bir adamdı. Onu Lausanne'dan beri muhalefete sürükleyen sebepler şunlardır: Büyük Avrupa devletlerinin yardımı olmaksızın ve bu yardımı temin edecek tavizler yapılmaksızın, Anadolu'nun ortasında tek başımıza bir devlet kurup yaşayamazdık. İstanbul'dan ayrılmamalı idi. Mustafa Kemal de, İsmet de, nihayet, Enver gibi birer askerdirler. Ankara iktidarı, ister istemez kafasının dikine giden bir askerî dikta rejimi olacaktır. Cumhuriyet, işin iç yüzünü maskelemekten başka bir şey değildir. Cavit, iktisadî ve malî âlemden kafasını ayıramayan, milliyetçiliği her bakımdan bir "darlaşma" sayan, devrim diktalarına aklı yatmayan bir Osmanlı idi. Vatanperver ve namuslu adamdı. Bir şahsî kusuru lüzumundan fazla kibirli olması idi.

Hüseyin Cahit, *Tanin* gazetesinin başında Ankara'ya karşı savaşa geçmişti. Cahit, şüphesiz bir mürteci değildi. Daha Meşrutiyet devrinde Lâtin yazısının kabul edilmesi lehinde bulunmuştur. Fakat ta başlangıçtan beri, ne Mustafa Kemal ona, ne de o Mustafa Kemal'e ısınabilmiştir. 1908 Meşrutiyeti'nde İttihat ve Terakki Fırkası'nın gazetecisi iken, Selanik'te toplantı olmuş ve Cahit'e bir altın kalem hediye edilmek teklifi ortaya atılmıştı. Merkez-i Umumî politikasını sevmeyen ve beğenmeyen Mustafa Kemal'in, bir nutuk söyleyerek, o politikanın İstanbul'daki savaşçısına altın kalemin verilmesini reddettiğini veya reddettirmeye çalıştığını kendisinden dinlemiştim. Gerçekte Mustafa Kemal'in yaratmak istediği yeni Türkiye ve yeni Türk cemiyeti ile Hüseyin Cahit'in ilk gençliğinden beri rüyasını gördüğü yeni zamanlar Türkiyesi arasında hiçbir fark yoktu. Cahit de, O da iki tabiî Cumhuriyetçi idiler. Öyle olmalı idiler. İkisi de aşağı yukarı Mustafa Kemal ile aynı şeye inanmakla beraber Mustafa Kemal'e inanmıyorlardı. İttihat ve Terakki devrindeki Enver diktatoryası tecrübesinin bu türlü kaygılanmalarda derin tesiri olmuştur.

Tasvir-i Efkâr sahibi Velid Ebüzziya, o devirde belli başlı akımlardan birini temsil eder. Vatanperver, milliyetçi, fakat koyu şeriatçı denecek kadar geri fikirli idi. Bu geri fikirlilik pek basit bir formülde izah olunabilir: Avrupalılar maddece bizden üstündürler. Biz manaca onlardan üstünüz. Garbin maddî ileriliklerini almalıyız. Bu anlayış, devrimci anlayışı ile taban tabana zıttır: Biz Avrupa'nın maddî üstünlüğünün değil, bu maddî üstünlüğü yaratan manevî üstünlüğünün kurbanı idik. Garp, bir hür tefekkür yoğruluşudur. Osmanlı gericilerinin zaafı, "manevî" kelimesini "din" ile bir tutuşlarında, din ve dünyayı birbirinden ayırmak söz konusu oldukça, dinimizi ve onunla beraber milliyetimizi kaybedeceğimiz korkusuna kapılmalarındadır. Velid, hiç şüphesiz halifeci ve padişahçı idi. Cumhuriyetin temelinden aleyhinde idi.

Gazetelerin ve memleket aydınlarının toplandığı merkez olduğundan, İstanbul, hemen hemen, bütün sınıfları ile Ankara'ya ısınmamıştı. İstanbul'da o vakitler maddî ıstırabın da ne kadar derin olduğunu düşünmeliyiz. 1908'de İstanbul, Adriyatik kıyılarından Fars körfezine kadar uzanan koca bir imparatorluğun merkezi idi. Gittikçe fakir düşmekle beraber, umumî bir ayarlanma içinde, yaşayıp gitmekte idi. Meşrutiyet, saray ve konaklar sınıfı ile geçimleri bu hazne sınıfına bağlı olanları dağıtmıştı. Balkan Harbi devlet sınırlarını Meriç kıyılarına getirdi. Arkadan umumî harp ve onun, İstanbul ailelerini sandık diplerindeki kırpıntılara kadar neleri var yoksa sattıran sıkıntıları geldi, çattı. Para değerini kaybetti. Maaşlar ekmek parasına yetmez hâle geldi. Bir avuç harp zengininden başka bütün Türkler bedbaht idiler. Nihayet batış ve mütareke devri çöktü. Şehrin ticarî ve iktisadî faaliyetleri ile ilgisi olmayan Türk halkı eski reaya durumuna düştü. Vatanı ve kendisini kurtaran zafer de başkentliğini elinden almakta, hazne sınıflarını Ankara'ya taşımakta idi. Istırap, muhakeme etmez. Istırap, sorumluyu geçmişte aramaz. Istırap, can acısından kıvrandığı vakit, karşısına kim çıkarsa onun yakasından tutar. 1923'de İstanbul muzdaripleri Ankara'ya karşı hoşnutsuzlar seferberliğinin tabiî gönüllüleri olmuşlardı.

İkinci Büyük Millet Meclisi'ne gelen Kuvay-ı Milliye şöhretlerinden asker olanlar, milletvekili kalmakla beraber Mustafa Kemal'den uzaklaşmışlar ve her türlü muhalefetler ümitlerini bu şöhretlere bağlanmışlardı. Türkiye'de umumî hava, o tarihte bu şöhretlerin, hürriyet şartları içinde, pek kolay bir mücadele yapmalarına elverişli idi. Rauf Bey'in komutan arkadaşları ile uğurlanarak ve karşılanarak İstanbul'a gidip gelmesi, Cumhuriyet ilânı üzerine İstanbul gazetelerinde çıkan sözleri, bir şey yapmak veya bir şey yapılmasını isteyenlere, Rauf Bey ve arkadaşlarının da düşüncelerini aşan bir cesaret vermiştir.

Silâhlarının kuvveti, sadeliğinde idi. "— Ne istiyorsunuz?" dendikçe:

— Hiçbir şey... "Bilâ kayd-ü şart Hâkimiyet-i Milliye'nin tecellisini" istiyoruz, diyorlardı.

Cumhuriyetin ilân şekli hakkındaki tenkitleri de Teşkilât-ı Esasiye Kanunu'nun bu ana prensibine riayet edilmemiş olmak bakımından idi.

Bu sırada İstanbul'da Halife'nin istifa edeceği rivayeti çıktı. *Tanin* gazetesinin neşrettiği bir açık mektup üzerine gazetelerde kıyamet koptu: Nihayet bu felâket olacak mıydı? Halifemizden mahrum mu kalacaktık? İslâm âlemindeki manevî nüfuzumuzu, kendi elimizle feda mı edecektik? Düşününüz: Bu feryatlar lâik ve Lâtin harfçi Hüseyin Cahit'in gazetesinden işitiliyordu. Mustafa Kemal'in hasta olduğu haberi de ağızdan ağza yayılmakta idi.

İşte 22 Kasım meşhur grup toplantısı bu şartlar içinde olmuştur. Parti üyesi Rauf Bey, etrafında uyanan şüpheler üzerine, kendi durumunu izah etmeye davet edilmişti. Esas tartışma İsmet Paşa ile Rauf Bey arasında geçti. İsmet Paşa'nın ilk kürsü imtihanı idi.

O da, Rauf Bey de imtihanlarını iyi verdiler. Genelkurmay Başkanı iken kürsüye çıktığı vakit, birkaç kelime kekeleyerek inen ve hiç de iyi bir tesir bırakmadığı söylenen İsmet Paşa, kendi kendini yetiştirmesini ne kadar iyi bildiğini ispat etti. Bize o günlerde tam bir Avrupa parlâmentosu hatibi hissini verdi. Rauf Bey de, insanı çileden çıkarabilecek birçok gayretkeş tahriklerine rağmen, sabır ve soğukkanlılığını sonuna kadar korudu. Sıra tahrikçilerinin hizasına inmeyerek, İsmet Paşa ile baş başa kaldı. Lehinde olanlar sustukları ve çekingen davrandıkları, aleyhinde bir marifet gösterişi yapmak isteyenler, asabî ve hassas bir mizaca her türlü ölçülerini kaybettirecek taşkınlıklarda bulundukları düşünülürse, Rauf Bey'in bu imtihandan ne kadar iyi çıkmış olduğu tahmin olunabilir.

Bu grup tartışması, Mustafa Kemal ve onun yanında toplananların hiçbir muhalefet karşısında taviz vermek ve geri dönmek niyetinde olmadıklarını, onların gidişini beğenmeyenlerin de partiden ayrılarak açık bir mücadele cephesi kurmaya henüz akılları yatmadığını anlatmıştı.

Mustafa Kemal, bir müddet işleri kendi gidişinde bırakmak, daha doğrusu yeni kararlar verme fırsatının kendiliğinden hazırlanmasına vakit bırakmak üzere, iki aylık bir İzmir seyahatine çıktı.

Bu yılın hikâyeleri arasında İstanbul'a giden İstiklâl Mahkemesi hatırlanmaya değer. Kuvay-i Milliye devrinde irtica ve isyan hâdiselerini bastırmakta işe yarayan bu ihtilâl mahkemesi, İstanbul'da gazetecileri muhakeme edecekti. Reis, eski Ankara İstiklâl Mahkemesi Reisi İhsan [Bahriye Vekili], savcı da Vasıf rahmetli idi. Mahkeme Fındıklı'daki son Osmanlı Mebuslar Meclisi binasında kurulmuştu. Biz de gidip locadan dinliyorduk. Gazeteler biz genç milletvekilleri ile "Cumhuriyet Prensleri" diye alay ediyorlardı. İstanbul'un pek çok zarif giyimli hanımları dinleyiciler arasında idi. Bilhassa İhsan'ın kolayca İstanbul havasına hoş görünmek zaafına tutulmuş olduğunu görmüştük. Öyle zamanlar oluyordu ki sanki sanıklar yargıçları muhakeme ediyorlardı. Oturum bitince Hüseyin Cahit salonun seyirci safına yaklaşarak: "— Bugünkü perde de indi!" diye alay ediyordu. Sonunda yargıçlar hiç kimseyi mahkûm etmediler. Ankara ile görüşerek böyle bir sonuca varıp varmadıklarını bilmiyorum. Keşke bu İstiklâl Mahkemesi hiç gönderilmemiş olsaydı! İhsan ve arkadaşlarının zaafı kötü bir tepki uyandırmıştır. Nihayet daha sonraki sehpalı ve ölümlü İzmir İstiklâl Mahkemesi faciasına yol açmıştır.

Cumhurreisi Mustafa Kemal'in İzmir seyahati Sonkânundan Şubat nihayetlerine kadar sürdü. Bu devirdeki gazeteler okunursa, cumhuriyet ilân edilmekle büyük hiçbir meselenin halledilmemiş olduğuna kolayca hükmolunabilir. İstanbul'daki Halife, er geç padişahlığını bekleyen şahane bir nöbetçidir. Bütün şer'iyeciler, medreseciler, muhafazakâr Osmanlılar, hepsi onun etrafında manevî bir saf birliği kurmuşlardır. Fakat İsmet Paşa'nın grup toplantısındaki meşhur cümlesi de kulaklarında çınlamaktadır: "Tarihin herhangi bir devrinde, bir Halife, eğer zihninden bu memleket mukadderatına karışmak arzusunu geçirirse, o kafayı behemehal koparacağız!"

Siyasî tartışmaların parolası, en küçük fırsatı ele alarak, Ankara rejimini kötülemektir. O aylarda Yakup Kadri Karaosmanoğlu'nun "Akşam" gazetesinde hilâfet ve Hanedan meselelerine temas eden bir yazısı çıkmıştı. Bu, Meclis'teki devrimci takımın bir cumhuriyet bütçesinde hanedan ve damat maaşlarının yeri olmadığı gibi, "Henüz yapılacak işler olduğunu ima eden" koridor hasbıhallerini halk efkârına aksettirici bir yazı idi.

Yakup Kadri'nin, bu yazısından dolayı kürsüde hesap vermeye çağrıldığı günü hatırlıyorum. Meclisin tekmil hocaları ve muhafazakârları ön sıralara toplanmışlardı. İçlerinden biri elindeki kalemi uzatarak:

— Senin iki gözünü oyacağız, diyordu.

Sarıkların durmadan dalgalandığı görülüyordu. Yakup, hiçbir cümlesini tamamlayamıyordu. Mustafa Kemal'in 2 Mart'ta yapacaklarının yüzde birini yazmaya cesaret eden hatip, devrime on beş gün kala, kollarına güvenen birkaç delikanlı milletvekilinin kürsüye yaklaşarak savunmaya hazırlandığı pek küçük bir azlığın adamı idi.

Ortaçağlı teokratik devlet henüz bütün işleyen cihazları ile ayakta idi. Müspet ilmin gölgesini bile kapılarından içeri sokmayan medreseler, ömürleri boyunca, Batı medeniyetçiliği düşmanlığı edecek unsurları, sivil mektep öğrencilerinin birkaç misli yetiştirmekte idiler. Şer'iye Vekâleti, bütün teşkilâtı ile ister istemez hilâfetin tamamlayıcısı idi. Sonradan vekilliğe kadar çıkan bir mebus, çarşaflı karısı ile Karaoğlan Çarşısı'nda görüldüğü için, Meclis koridorlarında kendisine günlerce lânet okunuyordu. Dekoru ile az çok uyanık cemiyeti ve gelenekleri ile içinde yaşayan ve çalışanlara otoritesini hissettiren İstanbul'dan

Ankara'ya taşınmakla büsbütün gerilemiştik. Bizler yeni başkentte 1915 Türkçüler çevresini bile bulamıyorduk.

Umumî fikir kargaşalığının herkesi şaşırttığı günlerde, 22 Şubat'ta Mustafa Kemal, Çankaya'ya döndü. Onun yeni kararlarını ağzından duyunca, kınından sıyrılmış bir kılıç pırıltısını andıran iradesi karşısında ruhlarımızın ısındığını duyduk. Tanzimat'tan beri devlet ve millet bünyesinde bir ur gibi kaskatı şişen ortaçağı kökünden kesip atacaktı.

Her zaferinin sağladığı büyük itibar, eline geçen eşsiz ikbal, fâni ömrüne kadar nesi varsa nesi yoksa hepsini, büyük fikir uğruna harcamaya hazırdı.

Hakikati söyleyelim: Mustafa Kemal, bir devrimci olarak, 18 yaşından son nefesine kadar hiçbir taviz zaafı göstermeyen bir idealisttir. Bu tarafı çağdaşlarından hiç kimseye benzemez. Ve hiçbir türlü tenkit edilemez. Mustafa Kemal'in tenkit edilecek zaaflarını insan ve politikacı tarafında arayabiliriz. Bulabiliriz de!

Mustafa Kemal'in basit itaatçiler dışında, üç türlü takımı olmuştur: Devrimciliğine bağlı fikir ve ideal takımı, insan ve politikacı zaaflarını ya haksızlıklar, ya menfaatler için sömürmekten başka bir şey düşünmeyen türediler takımı! Bu üç takım, Mustafa Kemal'in sofrasında daima yan yana gelmişler, fakat hiçbir zaman birleşmemişlerdir. Bu fikri daha fazla izah edecek vakaları ileride okuyacaksınız.

Biz Mustafa Kemal'in kesip atmasını ve yeni düzeni, sağlam teminat elde edinceye kadar, sıkı bir disiplin altında korumasını istiyorduk. Bu bakımdan Hâkimiyet-i Milliyecilerden tamamıyla ayrılıyorduk. Bize göre Türkiye, her şeyin başında, medeniyet meselesini halletmeli idi. Bir milletin tarihinde medeniyet meselesinin oy toplayarak halledildiği görülmemiştir. Bize göre 1923'te Hâkimiyet-i

Milliye silâhı, muhafazakârların, yani halledilecek bir medeniyet meselesi olduğuna inanmayanların yahut irticaın, yani Tanzimat'tan beri medeniyet düşmanlığını elden bırakmayanların silâhı idi. Bize göre millî irade hür değildir. Millî irade, batıl fikirler ve batıl inançlarla paslanmış ve büyük ölçüde ortaçağ müesseseleri kadrosunun köleliği altında idi. Her şeyden önce bu irade, müspet ilme dayanan ilk eğitim terbiyesi ile, kara inançlardan temizlenerek saf kılınmalı ve hürriyetine kavuşturulmalı idi.

Bizler usul olarak tekâmülden ötesini görememiştik. Ortaçağ müesseselerinin hükmü altındaki bir toplulukta, ileri fikirlerin ihtilâli alttan gelmez, üstten gelir. Büyük Rus ihtilâlcisi Deli Petro'dur. İlk Osmanlı ihtilâlcileri padişahlardır, vezirlerdir. Böyle topluluklarda alttan yalnız "karşı-ihtilâller", yani irtica gelir. Medeniyet düşmanlığının bir millî irade zevahiri almakla haklı olabileceğini düşünmek, bir budalalıktır.

1923'de devrimi gerçekleştirecek ve Tanzimat'tan beri devam eden savaşı nihayetlendirecek tek otorite Mustafa Kemal idi. Bir millî kahramandı, halk kahramanı idi. Onun bir de fikir kahramanı oluşu 1923 gençliği için, zaferden de büyük kazanç olmuştur. Son asır tarihimizde de askerî zaferler eksik değildir. Türk milletinin kurtuluşu için zaferlerin yeter olmadığı anlaşılmıştır. Zaferler, tarihî düşman bildiğimiz Rusları ve Almanları kısa veya uzun müddet herhangi bir sınır çizgisinde tutabilmişti. Fakat Osmanlı saltanatının, batışa kadar, tabiî kaderini takip etmesine engel olmamıştı. Çünkü Türk milletinin gerçek düşmanı, ortaçağlı yarı teokratik devletin, müspet ilim ışığı vurmayan Şark kafasının ta kendisi idi. Düşman onun dışında değil, içinde idi.

2 Mart'ta grup toplantısı yapılarak yeni kararlar verilecek ve 3 Mart'ta, Türkiye'yi Ortaçağa bağlayan bütün köprüler atılacaktı.

3 Mart devrimi, İkinci Büyük Millet Meclisi'ne şu üç teklif ile gelmiştir:

1- "Hilâfetin ilgasına ve hanedan-ı Osmanînin Türkiye haricine çıkarılmasına dair Şeyh Saffet Efendi ile elli arkadaşının teklif-i kanunîsi."

2- "Şer'iye, Evkaf ve Erkân-ı Harbiye Vekâletlerinin ilgasına dair Siirt Mebusu Halil Hulki Efendi ve elli arkadaşının teklif-i kanunîsi."

3- "Tevhid-i Tedrisat hakkında Saruhan Mebusu Vasıf Bey ve elli arkadaşının teklif-i kanunîsi."

Görüşmeler başladığı vakit Mustafa Kemal, reislik bürosunun karşısındaki geniş odada idi. Bir aralık birkaç sarıklı hocanın içeriye koşuştuklarını gördüm. Kürsüde rahmetli Vasıf nutuk söylüyormuş. Aralarından biri Mustafa Kemal'e atılarak:

— Paşam, Paşam, diye haykırdı, maksadın kitabı da kaldırmak olsa, bize emret, yolunu bulalım, (toplantı salonunu işaret ederek) ama bunları söyletme...

Hilâfeti ve Şer'iye Vekâletini kaldırma tekliflerinin baş imzalayıcıları da hocalar idi. Bunlar için din ve mukaddesat bahaneden ibaretti. Korkuları halk üzerindeki nüfuzlarını ve bin bir "cer" kaynağını kaybetmekti. Hilâfetin dinde yeri olmadığını, o gün hiçbir hocanın cevap veremeyeceği şer'i delilleriyle ispat eden Seyyid Bey de eski bir hoca idi. Nutkunu büyük bir başarı ile bitirip kürsüden indiği zaman, Mustafa Kemal:

— Seyyid Bey son vazifesini yaptı, diyordu.

Yaşlı ve pek itibarlı bir hoca, yanına gelip oturmuştu. Mustafa Kemal onu göstererek:

— Hilâfetin dinde hiçbir yeri olmadığını bana öğreten efendi hazretleridir. Öyle değil mi? demesi üzerine, efendi hazretleri hilâfetin dinde hiçbir lüzumu olmadığını Mustafa Kemal'e öğretmek şerefini ne kadar kıskandığını gösterecek bir telâşla tasdik etti idi.

Daha on beş gün önce Yakup Kadri'yi nerede ise linç edecek olanlar, Saraçoğlu'nu dövmek için kürsüye hücum edenler, şimdi hepsi kızıl devrimci idiler. Tevhid-i Tedrisat Kanunu'nun konuşulmasında rahmetli Vasıf:

— Bütün dünyada Maarif Vekâletlerine bağlı olmayan hiçbir mektep yoktur, gibi kendine has bir atılganlık gösterdiği vakit, doğruluk meraklısı rahmetli Yusuf Akçura:

— Müsaade buyurunuz, Beyefendi, Fransa'da benim okumuş olduğum Ulûm-i Siyasiye Mektebi Maarif Nezareti'ne bağlı değildir, diye itiraz etti.

Vasıf:

— Beyefendi, beyefendi, iyi tahkik buyurunuz da öyle geliniz, diye haykırdı ve sıralardan bir alkıştır koptu. Çünkü Yusuf Akçura, Rusya asıllı olduğu için, çoğunlukça sevimsizdi.

Büyük iradelerin sihri böyledir. İnanmayan da inanışın, istemeyen de isteyişin heyecanına tutulur. Güçlük bu havanın yaratılmasındadır. An'ın, kader anı'nın tam üstüne düşünülmesindedir.

Hanedandan damatlar ve kadınlar sınırdan dışarı çıkarılmalı mıdır, yoksa memlekette bırakılmalı mıdır? Bu mesele, tartışılmasında büyük bir mahzur olmamak gevşekliği içinde ortaya çıktı. Bir iki yoklayışta davayı yürütebileceklerini sananlar, bir şey koparmak hıncı ile sanki bunu koparırlarsa, bütün günün öcü yatışacakmış gibi, üstüne üşüştüler. İçlerinden rahmetli Hâzım Bey'in damatları savunarak, başını ipten kurtaran Damat Arif Hikmet Paşa'ya borcunu ödemekte olduğunu yalnız ben biliyordum. Celseyi bir müddet tatil ettiler. Karşıki ufak salonda, eski Fransız ihtilâli gravürlerini hatıra getiren, pek ateşli bir sahne geçti. İskemle üstüne çıkan, masalar üzerine fırlayan hatipler sesleri kısılıncaya kadar haykırışıp durdular. Eğer o sırada Mustafa Kemal, damat ve sultanların memlekette kalabileceği hakkında bir takrir vermiş olsaydı, belki de devrime hıyanet etmekle suçlanacaktı. Devrimci Meclis çoğunluğu hiçbir taviz vermemekte ısrar eder görünüşü ibret verici idi.

Halife ve bütün hanedanı o gece Türkiye topraklarını terk ettiler.

Mustafa Kemal, İzmir'de iken Matbuat Cemiyeti Reisi Necmettin Sadık, İstanbul gazetecileri ile lider arasında anlaşma imkânları aramıştı. İstiklâl Mahkemesi hiçbir gazeteciyi mahkûm etmediği için, hava da böyle bir anlaşmaya elverişli idi. Bütün bu hâdiselerin geçtiği zaman üzerine okurlarımın daha iyi bir fikir edinmeleri için Necmettin Sadık'tan aldığım mektubu buraya nakletmek istiyorum: "Kardeşim Falih, İzmir seyahati hakkında biraz malûmat vereyim. Seyahat iyi geçti. Bu işe teşebbüs ettiğim için derin bir memnuniyet duyuyorum. Eğer Velid (Velid Ebüzziya) hâdisesi olmasaydı, daha iyi olacaktı. Mamafih Velid'in Paşa ile görüşmemesi hiçbir şeye mâni olmadı. Velid, İstiklâl Mahkemesi'nden sonra kendisini bir kahraman addediyor. Seyahatten evvel burada gazetesine, İzmir'e davet edildik, tarzında bir havadis yazdı. Kendisini hem ben, hem İhsan Bey tekdir ettik. "— Ben yazmadım, haberim yok," dedi.

"İzmir'e gittiğimiz gün *Tevhid-i Efkâr* gazetesi de gelmiş. Paşa o fıkrayı okuyunca otele Tevfik Bey'i gönderdi. Tevfik Bey: "— Paşa, Velid Bey'i kabul etmeyecek!" dedi. Biz meselenin düzeleceğinden emin idik. Hatta Paşa'ya bizzat rica ettim. "— Bir fena tesadüf eseridir. Velid Bey'in haberi olmadan yazılmıştır," diye izah ettim. Paşa herhalde affedecekti. Fakat Velid müthiş bir pot daha kırmış, Tevfik Bey'e: "— Ben zaten Paşa'yı ziyaret etmek arzusunda değildim, davet edildim zannı ile geldim. Bilseydim gelmezdim" tarzında hezeyanlar etmiş. Tevfik Bey de bunları aynen Paşa'ya nakletmiş. Tavassut ve ricada bulunduğum zaman Paşa bunları söyleyince yerin dibine geçtim. Yine ısrar ettik. Ertesi gün kendisinden Tevfik Bey'e hitaben gayet basit bir mektup istediler, "Yazılan fıkradan haberim yok, ben İzmir'e Paşa'yı ziyarete geldim," gibi bir şey. Eğer bunu yazsaydı Paşa, Velid'i yine kabul edecekti. Kahraman Velid, Gazi Paşa'yı kendisi ile müsavi gördüğü için bu mektubu tarziye addetti ve yazmadı. Ancak Paşa'nın bizlere söylediği şeyleri ve istikbal hakkındaki programını kendisine anlattığım vakit, Velid artık gazetecilikten vazgeçmekten başka çare olmadığını söyledi. Ahmet Cevdet Bey de (İkdam sahibi) Velid'e bunu tavsiye etti.

"Gazi ile bir defa üç, bir defa dokuz saat konuştuk. Azizim, ben ömrümde böyle adam görmedim ve iddia ederim ki, hiçbir memlekette böyle bir adam yoktur. Benim üzerimde müthiş bir tesir yaptı. Kendisi iş başında kaldığı, bizzat amil olduğu takdirde memleketin salâh bulmamasına imkân yoktur.

"İki mühim sual sordum: 1- Mademki, Cumhuriyet bir emr-i vaki suretinde ilân edildi. (Kendisi böyle anlatmıştı) demek ki, Meclis'te cumhuriyete muarız kuvvetli bir hizip var. Fakat cumhuriyet tamam olmadı. Bunun icabetini

Meclis'ten nasıl geçireceksiniz? Yoksa başka emr-i vakiler oluncaya kadar cumhuriyet böyle eksik mi kalacak? Medreseler, Şer'iye Mahkemeleri, Şer'iye Vekâleti vs. ne zaman kalkacak? Teşkilât-ı Esasiye'deki din maddesi kalacak mı?

"Paşa, Meclis'ten geçse de geçmese de, bunların hepsinin yapılacağını söyledi.

"— Mademki bu Meclis cumhuriyet ilân etmeye kendisini salâhiyetli gördü. O halde başka bir Meclis'te başka bir ekseriyet bir gün meşrutiyet ilân ederse ne yaparız? dedim.

"— Olabilir. Fakat hepsini sopa ile kovarız, dedi.

"Bunun için Fırkanın başında kalmak istediğini ve hakiki bir Cumhuriyet Fırkası teşkil edeceğini ilâve etti.

"Hüseyin Cahit, Cumhurreisliği ile fırka reisliğinin beraber olamayacağını söyledi. Hem epeyce sert ve serbest söyledi. Paşa uzun uzadıya cevap verdi.

"Konuştuğumuz şeylerden çıkan esaslı neticeler şunlardır: Hilâfeti kaldıracak, mevcut devlet teşkilâtını ta esasından yıkacak ve yeni bir bina kuracak. Gidişten memnun değildir. Radikal hareket etmeye karar vermiştir. Fakat bunun için kuvvetli, mütecanis bir fırkaya ihtiyacı var. Azim ve kararı müthiştir. Bunun karşısında dayanmaya imkân yoktur. Paşa'nın nutkuna Cahit'in cevap vermesini istedim ve bu suretle kendini taahhüt altına soktum. Cahit çok güzel söyledi. Heyecandan sesi titriyordu. Kendisi bu mülâkattan çok memnundur. Ne çare ki, ittihatçı inadı, memnun olduğunu söyleyemez.

"Fakat azizim, Paşa'nın bu katî azim ve iradesi, yeni fikirlere yeni insanlara ihtiyaç göstermektedir. Artık İttihatçılığı filân bırakmalı, bilâ istisna her değerli adamı kullanmalıdır. Gazi'nin fikirleri o kadar asrîdir ki, bugün iş başında bulunanlardan ekserisi bunları tatbik etmekten değil, anlamaktan bile acizdir. Allah bu memleketin başına böyle bir adam ihsan etmiş. Eğer O yalnız bırakılıp azim ve dehasından istifade edilmezse günahtır. Paşa, Mart başında Ankara'ya gidecek. Ben de o zaman gelirim."

Necmeddin Sadık'ın bir eski mektubunu buraya alışımın bir iki sebebi var.

Necmeddin o zamanlar yine *Akşam* gazetesinin Başyazarı, öğrenimini Avrupa'da bitiren bir sosyoloji hocası, Türk milliyetçisi ve Garp medeniyetçisi idi. Mustafa Kemal'i İzmir'de ilk defa görüp tanıyan bu objektif tenkitçi, biri üç, biri dokuz saatlik iki konuşmada "Bizim Mustafa Kemal'i" keşfetmiştir.

Bugün bu Mustafa Kemal, binlerce, on binlerce cumhuriyet devri yetişmelerinin anladığı, hatta ondan başkasını anlamadığı adamdır. 1923'de bu binlerce, on binlerce Kemalist, Necmeddin gibi bir avuç ileri kafalı aydından ibaretti. Cumhuriyetin onuncu yıldönümüne doğru, bir akşam ölümünün tehlikesi yine ortaya atıldığı vakit:

— Mustafa Kemaller yirmi yaşındadırlar, demesinin sebebi bu idi. Bugün onlar kırkına, kırk beşine, Mustafa Kemal'in kurtuluş zaferini kazandığı yaşa basmışlardır.

Mustafa Kemal 1923'de bugünkü aydınlar ve uzmanlar takımının yarısını bulsaydı, Türkiye şimdi tam kuruluşlu bir Batı devleti ve topluluğu, tam yoğruluşlu bir Batı topluluğu olup gitmişti.

Mustafa Kemal'i, sadece hüküm ve nüfuz sürmek için iktidar peşinde koşan bir hırs maceracısı olarak tanıyanlar, onun ele geçebilecek en parlak ikbale erdikten sonra dahi durmadığını, bilakis zaferini de, bu ikbalini de fikirleri uğruna tehlikeye attığını görerek şahsı üzerine yeni bir anlayış edinmeli idiler. Mustafa Kemal, yeni düzeni kurmak davasında kendisi ile beraber olmak şartı ile herkesle işbirliği yapmak istemiştir. İzmir'de Velid hâdisesindeki sabrı ve hoş görürlüğü, o güne kadar aleyhine yazmadığını bırakmayan Hüseyin Cahit'le münasebetleri de bunu gösterir. Daima o reddedilmiştir. Keşke böyle olmasaydı, keşke bütün eski arkadaşları ve kafa terbiyeleri ile tabiî cumhuriyetçiler onun etrafında kalabilseydiler...

Türkiye'nin ortaçağlı bir teokratik devlet ve Türk milletinin geri bir Şark topluluğu olarak yaşayabilmesine ihtimal olmadığını son asır tarihi ispat etmişti. Şekillerin hiçbir değeri olmamıştı. Tanzimat 1856 doğumlu idi. İlk parlâmento 1877'de açılmıştı. Galatasaray Lisesi 1886'da kurulmuştu. 31 Mart, 1909'da olmuş. 1922'de bir milletvekili, Kur'an varken kanun yapmak iddiasında bulunan bir Meclis'te bulunamam, diye Millet Meclisi'nden çekilip gitmişti.

Japonlar çok daha kısa bir mühlet içinde yeni zamanların büyük devletleri sırasına geçmişlerdi. Çünkü ilk işleri, Çin medresesinden kurtulmak ve Garplılaşmak olmuştur. 1923'te bile Anadolu maarifinin dörtte üçü henüz medrese çatıları altında idi.

Biz ilim kafası ile "bilmiyorduk." Tefekkür kafası ile "düşünmüyorduk." Fakat Tanzimat'tan beri hiç olmazsa mukayese yapma imkânları elde etmiştik. Bir karar vermek lâzımdı. Bu kararı veremiyorduk. Mustafa Kemal bu kararı vermişti.

3 Mart, devrimin başlangıcı idi. 924 Nisan'ında Şer'iye Mahkemeleri kaldırılarak, öğretim birliği gibi, adalet birliği de temin olunacaktı. 925 Ağustosu'nda şapka giyilecek, aynı yılın Kasım ayında tekkeler kapatılacaktı. Medenî Kanun, yeni cemiyetin temellerini atacaktı. Nihayet

1928'de Anayasa tadilleri ile devlet tamamıyla lâikleşecek ve aynı yıl Lâtin yazısı kabul edilerek devrim eseri tamam olacaktı.

Demek ki, inkılâp devri, eğer Cumhuriyet ilânını başlangıç alırsak, 29 Ekim 1923'den 3 Kasım 1928'e kadar beş yıl bir ay sürmüştür.

Ondan sonra bütün iş, yeni düzeni bütün topluluğa sindirmekte idi. Bu da Türkiye halkını, yüzde yüz müspet ilme dayanan ilk eğitim terbiyesinden geçirmeye bağlı idi.

Bizler Tanzimat'tan beri çok zaman geçtiğini sanırdık. İlk eğitim görmeyen köy için, Tanzimat gelmemişti bile!

Biz hatıralarımızda bu devre "devrimler devri" adı takıyoruz. Artık tarih sırasını bırakarak, kuruluş devrinin başlıca hâdiselerini toplu olarak hikâye edeceğiz.

Din ve Devrimler

Tanzimat Fermanı, başımıza ne gelmişse şeriatın bozulmuş olmasından geldiği ön sözü ile başlamaktadır. Gerçekte ise, din ve dünya, din ve akıl işlerini birbirinden ayırmamaklığımızın cezasını çekiyorduk. Âli Paşa, Fransız Medenî Kanunu'nun alınmasını teklif ettiği vakit, karşısına Mecelle tavizciliği çıkmıştır. Namık Kemal ve Ziya Paşa gibi Tanzimat fikir adamları, Reşit ve Âli Paşa'ları "Şeriat-ı İslâmiye dururken, Garp'tan kanunlar almakla" suçlamışlardı. Her şey "Şer-i Şerif"e uygun olmalı, bir fetvaya bağlanmalı idi. Sivil okulla medrese ve cami birbirine düşmandı. Halk yığınları ise camiye bağlı idiler. Batı medeniyetçiliği, daima pek küçük bir azınlığın malı kalmıştı.

Kemalizm, aslında büyük ve esaslı bir din reformudur. Tanrı, bir peygambere verdiği şeriatı, ikinci bir peygamberde değiştirmekle, hatta Kur'an'ın bir ayetindeki emrini başka bir ayette kaldırmakla hükümlerin toplum evrimini izlemesi gerektiğini göstermiştir. Fıkıh'da buna *nesih* diyoruz. Muhammed, son peygamber olduğuna göre, O'ndan sonra nesih hakkı insan aklına kalmıştır. Onun için İslâm bilginleri, "zamanla hükümlerin değişeceği" içtihadında bulunmuşlardır. Mustafa Kemal'in yaptığı işte bu nesih hakkını kullanmaktı.

İslâm'da bütün şer'i meseleler iki büyük bölüme ayrılmıştır: Birinci bölüm, ahreti ilgilendirir ki ibadetlerdir: Oruç, namaz, hac, zekât! İkinci bölüm, dünyayı ilgilendirir ki bunlar da nikâh ve aileye ait hükümlerle muamelât denen mal, borç, dava ilişkileri ve ukubat denen ceza hükümleridir. Kemalizm, ibadetler dışındaki bütün ayet hükümlerini kaldırmıştır.

Kaldı ki insan aklı nesih hakkını farzlar üzerine de götürebilir; zekât, kazanış ve gelir vergilerinin bulunmadığı bir devrin mirasıdır. Hac, Kâbe'den faydalanan Mekkelilerin Müslümanlığını sağlamak için konmuştur ve bu döviz çağında Hicaz dışındaki hiçbir yabancı Müslüman halkı buna zorlanamaz. Namaz şekli de iskemle olmayan entarili bir halkın yaşayışına uygundur. Pantolon, etek ve hele başkasının ayağı değen yere yüz değdirmeyi yasak eden hijyen devrinde yürüyemez. Cenaze namazını neden ayakta kılıyoruz? Camiin dışında olduğu için! Bugünkü hijyen anlayışına göre camiin içi ile dışı arasında fark yoktur.

Atatürk ibadet devrimine ezan ve namazı Türkçeleştirmekle başlamıştı. Gerçekte verdiği ilk emir ezan ve namazın Türkçeleşmesi idi. Muhafazakârların sözcülüğünü yapan İnönü, Atatürk'e yalvarmış, önce ezanı Türkçeleştirelim, sonra namaza sıra gelir, demişti. Arkadan dil ve Kur'an metni meseleleri çıkıp namazın Türkçeleşmesi gecikti idi. Atatürk sağ kalsaydı ibadet reformu olacağından da şüphe yoktu.

İÇ DİDİŞME

Ordu müfettişleri aynı zamanda milletvekili idiler. 1924 Kasım'ın da Birinci ve İkinci Ordu müfettişleri Kâzım Karabekir ve Ali Fuat Paşalar istifalarını vererek Büyük Millet Meclisi'ne katılacaklarını bildirdiler.

O tarihî gecelerde Çankaya'da Mustafa Kemal'in davetlileri arasında bulundum. İstifa haberlerinin kendi üzerinde ilk bıraktığı etki, Meclis'in içinde ve dışındaki muhalefet hareketi ile ayarlanmış bir askerî komplo karşısında bulunmuş olmak ihtimalidir. Bu böyle imişçesine harekete geçti. Bir askerî isyan da olsa, hiç tereddütsüz karşılayacağı belli idi.

Mustafa Kemal, Üçüncü Ordu Müfettişi ile milletvekili komutanlara bir şifreli telgraf çekerek, kendilerini Meclis'ten istifa etmeye davet etti. Genelkurmay Başkanı da çağrılanlar arasında idi. Seçmenleri ile danışmaksızın istifa etmeyi münasip görmediklerini söyleyen ikisi müstesna, hepsi Millet Meclisi'nden çekildiler.

Bunun bir sonucu, ordunun artık kesin olarak politikadan ayrılmış olmasıdır. Kuvay-ı Milliye zamanı politika ile uzaktan yakından ilgili ne kadar komutan ve subay varsa, yaverlerine kadar hepsi sivil olmuşlar ve çoğu Meclis'e katılmışlardır.

İkinci sonucu, "Terakkiperver Cumhuriyet Partisi"nin kurulmasıdır.

"Cumhuriyet" kelimesi bir muhalif partiye mal edilmemek için "Halk Partisi"nin başına "Cumhuriyet" kelimesi eklenmiştir. Fakat yeni parti üzerinde asıl tartışma, programdaki "hissiyat-ı diniye"den bahseden fıkra üstünde koptu. Bu fıkranın bütün irtica unsurlarını tahrik edeceği meydanda idi. Gerçi bu kayıt olsa da olmasa da, Cumhuriyet devri boyunca ne zaman bir muhalefet hareketi uyansa, onun başlıca kuvveti, liderler istese de istemese de, irtica olması tabiî idi.

Terakkiperver Cumhuriyet Partisi'nin kuruluşunu da, şahsî kıskançlıklar, rekabetler veya geçimsizlikler gibi basit sebeplere bağlamak, çok üstün körü bir şeydir. Böyle bir yorum hiçbir şey öğretmez. Hâdiseler üzerinde fikir yorabilecek kabiliyetleri olmayanların yakıştırmalarından ibarettir.

Eğer Mustafa Kemal, İsmet Paşa yerine, meselâ, Kâzım Karabekir Paşa'yı Başvekil seçseydi, Kâzım Karabekir Paşa kafasını değiştirecek miydi? Yahut Rauf Bey, Mustafa Kemal'in baş adamı olmakla, fikir ve kanıları ne ise onlardan vaz mı geçecekti? Rauf Bey Başvekil olduğu zaman da, kendi fikir ve kanılarına bağlı kalmamış mıydı?

Yoksa Mustafa Kemal beraber çalıştığı ve buluştuğu kimselerin kuklası mı idi? Yani, Mustafa Kemal'in yanında İsmet Paşa veya başka bir şahsiyet bulunmakla, Mustafa Kemal ayrı bir adam mı olacaktı?

Bir gün eski yaveri mebus Salih Bozok'a:

— Tarih size lânet okuyacak, demişler.

— Neden? diye sormuş.

— Mustafa Kemal'e içki içiriyorsunuz. Kadın eğlenceleri tertip ediyorsunuz. Ömrünü kısaltıyorsunuz.

— Ya... Öyleyse tarih bizim hepimize birer heykel dikecek. O bize yalnız içkide ve eğlencede esir olmaz ya, demek İzmir'i de ona biz aldırdık, cevabını vermiş.

Mustafa Kemal'de tek olmayan şey, "âlet olmak" zaafı idi. Uzun yalnızlık ve halktan uzaklaşmanın ve netameli hastalığın tesiri altında kalıncaya kadar, kendine has kontrol metotları ile her türlü telkinleri de karşılamayı bilmiştir.

Terakkiperver Cumhuriyet Partisi, ciddî ve büyük bir hareket idi. Halk, hatta o devrin aydınları arasındaki karşılığı, devrim ideolojisinin karşılığından çok daha esaslı idi. Ben Terakkiperver Cumhuriyet Fırkası'nı kuranlarla o gün de bir fikirde değildim, bugün de bir fikirde değilim. Fakat bu ayrılık, bizi tarihi yanlış görmeye ve göstermeye, Terakkiperver Cumhuriyet Partisi'nin başındaki ve içindeki ve etrafındaki şahsiyetleri, mahalle mektebi kıskançlığı veya sadece şahsî hırs ve hesaplar üzerinde yürüyen basit kimseler gibi teşhir etmeye sevketmemelidir.

Mustafa Kemal, hükümet reisi olarak, kendi davasını birlikte yürütebileceği ikinci birini aradığı vakit, aklına ilk gelen İsmet Paşa olmamıştır. Fethi Bey olmuştur. Fethi Bey, şüphe yok, Batı medeniyetçisi idi. Fakat bir devrim rejiminin dikta sıkısına aklı yatmayacak kadar liberaldi. Ona göre "şeyler" zorlanmamalı idi, olmalı idi.

Mustafa Kemal'in vefalı ve eski arkadaşı olmakla beraber, Başvekilliğinde, Mustafa Kemal ile çok defa hiç uyuşmadığı görülmekte idi. Biz Fethi Bey'i fikir adamı olarak pek düzden bulurduk. Onda, hayalimizdeki yeni Türkiye'nin adamını bulamazdık. Fethi Bey'in Başvekilliği zamanında Mustafa Kemal ile hayli çetin çarpışmaları olmuştur. Bir defasında Mustafa Kemal:

— Yarın Meclis'in kararını göreceğiz, demesi üzerine Fethi Bey:

— Siz Meclis'e gelmeseniz daha iyi olur, demişti.

Mustafa Kemal'in:

— Niçin?

Sualine de:

— Güç mevkide kalabilirsiniz, cevabını vermişti.

— Ya? Güç mevkide nasıl kaldığımı ben de görmeliyim. Onun için geleceğim.

Ertesi günü gerçi Fethi Bey, Meclis'te kaybetti. Fakat ön sırada oturan Mustafa Kemal'in tam karşısındaki kürsüye gelen mebuslardan 52'si, onun gözü önünde, oy kutusuna elli iki kırmızı pusula attılardı.

Daha önce Fransızca bilen, Paris'te bulunan ve Fransız kültürüne ısınan Fethi Bey, Malta'da İngilizce öğrenmişti. İnatçı ve huylu olduktan başka, görüşlerinde ve anlayışlarında devrimci takımın sistem görüşünden ve anlayışından çok uzaktı.

Arkadaşları da, doğrusu, seçme "sathî"ler idi. Dalkavuk, Mustafa Kemal'i yalnız eğlendirir, fakat Fethi Bey'i sırasına göre sevk ve idare de ederdi. Pek arkadaşçı ve arkadaşlığı da tatlı idi. Tembel denecek kadar az çalışıyordu. Harap, yoksul, temelinden çatısına kadar yeni baştan ve maddeten ve manen inşa edilecek o günkü Türkiye'nin, gecelerini gündüzlerine katan, yılmaz ve yorulmaz faaliyet adamlarına ihtiyacı vardı.

Mustafa Kemal, İsmet Paşa'yı niçin seçti? İsmet Paşa, daima "almak" ve kendisinden hiç "vermemek" âdetinde olduğu için fikir kıymeti pek tanınmaz.

Meselâ İsmet İnönü'nün çok iyi Almanca bildiğini, Fransızca konuştuğunu ve okuduğunu, ellisinden sonra öğrendiği İngilizce ile en güç metinleri takip ettiğini pek az kimse bilir. O kadar kendi içine kapalıdır. Hâlbuki bizim kürsülerde Farsça "perestiş" kelimesiyle Fransızca "prestige" kelimesini karıştıranlardan niceleri, Frenkçe söz katmadan beş cümle söylemezlerdi.

Ona dair sık sık anlattığım bir fıkra vardır. Öğleye doğru yanına gidersiniz. O sabah gazetede Londra'dan gelme bir havadis çıkmıştır. İsmet Paşa'nın bu havadisi sizden önce okuduğuna şüphe yoktur. "— Gördünüz mü efendim?" diye sorarsınız. Görmemiş gibi, sizi dinler. Siz anlatırken, havadisi nasıl muhakeme ettiğinizi de yoklamaktadır. Biraz sonra başka bir ziyaretçi gelir, aynı suali sorar, aynı sahnenin tekrarlandığına şahit olursunuz.

Bir akşam Saraçoğlu, rahmetli Nafi Atuf ve daha birkaç arkadaş yanında idik. Acaba Türk milleti Osmanlı Saltanatı devrinde kaç yıl barış yüzü görmüştür, meselesi konuşuluyordu. Hepimiz bir cevap veriyorduk. İsmet Paşa garsonu çağırdı:

— Bana bir bloknot getiriniz! dedi.

Büyükçe bir kâğıdın üstüne Sultan Osman'dan Vahdettin'e kadar bütün padişahların sıra ile isimlerini yazdı. Her padişahın yanına alafranga cülûs ve ölüm tarihlerini koydu. Bunların arasına belli başlı harp ve barış tarihlerini dizdi. Bir sürü isim ve bir sürü rakam içinden yalnız ikisi üzerinde sual işareti vardı. Böyle bir imtihanı pek az tarih hocasının geçirebileceğini tahmin ediyorum. Çünkü İsmet Paşa, saltanatın kaldırılması gibi bir mesele olunca, onun bütün tarihini bilmeli idi. Ona aklı yatmalıydı. İnkılâpların daima en iyi esbab-ı mucizesi onun kafasından doğardı.

1923'te Mustafa Kemal'in, İsmet Paşa üzerinde karar kılması için başlıca sebepler şunlardır: Mustafa Kemal'e karşı hususî bir rakiplik hissi olmadıktan başka, Mustafa Kemal'in otoritesine katî ihtiyaç olduğu kanısında idi. Son derece çalışkan, ciddî bir hükümet adamı idi. Mustafa Kemal'in "maddî ve manevî topyekûn bir inşa" kelimeleri ile hülasa edebileceğimiz devrim davasına en aşağı onun kadar inanmış bir fikir adamı idi.

Mustafa Kemal teferruat ile uğraşmayı sevmezdi. Yalnız dış politikaya devamlı bir ilgi göstermiştir. Bunun dışında hükümet, İsmet Paşa'ya; ordu, Fevzi Paşa'ya emanet idi. Bazı meselelerde, şikâyet ve tenkitler üzerine, müdahaleler yapmak ve hakem rolü oynamaktan başka, hükümet işleri ile pek yorulmamıştır.

Mustafa Kemal büyük aksiyonlar kahramanıdır. Türk milletinin talihi, Mustafa Kemal'in askerliğini Dumlupınar Zaferi ile bırakmış olmasındadır. Ondan sonra onu ancak devrimler içinde geçen "devamlı tehlikeli hayat" havası avutabilmiştir. Çok defa Çankaya'daki köşkünde yapacak bir iş bulamadığı için iç sıkıntısına tutulduğu vakit, kendisini cangıldan alınarak kafese konmuş bir aslana benzetirdim.

Mustafa Kemal, omuzlarındaki yükün ağırlığı hakkında fikri olmayan bir kabile reisi değildi. Görevlendirdiği her arkadaşını imtihandan geçirirdi. Bir istidat gördüğü vakit çabuk yetiştirdiği kadar, başarısızlık gördüğü vakit çabuk feda ederdi.

Mustafa Kemal'in sadece itaat gibi, etrafındaki bin bir kişiden bininde kolaylıkla bulacağı bir hassasından dolayı, koskoca devleti şuna buna bırakacağı gibi bir düşünce, Mustafa Kemal hakkında hiçbir fikri olmamak demektir. Nitekim Mustafa Kemal'i yatak odasına kadar girenler değil, kafasının içine sokulabilenler tanımışlardır. Hiç yüzünü görmemiş olsalar bile!

Mustafa Kemal'in İsmet Paşa ile yakından tanışması, Ahmet İzzet Paşa'nın yerine şarktaki ordunun kumandanı olduğu vakit İsmet Bey'i Kurmay Başkanı olarak bulmasından sonradır. Mustafa Kemal, bir Türk tabiri ile insan sarrafı idi. Daha önceden İsmet'e hiç ısınmamıştı. Her nedense onu da galiba Envercilerden sayarmış. Beraber çalışmaya başladıktan az zaman sonra, arkadaşını bütün zaafları ve kuvvetleri ile, kusurları ve meziyetleri ile tanıdı ve ona bağlandı. Mustafa Kemal, sonuna kadar, gerek orduda, gerek siyasî hayatta İsmet Paşa'nın bu kuvvet ve değerlerinden faydalanmıştır. Zaaf ve kusur saydığı şeylerde de, pek ihtiyatlı ve nazik müdahalelerde bulunmuştur.

Buna karşı İsmet Paşa, Mustafa Kemal'in gittikçe kuvvetlenen otoritesini kendi menfaatleri için sömürenlere karşı mücadele ederek, ona belki de en büyük hizmeti etti. İsmet Paşa'nın etrafındaki bütün hasımlıkların baş sebebi, bu mücadeledir.

İsmet Paşa, Mustafa Kemal ve Atatürk sofrasının birincisi ve müstesnası idi. Nüfuzu o kadar büyüktü ki, bugün kendisinden lâubalice bahsedenlerin, İsmet Paşa sofraya gelince ağızlarını bile açamadıkları sayısız akşamları hatırlayarak içimden gülüyorum.

Bir misal verelim. İnönü orkestra konserleri ile at yarışları meraklısı idi. Bazı kimseler musiki ve at sevdikleri için değil de İnönü'ye görünmek ve yaranmak için konser veya yarışları kaçırmazlardı. Bugün İnönü'den kabaca bahsedenlerden birinin bir pazar günü "— Yahu, yine mi yarışa gideceğiz?" diye mırıldanan arkadaşına:

— Haberin yok mu? İsmet Paşa nezle olmuş, gelmeyecekmiş. Bugün kurtulduk, müjdesini verdiğini işitiyor gibiyim.

Hâlbuki İnönü'nün böyle şeyler umurunda değildi. Birçoklarımız hemen hemen hiçbirine gitmezdik. Ama yaranıcıların belli başlı marifetleri böyle şeylerdi.

Mustafa Kemal'in, İsmet Paşa yokken onun zaaflarına ait bazı tenkitlerde bulunması neyi ifade eder? Mustafa Kemal kendi kendisinin zaafları ile bile alay ederdi. Biz Paris'teki şapka hikâyesi gibi, Picardi manevralarındaki bazı Fransızca gafları gibi gülünç fıkralarını onun ağzından duymuş ve beraberce gülmüştük. Orman çiftliği kurulduğu yıllarda idi. Toprağa ne koyarsa, kaybediyordu. Bir yıldönümü akşamı aşağı ufak köşkün önünde oturuyorduk. Topraklar bomboştu. Müdür Tahsin Bey bu köşkün önüne bir havuz yaptırmıştı. O gün, bir senelik zararı haber aldığı için düşünceye daldığı sırada, havuzun fıskiyesini açtılar. Meğer Tahsin Bey suyun içine renkli ampuller koydurmuş. Bozkırın bir köşesinde, alaca karanlıkta birden bire yeşilli, mavili, allı sular fışkırınca, Mustafa Kemal güldü:

— A Kemal, dedi, sen ziraat okudun mu? Hayır. Çiftçi misin? Hayır. Baban çiftçi miydi? Hayır. İşte bilmediği işe parasını koyup da kaybedenlere sular bile güler.

Mustafa Kemal, her şeyi ve herkesi, kendisine kadar herkesi zaman zaman tenkit etmiştir. Fakat on beş yıl onun hususî meclislerinde bulunanlar bilirler ki, Mustafa Kemal, İsmet Paşa'yı bütün arkadaşlarından daima üstün tutmuştur. Onun zekâsına, faziletine, devlet idaresine güvenmiştir. Nice defalar:

— Çocuklar, Çankaya'da rahat ediyorsam, İsmet sayesindedir, demiştir. Bu sözü duymayan Çankaya davetlileri parmakla gösterilebilir.

Mustafa Kemal ve İsmet, aralarındaki nispet daima ayrıca muhakeme edilmek üzere, birbirlerini tamamlamışlardı.

Birinci Dünya Harbi'nden sonraki sivil diktatörler iktidara geçince üniforma giymişler ve bir daha arkalarından bu üniformayı çıkarmamışlardır. Mustafa Kemal, İsmet Paşa ile beraber zaferden sonra üniformalarını çıkardılar ve bir iki askerî manevra müstesna, bir daha giymediler. Mustafa Kemal, yeni düzenin devletini ve toplumunu kurmak, yeni düzene aykırı bütün müesseseleri ve gelenekleri yıkmak, yerlerine yenilerini koymak davasında samimi, açık ve tereddütsüzdü. Birçok Türkçüler kendisi ile beraber idiler. Ancak bunlar bir şahsî ve keyfî otorite değil, Mustafa Kemal'in liderlik itibar ve nüfuzunu da içine alan bir meclis ve kanunlar otoritesi istiyorlardı. Teşkilât-ı Esasiye Kanunu'nun tadillerinde Cumhurreisine veto ve fesih hakları verilmek meselesi tartışıldığı zaman, devrimin otoriter idaresini zarurî bulan ileri fikir arkadaşları dahi kendisine karşı koymuşlardır. Bunlar arasında Saracoğlu Şükrü ve rahmetli Mahmut Esat Bozkurt vardı. Mustafa Kemal, Meclis görüşmeleri sırasında, en çok kürsü nüfuzu kazanan bu iki genci bir akşam çağırdı, sabahlara kadar kendileri ile tartıştı ve sonunda bu yeni haklarla şahsi otoritesini kuvvetlendirmek iddiasından vazgeçti. Bütün nimetlerin ve mahrumiyetlerin kaynağı olan bir zamane hâkimi bunu yapmaz. Mustafa Kemal emir kulları ile fikir yoldaşlarını birbirinden ayırmasını ve hangilerini nerelerde kullanacağını bilmeseydi, Atatürk olur mu idi? Keşke bazı hususî zaafları ve müsamahaları da olmasaydı!

Hastalanıp o korkunç illetin pençesi altında asabî muvazenesi sarsılıncaya kadar, Mustafa Kemal ile hükümet ve Meclis arkadaşları arasında çok tartışmalar ve kendisine yahut kötü yakınlarına karşı çok dayatışlar olmuştur. Mustafa Kemal, devrim yolculuğunda kendisi ile birlik olduğuna şüphe etmediği arkadaşlarının her türlü nazını çekmiştir.

Ama etrafındaki bu adam ve seviye karışıklığının sebebi ne olduğunu soracaksınız. Bu, o devrin, kendisine eski komitekâri taktiklerden faydalanmak zaruretlerini duyuran özelliklerinden gelir. Sofrasında devrinin bütün çeşitleri vardı. Bir akşam yanındaki hanıma sofrasındaki bir davetliyi göstererek:

— Bu adamın ne bayağı olduğunu bilemezsiniz, demişti.

Sonra fikrine daha da kuvvet vermek için:

— Hani çöp tenekesi vardır. İçine her türlü süprüntüler konur. Ne kadar boşaltsanız, dibinde yapışık bir şeyler kalır. İşte bu o şeylerdendir, sözlerini ilâve etmişti.

Hanım, şaşırarak:

— Aman Paşacığım öyle ise ne diye sofranıza alıyorsunuz? demesi üzerine:

— Ha... İşte onu da sen bilemezsin kızım, cevabını vermişti.

Terakkiperver Cumhuriyet Fırkası'nın büyük bir hareketin temsilcisi olduğunu yazmıştık. Bu hareket türlü akımların kaynaştığı yerdi.

İçinde samimî demokrasi savaşçıları vardı. Bunlar şahıs veya takım tahakkümü olmaksızın, serbest seçimli hür bir murakabe meclisi taraflısı idiler. Bunlara Terakkiperver Cumhuriyet Partisi'nin idealistleri diyebiliriz. İçlerinde, işlerin dürüst gitmesinden, tahakküm ve yolsuzluk olmamasından başka bir şey istemeyen mütevazı memleketçiler vardı.

Yine hareketin içinde şahsî kinler ve rekabetler vardı. Bilhassa eski İttihat'çılardan bir kısmını bu takıma katmak lâzım gelir. Gericiler ise, pek tabiî olarak, Terakkiperver'lerin safında idi.

Şahsî idareye nihayet vermek, Hâkimiyet-i Milliye prensiplerine göre tam bir murakabe sistemi kurmak umumî parola idi. Mustafa Kemal'e karşı hususî bir kasıtları olmayıp yalnız otorite ve sistemden kurtulmak isteyenler de, Mustafa Kemal'i düşürmekten başka bir şey düşünmeyenler de, henüz başlayan devrimi, olduğu yerde durdurmak veya eski düzeni tekrar kurmak isteyenler de, hepsi bu parolada birlik idiler.

Mustafa Kemal'in millî kahramanlık ve liderlik otoritesi gittikçe zayıflamakta idi. Kurmaya başladığı yeni düzenin devam edebilmesi için Mustafa Kemal'in uzun yaşamasından başka çare olmamakla beraber, bu çarenin de kâfi olduğuna inananlar gittikçe azalıyordu. İstanbul'a gelip gittikçe Ankara'nın ne kadar hafife alındığını görüyorduk. Meclislerde sözünü esirgeyen yoktu. Bizler gazetelerde "dalkavuklar" diye teşhir ediliyorduk. Halk efkârı bir Ankara müdafaacısına tahammül edemediği için, ortak olduğum *Akşam* gazetesinden ayrılarak *Hâkimiyet-i Milliye*'ye geçmek zorunda kalmıştım. Bu gazetenin de sürümü, resmî aboneler ile beraber iki üç bin arasında idi.

Muhalefetle iktidar arasındaki Meclis çatışmaları, İsmet Paşa ve karşı parti liderleri arasında kalsa iyi olacaktı. Ne yazık ki, Mustafa Kemal'in yakınlarından bazıları kürsüde veya koridorlarda muhalefet şahsiyetlerine ağır hakaretlerde ve hücumlarda bulunarak, hepsini hak ve halk kahramanı kılmakta idiler. Eski İttihatçı Şükrü Bey'in bir lokantada masasına tabak fırlatıldığını duymuştuk. Terakkiperver Cumhuriyet Partisi'nde bir suikast fikrinin uyanmasında, şahsî kırgınlıkları affetmez kin kızgınlığına çıkaran bu aşırılıkların da büyük rolü olduğunu sanıyorum.

Bizim duyduğumuza göre İttihatçıların eski Maarif Nazırı Şükrü Bey, 1908 Meşrutiyeti'nde suikastlar tertip eden hususî komitenin başında idi. Acaba Mustafa Kemal'i öldürmek doğrudan doğruya onun mu aklına geldi, yoksa eski fedailer zihniyeti içinde kendiliğinden mi doğdu, bilmiyorsam da, Meclis içindeki ve dışındaki liderlerin suikastlar söylenti ve söyleşmelerini duyup dinlemekten ileri bir ilgileri olabileceğine hiçbir zaman inanmamışımdır.

Mustafa Kemal'in ölümü o tarihte yeni rejimi olduğu yerde durdurmak, hatta yıkmak için tek çare idi. Orduyu emniyetli ellere teslim eden Mustafa Kemal'i düşürmek imkânı yoktu. Ölümünün bir çare olması başkadır, öldürmeye karar vermek başkadır.

Suikast İzmir'de yapılacaktı. Tertipçiler pek iyi bir nokta seçmişlerdi. Mustafa Kemal'in otomobili bu noktadan yavaşlayarak geçmek zorunda idi. Kalabalık arasına sokulan ve saklanan katil, onu vuracak ve kargaşalıktan faydalanarak savuşacaktı. Mustafa Kemal tren yolculuğunda gecikti. Bu gecikmeyi suikastın keşfedilmiş olmasına veren tertipçilerden biri, ilk ihbarda bulunanın cezadan kurtulması imtiyazını kazanmak için gitti, her şeyi İzmir valisine anlattı. Sanıklar ve şüpheliler tutularak İstiklâl Mahkemesi'ne verildiler.

Muhalefet hareketine liderlik eden kimler varsa, hepsi tutulanlar arasında idi. Bunlardan Şükrü Bey'le birkaç arkadaşından başkasının suikastçı olabileceğine inanılmıyordu. Muhakemeye adalet mi, umumî bir tasfiye fikri mi hâkim olacaktı? Genç devrimin cinayetle lekelenmemesini isteyenlerin büyük kaygısı bu idi.

Ankara'da Kâzım Karabekir'i tevkif etmişlerdi. Kâzım Karabekir kendini götürenlere Başvekil İsmet Paşa'yı görmek istediğini söyledi. Yanına çıkardılar. İsmet Paşa, Kâzım Karabekir'in suikastçılık sanığı olarak yakalandığını duyunca, bütün suikast hikâyesinin topyekûn bir tertip olduğuna hükmetti. Kâzım Karabekir çok eski arkadaşı idi. Mizacı, karakteri, ahlâkı ne olduğunu, neye elverişli, neye elverişsiz olduğunu pek iyi biliyordu. Mustafa Kemal, suikast tertibinin arkasından çıkacak vakalar bilinmediği için, hükümet reisinin Ankara'da kalmasını istemişti. Kâzım Karabekir meselesindeki müdahalesini duyunca, kendisine meselenin gerçekten ciddî olduğunu temin etti ve İzmir'e gelerek durumu yakından incelemesini istedi. İsmet Paşa, İzmir'e gitti. Suikast hikâyesinin aslı olduğuna, hapishaneye giderek Ziya Hurşit'in kardeşi Faik Bey'le görüşüp, bizzat Faik Bey'in kendisine verdiği açıklama üzerine inanmıştır. Fakat Kâzım Karabekir ve arkadaşlarının acele bir hükme kurban gitmeleri ihtimali üzerine Mustafa Kemal'den iyice teminat da almıştır.

Terakkiperver Parti liderlerinin, Kâzım Karabekir, Refet ve Ali Fuat Paşa'ların meselesini sonuna kadar takip etti. Paşaları mahkûmiyetten kurtarmak için Mustafa Kemal'le yapmış olduğu tartışmalardan sonuncusunu, o sırada tesadüfen yanlarına giden General Fahreddin Altay'dan dinledimdi.

O aralık ben de İzmir'e gitmiştim. Sinemadaki muhakemenin bir celsesinde bulundum. Milletvekili olduğumuz için mahkeme heyeti ile beraber sahnede oturuyorduk. Reis Ali Bey'in Cavit'e bir ağır muamelesi pek gücüme gitti. Cavit'in eli cepte konuşmak eski âdeti idi. Birçok fotoğrafları da böyle çıkmıştır. Şüphesiz bir mahkemenin karşısında eli cepte konuşulmaz. Fakat başı ile oynanan bir sanık, heyecanlı anlarda kendi kendinin kontrolünü kaybeder. Ona yargılamasından fazla alışkanlıkları hükmeder. Ali Bey bunu görünce, herkese saygılı ve yavaş hitap etmişken, birdenbire alabildiğine köpürdü. Cavit'e haykıra haykıra hakaret etti. Bu hakarette, eski bir geri İttihatçının, eski bir ileri İttihatçıya karşı kininin köpürdüğünü hissediyordum. Bu hakaret, Cavit'in medeniyetçilikte bizden ayrı olmayan kafasına idi.

Öğleden sonra Mustafa Kemal'in ve İsmet Paşa'nın bulundukları Çeşme'ye gittim. Mustafa Kemal, küçük bir köşkte oturuyordu. Haber verdiler. Beni yanına çağırdı. Talat Paşa'nın eski yaveri Abdülkadir'le görüşüyordu.

— Ne var, ne yok? diye sordu.

İzmir'e uğrayarak geldiğimi söyledim. İstiklâl Mahkemesi'nde gördüklerimi anlattım. Ve:

— Paşam, bir adalet mahkemesi veya siyasî bir rejim mahkemesi, ikisi de olur. Adalet yalnız haklıyı haksızı, rejim de yalnız kendi selâmetini düşünür. Ben ikisini de anlıyorum. Ali Bey'in ne yapmak istediğini anlayamadım, dedim.

Ve o günkü celseden bazı misaller verdim.

Mustafa Kemal'in benim açıklamalarımdan neler sezindiğini bilmiyorum. O akşam Çeşme'nin otelinde bir suare vardı. İstiklâl Mahkemecileri de köşkte yemeğe davetli imişler. Gelince üst kata çıktılar. Onlar, İsmet Paşa ve Fevzi Paşa konuşmaya daldılar.

Ben aşağıda, davetlilerden olan İzmir müstahkem mevki komutanı ile bekliyordum. Konuşma uzun sürdü. Meğer bu bir tartışma imiş. Mustafa Kemal birtakım tenkitlerde bulunmuş. Arada benim adımı da ağzından kaçırmış.

Tabiî hepsi bana düşman kesilmişler: "— Her şey yolunda idi. Bu müfsit geldi, araya nifak soktu" diye söylenmişler.

Sofraya inildiği vakit, İstiklâl Mahkemecilerinin bana selâm vermediklerini gördüm. Mustafa Kemal ise beni sofrada tam karşısına oturttu. Lüzumlu lüzumsuz benimle alâkalanmasına bir mana veremiyordum. Neden bahsedilse, sık sık:

— Öyle değil mi Falih? diyordu.

Yemekten sonra İstiklâl Mahkemecileri Çeşme'de kalmadılar. Biz suareye birkaç kişi gittik.

Ertesi sabah otelde otururken başkâtip Tevfik Bey geldi:

— Paşa, hemen İzmir'e gitsin, bir vapurla İstanbul'a oradan Ankara'ya gelsin, diyor.

Kendi kendime: "— Bu da ne demek?" diye sinirlendim. Doğru köşke gittim. Mustafa Kemal, İsmet Paşa ile beraber aşağı avluda idiler. Gülerek:

— Ne o? dedi.

— Bir emrinizi aldım. Ama kusurumun ne olduğunu bilmiyorum, dedim.

— Çocuğum senin kusurun yok. Ben bir gaftır, yaptım. Biliyorsun görülecek işler var. Ben yarın Ankara'ya dönüyorum. Sen de doğru İstanbul'a git, oradan Ankara'ya gel. Hem rica ederim sana, bir mektup yaz, Ali Bey'in hatırını al, dedi.

Dediklerini yaptım. Ali Bey'in bir yakınına mektup yazdım. Fakat Ali Bey ve arkadaşlarından kimlerse bilmiyorum, âdeta sofrasında ya o, ya biz, diyesiye kadar ileri varmışlar.

Mustafa Kemal böyle zorlamalara hiç gelmezdi. Nasıl düşünememişler, şaşarım. Ben bilakis Mustafa Kemal'in büsbütün sık davetlileri arasına geçtim. İstiklâl Mahkemecileri de bir akşam, Hariciye Köşkü'nün bahçesinde birer birer elimi sıktılar.

Keşki fesatçılığımda muvaffak olabilseydim! Biz Cahit'le Cavit'in hiçbir zaman suikastçı olamayacaklarını biliyor ve Ankara'ya geldikten sonra da durmadan İsmet Paşa'ya baskı yapıyorduk. Cavit'in, eğer onunla beraber başka günahsızlar varsa onların ölümden kurtulamamış olmalarına hâlâ vicdanım yanar. İttihatçılardan bazıları, kendilerine sığınanları vaktiyle haber vermemek gibi, kabadayılık jestlerinin kurbanı olmuşlardır.

Suikastçılar Mustafa Kemal'i öldüremediler. Fakat kendi partilerini öldürdüler. Ne kadar yazık ki, yeni rejimin otoritesi, İzmir ve Ankara sehpaları üstünde tutundu. Bu kesin tasfiye, her türlü aleyhtarlığın veya gericiliğin bütün cesaretlerini kırdı. Mustafa Kemal'e başladığı inkılâbı tamamlamak fırsatını verdi.

Nasıl ki, Meşrutiyette İttihat ve Terakki otoritesi de taklib-i hükümet hadisesinin sehpaları üstünde tutunmuştu.

Fakat hükümet içinde hükümet gibi, bir de İstiklâl Mahkemesi otoritesi meydana geldi. Reisin evi hemen hemen "merci-i enam" idi. Bu hal, İsmet Paşa'nın devamlı ısrarları üzerine bir akşam, Ankara Palas'ın bir balosunda Mustafa Kemal'in İstiklâl Mahkemecilerini çağırıp hemen oracıkta vazifelerine nihayet vermelerine kadar sürdü. Ertesi günü kendilerine hediye edilen Benz otomobillerine binerek, fakat artık basit milletvekili sıfatı ile Meclis'e gelmişlerdi.

DEĞİŞEN HAYAT

Tarih der ki: "Japonlar bağımsızlaşmak ve kuvvetlenmek için medeniyetlerini değiştirmek zaruretini duydular. İlk akıllarına gelen şey feodalizm kurumlarını yıkmak ve Garpkârî, bilhassa Amerikankârî teşkilâtlanmaktı.

"1868 ile 1877 arasında geçmişe ait ne varsa tahrip olunmuştur. Japonlar, Çin kaynaklarından Avrupa ve Amerikan kültür kaynaklarına doğru bu gidişe "Garplılaşma" adı vermişlerdir. 1858'den sonra, adliyede, askerlikte, ticarette, ilim, edebiyat ve sanatta bu hareket büyük bir hız almıştır.

"Bu ilk devirde Japonlar âdeta kendilerinden soğumuşlar, şiddetli bir Garp taklitçiliğine kapılmışlardı. Kadınlı erkekli suareler, maskeli balo, smokinle lokantaya gitmek gibi şeyler hemen kibar âdetleri arasına girdi. Radikal bir ahlâk devrimi yapmak, kadını kölelik ve dişilikten kurtarmak fikirleri aldı, yürüdü. Frenk'e benzemek için saçlarını kıvırtanlara, mavi gözlü olmadıklarına esef edenlere sık sık rastlanmakta idi. Bir büyük Japon muharriri, Japon ırkı beyaz ırktan aşağıdır, bu aşağılıktan kurtulabilmek için Avrupalı kanı ile aşılanmalıyız, diyordu. Japonlar Garplı tefekkürün cevherini bırakarak, sathî bir taklitçiliğe kapıldılar. İlk tepki 1889'da duyulmuştur. Ondan sonra Japonluğun yaratış devri gelir."

Charles Seignobos, on yedinci asır sonlarının hikâyelerini yazdığı sırada der ki: "Büyük Petro, Rusları Asyalı geleneklerden kurtarmak ve Garplılaştırmak için kadınlı erkekli salon toplantılarına da önem verdi. Asilzadeleri bu toplantılara karıları ile birlikte gelmek zorunda bıraktı. Fakat toplantılarda kadınlar ve erkekler, hareketsiz ve sessiz, birbirlerinden ayrı otururlardı."

Bu, dar kalıbı kırmak ve topluluğu bir hapis yaşayışından serbest havaya çıkarmak ihtiyacından ileri geliyor. Kadın hür olmadıkça ve umumî hayata katılmadıkça, topluluğun durgun suyu dalgalanmaz. Taklit ve özenti devri en çok bizde sürmüştür. Büyük şehir Osmanlılığı, kıyafetini, başlığını, birçok âdetlerini değiştirmişti. Fakat kadına ve tefekküre el dokunduramamıştı. Meşrutiyetin sonlarında dahi aile ve üniversite şeriat takımının hükmü altında idi. Hür yaşayış ve hür düşünüş gizli ve her tarafta dört duvarla kapalı idi. Bu bir riyakârlar topluluğu idi. Evlerinde açılan, her türlü Batı âdetlerini benimseyen ailelerin kadınları bile çarşafsız ve peçesiz sokağa çıkamazlardı.

Vakanüvis, on dokuzuncu asrın sonlarına ait bir balo davetini şöyle hikâye eder: "Bu esnada İngiltere Elçisi Tersane-i Âmire Haliç'inde, gemisinde balo tertibi ile vükelâyı davet etmiştir. O vakte kadar alafranga ziyafet ve hususiyle balo İstanbul'ca görülmüş şey olmadığından görenler ve işitenlerin taaccübünü mucip olarak türlü sözler tahaddüs etmiştir. Davetli olan zevat, yatsı namazını tersane divanhanesinde kılarak saat ikide (alaturka saat) sandallar ile gemiye gitmişler, sabaha kadar orada eğlenmişlerdir. Ertesi gün Sudur'dan Yahya Bey, Hüsrev Paşa'ya ziyafetten sual ettikte:

"— Az vakitte çok tekellüf etmişler. Biz bir ayda tanzim edemeyiz. Çare ne? Devletçe bir şeydir, oldu. Gidilmese olmaz. Kaşık, çatal gibi bazı mekruh şeyler vardı.

"Diye münafıkane davranmış ise de, "murassa çatal ve kaşığı Padişah'a arz eden ve böyle şeylere alıştıran kendisidir" demiş olduğunu Esat Efendi kaydeylemiştir.

"Beş on gün sonra Fransa elçisi mükemmel bir balo vermiştir ve buna davetlilerden bazıları gitmemiştir."

Osmanlı topluluğunda kadın, taassuba karşı devletin başlıca tavizi idi. Taassup için ahlâk, ırz, ırz da bilhassa kadın demektir. İstanbul'da kadınların ırzından yalnız kocaları, ana babaları sorumlu değil idiler. Bütün mahalle halkı aile hayatını kontrol ederdi. Bir eve kadın alındığı haberi duyuldu mu, imam, bekçi ve belli başlı mahalle eşrafı gider, o evi basardı. Çatı arasına ve kümese kadar aramadığı yer bırakmazdı. Sokakta herkes kadın kıyafetine karışmak hakkını kendinde görürdü. Yüzler, eller, kollar ve bacaklar iyice kapanmalı, çarşaflar vücut biçimini hiç sezdirmemeli, peçeler bir süs değil, tam bir örtü olmalı idi. Bazı kibar semtlerde ve Beyoğlu'nda bu disiplin biraz gevşerdi. Fakat harp, pahalılık gibi hadiseler olduğu veya idare aleyhine dedikodular arttığı vakit, hemen kadın kılığı günün meselesi haline gelirdi. Kadın erkekle bir arabaya binemezdi. Vapurlarda, tramvaylarda, muhallebici dükkânlarında kadın yerleri perde veya kafesle erkek yerlerinden ayrılmıştı. Mesirelere kadar her yerde harem kısmı vardı.

1908 Meşrutiyeti'nden sonra dahi meselâ kız mekteplerinde edebiyat hocası harem ağası idi. Batılı tefekkür adamı, bir milletin medeniyetini ölçmek istiyor musunuz, kadına nasıl muamele ettiğine bakınız, der. Osmanlı topluluğunda bu bir dişi muamelesi idi.

Türkçe oynayan tiyatrolarda kadın rolü, bilhassa Ermenilerde idi. Ortaoyununda kadın "zenne"dir: Yani kadın rolünde yaşmaklı bir erkek!

Kaçgöç hemen hemen umumîdir. Evinin kadınlarını yakın erkek ahbapları ile tanıştıran açılmış aileler bile, erkek misafirlerini selâmlıkta kabul etmek, "dile düşmemek" zorunda idiler. Rahmetli Müşir Ethem Paşa'nın bir fıkrasını duymuştum. Girit'te vali iken bir konsolosun davetine gitmiş. Hıristiyanlar ve ecnebiler kadınlı erkekli imişler. Kendisine:

— Bakınız, biz bu davetlere kadınlarımızla geliyoruz. Siz niçin böyle yapmazsınız? diye sormuşlar.

Pek Fransızca bilmeyen rahmetli Müşir:

— Yoo, demiş, bizde femme maison, clef poche...

Hamdullah Suphi, Türk ocaklarında Türk kadınını piyano konserleri veya konferans vermek üzere sahneye çıkardığı zaman, bu, zamanın büyük hadiseleri arasına geçmişti.

Bununla beraber harem, artık selâmlık duvarını zorluyordu. Edebiyat, kadın davasını tutuyordu. Birinci Dünya Harbi gelince, bu da geri kaldı. Hele bozgunlar üzerine Enver Paşa halk arasındaki dedikoduları durdurmak için kadın tavizine girişti. Çarşafların ayakların hangi noktasına kadar ineceğini tespit etmek üzere bir komisyon bile kurulmuştu. Bir gün bir polis müdürü, Ada otellerinden birinde bir karı kocanın beraber oturduklarını duyunca, bizzat otele giderek kadını sokağa atmıştı.

Çanakkale cephesinde dövüşen büyük rütbeli bir subayın, anaları Alman olan kızları bir gün Alman davetlileri ile buluşmuşlar. Enver Paşa bunu duyunca, cephede harp eden babayı hemen emekliye ayırmıştır. O aileden bir hanımla evli olan bir rüsumat memurunun da vazifesine nihayet verdirmiştir.

Mütareke gazetelerini okuyan, Osmanlı Saltanatının sanki kadınlar yüzünden batmış olduğunu zanneder. Mondros'ta teslim olmuşuz, kadına hücum. Düşman donanmaları İstanbul Limanı'na demirlemişler, kadına hücum. Hazne dar, o ay maaş çıkmamış, kadına hücum. Gazetelerin birçoğunda İstanbul polis müdürlüğü kadın meselesi ile alâkalanmadığı için tenkit edilmekte idi.

Fakat kadınlar, bilhassa Beyoğlu ve Kadıköy semtlerinde, ecnebi işgali sırasında, hayli serbestleşme denemesinde bulunmuşlardır.

Mustafa Kemal'in anlattığına göre, İsmet ve Fevzi Paşalar, devrimlere başlamazdan önce, kendisine evlenmek tavsiyesinde bulunmuşlar. Yeni ve gerçek hürriyet devri, kadınla başlayacaktı. Kadın hayata katılacaktı. Hâlbuki biz 1923'de Ankara'ya gittiğimiz vakit, ora hayatını İstanbul'dan da çok geri bulmuştuk. Ankara'da İstanbul alafrangalarından hemen hemen hiçbir aile yoktu. Çankaya'da oturan birkaç uyanık milliyetçi, kendi aralarında erkekli kadınlı buluşmakta idiler. Fakat sokak tamamıyla kadınsızdı. Cinsî ahlâk da, bu yüzden, pek aşağı idi. Hatta burada zikretmekten utandığım bir ağız tamimi yapıldığını hatırlıyorum.

Mustafa Kemal dar kabı kıracaktı.

Burada devrimci Mustafa Kemal'in hayran kaldığım bir özelliğini anlatmalıyım. Mustafa Kemal, bir Şarklının tamamıyla zıddına, kendi mizaç ve âdetlerini çiğneyerek fikir kahramanlığı etmiştir. Sevdiği musiki alaturka, inandığı ise Garp musikisi idi. Evinden alaturka musikiyi eksik etmemişken, millî eğitimde yalnız Batı musikisini tutmuştur. Daima musikisiz devrim olmaz, sözünü tekrar eder, "— Çocuklarımızın ve gelecek nesillerin musikisi, Garp medeniyetinin musikisidir" derdi. Garp musikisinin ancak pek hafiflerinden zevk almakla beraber, hemen hemen bütün inceliklerini kavradığı alaturka musiki ile onun arasında ve alaturka lehine bir mukayese yaptığını hatırlamıyorum.

Kadın anlayışında pek Garplı olduğu söylenemez. Hatta hanımların tırnaklarını boyamasını bile istemezdi. Son derece kıskançtı. Denebilir ki harem eğiliminde idi. Bu onun hissi, mizacı ve alışkanlığıdır. Kafasına göre kadın, hür ve erkekle eşit olmalı idi. Batı medeniyeti dünyasının kadını ile Türk kadını bütün aşağılık duygularından kurtarılmalı idi. Medenî kanunla Türk kadınına Garp kadınının bütün haklarını veren Atatürk, kendi münasebetlerinde, bırakınız ecnebi erkekle evlenen Türk kadınını, ecnebi kadınla evlenen Türk erkeğine bile tahammül etmezdi. Devrimlerin büyük ve eşsiz kahramanı, kendi koyduğu kanunun sonuçları ile karşılaşmak lâzım gelince: "— Bize göre değil ha çocuklar..." derdi.

Devrimci ve ıslahatçı Mustafa Kemal, bir beyin adamı idi. Beyni, kendi kalbinin de bütün isyanlarını ezerdi. Bir gün bir Türk armasına hangi timsaller konacağı tartışıldığı sırada, eski Türk kurdundan bahsedilmesi üzerine:

— Timsal.. timsal.. İnsan zekâsıdır timsal, diye haykırmıştı.

Zekâ, akıl ve müspet ilim, onun saygısı yalnız bunlara olmuştur.

Kadını kurtaracaktı. Kurtarmak için önce açmalı idi. Haremi yıkmalı idi. İlk yapılan işlerden biri, İstanbul tramvayları ile vapurlarındaki perdelerin kaldırılması olmuştur. Gariptir, o sırada pek aydın ve ileri bir İstanbul hanımı ile, Halide Edip'le (Adıvar) konuşuyordum. Hanım, Ankara aleyhindeki cepheye katılmıştı. Bana:

— Hem efendim bizim peçelerimize, perdelerimize ne karışıyorsunuz, demişti.

Pek talihsiz adamdı Mustafa Kemal! Fakat talihinden de kuvvetli idi. Fikirlerini en çok anlayabilecek olanların, rüyalarında görmedikleri ve ilk gençliklerinden beri özledikleri ıslahat tedbirlerini tatbik ettiği zaman, onların mırıldandıklarını görmüştür.

Dikta perde idi. Dikta peçe idi. Kara kuvvetin ve taassubun diktası altında şark köleliği ömrü sürenler, kendilerini bu diktadan kurtaran inkılâpçıya:

— Ben senden hürriyet istedim mi? demek istiyorlardı.

Kerpiçten bir okulu, galiba bir Rum okulu imiş, Hamdullah Suphi, Türk Ocağı'na çevirmişti. Mustafa Kemal ilk defa arkadaşlarını hanımları ile oraya davet etti.

Hâlâ gözümün önündedir. Salonun bir tarafında kadınlar, bir tarafında da erkekler toplu olarak oturmuşlardı. Ayakta yalnız birkaç uyanık hanım vardı. Kadınlar büfeye gidip bir şey yemek için bile kımıldamıyorlardı. Hiç kimse kimseye ailece takdim edilmiyordu. Kadınlar erkeklerin göz hapsinde idiler. Mustafa Kemal bize:

— Çocuklar, ayaktaki hanımlara itibar ediniz. İkram ediniz. Oturanları kıskandıralım. Yavaş yavaş hepsi kalkar, diyordu.

Yavaş yavaş hepsi, fakat o akşam değil, bir iki yıl içinde yerlerinden kalktılar ve topluluğa karıştılar.

— Elbet, bu açılışta biz de kurbanlar vereceğiz, fakat nihayet alışacaklar, diyordu.

Kadın hareketi büyük bir hızla gelişti. Mustafa Kemal ve İsmet Paşa davetlerin kadınlı olmasına bilhassa dikkat ederlerdi.

Nihayet hareket Medenî Kanun'a, kadınla erkek arasındaki her türlü hukuk farklarının kaldırılmasına kadar gitti. Parola, ileride hiçbir gerilemeye imkân vermeyecek kadar, kadına her meslekte yer vermekti. Kadın milletvekili, belediye azası, hekim, avukat, her şey olmalı idi. Üniversitede erkeklerle beraber okumalı idi. Seçimlerde rey vermeliydi. Taassup şaşırıp kalmalı idi.

Mustafa Kemal büyük bir realisttir. Köy kadınını zorlamamıştır. Devrimlerinde evrimciliğe bıraktığı tek şey belki de budur. Köyde çok evliliğe dahi göz yummuştu. Köy kadınının kurtuluşu, iktisat ve terbiye şartlarının tamamlanmasına bağlı kalmıştır. Tarlada çalışan kadın, nihayet hür olur. Nihayet bütün haklarını alabilir. Kadın davasında tehlike, harem dişiliğidir.

Meclis'teki ve gazetelerdeki taassup çığırtkanları boşuna yoruldular. Mecliste bir hoca mebus, sık sık kürsüye gelir, "Florya"da denize giren kadınlardan bahseder, dururdu.

Kadın hürriyeti ile Ankara bozkırının katı ve sert yüzü güldü. Ağır ağır yerleşen ecnebi elçilikler, şehir hayatının gelişmesine yardım ettiler. Davetlerde kadın sayısı gittikçe arttı. Hanımlar bu türlü toplantıların yeni şartlarına kolaylıkla alışıyorlardı. Büyük zorlukları yabancı dil meselesi idi.

Ankara'ya bir hayli zaman herkes eğreti gözü ile bakmıştı. Ne Türkler ailelerini getirdiler, ne de Ruslardan gayri ecnebiler esaslı yerleşme niyeti gösterdiler. Onlar için başkent, hâlâ İstanbul idi. Ankara'da müsteşar veya başkâtipler nöbet tutar, elçiler ara sıra gelirdi. İngilizler Çankaya'da üç beş odalı bir ahşap ev tutmuşlar, Amerikalılar Evkaf'ın yeni yaptırdığı pek küçük evlerden birini kiralamışlardı. Fransızlar, Kale yamacındaki Osmanlı Bankası'nın deposunu bir iki büyük Goblen halısı ile kabul salonuna çevirdiler. Sonradan Fransa'da Başbakanlığa kadar çıkan Albert Sarraut ilk davetlerini bu depoda yaptı. Suareler seyrekti. Başlıca eğlence, briç toplantıları idi.

Çankaya Caddesi'nde ilk elçilik binasını yaptıran Sovyetlerdir. Yanar - söner kasaba elektriği devrinde, büyük ve iyi döşenmiş salonları, uzun müddet, Ankara'nın tek lüksü olarak kalmıştır.

Suriç yoldaş sık sık kalabalık davet yapar, bol votka ve havyar ikram ederdi. Cemiyet hayatına henüz alışan milletvekillerinin bu ikramlara fazla kapılıp merdivenlerden düşerek inmelerinden utanırdık. Bir defa bundan Mustafa Kemal'e şikâyet etmiştik: "— Milletvekillerimize Rus Elçiliği davetlerinde az içmeleri söylenilse..." demiştik. Rahmetli Nuri Conker, "— Bu düşmeler sarhoşluktan değildir" diye müdahale etti.

— Ya nedendir? diye sorduk.

— Bu bir raht irtifaı meselesidir, dedi. Biz dar basamaklı merdivenlere alışmışız. Biraz dalınca sefaretin geniş ve yüksek basamaklarında muvazenemizi kaybediyoruz, cevabını vermiştir.

Saffet Arıkan, Bend Deresi Mahallesi'nde eski ve küçük bir Ankara evinde otururdu. Bir öğleüstü Fransız sefiri Albert Sarraut ile karısını briç ve çaya davet ederek ikramlarının altında kalmamaya karar vermiş. Edip Servet Tör ve ben, bir iki arkadaş saat altıya doğru toplandık. İki masalık davetli bütün salonu doldurmuştuk. Karı koca pek eğlendiler, çay vakti geçti, yemek vakti geçti, sabaha kadar bizimle kaldılar. Alacakaranlıkta Bend Deresi'nin bir iç sokağında, tam bir Anadolu kasaba dekoru içinde, Albert Sarraut ile karısının yorgunluktan solmuş yüzlerini görmek pek tuhafımıza gitmişti.

Türkler için eski Millet Meclisi binası, yeni yapılan küçük garlar, hepsi toplantı salonları idi. Ankara boş ve harap, hayat taşkındı. Bu bir ihtilâlciler havası idi. Coşkun, şevkli ve daima tetikte bir hava...

Kurtların Yenişehir Caddesi'ne kadar inip, Şehremini'nin Avrupa'dan getirttiği bronzdan kopya kız heykellerini dişledikleri söylenen bir kış gecesi, Başvekil İsmet Paşa yeni evinde elçilere bir davet vermişti. Gece kar o kadar yağmış ki, otomobiller saplanmışlar, sökülemez hale gelmişler. İngiliz Büyük Elçisi George Clarck yanında müsteşarı ile beraber davetten çıkınca, yürüyerek evine dönmekten başka çare olmadığını görür. Evi de birkaç yüz metre yukarıda. Fakat ara yer bomboş kırlık. Biraz ilerleyince, büyük elçiyi bir gülme tutmuş:

— Kurtların bizi parçalaması bir şey değil... Fakat kurtların parçaladığı insanlardan ilk defa olarak kar üstünde frak ve silindir artıkları kalacak... demiş.

Bir aralık garip bir protokol meselesi çıkmıştı. Elçiliklere davet edilenler son dakikada devlet reisi tarafından çağırılınca, elçiye haber gönderip özür diliyorlardı. Bu hayli acayip bir işti. Elçi, sofrasını ve briç masalarını hazırlamıştır. Birkaç gün önce yolladığı davetlerine kabul cevabını almıştır. Tam davet akşamı da birkaç ecnebi misafiri ile kalakalmıştır. Mustafa Kemal'li bir geceyi feda etmek niyetinde olmayanlar, "— Devlet reisi çağırınca bütün davetler düşer" diye bir kaide tutturmuşlardı. Hâlbuki Mustafa Kemal bir elçiliğe davet edilmiş olanları serbest bırakırdı. Biz birkaç kişi onun bu iznini esas tutar, kabul edilmiş yemek daveti gibi ecnebiler için büyük bir terbiye ve nezaket meselesinde mahcup olmamaya çalışırdık. Memleketine dönen bir Amerikan Müsteşarı tam ayrılacağı gün bana:

— Allahaısmarladık dostum, artık ayrılıyoruz. Son dakikada size bir şey söylemek istiyorum. Bir büyük elçinin hazırlandığı akşam, yemek sofrasını boş bırakmanızın nasıl kötü bir tesir bıraktığını tasavvur edemezsiniz, demişti.

İngiliz Büyükelçisi, Ankara'da İngiltere Kralı'nı, Amerikan Büyükelçisi Birleşik Devlet reisini temsil ediyorlardı. Fakat bazı arkadaşlarımız için bir elçiliğe akşam saatinde Mustafa Kemal'e gideceğini söylemek ve onun feda edilmez davetlisi gibi görünmek cakası, her şeyden daha cazibeli görünürdü.

Amiral Bristol, Amerikan temsilcilerinin en sevilenlerinden biri olmuştur. Bir akşam şimdiki Halk Sineması'nın yerindeki küçük kulüp binasındaki davette Mustafa Kemal ile buluştu idi. Devlet Reisi ile birbirlerine o kadar ısındılar ki, sabaha kadar kaldılar. Sonradan duyduğumuz bir hikâyeye göre Mustafa Kemal'e karşı ilk suikast o gece olacakmış. Kulübün karşısı, şimdi İş Bankası'nın bulunduğu arsa, henüz mezarlıktı. Suikastçılar orada pusu kurmuşlar ve ortalık ağarınca sıvışıp gitmişler. İzmir suikastından, sadece yolda gecikmiş olduğu için kurtulmuş olan Mustafa Kemal, bu vakayı da duyunca:

— Nasıl, ben kendi kendimin polisi değil miyim? demişti.

İzmir'e bir bahane ile tam zamanında gitmemekliğinde kendi hususî bir tedbiri olduğunu söylemişti.

Kuvay-i Milliye zamanı Mustafa Kemal, Ankara'daki ecnebi temsilcileri ile daha içli dışlı imiş. Azerbaycan Elçisi, bir yaz gecesi geç vakit atına binmiş, Çankaya'ya gelerek henüz bahçesinde oturan Mustafa Kemal'in sofrasına katılmış.

Mustafa Kemal, resmî ilişkilerinde son derece dikkatli, titiz ve merasimci iken, hususî âlemlerinde ecnebi tanıdıklarından hoşlandıkları ile pek samimî idi. Bu münasebetlerde rütbe ve mevkie bakmazdı. Bizimle pek dostluk eden bir Amerikan baş veya ikinci kâtibine Ankara'dan ayrılacağı vakit, ona verdiğimiz veda topluluğunda bulunmuş ve kendisi ile arkadaşça eğlenmişti.

Ecnebiler bir kahramanı daha iyi anlıyorlardı. Mustafa Kemal'in zaferi ne demek olduğunu bizden daha iyi biliyorlardı. Bizim kendisinde fazla gibi gördüğümüz şeylerin, bir millî kahramanın pek tabiî hususiyetleri olduğunu düşünüyorlardı. Mustafa Kemal bir mizaç, büyük bir mizaçtı. Bu mizaç çetin ve yenilmez tehlikelerde ve güçlüklerde görünüp, sonra bir derviş huyu sessizliği bağlayamazdı. Bu mizaç Selanik'te Beyaz-Kule masasında ne ise, Anafartalar'da ve Kocatepe'de de o, Çankaya'daki sofrasında da o idi.

Ankara'da hayat, bir taslak olmaktan da kurtulmuyordu. Şehri yapmak lâzımdı.

BİR ŞEHİR YAPMAK

Ankara, Atatürk'ün büyük işleri ve eserleri arasındadır. Ankara'nın kuruluş hikâyelerinden bazılarını Cumhuriyet tarihine hatıra olarak bırakmak istiyorum.

Bir devlete bir başkent, bir orduya karargâh gibi seçilmez. Devleti idare edenler, nesillerce bu şehirde oturacaklardır. Birçok kültür merkezleri bu şehirde yerleşecektir. Şehir ikliminin insan sağlığı ve sinir üstündeki iyi veya kötü tesirleri bütün memlekette duyulur. Bir başkentte, on iki ay çalışılabilmelidir. Maaş ve geçim hatırı için ancak "ilişilebilinen" bir şehir, başkentlik vazifesini yapamaz.

1071 Malazgirt'ten sonra büyük Türk devletlerinin başlıcalarından yalnız biri yaylada bir merkez edinmiştir. Konya, Selçuk Devleti'nin başkenti idi.

Osmanlıların il payitahtı Bursa, ikincisi Edirne, üçüncüsü İstanbul'dur.

Müslüman ve Türk halkı İstanbul'a Fatih'ten sonra aktı. Türlü türlü şiveler ve milliyetler, bu şehirde kaynaştılar. Bugünkü şivemiz, bu kaynaşmanın eseridir. İstanbullu da, uzak yakın bütün taşralardan göçme pek çeşitli mizaçların bir yoğruluşu idi. Her Müslüman, hangi ırktan olsa, İstanbul'da Türk olmuştur. İstanbul, dilde ve milliyette kaynaştırıcı, yoğurucu ve birleştirici bir rol oynamıştır. İstanbul, Osmanlı İmparatorluğu'nun yalnız idare değil, her bakımdan merkezi haline geldi. Bazı şartlar içinde devlet demek, hemen hemen o demekti. Sırasına göre padişahları değiştiren, hükümetleri vezirden vezire devreden o idi. Devlet için, her işte ve en başta İstanbul'u düşünmek bir zaruret haline gelmişti.

Tarih, İstanbul'a işsiz ve karıştırıcı halk yığınlarının göç etmesini kolaylaştırdığı için, Kanunî Sultan Süleyman'ın bu şehre su getirmiş olduğundan pişmanlık duyduğunu yazar. Bir harp sırasında, İstanbul'un derdinden devlet derdini düşünmeyen bir padişaha, veziri:

— Harp olunca İstanbul'dan çıkıp Bursa gibi bir şehirde oturmak lâzımdır, demişti.

Hanedanlar için taç ve taht, çok defa her şey demektir. İstanbul o kadar her şeydi ki, padişahlar için onun uğruna feda edilmeyecek şey yoktu. Büyük bir vatan müdafaasında İstanbul'dan bir gün bile ayrılmak, hanedan için taçtan, tahttan, devletten ve her ne var ne yoksa hepsinden olmak demekti. Çanakkale muharebesi zamanında düşmanın Akdeniz boğazından geçerek İstanbul'a gelmesi ihtimali düşünüldüğünden Anadolu'da bir merkeze gitmek hatıra gelmişti. Sultan Reşat için de Eskişehir'de bir konak hazırlanacaktı. Bu haberi duyan saraylılar:

— Padişahımızı taşralara götürecekler... diye ağlaşıyorlardı.

Mesele hanedanın İstanbul'dan çıkmasına gelince, düşmanla mutlaka uzlaşılmalı idi. Taç ve tahtın İstanbul'da kalabilmesi için her şey verilmeli idi.

Fakat memleket sınırı Edirne'ye gelince, yazılmasa ve söylenmese bile, Anadolu'da bir merkez edinmek fikri alttan alta işleniyordu. Devlet bütün müesseseleri ile o kadar şehirleşmişti ki, bir gün İstanbul elden gitse hiçbir şeyimiz kalmayacaktı.

Balkan Harbi'nden sonra devlet merkezini artık İstanbul'dan Anadolu'ya aktarmak fikri, ilk defa açıkça galiba Mareşal Fon der Golz Paşa tarafından ileri sürülmüştü.

Mustafa Kemal acaba neden Ankara'yı seçti? Meselenin böyle konuşu doğru değildir. Mustafa Kemal sadece Ankara'da kalmaya karar vermiştir. Ankara ilk zamanları millî kurtuluş savaşının karargâhı idi. Düşman, onun yakınlarına kadar gelmiş, fakat kapısını zorlayamamıştı. Yer yer birçok bölgelerde Büyük Millet Meclisi'ne karşı ayaklanmalar olmuşken, Ankara, hareketi ve Mustafa Kemal'i sonuna kadar tereddütsüz tutmuştur. Tutuşunun sebebi kuvvet baskısına verilemez. Çünkü Ankara'da askerî kuvvet daima pek azdı. İrtica, fesat ve tahriklerinin böyle kuvvetleri, çok da olsalar, ne çabuk erittikleri de başka merkezlerde görülmüştür. Sonra din işleri reisliği vazifesini gören rahmetli Hoca Rifat Efendi, pek vatanperver, dürüst ve cesur, bundan başka Ankaralıların da pek saydığı bir adamdı. Sert yaylanın bu çetin karakteri, hemşerileri ile beraber, en güç zamanlarda Mustafa Kemal'e bağlı kalmıştır. Ve sadece inandığından ve inandıklarından!

Bundan başka demiryolu Ankara'da sona ermekte idi. Sakarya günlerinde orası bırakılsa bile yine geri dönüleceğine şüphe yoktu.

Mustafa Kemal, Ankara'yı merkez seçmiş değildir. Dediğimiz gibi Ankara'dan çıkmamıştır. Birçok şehir rekabetlerini önlemenin çaresi de bu idi.

Onun için Ankara başkent olabilir mi, olamaz mı? İklimi buna elverişli midir? İleride birkaç yüz bin nüfusu idare edecek su bulunabilecek midir? Bu çıplak toprak bir gün yeşerebilecek midir? Bu sualler sorulmamıştır. İhtisas tetkikleri yapılmamıştır. Aydın bir generalimiz:

— Ankara'nın merkezliği geçici bir şeydir. Sıfırın üstünde medeniyet olmaz. Onun için buraya çok masraf etmemeliyiz, diyordu.

Bir başkası:

— Bir müddet kalırız. Yerleşmeye uğraşırız. Sonunda İstanbul'a gitsek bile, sıkışınca Anadolu'da taşınabilecek bir merkez edinmiş oluruz, diye avunuyordu.

— Bu yüksekliğe kalp dayanmaz. Ankaralı Ermeniler bile ellisine gelince İstanbul'a göçerlermiş, diyenlere rastlıyorduk.

Avrupa'nın başlıca bayındır şehirlerinden biri, Madrid, 655 rakımlıdır: Münih'in rakımı 526'dır. Ankara 907. Sıfırın çok üstünde medenî merkezler daima kurulmuştur. Mesele su bulmakta yaşanabilecek bir iklime kavuşabilmektedir. Ankara, bir yayla şehridir. Lyon Üniversitesi Climatologie Profesörü Piery der ki: "Bu iklim, mihnet ve meşakkate karşı koyma terbiyesi veren eşsiz bir mekteptir.

Buradaki insan, tabiatın asiliği ile savaşmayı ahlâk edinmiştir. Sıcak memleketlerin yakıcılığı ile olduğu kadar, kutup soğukları ile de uyuşabilir. Bu iklim, inisiyatif kabiliyetini ve moral enerjiyi geliştirir."

Moskova Merkez Biologie ve Climatologie Enstitüsü Profesörlerinden Doktor Aleksandrof da şöyle demiştir: "Osmanlı Türklerinin, anayurt iklimlerine hiç benzemeyen çeşitli dünya bölgelerinde asırlarca yaşayabilmeleri ve buraların hususiyetlerine göre nesil üretebilmeleri, işte bir yayla ikliminin nimetlerinden biridir."

Sakarya, yayla karakterinin bir dayanış zaferi idi.

Fakat biz bütün bu bilgileri sonradan ediniyorduk. Bilhassa ilk on yıllık tecrübeler bizi Ankara'ya daha inandırmıştı. Teknik teferruat ile okurlarımı yormak istemiyorum. Bir iki nokta üstünde durup geçeyim. Ankara bozkır mıdır? 100 rutubet mikyasına göre 55–75 orta derece sayılmaktadır. Bulutla tam kapalı havayı 10 farz ederseniz, Ankara'nın ortalaması 4,7'dir. Bir yılda Ankara havası 115 gün açık, 86 gün kapalı, 164 gün az çok bulutlu geçer. Yıllık yağışın metre-kareye 427 kilograma çıktığı vardır. 220'den aşağı hiç düşmemiştir. Ankara'da bütün mesele ağaçlamada, sıhhî ısıtmada ve iklim hususiyetlerine göre yemektedir. Ankara'da oturanların ağır yemekten sakınmaları lâzımdır. Bütün bu meseleler için etütler vardır. Ankara Belediyesinin, hâlâ, neden hepsini bir broşürde toplamamış olmasına şaşıyorum.

Ankara bugün bir şehirdir. Atatürk'ün başladığı, nedense bıraktığımız ağaçlama davasına devam etmekten ve imar hatalarını düzelterek yeni bir hızla devam etmekten başka meselesi kalmamıştır.

Halbuki ilk zamanları o bir avuç nüfus için yüz yıkayabilecek kadar su bulmak devlet reisinin ve hükümetin belli başlı gündelik dertleri arasında idi.

Osmanlılar anıt yapmışlar, fakat şehircilik yapmamışlardı. İstanbul sokaklarının, en zengin saltanat devrinde dahi, bir düğün alayı geçemeyecek darlıkta olduğu için padişah fermanı ile cumbaların yıktırıldığını tarihlerde okuruz. Kanunî devrinde İstanbul'a gelen bir elçi, burası sokağa çıkabilecek bir şehir olmadığı için bütün vaktini evinde geçirdiğini yazar. Bizim dostumuz, ordularımızın zaferine dua ederek İstanbul'da oturan bir genç Macar, Tarabya'dan Boğaziçi'ne baktığı vakit, burası bir başka milletin elinde olsa cennete döneceğini söyler.

Gitgide anıt yapıcılığı kudretini de kaybetmiştik. Osmanlı'ların son zamanlarında artık hiçbir şey yapmıyorduk, nasıl yapılacağını bilmiyorduk. Mimari kültürümüzü tamamıyla kaybetmiştik. İmar işleri için elimizde Avrupa örneklerinden Türkçeye çevirdiğimiz belediye nizamname maddelerinden başka bir şey yoktu.

Ankara'yı devlet bütçeden yapacaktı. Bu tabiî bir göç masrafı idi. İlk akla gelen şey, Avrupa'dan bir Frenk şehirci çağırarak plân yaptırmak ve hükümetle dışarıdan gelen memurları yerleştirmekti. Gerçi bir aralık bir Alman geldi. Yenişehir'in çekirdeğini kurdu. Fakat bu da ancak çok parası olanların alabilecekleri bir pahalı evler mahallesi idi. Saraçoğlu apartmanları yapılıncaya kadar, az ve orta maaşlı memurlar, eski evlerde tahtakurulu birer odaya sığınmışlardır. Bir matematik hocasının böyle bir odada iki çocuğu, karısı ve kaynanası ile oturduğunu biliyorum. Hâlbuki yeni Ankara, köşkler ve apartmanlarla hemen hemen donanmıştı. Ankara Belediyesi'nin emrine vermek üzere, Yenişehir tarafında, geniş topraklar aldığımız vakit kanununa bir tek madde koymayı hatıra getirmemiştik: "Bu arsalar, bina yaptıracak olanlara, yaptıracakları binaya lâzım olduğu kadar ev alındığı yıl kullanılmak şartı ile satılacaktır."

Bir küçük madde daha unutmuştuk: "Ankara Emval-i metrûkesi ve hazine toprakları, Ankara İmar Sandığı'na sermaye olarak ayrılacaktır."

Çünkü hemen spekülâsyona dalmıştık. Herkes saklayıp ileride satmak üzere arsa edinmek hırsına kapılmıştı. Şehir imarlarının başlıca düşmanının spekülâsyon olduğunu düşünecek halde bile değildik. Bunlar yeni devletin "kusur"ları değil, "tecrübesizlikleri" idi. Bizim 1924'de neleri ne kadar bilmediğimiz ve bu memlekette nelerin ne kadar bilinmediği anlaşılmadıkça, Cumhuriyetin başardığı işler hakkında iyi bir fikir edinilemez.

Bundan yirmi beş yıl önce Ankara'da yapılmamış olanların, bugün İstanbul'da yapılmalarına bile, arada bunca görgü edinmişken, şimdiki demagoji havası içinde imkân var mıdır?

Milletlerarası, bir müsabaka açılması fikri nihayet muvaffak olabildi. Gelen plânları hakem heyeti ile bizzat Mustafa Kemal de tetkik etti. Müsabakayı Profesör Yansen kazanmıştı. Plânın tatbikine başlanması Şükrü Kaya'nın Dâhiliye Vekilliği zamanına tesadüf eder. Şükrü Kaya, şehirleri plânlaştırmak davasını bütün Türkiye'ye genişleten kanunları çıkarmakta büyük amil olmuştur. İmar işlerini kolaylaştırmak için İller Bankası'nı kuran da doğrudan doğruya odur. Lider olarak Mustafa Kemal, hükümet reisi ve bütçenin hâkimi olarak İsmet Paşa, iyi fikirlerin yürümesi için herkese yardım etmeye hazırdılar. Fakat bu fikirlerin hepsini kendi kendilerine yaratamazlardı. Her türlü işle kendileri uğraşamazlardı. Onun için birçok iyi teşebbüsler, her ikisinin medenî anlayışlarından faydalanmasını bilen bakanlara nasip olmuştur. Eğer Lütfi Kırdar, Atatürk'ün o devirlerinde İstanbul'a vali olup da İsmet Paşa'dan gördüğü yardımı ondan da görse ve Atatürk'ün sevdiği gayretleri alabildiğine destekleyen teşviklerini bulsaydı, ben derim ki, İstanbul bugün bambaşka bir şehir olur giderdi. İşler, Mustafa Kemal devrinde de, ister istemez adamına bağlı kalmıştır. Adam da "tesadüf" etmeli idi.

Yansen plânının ve umumiyetle plân disiplinciliğinin, spekülâsyoncular ve keyfîciler elinde iflâs etmesine yandığım kadar hiçbir şeye yanmam. Bu hatıraları okuyucular arasında bir gün iktidar fırsatını elde edenler olursa, kendilerine hizmet etmek için menfaatçilik ve keyfîlik yüzünden Ankara'nın neler kaybetmiş olduğunu kısaca anlatayım. Ta ki Şark kafasının ve mizacının, Atatürk'ün enerjisini bile eriterek, en güzel hayallerimizden birini nasıl söndürmüş olduğunu göresiniz.

Profesör Yansen, Atatürk'le ilk buluştuğu zaman masasının üstüne belediye mühendislerinin bir proje taslağını koydu. Bu taslak, Ankara Palas Oteli ile Belvü Oteli ve Ziraat Bankası arkasındaki üçgeni ana caddeye bağlayan yolları gösteriyordu:

— Bu yolların vazifesi nedir, dedi, bu binaları caddeye çıkarmak, değil mi?

Hepsini silerek kendisi bir tek yol çizdi:

— Bu tek yol aynı vazifeyi yapar. Eski yollardan artan arsa parçalarını etrafındaki bina ve bahçelere katacaksınız. Bugünkü arsa fiyatı bile bu satacak olduklarınız ve bugünkü yol maliyeti ile yapmaktan vazgeçecek olduklarınız yüz yirmi bin liradan fazla tutar. Hâlbuki siz şehir plânının bütün teferruatı ile hazırlanması için 120 bin lira harcayacaksınız. Sadece şu küçük mahalle parçasındaki tasarrufunuzla bu parayı kazanmış oluyorsunuz.

Yansen tercümanlı konuşmakta idi. Arkasından bir sual sordu:

— Bir şehir plânını tatbik edebilecek kadar kuvvetli bir idareniz var mıdır?

Atatürk kızdı. Koca memleketi yedi düvelin elinden kurtarmışız. Bir ortaçağ saltanatını yıkarak yerine bir yeniçağ devleti kurmuşuz. Bunca devrimler yapmaktayız. Bütün bunları başaran bir rejimin bir şehir plânını tatbik edebilecek kuvvette olup olmadığı nasıl sorulabilirdi? Biraz sertçe cevap verdi. Dikkafalı Prusyalı:

— Belki sizin hakkınız var, dedi, biz Almanya'da bile türlü güçlüklere uğruyoruz da, onun için sormuştum.

Sonra plânının prensiplerini izah etti:

— Yepyeni bir şehir kuracaksınız. Size şehircilik sanatının son sözlerini getiriyorum. Dünyaya bir örnek vereceksiniz. Biliyorsunuz, Avrupa şehirleri motordan önce yapılmıştır. Motor eski anlayışları ve nizamları altüst etti. Eskiden otelleri, anıt yapıları ve devlet dairelerini büyük caddeler üstüne dizmek âdetti. Hâlbuki biliyorsunuz, Paris'teki Champs Elysées Caddesi'ndeki ağaçlar benzin zehrine dayanmadığı için sökülmüş ve yerlerine daha tahammüllü yeni ağaçlar dikilmiştir. (İki cins ağacın ismini şimdi hatırlamıyorum.) Dünyanın en dar yolu hangisidir? Bir metre yirmi santim genişliğindeki demiryolu. Hâlbuki trenler bu yoldan yüz elli kilometre hızla gider. Çünkü insanlar gürültülü ve dumanlı lokomotife hususî bir yol vermek, kendileri ya üstünden ya altından köprü ile geçerek onu rahatsız etmemek lâzım olduğunu görmüşlerdir. Paris'te Champs Elysée dünya büyük şehirlerinin en geniş caddelerinden biridir. Bu caddede otomobillerin nasıl tıkandığını, bu tıkanışlarda süratlerin nasıl yedi kilometreye kadar düştüğünü biliyoruz. Yeni şehirler şimdi motor için aynı şeyi yapmaktadırlar. (Plân taslağındaki Atatürk Bulvarı'nı göstererek) Bu yola bakınız. Onu otomobillere ayırdım. Yan yollar bu caddeyi ancak yarım kilometrede bir kesecekler. Ve karşılıklı kesmeyecekler, her yan yolun köşesi, caddeye inen arabaları gösterecek gibi açık bırakılacak. Evler, daireler ve apartmanlar geriye doğru yapılacak ve hiçbirinin caddeye kapısı olmayacak. Bu cadde üzerine yaya kaldırımı yapılmayacak. Yan yolların her biri caddeyi bir bloğa bağlayacaktır. Siz istasyondan arabanıza binerek yüz kilometre hızla gideceğiniz yere doğrulacaksınız. Nasıl bir tren, istasyona yaklaştığı zaman yavaşlarsa, arabanız gitmek istediğiniz bloğa sapmak için süratini kesecek, sizi kapınıza bırakacak ve arka yolların hepsi blokların sonunda kapalı olduğundan, tekrar geri dönerek caddeye çıkacaktır. Tıpkı otomobil yolunuz gibi, blokların arkasında yayalar için bir de yeşil yolunuz olacaktır.

"Bu yolu ucuz ve gelişi güzel yapacaksınız. Ağaçlayacaksınız. Nasıl yayalar otomobil yolunu yarım kilometrede bir kesiyorsa, otomobiller de yeşil yolu yarım kilometrede bir kesecekler. Çocuk arabası önünüzde, yalnız beş yüz metrede bir etrafınıza bir bakarak, yolun sonuna kadar rahatça gideceksiniz. Bu bloklar içindeki evlerinizde, otellerinizde hiçbir klâkson sesi duymadan rahat uyuyacak, dairelerinizde rahat çalışacaksınız. Sokakta benzin zehri teneffüs etmeyeceksiniz."

Atatürk neşe ile dinliyordu. Profesör, Ankara yollarında hiçbir seyrüsefer memuru bulunmayacağını söylüyordu. Pek işlek yolları birbirinin üstünden veya altından geçirmek için yapılan masrafın, kavşak noktalarında bekletilen seyrüsefer memurlarının on yıllık aylığı karşılığı olduğunu anlatıyordu. Arka dar sokakları ise sapış yerlerinde o kadar dik bir açı ile döndürüyordu ki, otomobiller ister istemez süratlerini beş on kilometreye indi.. eden yollarına devam edemeyeceklerdi. Meskenler, son şehircilik kongreleri kararlarına göre, dört kattan fazla olmamalı idi.

Şehircilik sanatı, yerleşme bölgesinin yüzde dokuzunu umumî parklara ayırmakla kanaat etmiyordu. Her ciğerin hakkı olan havayı her pencereye paylaştıran yeşil saha usulü konmuştu. Devlet daireleri bir mahallede toplanacaktı.

Bir imar komisyonu yapmıştık. Reis bendim. Rahmetli Vali ve Belediye Reisi Nevzat da bu komisyonun azası idi. Bir ecnebi mütehassısının dediklerini yapmaktan başka elinden bir şey gelmeyen bir belediye reisi olmaya daha ilk günü isyan etti. Açıkça muhalefet de edemeyeceği için, âdet olduğu üzere, devamlı bir baltalama yolu tuttu.

Birçok arsalar spekülâsyoncuların eline geçmişti. Bunlar en başta devlet dairelerinin bir mahallede toplanmak fikrine karşı koydular. Çünkü Ankara'da nüfuz ticaretinin ilk kaynağı meselâ Cebeci'de ucuz bir arsa almak ve Maarif Vekili'ne konservatuarı orada yapmaya karar verdirerek arsasını ona satmaktı. Yansen plânı, devlet dairelerini Atatürk Bulvarı üzerindeki bugünkü yerine topluyor ve hemen yakınında 3000 memur meskeni için de arsalar ayırıyordu. En son bina, Büyük Millet Meclisi olacaktı. Devlet daireleri ile 3000 memur meskeninin yapılacağı bölgeyi kamulaştırmaya karar vermiştik. Başvekil İsmet Paşa:

— Bunun için yüz bin liradan fazla para veremem, dedi.

Devletimiz çok fakir idi. Hepsinin bu para ile alınabilmesi için cadde üstündeki arsaların metrekaresine bir lira koymak lâzımdı. Öyle yaptık. Emniyet anıtının bulunduğu kısımda Atatürk'ün yakın arkadaşları da arsalar edinmişlerdi. Hemen fiyata itiraz ettiler. Atatürk'e durumu izah ettik. Arkadaşlarını itiraz etmekten menetti. Böylece arka taraflara doğru fiyat ine ine bütün sahayı 118 bin liraya devlete mal etmiş olacaktık. Bu sefer Meclis'teki spekülâsyoncular:

— Devlet daireleri bir araya toplanamaz, bir hava hücumunda hepsi yıkılıp gider, diye kıyameti kopardılar. Yeni çıkan meseleyi de Atatürk'e götürdük:

— Hepsini ayrı ayrı müdafaa edeceğim yerde bir arada müdafaa ederim bundan ne çıkar? dedi. Son baltalama da suya düştü. Büyük Millet Meclisi'nin bugün yapılmakta olduğu toprakları almak için kamulaştırma masrafına 20 bin lira kadar bir şey eklemek lâzımdı. Kabul etmediler:

— Biz Meclis'i oraya yaptırmayacağız, dediler.

Proje tatbik edilince, Millet Meclisi de nihayet orada yapılmak lâzım gelmiştir. Fakat yıllar geçtiği için 20 bin lira yerine iki buçuk milyon liradan fazla kamulaştırma parası harcanmıştır. Bundan başka mahalleyi Millet Meclisi binası nihayetlendireceği yerde, İçişleri Bakanlığı binası nihayetlendirdiği için, bir anıt-yapı olan Meclis geride ve önü kapalı kalmıştır. Gelecek nesiller İçişleri Bakanlığı'nı bir gün yıkacaklardır.

Devlet dairelerinin etrafı yeteri kadar açık bırakılmıştı. Afyon milletvekili rahmetli Ali Bey, Bayındırlık Bakanı olduğu vakit, birinci işi, minaresiz kubbe kilise kubbesi demektir, diye Yargıtay toplantı salonunun kubbesini yıktırmak olmuştur. Böylece bütün ses tekniği bozulmuştur. Ali Bey, Atatürk'ün geçici kabrinin bulunduğu eski müze binasının da minaresiz bir kubbesi olduğunu görmemiş olabilir mi idi? Rahmetlinin ikinci işi:

— Bu kadar boş toprak bırakılır mı? diye daireler semtinin umumî ahengini bozarak şuraya buraya dilediği üslûpta yapılar kondurmak olmuştur.

Yansen şehir plânını yaptığı vakit, onun bir yandan Çankaya, bir yandan telsizler istikametine doğru genişleyeceğini ve istasyon arkasının da endüstri bölgesi olacağını düşünmüştü. Şehir Çankaya yolunun etrafına alabildiğine yayıldı. Profesör bu hâdiseyi kabul etmek lâzım geldiğini, ancak istasyon yerini de aynı geliştirmeye uydurmak zarureti baş gösterdiğini izah etti. Henüz gar binası yapılmamıştı. Yeni istasyon meydanı, Dil-Tarih Fakültesi'nin karşısı olacaktı. Ankara'ya gelenler bugünkü istasyonla köprü arasındaki mesafeyi kazanmış olacaklardı. Mahalleler ortasındaki bugünkü manevra istasyonu rezaleti olmayacaktı. Gitmiş, Bayındırlık Bakanı'nı görmüş. Ali Bey:

— Ben öyle fikrinden cayan mütehassıs istemem, demesin mi?

Profesör ters pürs otele geldi. Ali Bey, bir binadan çok fazla bir makine olan gar binasını da müsabakaya bile koymadan, o zaman Bayındırlık Bakanlığı'na bağlı Yüksek Mühendis Mektebi diplomalılarından bir gence yaptırıvermiştir. Başına buyruk ve inatçı idi.

Rahmetli Nevzat:

— Malatya'da dağ başında yollar yapmışım. Yansen bana şehir içinde sokak yapmayı mı öğretecek? diyordu.

Ve bir göstermelik olmak üzere parasının çoğunu, Atatürk'ün daima geçtiği bulvarı, plân disiplininin tersine, süslemek için harcıyordu.

Hacettepe Evkaf'ındı. İmar Kanunu'nun verdiği hakka dayanarak hiç parasız belediyeye devretmiştik. Uzun müddet el bile dokundurmadı ve arkadan arkaya, oraya bir mektep yapılması için Milli Eğitimi teşvik etti. Bir gün

Başvekil İsmet Paşa Çankaya'dan dairesine gelirken, yanında bulunan valiye Hacettepe'yi gösterir:

— Neden burasını ağaçlamıyorsunuz? diye sorar.

Biraz sinirlice sorduğu için tepe hemen o mevsim park olmuştur.

Akköprü'den gelen yol ile Meclis önünden istasyona inen yolun kesiştiği yerde:

— Yeni şeyler yapmak için paraya ihtiyacınız var, bu iki yolu birbirinin altından üstünden geçirmek için şimdilik masraf etmeyiniz, diyerek, şehir mütehassısı tarafından bugünkü yuvarlak projesi yapılmıştı. Belediye Reisi bunu tatbik ettirmeyi âdeta bir şeref meselesi hâline soktu. Otomobiller yavaşlayarak geçmek zorunda oldukları için Atatürk'e burada suikast yapılmak kolay olacağı ve mesuliyeti üstüne almayacağı iddiasına kadar gitti. Atatürk bizzat geldi meseleyi tetkik etti:

— Yuvarlağı belki biraz daha daraltmak lâzım, ama fikir doğrudur, yaptırınız, dedi.

Belediye, Yansen plânının kavşak prensiplerini nerede tatbik etmemişse, orada kazalar olmuştur ve senelerden beri seyrüsefer memuru beklemektedir. Yalnız bu yuvarlağın olduğu yerde hiçbir kaza olmamıştır ve hiçbir seyrüsefer memuru beklememiştir.

Profesör:

— Tuhaf zat bu valiniz, evinde iki ampulü yanmasa bir elektrikçi çağırır. Tesisata el sürmez. Çünkü elektrikte ölüm vardır. Ölüm olmadığı için benim plânıma durmadan karışıyor. Hâlbuki şehircilik, elektrik tesisatçılığından çok daha ince bir sanattır, diye söylenirdi.

Şehir plânında evsiz fakirlere verilmek üzere bir ucuz arsalar bölgesi ayrılmıştır. Bu arsalar her isteyene parasız da verilebilecek, fakat yapılanlar ufak kulübeler de olsa bir mühendisin kontrolü altında bulunacaktı. Tam merkezde mektep, çarşı ve dispanser gibi umumî tesisler için bir yer ayrılacaktı. Belediye bu vazifesini de bir yana bıraktı. Dışarıdan gelenler Ankara Kalesi tarafındaki sırtlarda ilk gecekonduları tecrübe ettiler. İmar Komisyonu yıkılma kararı verdi, vilâyet ve belediye aldırış bile etmedi. Türkiye'de gecekondu faciası, işte o zamanlar Ankara Belediyesi'nin imar plâncılığını bu türlü baltalamasıyla aldı, yürüdü.

Şimdi, Ankara'da bir kaçak şehir var! Bir bütün şehir... Kale etrafındaki dağları kaplayan bir şehir... Çok defa kendi kendime düşünür sıkılırım:

— Türklerin şehirciliği mi? Yenişehir taraflarında gördüğünüz bir Avrupalı şehircinin plânı...

Ve bir dev parmak bana dağ mahallesi ve yıkıntılarını gösterir gibi olur:

— Onların asıl medeniyeti ve kültürü işte bu... der.

Bizim polisin elinden bir yankesici kaçamaz: Fakat bir ev, bir mahalle, bir şehir kaçabilir. Buna akıl erdirebilir misiniz?

Kusur halkta mı? Hayır, bizim şehir plâncılığı anlayışımızda! Ankara plânında bu türlü fakir ve işçi evleri için ayrılan bölge o vaktin ucuzluğu ile hemen hemen hiçe kamulaştırılacaktı ve arsa parası olmayan, çalışarak, didinerek bir yuva edinmek isteyenlere orada yer gösterilecekti. Yapmadık. Şimdi yapmaya çalışmalıyız. Şehirler ebedîdirler: Plânlarındaki bozukluklar düzeltilmek ve yanlışlar geri alınmak için hiçbir zaman geç sayılmaz ve olupbittiler ne kadar ehemmiyetli olsa da, onları köklerinden temizleyecek tedbirler alınmaktan kaçınılamaz.

Bir gün İmar Mütehassısı'na Atatürk'ün yakınlarından biri için yaptıracağı bir ev projesi getirmişlerdi. Mütehassıs Örley bana geldi:

— Çankaya'dan getirdikleri için tasdik ettim. Fakat bu sokağa dükkân yapılmayacak, dedi.

Atatürk meseleyi duyunca:

— Bizim için plân bozulmaz, hemen dükkânı hazfettiriniz, emrini vermişti.

O ev şimdiki Mithatpaşa Caddesi'nde dükkânsız yapılmıştır.

Fakat bir İstanbul Milletvekili, garaj bahanesi ile aynı sokaklardan birinde dükkân "kaçırdı". Bir başka Milletvekili kat "kaçırdı". Belediye göz yumdu. Ve tıpkı İstanbul'da spekülâsyoncu ve arsa vurguncularının Prost'a oynadığı oyunu, Ankara'da yabancı şehircilere oynadılar. Yerli imar, Orta Anadolu'da, hiç şüphesiz bugüne kadar harcadığımızdan daha az masrafla elde edeceğimiz yeryüzünün en ileri şehri hayalîni mahvetti.

Yerli imara yıllarca hâkim olanlardan biri, Ankara'ya on parasız gelmişti. Yüz binlerce lira kazandı ve parasını Amerika'ya aktardı. 1945'de New-York'a gittiğim vakit, Ankara'daki ecnebi inşaatından çalan bir hırsız mühendisle onun şirket kurmuş olduğunu öğrenmiştim.

Mesele basit değil midir? Bir dönüm içinde bir kır evi disiplinine göre bir metre arsa fiyatının bir lirada karar kıldığını düşünürseniz, aynı yerde bitişik ve dört katlı apartman sistemi bu fiyatı on liraya, yirmi liraya çıkarır. Müsaadeyi verenler spekülâsyoncularla ortaktırlar. Onun için nerede arsacılar lehine bir plân değişikliği duyarsanız, hemen hırsızlığa hükmediniz.

Ankara'da milyonlar çalınmıştır. İstanbul'da milyonlar vurulmaktadır.

Sabit olmuştur ki, Mustafa Kemal, şapka ve Lâtin harfleri devrimlerini başarabilecek kadar kuvvetli bir idare kurmuş, fakat bir şehir plânını tatbik edebilecek kuvvette bir idare kuramamıştı.

Çünkü bu, Atatürk'ün devrimleri ile halletmeye çalıştığı medeniyet ve kültürün meselesidir.

Şimdi İsrail, Akdeniz kıyılarında tam Yansen prensiplerine göre yepyeni bir şehir kurmak üzeredir. Plânlarını Avrupa gazetelerinde gördüm. Bir gün gıptalar içinde onun seyrine gideceğiz. Hırsızlar ve gericiler olmasaydı, o şehrin daha büyük, daha zengin ve daha tamamının çoktan Anadolu yaylasında kurulmuş olacağını düşünmeyeceğiz bile...

İsrail, bir uçumluk ötemizde, halledilmiş medeniyet ve kültür davalarının hayır nimetlerini biçmektedir.

Biz 1952'de ve her işimizde bile Amerika'yı yeniden keşfetmeye çalışmıyor muyuz?

Plânlı imara ve doğrudan doğruya imara karşı yalnız Atatürk anlayış göstermiştir. Hükümetler, hayır! Zati Atatürk'ün ölümünde ne kadar imar eseri varsa, Yalova, Bursa'daki modern kaplıca, Florya, Orman Çiftliği, hepsi rahmetli liderin eseridir.

ŞAPKA

Acaba hâlâ, imtihanlar yaklaştığı zaman, çocuklarını Topkapı dışındaki Zekeriya Kuyusu'na götürenler var mıdır? Bir yeraltı gediğinden bu kuyunun dibine doğru giden dolambaçlı, dar yol, haceti tutmayacak olanları sıkarmış, derler. Evimize gelen bazı kadınların övünüşlerini bile hatırlıyorum: "— Şimdiye kadar beni hiç sıkmadı. Geçen yıl Makbule'nin gebeliği için geçmiştim. Dün de Hüseyin'in maaşı için geçtim."

Şimdi ellisini aşanlardan bir haylisinin ilk ağrıyan dişlerini bir berber çekmiştir. Aralarında nöbetten yandıkları vakit kurşun döktürenler, ağrı sızı için konu komşularının eski İstanbul semtlerinde üfürükçüye gittiklerini veya ilâçlarını Mısır Çarşısı'ndan aldıklarını unutmayanlar çoktur.

Okuma, üfürme, kurşun ve adak kâr etmediği zamanlar bir de hekim tecrübe edenler olurdu. Bizim tarafların hazık doktoru, camide ve evlerde çabuk çıkarmak için kunduralı pabuç giyen, tespihi elinden düşmez, hacılığı da var mı idi bilmiyorum ama "Hafız Bey" diye anılan temiz pak bir efendi idi. Lâtin harflerini ilk defa onun reçetelerinde görmüştüm.

Bir aralık rahmetli babam şiddetli bir romatizmaya tutulmuştu. Ne merhemler, ne ovmalar, ne kâfurîler, ne de Hafız Bey'in hapları kâr ediyordu. Ağabeyim Harbiye'den çıkma uyanık bir subaydı. Fener taraflarında oturur, katı, siyah ve yuvarlak şapkalı, şakaktan kesik sakallı, redingotlu, Palamidi derler; bir alafranga doktor vardı, bir defa da onu çağırmaya karar verdi.

Ertesi sabah gelebildi. Merdiven üstünden gözetliyordum. İçeri girince şapkasını çıkardı, kapının yanındaki alçak rafın üstüne bıraktı, yukarı çıktı. Usulca avluya indim, rafa doğru yanaştım. Katı, kara bir şapka... Şu bildiğimiz melon şapka... Parmağımın ucunu dokundurdum ve hemen, ateş yalamış gibi, geri çektim. Parmağımı üstüme süremiyordum. Simsiyah bir şey... Gözü, kulağı ve sesi varmış gibi bir şey... Sanki bir cin başı!

Bir avuç suç işlemiş gibi irkile sıkıla yan odaya girdim. Doktor Palamidi'nin, başında melon ile sokağa çıkmasını bekledim. Doktor işini bitirince aşağı indi, kapıdan çıktı ve yokuştan karakola doğru inen komisere, şapkası ile selâm vererek uzaklaştı. Pek Müslüman beslememiz, o gittikten sonra, şapkanın bulunduğu yeri kim bilir kaç defa kaynar su ile şartlamıştır!

Müslümanlar Hıristiyan'ın iyisine "makul kefere", kötüsüne gâvur, beterine şapkalı gâvur derlerdi.

Şark milletlerini Garplılaştırmakla, eski kıyafet ve başlıkları değiştirmek bir arada gitmiş, bu pek sathîlere göre bir benzeme ve şekilde farksızlaşma, devrimcilere göre kafanın dışını değil, içini değiştirme sayılmıştır. Büyük Petro, Ortodoks Ruslara kalpak yerine şapka giydirebilmek için Moskova şehrinin etrafını topçu bataryaları ile çevirmişti.

Tanzimat devri Osmanlıları da kıyafet ve başlık meselesinde çok güçlük çektiler ve yarım asırdan fazla yalnız sivil memur kadrosu ile büyük şehirlerin ileri cemiyetinde muvaffak olabildiler.

Vakanüvis Lütfi Efendi, 1828 vakaları arasına şu hikâyeyi sıkıştırır: Padişah, setre-pantolonun halk üzerinde nasıl bir tesir bırakacağını anlamak için, saray adamlarından Hüsnü Bey'le Avni Bey'i yeni kıyafete sokar ve çarşı içine salıverir. Bir Ramazan günü imiş: Halkın bu iki zamane züppesini bir parçalamadığı kalmış. Padişah, kabahati Hüsnü ve Avni Bey'lere yüklemek için, oruç yediklerini bahane ederek, ikisini de sürmüş.

Yeni kıyafet nizamnamesi tamamıyla dinî bakımdan yazılmıştı. Koyu Osmanlıcayı anlamayanlar pek çoğaldığı için, bu yazıyı bugünkü Türkçe ile hülasa edeyim: "İlk devirlerde Müslüman esvabı, ancak vücudu örtecek kadar sade imiş. Gel zaman git zaman, Müslümanlar göçebelikten kurtulup şehirli olmuşlar ve süslenmeye heves etmişler. Merasim ve divan kıyafetleri ile şeriat haddini tecavüz etmişler. Hâlbuki leh-ül hamd-i vel-min ne, Osmanlı padişahının devrinde asker ve hoca sınıfının, derecelerine göre, itibarları o kadar yerinde imiş ki, esvap süslerine muhtaç değil imişler. Zaten Müslüman haysiyeti ahlâk ile ve "libas-ı takva" ile olurmuş. Bunun için de bedevî şartlara dönmek lâzım gelirmiş. Padişah, tebaasını çeki düzen külfetlerinden kurtarmak niyetinde bulunmuş. Bu sadeleşme vücut ve keseye daha elverişli imiş. Osmanlılar, böylece, sefahatten ve israftan, fazla masraftan kurtulacaklarmış."

Yeniçerilerden hiçbir hatıra bırakmamak için mezar taşlarındaki külâhları bile kırdıran İkinci Mahmut, kaptan Hüsrev Paşa'nın kalyoncu neferlerine giydirdiği Tunus feslerini beğenmesi üzerine halkın da aynı başlığı kullanması için fermanlar çıkardı. Ulema ve softalar "şer'an fes giyilmek caiz olmadığına" dair dedikodu ettiklerinden Şeyhülislâm değiştirilmiş ve birçok kimseler cezalandırılmıştı. İkinci Mahmut, ilk zamanları, cuma ve bayram alaylarına eski kıyafetle, yeni talim askerlerinin yanına da fes ve setre ile gidermiş.

Kocaeli Milletvekili rahmetli Ali Bey'den işitmiştim. Büyükadalı rahmetli Hakkı Bey'e, Halide Edip Adıvar'ın babası Edip Bey nakletmiş: Topkapı Sarayı mahzenlerinde vesika aradıkları sırada bir yığın şapka bulmuşlar. Sultan Mahmut'un fes yerine şapka giydirmeyi düşündüğü, fakat buna cesaret edemediği manasını çıkarmışlar. Acaba bunlar, Sultan Mahmut'un ordu için getirttiği ve müftü itiraz ettiğinden kullanılmayan askerî müzedeki viziyerli miğferler mi, yoksa sivillere mahsus şapkaları mıdır, nasıl öğrenmeli?

O zamanlara ait bir vesika okumuştum. Üçüncü Selim'in yakınlarından biri, efendisinin taassuptan durmayıp şikâyet ettiğini görerek, bir gün demiş ki: "— Padişahım şapka giyip, Frenk olduk deyip sokağa yürümekten gayri çare yoktur."

İkinci Mahmut'un fesinden Atatürk'ün şapkasına kadar bir iki değişiklik daha olmuştur. Sultan Hamit, 1903'de, süvari ve topçu askerlerine kalpak giydirdiği sırada, ulema ve softalar "fesin din ve iman alâmeti olduğunu" ileri sürerek buna da itiraz etmişler. Geçen dünya harbinde Enver, bilhassa sıcak memleketlere giden kıtaları düşünerek, Kabalak adlı güneş-siperliği başlığı icat etmişti. Bunun adına Enveriye de denirdi.

Kuvay-ı Milliye kalpaklı idi: Ordunun İzmir'e girdiğinin haftasında bütün iç sokaklar, Anadolu'ya geçen Rum esirlerin başlarından attıkları şapkalarla kaldırım gibi döşeli iken, halkın Anadolu'dan gelen kalpağa selâm verdiğini görmüştüm.

Fesin üzerinden asra yakın zaman geçtiği halde Rumeli ve Anadolu halkının şehirlerde oturanlardan haylisi, köylülerin hemen hepsi ya abanî, ya başka türlü sarıklı idi. Bu gerçi tam hoca sarığı değildi. Fakat sarıktan başka da isim verilemezdi.

Avrupa'ya giden işçilerimiz ve memurlar arasında bile şapka giymeyenler vardı. İkinci Mahmut devrinde ulema ve softalarca "giyilmesi caiz olmayan" fes, İkinci Hamit devrinde yine ulema ve softalarca "din ve iman alâmeti" idi. Meşrutiyet'te Paris'te okuyan gençlerimizden biri, başlığı milliyet damgası sayarak fesini hiç çıkarmadığı için "Fesli Niyazi" diye anılırdı. Yine Meşrutiyet'te ödünç para aramak için Paris'e giden Maliye Nazırı Cavit Bey'in, her devirde taassup kışkırtıcılığı vazifesini yapan bir gazetede çıkan şapkalı resmi, İttihat ve Terakki Hükümeti'ni düşürme propagandasında ciddî bir yer tutmuştu.

Ben ilk şapkayı Dâhiliye Nazırı Talat Bey'le beraber Bükreş'e gittiğimiz vakit, 1913'de giymiştim. Bir hasır şapka idi. Otel kapısında nazıra rastladığım vakit, alışkanlık yüzünden, elimle selâm vermeye kalktığımda şapkayı nasıl yere düşürdüğümü hatırladıkça hâlâ sıkılırım.

Mütareke devrinde Rus, Ermeni ve Yahudilerle beraber şapkalı gezmeye özenen Türklere pek kızardık. Bu taassup duygusundan gelme bir şey değildi. Ali Suavi, Galatasaray Sultanisi Müdürü olduğu vakit, dış kapı üstündeki alafranga saati alaturkaya çevirmiş. Beyoğlu Osmanlısı bu yüzden kendisine softalık ve yobazlık damgası vurmuş. Ama millet ve devlet saati alaturka idi. Ali Suavi'nin o hareketini, bizim mütarekedeki şapka nefretimize benzetirim. Türkiye'de saat, takvim ve başlık değiştirmeye çalışmak ayrı bir şeydir, sırf milletten ayrı görünmek için hiç kimsenin yapmadığını ve kullanmadığını yapmak ve kullanmak ayrı bir şey... Biri Rum, biri Ermeni iken, pek iyi Osmanlı olduklarından feslerini çıkarmayan Panciru Beyle, Osmanlı Bankası'nda Keresteciyan Efendi'yi ne kadar sevmiştik.

Atatürk'ün başlık meselesine dair bazı hatıralarını dinlemiştim. 1908 Meşrutiyeti'nde İttihat ve Terakki tarafından, teşkilât meseleleri için, Trablusgarp'a gönderilmişti. Bindiği vapur Sicilya'ya uğrar. Bir hayli durur. Mustafa Kemal açık bir araba ile kısa bir gezintiye çıkar. Başında fes olduğu için Sicilya çocukları arabayı limon kabuğuna tutarlar. Mustafa Kemal çocukların terbiyesizliğinden fazla, Türk kafasının neden böyle yabani bir başlığa esir olduğuna tutulur, kendi fesine kızar. Tüylü Tirol şapkası ile Picardi manevralarındaki kalpak hikâyesini daha yukarılarda anlatmıştım.

Mustafa Kemal bir tatlısu Türk'ü değil, hür fikirli bir Türk devrimcisi idi. Fes ve şapka demek, medeniyet demek olmadığını pek iyi bildiğine şüphe yoktu. Fakat başlık değiştirmenin din ve iman değiştirme olduğu gibi batıl inanışlara saplanan ve mıhlanan bir kafaya, hiçbir ileri tefekkür ışığı vurmayacağını da bilirdi. Asıl mesele kafanın içindeki batıl inanışları söküp atmakta idi. Bu başlık değil, baş davası idi.

Çankaya'da resmî kıyafet ve başlık meseleleri, 1925'de sık sık görüşülmüştür. Esvap işinde bazı kimseler, ucuz ve kolay olacağı için, jaketatay yahut redingotu ileri sürmüşler, içlerinde İstanbulin veya yaldızlı sırmalı üniforma teklifinde bulunanlar da olmuştur. Bazı arkadaşlarımız da Amerika ve İsviçre'de olduğu gibi, frak kabul edilmesi fikrinde idiler. Cumhuriyet bayramında vekillerin ve milletvekillerinin frakla Meclis'e girişlerini seyreden köylülere dair hoş bir fıkra vardır. Eski törenlerde valinin ve büyük memurların giydiği redingotu hatırlayarak, bir köylü yanındakine sorar:

— Gazi Paşa ne diye esvapların eteğini kestirmiş?

— Etek öpmeyi kaldırmış da ondan!

Atatürk'ün başlık meselesini halletmek için sıra ve fırsat beklediğini seziyorduk. Çiftlikte bir traktör üstünde alınan fotoğrafından anlaşılacağı üzere ara sıra panama giyerdi. Fakat panamasının siyah kurdelesi yoktu.

Atatürk'ün Kastamonu ve İnebolu'ya doğru bir seyahate karar verdiğinin akşamı Çankaya'daki eski köşkünde bulunuyorduk. Hazır olanlardan İsmet Paşa, Şükrü Kaya, Ruşen Eşref hatırıma geliyor. Başlık bahsi açıldı.

Türlü fikirler arasından başlıcası şu idi: İstanbul'da başı kaşınan alafrangalardan birkaçı şapka giyerler. Tabiî halk arasından bunlara tecavüz etmeye kalkışanlar olur. Polis de her vatandaşın dilediği başlığı kullanmakta serbest olduğunu söyleyerek tecavüz edenleri karakola götürür. Sonra orduda Enveriye'yi biraz daha katılaştırırız. Nihayet devlet memurlarına sıra gelir. Böylece şapka umumîleşip gider. Başlığa siper-i şemsli serpuş (güneş siperli başlık) adı verilmesi de ileri sürülen fikirler arasında idi.

Konuşmalar arasında Atatürk, Avrupa'da bulunmuş arkadaşlarından şapkasının kullanılışına dair bilgi alıyordu. Hatta bir iki arkadaş talim bile yaptı.

1925 Ağustosu'nun yirmi dördünde Mustafa Kemal, Kastamonu'ya hareket etti. Ben de milletvekili olduğum Bolu'da bir dolaşma yaparak İstanbul'a gitmek üzere yola çıkmıştım.

Dağlarda haydutlar eksik olmadığı için, azılı bir eşkıyayı yakalamak üzere takipte bulunan Bolu ve Kocaeli valileri ve jandarma komutanları ile Düzce'de buluştuk. Akşam beraberce yemek yediğimiz sırada şapka giyilmek ihtimalini söyledim. Sofrada bulunanlar:

— İşte yalnız bu olamaz, dediler.

Gündüz olsa da insan pencereden başını çıkarıp bir sokağa baksa bu söze hak vereceğine şüphe yoktu.

Biz daha Düzce'de iken ajanslar Atatürk'ün 27 Ağustos'ta İnebolu Türk Ocağı'ndaki nutkunu ve isim muvazaasını da bırakarak şapka adını kullandığını haber vermesinler mi?

Güvenilen, inanılan bir büyük lider ne demektir? İradesini zayıf sinirler üstüne nasıl yayar ve imkânsızlıkla dövüşecek bir azmi nasıl yaratıverir, bir misalini daha görüyordum. Aynı arkadaşlar:

— Mustafa Kemal giydi mi, giymedi mi, kimin haddine karşı koymak? diyorlardı.

Mustafa Kemal o yolculuktan Ankara'ya şapkalı döndü. Şehir yakınlarında kendisini karşılamaya gidenlerden Yunus Nadi'nin şapkasını beğenerek kendisininki ile değiştirdi. İlk havadisi duyar duymaz başına şapka giyerek İstiklâl Mahkemesi'ne geldiği için "Vakit" muhabirini huzurundan kovan ve hapsettirmeye kalkışan rahmetli Afyon milletvekili Ali Bey de, şapkası ile karşılayıcılar arasında idi.

Bir hayli sonra, meselâ İzmir gibi aydın çevreler varken, ilk şapkayı niçin Kastamonu taassubu içinde giydiğini Mustafa Kemal'den sormuştum. Şu cevabı verdi:

— İzmir tarafı halkı beni birçok defa gördü. Eğer orada şapka giysem, bana değil, şapkama bakarlardı. Beni ilk defa görenler ise şapkamla olduğum gibi kabul ettiler.

Ad koyma hâdisesi için şöyle demişti:

— Fena uyumuştum. Sinirli ve rahatsızdım. İnebolu'da halk toplantısına gittiğim vakit simsiyah bir kalabalık bulunca sinir gerginliğim büsbütün arttı: "— Nedir bu milleti bu geriliğe mahkûm etmek?" diye düşünüyordum. Söze başlamadan önce su içmek istedim. Elim titredi, bardağı dudağımda güç tuttum. Bu da bende şiddetli bir aksülâmel (tepki) yaptı. Bildiğiniz nutku söyledim ve başımdakini halka göstererek:

— "Bunun adına şapka derler," dedim.

İstanbul'un ileri kafaları arasında bile, Mustafa Kemal düşmanlığı yüzünden, bu kararı hoş görmeyenler olmuştur. Aralarında Cavit Bey'in de bulunduğunu anlatmışlardı. Bir şapkalı resminin gazetelerde çıkması, partisi hükümetinin düşme sebeplerinden olan eski Maliye Nazırına Mustafa Kemal kızmış "— Beyimin dinine mi dokunuyor acaba?" demişti.

O vakitler doksan yaşlarına basan eski Sadrazam Tevfik Paşa:

— Yahu bu festen de kolay geçti, sokakta hiç kimse taşlanmadı, dediğini duymuştum.

Eskilerden bir sofu milletvekilinin bir teklifini de hatıralarıma katayım: Başvekile gelir, "— Paşam, der, Gazimiz emretti, giydik. Fakat şunun burasına (melon şapkasının ön tarafını göstererek) bir ay-yıldız işletsek olmaz mı?

Yemek hazmetmek değildir: Şapkanın benimsenmesi, giyilmesinden çok uzun sürdü. Pek iyi hatırlıyorum: Ekim ayı sonlarına kadar fötr ve melon biçimlerine alışan iç sokaklar halkı, bizi ilk defa silindir şapka ile gördükleri vakit peşimize takılmışlardı. Bazı pencerelerin arkasından "— Gâvurlar!" iltifatını da işitmiştik.

Taassup ve din istismarcılığı pek ağır bir darbe yemişti. Asırların nice milyonlarda bir yetiştirmediği büyük inkılâpçı her şeyden önce ve her şeyin üstünde büyük Türk ve şüphesiz son çağ Müslümanlığının en hayırlı adamı, Harun'lar ve Memun'lar devrinde eski Yunan ayarı bir medeniyet yaratan İslamlığı kafasından boğa boğa, karanlığa sürükleye sürükleye, nihayet yirminci asırda -Mustafa Kemal Türkiye'sinin on üç on dört milyon Türk'ü müstesna- yüzlerce milyonluk geri bir kölelik sürüsüne çeviren taassubu yere çarpmakta devam ediyordu.

Şapka, Kemalizm'i Osmanlı ıslahat hareketlerinden tavizci ve muvazaacı olmamak karakteri ile ayırır. Mustafa Kemal, denizkızı masalına inanmıyordu. Ya balık, ya insan vardır. Mustafa Kemal geri bir memlekette medeniyet meselesi halledilmedikçe hiçbir meselenin halledilemeyeceğini biliyordu. Şarklı-Garplıya inanmıyordu. Ya Şark, ya Garp vardır. Garp medeniyetinin temeli, hür tefekkürdür. Şapka bir başlık taklidi değil, tefekkür inkılâbının bir sembolü idi.

Bu inkılâp, müspet ilme dayanan ilkokul eğitimi ile köyde halkın derin köklerine kadar inmeli idi. Ömrü buna yetmedi. Medeniyet meselesi halledilmedikçe hiçbir meselenin halledilemez olduğunu bugün de görmüyor muyuz?

Demokrasi politikacıları, geçici dünya nimetlerini paylaşmak için, can çekişen taassubu beslediler ve ona yeniden halk kanını emme kudreti verdiler.

YAZI

Birinci Dünya Harbi'nden önce "Tanin" gazetesinin birinci sayfa köşesinde yeni bir yazı denemeleri vardır. Harbiye Nazırı Enver Paşa kendi dairelerinde Türk yazısını değiştirmişti. Hatta resmî nezaket tezkereleri yeni yazı ile yazılmakta idi.

Yeni yazı sadece bitişik harf usulünü kaldırmaktan, imlâ harfleri üzerine hareke koymaktan ibaret.

Meselâ: "Yeni ahz-ı asker kanununun Meclis-i Mebusan encümeni askerîsinde müzakeratı hayli ilerlemiştir" cümlesi eski yazı ile şöyle yazılmakta idi:

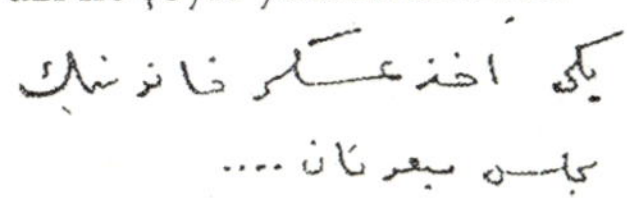

Enver Paşa yazısı ile şu biçime girmekte idi:

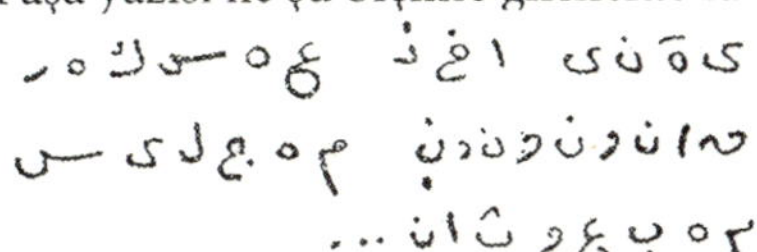

Eğer harp çıkmasaydı, bu acayip yazı umumîleşecek miydi? Hiç zannetmiyorum. Hepimiz gülüyorduk. Fakat Enver Paşa'yı da denemesinden alıkoymak mümkün değildi.

Enver Paşa bir vatansever ve muhafazakâr tipte, bir ıslahatçı idi. Bu yazı da, onun kabalığı nevinden bir icattır. Fakat ilk yenileşme ve Garplılaşma hareketinden beri duyula gelen bir ihtiyacın ne kadar derinleştiğini gösterir. Bu bir fantazya değildi. Ciddi bir şeydi.

Bir Osmanlı çocuğunun ilk eğitim değil, orta ve daha yüksek mektepler gördükten sonra dahi imlâ yanlışları yapmaması az rastlanan bir şeydi. İmlâsı düzgün demek, Osmanlıcada yarı-bilgin demektir.

Enikonu şöhret kazanan yazarlar arasında kendi yazısındaki Arapça ve Farsça kelimeleri doğru okuyamayanlar çoktu.

Gerçi Türkçe kelimeler imlâ harfleri ile gitgide bir okunma kolaylığı almakta idi. Meselâ "trk" kelimesini artık eski yazıda da "Türk" diye yazıyorduk. Ancak buradaki "ü" nün yerini tutan "vav" harfi hem "ü", hem "u", hem "ö" sesi verirdi. Ama Arap ve Fars kelimelerine dokunulmak barbarlık sayılırdı. Size yeni yazımızla iki eski imlâ örneği göstereyim: "trdd", "mtcld" kelimelerini, eğer iyi Arapça bilmiyorsanız, şimdi nasıl okursanız eski yazıda da öyle okurdunuz. Birincisi "tereddüd", ikincisi "mütecellid" dir. Enver Paşa bunu eski harfleri ayırmak ve aralarında imlâ harfleri koymak yolu ile halletmeğe kalkıştı. Çünkü sağdan yazı Kur'an yazısı idi... Onu muhafaza ederek bir çare bulmalı idi.

Sağ ve soldan yazı meselesinin dinle ilgili bir mesele olmadığı bir hoca olan Ali Suavi tarafından nice yıllar önce ortaya atılmıştı. Fakat Ali Suavi'ye göre okuyup yazma güçlüğünün sebebi, bir yazı değil, bir diş işi idi: "— İngilizcede de imlâ yoktur, diyordu, İngilizcede "a" birkaç türlü okunur. Fakat İngilizcede İngiliz'in bilmediği ve konuşurken kullanmadığı kelime yoktur. Bizim dilimiz ise bizim olmayan, konuşurken ağzımıza almadığımız, sadece şair, edip ve âlimlerin yazarken kullandıkları kelimelerle doludur. Dili sadeleştiriniz. İhtiyacımız olmayan yabancı kelimeleri atınız. İmlâyı biraz düzeltmekle bu güçlük kalmaz."

Bu doğru bir fikirdi. Fakat Ali Suavi'nin dediğini yapmak için Osmanlıcadan vazgeçmeli idi.

Eğer Arapça ve Farsça kelimelerin imlâsı üzerinde bu taassup olmasaydı, Arap ve Fars kelimeleri de Türkçeler gibi bölünerek kolayca okunabilmek imkânı aransaydı, yazı davası yine kalır mıydı, bilmiyorum. Fakat bu dil işini halletmek, Arapçayı ilim dili olmaktan çıkarmak, kendimize mal ettiğimiz yabancı kelimeleri Türkçe saymak ve onlara Türkçe kelimeler gibi sahiplenmek demekti. Düşününüz, Arapça "ayın ve se" ile "Osmanlı" kelimesini Türkçe "elif, vav ve sin" ile yazmak... Bu da yazı değiştirmek kadar, belki daha güç bir şeydi.

Meşrutiyet'te Lâtin yazısı üzerine tartışmalar olmuştur. Hatta Abdullah Cevdet, *İçtihad* dergisi ile kitaplarında Frenk rakamları kullanırdı. Tartışma Cumhuriyet devrinin kuruluş yıllarına kadar devam etti.

Hüseyin Cahit Yalçın, İzmir gazeteciler konuşmasında Atatürk'e Lâtin yazısının ne zaman kabul edileceğini sormuştu. Acaba henüz katî bir fikri mi yoktu veya zamanı gelmediği düşüncesinde miydi, Atatürk, Hüseyin Cahit'in sualini iyi karşılamamıştı. İleri fikirli gençler, cumhuriyet gazetelerinde yazı tartışmasını bırakmadılar. Lâtin yazısı ile bir köy çocuğu bir hafta içinde, üniversiteden çıkma gençlerin bile yanlışsız içinden çıkamadıkları metinleri doğru okuyacaktı. Batı yazı âlemine girecek ve onun bütün kolaylıklarından faydalanacaktık. En ehemmiyetlisi Türk kafasını, köklerine kadar, Arap kaynaklarından sökecek ve millî kılacaktık. Bu yazı işinde gazetede ve Atatürk meclislerinde ben de hayli çalışmışımdır.

Nihayet Atatürk, 1928 yılı Haziran'ın da Ankara'da bir komisyon kurulmasını Maarif Vekili rahmetli Necati'den istedi. Bu komisyonun azaları Maarif Vekâleti Müsteşarı

Mehmet Emin Erişirgil, Talim ve Terbiye Dairesi Reisi İhsan Sungu, Ruşen Eşref Ünaydın, Profesör Ragıp Hulusi, Ahmet Cevat Emre ve İbrahim Grandi idi. Ben memleket dışında bir yolculukta idim. Döner dönmez Dolmabahçe Sarayı'nda ziyaretine gittiğim Atatürk: "— Hemen Ankara'ya git, komisyona katıl ve bu işi çabuk bitiriniz," dedi.

Komisyonda ilk görülecek iş, yazı değiştirmek doğru mudur, değil midir, tartışmasına nihayet verip yeni alfabe harflerini seçmeye başlamaktı.

Bir prensip anlaşmazlığı şöyle çıktı: Osmanlıcadaki yabancı kelimelerin dahi bütün ses haklarını veren bir alfabe mi alacaktık, yoksa Türkçe ve Türkçeleşen kelimeleri mi esas tutacaktık? Arap'ın "ayın" ı, "s" si, "zel" i, "tı" sı, "zı" sı gibi yeni alfabede ayrı ayrı harfler olacak mıydı? Bu harfler Türklerin ağzında kaybolmuştur. "Osman"daki "s" ile "esmek"deki "sin" arasında, "ağız"daki kalın "ze" ile "haz"daki "zı" arasında hiçbir fark yoktu. Bundan başka biz yeni alfabede yalnız Türkçe kelimeleri düşünmekle yabancı kelimelerin de Türkçeleştirilmesini sağlamış olacaktık. Ayrı harf, yabancı kelimeye imtiyaz vermek ve onu daima yabancı kıldıktan başka eski imlâ zorluklarını yeni yazıda da bırakmak demekti.

Sağ anlayış, Türk söyleyişinde kalmayan, fakat fasih Arap söyleyişinde devam eden bütün ses haklarını vermekti. Biz milliyetçiler sağ anlayışın iddialarını yendik.

Türkçe kelimeler için "kaf" ve "kef", "gef" ve "gayın" harfleri lüzumsuzdu. İstisnasız bütün Türkçe kelimelerde "k ve g" harfleri ince seslilerle "kef" ve "gef", kalın seslilerle "kaf" ve "gayın"dırlar.

— Ya Kâzım kelimesini nasıl okuyacağız, diyorlardı.

Bir radikal fikir şu idi: Böyle kelimeler gitgide Türk söylenişine uysa ne çıkar? Fakat bu fikir yürümedi. İki ayrı harf almak yerine Türk kaidesine uymayan Arapça kelimeler için "k" ve "g" harflerinin önüne bir "h" koymakta uyuştuk. "Kâzım=Khazım" yazılacaktı. Tasrif ve terkipler için tire usulünü kabul etmiştik! "Gelmiyorum" kelimesi "Gelmiyor-um" şeklinde yazılacaktı.

Yeni alfabede Lâtin yazısı dünyanın ortaklaşa değerlerini değiştiren acayipliklerin kalmasına hâlâ esef duymaktayım. Bunun başlıcası "c" harfidir. Türkçede "j" sesi yoktur. Yabancı dillerden alınma kelimelerde bu ses "c" ye değişmiştir: Candarma, curnal gibi... "Ejderha" ile "ecnebi" kelimeleri pek farklı söylenir. Bir teklif "c" sesi için "j" yi almak ve "c" harfini de "ç" sesi için bırakmak "ç" yi "ş" karşılığı kullanmaktı. Herhalde bugünkü bazı aykırılıklardan kurtulabilirdik.

Komisyon alfabesini İstanbul'da Atatürk'e ben getirdim. Uzun uzun tetkik etti. Konuştuklarından bir takım "q" harfinde ısrar ediyorlardı. Hatta bir aralık Atatürk bu tavizde bulunmaya da karar verdi. Ertesi gün vazgeçirdik.

Atatürk bana sordu:

— Yeni yazıyı tatbik etmek için ne düşündünüz?

— Bir on beş yıllık uzun, bir de beş yıllık kısa mühletli iki teklif var, dedim. Teklif sahiplerine göre ilk devirleri iki yazı bir arada öğretilecektir. Gazeteler yarım sütundan başlayarak yavaş yavaş yeni yazılı kısmı artıracaklardır. Daireler ve yüksek mektepler için de tedrici bazı usuller düşünülmüştür.

Yüzüme baktı:

— Bu ya üç ayda olur, ya hiç olmaz, dedi.

Hayli radikal bir inkılâpçı iken ben bile yüzüne bakakalmıştım:

— Çocuğum, dedi, gazetelerde yarım sütun eski yazı kaldığı zaman dahi herkes bu eski yazılı parçayı okuyacaktır. Arada bir harp, bir iç buhran, bir terslik oldu mu, bizim yazı da Enver'in yazısına döner. Hemen terk olunuverir.

Bu arada bir (q-kü) harfi tehlikesi atlattık. Biz Türkçe kelimelerde (k)'nın ince seslilerle daima (ke), kalın seslilerle (ka) okunduğunu düşünerek (q-kü) yü alfabeye almamıştık. Ben yeni yazı tasarısını getirdiğim günün akşamı Kâzım Paşa (Özalp) sofrada:

— Ben adımı nasıl yazacağım? "Kü" harfi lâzım, diye tutturdu.

Atatürk de:

— Bir harften ne çıkar? Kabul edelim, dedi.

Böylece Arap kelimesini Türkçeleştirmekten alıkoymuş olacaktık. Sofrada ses çıkarmadım. Ertesi günü yanına gittiğimde meseleyi yeniden Ata'ya açtım. Atatürk el yazısı majüsküllerini bilmezdi. Küçük harfleri büyütmekle yetinirdi. Kâğıdı aldı, Kemal'in baş harfini küçük (kü) nün büyütülmüşü ile sonra da (K) nın büyütülmüşü ile yazdı. Birincisi hiç hoşuna gitmedi. Bu yüzden (kü) harfinden kurtulduk. Bereket Atatürk (kü)'nün majüskülünü bilmiyordu. Çünkü o (K)'nın büyültülmüşünden daha gösterişli idi.

1928'de bir Ağustos akşamı idi. Dolmabahçe Sarayı'nda bulunuyorduk. Atatürk, Sarayburnu Parkı'ndaki halk toplantısı ile Büyükada Kulübü'nde bir suareye davetli idi.

Sarayburnu Parkı'nın, bütün kalabalığı ve sahneyi gören yüksekçe bir yerinde bir masa hazırlamışlardı. Bahçenin bir köşesinde halkı eğlendiren bir caz, sahnede ise, nöbeti geldikçe Arapça şarkı ve kasideler söyleyen Mısırlı Münîre-tül-Mehdiye takımı vardı. Atatürk'ün geldiğini gören halk alabildiğine coştu. Atatürk bulunduğu yerde neşe ve şevki susturan mürai bir Şark zorbası değil, şenlik içine katılan, halk sevincini içine sindiren, içenle içen, oynayanla oynayan, konuşanla konuşan bir halk arkadaşı idi. Halkın içine girdiği vakit kendini tam yerinde hissederdi. Halk ile haşır neşir olurdu. Mustafa Kemal'i halk ile beraber görünce, mürai yobazlar kaybolup giderlerdi. O kalabalıktan ürken ve kalabalığı kendilerinden iki üç asker kordonu ötede tutan diktatörlerin aksine, nefesine nefesi karışan kalabalıkta kuvvet bulurdu. Bütün ömrünce halktan hiçbir tecavüz beklememiştir. Shakespeare'in kralı başvekilini tacını bırakıp vatandaş olmakla tehdit ettiği gibi, Mustafa Kemal de kızdıkça: "— Millete giderim," derdi. Mustafa Kemal'in inkılâp iradesinin kaynağı, halkın kendine inanışıdır. O bütün baltalamaları halktan değil, aydınlardan görmüştür. Tek diktası da bu irtica üniversite profesöründen medreseliye kadar çeşitli aydınlarını halkı kışkırtmalarına müsaade etmemekti. Tanzimat'tan beri isimlerini duyduğumuz liderler arasında halkı doğru anlayan ve halk ile kaynaşma yollarını bulan yalnız o idi.

Kadınlı erkekli park kalabalığının neşesi ile keyfi arttı. Bu coşkunluğa, ara sıra, Arap musiki takımının biteviye, ağlayışlı ve inleyişli melodileri sekte veriyordu.

— Kimde bir defter var? dedi.

Kendisine hizmet edenlerden biri parmak büyüklüğünde bir cep defteri bulabildi. Bu deftere bir şeyler yazdığını görüyorduk. Bir müddet sonra beni yanına çağırdı, kulağıma:

— Kimseye göstermeden bunlara göz gezdir, sana okutacağım, dedi.

Yerime oturdum, baktım, yeni yazı ile "Sarayburnu Nutku" diye Cumhuriyet tarihine geçen hitabenin ilk parçaları idi. Atatürk, millete iki şey söylüyordu: Yazın, Arap yazısı değildir. Musikin, bu sahnedeki musiki değildir.

Yazdıkça birer birer bana geçirdiği kâğıtları geri aldı, ayağa kalkarak halkı selâmlayan kısa bir nutuk söyledi, sonra elinde tuttuğu defteri göstererek, bir şeyler not ettiğini ve bunları orada hazır bulunanlardan birine okutacağını haber verdi, kalabalıktan Türkçe yazı okumayı bilen birini çağırdı. Bir genç koşup geldi, fakat Lâtin yazılı kâğıtları görünce şaşaladı, Atatürk: "— Bu arkadaşımız hakikî Türk yazısını bilmediği için şaşırmıştır. Arkadaşlarımdan birine okutayım," dedi. Beni yanına çağırdı. Nutku okudum.

Halk parkın içinde toplandığından beri bir müjde bekliyormuş da o müjde bu imiş gibi, dibinden kaynayarak coştu. Atatürk ayağa kalkarak halk şerefine içti. Halk onun şerefine o Ağustos gecesini donanma gecesine çevirdi.

Geç vakit iskeleye doğru güçlükle inerek motora binip Büyükada Kulübü'ne yanaştık.

Bahçede ana binaya doğru ilerlediğimiz sırada tuvaletli hanımlar ve fraklı erkekler bir grup halinde bize doğru geliyorlardı. Atatürk bana döndü:

— Çocuk, dedi, orada yaptığımızı burada yapamazdık.

Bu bir Tanzimat dekorudur. Garp medeniyetçisi ve Türk milliyetçisi Atatürk bu dekora bir türlü ısınamamıştır. O bir cilâcı değil, bir yontmacı idi.

Atatürk halkı yeni yazıya alıştırmak için meşhur seyahatine çıktı. Gezici alfabe hocalığı yapıyordu. Hiç okuma yazma bilmeyenlerin, kolayca öğreniverdikleri bu yazıya ısınmaları tabiî idi. Alfabedeki tire ve bazı işaretlerin güçlük uyandırdığını gördüğü için, hepsini kaldırmıştı.

Biz İstanbul gazetelerinde her gün yeni yazı örnekleri neşrediyorduk. Açıkça muhalefet yoksa da muhafazakâr ilim ve edebiyat çevreleri bu kadar kökten bir değişikliğin aleyhinde idiler. Doğrusunu isterseniz kandırıcı bir delilleri de yoktur. Bir gün öncesine kadar Osmanlı kütüphanesinin yoksulluğundan şikâyet edenler, şimdi geçmiş hazinesinin ne olacağını soruyorlardı. Yeni yazının Arap diline uymayacağını ileri sürenler hiç şüphesiz haklı idiler. Fakat Türkçeye de uygun gelmeyeceği üzerine akıl yatırır hiçbir tenkitlerine rastlamıyorduk. Yeni yazının Türk dilindeki yabancı kelimeleri asıllarından uzaklaştırıp millileştirmesi ise, onun aleyhine değil, lehine bir delil sayılmak lâzım gelirdi.

Bütün zorluk bizim nesiller içindi. Eski yazı ile yetişmiştik. Her Türkçe kelime, bizim için, bir resimdi. Onu heceleyerek değil, görerek okuyorduk. Bizler, bu resmi kaybedip, yerine her kelimenin yeni bir resmini koymak gibi, belki de ömrümüzün sonuna kadar başaramayacağımız nankör bir külfet karşısında idik. Okuyorduk, heceleyecektik. Ama bütün okuryazarlar milletin yüzde beşi ile onu arasında idik.

Eğer bu nispet yüzde elliyi aşmış olsaydı, yazının değiştirilemeyeceğine şüphe yoktu. Aynı anadilini Sırplar, Kiril ve Hırvatlar, Lâtin harfleri ile yazmaktadırlar. Yazı inkılâbı yapılacaksa, tam zamanı idi. Milletin yüzde beşi ile onu arasındaki bir azlık, gelecek nesiller hesabına bir fedakârlık yapacaktık. Bir memur düşününüz. Sağdan yazar. Lâtin harfleri ile hiçbir alışkanlığı yoktur. Bu memur şimdi yeni bir yazı öğrenecekti. Ne kadar istemeyeceği bir şey olduğuna şüphe edilemez. Atatürk inkılâplarının en çok rahatsız edeni yeni yazıdır. Çilesine katlanabilmek için fedakârlığın şerefini benimsemek lâzımdı. Doğrusu Atatürk ve İnönü herkese örnek olmak istediler. Yeni yazı kabul edildikten sonra ikisi de bir daha Arap yazısı kullanmadılar. İnönü âdetlerinden vazgeçip geçmediklerini anlamak için, arkadaşlarının not defterlerini bile yoklardı.

İlk iş, yeni yazı ile okuyup yazma bilenlerin sayısını, hemen, eski yazı ile okuyup yazma bilenlerin sayısının üstüne çıkarmak, yeni yazı ammesini yaratmaktı. Millet mektepleri fikri bundan doğdu.

Zavallı Necati millet mekteplerini açacağı sırada genç yaşında öldü. Hastalığından bir akşam önce Çankaya'da beraberdik. Atatürk ve arkadaşları neşe içinde idik. Çankaya durgun havaya gelmezdi. Rüzgâr sesi duyulmalı, kuşlar uçuşmalı ve kaçışmalı idiler. Sonsuz enginlere doğru bembeyaz ümit ve hayal yelkenlerini açan Türkiye'nin yürüdüğünü böyle hissederdik. Miskinler tekkesinde neler konuşulduğunu düşünmezdik. Türk kafasını ve vicdanını ortaçağ karanlığından yeni zamanlar aydınlığına ulaştırmak için çırpınan bir kahramanın yoldaşları idik.

O kadar sevinen Necati, Lâtin harfi ile imza atmayı henüz meşk ediyordu. Maarif Vekili millet mekteplerinin ilk talebesi olacaktı. Heyecan içinde kalktı. Pek sevdiği zeybeğini oynadı. Körbarsak ameliyatı olması için hekimlerin nasihatlerini dinlemeyen zavallı genç, bu sıçrayışlarla bir zehir kesesini delerek içine akıttığını bilmiyordu. Ertesi gün ateşler içinde yattı, millet mekteplerini sayıklayarak öldü. Atatürk'ün ilk defa hıçkırıklarla ağladığını bu ölüm akşamı görmüştüm. "— Ne evlâttı o..." diye hayıflanıyordu.

Yüz binlerin ölümüne göz kırpmadan bakan, ateşte dövülmüş ve kanda soğumuş bu irade, bir ana kalbi kadar yumuşaktı.

31 Kasım 1928'de Büyük Millet Meclisi Yeni Alfabe Kanunu'nu kabul etti.

LAİSİZM

Tanzimatçı Sadrazam'ın: — Hıristiyanlarla Müslümanlar arasındaki hukuk farklarını kaldırdık. Artık hepsi Osmanlı ve eşittir, demesi üzerine İngiliz Büyükelçisi:

— Demek ki, bundan sonra Müslüman kadınlar Hıristiyanlarla da evlenebilecekler, demiş ve Sadrazam:

— Yoo... İşte bu olmaz, diye yerinden sıçramıştı.

Tanzimat'ta büyük işler görüldüğü inkâr edilemez. Saray, Bab-ı Âli ve uyanık Osmanlılar anlamışlardı ki, ya Avrupalı olacaktık, ya Düvel-i Muazzama denen yedi pençeli emperyalist dev bizi parçalayıp Asya sürülerine döndürecekti. Tanzimatçılar, Osmanlı Türklüğünü bu kara kaderden kurtarabilmek için büyük cesaret göstermişlerdir. On dokuzuncu asrın başlangıcında Hıristiyanlarla Müslümanlar hukukça eşittirler, diyebilmek, 1928'de Arap yazısını Lâtin yazısına çevirmekten daha güç bir şeydi.

Fakat mektebin yanında medrese, yeni kanunların yanında şeriat, sivil mahkemelerin yanında Şer'iye Mahkemeleri, hâkimin yanında kadı, valinin yanında müftü, sadrazamın yanında şeyhülislâm, 1920'de dahi, olduğu gibi durmakta idi. Bizzat Padişah aynı zamanda Halife idi. Tanzimat'ın yüzüncü yıldönümüne doğru Bab-ı Âli'de[19] yirminci, Süleymaniye'de[20] yedinci asırda idik. Yalnız bütün hakları ile aile değil, üniversitede tefekkür dahi şeriatın kontrolü altında idi. Edebiyat Fakültesi'nde felsefeyi bir mutaassıp medreseliden okurduk.

Bir ortaçağ teokrasisinin bütün baskısı, memleketin dörtte üçünde hissedilmekte idi. Büyük Millet Meclisi'nin koyacağı kanunların şeriat hükümlerine aykırı olmayacağı hakkındaki madde Teşkilât-ı Esasiye'nin esas hükümleri arasından çıkmamıştı.

---

19 Sadaretin bulunduğu yer.

20 Meşihatin ve şer'iye mahkemelerinin bulunduğu yer.

Cumhuriyetin kuruluş devrinde bir asırdan beri devam eden medeniyet mücadelesinin kesin zaferi, medenî kanun ve laisizmle kazanılmıştır. Büyük Millet Meclisi'nden Medenî Kanun'u geçirmek ve Anayasa'yı, devletin dini İslâm'dır, maddesini çıkararak laisizm prensiplerine göre tasfiye etmek, devrim davamızın taç giyme törenidir. Türk milletinin bir yirminci asır topluluğuna doğru tekâmül etmesi için artık hiçbir engel kalmamıştı. Bundan ötesi eğitim meselesi idi.

Gericiler, bir asırdan beri, Garplılaşmanın dinden ve milliyetten çıkmak demek olduğu fikrini yaymışlardı. Kemalizm, bu masala nihayet veriyordu. Devrimler içinde, ilk defa, Türklüğümüze de kavuşuyorduk. Avrupa ve Asya sınırlarımız arasındaki bu koca ülkede millî birlik denen şey, ilk defa İnkılâp Türkiyesi'nde gerçekleşti. Tanzimat edebiyatında "— Ben Türküm," diyen bir iki aydının nerede ise heykelini dikeceğiz. İnkılâp Türkiye'sinde "— Ben Türküm," demeyen aydın kalmamıştır.

Batı medeniyet dünyasında İtalyan nasıl İtalyansa, Alman nasıl Almansa, Türk de öyle Türk olacaktı. İslâm Şarkı'nda Arap Arap, Fars Fars, hatta Arnavut Arnavut, fakat Türk Türk değildi. Felsefeci Naim Hoca, daha 1915'de üniversite profesörü iken, Türklük için bulduğu tek kurtuluş yolu onun Araplaşması idi. Dili de Arapça olmalı idi. Bir Eskişehir milletvekili hocanın, İkinci Millet Meclisi'nde "Ve"yi daima Arap şivesi ile söylemeye dikkat ettiğini hatırlıyorum. Medrese ve tekke büyüklerinin vizite kartlarından çoğunda soy sonu bir sahabeye, bilhassa Ebubekir'e dayanırdı.

Garplılaşmak, aynı zamanda Araplaşmaktan kurtulmak, Türkleşmek demekti. Din, bir vicdan işidir. Müslümanlık, Türklük şuurunda, milliyet mayasıdır. Ama vicdan işi olan din başka, topluluk ve dünya işlerini yedinci asır şartları içinde tutmak ve dondurmak isteyen şeriat başkasıdır. Atatürk devrimlerine vurulmak istenen din düşmanlığı damgası, medeniyet düşmanlarının iftirasından ibarettir.

Yeni Türkiye'nin kuruluş devri bu devrimlerle nihayet bulmuştur. Fakat yaptığımız devrimler bir "zincir kırma" ameliyesi idi. Eski zaman ve eski nizam, âdetleri ile, görenekleri ile, batıl itikatları ile cemiyetin içinde yaşamakta idi. Geniş ölçüde bir eğitim seferberliği ile halk yığınlarına ve halk çocuklarına yeni zaman ve yeni nizam hakikatlerini benimsetmek lâzımdı. Rejimin kaderi nihayet "kayıtsız şartsız millî hâkimiyet" gayesine, yani çoğunluk iradesine dayanan demokrasiye ulaşmak olduğuna göre, bu iradeyi şuurlandırmak, "eski" den hür kılmak zaruretinde idik. Daha "Yeni Rusya" röportajlarında bu tezi savunuyordum.

Geçen devrin büyük kusuru bu olmuştur. İlk eğitim işlerinde çok geciktik ve Türk köyünün ancak ucuna ilişebildik.

Roma'da rahmetli Recep Peker'le bir tartışmamı hatırlıyorum. Başvekil İsmet Paşa ile birlikte gitmiştik. Recep, partinin Umumî Kâtibi idi. Rejimin parlak başarılarından bahsettiği sırada:

— Mademki bu rejimin mektepleri ve hocaları bütün köyleri kaplamamıştır, hiçbir şey yapmamışızdır, demiştim.

Mübalâğama öfkelenmişti. Bir hayli tartıştık. Rahmetli çok efendi huylu bir arkadaştı. Kalbi toz tutmazdı. Bir müddet sonra bana: "Bilsen Falih, seni ne kadar severim. *Zeytindağı*'n yok mu, o kitaptaki görüşlerine hayran kalmışımdır," dedi.

— Aziz dostum, *Zeytindağı*'ndaki görüşleri topladığım vakit yirmi iki, yirmi üç yaşında bir geçtim, şimdi otuz beş yaşındayım, cevabını vermiştim.

Kanunla işleri bitirdiğimizi sanmak ve meseleyi, cemiyetin üst katı meselesi saymak bizim eski hastalığımızdır. Tanzimat'tan beri bir asır, sadece bu üst katı havalandırarak geçmiştir. Milletin yüzde seksen beşi için Tanzimat'tan beri bir gün bile geçmiş olmadığını düşünmüyorduk.

Daha devrimin ikinci yılında Atatürk'e ve eserlerine inananlardan çoğu, bir fırsatını bulup memleketten çıkmak veya memlekette rahat ve kazanç mevkilerini elde etmek için sabırsızlanmakta idiler. Bu harap vatandan uzakta, bu yoksul halktan ırakta, Avrupa şehirlerinde bir devlet konağına yerleşerek, devlet arabası ve devlet dövizi ile ömürlerini hoşça geçirmek veya Çankaya'daki nüfuzlarını iş piyasasına satarak bir iki vurgunda nesillik servetler edinmek hırsı, Çankaya'daki ihtilâlci yuvasını saray havası ile zehirliyordu. Üçüncü Selim devrinin Cevdet tarihindeki etabekân-ı saltanat hikâyesini sık sık hatırlardım.

Atatürk, devrimci lider olarak, ordusuz bir komutana benziyordu. Bütün taşra gurbetleri 1923'ten sonra onun piyoniyeleri ile dolmadı idi. Kendisine gelip de bir iç hizmet isteyen görmezdik. Devrim inanıcılarının pek dar kadrosu, ikbal sinekürlerini bir türlü paylaşamazdı.

1923 neslinin vazifesi, Atatürk devrimlerini halka sindirmekti. Bu güç, zahmetli ve belki ilk zamanları nankör bir vazife idi. Devrimlere, bu kanunları koyan ve onlara karşı isyanları cezalandırmak için mahkemeler kuran Meclis, hatta bu mahkemeler bile samimî inanmıyordu. Yeni nizamın hayatı, Atatürk'ün ömrü ile ölçülüyordu. Arkadaşlarından biri Çankaya akşamlarından birinde Atatürk'e:

— Sıhhatinizi düşününüz, uzun yaşamaya bakınız, öldüğünüzün ertesi günü heykellerinizi bile kırarlar, demişti.

Onun partisine, tek parti adını verenler yanılmaktadırlar. Halk Partisi en koyu gericilikten en ileri fikre kadar bütün eğilimleri, itiraz edilmez bir prensipler disiplini içinde dizginlemeye çalışan bir karma-parti idi. Bu karma-parti içinde bizler yabancı idik ve yadırganırdık. Atatürk'e:

— Davaya inanmayanları tasfiye ediniz, inananları etrafınızda toplayınız, gibi telkinlerde bulunduğumuz çok olmuştur.

Umudunu Cumhuriyet devrinde yetişecek gençliklere bağlamıştı. Halkı da bunlar yetiştireceklerdi. Ben Rusya'ya gidip geldikçe daha kestirme, daha çabuk vardırıcı halk ve gençlik eğitimi metotları olduğunu yetkili arkadaşlarıma anlatamıyordum. Biz asrımızın teknik ve metot mucizelerini kavrayamıyorduk.

Hakikat odur ki, Atatürk, bu milletin tarihinde, bir milletin tarihinde bir ıslahatçı liderden beklenebilecek her şeyi yapmıştır. İnkılâp devri aydınları, Atatürk'ün bütün ileri hareketler emrine verdiği itibar, kudret ve nüfuzunu "işletmekte" ıslahat tarihleri nesillerinin hepsinden daha az kabiliyet göstermişlerdir.

En güç olan sanatı yanında, Atatürk'ün, yetişme tarzından doğma eksikleri vardı. Bu eksikleri tamamlayamadık.

EKONOMİ

Bu devir hikâyesini kapamazdan önce, bazı iç krizlerin üzerinde durmak istiyorum. Aradan yirmi beş yıl geçti. "İlk zamanlar"ın acı hatıraları unutulmuş gibidir. Durumu iyi toparlayabilmek için bazı lüzumlu tekrarları mazur görmelisiniz.

Birinci Dünya Harbi'nden önceki kilise nüfus kayıtlarına göre (çünkü doğrusu bunlardır) Anadolu'da Türk ve Müslüman olmayanların nispeti yüzde kırka yaklaşmakta idi. Ortaçağ Hıristiyanlığı içinde Müslüman azlıkların yaşamasına imkân yoktu. Fakat Osmanlı Saltanatının sınırları içindeki Hıristiyanlar dilleri, dinleri ve kiliseleri ile korunmuşlardı. Eğer Fatih, Kanuni veya Selim:

— Ya Hıristiyanların hepsi Müslüman olacaklardır yahut hiçbirine bu ülkede yaşama hakkı vermeyeceğiz, demiş olsalardı, onları bu kararlarından alıkoyabilecek hiçbir dünya kuvveti karşılarına çıkamazdı. Müslüman olmayanlara karşı müsamaha gösterilmesinin bir değil, türlü sebepleri vardır. Bu sebepleri uzun boylu tahlil etmek, tarihçilerin görevidir. Bununla beraber iki kardeşten birinin Sokullu Mehmet Paşa adı ile saltanatın sadrazamı, Müslüman olmayan ikincisinin de ilk Sırp Patriği olması gibi bir hadiseye Hıristiyan milletleri tarihinde misal gösterilemez. Çöküş devrinde Osmanlı İmparatorluğu'ndan beş Hıristiyan devlet çıktı. Endülüs topraklarında bir tek Müslüman mahalle kalmış mıdır?

Yeni Türkiye'nin kuruluş yıllarındaki Hıristiyansız Türkiye bir taassup trajedisi değildi. Dinleri, dilleri ve kiliseleri ortaçağdan yirminci asra kadar Türklerle beraber yaşayarak gelen Hıristiyanlığı tasfiye etmek, Düvel-i Muazzama vâsiliği altındaki kapitülâsyonlu Türkiye'nin haddi mi idi?

Avrupa Türkiyesi elden gidip, bütün fetih toprakları yeni Hıristiyan devletlerin vatanı olduktan sonra, 1914'de Ruslar, Ermenistan saydıkları Doğu Anadolu'ya bir ecnebi vali tayin ettirmişlerdi. Karadeniz kıyıları, Trakya ve Batı Anadolu üstünde Yunan iddialarının milletlerarası canlı bir edebiyatı vardı. Milliyetçilik devri, ayrılma hırsını

Müslüman kavimlere de bulaştırdığı için, büsbütün vatansız kalmak korkusu içinde idik. Zavallı Osmanlı Saltanatının Arnavut ve Arap Sadrazamları, Hıristiyan Nazırları ve büyük elçileri olmasının, hatta bir vakitler Dış Bakanlığın âdeta Hıristiyanlar eline verilmesinin hiçbir faydası olmuyordu. Yirminci Asır, Türk'ün ölümü asrı idi.

Birinci Dünya Harbi'nde, kendi isyanları ve Çar orduları ile işbirliği etmeleri yüzünden, Ermeni faciası olmuştur. Ne acıklı şeydir ki, bu facia olmasaydı, Kuvay-ı Milliye hareketi tutunamazdı. Muzaffer devletler mütarekenin daha ilk günlerinde Kafkas sınırlarından Kilikya'ya doğru uzanan Ermenistan devletini kuracaklardı. 1918 mütarekesi ile beraber Anadolu, Yunan egemenliği tehlikesi altına girmişti. Bu egemenlik, Batı Anadolu ile Karadeniz kıyılarında bulunan Rum nüfusa dayanmakta idi. Atatürk kurtuluş zaferini kazandığında, Trakya ve Anadolu'yu her fırsatta kendini gösteren bu tehlikeden tasfiye etti. İstanbul surları dışında bütün Türkiye, som bir Müslüman Türklük vatanı haline geldi. Böyle bir millî birlik taslağı Küçük Asya tarihinde ilk defa görülüyordu.

Eski Ankara vilâyetinin genişliğini bilir misiniz? Bolu, Zonguldak, Yozgat galiba Kayseri vilâyetleri, onun birer sancağı idi. Bir gün gelmiştir ki, bu vilâyetin bütün çift toprakları birkaç Ermeni bankerin rehini altına girmiştir. Küçük esnaflıktan ve zanaatlardan ithalât ihracat tüccarlığına, verimli ziraata kadar bütün millî ekonomi Hıristiyanların inhisarı altında idi. Türkler rençper, asker, memur, vakıfçı veya derebeyi idiler. 1914 İstanbul telefon defteri adreslerinin yeni kuşak delikanlıları tarafından gözden geçirilmesini ne kadar isterdim.

Rumeli'den Türkler devletle beraber göçmüşlerdir. Osmanlı sancağı inen yerde Türk tutunmasına imkân yoktu.

Biz Trakya ve Anadolu'dan Hıristiyan halkı tasfiye etmekle, memleket ekonomisini köklerinden sökmüştük. Her yerde bağlar bozulmakta, zeytinlikler yabanîleşmekte veya kesilmekte, balık avcılığı ölmekte, çarşılar kapalı durmakta idi. 1924 Türkiye'sinin gerçeklerini bilmeyen, yeni Türk tarihi hakkında hiçbir şey öğrenemez.

Ermeni tehciri sırasında Anadolu şehir ve kasabalarının bütün oturulabilir mahallelerini yakmışlardı. Benim 1911'de gördüğüm Ankara, 1923'de bulduğum Ankara'nın yanında bir "mamure" idi. Yunan ordusu bozgun çekilişi sırasında, Anadolu'nun bir memlekete benzeyen batısındaki şehirleri yakmıştı. İzmir'e gittiğim vakit bu şehrin de Akdeniz Avrupası şehirlerini andıran mahalleleri yanmaya başlamıştı. İzmir'den Uşak'a doğru yalnız tüten harabeler ve enkaz arasından geçmiştik.

Baştanbaşa, ziraatı ile, ticareti ile, zanaatları ile, şehirleri, kasabaları ve köyleri ile, yeniden "inşa" edilecek, maddî ve manevî inşa edilecek bir vatan ve on iki milyon İngiliz lirası, yani iyice bir anonim şirket sermayesi kadar bir bütçe! Osmanlı bütçesinin başlıca kaynağı olan aşarı da, halkı yeni devre ısındırmak için kaldırıyorduk. Batı Anadolu'nun yanmamış büyükçe kasabalarında sinemaya para yerine yumurta verilerek giriliyordu.

Lausanne'da İngiliz Baş Delegesi Lord Curzon, Türk Baş Delegesi İsmet Paşa'nın yabancı imtiyazlarına dair reddettiği her teklifini:

— Bir bende, bir de (Fransız Baş Delegesini göstererek) bunda para var, nasıl olsa bizden para istemeye geleceksin. Bu reddettiğin tekliflerimi o zaman birer birer geri vereceğim, demişti.

Kısa ve uzun vadeli hiçbir ödünç alma imkânı yoktu. Her şey yapılacak ve 1911'den 1922'ye kadar dört harp geçiren, yanan, yıkılan, milyonlarca evlâdını kaybeden, üstelik bütün gelir kaynakları sıfıra inen vatan yoksullarının parası ile yapılacaktı.

Hitler, Atatürk'ü övdüğü sırada:

— Bir milletin bütün vasıtalarından mahrum edilmiş olsa dahi, kendi kendini kurtarma vasıtalarını yaratabileceğini ispat eden adamdır, demişti.

1923 - 1924 Türklüğü düşünülürse, Hitler'e ikinci defa hak vermek lâzım gelir.

Bir de sömürgesizleşme davamız vardı. Demiryolları, tramvaylar, şehir ışıkları, suları, gaz, rıhtımlar, fenerler, hepsi imtiyazlı yabancı şirketler elinde idi. Bunları satın alarak millîleştirecektik.

Anadolu yaylasında, rayları Ankara'ya kadar döşenen demiryolları bizim değildi ve Düyun-u Umumiye'den kurtulamamıştık. Bu borcu ödeyemezdik. Bu demiryollarını yalnız millîleştirmek değil, kısa zamanda sınır boylarına ulaştırmak zorunda idik. Birinci Dünya Harbi'nde demiryolsuzluktan neler çektiğimizi bilen iki askerden biri Devlet Reisi, öteki Başvekildi.

Bilmiyorduk. Bir bilen ve öğreten de yoktu. Herkes şaşırtıcı ve umut kırıcı idi. Mekteplerde okudukları veya okuttukları on dokuzuncu asır iktisat teorileri ile yeni devlete nasihat verenleri dinlesek, kollarımızı kavuşturup bir asır beklemeli idik. Başvekil, demiryollarını kendimiz yapacağımızdan bahsettiği vakit, her taraftan:

— Devlet, demiryolu yapamaz, kitapta yeri yok... sesi geliyordu.

Demiryolunu imtiyazlı yabancı şirketler yapmalı idi. Hâlbuki Türk bağımsızlığının bize sağlayacağı ilk menfaat, imtiyazlı yabancı şirketlerin sömürüşünden, yani yarı-sömürgelik şartlarından kurtulmaktı. Memlekette sermaye yoktu. Sermaye simsarları vardı. Bu simsarlar, Türkiye'ye ekonomik bağımsızlık tadı tattırmak istemeyen politikacı sermayenin avukatları idiler.

Başvekil:

— Ben o teori, bu teori bilmem. Bir şey bilirim, o da her gün bir karış ray döşemek... diyordu.

Yeni Türkiye'de Devletçilik, bir ekonomik meslek olarak doğmamıştır: Bir tarihî zaruret olarak doğmuştur. Yapılacak şeyleri devletten başka yapabilecek olan yoktu. Mesele bundan ibaret. Yeni Türkiye, kendi yapmak veya hiçbir şey yapılmamasına boyun eğmek arasında seçim yapmalı idi.

Partinin bir iki yüz bin lirasını bir yabancı bankaya yatırarak hissedar olmak teklifinde bulunduğumuz vakit:

— Türkler bankacılık edemezler. Paranızı bize bırakırsanız, faizini veririz, diyorlardı.

Bir vatan kurtarmak, fakat bir banka kuramamak. Bir fabrika işletememek... Zaferin verdiği üstünlük duygusu ile bu iddiaların doğurduğu aşağılık duygusu çarpışıyordu. 1923'ün şevkli iradesi on dokuzuncu asır iktisat öğrencilerinin şüpheci ve bozguncu telkinlerini nihayet yendi. Bilmediğimiz şeyleri yapmaya koyulduk. Ankara köy mü idi? Şehir olacaktı. Demiryolu Erzurum'a kadar ulaşmalı mı idi? Ulaşacaktı.

Aldanmak, avlanmak, yaptığımızı bozmak veya kullanmamak hepsi hesapta idi.

Her şey yapılmalı ve yapılanların sahibi bu millet olmalı idi. Türk'ün parası varsa, Türk, Türk'ün parası yoksa devlet yapacaktı. Geçmişten korkuyorduk. Kapitülâsyonlar kâbusu henüz dün akşamki uykularımızda idi.

Devletçilik yeni Türkiye'de milliyetçilik demekti.

Birkaç kondüktörle ateşçilerden ve yaban yerlerde istasyon memurlarından başka içine Türk sokmayan Alman, İngiliz, Fransız demiryollarını hem satın almak, hem tamamlamak, hem de yüzde yüz Türk kadro ile işletmek... İmtiyazlı yabancı şirketleri tasfiye etmek ve hepsini yüzde yüz Türk kadro ile işletmek... Ve bu geri Asya memleketini ileri Avrupa memleketi haline getirecek her şeyi, her şeyi temelinden kurmak...

Meclis kürsüsünde bir de "üç beyaz" parolası revaç bulmuştu: Ekmeğimizi kendi unumuzdan yoğurmak, şekerimizi kendi pancarımızdan almak, bezimizi kendi pamuğumuzdan dokumak... Ah bir buna muvaffak olsaydık...

1923 kafası ve iradesi imkânsızlığa meydan okumuştur. Doğru eğri, eksik tamam, fakat "Türk'ün yapamayacağı" sabit fikrini yenmiştir.

1923 iradesinin ve kafasının eline geçmişten yalnız tarihî anıtlar miras kalmıştı. Tarihî anıtlar dışında ne varsa, iktisat, teknik, ticaret, ziraat teşebbüslerinden doğma ne görünürse, hemen hiçbiri Türk değildi. Şimdi tarihî anıtlar dışında olan ve görünen şeyler misillerce artmıştır ve hepsi "millî"dir.

Türk tarihi 1923 iradesinin ve kafasının mucizesini unutamaz.

Teferruat istenildiği kadar tartışılabilir. 1923 kafasının ve iradesinin bir büyük eseri de, bugün bütün bu işleri tenkit etmek, daha iyi tedbirler arayıp bulmak kabiliyetlerini kazanmış olmamızdır. Meşrutiyet'te Direklerarası'nda bir pabuççu dükkânının açılmasını Türklerde iktisadî teşebbüsçülüğün müjdesi gibi sayan bizler, bugün, 1923 kafasının ve iradesinin kurmuş olduğu demir ve çelik endüstrisini İsveçliler kadar verimleştirmek imkânlarını arayabilen bir seviyeye çıkmışızdır.

Milletvekilliğimizin ilk yılında, bir öğleüstü, Yakup Kadri ile beraber Meclis'e gelmiştik. Dış bahçe kapısı ile iç kapı merdiveni arasında birkaç milletvekili bize bir kanun teklifi imzalatmak istediler. Okuduk. Teklif aşağı yukarı şu idi: "Hidemat-ı vataniyesine mükâfaten Gazi Mustafa Kemal Paşa Hazretleri'ne 1 milyon lira ihdas edilmiştir."

İmzalayanlardan bazıları belki de pek iyi niyetliydiler. Muzaffer komutanlarını para ile mükâfatlandırmak İngilizlerin de âdeti değil miydi? Sonra Mustafa Kemal devrimler yapacak ve devrimler düzenini memlekette kökleştirmek ve korumak için büyük bir partiyi teşkilâtlandıracaktı. Bunun için para lâzımdı.

Beynimizden vurulmuşa döndük. Sanki zafer ve onun bütün şanları ve şerefleri satılığa çıkarılmıştı. Kuvay-ı Milliye devrinde İngiliz entelijansiyası adına -hareketin başından ayrılmak şartıyla- Mustafa Kemal'e büyük bir para ve İtalya'da bir villâ vaat edilmişti. Bu da öyle bir şeydi. Gazi Mustafa Kemal'i devrim tarihinin ilk günlerinde suikastların en alçakçası ile öldürmek demekti.

Gazi'nin haberi olup olmadığını düşünmeden reislik odasında kendisini bulduk. Hamdullah Suphi heyecanlı sözleri ile hepimizin ıstıraplarını anlatmaya çalıştı. Gazi:

— Hiç haberim yok... Küstahlık etmişler, teklifi bana buldurunuz, dedi. Getirtti ve yırttı.

Derin bir gönül rahatı duyduk.

Fakat İttihat ve Terakki devrindeki nüfuz kazançlarına hasret çeken veya Kuvay-ı Milliye'nin çetecilik günlerinde vurgun ve yağma zevki tatmış olanlar, Gazi'nin yanında ve Meclis'te idi. Birçoklarının, devrimin umurlarında bile olmadığını biliyorduk. Milletvekilliği de, boğaz tokluğu geçime yeter yetmez maaşlı bir görevdi. İşleri yalnız idealist tarafından görenler yeni bir Batı Türkiye'sinin ve bu Türkiye içinde yeni bir topluluğun kuruluş savaşlarına katılmanın şevki yanında her şeyi unutuyorlardı. Bu heyecanı duymayanların hatırladıkları tek şey nüfuzlarını satmaktan ibaretti. Para kazanmak için tek sermayeleri de nüfuzları idi.

Gazi, varlıksız her aile çocuğu gibi, hayli sıkıntılı bir öğrenci ve subay hayatı geçirmişti. Aylığı hiçbir zaman masrafına yetmezdi. Biraz rahat bir hayata büyük komuta rütbelerinde kavuşabilmiştir. Bununla beraber fikirlerini ve politikasını ne satmış, ne de kiralamıştı. Acaba etrafındakilerin kendi itibarını sarsacağına şüphe olmayan nüfuz ticaretlerini önleyebilecek miydi?

Yeni devrin ilk skandallarından biri, Ermeni kaçırma hadisesidir. İstanbul gazeteleri, mallarını yeniden ele geçirmek için iki Ermeni zengininin gizlice İstanbul'a sokulduğunu yazmışlar ve bu kaçakçılığı yapan "İş Komitesi"nde Gazi'nin arkadaşlarından birkaçını ortak göstermişlerdi. Bu iki Ermeni'nin İstanbul'a gelmiş olduğu, fakat mesele ortaya çıkınca tekrar savuşturuldukları doğru idi. Kimlerin suçlu olduğu ise anlaşılamamıştı.

Bir gün "Akşam" gazetesinde otururken, bana bir yeni cıgara kâğıdı kuşağı getirdiler. Cıgara kâğıdının adı: Gazi Mustafa Kemal Paşa! İmtiyaz sahibinin adı: Recep Zühdü... Recep Zühdü, Gazi'nin en yakınlarından idi. Kuşağı aldım, Çankaya'ya götürdüm. Rahmetli lider, önledi idi.

Bir aralık vaktiyle orduda politikacılık eden ve Gazi'nin hiç sevmediği bir eski subay, Ankara sokaklarında görünmüştü. Gazi:

— Ne işi var bu adamın Ankara'da? diye şüpheye düşmüştü.

Komisyonculuk için dolaştığının söylenmesi üzerine, bazıları:

— Davanın bütün zahmetlerini biz çekeceğiz, parasını onlar mı kazanacaklar? diye söylenmişlerdi.

Eğer devlette bir iş görülecekse ve bu işten bir komisyon alınacaksa, Gazi'nin yakınları ve tanıdıkları dururken, bu kazanç neden kendisinin de rejimin de düşmanı olanlara kaptırılmalı idi?

İlk aferizm fedası Ankara'da iş takip etmeye gelenleri haraca kesmekle başlamıştır. Adam ya zayıf bakanlara sözlerini geçiren nüfuzlularla ortak olacaktı yahut kazancından olacaktı. Türk olmayanlar bir Ankaralı maske edinmek zorunda idiler. Birkaç misal, süratle şu fikrin yayılmasına sebep olmuştur: Ankara'da ancak nüfuzlu milletvekilleri vasıtası ile iş çıkarılabilir.

Bir gün Hâkimiyet-i Milliye gazetesinde oturuyordum. Çankaya'daki evimi kiralayan Çek Sefiri beni görmeye geldi. Biraz hoşbeşten sonra dedi ki:

— Bizim İskoda firmasını biliyorsunuz. Bu firmanın Türkiye mümessili Sabur Sami Bey'dir. Bize söylediklerine göre, kendisinin siyasî nüfuzu olmadığı için firmanın işlerini yürütemeyecektir. Onun yerine siyasî nüfuz sahibi bir kimsenin bulunmasını bana yazdılar. Aklıma siz geldiniz. Gazinin arkadaşısınız. Gazetesinin başındasınız. Lütfen bu mümessilliği kabul etmez misiniz?

Hepsinin asılsız olduğunu ve Türkiye'de bu firmanın işlerini daha iyi görecek bir temsilci bulunamayacağını dilim döndüğü kadar anlatmaya çalışmıştım.

Bir gün Milli Savunma'nın bir eksiltmesine katılan iki rakip firmadan ikisinin de temsilcisinin aynı milletvekili olduğu görülmüştü.

İş Bankası'nın bir nevi politikacılar bankası olarak kurulmuş olması, Cumhuriyet tarihi için pek acıklı bir aferizm salgınının başlangıcı olmuştur.

İş Bankası'nı kuranlar ve bilhassa onun umum müdürü, dürüst kimselerdi. Fakat bankayı yürütebilmek, tutabilmek ve işletebilmek, uzun müddet devlet otoritesini kullanmaya bağlı kalmıştır. Kolay kazanç elde etmeğe çalışanlar, yerli yabancı, Ankara'da nüfuz tüccarlarını bulmakta ve onlar vasıtası ile bankayı kendi teşebbüsleri içine sürüklemekte idi. Birkaç defa bankayı pek ağır ziyanlardan kurtarmak için, onu çıkmaz işlere sokmuş olanları kazandırarak kurtarmak lâzım gelmiştir.

Bu kurtarılanlardan biri, ki on parasız bir subay emeklisi olarak ilk Meclis'e katılmıştı, bir demiryolu mukavelesinden tam bir milyon yirmi sekiz bin lira komisyon almıştı. Bu komisyonun ehemmiyetli bir kısmı İş Bankası'ndaki hesaplarını kapatmaya ancak yetebilmişti.

Devlet bu uzun mühletli sözleşme yüzünden milyonlarca lira ziyana gireceğini anlamış ve onu sonradan feshedebilmek için bin bir sıkıntıya uğramıştı.

Ortaya bir teşebbüs atarak İş Bankası'nın sermayesini tehlikeye koyabilmek, para kazanmanın en kestirme yollarından biri sayılıyordu. Rejimden hava parası vurmak hırsı nüfuz satıcılarını o kadar bürümüştü ki, bir gün, Atatürk'ün kızıp yanına sokmadığı bir şahısla nüfuzlu dostlarından biri arasında şöyle bir pazarlık yapılmıştı: Dostu bir kolayını bulup o şahsı sofraya davet ettirecek ve sofrada bir kolayına getirip Atatürk'ün elini öptürerek affettirecekti. Busenin ücreti on bin lira idi. Meseleyi duyan bir arkadaşımın tarizli müdahalesiyle bu kârlı iş son dakikasında akim kalmıştı.

Şöyle bir sistem kurulmak isteniyordu: Devletin yapacağını banka yapmalı idi. Şüphesiz arada bankanın yabancı iş ve yerli nüfuz komisyoncuları asıl hisseyi paylaşacaklardı. Reasürans hikâyesi bunun tipik bir misalidir.

Galiba dünyanın hiçbir yerinde reasürans işi imtiyaz altında değildir. Bu fikri İstanbul sigorta kumpanyalarından birinin Levanten müdürü icat etti. Atatürk'ün kalp rahatsızlığından şüphe edilerek perhize girdiği zamanlarda idi. Arkadaşları iki cepheye bölünmüşlerdi. Böyle bir inhisarcılığa mani olmak isteyenler, bütün delillerini kullanmakta idiler. Hükümette de banka nüfuzculuğuna karşı mukavemet belirmişti. İmtiyaz davası bütün bir mevsim geri kaldı. Fakat nihayet teşebbüse önayak olanlar muvaffak oldular. Hiç unutmam, Hâkimiyet-i Milliye gazetesindeki odamda oturuyordum. Başyazarlardan ve banka idare meclisi reisi Siirt Milletvekili Mahmut, yanımdaki odada çalışırdı. Arada kapı yoktu. Beraber konuşurken İstanbullu sigorta müdürünün geldiğini haber verdiler. Pek neşeli müdür, Mahmut'un masası üstüne üç zarf bıraktı:

— Bu zat-ı âlinizin. Bu *** Beyefendinin, bu da *** Beyefendinin... dedi.

Bu zarflar hisse senedi dolu idi. Bahsettiğim sigorta müdürü, elde ettiği başarıdan sonra, servet ve samanını toplayarak Fransa'ya gitti. "Cote d'Azure"de yerleşti.

Geçen gün İstanbullu bir tüccardan duydum. Reasürans imtiyazı yüzünden yalnız bu tüccar şimdiye kadar 50.000 lira fazla sigorta parası ödemiştir.

İş Bankası'nın ilk sermayesi de Hindistan'dan Mustafa Kemal'e gönderilen paranın geri kalanı idi... Bu para, millete ve devlete gönderilmişti. Mustafa Kemal el sürmemeli idi. Gerçi o sermaye hesabı daima aynı tutulmuş, parti işleri için kullanılmış ve partiye bırakılmıştır. Ama Mustafa Kemal yanındakilere bir örnek olmalı idi.

Başvekil ve arkadaşları aferizme karşı mücadele ediyorlardı. Başvekil:

— Bir iş ki kimse yapmaz, devlet yapar, bunu anlıyorum. Bir iş ki, hususî bir teşebbüs yapar, bunu da anlıyorum. Fakat devletin nüfuzunu kullanarak şahıslar veya bankalar yapar, bunu anlamıyorum. Ben devletçilik denen şeyi anlarım, fakat dolapçılığı anlamam diyordu.

Başvekil Millî Savunma'ya bir tezkere yazarak ve tezkerede Atatürk'ün pek yakın bir arkadaşının ismini zikrederek, bu zatın karıştığı eksiltme ve arttırmaların bozulmasını emretmişti. Bir gün de Meclis koridorunda yüksek sesle:

— Hazineyi soydurmayacağım, hazineyi soydurmayacağım... diye haykırdığını görmüş, sinirlerini iyice oynattığından şüphe etmiştik.

Hava paracıları hükümetin bu dayatışına, iktisat politikasının nazarî sakatlığı mahiyetini vermek için Çankaya'yı telkin altında bırakmaya uğraşıyorlardı. Bir akşam, biraz yukarıda bir milyon lira komisyon aldığından bahsettiğim milletvekili tenkitler yürütmeye koyulmuştu. Atatürk işi alaya alarak:

— Fransızca söylersen dinlerim, demişti.

Hatibin dış seyahatlerinde kulaktan kapma birkaç kelimesinden başka Fransızcası yoktu. Biraz içmiş olduğundan cesaretle ayağa kalktı ve: — Mon économie autre économie İsmet Paşa... diye tutturdu idi.

Bir gün, daha sonra Yavuz-havuz skandalında hüküm giyenlerden bir milletvekili ile trende konuşuyordum. O da 1923 fukarasından idi:

— Seni bir açık otomobilde gördüm. Kapalısını sattın mı? diye sordum.

— Hayır... dedi, bir de açık aldım. Biliyor musun, iki otomobil almak daha ekonomik...

Bu sözle ne demek istediğini hâlâ anlamamışımdır.

Bir gün de, mütarekede küçük bir alacağı için bir tanıdığını denize atmakla tehdit eden bir küçük maaşlının Florya'daki evi önünde otomobili, denizde de kotrası duruyordu. Arkadaşımla:

— Bunun torunu da olmuş... diye eğlenmiştik.

Millet Meclisi, Cumhurbaşkanlığı için Çankaya'daki yeni evi yaptırmakta idi. Ben kestördüm. Yazları Ankara'da üç arkadaş nöbet tutardık. İhaleler de kestörlükten yapılırdı. Sıra bende idi. Köşkün en devamlı adamlarından biri geldi:

— Sıhhî tesisleriyle ihale et. Bizim ortağımızdır, dedi.

— Nasıl yapabilirim bunu? İhaleye katılanların zarfları kapalı... Hangisinde ucuz teklif çıkarsa ona vermeye mecburuz.

— Sana yolunu öğretirler, dedi.

Öğretecek olan da daire müdürü imiş. İhale en ucuz teklife yapılmıştır. Fakat aynı zatın bu eve dair Atatürk'e telkinleri yüzünden kestörler hayli ıstırap çekmişlerdi.

İş bahsinde bu kadar titiz görünen Başvekil'in de yakın etrafı nüfuz ticaretinden zengin olmuşlardır. Ayazpaşa Mezarlığı'nı birinin mülkü haline sokup bizzat İnönü'ye bu mezarlıktan arsa hissesi sağlamışlardı.

Size burada Cevdet Tarihi'nin, Üçüncü Selim'in tahttan indirilmesini hikâye eden 8. cildinden birkaç fıkra okumak istiyorum: "...Ricalden ve kibardan niceleri gücenip birer tarafa çekildiler. Bu sırada bazı eyyam adamları dahi şahsî menfaatlerine bakarak müdahane yollarına döküldüler. İstanbul'ca görülmedik tarz ve surette büyük ve müzeyyen konak ve yalılar inşası ile ziyade sefahat ve ihtişama düştüler. Geceleri mukataat mültezimleri ve memleketeynin kapı kethüdaları gibi rüşvet vasıtası olan kimselerle yahut aşağı takımdan kâselislerle hembezm olup, kâh evlerinde, kâh kayıklarla mehtaba çıkıp deniz üzerinde bazende (oynayıcı) ve hanende ve sazendelerle ıyş ve işret meclisleri kurdular. Nizam-ı Cedid işini mal toplamağa vesile edip pek çok israfa düştüler. Hattâ İbrahim kethüda bir gün birine bir at verip:

"— Tavlada altmış atım kaldı, bundan sonra babam mezardan çıkıp da bir at istese vermem, dediği Asım Tarihi'nde zikredilmiştir.

"İşte Nizam-ı Cedid'i terviç eden ricalin hali bu veçhile olup, kendileri servet toplamakla meşgul olup her birinin etrafı dahi aynı yolda olmakla Nizam-ı Cedid işi güya halktan birçok paralar toplayıp da zamanın nüfuzlularına bol bol harcayarak sefahat etmek için imiş gibi bir surete girdi. Halkın alışmadığı Nizamat-ı Cedide'nin icrasında ise fedakârane hareket etmek lâzım gelip yoksa başta bulunanlar ihtişam ve sefahate daldıkları halde Ocaklı dahi mekel edinmiş oldukları ulûfelerin ellerinden gitmemesi için Nizam-ı Cedid aleyhinde bulunmaları tabii idi."

Kuruluş devrinin nüfuz ticareti halk efkârı üzerinde süratle aynı tepkiyi yaptı. Hükümette ve partide tehlikeyi görenler, ellerinden geldiği kadar mukavemet göstermekte idiler. Türkiye'yi kalkındırmak için durmadan vergileri arttırıyorduk. Biraz geçim temin etmeye başlayan aylıkları yeniden kesiyorduk. Bütün millî kalkınma yükü, milletin sırtında idi. Böyle zamanlarda politikayı iş ve kazançtan, tıpkı dünyayı dinden, orduyu siyasetten ayırır gibi, o kadar katî ayırmak lâzımdı. Atatürk, realist bir politikacı olduğu için yanında bulundurmayı faydalı saydıklarını feda etmemekle beraber, hükümette ve partide fazilet mücadelesi verenlerin gayretlerini hoş görüyordu. Fakat kazançcılar bu mücadeleye kızıyorlar, kimini, meselâ "Kadro" gazetesinde şeker meselesini tenkit edenleri Bolşeviklikle, hükümeti de serbest teşebbüse nefes aldırmamakla suçluyorlardı.

Kazançcılığın bir tepkisi de hükümeti, her işte bir nüfuz ticareti görmek vehmine sürüklemek olmuştur.

Serbest Fırka hareketinin uyanışında aferistler takımının büyük rolü olmuştur. Fethi Okyar namuskâr bir efendi idi. O, liberal iktisat ve politika anlayışı ile hem Atatürk, hem de İsmet Paşa'dan ayrılıyordu. Fakat aferistler için Liberalizm demek, devletin yapacaklarını kendileri yapmak demekti. Bunlar iktisat devletçisi olduğu için değil, kendi kazançlarını önlemeye uğraştığı için İsmet Paşa ve arkadaşlarının aleyhinde idiler.

Mukavemetçilerin çok olması ve hükümete aferistlerden mümkün olduğu kadar az adam sokulması, kuruluş devrinin büyük bir talihidir. Hükümeti de bulaştırmak isteyen aferizm salgını, Yavuz-havuz davası ile tasfiye edilmiştir. Bu dava, aferistler için pek ağır bir darbe idi. Fakat onları perde arkasında fesat yürütmekten menetmemiştir.

Bu hatıralara dedikodu ve şahsiyet bulaştırmamak için elimden geldiği kadar dikkat ediyorum. Bütün isimler ortaya atılsa ve bunlara benzer birçok vakalar daha sayılıp dökülse ne çıkar? Bir mahkeme savcısına gerekçe edebiyatı hazırlamıyorum.

Doğrusunu isterseniz, bugünkü demokrasiyi uyarmak ve uyanık tutmak için bu bahse dokundum. 1950'den sonra aynı aferizm salgını daha büyük bir hırs ile tepmiştir. Otuz yıldan beri kurulan milyarlık sermayeli bankalar, iktisadî teşekküller, işletmelerde partizan bir kontrol inhisarı kurulmuştur. 1923 ve sonrasında on binler ve yüz binlerle oynanmakta idi. Bugün on milyonlarla oynanmaktadır.

Ne eski rejimde, ne de bugün gizli nüfuz ticaretlerinin ve şahsî yolsuzlukların tamamıyla önlenebileceği gibi bir hayale kapılmıyorum. Hiçbir demokrasi bunda muvaffak olamamıştır. Asıl mesele, nüfuz ticaretinin bir sistem haline gelmesinde, âdeta imtiyazlı politikacıların meşru bir hakkı gibi tanınmasındadır.

Eski rejim on beş yıl mücadele etti. En sonunda nüfuz ticareti önlenmişti. Milletvekilleri en basit serbest meslek haklarını bile kullanmayacakları kadar kazanç ve politika birbirinden ayrılmıştı. Milletvekilleri ve parti politikacıları idare meclislerinden uzaklaştırılmıştı. İş Bankası tam ticarî bir mahiyet almıştı.

1950'den sonra hepsinin tersi yüzüne dönmüştür. Benim fikrimce eğer 1923'den sonraki mukavemetçiler cephesi kurulmasaydı, inkılâp rejimi on yılı bulmaz batardı. Bugün belirdiğini gördüğümüz gidiş daha da kötüdür: Büyük nimetler paylaşması, partizanları bir iktidar inhisarcılığının bütün şiddetlerine doğru sürüklemektedir.

Geçmişi, bugüne bunun için hatırlattım.

BİR DENEME

Liberalizm, 1924'de Fethi Okyar'ın Başvekilliği ile iktidara gelmişti. Bu deneme beş ay kadar sürmüştür.

Atatürk denemelerden korkmayan, ara sıra "Meclisi havalandırmayı" bilen bir lider idi. Pek yakında İsmet Paşa'ya döneceğini bilerek Fethi Okyar'ı Başvekil yapmıştır.

Devrimin o tehlikeli kuruluş günlerinde Okyar'ın siyasî liberalizmi Şeyh Sait İsyanı'na kadar sürdü. Ahval fenalaştıkça, kendisine hiçbir önleyici tedbir aldırmak mümkün olmuyordu:

"— Candarma var, polis var, kanun var, bunlar yeter..." diyordu.

İç tehlike büyüdükçe, İsmet Paşa devrinin herkesi rahatsız eder görünen sıkılık zahmeti unutuluyor, bütün gönüllerde: "— Ya devrim? Ya rejim?" kaygısı uyanıyordu.

Bir akşam Atatürk'e davetli idik. Birkaç oyun masası kurulmuştu. Hanımlı efendili vakit geçiriyorduk. Ben ve Yakup, Atatürk'ün masasında idik. Fethi Bey ve İsmet Paşa ayrı ayrı masalarda briç oynuyorlardı.

Bir aralık yaver, Atatürk'e bir şifre getirdi. Şeyh Sait İsyanı'na ait son bir rapor olduğunu anladık. Bir cephe düşer gibi, Şark düşüyordu. İsyana katılan katılana idi. Atatürk raporu okudu, dudaklarını bir acı kıstı, sonra yavere usulca:

— Al bunu Fethi'ye götür... Bize de:

— Çocuklar dikkat ediniz, dedi.

Fethi Bey rahatsız edilmesinden sıkılmış görünerek, bir an oyunu bırakıp yavere:

— Ne var? diye sordu.

Yaver raporu verince de şöyle bir göz atıp:

— Sonra bakarız, diyerek iade etti.

Atatürk yaveri çağırdı, yine yavaş sesle:

İsmet'e götür... dedi.

İsmet Paşa'nın hükümette hiçbir vazifesi yoktu. Oyunu bıraktı, rapora bir baktı, sonra iskemlesini geriye çekerek bir cigara yaktı, uzun uzun okudu, birkaç nefes cigara daha çekti, tekrar okudu ve pek düşünceli bir halde kâğıdı ağır ağır kıvırdı, yavere verdi, düşüncesi bir müddet daha devam etti. Atatürk:

— İşte farklar! dedi.

Bu fıkrayı Fethi Bey'i küçültmek için anlatmıyorum. Fethi Bey, eğilmez bükülmez bir liberaldi. İnkılâp ve medeniyet hamlelerinde Atatürk'ü anlıyordu. Bir Garp medeniyetçisi idi. Fakat inkılâpçılık denen disiplin sistemini anlamıyordu. Sıkıyönetim ve fevkalâde tedbir gibi şeylerin yeniden bu disipline yol açabileceğini düşünüyor, bunu istemiyordu. Fethi Bey, bir inkılâp devrinin adamı değildi.

Fethi Bey düştü, yerine İsmet Paşa geldi ve "Takrir-i Sükûn" kanunu çıktı.

Atatürk ikinci havalandırma ihtiyacını 1930'da hissetmiştir. Sofrası şikâyetlerle dolup taşıyordu. Yeni inşa devrinin maddî külfetleri memlekete ağır geliyor, şahsî menfaatleri önleyen hükümetçi sistem nüfuz kazançcılarını isyan ettiriyordu.

Atatürk, Paris Büyükelçisi Fethi Bey'in bir tatil dönüşünde, bütün bu şikâyetçileri onun etrafında toplamaya, İsmet Paşa politikası ile gizli ve el altından değil, açıkça mücadele ettirmeye karar verdi. Benim bildiğime göre ilk tasarlama, bunun parti içinde bir hizip olması idi. İsmet Paşa buna şiddetle karşı koymuştu:

— Bir hükümet, sabahleyin Meclis'e geldiği zaman, ekseriyet var mıdır, yoksa o gece bir dalgalanma ile kaybolmuş mudur, gibi bir şart içinde çalışamaz. Bir hizip değil, bir muhalefet partisi olmalıdır, diyordu.

Devrimci Atatürk, irtica henüz olanca hıncı ile dipdiri iken, bir muhalefet partisinin kurulmasına neden izin verdi? Bu suale hiç kimse doğru cevap veremez. Çünkü hiç kimseye açıkça fikrini söylememiştir.

Bazıları derler ki İsmet Paşa'nın politikasını beğenmezmiş de onu frenlemek için böyle yapmış. O zamanı hatırlayanlar bilir ve tarih de pek kolay öğrenecektir ki kuruluş devri idaresi, "baş başa" bir idare idi. Hükümet politikasını frenlemek için Atatürk'ün bir başkasına ihtiyacı yoktu. Zati böyle bir ihtiyaç zaafı, onun büyük gurur ve nefis güveni hassaları ile uzlaşamaz.

Bazıları derler ki, Fethi Okyar'ın da katılmakta olduğu sağ temayüllü politikayı, açık münakaşalar içinde iflâs ettirmek için öyle yapmış. Bu ihtimal de, Serbest Fırka kuruculuğuna ayırdığı arkadaşları ile kendi arasındaki münasebetlerin hususiyetlerine uymaz.

Akla en yakın gelen teşhis bence, şudur: Bu rejim nihayet normalleşecekti. Tek partili bir meclis rejimi bir gün sona erecekti. Acaba rejimi normalleştirme eseri, Atatürk sağ ve bütün otoritesi ile ayakta iken, kendisi tarafından temin edilemez miydi? Böyle bir denemede Atatürk'ün muhalefet partisini Fethi Okyar kadar inanmadığı şahsiyetlere emanet etmesi şüphesiz tehlikeli olurdu. Fethi Okyar, Atatürk'ün onu hiçbir zaman feda etmeyecek bir arkadaşı idi. Atatürk, Cumhuriyet Halk Partisi'nin lideri olarak kalmalı, fakat Serbest Fırka da onun yüksek hakemliğini tanımalı idi. Asıl mühimi, Serbest Fırka devrim nizamına, Cumhuriyet Halk Partisi kadar bağlı kalmalı idi. Devrim nizamı dışındaki türlü meseleler, iktisat, maliye, ziraat ve ticaret işleri, iki parti arasındaki münakaşaları besleyebilirdi.

Bulgaristan'dan İstanbul'a dönerek Yalova'ya gitmiştim. Atatürk Serbest Fırka'dan bahsedince fikrimi saklamadım. Erken olduğunu söyledim ve yeni partinin etrafını inkılâp düşmanlarının saracağından şüphem olmadığını anlattım.

Yeni muhalefet gazeteleri alıp vermekte idiler. Gazete hücumlarını idare edenler arasında "yalnız" ta ilk gününden beri devrim rejimine karşı koyanlar göze çarpıyordu. Muhalefet bir sürüm vasıtası haline de geldiği için, Cumhuriyet Halk Partisi'nin müdafaacısı kalmamıştı. Serbest Fırka'ya geçmemiş olanlar da, halk efkârındaki kaynayışa bakarak, ihtiyatlı bir dil kullanmakta idiler.

Atatürk, Yalova'ya gelen milletvekilleri arasından gözü kestiklerine:

— Siz de yeni fırkaya geçmek istemez misiniz? diyor ve yeni parti meclis grubunun sayı edinmesine çalışıyordu. Benim bulunduğum gece, Şair Mehmet Emin Bey sofra davetlileri arasında idi. Atatürk pek saygılı bir lisanla ona da aynı teklifte bulundu ve Emin Bey kabul etti. Atatürk'ün hemşiresi dedi ki:

— Paşam siz de bizim fırkaya hep beyefendi gibi zevatı veriyorsunuz. (Beni göstererek) bir de bu muharriri versenize...

Atatürk: "—Yooo... dedi, ne kadar gazete ve gazeteci varsa hepsi sizin tarafta! Onu bize bırakınız."

Fakat benim bazı tenkitlerimi de hoş görmedi. Her vakit serbestçe konuşmaklığıma izin verirken, o akşam bir iki defa ileri gitmekliğimin doğru olmadığını ima etti.

Ertesi sabah Yaveri gördüm, "— İki fırkalı sofraya alışmamışım, gaf yapacağa benziyorum, onun için bu akşam Ankara'ya gideceğim," dedim.

Görüşmek üzere Küçük Köşk'te İsmet Paşa'ya uğradım. O da pek asi ve itirazcı geçinen bazı arkadaşlarını yeni fırkaya geçmek için teşvik ediyormuş. O sabah rahmetli Vasıf'a:

— Sen ne zaman bizden ayrılacaksın? diye sormuş.

Vasıf asi ve itirazcı, fakat samimî devrimci idi. Hiç anlamazlıktan gelmiş. Bana şikâyet etti idi.

İsmet Paşa ayrılırken bana:

— İşler inkişaf edecek. Seyrini takip edecek, "Hâkimiyet-i Milliye" tarafsız kalmalıdır. Yeni fırka aleyhine hiçbir şey yazmayacaksın, dedi.

Ağustos sıcağında Ankara'ya geldim. Tatile gitmeyen ve hâdiseyi Ankara'da kalarak, takip etmeyi tercih eden birçok milletvekilleri Meclis'te idi. Benim Yalova'dan geldiğimi duyunca etrafıma toplandılar. Hepsinin merakı aynı idi:

— Acaba Atatürk, İsmet Paşa'yı mı, Fethi Bey'i mi tutacak?

Şöyle bir şey sezinir gibi oldum: Eğer Atatürk'ün İsmet Paşa'dan vazgeçtiği kanaatine varsalar, birçokları yeni fırkaya akıp gidecekti. Şahıslar benim umurumda değildi. İnkılâp prensiplerini sımsıkı tutanların iktidarını istiyordum. Medeniyet meselesinden öbür tarafı beni alâkalandırmazdı.

Rahmetli Recep Peker o tarihte Nafıa Vekili idi. Onu görüp dertleşmeye gittim. Atatürk'ün o kadar yakını iken o da:

— Yahu, Atatürk'ün gerçek niyetini anlayabildin mi? diye sordu.

Akşamüstü gazeteye gittim. "Politika" sütununu açarak, Serbest Fırka gazetecileri ve sözcüleri ile münakaşaya giriştim. Atatürk'ün kendi fırkasında böyle bir polemiğin başladığı görülmekle devrim cephesinin kuvvetleneceğini, birtakım tereddütlerin kalkacağını umuyordum. Fakat acaba Atatürk ve Başvekil ne diyeceklerdi?

Üç dört gün Yalova'dan hiçbir ses gelmedi. Gittikçe genişleyen bir tecavüz cephesine karşı, parti gazetesinin mücadelesini tabiî bulmuş olmalı idiler. Bir hayli fıkralarını sonra da "Eski Saat" kitabıma almış olduğum "Politika" sütunu yazıları birçok dostların hoşlarına gitti.

Serbest Fırka kurucuları pek nazlı idiler. Halk arasında alabildiklerine insafsız davranırken, ikide bir Atatürk'e gelir, şart koşarlardı. Bu defa da benim *Hâkimiyet-i Milliye*'de mücadeleyi kesmekliğimi istemişler. Atatürk'e kendi cephesi adamlarından birinin kuvvetinden şikâyet etmek büyük bir hata idi. Bundan başka muhalefet, pek az zamanda, her türlü irticaı seferber etmişti. İlk günlerde sadece bir tenkit ve murakabe görevi yapmak için yeni fırkayı kurmuş olanlar, memleketin her köşesinden bu umumî alâkayı görünce hemen bir seçimde Meclis'i ele geçirmeyi gözlerine kestirdiler. Gerçekte henüz inkılâp yarası taze idi. Eski müesseseleri diriltebilecek olanlar, liderleri ve müritleri ile ayakta idiler. Şartların, 1950'de olduğundan çok daha tehlikeli oluğuna şüphe yoktu.

Serbest Fırka kurucularının umut ve hevesleri ile birlikte, hareket sömürücülerinin cüretleri de arttı. Daha büstleri olmadığı için İsmet Paşa'nın resimlerini yırtmak gündelik hadiseler sırasına geçti. Bunda muvaffak olunca hedeflerini değiştirdiler ve Atatürk'e açık tecavüzlere giriştiler.

Hepsi bahane, hedef, devrimin kendisi idi. Fethi Bey ve arkadaşları, liderlik nüfuzu ile gelecek duruma hâkim olabileceklerini zannediyorlardı. Aldanıyorlardı.

Din, pek tabiî olarak, hareket sömürücülerinin başlıca silâhı haline gelmişti. Atatürk'ün, vaktiyle hocalık ettiği için kendisine pek güvendiği ve Fethi Bey'e arkadaş olarak verdiği milletvekili, bu silâhı eski talebesine ve yeni velinimetine karşı kullanmakta en ileri gidenler arasında idi.

Ufku çepçevre kaplayan karabulut, sararmış ekinli kuru toprağa en iyi rahmetlerin müjdesini verdi. Ve ondan su yerine taş yağdı.

Atatürk halk çoğunluğunun devrim aleyhine elde edilebileceğini bilmiyor değildi. Onun 1930 muhalefetinden beklediği vazife, devrim nizamına bağlı kalarak ve devrim düşmanlarının işbirliğini redderek, hür bir murakabe hayatı tesis etmekti. Bu bir feragat işi idi.

Bir gün İsmet Paşa'yı Çankaya Köşkü'ne çağırdı:

— Ne var, ne yok? diye sordu.

Başvekil her şeyin tabiî seyrini takip etmekte olduğunu söyledi: "— Muhalefetle mücadelemizi yapıyoruz," dedi.

Muhalefetin son şartı, Atatürk'ün fırkalar üstünde kalması idi. Bir defa partisi yıkıldıktan sonra, ondan kurtulmak güç olmayacak yahut büyük bir iç savaş tehlikesi baş gösterecekti. Atatürk:

— Ben bîtaraf değil, bir tarafım, diyordu.

Yani inkılâpçı idi. Onun tarafsızlığı, ikinci fırka da birincisi kadar inkılâp nizamına bağlılık karakterini koruduğu pek kısa bir zaman sürmüştü.

En çok genç harislere şaşıyordum. İkbal pahasına, bilhassa kendilerinin olmak lâzım gelen inkılâp davasını, irticaa peşkeş çekmekte tereddüt etmiyorlardı.

Bugünkü demokraside ne kadar alçaklık yapılmışsa, hepsi 1930'da da yapılmıştı. Şu fark ile ki, 1930'da inkılâp kolayca yıkılabilirdi. 1950'de bütün eski müesseseler yirmi yıl daha çökmüşler ve yeni müesseseler yirmi yıl daha yaşlanmışlar ve köklenmişlerdi.

Nihayet Serbest Fırka feshedilerek büyük tehlike durdu.

Keşke bu tehlike hiç uyanmayarak, büyük hareket, dürüst tenkit ve murakabe hareketi devam edebilseydi...

Çünkü basın hürriyeti ve siyasî serbestlik ortadan kalkınca, başka istismarcılar işe koyulacaklardı. Rejimin hayatı Atatürk'ün ömrü ile sıkı sıkıya bağlanmış olduğu için, ikide bir suikast masalları çıkarılarak Atatürk'ün etrafındaki çember gittikçe daralacak, büyük halk adamı halktan gittikçe uzaklaştırılacaktı.

Hastalığı da başlamak üzere idi.

Rahmetli Fethi Bey'in, eskiden beri o kadar çok sevdiği Atatürk'e en büyük yardım fırsatını kaçırmış olmasına hepimiz ne kadar esef etsek yeri vardır. Birkaç sene sonra İsmet Paşa:

— Ne zaman olsa, rejimi tabiîleştirmek için bir sarsıntı geçirecek değil miyiz? Serbest Fırka devam etseydi, çoktan bu sarsıntı buhranını atlatmış olurduk, diyordu.

DİL VE TARİH

Devrimler içinde size dil ve tarih hareketine dair kısaca bazı bildiklerimi anlatmak isterim.

Mustafa Kemal de, kendinden önceki ve sonraki kuşaklar gibi, Türklüğün geçmiş medeniyetlerde yeri olmadığını ileri sürmekte, Frenk edebiyatı ile birleşen tarih kitaplarını okuyarak ve Türkçenin bir ilim ve edebiyat dili olamayacağına inandırılarak yetişmiştir. Osmanlı tarihi, Osmanlı hanedanından önceki Türklüğe barbar gözü ile bakar. Türklüğe, ancak, Arap-İslâm dünyası içinde şahsiyetini kaybettiği kadar değer verir. Osmanlı edebiyatı, Türkçenin Arap ve Fars dillerinin kelime ve kaide egemenliği altında yaşayabileceği davasını tutar. Türkler medeniyet bakımından tarihsiz, ilim ve edebiyat bakımından dilsizdirler.

On dokuzuncu ve yirminci asır Türkçüleri, Osmanlı inkârcılığına karşı isyan etmişlerdi. Eski Türklüğün ilme ve medeniyete hizmetleri üzerine yeni bazı Batı bilginlerinin kılavuzluğu ile yazılar yazmışlar ve Türkçenin bağımsız bir dil olacağı davasını ortaya atmışlardı. İlk zamanları, Osmanlı fikir adamları âleminde büyük bir akis bırakmayan bu iddialar, 1908 Meşrutiyeti'nden sonra, Türkçülerle beraber tam bir hareket karakteri almıştı. Atatürk'ün hareketi takip etmeye vakti olduğunu sanmıyorum. Hiç ardı arası kesilmeyen politika krizleri ve harpler yüzünden, bu vakit bulamamayı kendisine bağışlamak da lâzım gelir.

Alfabe işi, Atatürk için, başlangıçta sadece bir yazı işi idi. Fakat yeni yazının bizim kuşak edebiyatçılarında daha ilk dünya harbi öncesinden beri gelişen Türkçecilik akımını uyandırmamasına imkân yoktu. Osmanlıca, yeni yazı içinde yaşayamazdı. Osmanlıcanın temeli, ilim dilinde Arap iştikaklarıdır. Edebiyatta bilhassa Farsça şekillerdir. Yeni yazıda Arap kelimesi bütün şahsiyetini kaybetmekte ve kolaylığı Türkçe ve Türkçeleşmiş kelimelerde duyulmakta idi.

Yeni yazı 1928 Kasımı'nda kabul edildikten sonra Alfabe Komisyonu, Dil Komisyonu'na çevrilmiştir. Ben de Komisyonda idim. Bu Komisyon kurulduktan sonra, rahmetli Celâl Sahir, Ahmet Rasim ve İbrahim Necmi bir imlâ lügati hazırladılar.

Dil meselesi ilk önce Başvekil İsmet Paşa'nın bir parolası ile doğmuştur. İsmet Paşa:

— *Larousse*'un bir Türkçesini yapınız, diyordu.

Başvekilin iddiası sade idi: İki ciltlik *Larousse* lügatinin kelimeleri Türkçede karşılanmalıdır.

Eski Fransızca - Türkçe lügatlerdeki karşılıklardan haylisi kelime değil, tariflerdir. O kadar zengin sandığımız Osmanlıca, Batı ilim ve kültür dilleri arasında değildi. Batı dilleri ile tam bir karşılaştırılma tecrübesi geçirmemişti.

Larousse tercümesine başlanınca, Osmanlıcanın fakirliği hemen meydana çıktı. Birçok kelimeye ihtiyaç vardı. Bunlar ya eski metinlerde bulunacak yahut yeniden yapılacaktı. Kelime arayışlarında ve yapılarında Arapçaya bağlı kalmak kimsenin hatırına gelmediği için, "yeni"yi

Türkçede arıyorduk. Komisyon üyelerinin bir kısmı Türkçe kelimeleri toplamak vazifesini üzerlerine aldılar.

Larousse tercümesi pek yavaş yürümekte idi. Komisyon üç dört yıl içinde bir alfabe kitabı ile yeni imlâyı öğretmek için bir küçük gramer, bir de imlâ lügatinden başka eser vermemiştir.

Atatürk, Türkçülerin bu münasebetle öz dil zenginlikleri hakkındaki iddialarıyla bulunan yeni kelimelerle ilgileniyordu. Wells'in tarihi de onu Türkçülerin tarih anlayışına ısındırmıştı.

Türklerin bize öğrettiklerinden başka türlü bir tarihi olduğu ve Türkçenin bağımsız bir ilim ve edebiyat dili olabileceği kanısı, Türklük gururu ile göğsü durmadan kabarıp inen Atatürk'e büyük bir şevk verdi. Biraz zorlama da olsa, Türkler onulmaz aşağılık duygusundan, yani bir medeniyet tarihleri ve bir ilim ve edebiyat dilleri olmadığı tevekkülünden kurtulmalı, hatta bu aşağılık duygusunu, medeniyete ve ilme hizmet eden başlıca milletlerden olmak üstünlüğü duygusu ile değiştirmeli idiler. Böyle bir duygu değiştirmede Arapça kadar zengin ve sağlam temelli bir dilleri olduğuna inanmaları da şart idi.

Atatürk, eski yazılarında ve büyük "Nutku"nda görüleceği üzere, Osmanlıca inşa terbiyesi görmüştür. Yazı dili, Edebiyat-ı Cedide'den daha geri, Namık Kemal mektebine yakındır. 1912'den beri Türkçeciliğe doğru değişmekte olanların zevki ile Atatürk'ün 1930'daki dil zevki arasında büyük bir fark olması tabiî idi.

Biz Türkçüler eski sadeleştirmecilerden bir hayli ileride idik. Sadeleştirmeciler Osmanlıcayı reddetmemişlerdir. "Câlib-i nazar-ı dikkat" yerine "nazar-ı dikkati celbeden" sözü bir sadeleşme örneği idi. Sadeleşme, eski koyu inşayı mümkün olduğu kadar aydınlatmaktan ibaretti. Muallim

Naci, Osmanlıca yazmakla beraber, bazen, bir sadeleştirme devri eserlerinin muvaffak olmuşları arasındadır.

Sadeleşme hareketi pek eskidir. İkinci Murat meşhur *Kâbusnameyi*'yi pek sevmiş. Fakat okuduğu tercümelerden hiçbirinin açık olmadığından Mercümek Ahmed'e şikâyet etmiş:

— Bir kimse olsa ki kitabı açık tercüme etse, ta ki mefhumundan gönüller haz alsa, demiş.

Mercümek Ahmed eseri yeniden Türkçeye çevirmiş. Bu 400 sayfalık tercüme, Türkçenin başlıca anıtlarından biridir. Bugün bir Türk çocuğu, üstünden asırlar geçen bu kitabı, daha dünkü Fecr-i Âti nesrinden bin kat daha kolaylıkla okur. Sizinle kitabın sonundaki parçalardan birkaç satır okuyalım. Halife, bir gün, Cafer adında bir âlimle birlikte Şat Irmağı'nda gezmeye çıkar; "Vakti hoş ve gönlü açıktır." Şimdi şu Türkçeye bakınız: "... Halife'nin diline yürüdü ki Allahü-vâhidün-ve-ene-vâhid, yani nitekim Tanrı birdir, ben dahi hılâfette birim. Cafer eyitti, yanıldın ey müminler beyi. Sen ikisin: Can ve ten. İkidensin: Ata, ana. İkidesin: Gece, günüz. İkiye varacaksın: Uçmak, tamu."21

Bir de 1908 mekteplerinde okunan bir tarih kitabından aldığım şu parçaya bakınız: Ol şeb-i hayır -ki bir sabah-ı felâhın miftah-ı zafer-küşası idi. Şehriyar-ı Gazi Hazretleri cebîn-i taarru-u iftikarı zemin-i teşeffu-u istinsardan kaldırmayıp..." Bu nesir rahmetli Ata Bey'in *İktitaf* kitabına da seçilmiştir.

Şimdi Yunus'un üzerinden gene asırlar geçen iki şiir parçasını okuyalım:

---

21 Uçmak=cennet, Tamu=cehennem demektir. Cennet ve cehennem gibi bu kelimeler de Türkçe değildirler. Biri Tibetçe, biri Suğutçadır.

Derviş bağrı baş gerek
Gözü dolu yaş gerek
Koyundan yavaş gerek
Sen derviş olamazsın.

Dövene elsiz gerek
Sövene dilsiz gerek
Derviş gönülsüz gerek
Sen derviş olamazsın.

Bunun da karşısına Fikret'ten, Cenab'dan, Hâşim'den kıt'alar koyup mukayese ediniz. Kendi kendime: "— Ah Türk nesri Mercümek Ahmed'den, Türk şiiri Yunus'tan yürüseydi..." diye ne derin gönül acısı ile dalıp gitmişimdir.

Bazı milletlerin tarihinde, uzun müddet, konuşma dilinden tamamıyla ayrı bir yazı dili ilim ve edebiyata hâkim olmuştur. Türkçede böyle değildir: İki yazı dili şiirde ve nesirde yan yana yaşamıştır. Bunlardan birinde esas, konuşma dilidir; yabancı kelime ve şekiller bu dile klişe olarak girer. Böyle bir katışıklıktan hiçbir dil de kendini kurtaramamıştır. Cennet ve cehennem kelimelerinin Türkçesi olamazdı. Çünkü Türklerde ikisinin de mefhumu yoktu. Bu kelimeleri ilk önce iki Asya dilinden, Müslüman olunca da Arapçadan almışlardı.

İkinci yazı dilinde, esas, ilimde bilhassa Arapça, edebiyatta Farsçadır. Bu yazı, medresenindir. Ve onunla inşakâri bir mektup yazmak için bile on sekiz yıl dirsek çürütmek lâzım gelir.

Bir papaz öldürmekle bir kale üstüne yürümek arasında, yazmak bakımından, ne fark olabilir? Bakınız Peçevî, birincisini nasıl yazar: "... Tepeden çıkardılar. Ve andan baş aşağı Tuna tarafına attılar ve yine ölüsün (ölüsünü) görmeye geldiler. Henüz canı vardı. Bir harbe ile sançdılar. Başından tutup ol kadar çaldılar ki başı pâre pâre oldu. Kanı ol taşa yapıştı. Nice yıllar Tuna suyunda kaldı. Ol kan yıkanmadı. Yedi yıl sonra papaslar gelüp bu ibreti gördüler ve kanı taştan kazıdılar."

Tam on bir sayfa sonra Peçevî'nin bir başka hikâyeyi anlatışını okuyalım: "Bir püşte-i refîa üzerinde bir kale-i adîm-ül bedel ve asîr-ül amel'dir ki... hususâ içinde bir deyr-i acib-üssiyer ki, der-ü dîvarı rühâm-ı rengîn ile..."

Bu yazıdaki yabancı kelimelerin tepe gibi, yüksek gibi, güç gibi, kilise ve manastır gibi, kapı gibi, mermer gibi Türkçelerini o zaman da şimdi de hep kullanırız.

Geniş halk yığınlarına yayılmak isteyen edebiyat, konuşma dilini benimsemiştir. Tekke dili halk dili idi. Bu dil derindir ve birçok tasavvuf deyimleri ile zengindir de! Fakat klâsik edebiyatın da ve bizim neslin okuduğu resmî edebiyat kitaplarının da dışında bırakılmıştır.

İkinci Sultan Mahmut bir Tuna gezintisinden döndüğü vakit yanında bulunanlardan biri bir seyahatname yazar. Sultan Mahmut: "— Bunu herkesin anlaması için yazdınızsa içinde "Gerdûne" gibi halkça bilinmeyen kelimelerin ne lüzumu var?" diye tenkit eder.

Birçok dillerde devrimci hareketler, azlar tarafından anlaşılanı çoklar tarafından anlaşılma sadeliğine eriştirmek ihtiyacından doğmuştur. Halkçılığın ilk davası, dili halk anlayışına yaklaştırmak, yani konuşma dilini esas tutmaktır. Halkçı Ali Suavi, bu davayı en iyi kavrayanlardan biri idi.

Edebiyat-ı Cedide, sanat tarihimize edebiyat anlayışında bir ilerleme getirdiği kadar, dil bakımından bir gerileme olmuştu. Sadeleştirme akımı bu yüzden 1908

Meşrutiyeti Türkçülüğüne kadar bir yana atılmıştır. Sadeleştirmeciler "avam" sayılmıştır. Meşrutiyetten sonraki Fecr-i Âti mektebi de Edebiyat-ı Cedide'nin bir devamı idi. İlim dili ta başlangıçtan beri harekete zaten yabancı kalmıştı. Her yerde olduğu gibi, bizde de sadeleşme veya Türkçeleşme, ne derseniz deyiniz, dil davasını halletmekte edebiyat, kılavuzluk etmeli idi.

Selanik'te çıkan "Genç Kalemler" dergisi dil meselesine yeni bir canlılık verdi. Bu mecmua Türkçeleşmenin başlıca bir iki esasını da ortaya atmıştı: "Bir dil, yabancı bir dilden kelime alabilir. Kaide alamaz. Konuşma dilinde Türkçesi olan kelimenin, Arapça veya Farsçasını kullanmamalıyız!"

"Genç Kalemler" yabancı kaidelerle kurulup da kullanma diline yerleşen bir takım şekillerin "klişe" olarak kalabileceği fikrini de tutuyordu. "İlim" Türkçenin malı olacaktı. "Âlim" sözü de klişe olarak dilde kalabilirdi. Fakat "ulema" dememeli, "âlimler" demeli idik. Arap ve Fars terkiplerini ve tasriflerini artık bırakacaktık. "Nazar-ı dikkat" gibi kullanma diline girmiş olanları klişe sayacaktık.

Genç Kalemler'in sanat ve edebiyat tarafı cazibeli değildi. Hele Türkçenin Osmanlıcaya üstün olduğunu anlatmak için Tevfik Fikret'in aruzla yazılmış bir şiirini, hece vezni ile sadeleştirmek gibi zevke aykırı ve ancak davanın aksini ispat edici örnekler, bütün hareketi gülünç kılıyordu.

Türk Yurdu" ve daha sonra *Yeni Mecmua*, Türkçeciliği yeni edebiyat nesillerinin davası haline getirdi. Süleyman Nazif gibi koyu inşacılar, Türkçülere karşı cephe aldılar. Türkçüler, diyoruz, şimdi bu kelimeyi ne kadar kolay kullanıyoruz. O zaman ilk kıyamet "ci" edatının "Türk" kelimesine eklenmesi ile kopmuştu: "— Türkçü ne demek? Dilimizde zerzevatçı vardır. Yoksa Türkçüler, Türk satanlar mı demektir?" diyorlardı. Mizah gazetelerinde herkesi Türkçeye güldürmek için ortaya atılan misallerden biri ne idi, bilir misiniz? "Tayyare" yerine "uçak" kelimesi!

Türkçeden yeni bir kelime yapmaya, hele ilim terimleri yapmaya kalkışmak cinayet sayılıyordu. Türkçe fiillerden ancak argo ve müstehcen lügatleri üreyebiliyordu.

Ziya Gökalp gibi Türkçüler dahi ilim dilinin Arapça kalacağı fikrinde idiler. Ziya Gökalp'ın büyük yeniliği, meselâ, "réalite" karşılığı olarak o güne kadar hiç duyulmamış "şe'niyet" kelimesini yapmak ve bunu "şe'niyetçi" ve "şe'niyetçilik" diye tarif etmekti. "Gerçek" kelimesini ilme mal etmeye cesaret edemiyordu. Belki buna inanmıyordu da! "Mefkûre" Ziya Gökalp'in bir uydurmasıdır. Bu uydurma kelime "mefkûreci ve mefkûrecilik" diye tasrif edilmekle Türkçeleşiyordu.

Abdullah Cevdet ilim terimlerinde Lâtincenin kaynak olarak alınması fikrinde idi. Fakat o da tasrifte Arapçadır. "Psikoloji"nin karşılığı Ziya Gökalp'ta "Ruhiyat", Abdullah Cevdet'te "Psikoloçya"dır. Ziya Gökalp "ruhiyatçı", Abdullah Cevdet "Psikoloçyâî" der.

Bu bir dalgalanma ve bulanmadır. Türkçe yeni bir kadere doğru, çığırından çıkmıştır. Ve harekette, bu türlü başlangıçların bütün buhranları görülmektedir. En koyu inşaya doğru çeken sağcılara karşı, özleştirme ütopisine kapılmış solcular vardır. Başka dil inkılâplarında ne olmuşsa, bizde de olacaktı. Bunun çaresi yoktu. Bir hakikat varsa, o da Osmanlıcanın artık can çekişmekte olduğu idi.

Dil, herkesin kullandığı bir şeydir. Dilde yenilik herkesi rahatsız ve tedirgin eder. Zevkler isyan eder. Alışkanlıklar dayatır. Kanaatler bir türlü uzlaşamaz. Bu hal, işleri yüzünden görenlere "anarşi" korkusu verir. Dilde başlayan esaslı değişme hareketlerinin nesillerce sürmesi tabiî olduğu fikrini kimse benimsemek istemez. Yazanlar "kalmamak" kaygısı içindedirler. Okuyanlar bugün anladıklarını yarın anlamamaktan öfkelidirler. Fakat bu alınyazısıdır, yürür. Ve hiçbir kuvvet, ileriye doğru bir dil gelişmesini geriye çeviremez.

Gerçekte dil devrimi; sadeleştirme ihtiyacı duyulduğu zaman başlamıştır ve Türkçe ek ve köklerle ilk yeni *abstrait* kelime yapıldığı zaman da bitmiştir. Ondan sonra ileriye, dura gerileye bir "oluş" devridir. Bu devrin biz de içindeyiz. Çocuklarımız da ömürlerini onun içinde bitireceklerdir. "Akl-ı selim" yerine "sağduyu" denmiş midir, denmemiş midir? İlim ve edebiyat bu denişi benimsemiş midir, benimsememiş midir? Mesele, prensip bakımından halledilmiştir.

Osmanlıcadan hiç ayrılmamak, meselâ rahmetli Halil Nihat gibi Şûrayı Devlet yerine "Devlet Şûrası" denmeyi bile dili çirkinleştirmek sayanlar bir yana bırakılırsa, hareketin içinde üç cereyan belirdi: Basit sadeleştirmeciler. Yani dilde sadeleşmeyi kabul etmekle beraber Türkçeleşmeye doğru her türlü zorlamayı reddedenler. Türkçeleştirmeciler. Ben bunlar arasında idim. Konuşma ve kullanma diline yerleşen yabancı kelimelere dokunmamalı idik. Türkçeden yeni kelimeler üretirken, kendi eklerimizi, köklerimizi ve şivemizi esas tutmalı idik. Ölü bir kök, yeniden dirilemez, bir kelimenin ölü manası da öyle! Fakat bir kelimenin ölü manası ile terim yapılabileceğini kabul ediyorduk. Meselâ "kovmak" kelimesinin Türkçede eski manası "takip etmek"tir. Bundan faydalanarak "takibat" yerine pek güzel "kovuşturma" karşılığını yaratabilirdik. Terimlerden aynı zamanda konuşma ve kullanma diline geçmiş olanlara dokumamalı idik. "Vicdan" gibi kelimeler bunlar arasında idi. Solumuzda iki ifrat vardı: Bir kısmı, yeni kelimeler yapmak için bütün Türk lehçelerinin eklerinden ve köklerinden faydalanmak ve "sel, sal" gibi "L" eski bir nispet eki olduğuna göre umumî yerine "genel" diyebilirdik. Biz: "— A, efendim, gramerde Türk nispet şekillerini anlatsak ve müstesnalar arasında "umumî" gibi birkaç kelimeyi sıralasak ne kaybederiz," diye münakaşa eder dururduk. Onlara göre "Genel yazgan" Türkçe idi. Bize göre umum kâtip! Türk köyünde mal, can, ırz, çift ve bizzat köy kelimeleri yabancı iken, bucak köşelerine kadar yerleşen "kâtip" kelimesi ile oynayarak hem vakitten olmak, hem itibardan düşmeye bir sebep var mıydı?

İkinci ifrat, "mangal" kelimesi bile Arapça olduğu için ona da bir Türkçe aramaya kalkışan özleştirmeciler idi.

Bir Rusya seyahatinden döndüğümde, 1932'de Dolmabahçe'de Birinci Dil Kurultayı toplanmak üzere idi. İlk gittiğim sofra, bu Kurultay'da görev alanlarla dolu idi. Atatürk, beni yanına oturttu:

— Hüseyin Cahit Bey'in tezini biliyor musun? dedi.

— Hayır efendim...

— Öyle ise önce onu okuyunuz, diye emir verdi.

Birinci Dil Kurultayı için Edebiyat-ı Cedide azasının sağ kalanlarından da tez istemişler. Halit Ziya ve başkaları fikirlerini söylemekten çekinmişler. Hüseyin Cahit, ki, bir sadeleştirmeci idi, düşündüklerini yazıp yollamış. Fakat "— Eğer Atatürk bu kurultayda belli bir maksat elde etmek istiyor da benim yazdıklarım güçlük çıkarma mahiyetinde ise yırtınız, atınız" ricasında bulunmuş. Yırtıp atmamışlar da Atatürk'ün yanında okumuşlar. Hüseyin Cahit pek ileri geri düşünmeden yazar. Eski Servet-i Fünun sahibi rahmetli Ahmet İhsan, ki dilden bir şey anladığı olmadıktan başka, Türk edebiyat tarihinde mecmuasına unutulmaz bir yer verenler arasında Hüseyin Cahit vardır, okunan yazının bir cümlesinden:

— Öyledir o... Bakınız, askerler bu işe karışamazlar diyor, gammazlığı ile Atatürk'ü sinirlendirmiş. Sofrada bulunanlardan birkaçı Hüseyin Cahit'e cevap vermek üzere vazife almışlar. Ve Hüseyin Cahit, Kurultay'a gelse de gelmese de yazısının ve cevaplarının Atatürk'e tekrarlanacağı akşama rastlamışım.

Hüseyin Cahit'in tezini okudular. Atatürk döndü, bana sordu:

— Ne dersin? dedi.

— Acaba bu tezi Kurultay'da hiç okutmamaklığınız mümkün değil midir, Paşam?

— Niçin?

— Fikirlerinden bir kısmı doğru. Fakat hepsi bir arada Kurultay'a gelecek olanlar tarafından iyi karşılanacaktır. Hüseyin Cahit'e neden bir zafer hazırlamalı?

— Ya? Öyle ise arkadaşlarımızın verecekleri cevapları dinle de Hüseyin Cahit Bey'in yerine sen müdafaada bulun, dedi.

Oldukça sinirli bir sesle söylemişti.

Sakın bu türlü tartışmalarda bulunmayı cesarete vermeyiniz. Atatürk, bir defa kendinden olduğuna inandıklarına karşı daima ve istisnasız bir müsamaha göstermiştir. Atatürk'ün sofrasında fikirlerini söylemek bir cesaret değildi. Söylememek, aksini söylemek lüzumsuz bir "müdahane", yahut çıkar bekleyen bir dalkavukluktu.

Cevapları tekrarladılar. Hiçbirini kuvvetli bulmadım. Atatürk'e, Hüseyin Cahit'in bu cevapları kolayca karşılayabileceğini de söylemekten çekinmedim.

Sofra dağılırken Atatürk beni alıkoydu ve herkes gittikten sonra: "— Çocuğum, senin de Hüseyin Cahit gibi düşündüklerin olabilir. Fakat ona cevap verecek olanların cesaretlerini kırma!" dedi.

Kurultay'ın ilk günü Hüseyin Cahit'in zaferi ile çalkalandı. Onun söyledikleri ne kadar iyi karşılanmışsa, cevap verenleri o kadar kayıtsız görmüşlerdi. Locasından manzarayı görüp kavrayan Atatürk, hasta yatağından Samih Rifat'ı kaldırarak kürsüye getirtmek zorunda kaldı. Samih Rifat iyi ve bol konuşur, bilmeyenlerin anlayışlarını tereddüde düşürecek delilller sürmek marifetini gösterdi. Hüseyin Cahit yenilmemişti ama ona cevap verenler yere serilmiş olmaktan kurtulur gibi olmuşlardı. Toplantının sonunda cevapçılardan bir kısmı Atatürk'ün etrafını almışlar:

— İşte Hüseyin Cahit bugün öldü! diyorlardı.

Atatürk gülümseyerek dinliyordu. Hüseyin Cahit ise akşam karanlığında saray bahçesinden dış kapıya doğru giderken, elini sıkmak isteyenler birbirleri ile âdeta itişiyorlardı.

İkisini de gördüm ve Ayaspaşa'daki apartmanıma geldim. Daha nefes almadan bir saray otomobili geldi, şoför:

— Atatürk sizi emretmişler, dedi.

Sofra aynı sofra idi. Ben bir ucuna oturdum. Atatürk dün akşamki cevapçıların söylediklerini dinledikten sonra, bana dönerek:

— Çocuk senin hakkın varmış! dedi.

Birinci Dil Kurultayı'nda "Türk Dili Tetkik Encümeni" kurulmuştu. Samih Rifat reis idi. Ruşen Eşref ve Celâl Sahir'den başka üyeleri zorlamacı ve özleştirmeci takımdan idiler.

Atatürk denemeye karar vermişti.

Sözüme dikkat ediniz. Atatürk, bir büyük Türk'tür. O kadar büyük bir stratejidir. Halk ağzından tarama kelimelerin, sadece görünürde ve sayı bakımından zenginliği ile öz ve ileri bir Türkçe davası üzerine o kadar merakını uyandırmışlardı ki, bu denemeye değerdi. Atatürk ise denemeden ürkmeyen, onun bütün risklerini kabul eden bir lider idi. Öz bir dil denemesinde son neticeleri alıncaya kadar, bu teze inanmış ve bağlanmış tesiri verecek, en acayip kelimeleri bizzat kendisi Meclis kürsüsünde kullanmaktan çekinmeyecekti.

Arapça olduğu için "şey"siz yazıp konuşacaktık. İpin öteki ucunu da elden bırakmamak için, beni her toplantıda bulundurup tenkitlerimi dinlemeye tahammül göstermekte idi:

— Yapmayınız Paşam, diyordum, bir mucize olsa da Anadolu'da ne kadar ölmüş Türk varsa hepsinin aynı anda dirilmesi mümkün olsa, hepsinin beraber ilk ağızlarından çıkacak kelime "şey"dir. "Şey" o kadar Türkçedir.

Hiç unutmam. Atatürk dil meselesine sarıldığından beri kendi dairesinin işleri ile uğraşmamasına pek sevinen vekil ile aynı arabaya binmiştim. Bana dönerek:

— Falih'ciğim, sen de "şey" gibi koyu Arapçaların Türkçe olduğunu iddia edecek kadar ileri varma! demesin mi?

Bu vekilin dili de zevki de eskisinin eskisi idi.

Komisyon üyeleri bir şikâyette bulunmuşlar. Yeni kelimeleri üslûp sahipleri sevdirir ve benimsetir. Falih Rıfkı gibi yazarlar, bu kelimeleri kullanmazlarsa işimiz nasıl yürür, demişler. Atatürk, kendini seven başyazarları öz Türkçe yazmaya davet etti. Zavallı Yunus Nadi, galiba bildiği gibi yazıp: "— Bütün yabancı kelimelerin asıllarını Tarama Dergisi'nden bularak koyarsınız, bulamadıklarınızı da atarsınız" demiş olacaktı. Çünkü imzaladıklarını kendisinin de sonradan anlamış olacağını tahmin etmiyorum.

Ben kolay yazan bir yazarım. Bir başyazıya yarım saat veya kırk dakikadan fazla vakit ayırdığımı pek hatırlamam. Atatürk'ün denemesi, bir dava. Ona yardım etmek, her fedakârlık pahasına, benim için bir borç. Bir yandan da zevkim var. Kâğıdı yemek masasının üstüne koyar, döner, döner, bir saatte yarım sütun kadar bir şey yazardım. Bu yazılar öz Türkçe idi. Fakat sevilmeyen kelimelerden de hiçbiri yoktu. Bir akşam, aşırıcılar gene benden şikâyet etmeleri üzerine, İsmet Paşa o gün yazdığım bir başyazıyı okur:

— Bundan daha iyi Türkçe ne olabilir? der.

Atatürk: "— Ama içinde bizim kelimeler yok!" cevabını verir.

Hâlbuki Atatürk, Meclis nutuklarında "baysal utku" sözünü kullanacak kadar, hareketi teşvik ediyordu. Bizden de bunu istiyordu.

Özleştirmecilerin "baysal utku"su, Osmanlıcanın "isal-i peygam"ı kadar ölmüş değil midir?

Maarif Vekilliği'ne gelen Saffet Arıkan, bizi anlayan bir arkadaştı. Atatürk'le konuşması pek cesaretli değildi ama bir de bizlerle bir deneme yapması acaba nasıl olur, gibi telkinlerde bulunuyordu.

Bir akşam Atatürk, sofra bittikten sonra, benim, yanı başındaki iskemleye oturmamı emretti.

— Dili bir çıkmaza saplamışızdır, dedi.

Sonra:

— Bırakırlar mı dili bu çıkmazda? Hayır. Ama ben de işi başkalarına bırakamam. Çıkmazdan biz kurtaracağız, dedi.

O vakit Saffet Arıkan'la beraber yeni lügat komisyonu kurduk. Bu komisyona Hasan Âli, Necmeddin Sadak, Celâl Esat, Köprülü Fuat, Reşat Huni Ali Muzaffer gibi azalar seçmiştik. Anadolu Kulübü'nde "Cep kılavuzu" denen Osmanlıcadan- Türkçeye lügati hazırlamaya başladık. Usulümüz pek sade idi: Bir Türkçesi olan yabancı kelimeleri tasfiye ediyorduk. Kullanılır Türkçesi olmayanları Türkçe olarak alıkoyuyorduk. Artık Türkçe kelimeler yapılma devrine girmiş olduğumuzdan, şivemizdeki ek ve köklerden yeni kelimeler üretiyorduk.

Atatürk başlangıçtan pek hoşnut kaldı. Hatta bir akşam, rahatsız bulunan Başvekil'in evine gider, "— Bu çocuklar bizi çıkmazdan kurtaracaklar," der. Beni Karpiç Lokantası'na yemeğe davet ederek bu müjdeyi verdi idi.

Sonra bir gün:

— Niçin müfrit dediklerinizi de heyete almıyorsunuz? diye sordu. Yaptığınızın itiraz edilecek nesi var? Lügatinizi bitirdikten sonra tenkit edeceklerine onlarla şimdiden münakaşa edersiniz, dedi.

Belki de özleştirmecilerin müracaatı üzerine bir tavsiyede bulunmuştu. Yalnız başımıza çalışmamız imkânı olmadığını küçük bir yoklama ile anlamıştım. Böylece bizim Lügat Komisyonu'nu genişlettik.

Artık pek tartışmalı toplantılar yapıyorduk. Aramızda Frenkçe hangi kelimeyi ortaya atsanız aslının Türkçe olduğunu iddia eden rahmetli Yusuf Ziya veya Arapça kelimelerin köklerini Türkçeye çıkaran Naim Hâzım üstadımız olduğu halde ve bir kelimenin kökü Türkçe ise onu bugünkü kullanıldığı şekilde kullanmak gibi bir prensip üzerinde de anlaşmışken, hiçbir lüzumlu kelimeyi lügatte bırakamıyorduk. Bu devirde biz şiveciler ne kadar kelime teklif ettikse, hemen hepsi sevilmiştir ve dilde kalmıştır. Bunların yekûnu yüzlercedir. Özleştirmecilerin teklifleri ise uydurmacılık damgası yiyerek hareketin de kötülenmesine sebep olmuştur. İçlerinden biri demişti ki:

— Efendim Türkçede beş yüz kelime mi vardır? İşte lügat budur, derim, üstünü yasak ederim.

Bir başkası:

— Kelimenin güzeli çirkini olmaz, diyordu.

Biz dilde ırkçılığa inanmıyorduk. Kullandığımız Türkçenin ekleri ve kökleri ile bu ilk ve esaslı ileri atılışta, bize yeteceğini de iddia ediyorduk. Biz Fransızca kadar bağımsız bir Türkçeyi ideal saymakta ve bunun bile, hayli uzun zaman sonra, mümkün olup olmayacağını düşünmekte idik. Karşımızdakilerden hele bazıları yeryüzünde eşi olmayan ve eşlenmesine ihtimal de olmayan öz bir dil yaratmak hayalinde idiler. "Can" kelimesini Türkçeden kaldırmak gibi isim verilmez sapıtkanlıklar meydan almıştı.

Bir gün "hüküm" kelimesi üstünde durmuştuk. Terimler arasındaki "yargı" dışında bu kelimenin Türkçede kalmasından başka çare yoktu. Fakat bir türlü münakaşanın sonunu getiremiyorduk.

Dağıldıktan sonra dostum Abdülkadir yanıma geldi. Kendisi bir defa demişti ki:

— Ben Asya Türklerinin çoğunun lehçelerini biliyorum. Sizin ve Yakup Kadri'lerin lehçesini de anlıyorum. Benim aklımın ermediği bir lehçe varsa, o da Türk Dil Kurumu'nun lehçesi!

Dolmabahçe Sarayı'nın üst holünde:

— Görüyorum ki, pek sıkılıyorsunuz, dedi. Siz bana güçlük çektiğiniz kelimeleri söyleyiniz. Biz Türkçe asla vardırabiliriz, dedi.

— İşte "hüküm" kelimesi, dedim.

— Yarına kadar müsaade ediniz.

Ertesi gün bazı lehçelerde "ök"ün "akıl" manasına geldiğine, bunun bir takım lehçelerde "uk" şeklini aldığına ve Yakutçada "um" eki ile kelime yapılabildiğine dair vesikalar getirdi. Toplantı açılınca ben:

— Hüküm kelimesi Türkçedir, dedim.

Çünkü "ük-üm" meseleyi halletmekte idi. Akşamları komisyonun çalışmalarını Atatürk'e götürürdüm. Bu yakıştırma ile böyle ehemmiyetli bir kelime kazanmaklığımızdan pek memnun kaldı. İstiyordu ki, Türkçede mümkün olduğu kadar çok kelime bırakalım, ancak bu kelimelerin Türkçe olduğunu da izah edebilelim.

Kılavuz çıktı ama kimseyi tatmin etmiyordu. Atatürk bir gün:

— İsmet Paşa'yı gördüm. Konuşamıyoruz, dilsiz kaldık, bu kadar çalıştık, küçük bir kılavuz çıkardık, diyor, dedi.

1935 sonbaharında Atatürk, İstanbul'dan Ankara'ya rahatsız dönmüştü. Kurum üyelerini yanına davet etti. Yatakta idi. Fransızca yazılmış bir kısa etütten bahsetti. Bu etüt Viyanalı doktor Kvirgiç tarafından yazılmıştı. Viyanalı doktora göre ilk tefekkür güneşle alâkalı idi. Dillerin doğuşu da güneşe bağlanmalı idi.

Bu etütten ilham almışa benzeyen Güneş-Dil Teorisi üstünde durmak istemiyorum. Ben bu teoriye hiçbir zaman inanmamıştım. Atatürk'ün maksadı birçok yabancı kelimelerin Türkçe olduğunu ispat ettirerek, Türk lügatini dünyanın en zengin olanlarından biri haline getirmekti. Biz onun gayesine bakalım ve bağlanalım. Tarih tezleri için de birçok şeyler söylenmiştir ve Atatürk'ün uydurma bir tarih peşinde koştuğu ileri sürülmüştür.

Doğrusu şudur ki, dilimiz ve tarihimiz, ne Osmanlı aydınlarının sandığı gibi hiçbir şey, ne de Atatürk devrinin zorladığı gibi her şey idi. Atatürk, aşırıları deneyerek doğruyu bulmak istemiştir. Eserini sonuçlandırmaya ömrü yetmedi. Yazık ki, son dil çalışmaları da Atatürk'ün eşsiz ve hayret verici sağduyusunu hayli zedeleyen hastalık buhranlarına rastladı.

Ama dil devrimi de olmuştur. Dil, büyük bir hızla kendi kendisini aramakta ve bulmaktadır. Terimler işinde milletlerarası prensiplere uyup da sağa ve sola doğru ifratlar arasında muvazeneli bir yol bulabilirsek, gelecek nesle ansiklopedisini yazabilecek bir millî dil bırakabiliriz. Bu da büyük, pek büyük bir iştir ve şerefi, en başta Atatürk'ündür.

Atatürk, dilde Türkçeciliği devlete mal etmiştir. Üniversiteye mal etmiştir. Mekteplere mal etmiştir.

Atatürk'ün amacı zengin, güzel ve millî Türkçe idi. Bu gayeden ayrılmak için insan Türklüğünden uzaklaşmalıdır. Bugüne kadar yaptığımız, yapılacak olanın belki yarısından da ileridedir. Dilde geri dönülemez.

Meselâ benim sevmediğim, benimsemediğim ve kullanmadığım uydurmalardan bile geri dönebilecek miyiz? "Genel" kelimesi herkesin pek kolayına gelmekte, yeni nesil, bu kelimeyi Türkçenin herhangi bir kelimesi gibi öğrenmektedir. "Mefkûre"nin uydurma olduğunu sonradan anlamış olanlar, alıştıkları bu kelimeyi kullanmaktan vazgeçmişler midir? "Sel, sal - men, man" eklerinin binlerce soyadında, serbest vatandaşlar tarafından benimsenmiş olduğunu görüyoruz. Telefon rehberlerindeki soyadlarından pek çoğu bu eklerle yapılmıştır.

Biz gençken çocuğu olanın ilk aradığı şey, bir edebiyatçıya giderek hiç duyulmamış bir Farsça veya Arapça bir isim soruşturmaktı. Bugün herkes duyulmamış bir Türkçe isim aramakta ve bu isimler, yeniden yapılmaktadır.

Bu, şunu gösterir ki, artık "bir şeye inanılmamakta" ve "bir şeye de inanılmakta"dır. İnanılmayan şey Osmanlıca, inanılan şey Türkçedir.

ATATÜRK'ÜN SON YILLARI

— 1 —

Atatürk'ün ilk bezginliğini Cumhuriyet'in Onuncu Yıldönümü'nde sezmiştim. Hepimiz bu yıldönümünü kutlamaya heyecanla hazırlanıyorduk. Akşam sofralarından birinde Atatürk:

— Bana gelince, ben hiçbir şey hissetmiyorum, demişti.

Büyük hareketlerin adamı idi. Devrimlerini de bitirdikten sonra sanki artık hiç işi kalmamışa döndü. Acaba hastalığının da başlangıcı mı idi?

Ben bir aralık:

— Atatürk, dedim, cumhurreisi olmazdan önce halk ile temas ediyordunuz? Yıllar var ki sizi yalnız biz, sofranızdakiler dinliyoruz. Milletin sesinizi işittiği yok. Yalnız Meclis açılışlarında hükümetin verdiği yıllık raporu okuyorsunuz. Bütün temasınız bu.

Bakanlardan biri, Şükrü Kaya söze karıştı:

— Bakın, bakın ne diyor Falih? Hükümetin hazırladığı raporu okumak... Ya cumhurreisleri başka ne yapar?

Tarihlerimize geçen Onuncu Yıldönümü Nutku'nu söylediği akşam gene sofrada idik. Nutkun halkı ve gençliği nasıl coşturduğundan bahsediyorduk. Yakınlarından bir hanıma döndü:

— Çocuğum bilmiş olasın ki bana bu nutku söyleten şu arkadaştır. Ve beni gösterdi idi.

Daha sonra Dil, Tarih ve Hatay işleri geldi. Atatürk kendini alabildiğine bu işlere verdi. Sabahlara kadar, sofranın karşısında karatahta, beynini yoruyordu. Saatlerce mide yorgunluğu ile beraber bu bitmez yorgunluğu pek yıpratıcı idi.

Atatürk sağlam bir kimse değildi. Eskiden beri böbrek hastalığı çekmiş olduğunu bilirdik. 19 Mayıs 1919'da Samsun'a çıktığı zaman beş altı saatte bir sıcak banyo ile ancak rahat edebilecek kadar rahatsızdı. 1924'de kalp krizi teşhisi konan bir göğüs ağrısı geçirmiş ve iki ay kadar perhiz etmişti. Daha sonra 1927'de bir enfarktüs krizi geçirmiştir. Hususî hekimliğini yapan Sağlık Bakanı Dr. Refik Saydam, müsteşarına:

— Asım, Gazi çok hasta! demişti.

O zaman Almanya'dan iki profesör geldi. Uzun uzun kendisini muayene ettiler. Perhiz tavsiye ettiler. Gece hayatına ve içkiye son vermek lâzımdı. İlk defa o yılın Temmuz'unda İstanbul'a gelen Atatürk eski yaşayışına devam etti.

Atatürk'ün bizi şaşırtan hassalarından biri de vücutça ve kafaca yorulmaksızın, dikkati hiç gevşemeksizin çalışma yeteneği idi. Ertesi gün manevrada beraber çalışacağı arkadaşları ile gece yarısına kadar gazinoda kaldıktan ve onları uyumaya gönderip kendisi vereceği vazifeleri hazırlamak üzere sabahladıktan sonra, şöyle bir yüzünü yıkayıp tıraş olarak, yine herkesten erken kıtaları başına gittiğini dostlarından duymuştuk. Ben 43 yaş ile 58 yaş arasında yakınında bulunmuştum. Memleket dolaşmalarında maddî zahmetlere hepimizden fazla dayandığını görürdük. Bir defa Dikmen kırlarında bir piknikten sonra koşmacalı bir bohça oyunu oynamıştık. Bir delikanlı kadar çevik, hızlı ve seğirtgendi. Büyük Nutku 53 yaşında yazmıştır. Çalışma odasında yarı ayaküstü, yarı oturarak ve yüzlercesi arasından vesikalar ayırarak, nutkunu dikte ederdi. Yorulan değişirdi. Bir defasında pek genç bir arkadaşı baygınlık geçirmişti. Akşama doğru bir banyo aldıktan sonra, hiç dinlenmeden sofraya iner, o gün yazdıklarını bize okur veya okutur, hadiseler üzerinde terütaze bir muhakeme ile tartışmalar yapardı. Bir kitabı merak edince, koskoca bir cilt de olsa bitirmeden uyuyamaz veya pek az uyku aralaması ile okumaya devam ederdi. Sonra sofrada etrafını çizdiği fıkraları bizlere tekrarlardı. Eğer bildiğiniz bir eserse, Atatürk'ün en can alıcı fikirler üstünde durmuş olduğunu anlardınız.

Atatürk akşamları bir müddet bilardo oynardı. Açık havada ve at üstünde geçen subaylık ve komutanlık hayatından sonra, uzun oturuculuk devrinde bu oyun onun başlıca idmanı idi. 1937'de, çok defa, geç vakit yukarı kattan inip, istekayı bir iki defa vurduktan sonra, kesilerek, rengi ve bakışları yorgun:

— İçeriye geçelim, demeye başlamıştı. O zamanlar dil işi ile uğraştığından, yalnız dimağını alabildiğine zorladığını ve bunun da sinirlerini alt-üst ettiğini görüyorduk.

Maddî bir çöküş ve sarsılış hali vardı. Sanki artık gitmeyen, gitmek istemeyen bir şeyi, eğilmez, bükülmez iradesi ile kendi içinden kendi itiyordu. Kalıp, onun eşsiz hayatiyetini kaplayıp tutamıyordu.

Kendisini İzmir'de yakından tanıdığım zaman:

— Paşam, bilir misiniz sizi ilk defa nerede görmüştüm? diye sormuştum.

— Evet, dedi, Edirne Valisi Hacı Adil Bey'le beraber Dimetoka'ya gelmiştiniz. Biz de Fethi Bey'le gelenleri karşılamaya çıkmıştık. Hacı Adil arabada yanına Fethi Bey'i almalı idi. Enver'le Fethi Bey'in arası açık olduğu için, ne olur ne olmaz diye, yine sizi aldı.

Donakalmıştım. "Tanin" muhabiri olarak Edirne'ye gidişim 1913'de idi. İsmi yeni yeni duyulan bir gazeteci idim. Mustafa Kemal Bey'i görmüş, fakat kendisi ile fırsat bulup görüşememiştim. 1922'de, bunca hâdiselerden sonra bana, kendimin bile unutmuş olduğumu hatırlamakta idi.

Hafızası, hayhuy içinde geçen karmakarışık ve kalabalık bir gecenin en küçük vakalarını ve konuşmalarını ertesi akşam teferruatı ile anlatabilecek kadar kuvvetli idi.

1937'de hayli uzun süren bir Almanya seyahatinden İstanbul'a dönmüştüm. Sonbahara doğru idi. Henüz deniz köşkünde oturan Atatürk'ü görmek üzere Florya'ya gidip yaverler dairesine uğradım. Başyaver:

— Taraçada İnönü ile konuşuyor, dedi.

— Acelesi yok. Akşam misafirlerle beraber görürüm, dedim.

Bir aralık başyaver bir iş için yanına gitti. Dönüşte:

— Bana bekleyen kimse olup olmadığını sordu. İsminizi söyledim. Hemen gelsin, dedi.

Kalkıp gittim. Başbakanla küçük bir masa önünde oturuyorlardı. İkisinin de pek neşesi yoktu. O vakitler İş Bankası çevreleri hükümetin dar buldukları para politikasından şikâyetçi idiler. İnönü de para değeri üstünde titremekte ve enflâsyona doğru yayılmak ihtimallerinden pek ürkmekte idi. Meğer daha önce bu mesele üzerinde sertçe bir konuşma olmuş. Atatürk biraz sıkılmış olmalı ki bahsin kapanması için, geldiğimi duyunca beni çağırmıştı:

— Çoktan beri buluşamadık. Seyahatiniz nasıl geçti? dedi.

— Almanya'daki davetliler arasında idim. Birçok yerleri dolaştık. Hitler Almanyası'nı yakından tanıdık.

— Yahu sana bir sual sorayım, Şaht denilen adam Hitler'e bunca parayı nasıl bulup verebiliyor? Harcadığı milyarların altın karşılığı mı var?

— Vallahi paşam bilirsiniz, ben malî işlerden hiç anlamam. Fakat sanıyorum ki Almanlar, meselâ Adana sulaması gibi, kendi kendini ödeyecek işler için para karşılığını aradıkları yok. Fakat hiçbir gelir vermeyecek olan anıtlar gibi işler için...

İnönü birden sözümü keserek ve Şaht hokkabazlığının bizim için mahzurlarından bahsederek, hazineyi batağa sürükleyeceğini söyledi. Şaştım. Belki de İnönü para bollaşması fikrini güdenlerle konuştuğumu sanmıştı. Bir müddet sonra misafirler geldiler, sofraya geçtik.

İçki âleminde sabahlara kadar kalsa, hafızasının bulandığına pek az rastladığımız Atatürk, henüz ilk kadehi tamamladıktan biraz sonra, iki üç gece önce masada iki arkadaşı arasında geçen bir vakayı ele alarak, bana döndü:

— O akşam sen de burada idin, haklı mıyım, değil miyim? diye sordu.

İçim ıstıraptan burkuldu. Kalabalık arasına gelmemiştim. Hem de bir vaka ile geçmiş olan yarım saat öncesi bile hafızasından silinip gitmişti. Nihayet 56 yaşında idi.

Arkadaşlarına karşı sonsuz denilebilecek bir hoşgörürlüğü ve düşmanlarına karşı bile, en kızdırıcı vakalarda, hislerini uzun müddet kapalı tutan sinir hâkimiyeti Atatürk'ün hayran kaldığımız mizaç hususiyetleri arasında idi.

Yakup Kadri, Ruşen Eşref ve ben Çankaya'daki eski köşkünün hemen her akşamki davetlilerinden idik. Devrimin heyecanlı ve şevkli günlerinde birçok defalar gün ağarırken evlerimize dönerdik. Atatürk istediği kadar uyumakta serbestti. Fakat biz gündüz de çalışmak zorunda idik. Her akşam değişen misafirlerden biz değişmeyenlere, kimseye haber vermeden erkence çıkabilmek müsaadesini vermesini istemiştik:

— Doğru, dedi, siz gidin ama arkanızdan çıkıştığımı işitirseniz ehemmiyet vermeyin. Çünkü herkes sizin gibi yaparsa ben kiminle oturayım?

Meclislerine ve sohbetlerine doyum olmadığı için gene de geç saatlere kadar kalırdık. Biz onu bir babadan farksız sayar, bir can arkadaşından farksız severdik. O da bizi genç kardeşleri bile değil, yaş farkı azlığına rağmen, oğul gibi tutardı.

Eski köşkün yemek odasından bilardolu hole çıkılan kapı yanında bir kanepe vardı. Bir gece yorulmuş, sofradan kalkarak kanepeye uzanmıştım. Bir aralık kapının açıldığını hissettim. Atatürk idi. Sıçrayıp, affedersiniz, demeye bile fırsat kalmadığından uyumuşluğa vurdum. El yıkayacağı yer, tam karşımdaki merdivenin sahanlığında idi. Atatürk'ün beni uyandırmamak için ayakucuna basar gibi, yavaşça merdiveni çıktığını hâlâ gözüm yaşararak hatırlarım.

Bilhassa 1937'den sonra sinir dengesinin gitgide bozulduğunu görüyorduk. Pek alıngan olmuştu. Devamlı bir boşalma ihtiyacı içinde kıvranan sinirlerini güç tuttuğunu hissederdik. Hele sofra biraz uzadıktan sonra pek dikkatli davranırdık. Ben cigarayı bırakmıştım. Ara sıra pipo içerek avunuyordum. Bir gece geç vakte kadar süren dil bahisleri arasında usulca kalkarak yaverler odasına gittim. Niyetim bir pipo içmekti. Daha tütün kesesini cebimden çıkarmadan bir garson geldi. "— Paşa hazretleri sizi istiyorlar!" dedi. Daha o gitmeden bir ikincisi, bir üçüncüsü koştu. Hemen odaya döndüm. Sapsarı idi. Bir hayli söylendiği de belli idi. Yerimi boş gördüğüne sinirlenmişti. kendinden kaçınılıyor ve kaçılıyor vehmi içinde, hiçbir kayıtsızlığa tahammülü kalmamıştı. Bana:

— Nerede idiniz? diye sordu.

— Biraz başyaverin yanına gitmiştim.

— Gecenin bu geç vaktinde başyaverle görüşecek işleriniz ne idi?

— Hayır efendim, görüşmeye gitmedim. Ben bir senedir cıgarayı bıraktım. Fakat nikotini bırakamadım. Ara sıra pipo içiyorum. Büyüklerin yanında pipo içilmeyeceği için dışarı çıkmıştım, dedim. Çok kuvvetli idi:

— Peki, buyurun, oturun, dedi.

Bütün bunların sebebi, karaciğerini için için kemiren onulmaz bir illet olduğunu bilmiyorduk. Bu, önce hafıza zayıflamasından başlamıştı. Sonra sık sık burun kanamaları devri geldi. Daima yanında bulunan hekimlerin neden bu âraza ve umumî çöküntüye dikkat etmediklerini ve hepsini pek basit birer sebebe bağlayarak geçiştirdiklerini doğrusu hâlâ anlayamıyorum. Burnu kanadıkça, biraz bakarız geçer, derlerdi. Sonra kaşınmalar başladı. Atatürk eski Osmanlı tabiri ile pek "müeddeb" bir efendi idi. Meclis'ten hususî bir ihtiyaç yüzünden kalkması lâzım geldiği zaman bile, yakınlarından birine:

— Galiba sen bana bir şey söyleyecektin; gibi bir bahane bulur, beraberce oda veya salondan çıkarlar, ona:

— Sen biraz bekle, der ve el yıkamaya öyle giderdi. Sonra beraber dönerlerdi.

Atatürk kaşınmaya, hem de eğilerek bacaklarını kaşımaya dayanamıyordu:

— Bu evde göze görünmez kırmızı böcekler varmış, diye tutturmuştu.

Evde başka hiç kimse ve hiçbirimiz böyle bir rahatsızlık duymuyorduk. Fakat kendisini teselli etmek için aynı şüpheye düştüklerini söyleyenler de olurdu. Hatta bir seyahatte evin baştanbaşa en tesirli ilâçlarla temizlenmesini emretmişti.

Çankaya'da gurup vardı. Güneş, ufkun üzerinde artık kızarıyordu. Atatürk, bizim elimizden, yirminci asrın en büyük millî kahramanı, milletinin elinden, bir büyük deha insanlığın elinden gidiyordu. Askerlikte ve politikadaki hiç şaşmaz sağduyusundan başka, bütün maddî manevî varlığında bir göçüş hali seziyorduk. Atatürk, sonsuz ölüm ülkesinin eşiğinde idi. Onun, bir dönülmez yolda bizden uzaklaştığını yana yakıla anlıyorduk.

Hatay, büyük ıstırabı idi. Sanki bir can sevgilisi ağyar kucağında imiş gibi, çırpınıyordu. Bu çırpınışlarının pek de tabiî olmayan bazı taşkınlıklara varmasından kaygılananlar da olmuştu:

— Acaba bir sabah uyanıp memleketi harpte mi bulacağız? diye sorarlardı.

Ama onun son bakış saniyesine kadar süren askerî ve siyasî sağduyusu, sinirlerine, ruh ateşlerine ve gönül nöbetlerine hâkim olmakta devam ediyordu. Bir akşam sivil arkadaşlarından birinin:

— Paşam, ne diye kendinizi bu kadar üzüyorsunuz? Yarın bir tümen asker yollasanız Hatay'ı alırsınız. Almanlar Renani'ye girdiler de sanki Fransızlar ne yaptılar? Renani için harekete geçmeyenler, Suriye'nin bir sancağı için mi Türkiye ile harbe kalkışacaklar? demesi üzerine gözleri birden durarak ve durularak:

— Evet, yarın sabah bir tümen asker yollasam, Hatay'ı alabilirim. Renani için harekete geçmeyen Fransızlar, bir Suriye sancağı için bizimle harbe girmezler. Bunu da bili rim. Fakat ya bu sefer şeref ve namus meselesi yaparlarsa? Milletler belli olur mu? Ben bir sancak için Türkiye'yi harp tehlikesine sokmam, diye cevap vermişti.

Nihayet tıp, zalim teşhisini koydu. Kendisine gerçeği olduğu gibi söylemediler de, tam bir perhiz disiplini içine aldılar. Birkaç gün yatak odasında kaldı. Bir akşam başyaver beni telefonla arayarak karımla beraber Atatürk'e akşam yemeğine davetli olduğumuzu bildirdi. Gittik. Birkaç kişi idik. Atatürk, solgun ve sararmış, masaya oturdu:

— Ben hiçbir şey içmeyeceğim. Fakat siz bir şeyler içiniz. Konuşuruz. Bir müddet böyle yapalım, dedi.

Akşam sessiz ve neşesiz, o ve herkes kendi içine bükülmüş ve büyük bir sırrın karanlığına gömülmüş olarak geçti. Fırtınadan sonraki deniz gibi, bitkin bir durgunluğu vardı. Dudakları güç oynuyordu. Şevk, onun bahçesine son yapraklarını dökmüştü. O kadar güzel ince dudaklarının o kadar tatlı ve ısıtıcı gülüşü, bir ıtır gibi uçmuştu. Baba Atatürk, arkadaş Atatürk, karındaş Atatürk, varlığı bir hava gibi içini kaplayan, daha on yıl önce en güzel tanrılardan daha güzel, Omiros'un kahramanlarından daha destankârî, altın saçlı, çevik ve kıvrak, o 43 yaşındaki gencin hatırası, bir asırlık eski ve uzak bir hayale dönmüştü.

O akşam Çankaya'da dostları ile son sofrası idi.

Ankara İstasyonu'nda son defa selâmlamaya gitmiştik. Güneyden gelen trenden indi, garın salonuna kadar güçlükle geldi, ayakta duramayarak oturdu. Yanımda bulunan Saraçoğlu:

— Falih, Atatürk'ün derisinin rengine bak. Bu bir ölü rengi... dedi.

Daha önce, Bursa'da bir kriz geçirdikten sonra vapura binerken Ali Fuad Cebesoy'a:

— Bu başka hastalık... Bildiğimiz hastalıklardan değil bu... Akşam şerifler hayırlar olsun! dediğini işitmiştim.

Bu bir ayrılık çeşmesi vedası idi: Atatürk'ü bir daha geri gelinmeyen sefere yolcu ediyorduk.

Atatürk'ün ağır hastalığı 1938 Martı'ndan 10 Kasım'a kadar sekiz ay sürdü. Bir müddet Savarona yatında kalmış, daha sonra Dolmabahçe Sarayı'na kaldırılmıştı. Savarona'da iken kendisini muayene eden Fransız profesörü, hükümet adamlarına:

— Tıbbın yardımı ile Atatürk nihayet bir iki yıl daha yaşayabilir. Fakat şimdi yata gittiğinizde barsak veya beyin kanamasından onu ölmüş bulabilirsiniz. Tedbirlerinizi buna göre alınız, demişti.

O akşam Atatürk:

— Hekimle her şeyi konuştunuz, değil mi? diye sordu. Sonra:

— Eğer konuştunuzsa anlamışsınızdır. Hemen Ankara'ya işlerinizin başına gidiniz, dedi.

Atatürk, kimseye sezdirmemekle beraber, öleceğini anlamışa benziyordu. Atatürk'ün ölüm felsefesi sade idi: "— Ölümü istemek bir cesaret değildir ama ölümden korkmak ahmaklıktır," derdi.

Yine de vazifesi üstüne titriyordu. Savarona'da reislik ettiği bir kabine toplantısı altı saatten fazla sürmüştü. Gündem, Hatay meselesi idi.

Atatürk denizi pek sevdiği ve eski devirden kalma çürük yatla bir iki tehlike atlattığı için hükümet ona Savarona'yı almıştı. O yaz yatla gezintiler yapmaya pek hevesli idi. Yatağa düşünce:

— Bu yatı bir çocuk oyuncağını bekler gibi beklemiştim. Bana hastane mi olacaktı? demişti.

Bir gün de kamarasını serinletmek üzere birkaç yere konan buz dolu leğenleri göstererek:

— Benim barsaklarım da sular içinde yüzermiş. Böyle insan yaşar mı? diye gamlandı.

Dolmabahçe Sarayı'na gelen gidenlerle görüşüyor, fakat gittikçe kuvvetten düşüyordu. Karnı içinde biriken su, kendisini fazla rahatsız ediyordu. İğne ile ilk su alındığı zaman:

— Oooh... Ne kadar rahat ettim, demişti.

Fakat su yeniden toplanıyordu. 16 gün ıstırap içinde yattı. Hekimleri çağırttı:

— Hemen suyu alınız, diye emretti.

Su alınırken:

— Hepsini alın... Hiç bırakmayın... diye sızlanıyordu.

O gecesini kıvranmalar içinde geçirmişti. Hekimine:

— Dün gece başka adam olmuştum, değişmiştim. Bu ne idi? Ne tuhaf... Ben asıl dün gece hasta idim, dedi.

Bütün arzusu Ankara'ya gitmek, Cumhuriyet'in on beşinci yıldönümü töreninde bulunmak, ordusu ve milleti ile son defa karşılaşmaktı. Hatta stadyum merdivenlerini çıkmaktan kurtulması için acele olarak bir asansör de yaptırılmıştı.

O durumda iken bile dil çalışmalarını yakından takip ediyor, yılbaşı nutkunun hazırlanması işine yardım ediyordu: "Büyük kamutaya, şimdiye kadar olduğu gibi, bütün işlerinde başarılar dilerim," cümlesi Meclis'e devlet reisi sıfatı ile son sözü olmuştur.

Ankara'ya gitmekten ümit kesince, dudaklarını bükerek:

— Bu zayıf halimle Ankara'ya gitmekte bir fayda görmüyorum. Gidersem hiç kimsenin yardımı olmadan hiç olmazsa otomobile kadar yürüyebilmeli, arkadaşlarımla selâmlaşabilmeliyim, bunları yapamayacağımı anlıyorum, demişti.

Cumhuriyet Bayramı gecesi, Boğaziçi vapurlarından birini tutan gençler, Dolmabahçe Sarayı'nın rıhtımına yaklaşmışlar, haykırışıyorlardı. Atatürk kesik kesik konuşarak pencereye gitmek istediğini anlattı. Kollarına girdiler. Pencere kenarındaki koltuğa oturdu. Vapurda bir kıyamettir koptu. Gençler hep bir ağızdan "Dağ başını duman almış - Gümüş dere durmaz akar", türküsünü söylüyorlardı. Atatürk mırıldandı:

— Bu bayramlar ve yarınlar sizindir, güle güle... dedi ve gözyaşları ile ölüm yatağına döndü.

Atatürk, bir defa üç gün süren bir komaya girdi. Kendine geldiği vakit, uyumuş olduğunu söylediler. Pek inanmamış, fakat ne olduğunu da anlamamıştı. Atatürk'ün bu komadan kurtuluşu bir mucize idi. Pek yakın hekimlerinden biri demişti ki:

— Size edebî bir şey söylemiyorum, yirminci asır tıbbının kudretini bilen bir insan olarak söylüyorum, ölüm ondan korktu.

Fakat ikinci ve son komadan uyanamadı. Kıvranmalar, çırpınmalar içinde yanıyordu. Kendini kaybetmeden son sözü:

— Saat kaç? olmuştu.

Belki de bir önceki komadan sonra uyumuş olduğunu söyleyenleri kontrol etmek istiyordu. 10 Kasım sabahı yüzü gittikçe renk değiştiriyor, hançere hırıltısı artıyordu. Saat dokuzu beş geçe sert bir asker bakışı ile başucundaki hekime doğru döndü, gözlerini açtı, son nefesi idi.

Yakınları son hasretlerinden birinin, iyi olursa bir yaylaya çıkmak, orada artık yalnız serin kaynak suları ve süt içmek olduğunu söylemişlerdi. Rumeli yaylalarındaki koyun sürülerinin çan sesleri kulağında, bu vatan ve millet kurtarıcısı, bir gurbet ve sıla acısı içinde idi.

O günler yandık. Günlerce, haftalarca, üstümüze memleket yıkılmış gibi, bir can bunaltısı içinde kıvrandık.

— 2 —

Atatürk'ün son yıllarında en çok merak uyandıran vaka, devrinin bir numaralı devlet adamı İsmet İnönü'den ayrılmasıdır.

Meseleye girmezden önce her ikisinin münasebetleri üzerinde biraz durmalıyız. Atatürk'ün, İnönü'yü yakınındaki yeteneklerin en iyisi, yaptığı ve yapacağı işlerin en çok kavrayıcısı olarak seçtiğine şüphe edilemez. Kuvay-ı Milliye devri, İnönü'nün ilk ordunun kuruluşundaki hizmetleri ve komuta faaliyetleri dışında, Atatürk'ündür. İsmet Bey hiçbir zaman bir ihtilâlci olmamıştır. İlk gençliğinden beri kendini fırsat bulup da tanıyanlara saydıran ve sevdiren bir görev adamı idi. "Fırsat bulup da tanıyanlara" dedik. Gerçekte İnönü kendini göstermek, sokulmak, yaranmak, politika oyunları ile mevki edinmek gibi zaaflardan bütün meslek hayatı süresince uzak kalmıştır. Atatürk onu arayıp bulmasaydı, onun kendi normal meslek hayatı içinde ne olacaksa onu olup ömrünü öyle tamamlayacağına hükmetmek doğru olur.

Bununla beraber İnönü, İttihat ve Terakki devrinden kendince büyük dersler almış olanlardandı. O devrin tenkitçisi idi. İsmet Bey komiteciliği sevmez. Merkez-i Umumî gibi sorumsuz otoritelerin hükümet işlerine müdahalesini istemez. O, bir düzen adamıdır. İleri bir Tanzimatçıdır. Pek çalışkandır. Bin bir incelemeden geçirmedikçe hiçbir mesele üzerine karar vermez.

Atatürk zaferden sonra onu askerlikten aldı. Önce Dış Bakanı yaptı ve o sıfatla Lausanne Antlaşması için seçilen heyete onu reis yaptı. İlk Cumhuriyet Başvekili olarak da onu bütün arkadaşlarına ve pek sevdiği Fethi Okyar'a tercih etti.

İhtilâl liderleri hıyanetten korkarlar. İnönü, Atatürk'e onun kafasına ve gönlüne hiçbir şüphe gölgesi düşürmeyecek kadar bağlı idi. Atatürk büyük hareketler adamıdır. Teferruat ile didişmekten hoşlanmaz. Hükümet işleri ile pek baş ağrıtmamıştır. Yeni bir devlet de kuruluyordu. Bunun bin bir meselesi ile durmadan uğraşacak bir ehil yardımcı lâzımdı. İnönü, yeni devletin kuruluşunda ve hükümet işlerinin yürütülmesinde belli başlı âmil olmuştur. Demiryolu politikası onundur. Bütçe denkliği onundur. Dış ticaret denkliği onundur. Yabancı şirketleri millîleştirmek ve imtiyazları tasfiye etmek, sonra devletleştirme gayretlerine girişmek gibi hatıra gelebilecek birçok teşebbüsler onundur. Bütün devrimler Atatürk'ündür. Bunlar dışında Atatürk dış politika ile yakından ilgilendi ve bundan başka bazı imar işleri, Orman Çiftliği, Yalova, Florya vesaire gibi, bir de Dil ve Tarih davaları ile uğraştı. Ara sıra İnönü ile çeşitli şahsiyetler ve makamlar arasında çıkan anlaşmazlıklara sadece hakemlik etmiştir. Bu hakemlik, İnönü'nün iç politikaca zaafları bakımından, çok defa Başvekile faydalı olmuştur. Atatürk ile farklarından biri de birincisinin hiç bürokrat olmaması, ikincisinin fazlaca bürokrat olmasıdır.

Daha ilk zamanlarda Atatürk'ün bir "etraf" meselesi olmuştur. Atatürk işi ehline verir, fakat hoşuna gidenle buluşur ve eğlenirdi. Yakın çevresinde idealistler vardı, entrikacılar vardı, menfaatçiler vardı. İsmet Paşa bu "etraf"a karşı çekingen ve uzak, hatta sert durmuştur. Ona hatır için iş yaptırmaya teşebbüs etmek cesareti kimsede yoktu. Atatürk nüfuzunu da ona karşı kullanmaya imkân yoktu. Bu hâl, bilhassa nüfuz tüccarları arasında hoşnutsuzluk yaratıyordu. Sonra, herhangi biri nüfuz oyununa kalkışıp da haber alsa, Atatürk'e şikâyet ederdi. İsmet Paşa, Atatürk şerefini ve devrini nüfuz ticareti facialarıı ile lekelemekten korumak için daima ciddî ve tesirli müdahalelerde bulunmuştur.

Korkusu da "etraf" tahakkümüne ve eski Merkez-i Umumî komiteciliğine dönülmesi idi. Partinin hükümet işlerine müdahalesini, bazen, çok sert önlemiştir. Doğrusu bu da biraz aşırılık halini almıştır. Meclis murakabesinin pek zayıf olduğu o devirde partiyi canlı tutmak, halk ile kaynaştırmak ve partiye bir nüfuz tanımak da lâzımdı. İsmet İnönü hükümet reisi ve parti umumî reis vekili idi ama daima hükümet tarafı haklı idi. Rahmetli Recep Peker gibi dinamik şahsiyetler parti umumî kâtibi olduğu zaman çatışmalar olur, rahmetli Saffet Arıkan gibi şef âşıklısı kimseler geldiği zaman çatışma dururdu.

Daha ilk günlerden Çankaya sofrasında ve iç çevrelerde İnönü aleyhine dedikodu ve tahriklerde bulunanlar olmuştur. Atatürk şahsi müdahalesini gerektirecek önemli meseleler olmazsa dinler, geçer, fakat Başvekil aleyhine lâtife dahi etmezdi. Sofrasında en çok saygı gösterdiği, en çok nazını çektiği şahsiyet de İnönü idi.

Bu ara sıra karşılıklı müdahaleler ve çatışmalar, fakat çok defa samimî anlaşma devri, Atatürk'ün ölümünden hayli önce başlayan rahatsızlığı sinirlerini bozup ona fazla titizlik, vehme yakın bir alınganlık verinceye kadar sürdü. Gitgide Başvekil aleyhindeki telkinler Atatürk'te yer tutmaya başlıyordu.

Burada eski deyimle bir "istidrat" yapayım. Uzun gecelerde, ara sıra, birtakım düşüncelerini dikte ettirmek Atatürk'ün âdeti idi. Notları çok defa ben tutardım. Kalabalık arasında:

— Bunları gazetene koyarsın, derdi.

Hâlbuki yine çok defa bu diktelerde bir "dikişsizlik", bir "gelişigüzellik" hâli olduğu için biz notları ertesi gün kaybederdik. Kendisine söylediğimizde: "— İyi ettiniz. Zati mesele vakit geçirmektir." derdi.

Son yıllarda sofraya eski gazetecilerden biri, İsmail Müştak geldi. Atatürk'ün vaktiyle sevmediği bir adamdı da! Fakat sokulma ve yaranma yollarını pek iyi bilen biri idi. Birkaç defa o not tuttu. Ertesi günü de bir İstanbul gazetesine vermeye kalktı. Kendisine geleneği hatırlattık. O bilakis bundan faydalanarak Atatürk'e, sofrada şuuruna hâkim olmadığı dedikodularının dolaştığı vehmi verecek bir dil ile pek el altından bizleri jurnal etti. Atatürk ondan sonra geceki notlarının gazetelere günü gününe konup konmadığını takip etti. Gerçi altlarında imzası yoktu ama biz başkaları da biliyorlarmış gibi, sıkılırdık.

"Atatürk biraz içtikten sonra ne yaptığını bilmez. Hele şükür ki hükümetin başında İsmet Paşa vardır." Bin bir yoldan Atatürk'e bu telkin yapılmıştır ve bu yüzden son zamanlarda hükümet adamları ile münasebetlerinde, eskiden olmayan bir hâl, fazlaca bir sinirlilik hali gelmiştir.

Meselâ bir aralık bir Bomonti Bira Fabrikası meselesi çıktı idi. Atatürk pek emek verdiği Gazi Çiftliği'nin verimli olması için de uğraşıp durdu idi. Çiftliği Ankara'yı bozkırlıktan kurtarabilecek teşebbüslerin bir deneme merkezi olarak benimsemiştir. Sonra da hükümete devretti.

Ahmet İhsan Tokgöz, ki tam bir menfaatçi idi, İstanbul'daki Bomonti Fabrikası'nın hisselerini almış ve İdare Meclisi Reisi olmuş, İsmet İnönü'nün eniştesi Kudüslü Abdürrezzak'ı da idare meclisine almıştı. Her ikisi Ankara'da bira fabrikasının genişletilmesini önlemek ve Bomonti imtiyazını uzatmak için, Ankara fabrikasının gelir getirmeyeceği fikrini İsmet İnönü'ye telkin ettiler. Atatürk Umumî Kâtibi Hasan Rıza Soyak aracılığı ile Danimarkalı uzmanlara meseleyi inceletti. Onlar, eğer fıçılarla taşınıp Haydarpaşa'da şişelenecek olursa, Bomonti'ye bile rakiplik edeceğini söylediler. Son zamanlarda aralarındaki belli başlı anlaşmazlık bu idi.

Atatürk'le İnönü'nün ayrılışı, Niyon Konferansı sırasında olmuştur.

İspanya İç Harbi günlerinde Akdeniz'de kimlerin olduğu bilinmeyen denizaltılar dolaşıyordu. İngilizler bu denizaltıların hep birlikte avlanılması teklifini ileri sürmüşlerdi. Niyon Konferansı bu maksatla toplanmıştı. Konferansta Türkiye'yi temsil eden Tevfik Rüştü Aras hükümete yolladığı raporların bir kopyasını da Florya'da dinlenen Atatürk'e gönderiyordu. Son anlaşma metninde bir madde Atatürk'ün dikkatini çekti. Fransızca yazılmış olan bu anlaşma maddesinden Atatürk "Fransa ve İngiltere devletlerinin Akdeniz'deki denizaltı korsanlığını önlemek için gerektiğinde Türkiye'den kuvvet yardımı isteyecekleri" manasını çıkarmıştı. Yanında bulunan Umumî Kâtibi Hasan Rıza Soyak'a dönerek:

— Acaba hükümet bu maddenin farkına varabildi mi? diye sordu.

O sırada Atatürk, Soyak aracılığı ile sık sık hükümetle telefon konuşmaları yapıyordu. Soyak telefon görüşmesinde hükümetin maddeden o manayı çıkarmadığını öğrendi. Bunun üzerine Atatürk, İnönü'nün dikkatini çekti. Başvekil bu uyarma üzerine adı geçen maddenin Türkiye'yi güç duruma sokabileceği vehmine düşerek Tevfik Rüştü'ye anlaşmayı imzalamaması için direktif verdi ve bunu Atatürk'e bildirdi. Atatürk böyle bir tehlike olmadığı, bilakis İngiltere ve Fransa bizi eşit büyük bir devlet saydıklarından bizim için pek faydalı olduğu, nihayet yapacakları bir müdahalede bizim zayıf harp gemilerimize ihtiyaçları da olmayacağı cevabını verdi. Sonunda meselenin Tevfik Rüştü'ye yazılarak alınacak cevaba göre hareket edilmesine karar verildi.

Konuşmalar sırasında vakit ilerlemiş, Atatürk yatak odasına çekilmişti. Bir iki saat sonra İnönü'nün özel kalem müdürü Florya'yı arayarak Soyak'a:

— Başbakanın Atatürk'e bazı tamamlayıcı maruzatı vardır. Not edip hemen kendilerine vermenizi rica ediyorlar, dedi.

Soyak şu cevabı verdi:

— Atatürk şimdi uykudalar. Uyandıramam. Zaten iki saat önce işin Tevfik Rüştü Bey'den sorulmasına ve gelecek cevabın beklenmesine karar verildi.

Bu cevap üzerine iş ertesi güne kaldı.

Olaydan birkaç gün sonra Atatürk, Ankara'ya gitti. Hükümete devrettiği çiftliği gezerken yeni dikilen birçok yemiş ağaçlarının bakımsız bırakıldığını görerek üzüldü. Ankara'da bira fabrikasının genişletilmesi konusunu da açtı. Ahmet İhsan Tokgöz ve Abdürrezzak, İstanbul'da Bomonti Fabrikası imtiyazının uzatılması için İnönü'nü baskı altına almışlardı. Hasan Rıza Soyak dedi ki:

— Başbakanın kaygısı yersizdir, işi en ince teferruatına kadar yabancı uzmanlara incelettik. Fabrika genişlerse Doğu Anadolu'yu besleyecek, Bomonti ile rakiplik edecek, kâra da geçecektir. Başbakan isterse bütün belgeleri götürür, kendisine meseleyi anlattım.

Atatürk:

— Bu akşam vekiller toplantısında görüşürüz, diyor.

Bu konuşmalar sırasında İçişleri Bakanı Şükrü Kaya da yanlarında idi. Şükrü Kaya, Atatürk'ün yanından ayrıldıktan sonra doğru vekiller toplantısına gitti. İsmet İnönü'ye:

— Paşam bu akşam köşke çağrılıyoruz. Bira fabrikası işi görüşülecek... dedi.

Akşamüstü heyet Çankaya'da toplanmak üzere dağıldı. Bir söylentiye göre huylanan Başbakan daha önce Anadolu Kulübü'ne giderek iki kadeh viski içiyor.

Vekiller heyeti Atatürk'ün sofrasında toplanmıştır. Atatürk'ün karşısında İsmet İnönü, sağında Kâzım Özalp yer almıştır. Atatürk rahatsızlığını öne sürerek çay içiyor. Başbakan ve bakanlara içki verilmiştir.

Atatürk sözü çiftlikteki ağaçların bakımsızlığından açıyor. Tarım Bakanı Şakir Kesebir'den bunun sebebini soruyor. Kesebir yerine Başbakan atılarak:

— Sebebini adamlarınıza sorunuz, diyor.

Adamlarınız dediği, Soyak!

Atatürk bu çıkışa hayret ederek, Kâzım Özalp'e, Başbakanın işitemeyeceği bir sesle:

— Ne olmuş buna? İçmiş mi yoksa? diyor.

Derken Başbakan ikinci bir çıkış daha yapıyor:

— Ne oldu Paşam size? Eskiden böyle değildiniz. Artık emirlerinizi hep sofradan mı alacağız. Aramıza Kara Tahsinler22 giriyor. Konuşmamıza meydan vermiyorlar, diyor.

Atatürk gene soğukkanlılığını bozmadan:

— Efendiler anlaşılıyor ki, bugün fazla görüşemeyeceğiz. Siz rahatınıza bakın. Ben biraz dinleneceğim, diyor ve sofrayı bırakıyor. Vekiller de bir müddet sonra çekilip gidiyorlar.

Ertesi gün Atatürk, İstanbul'a hareket etti. Ben de yanında idim. Önce İnönü'yü kompartımana çağırdı. Kendisine:

— Görev arkadaşlığımız bitmiştir. Ama dostluğumuz devam edecek, dedi.

İnönü iki eli ile yüzünü kapadı. Atatürk:

— Dinlenmelisiniz, dedi.

Sonra umumî kâtibi Soyak'ı çağırdı:

— İsmet Paşa biraz yorgun. İki ay dinlenecek ve yerine bir vekil bırakacaktır. Bu değişiklik için Millet Meclisi'ni olağanüstü toplantıya davet etmek istiyorum. Meclis birkaç gün önce Niyon Antlaşması'nı tasdik etmek için toplanmış ve dağılmıştır. Yeni bir toplantı içerde ve dışarıda iyi karşılanmaz. Anayasa'ya bakalım. Böyle bir değişiklik için Meclis'in toplanması lâzım mı, yoksa bir tezkere ile Başbakanlığa bildirmek yeter mi?

---

22 Sultan Hamid'in başkâtibi.

Soyak, Anayasa'yı getirdi. Okudular. Tezkere ile bildirmek yeter olduğu anlaşıldıktan sonra, Atatürk, İnönü'ye dönerek:

— Yerinize kimi münasip görürsünüz? diye sordu.

— Kimi münasip görürseniz...

— Ben Celâl Bey'i düşünüyorum.

— Münasiptir efendim.

Bunun üzerine İsmet İnönü yanından ayrıldı ve kompartımanına gitti.

Soyak o sabah Atatürk'e:

— Efendim kardeşi ölmüş'ür. Evi bir yashane. Her sabah mezarına gidip ağlarmış, bağışlayın, demesi üzerine Atatürk:

— Daha iyi ya... demek hasta. Dinlenmeye ihtiyacı var, cevabını vermişti.

İnönü ayrılıp kompartımanına gittikten sonra Atatürk, Soyak'a:

— Şimdi git, arkadaşlarına söyle. Bizde âdettir: Biri makamından ayrıldı mı, etrafındakiler ondan yüz çevirir. Dikkatlerini çekiyorum. İsmet İnönü'ye eskisinden fazla saygı gösterecekler, emrini verir.

Biz yemek salonunda masaya oturmuştuk. İsmet İnönü yanımızdan hızla geçti, yatak kompartımanına gitti. Biraz sonra Atatürk geldi, ellerini çırparak:

— Oldu bitti, dedi ve bahsi kesti.

Yataklarımıza çekildikten bir hayli sonra uyuyamayarak dışarıya çıkmıştım. Şükrü Kaya'nın kompartımanına aydınlık gördüm. Kapısını vurdum. Açtı: Üst yatağa eşyasını yığmış, alt yatakta iki büklüm oturuyordu. Kompartıman cıgara dumanı ile dolu idi. Bana:

— Şimdi ne olacak? dedi.

Başbakanlık müjdesini beklediği besbelli idi:

— Bilirsin, sofrada yalnız İnönü'ye, Çakmak'a, bir de Bayar'a yer gösterir. Yeni Başvekil Bayar olacaktır, dedim.

Sıçradı:

— Nasıl olur? Garp Cephesi Kumandanı ve Lausanne'ı yapan İsmet Paşa'dan sonra...

— Benim görüşüm böyle... dedim.

İstanbul'da ertesi gün eski arkadaşı Ali Fuat Cebesoy'u yemeğe çağırmıştı. Öfkesi dinmemişti:

— Efendim hangi işi verdik de biz yardım etmeden başarmıştır? Kütahya muharebelerinde böyle olmamış mıdır? Lausanne'da böyle olmamış mıdır? diyordu.

İşte Atatürk'ün ölümünden sonraya kadar süren Celâl Bayar Başbakanlığı devri böyle başlamıştır.

Atatürk'ün yakın çevresindeki İnönü aleyhtarları hemen kışkırtmalara koyulmuşlardı. Bunlara göre İsmet İnönü'ye bir büyükelçilik vererek onu memleketten uzaklaştırmalı idi. Atatürk'ün kendisine karşı zaafını bildiklerinden, bir gün eski duruma dönüleceğinden çekinmekte idiler. Ara sıra sofrada:

— Paşam, Bayar'a emir buyursanız da İnönü ile buluştuğu vakit onun yanı gerisinde durmasa... Tam Başvekilliğini takınsa... gibi sözler duyardık.

Atatürk üzgündü. Ben kendi bulunduğum meclislerde bu ayrılış meselesinin açıldığını, Atatürk'ün, bazı önemsiz tarizler müstesna, İnönü aleyhine konuşulduğunu işitmedim. Pek sık da yanına giderdim. İnönü de kışkırtıcıların çabalarını haber aldığından hayli vehimli idi. Yine de Atatürk'ü idare etmek zorunda idi. Bir gün stadyuma gittiği zaman gençlik pek heyecanlı gösteriler yapmıştı. İnönü böyle tertipler bilmez. Hele o sırada böyle tertiplerin Atatürk üzerine tesiri ne tehlikeli olacağını herkesten iyi bilir. Fakat kışkırtıcılar bu vakadan alabildiğine faydalanmaya kalktılardı. İnönü, Dil Kurultayı'nda Atatürk'le kısa bir sevgi yazışması hikâyesinin gösterdiği üzere, ayrılışının bir dargınlığa ve onun sebep olacaklarına varmaması için pek dikkatli idi. Geldiği ve gittiği zamanlar daima Atatürk'ü karşılamaya ve uğurlamaya giderdi. Bir grup toplantısında Atatürk'ün yakınlarından birinin daveti üzerine kürsüye gelerek Atatürk'le aralarında hiçbir mesele olmadığından, nesi var, nesi yoksa hepsini Atatürk'e borçlu olduğundan bahsetti idi.

Bu sırada Atatürk'e zarfların üstünde "huzur-ı âli-yi riyasetpenahîye" yazılı bir hayli mektup göndermiştir. Atatürk öldükten sonra köşkteki kâğıtları ayıklamak hizmeti verilen Nafi Atuf Kansu ve arkadaşları bu mektupları İnönü'ye geri vermişlerdir.

Atatürk'ün hastalığı ilerledikçe kışkırtanlar arttı. Şimdi mesele eğer Atatürk ölürse, İsmet İnönü'nün Cumhurbaşkanı olmasını ve böylece kendi aleyhinde bulunanlara karşı bir öç alma teşebbüsünde bulunabilmesini önlemekti. Bunlar Fevzi Çakmak'ı kendileri için daha elverişli buluyorlardı. Fakat İsmet İnönü'yü Meclis'ten çıkarmak ve Fevzi Çakmak'ı Meclis'e almak için yeni bir seçim yapılmalı ve İnönü yine bir büyükelçiliğe yollanmalı idi.

Şunu söylemeliyim ki, bütün bu devirde Celâl Bayar dürüst kalmış ve kışkırtmalardan hiçbirine kulak vermemiştir. Elâzığ manevralarına beraber gitmiştim. Bana tahrik ve tahrikçilerden bahsetmeyerek demiştir ki:

— Yeni seçim yapılmasını ben Atatürk'e nasıl söyleyebilirim? Bu Atatürk'e, sen öleceksin, demektir. Ben bunu nasıl yaparım? demiş ve hiç unutmam, şu sözleri ilâve etmişti:

— Öyle anlaşılıyor ki, Rusya'da Lenin'den sonra onun tabiî halefi Troçki imiş. Yerine Troçki'yi geçirmemek ve Stalin'i geçirmek için milyonlarca insanın kanı dökülmüştür. Bizim böyle facialara tahammülümüz yok.

Şurası da var ki, hemen bütün Meclis, Atatürk'ün hastalığının ne kadar ağır ve tedavisiz olduğunu biliyordu. Meclis'te hâkim kanaat, Atatürk'ten sonra tek rejim teminatının İnönü olduğu idi. Tahrikçiler muvaffak olabilseler ve Meclis'i yenileme teklifini getirtmiş olsalar bile, bunun muvaffak olabilmesi ihtimali yoktu.

Gene son zamanlarda kendisini sevenler İsmet İnönü'ye karşı bir suikast tehlikesini önlemek için tedbirler almışlardı. O zamanki Emniyet Umum Müdürü, bir tehlike sezildiği vakit, İnönü'yü kaçırmak ve gizlemek tertiplerini dahi düşünmüştü. Çankaya'daki İnönü Köşkü sıkı koruma altında idi.

Burada Atatürk'ün vasiyetnamesi üzerinde de biraz durmak doğru olur. Vasiyet etmek, ölmek ihtimalini düşünmek demektir. Atatürk kendinden umutlu değildi. Ölümünden sonra İsmet İnönü ile ayrılışının türlü tahriklere sebep olacağını düşünmüş olmalı idi. İnönü'nün çocuklarına maaş vasiyet etmesinin sebebini böyle yorumlayanlar vardır. Bazıları Atatürk'e İnönü'nün öldüğünü söylemiş de, o da buna inanmış da çocuklarına maaş vasiyetini onun için yapmıştır, sözünü çıkardılar. Baştanbaşa yalandır.

En yakınlarının bana anlattıklarına göre Atatürk:

— İsmet'in parası yok. Bir kardeşi var, zenginse de ona hayrı dokunmaz, demişti.

Atatürk'ün kendisini de bir "halef vasiyetine" meylettirmek isteyenler olmuştur. Kendilerinin hesabına! Atatürk kendinden sonrasına kendisinin hâkim olamayacağını bilirdi. O büyük bir realistti.

— 3 —

Geriye doğru bir tenkit denemesinde bulunalım.

Atatürk devrinde vatan kurtulmuştur. Yalnız bu şeref, bir vatandaşın millî tarihin en büyüklerinden biri olmasına yeter.

Osmanlı İmparatorluğu kalıntısı üzerinde kurulan yeni devlet, Lausanne Antlaşması ile eskisinin yarı-sömürgelik şartlarını yıkmıştır. Türkiye Türklüğü Batı'nın egemenlik ve baskısından kurtulan ilk millet olmuştur. Afrika'da Yakın ve Uzak Doğu'da sömürgecilik düzeninin tasfiyesi, Türkiye'den başlamıştır. Bu bakımdan Atatürk milletlerarası bir kurtuluş kahramanı şerefini de kazanmıştır.

Atatürk devrimleri Türkiye'de teokratik ortaçağ devlet geleneklerini silip süpürerek kadını, vicdanı ve tefekkürü hür kılmıştır. Ümmetçiliğin yerini milletçilik almıştır. Ziraat ve ticaret kaynakları Türklere mal edilmiştir. Millî endüstri doğmuştur. Millî bankalar kurulmuştur. Yabancı ve imtiyazlı şirketler millîleştirilmiştir. Yazı ve dil değişerek, Türk kafası Arap kültürü köleliğinden sıyrılmıştır.

Bu devrimlerden her biri bir vatandaşı millî tarihin pek büyüklerinden biri kılmaya yeter.

Atatürk devrinin zaafları, Atatürk'ten sonraki demokrasiye geçiş devrinde belirmiştir. Başlıca zaaf, eğitim yolu ile devrimlerin ve yeni düzenin halk yığınlarına sindirilememiş olmasıdır. Atatürk devrine tek parti devri diyoruz: Bu bir karma parti idi. Disiplini devrimlerimize inanıştan doğmuyordu. Bilakis Atatürk devrinin zaafı, devrimci bir tek parti rejimi olmamasıdır.

Biz uzun ekonomi tartışmalarına girişmemekle beraber, Türkiye'nin topyekûn kalkınma davası hiçbir zaman tam "alafranga" bir kafa ile ele alınmamış olduğunu söylemek isteriz.

Atatürk partisi Nazilik ve faşistlik gibi, demokrasiyi yıkmak hedefini güden bir parti değil, bilakis demokrasiyi hazırlayan, rejimi "kayıtsız şartsız millî hâkimiyet"e doğru götüren bir parti idi. Anayasa'nın özü bu idi. Demokrasi ile tek dereceli seçim devri de gelir. Tek dereceli seçimle memleket idaresini halk yığınlarına teslim etmek davasında bulunan bir diktatör, yeni yetişen kuşakları ilk sivil okul eğitiminden geçirmeyi baş kaygı edinmeliydi.

Din meselesi halledilmeli idi. Atatürk devri laiktir. Laisizm, din ve dünya işlerini ayırmak demektir. Daha ilk günden laisizm, halk yığınlarına "dinsizlik" hareketi diye telkin edilmiştir. Halk camilere gidiyordu. Dinî görevlerini yapıyordu. Fakat kendisine kılavuzluk edecek devrimci din adamları yetiştirilmediği için, eski hocalık hiçbir zaman olmadığı kadar kaba, cahil ve mutaassıp bir yobazlık hâlini alıyordu. İmam-Hatip okullarında ilk öğrenilecek şey, laisizmin bizzat Müslümanlığın da kurtuluş davası olduğu idi. Devlet din işlerinden elini büsbütün çekecekse, din işlerini topluluğa da bırakacaksa, yine her şeyden önce bu mesele halledilmiş olmalı idi.

Bugün de bu ikisini yapmak, tam ve çabuk yapmak zorundayız: Bütün halk çocuklarını, kız oğlan, sivil ilkokul eğitiminden geçirmek, inkılâp Türkiyesi'nin medeniyetçi, vicdan ve tefekkür hürriyetçisi yeni din adamlarını yetiştirmek!

Serbest bir murakabenin ister istemez işlemediği bir devirde tenkit edilecek çok şeyler bulunabilir. Ama bunlar "teferruat" olmaktan çıkmaz. O devrin büyüklükleri, daima, kolayca tenkit edilebilecek küçüklüklerini gölgede bırakacaktır.

Bu görüşlerimi Atatürk devrindeki yazılarımda da bulabilirsiniz. *Roman* adlı kitabımdaki "Gazici" ve "Kemalist" bahsi o devirde yazılmıştır. Halk yığınlarının eğitimi davası *Yeni Rusya* kitabının belli başlı konusu idi.

Atatürk büyük stratejistliği ve politikacılığı dışında, umumî kültürü ister istemez zayıf bir Osmanlı subayı idi. Dinler, kavrar ve yapardı. Paha biçilmez bir enerji kaynağı idi. Kendi devrindeki hükümetler bu kaynaktan tam faydalanmayı bilmemişlerdir. İnönü hükümetleri hiçbir zaman dinamik olmamıştır. İnönü'nün vekil tipi "bürokrat"tır. Vekilleri arasından dinamikçe olanlar Atatürk tarafından kendisine zorlananlardır.

Atatürk "Bir nehr-i muazzam gibi cûş etti, fakat çorak yerde akıp gitti."

ANI VE FIKRALAR

Saç Soba

İstasyon, sonra bataklık, sonra, mezarlık ve derme çatma Karaoğlan'dan sonra yangın yeri, onun sonunda da kerpiç ve hımıştan, kaldırımsız veya Arnavut kaldırımlı, eğri büğrü sokaklı bir köy... Ankara bu idi.

Kadınlar şehri hiç sevmediklerinden evlilerin de dörtte üçü bekâr. Yerli kadınlar sokağa çıkmaz. Bir lokomobilden alınıp iltimaslı yerlere ancak verilebilen elektriğin yanar-söner petrol ışığına lüks lâmbasını tercih ederdik. Onu da sık sık pompalamak lâzımdı.

Harpler olanı biteni tükettiğinden, Hıristiyan göçü de çarşıları beraber süpürüp götürdüğünden hiçbir şey bulamaz, hiçbir şey yaptıramazdık.

Hep sıkılıyorduk. Atatürk de öyle. Fakat yeni başkent fikrini yerleştirmek, gözleri İstanbul'dan ayırmak için bozkırda bir sürgün ömrü geçiyordu. Biz onun evine gitmekle biraz avunuyorduk. Çankaya'da avlusu havuzlu ortanca bir yazlıkta otururdu. Tek cazibesi Atatürk'ün meclisi, konuşmaları, hayatiyeti ve yaratma iradesi idi. Dağlar, tepeler, yollar, akşam kararınca arabaları ahıra ve halkı kafesler arkasına çekilen kasaba halkı, bütün o çöl boşluğu ebedîye benzeyen bir "susma" veya "somurtma" halinde idi. Hemen hemen yalnız onun sesi geliyor, onun bakışları ışıldıyor, yalnız onun o tükenmez ve ilâhi ihtiraslı ruhu soğuğu ısıtıyor, boşu dolduruyor, ıssızlığı gideriyor. Ankara'ya bütün müjdeleri getirici bir yolcuyu bekleme hâli veriyordu. Sanki buraya her şey ufuklar ötesinden gelecek, gökler üstünden inecekti.

Akşama doğru ayaklar evlere doğru sürüklenirdi. Hava karanlıksa hâlâ kül kokan yangın arsaları arasında cep fenerlerinin yanıp söndüğü görülürdü. İstanbul'dan gelip de mahkûm imişler gibi yaşayanlardan pek çoğu geçmeyen saatleri içerek öldürüyorlardı.

Atatürk de bıkar, ara sıra arkadaşlarına gitmek isterdi. Bir akşam Lazistan Milletvekili rahmetli Rauf'un evinde idik. Küçük bir odada, ikide bir pompalanan lüks lâmbası altında ve kızması ile soğuması bir olan saç sobanın karşısında, masa etrafına toplanmıştık. Hizmetçiler koşup:

— Paşa Hazretleri geliyor, diye haber verdiler.

Rahmetli Rauf bu odaya sığışmayacağımızı gördüğünden:

— Çabuk sobayı öteki odaya götürün! dedi.

Saç soba, gaz sandıkları üstüne konmuştu. Borusu dosdoğru duvar deliğine giriyordu. İki hizmetçi sandıklar ile sobayı, bir mangal taşıyormuş gibi, öteki odaya geçirdiler. Mustafa Kemal Paşa da dar, karışık ve karanlık merdivenlerden henüz çıkmıştı.

Sonra içi raflanmış yük açıldı. Hiçbir bardak ve kadeh yanındakine benzemiyordu. Birkaç kişi de beraber geldiğinden yine birbirlerine benzemeyen ayrı biçimde ve renkte, kahve fincanları çıkarılmıştı. Masanın üstü birkaç bezle ancak örtülebilmişti.

Başkentte devlet reisi ve arkadaşları!

İkide bir:

— Ahmet, lâmbayı pompala! sesi duyuluyordu.

Sonra birden genç kahraman yeni Türkiye hayallerini anlatmaya başlıyordu. Yavaş yavaş tahta peykeler üstündeki esrarkeşler rüyası ile sarıldığımızı hissediyorduk. Masa bir cennet sofrasına dönüyor, lâmba bir güneşi andırıyor, oda bir saray parçası havası içine giriyor, "gelecek", o zamanki Ankara'da bir serap gibi bile görünmeyen "gelecek" gözlerimizde canlanıyor, bir eski masaldaki peri kızı gibi atlı akıncıların, hemen hemen nal seslerini duyar gibi oluyorduk. Bütün gün içimizde yavaş yavaş, birer birer bütün ölmüş olanlar diriliyordu.

Bir inanmışın iradesi nasıl mucizeler yaratıcısıdır, onu biz en çok tozunda boğulduğumuz, çamuruna saplandığımız, kaldırımsız, ışıksız, yuvasız, bahçesiz, bomboş Ankara'nın o günlerinde ve gecelerinde görmüşüzdür.

Meclisleri

— 1 —

İlk gençliğinden son günlerine kadar kendisini tanıyanların hepsi için Atatürk adı, sofra sohbetlerini hatıra getirir. Dostları ile akşamları sofra başında buluşmak ve geç vakitlere kadar konuşmak âdeti idi. Pek azı zevk ve eğlence meclisi olmuştur. Bunlar da, hani okullarda tatil saatleri vardır, öyle bir şeydi. Saatlerce pek ciddî şeyler okur yahut yazardık. Beyninin hiç yorulduğunu bilmiyorum. Hastalandığı yıllara kadar da şaşırtıcı bir hafızası vardı.

Orduda iken askerlik meseleleri, sivilde iken devlet ve devrim meseleleri, hepsi, bazen sabahlara kadar sofrada görüşülmüştür. Söyler ve dinlerdi. Yalnız kendi düşündüklerini herkese anlatmak değil, herkesin düşündüğünü de kendi anlamak, türlü memleket seslerini duymak meraklısı idi. Sentezci bir dehası vardı. Birkaç saatlik dağınık ve sıçramalı sohbetlerden sonra, derleme ve toparlama yapar, mantıklı, açık ve iyice çerçeveli bir tefekkür eseri verirdi.

Bilmediklerini, sofralarında bildiklerinden öğrenirdi. Davetlileri daima pek çeşitli olmuştur. Ateşli ve gururlu bir milliyetçilik, eğilip bükülmez bir irade ve kendine güven duygusu şahsiyetine hâkimdi. Sevdiklerinin ve birlikte bir şeye inandıklarının tenkitlerine, itirazlarına, tartışmalarına inanılmaz bir katlanışı ve hoşgörürlüğü vardı.

Türk dili ve Türk tarihi meseleleri, onun sofrasında tam bir fakültelik zaman tutmuş olduğunu tahmin ediyorum. Tebeşirli karatahta karşısında idi. Bakanlar, profesörler, milletvekilleri hep o tahtaya kalkmışızdır. Ondan başka hepimiz yorulur ve doğrusu biraz da usanırdık.

Savaş ve devrim günlerinde, meseleler konuşulduğu sırada hiç içmez veya pek az içerdi. Ne askerliğinde, ne de sivil hayatında geç kalmak, hatta sabaha kadar kalmak onu vazifesinden alıkoymamıştır. Kendisinde bir zaaf ve "laubalilik" sezilmesi ihtimaline karşı pek titizdi. Pek efendi bir ev sahibi ve eski Osmanlı deyimi ile pek de "edepli" idi.

Rahmetli Reşit Galip'in çok defa yanlış yazılmış bir vakası vardır. Atatürk'ün bir yabancı lokantacıya vermiş olduğu bahşiş meselesini, biraz içkili olduğu için, mübalâğa ile tartışıyordu. Atatürk:

— Galiba rahatsızsınız, biraz dinlenseniz... dedi.

— Burası milletin sofrasıdır. Ben milletin sofrasında oturuyorum, cevabını verdi.

Atatürk hiç bozmayarak:

— Beyefendinin hakkı var. O halde biz sofrayı terk edelim, dedi. Herkes ayağa kalkıp çekildiler.

Birkaç gün sonra idi. Reşit Galip yine davetliler arasında bulunuyordu. Bir hayli zaman geçtikten sonra Atatürk:

— Bana iki nefer çağırınız, dedi. İki nöbetçi içeri girdi. Reşit Galip'i işaret ederek:

— Beyefendiyi dışarıya götürünüz, dedi.

Kucakladıkları gibi çıkardılar. Reşit Galip bilmeyerek yaptığı eski hatasından utanıyordu. Sıkılarak tekrar sofraya geldi. Atatürk'ün neyi anlatmak istediği belli idi.

O saatten sonra Atatürk en çok yine onunla keyifli keyifli konuştu idi.

— 2 —

Atatürk gösterişçi, alâyişçi ve "zevahir" düşkünü değildi. Arnavut Kralı Zogo'yu Tirana'da bir Osmanlı generalinin konak bile denmeyecek evinde görmüştüm. Hava, bir saray havası idi. Atatürk, İstanbul'a geldikçe Osmanlı padişahlarının sarayında kalmıştır. O oturduğu kadar Dolmabahçe Sarayı'nın havası, bir ev havası idi. Bir general olması gereken başyaverlerini daima küçük rütbeli subaylar arasından seçmiştir.

Atatürk görev başında hiçbir lâubaliliğe yer vermeyecek kadar ciddi, hususî yaşayışında ise dostlarının her türlü nazını çekecek kadar samimî idi. Protokol, boğazını sıkan dar ve katı bir yaka gibi kendisini her vakit rahatsız etmiştir ve onu hususî yaşayışı içine hiç sokmamıştır. Sofrasında kimsenin yeri belli değildi. Yalnız rahmetli Fevzi Çakmak'a, İsmet İnönü'ye, ara sıra evine gelen ordu ve hükümet şahsiyetlerine yanında yer gösterirdi.

Bununla beraber "dış görünüm"ün ve "dekor"un içtimaî münasebetlerde büyük önemi olduğunu bilirdi. Onun için giyinişine ve ev içi düzenine pek meraklıydı. On beş yıl yanında bulundum, hususî odalarına girdim, günün çeşitli saatlerinde evine gittim: Kendisini bir defa bile tıraşsız, rahatsız olduğu vakit velev pijamalı da olsa, üstüne başına titizce itinasız görmedim.

İstanbul'daki evleri, Çankaya'daki evi ve son köşkü hep kendi hususî dikkati altında idi. Hafife alınmak, aşağıda ve altta görünmek, kolayca tenkit edilecek kusurları ve eksikleri bulunmak, hele gülünç olmak pek korktuğu şeylerdendi.

İş başından artan ömrü, sofrada geçmiştir. Bu bir içki ve cümbüş sofrası değildi. Dostları ile hatta düşmanları ile sohbet ve tartışma meclisi idi. Atatürk hayallerini, tasarılarını, ıstıraplarını, hatıralarını, ta genç subaylığından son zamanlarına kadar sofrasında anlatmıştır. Selanik'te askerî dehasını tanıtan "tatbikat" oyunlarına sofrasından kalkarak gittiği gibi, her devrim gününün başlangıcı da bir sofra sabahı idi. Eğlence âlemi, aşıp taştığı yer de yine sofra meclisi olmuştur. Bu ne zaman bir zevk ve eğlence, ne zaman büyük taarruzu hazırlayan bir kumanda heyeti ve ne zaman en çetin devlet işlerini karara bağlamak topluluğu idi, tahmin edemezdik. Fakat misafirlerinin çeşidine göre az çok hangisine hazırlanacağımızı bilirdik. Bazen, bir meseleyi daha fazla deşmeye misafir çeşidi elverişli olmadığı zaman, "— Galiba yorulduk! der, meclise son verir, vedalaşmak üzere elini sıkanlardan birtakımına: "— Teşekkür ederim" birtakımına usulca: "— Siz biraz daha kalınız!" derdi. Nice sırlarını yıllarca vicdanı içinde tutan Atatürk'ün, ağzından kaçırmışa benzeyen "gevezelik"lerin yüzde doksanı hesaplı ve tertipli idi.

Sırlarını "ağızdan kaçıran" Atatürk, bazı olayları hiçbir zaman anlamamıştır. Yahut pek mahremlerine söylemiştir de ben bilmiyorum. On beş yıl hususî meclislerinde bulunan benim duymayışım dahi, vaktiyle hatıralarını bana anlatmış olduğu düşünülecek olursa, dikkatte tutulmaya değer.

— 3 —

Atatürk cömert değildi. Elinin dar olduğu bile söylenebilir. Kendisine gelen hediye kravatlardan birer tanesini alabilmek için neler çektiğimizi hatırlıyorum.

Buna rağmen pek "misafirperver" ve ikramcı idi. "Hal bilir"di. Bir akşam sofrasına bir genç arkadaşla birlikte gitmiştik. Bu genç, Atatürk'ü ilk defa dinliyordu. Coştu, içti ve hastalandı. Kalkamadı ve hastalığı kötü tesirini sofra başında gösterdi. Bu gencin gönlünde hiçbir utanç azabı kalmamak için, Atatürk kendisini iki üç gece daha arka arkaya sofrasına davet etmişti.

Atatürk'ün devlet ve hükümet hizmetinde kullandıkları arasında güzeli çirkini, sevimlisi sevimsizi vardı. Fakat sohbet meclislerinde bulunabilmek için şu veya bu türlü bir "sevimlilik" şarttı: "— Karşımda çirkine tahammül edemiyorum" derdi.

Kendisiyle anlaştıklarına inandıkları için, hastalığı yüzünden asabî muvazenesinin bozulduğu son yıllara kadar, pek müsamahalı idi. Meclisinde dilediklerinizi söylememek için, pek hesaplı bir dalkavuk olmaktan başka, hiçbir sebep yoktu. Onun için Atatürk'ün meclislerinde ileri geri konuşmaların bir cesaret misali olarak anılması gülünçtür. Ara sıra bu konuşmalar aykırılığa kadar gider, sabahleyin bir iç sıkıntısı ve bir şüphe duyulurdu. İlk fırsatta kusurlarını affettirmek isteyenlere, hafızası en kuvvetli melekesi olan Atatürk: "— Bir şey mi oldu? Ben hatırlamıyorum ki..." derdi.

Sofra bir imtihan meclisi idi de! Hiç söylemeksizin, hissettirmeksizin, bir vazifede kullanacağı adamları, içki âleminin pek elverişli olduğu türlü yönlerden yoklardı. Hükmünü kolay verir, çok defa aldanmazdı.

Omiros'un kahramanlarından biri idi. Bu tabiînin üstünde ve dışında bir mizaçtır. Normal münasebet ölçüleri içine hapsolmaz. Bu mizaç, ancak aşırı şevk kaynayışları içinde hayatiyetini koruyabilir. Vatan kurtuluşu davasının başlangıcı, Samsun iskelesinde "tek başına Mustafa Kemal"dir. Ve gerçekten tek başınadır. Bu bir kahramanca hayat kaderidir. Kilometrelerce etrafını ışığa ve enerjiye boğan coşkun çağlayanda durgun sudaki salkım söğüt aksini arayabilir miyiz? Amiyane olsa da eski yaveri Salih Bozok'un şu hikâyesi Atatürk tenkitçilerine iyi bir cevap olabilir. Bir gün Salih Bozok'a bazı tanıdıkları:

— Tarih sizi mesul edecek. Çünkü Atatürk'e içiriyorsunuz. Geceleri uykusuz geçiyor. Sefahat yaptırıyorsunuz ve ömrünü kısaltıyorsunuz, derler.

Salih der ki:

— Tarih ne diye bizi mesul tutacakmış? Mademki iş dediğiniz gibidir. Bizim heykellerimizi dikecek. Atatürk'ü, biz idare ediyorsak, yalnız içirip sefahat ettirmiyoruz ya, İzmir'i de biz aldırıverdik, cevabını verir.

Atatürk sofrasının yıllar süren şevki ve neşesi, Cumhuriyet'in 10. Yıldönümünden bir müddet sonra yavaş yavaş kaçtı. Hekimlerin üstüne kondurmadıkları yıkıcı illet, karaciğerini yiyor ve sinirlerini yıpratıyordu. Eşsiz hafızası sönüyor, sağduyusu kararıyordu. Atatürk'ün tahammülü ve müsamahası azalıyor, irade, zekâ ve kudretinden şüphe edildiğini sanmak kompleksi, sık sık asabiyet nöbetlerine sebep oluyordu.

Kurtuluşçu

Tanzimat'tan sonra iki çeşit adam yetişmiştir. Biri Garp taklitçisi ve Garp mahkûmu. Tepeden tırnağa "alafranga" cilâlı adam. Milletinden ve memleketinden de uzaklaşmıştır. Milletinden umutsuzdur. Ve memleketinin kendisini benimsemediğini de bilir. Frenk doğmadığına pişmandır. Ancak Düvel-i muazzama kontrolü altındaki bir Türkiye'de hayat hakkı olduğuna inanmıştır. "Bu millet adam olmaz," ona göre. Bu milletin ona borcu, ya içeride rahat ve refah içinde yaşatmaktır, ya elçilikler kadrosunda ona yer, konak, araba ve altın vermektir.

İkinci tip, nasyonalisttir. Osmanlı nasyonalisti veya Türk nasyonalisti. O, kurtuluşun Garplılaşmakta, milletin ve memleketin Garp toplulukları içine katılmasında ve medenileşmesinde olduğuna inanmıştır. Şerefçe, gururca ve milletçe kendini milletinden ayırmaz. Memleketçe ve milletçe kurtulmak çaresi aramalıdır:

— Niçin bunu yapacak bir millî kahraman çıkmamalı? Ve niçin o kahraman kendisi olmamalı? Mustafa Kemal'in ilk benliğine kavuştuğundan beri, şuuraltını ve üstünü kıvrandıran "mesele" budur. Kendisi için ne arasa bulabilir. Sarayda rütbe bol. Nişan bol. Maaş ve atiyye bol. O, yalnız kendisi için arasa bulurdu. Onun yaşından biraz yukarı mareşaller rejimi idi.

Sanatına ve askerî dehasına güveniyordu. Yalnız buna dayanıyordu. O bir kuru kabadayı değildi. İnsanın kendini boşuna harcamasından topluluğun bir şey kazanmayacağını pek iyi anlayanlardandı. Topluluğu kendine doğru çekmenin, topluluğu kendine bağlamanın, benzetmenin fırsatını aramalı ve bulmalı idi. Bir defa bu olursa, her şey olmuştur.

Manevradan manevraya, bu askerî hareketten o askerî harekete, Trablus çöllerine, Çanakkale siperlerine, Doğu dağlıklarına koştu. Tanınmalı, aranmalı ve inanılmalı idi. Kim bilir benzerlerinden niceleri, nice binleri ve yüz binleri bu maceralardan birinde ölmüştür? Kim bilir kader, milletleri kaç bin Mustafa Kemal'den mahrum bırakmıştır? Talihin ona yardımı onu kendi saatine yetiştirmek oldu. Sonrası kolaydı. Sonrası elinde idi. Ne yapacağını biliyordu.

Ne Trablus Harbi'ne, ne Birinci Dünya Harbi'ne inanmamıştı. Yine kaybedecektik, fakat o, bir millî kahraman olabilmek için, son kazanç ümidini kendinde aratacak deha ve karakter hünerlerini göstermeli idi.

Bozgundan ve her şey bittikten sonra, Pera Palas salonu camlarının arkasında açık güzel başı ile Beyoğlu Caddesi'nden pek tutumlu tavrı ve temiz üniforması ile göründüğü zaman:

— İşte O... diyorlardı.

O... Mustafa Kemal! Samsun'a ayak bastığını hapishanedeki eski siyasî hasımları duydukları zaman:

— Mustafa Kemal, Anadolu'ya gitti ha... O yapar, diyorlardı.

Gün olacaktı, kumandanlar ondan yüz çevireceklerdi. Gün olacaktı, bir vilâyet, on vilâyet, yirmi vilâyet ona karşı ayaklanacaktı. Fakat iş işten geçmişti. Büyük sanat ve karakter artık başta idi. Güçlüklerin hepsi, ona yenilecek olanların, daha zayıfların, daha basiretsizlerin, daha sabırsızların marifetleri idi.

Mustafa Kemal kimdir? Bir milletin uğrayabileceği en ağır buhranlar içinde, en vasıtasız bir milleti en vasıtalı dünya devletleri ile dövüştüren ve kurtaran adam! Sonra kurtarış zaferi gibi eşsiz bir şanı ve şerefi, milletinin dostu sandığı gerçek düşmanına karşı, hiçbir şeymiş gibi ortaya atan ve savaş silâhı olarak kullanan, vicdan ve tefekkür hürriyeti uğruna göğsünü vatandaş kurşunlarına geren adam!

Şüphesiz, bütün şartlar bir araya toplanıp tartılınca, asrının en büyük adamı idi.

Para

Taşhan, Kuvay-ı Milliye Ankara'sının oteli, şimdiki Sümerbank'ın yerinde idi. Üstü han odaları ve altı ahır!

Keçiören taraflarında oturan Maliye Bakanı Hasan Saka'nın atı da bu ahıra bağlanırdı. Bütün hükümet şimdiki vilâyet binasında idi. Bugün saraylara sığmayan bakanlıklar, o zaman iki üç oda ile yetiniyorlardı. Hasan Saka da işi bitince dairesinden çıkar, atını çözer, bir müddet iskemle safası ettikten sonra evine dönerdi. Osmanzade Hamdi'den duymuştum. Yunus Nadi'nin çıkardığı *Yeni Gün* gazetesinde rahmetli dostumuza arkadaşlık ediyordu. Ankara'da bir gazete nasıl çıkar, kaç tane satar, o masrafların altından nasıl kalkar, şimdi kolay kolay tahmin edilemez. Gazete bağımsız olmakla beraber hükümetin yardım etmesi lâzımdı. Yardım edecek makam da Maliye Bakanlığı. Pek sıkışık bir günün akşamında Osmanzade, Hasan Saka'yı, atının dizgini elinde, evine gitmek için kalkmak üzere iken bulur:

— Aman biraz para! diye yanına sokulur.

Hasan Saka, hiç tınmadan:

— Anahtarına da lüzum yok ki... Kasayı açık bıraktım, git bak içinde ne bulursan al, cevabını verir.

Dünyada devlet değil, şöyle böyle ehemmiyetli hiçbir anonim şirket Anadolu devleti kadar az sermaye ile kurulmamıştır. Çeteciler haracına son verilmekle beraber, halkın vergi takati tam bir tükeniş halinde idi. Asıl amansız zorluk büyük taarruzdan önce görülmüştür. Taarruz için ne lâzımdı, bilir misiniz? Bugün Ankara'da yaptırdığımız bir iki apartmana döktüğümüz kadar para! Maliye Bakanı:

— Benim bildiğim iktisat ve maliye ilminin gösterdiği yollara göre bir santim bulmamıza imkân kalmamıştır, diyordu.

Yeni zenginlerimizin bir gecede bakara masasına döktükleri kadar para için vatanı kurtarmaktan vazgeçmek! Tabiî buna imkân yoktu. Sakarya'dan önce de duruma şu çare bulunmuştu: Kimin nesi var nesi yoksa yüzde kırkı devletindir, kararı ile yoktan varlık icat etmişlerdi. Yeni Türkiye'nin fazilet ve fedakârlık çağı idi.

Zafer oldu da genişledik mi? Hayır. Aşar usulünün kötülüklerini ıslah edeceğimiz yerde bir demagojik hamle ile bütçenin bu en verimli kaynağını kuruttuk. Yüz küsur milyonluk bir bütçe ile dört harpten çıkan, yanmış, yıkılmış, dağılmış, üstelik yüz binlerce göçmen barındırmak zorundaki Türkiye'nin hemen hemen "yoktan bir daha varoluş" mesuliyetini yüklendik.

Maaş azlığından subaylar durmadan istifa ediyorlardı. Durum o kadar tehlikeli idi ki bizzat Mustafa Kemal Paşa, kapalı bir oturumda, kürsüye çıkarak orduya hemen bir milyon lira bulunmasını istemişti. Ama memurlar da aynı halde idi. Meclis yalnız ordu için bir istisna yapmaya yanaşmıyor, o gün pek hatipliği tutan Mustafa Kemal'e karşı bir "atlatma" çaresi düşünüyordu. Nihayet bir teklif geldi:

— Efendim, bir defa bütçede buna imkân olup olmadığını anlamak için meseleyi yarına bırakalım.

Maliye Bakanı yoktu. Daha dün yerine bir vekil seçilmişti. Bu vekil hiç tereddüt etmeden:

— İmkânı vardır efendim, demesin mi?

Kimse ses çıkaramadı ama söven sövene idi:

— Bre dalkavuk, daha dün vekilin vekili seçildin, ne vakit bütçeyi okudun? gibi sözler işitiliyordu.

Kör lâkaplı rahmetli Ferit'i Meclis bahçesinde gördüm. Hakkında söylenenleri tekrarladım. Omuzlarını silkti:

— Daha bütçeyi elime alınca ne görsem beğenirsin? Kâğıt parayı kıymetlendirmek için her yıl bir milyon lira yakmayı düşünmüşler. Yakacak yerde zabitlere veririm, dedi.

Bir Yasak

Dilâver pek sevimli bir Rumeli delikanlısı idi: Ankara'ya ilk gittiğimizde kendisini Polis Müdürü olarak bulmuştuk.

Bir hikâyesi vardır: Kuvay-ı Milliye devrinde şehirde bir kerpiç delik edinebilmek bile pek zor ele geçer nimetlerdendi. Polis Müdürlüğü'nün tevkifhanesi de alt katta bir odadan ibaret. İçki yasak olduğu için, kaçak. Kaçak olduğu için de yarı-zehir. Bir iki azılı sarhoş gelse Dilâver'in yeri var. Fakat daha fazlasını kendi odalarına alması lâzım. Bir çare bulmuş: Bir gün yakalayıp getirdikleri bir deliyi alt kattaki tek odaya koymuş: "— Deli sarhoştan yılar," demişler ama doğru olmadığı orada meydana çıkmış. İlk tutulan sarhoş, sırıta sırıta saldırma alâmeti gösteren delinin karşısında sinmiş ve bir köşeye büzülerek sabahı güç etmiş. Haber, şehre yayılınca bu yaygaracı sarhoşluk vakalarından eser kalmamış.

İçki yasağı kanunu, bir fıkramda anlattığım gibi, ilk Meclisten bir sağlık değil, bir şeriat kanunu olarak çıkmıştı. İçki yasağı yürüyor, içki de içiliyordu. Rakının bir adı "Dilâver suyu" idi. Çünkü yobaz diktası olduğu için herkesi kızdıran bu yasak zamanlarında en iyi içkiyi Polis Müdürü çıkarıyordu.

Lokantaların bir köşesi vardı: İçenler oraya sokulur, dışarıdakiler de farkına varmaz görünürlerdi. Çok kimse rakısını bağında çekiyordu.

Zaferden sonra yasak İstanbul'a da geldi. Orada da, Amerika'daki içki yasağı devrinde olduğu gibi, elaltı ve kaçak ticareti aldı, yürüdü. İkinci Meclis'te yobaz kalabalığı hayli olduğundan durumu tabiîleştirmek için teklif getirmeye kimse cesaret edemiyordu. Hocalar kıyameti koparmaya hazırlanmışlardı. Hatta polisin ihmaller gösterdiği rivayetleri üzerine ve tam büyük devrim günlerinde bir hoca kürsüden:

— Medreseleri kapıyorsunuz, meyhaneleri açıyorsunuz, diye bağırıyordu.

Nihayet yine yobaz fetvacılığı imdada yetişti: "İçki satın alınabilir, çünkü dinlerinde bu yasak olmayan tebaamız da vardır, fakat meyhane açılamaz, çünkü burası Müslüman memleketidir."

Bir müddet de böyle gittikten sonra işler tabii yoluna girmiş idi.

Son defa Libya'ya gittiğimizde gördüm. Üçü de ayrı hükümet olan üç eyaletten ikisinde, Fizan ve Bingazi'de içki yasak. Henüz yirmi otuz bin İtalyan'ın oturduğu Trablus'ta ise içki de serbest, meyhaneler de. Yasak söz: Fizan ve Bingazi'de Kuvay-ı Milliye Ankara'sında olduğu gibi. Trablus'ta ise bugünkü Ankara'da olduğu gibi içilmekte.

Tuhaf tesadüftür ki, o yaban, boz ve silme boşluk olan Ankara'da ilk sinir hastalarımızı hiç içki kullanmayanlar arasından vermiştik.

Bu münasebetle şu hatıram da tekrarlanmaya değer: Rahmetli Ahmet Rasim'in hikâyesi idi bu... Yeşilay Derneği'nin bir toplantısında konferansçı sorar:

— Sevgili dinleyicilerim, bir eşeğin önüne bir kova su, bir kova rakı koysanız hangisini içer?

Hemen biri cevap verir:

— Tabiî suyu...

— Neden?

Bir keyif ehli de orada imiş. İkinci cevabı o verir:

— Eşekliğinden!

Atatürk hikâyeye bayıldı idi. Sık sık tekrar ederdi. Bir akşam çiftlikte eski küçük köşkün önünde oturuyorduk. uzakça duran bir işçi çocuğu bizi seyrediyordu. Atatürk:

— Gel çocuğum buraya... dedi.

Çocuk sofraya yanaştı. Atatürk sordu:

— Bir eşeğin önüne bir kova su, bir kova da rakı koysalar hangisini içer?

Çocuk önümüzdeki kadehlere bakarak:

— Rakıyı efendim, demesin mi?

Atatürk gülerek:

— "Aman, neden olduğunu sormayalım," demişti.

Güçlükler

Mustafa Kemal, Kuvay-ı Milliye'nin ilk zamanlarında çetelerle, daha sonra İstanbul'un emrinden çıkmak istemeyen bazı komutanlarla, fakat en çetini Birinci Meclis'teki irtica ve muhalefetle pek sıkıntılı günler geçirmiştir. Bu güçlüklere nasıl göğüs gerdi, nasıl başa çıktı, Atatürk'ün liderlik dehasını iyice kavramak için bilhassa Kuvay-ı Milliye tarihi ve hatıraları üzerinde durmak lâzım.

Sakarya Zaferi'nden sonra bile ondan Başkomutanlık yetkilerini geri almak isteyenler yalnız İkinci Grup denen muhalefet değildi. Kendi grubundan bazı kimseler de onlara katılmışlardı: "— Başkomutanlık kanunu Meclis'in hakkını gasp etmiştir!" diyorlardı.

Onun için bu kanunun yenilenmesi Meclis'te yirmi dört saatten fazla süren tartışmalara yol açtı. Bu sırada en çok alkışlanan sözlerden biri de şu idi:

— Hani zafer? İşte hâlâ kımıldayamadık ve kımıldayamıyoruz!

Mustafa Kemal kürsüye çıktı:

— Efendiler, ordu yirmi dört saattir komutansızdır. Bunu böyle kabul ettiğimi ve komutayı bıraktığımı mı sanıyorsunuz? Bırakmadım ve bırakmayacağım.

Bu diktatörce bir sözdür. Fakat aynı adam:

— Canım neden bu Meclis'in dertlerini çekiyorsunuz? Dağıtalım, rahat ediniz! diyen şiddetçileri de aynı kuvvetle reddediyordu:

— Meclis olmazsa biz neyiz! Hiçbir şey... Biz Meclissiz olamayız, diyor. Türk milletinin o ana-baba, ölüm-kalım günlerinde irticaın çoğunlukta olduğu bir muhalefetli Meclisi dahi Meclissizliğe tercih ediyordu.

Büyük Taarruz'dan önce Paris'teki görevinden Ankara'ya gelen bir tanıdığım geçenlerde bana:

— Hükümeti de Meclisi de umutsuz bulmuştum. Para yoktu ve maliyecilere göre orduyu bir adım ileri yürütecek kadar para bulmak ihtimali de kalmamıştı, demişti.

Gene büyük taarruzdan on-on beş gün kadar önce İkinci Grup milletvekillerinden eski ve itibarlı bir kurmay subayı kürsüye çıkarak ordunun durumunu tenkit ettikten sonra:

— Yapamıyorsunuz, yapamayacaksınız. İleri gidemiyorsunuz, geri gelmenizden korkarım, demiştir.

Gariptir ki Mustafa Kemal bu hücum ve tenkitlere silâhsızlıktan, cephanesizlikten ve çaresizliklerden bahsederek pek tevazu ile cevap vermişti. O günlerde hiç istemediği şey, bir taarruz yapacağının sezilmesi idi.

Birinci Meclis'in şerefli bir hatırası olarak şunu belirtmelidir ki Sakarya'dan sonra zafersiz bir anlaşma fikri pek az taraftar bulmuştur. Vatanı kurtarmak davası ile Mustafa Kemal'in Başkomutanlık yetkileri davasını birbirine karıştırmamak lâzım gelir.

İrtica, ki gene o devirde bütün kanunların bir defa da Şer'iyye Encümeni'nden geçmesini kanunlaştırmak isteyecek kadar taassup içinde idi, Mustafa Kemal'de kendi liderini bulmuyor ve zaferden sonra onun şimdi içinde sakladıklarını birer birer ortaya atacağını biliyordu. Mürteci olmayan muhalifler ise, Dünya Harbi sırasındaki Enver diktatoryasını unutamıyorlar, Mustafa Kemal'in ikinci bir asker diktatör olmasından korkuyorlardı.

Büyük taarruzdan önce ordu komutanlıklarından biri boşalmış idi. Bu komutanlığı teklif ettiği arkadaşlarından biri, Refet Bele:

— Önemli bir şey olacağı zaman vazife alırım, diyerek cephe komutanı İsmet Paşa'nın emrine girmeyi istememişti. Nureddin Paşa'nın İzmir'e giren orduya komutan olması bu yüzdendir.

Nureddin Paşa sonradan irtica takımına katıldığı için bu tayin tehlikeli de olmuştur.

Diktatör

Atatürk diktatör mü idi? Rejimine bakarsanız evet. Fakat ne mizacı, ne de ideali bakımından diktatörlük inançlısı değildi. Millî kurtuluş için şart saydığı inkılâplarının hürriyet içinde yaşayabileceğine güvenseydi, demokratik savaşçılığın zevklerini feda etmeyeceğine şüphe yoktu.

Nitekim zamanının diktatörlerinden hiçbirini sevmemiştir. Ne Hitler'in, ne de Mussolini'nin lehine konuştuğunu hatırlamıyorum. Hitler, Mussolini ve Stalin, üçü de sivil iken üniformalarını bir gün bile bırakmamışlardır. Atatürk Mareşal iken, üniformasını bir iki defa ancak manevralarda giymişti.

Atatürk, Serbest Fırka'nın kuruluş meselesinde samimî idi. Plânı sandığıma göre şudur. İsmet Paşa ve Fethi Bey fikir ve ideal arkadaşlarıdır. İkisi de inkılâpçıdırlar. Kendisini lider olarak tanıyacaklar, inkılâp müesseselerini koruyacaklar, bunlar dışındaki meseleler üzerinde diledikleri gibi çarpışacaklar, ayrı ayrı seçime gidecekler, böylece Türkiye'de demokrasi geleneği kökleşmiş olacaktı. Fethi Okyar'ın kendisi Atatürk'ü hayal kırıklığına uğratmamıştır. Fakat bilhassa iktidarı nüfuz ticareti için ele geçirmek ve İsmet Paşa'nın bu bakımdan çıkardığı güçlüklerden kurtulmak isteyenler, kolay yolu aradılar. İrticaın tahriklerini benimsediler. Bu tahrikler bir ara o kadar tehlikeli şekiller aldı ki olgunluk imtihanını henüz veremeyeceğimiz meydana çıktı. Başkalarının daha derin sırlar keşfedip etmediklerini bilmiyorum. Fakat benim perde önünde ve arkasında gördüklerimden edindiğim kanaat bu.

Atatürk, Hitler ve Mussolini gibi, demokrasiler aleyhine hicivler ve diktatörlük lehine methiyeler söylemiş değildir. Hususî meclislerinde dahi millî hâkimiyet davasına gönülden bağlı olduğu sezilirdi. Onun düşmanlığı, yobazlığa idi. Geriliğe idi. Türk şerefini düşüren ve Türklüğü gelişmeden alıkoyan kara ve karanlık gelenek ve göreneklere karşı idi.

Devrinin liderleri arasında tek samimî dostluk hissettiği adam, Amerikan demokrasisinin başındaki Roosevelt olmuştur. Roosevelt de, bir filmde Atatürk'ün küçük yavrulara sevgisini gösteren sahneyi seyrederken pek duygulanmış ve kendisine bir sevgi mektubu yollamıştı. Herriot'yu nasıl zevkle karşılayıp konuştuğunu da hatırlarım.

Atatürk Bolşevik liderlerinden yalnız Lenin'i, Rus ihtilâli millî kurtuluş davalarını tuttuğu, her türlü emperyalizmi reddettiği ve Rusya içindeki milletlere hürriyet verdiği mühlet içinde sevmiştir. Unutmamalıdır ki o zaman Ankara'da Azerbaycan elçisi de vardı.

Stalin'i hiç sevmemiş, fakat küçümsememiştir. Mussolini'yi küçümserdi:

— O sadece bir bayındırlık bakanıdır, derdi.

Gerçekten de Mussolini onun ölçüsü içinde kalmıştır:

— Kendi kendini sandığı gibi olsa başında kral bırakır mıydı? derdi.

Nitekim Mussolini'yi başında alıkoyduğu kral hapse atmıştır.

Alafranga

Ankara yerlilerine göre biz hepimiz, kendi aralarına sonradan katılmış olanlar "yaban" sayılırdık. 1923 sularında bu yabanları görmeli idiniz: Milletvekillerinden bile birçoğu poturlu veya cübbeli idi. Kravat ve düzgün şehir kılığı henüz bidat gibi bir şeydi. Her gün tıraş olmak, sık sık esvap değiştirmek, ütü ve kalıp, kerpiç evlerin rahatsızlığından şikâyet etmek züppelik görünürdü. Göze batmamak yalnız Mustafa Kemal'in ve Mudanya'dan beri sivil giyen İsmet Paşa'nın imtiyazları idi.

Hele biz İstanbul'un edebiyatçı gençleri pek yadırganırdık. Yüzümüze değilse de arkamızdan:

— Nereden çıktı bu dalkavuklar! dendiğini işitiyor gibi olurduk.

Akıllarınca Ankara bizim yüzümüzden bozulacaktı. Ankara'nın Kuvay-ı Milliyeciliği uçup gidecekti.

Bir de bize sormalı idiler. Belediye bahçesinin cılız akasyaları altında caddenin tozunu dumanını teneffüs ederek bunaldığımız günlerde:

— Mustafa Kemal de devlet merkezi yapacak başka yer bulamadı mı? diye içlenirdik. "Yaban" nüfus o kadar azdı ki her yerde birbirimizi bulurduk.

Ankara'nın rakiplerinden biri Konya, biri Eskişehir'di. Doğrusu Eskişehir'i o günlerin Ankara'sından cennet gibi görürdük. İstanbul'a yakındı. Fakat Mustafa Kemal bu tartışmaların altından kalkmak ne kadar güç olduğunu düşünerek:

— Buraya gelmişiz, burada oturmuşuz, burada kalacağız, deyip kesmeyi daha doğru bulmuştu.

İşin tuhaf tarafı İstanbul'un Tanzimatçı kibarları arasında da "yaban" sayılışımızdı. Kalpaklı idik. İstanbul fesi bize yan bakardı. Ara sıra girdiğimiz meclislerde konuşmanın kesilmesinden bize duyurulmayacak şeyler görüşüldüğünü hissederdik. Mustafa Kemal'i hiç sevmeyen Merkez-i Umumîci İttihatçılar bu alafrangalarla birlik olmuşlardı. Gariptir: Onlar da 1908 Meşrutiyeti'nden sonra İstanbul'a göre Selanik yabanları idiler. Rumeli keçe külahı unutulmuş, artık Ankara kalpağı alaya alınıyordu. Devrimler bizim Meşrutiyet Türkçülüğünden beri güttüğümüz dava idi. Tabiî Mustafa Kemal'in cesaret ettiği kadar ilerisine gitmiyorduk ama radikal Türkçülerden idik. Yat Kulüp'te de bize: "— Dalkavuklar!" diyorlardı.

Yahya Kemal bir gün bir İstanbul meclisinde fırka kavgaları olurken, kızmış:

— Ben ne o fırkadanım, ne bu fırkadanım, Mustafa Kemal'in dalkavuklarındanım, demişti.

Ankara'ya git, yaban, İstanbul'a gel yaban... Doğrusu bir tuhaf olmuştuk.

Yapılanlar ve yapılacak olanlar da bu alafrangaların sözde rüyada bile görmeye hasret çektikleri idi. Fakat Padişah'ın İstanbul'unda yapılmıyor, Sadrazam Paşa hazretleri yapmıyor ve Yat Kulüp kibarları Fındıklı Sarayı'nda oy vermiyordu. Bunlar sırmalı Tanzimat ıslahatçılarının hayranlığı ile yetişmişlerdi. Ankara yabanlarının giydirdiği şapkayı bile başlarına koymaktan utanmışlardı. İçlerinden biri vardı ki Avrupa'da iken bir gazetede çıkan şapkalı resmi yüzünden parti buhranı olmuştu. Hocaların ve muhafazakârların gözünde mason ve zındık diye anılırdı. O bile, daha mecburi olmamakla beraber, gözleri alıştırmak için giydirilmeye başlanan şapka ile alay ediyordu. Hatta Atatürk bir gün acı acı gülmüş:

— Sorunuz beyefendiden, dinine mi dokundu acaba? demişti.

Bu yabanlık devrimiz Ankara şehri biraz medenîleşinceye kadar sürdü.

Doğrusu Atatürk de, Kemalizm de ne alaturka, ne alafranga, doğrudan doğruya Türk'tü.

Yeşil

Büyük Batı şehirlerinin hepsinde bahçeli ev semtleri ayrılmıştır. Bu sistem her yuvaya havasını ve gölgesini olduğu yerde verir. Her pencereden güneş girer.

Ankara plânında da Yenişehir'in ana cadde arkaları bahçeli evler semti, Çankaya ve Kavaklıdere daha geniş bahçeli villâlar semti idi. İmar Komisyonu reisi iken plân disiplininin korunmasına çalışıyordum. Doğrudan doğruya Atatürk ve İnönü ile temas edebildiğim için, bir sürü menfaat çarpışmalarına rağmen, pek zorluk çekmiyorduk.

Bir gün Avusturyalı mütehassıs Örley bana geldi. Atatürk'ün Yenişehir'de Bayan Rukiye için yaptıracağı evin plânını tasdik ettiğini söyledikten sonra:

— Biliyorsunuz ki bu mahallelerde dükkân olmayacaktır. Hâlbuki evin projesinde bir dükkân var. Müracaat köşkten olduğu için dokunmadık. Size söylüyorum, dedi.

Akşam Atatürk'e gittiğimde durumu olduğu gibi anlattım:

— Ne demek bu? Bizim keyfimiz için plânı mı bozacaksınız? Yarın mütehassısa söyle, projeyi geri alınız ve dükkânı siliniz, dedi.

Öyle de oldu idi.

Fakat kimse durmuyordu. Arsayı veya evi kaç kat ve nasıl bir bina yaptırabileceğini bilerek almış olanlar, mülklerini gelirlendirmek için plân disiplinini bozmaya uğraşıyorlardı. Bir milletvekili evinin bahçesi önündeki garajı bakkal dükkânına çevirmişti. Uğraştık, kanunların böyle olupbittileri gidermeye elverişli olmadığını gördük. Ondan sonra garajların bahçe gerilerine yaptırılmasına karar verdikti.

Ankara, Yansen plânına göre, boş bir toprakta kurulduğu için dünyanın en modern şehri olacaktı. Gerek trafik, gerek oturma bakımından Doğuya değil, Batıya da örnek olmak şerefini kazanacaktı. Bir müddet sonra menfaatler birleşerek İmar komisyonu meselesini "kuş"a döndürdüler. Yabancı mütehassısı, maaşını azaltarak, gitmek zorunda bıraktılar. Müdürleri emirlerine aldılar. Çırpındık, çırpındık, plânın temellerinden kaymasını önlemeye muvaffak olamadık. Fakat umumî hatlar yine yürürlükte idi.

Hatıra defterimden bu fıkrayı çıkardığım günlerde Ankara'ya gitmiştim. İki yıldan beri görmediğim şehrin hali beni ümitsizliğe düşürdü. Plân temellerinden yıkılmıştı. Yenişehir mahalleleri, gecekondu semtleri anarşisi içinde idi. İki katlıdan fazla bina yapılmayacak yerlerde sekiz katlı çirkin çirkin kaleler yükseliyordu. Bahçeler silinmiş, irili ufaklı arka sokak dükkânları ile tıkanmıştı.

Ankara'da göz, su arar, yeşillik arar. Bozkırın bu parçasına biraz yeşillik verebilmek için neler çektikti. Bayan Afet'in bir hatırasında vardır: Atatürk, çiftliğin yemiş bahçesi yapılan bir kısmında eski iğde ağacını aramış, sökülüp atıldığını görünce bir yavrusu ölmüş gibi içlenmişti. Bir vatan savaşını ateş içinde nasıl candan gönülden takip ederse, Ankara'nın yeşillenmesini öyle gözlüyordu.

Yenişehir'den Cebeci'ye doğru giden yolun sağında büyük bir fidanlık vardı. Büyüye büyüye o çorak yerde tabiî bir park halini almıştı. Bu defa köklerine kadar kazınarak boz bir yapı arsasına çevrildiğini gördüm. Sandım ki, Ankara'dan göçe hazırlanıyoruz. Sonra eski İngiliz Büyükelçisi Sir George Clarck'ın bir sözü hatırıma geldi. Memleketten ayrıldıktan uzun yıllar sonra bir ziyaret için gelmişti. Abdullah Efendi Lokantası'nda yemek yiyorduk:

— Ankara'da idim, dedi, bilir misiniz neye şaştım? Birçok binalar yapmışsınız, yollar açmışsınız. Para ile, çimento ile, taşla ve demirle hepsi olur. Daha kısa zamanda da olur. Fakat Çankaya'daki eski evimin yerinden bakınca o yeşilliğe hayran oldum. Nasıl yaptınız bu mucizeyi? Şaştığım bu.

Öldü zavallı! Sağ olup şimdi gelerek aynı yerden aynı yerlere baksaydı.

— Gördüğüm mucize değil, bir serapmış! derdi.

Atatürk, çiftlik dağlarının ormanlaşması ile bizzat uğraştı idi. Hemen hemen her ağaçta hakkı vardır.

Nerede birkaç söğüt görse, pikniğe giderdi. Söğütözü pek sevdiği köşelerden biri olmuştur.

Şu küçük fıkra da hatırlanmaya değer. Kendi ağzından dinlemiştim: Bir gün Kurmay Başkanı İsmet Bey'le Diyarbakır çöllerinde atla gidiyorlarmış. Mustafa Kemal demiş ki:

— Çabuk bana bir yeni din bul!

— Ağaç dini... Bir din ki ibadeti ağaç dikmek olsa!

Fırsat düştükçe yazdığım gibi hasis denemez, çünkü ikramları pek yerinde idi. Fakat elinin bir hayli sıkıca da olduğunu söylemekten geçemem. Çünkü içimde pek lâtif bir acısı vardır.

Ara sıra kravat gibi ufak tefek şeyler alırdık. Bunun için meclisi iyice tenha olmalı, pek sevmedikleri aramızda bulunmamalı idi.

Bir akşam üç kişi kalmıştık: Şükrü Kaya, Ruşen Eşref ve ben.

Aramızda bir tertip yaptık. Atatürk'e hediye gelmiş olan saatlerden birer tane almak istiyorduk. Eski köşkte idi.

Konuştuk, neşelendik. Ve meseleyi açtık. Pek ciddi:

— Ha bu akşam başka... dedi, üç arkadaşımsınız. Ne çıkar birer saatten. Fakat insaf ediniz kalabalık olduğumuz zamanlar herkese nasıl saat bulabilirim?

Müjde üçümüzün de ilhamlarımızı açtı. Atatürk'ü keyiflendirmek için elimizden geleni yapıyorduk. Bir müddet geçti, saatleri hatırlattık. Zili çaldı, Nesib Efendi'yi çağırdı, bu Nesib Efendi simsiyah, yaşlı ve güler yüzlü bir Sudan'lı idi. Aklı ve nutku birbirinden kıttı. Dört beş kelimelik bir cümlesini bile hatırlamıyorum. Bir gün evdekilere:

— Çocuklar aklınızı başınıza alınız, der.

Pek ehemmiyet verdiği bir mesele üzerine olduğu için, uzun müddet düşündükten sonra, nutkuna devam eder:

— Çocuklar başınızı aklınıza alınız.

İşte bu Nesib Efendi geldi, Atatürk:

— Yukarıda camekânda saatler var ya... Al getir, dedi.

Nesib Efendi gitti gelmez. İdareye bakanlar tarafından böyle şeylere pek dikkat etmesi için tembihli idi. Biz ha geliyor, coştuk, ha gelecek, kaynaştık. Zaman hayli geçince de yine hatırlattık. Atatürk zili kuvvetle vurdu. Nesib Efendi görününce bir hayli payladı:

— Ben sana söyleneni biliyorum. Beyler onlardan değil. Ne diyorsam yap...

Nesib Efendi gitti gelmez. Biz nükteler savurup birimiz bir şiir, birimiz bir şarkı tutturup Atatürk'ü keyifli tutmaya çalışıyoruz. Nihayet bir zil daha, bu defa Nesib Efendi elinde birkaç saatle geldi. Atatürk:

— Getir bakayım, dedi.

İnadına gözüne kötü görünenleri seçmiş olmakla beraber pek de fena şeyler değildi:

— Bu arkadaşlarıma bunları mı lâyık görüyorsun? Götür, çabuk daha iyileri vardır, onları getir emrini verdi.

Nesib Efendi yine gitti gelmez. Biz hep aynı şevk içindeyiz. Atatürk çok defa gülmekten gözleri yaşarıyordu. Ismarlama böyle bir meclis eğlencesi bulamazdı. Zamanlar geçti, hafifçe hatırlattık. Tekrar zile bastı. Nesib Efendi bu defa iki üç başka saatle geldi. Atatürk bunları da beğenmedi. Biz kendimize pek lâyık bulmakla beraber, daha iyisinden mahrum olmamak için, onun fikrine katılmış görünüyorduk.

Nesib Efendi gitti gelmez. Gelir gider. Böylece saatler geçti. Çankaya sabahı ağarmak üzere idi. Pek güzel bir gece geçiren Atatürk:

— Vakit geç, sizin de, benim de yarın işlerimiz var, saat meselesini başka zamana bırakalım, demesin mi?

Biz onu eğlendirdiğimiz kadar o da bizi oyalamıştı.

Atatürk, Çankaya'da kalmak kararını vermişti. Küçük köşkün arkası bir bozkır parçası idi. Kendisine:

— Satın almaya lüzum yok, bir iki yıl ektirirsiniz, sizin olur, demişlerdi.

Ankaralı köylüler asırlardan beri dokunulmamış toprağı sürüp duruyorlardı. Bir sabah Atatürk dolaşmaya çıkar. Gazi'nin tarlalarını sürdüklerini bilen, fakat kendisini tanımayan köylülerden birinin başucunda durur:

— Kolay gele. Ne ekeceksin bu toprağa?

— Hiç, sür dediler de sürüyoruz.

— Ne biter dersin burada?

Dik dik yüzüne bakar:

— Akıl yok mu sende? Burada ekin olsaydı Ankaralılar bırakırlar mıydı?

Akşamüstü gülüyor;

— İyi bir ders aldık bugün, diyordu.

O boş topraklar şimdi koruluktur. Anadolu da bunun değerini bilmez.

Hoşgörürlük

"Genç" keşfetmek, yeni adam yetiştirmek Atatürk'ün merakları arasında idi. Sicil ve bürokrasi ve sıkısına pek gelmezdi. Çünkü kendisi bütün gençliğinde "üst"ten çektiklerini unutmazdı.

İkinci Meclis'e hayli genç katılmıştı. Bazıları çabuk vekillik peşinde idiler. Vekiller Meclis'te henüz ayrı ayrı seçildikleri için koridor oyunları pek revaçta idi. Bir vekiller heyeti kuruluşunda yer bulamayan rahmetli Necati, Rumeli göçmenlerinin acı kaderlerini tutturarak bir "İmar ve İskân Bakanlığı" peşinde alabildiğine propaganda yapıyor ve nutuk çekiyordu. Bir gün yine kürsüde iken, iki eli arkasında -o zaman âdeti olduğu üzere- doksan dokuzlu tespihini çeken Atatürk birden kızdı:

— Bütün bunları vekil olmak için yapıyorsun. Seçmeyeceğiz seni! diye söylendiğini duymuştum.

Henüz Cumhuriyet ilân edilmemişti. Atatürk hemen her gün Meclis'e gelir, çok defa toplantı salonuna da girerdi.

Fakat birçok gün sonra Necati'yi aramızda bakan olarak gördük. Atatürk politikada hırsı fazla kötülemez, ahlâk ve fikir temelleri sağlam olmak şartıyla, tabiî de bulurdu. Eski şeyhülislâmlardan Mustafa Sabri Hoca, bir gün kendisine:

— Sana şeyhülislâmlık vermediğimiz için bize muhalefet ediyorsun, diye tariz eden Osmanlı Dâhiliye Nazırı Talat Bey'e:

— Eğer hizmette makam istemek bir suç ise, siz suçüstü hâlinde bulunuyorsunuz, demişti.

Mustafa Kemal de davalarını yürütebilmek için, bütün ömrünce yükselmeyi aramıştı. İttihatçıların ona vurdukları başlıca damga haris olması idi.

Necati ile Vâsıf erken yetişmiş olanlardandır. Kültür zaafı bakımından birbirlerinden pek farklı değildi. Karakter bakımından Necati daha uysal, Vâsıf daha sert ve civanmertti. Necati bir defa bakan olduktan sonra Atatürk'e bütün varlığı ile hizmet ediyor, o sırada sık sık bulanan politika havası içinde şaşırmaktan kendini koruyordu. Lâtin yazısı meselesinde hemen harekete geçti. Millî Eğitim'in nesi var nesi yoksa seferber etti. Vâsıf elçilikte yabancı dil bilmemek zaafını efendiliği, cömertliği ve kibarlığı ile örtebiliyordu. Kanaatlerini söylemekte cesur ve serbestti. Meselâ Türkiye'deki İtalyan korkusunun bir hayal olduğunu iddia eder, Mussolini'nin Türkiye'ye tecavüz etmeyi aklından bile geçirmediğini ileri sürerdi, Roma'dan Ankara'ya gelişlerinden birinde aynı fikirleri, Mussolini aleyhine nedense durmadan kışkırtılan Atatürk'e söylediği vakit, Atatürk:

— Siz Mussolini yanında benim elçim misiniz, yoksa benim yanımda Mussolini'nin mi elçisisiniz, diye sormuştu.

Vâsıf:

— Hayır Paşam, ben Roma'da Türk milletinin temsilcisiyim, cevabını vermişti.

Burada Vâsıf'un cesaretini değil, Atatürk'ün toleransını övmek lâzım gelir. Eğer onunla aynı şeylere inanmışsanız, Atatürk'e hiç beğenmeyeceği fikirlerinizi de söylemek bir cesaret meselesi değildi. Bilakis sadece onun hoşuna gitmeyi düşünerek sözleri ayarlamak pek lüzumsuz bir dalkavukluktu. Bu türlü dalkavuklar sofra oyuncağı olmaktan başka bir mükâfat da görmemişlerdir.

Atatürk'ün bazı törenlerdeki hâlini beğenmeyen Hakkı Kılıçoğlu, *Hür Fikir* adlı gazetesinde sertçe sözlerle tenkit etmiş ve yazısını şöyle bitirmişti: "Bu yol saltanat yoludur, saraya gider, biz artık saraya gideceklerden değiliz!"

Kılıçoğlu'nu Mustafa Kemal'e iyice jurnal etmişlerdi. Hâlbuki Meşrutiyet'ten beri en ileri fikirleri pervasızca savunan Hakkı'yı Atatürk tanırdı, davaya bağlılığını belirtti. Mustafa Kemal şöyle demişti: "— Hakkı Bey haklı! Ben de saraya gideceklerden değilim. Padişahlarınkine benzeyen merasime lüzum yok..."

İyi Kalpli

Atatürk hatıralarına bağlı, dostlarına, arkadaşlarına vefalı idi. O insanları ikiye ayırmıştı: Faydalılar ve "lezzet"liler. Sevmediklerinden ordu, politika ve devlet işlerinde pek sayarak kullandıkları vardır. Sevdikleri arasında hiçbir mevki edinememiş olanlar da çok görülür. Atatürk soğukkanlı, pek ciddî ve tartılı bir vazife adamı olduğu kadar, heyecanlı bir şevk adamı idi.

Doğrusunu isterseniz tanıdıklarından bazılarında ne tat bulduğunu merak ederdik. Her biri ile eski hatıraları vardı. Onun feda edemediğinin daha fazla bu hatıralar olduğunu sanıyorum.

Kürt Mustafa beni hapsedeceği zaman Merkez Komutanlığı'na götürülmüştüm. Kapıdan girince yüksek rütbeli bir subay yanıma sokuldu:

— Ah haber aldım ama pek geçti. Sana bildiremedim. Şu alçaklar, şu alçaklar... diyordu.

Kendisini Türk Ocakları'nda görmüş olduğumu hatırlamıyorum. Mustafa Kemal Anadolu'da idi. Onun bir çıkar yolda olmadığı fikrinde bulunanlardan çoğu gibi, o da İstanbul'u bırakmamıştı. Derin derin ahlarına ve kulak fısıltılarına rağmen Merkez Komutanı'nın emrinde pek iyi de çalışıyordu.

Zamanlar geçti. Ordu İzmir'e girdi. Biz Yakup Kadri ile beraber ertesi gün bir Fransız vapuruna binerek İstanbul'dan ayrıldık. İzmir'de Mustafa Kemal'i bulduk. Önce rıhtım boyunca bir konakta idi. Şehir yanında Lâtife Hanım'ın köşküne taşındı. Sık sık gidiyorduk. Bir gün kapının önünde o subayı gördüm. Bir iskemleye oturmuş, biraz dalgınca, Mustafa Kemal'in inmesini bekliyordu. Meğer Anadolu ordusu Sakarya zaferini kazandıktan sonra, Başkomutanla eski ahbaplığı hatırına gelerek Anadolu'ya geçmiş, orduya katılmıştı.

Mustafa Kemal Paşa holde göründü. Hepimizle selâmlaştıktan sonra eski arkadaşına dönerek:

— Kovmuşlar seni ha... Sakın yağmacılık etmiş olmayasın?

— Hayır efendim kıtadan ayrılanlar olmuş da ben menedememişim...

— Vah vah, şimdi bir şey yapamayız. Ankara'ya dönüşte görüşürüz.

Sonra aynı subay askerlikten çıkarak milletvekili adayları arasına girdi. Uzun yıllar Meclis'te idi. Atatürk insan zaaflarını bilir ve çok, pek çok defa affetmesini de bilirdi. Kendisi Anadolu'da iken o arkadaşının İstanbul Merkez Komutanlığı'nda nasıl çalıştığı hatırlatıldığı zaman:

— Öyledir... Pek sıkışmaya gelmez. Fakat doğrusu ya, ben Anadolu'da iken yanıma gelmek de pek kolay değildi. İnanılır şey değildi ki bizim yaptığımız! demişti.

Pek samimi idi. "Kuvay-ı Milliye devrinde nerede idin, ne vazife görürdün?" diye sormayan yalnız o idi. Başkaları ise Anadolu'ya bir gün önce ve bir gün sonra gelmiş olmayı, pek ehemmiyetli bir kıdem davası gibi güderlerdi.

Yüzellilikleri bile affetmesi insan zaaflarına karşı feylesofça davranışının bir eseri değil midir? Bir gün barışmayacağı hasmı, bir gün bağışlamayacağı suç yoktu, diyebilirim. İnsanların kendi kendilerini "yeniden yapmalarına" fırsat vermekten zevk alırdı. Her şeyi görür, birçok şeyleri görmezlikten gelirdi. Not defterime aldığım en güzel sözlerinden biri şudur: "Ben onları affederim, çünkü kalbim vardır. Onlar beni affetmezler, çünkü kalpsizdirler!" Gerçekten de düşmanları onu ölümünden sonra bile affetmemişlerdir.

İdealist

Birinci Dünya Harbi sırasında bir gün *Petit Parisien* gazetesi sahibi, edip Anatole France'i görmeye gelir. Harp idaresi aleyhine söylemediğini bırakmaz. Anatole France der ki:

— Fakat dostum bu söylediklerinizi gazetenize yazsanız Fransa'yı uyandırsanız. Hakikatlerden yalnız sizin ve benim haberimiz olmasından ne çıkar?

Gazete sahibi hiç tınmadan cevap verir:

— Bu söylediklerimi yazınca gazetemi süremem ki...

Şimdi bir Türk gazetesinin başında genç bir cumhuriyetçi olduğunu farz ediniz. Yazı işleri müdürü yanındadır:

— Gerçi taassup duygularını okşar ama bu tefrikayı koyarsak on bin fazla satarız.

On bin... Satıcı payı çıktıktan sonra günde yedi yüz lira! Bu cazibeye kapılarak tefrikayı koyan gazete sahibi, eğer isterse, bir Mustafa Kemal ile kendi arasındaki farkın ne kadar baş döndürücü, Atatürk prensiplerine bağlılığının da sadece bıyık tıraş ettirmek, şapka ile dolaşmak, karısını çarşafsız gezdirmekten, bir sahtekârlıktan ibaret olduğunu görür.

İzmir zaferi sıralarında gericilik alabildiğine itibarda idi. İzmir'e giren ordunun, tesadüf eseri başında bulunan komutan vizite kartına hemen "İzmir fatihi" sözünü yazdırdıktan sonra müftü ile, Meclis'teki gerici takımı ile elbirliğine kalkmış idi. İstenen şey gâvurdan temizlenen memlekette Tanzimat'tan da geri bir taassup rejimi kurmaktı.

Mustafa Kemal'e o zamanlar her şey teklif edilmişti: Padişahlık da halifelik de! Fani ömür değil midir bu? Umumî temayüllere uyarsa belki de başına taç giyecek ve taht üzerine oturacaktı. Enderunları ile, haremleri ile bir Şark padişahının bütün zevklerine kavuşacaktı.

Bu temayüllerin tersine gitmek, devamlı suikastlara uğramak, Şeyh Sait isyanları, Dersim isyanları ve Menemen faciaları yolunu açmaktı. "Gazi" sözünü, fethettiği İzmir'in sokaklarında "gazoz"a çevirip onunla alay edeceklerdi.

Kendisini ilk gördüğümüzde:

— İşimiz bitmemiştir, yeni başlıyoruz, demiştir.

Milyonlarca satan gazetesinin sıfıra doğru yuvarlanacağını biliyordu. Daha birkaç ay sonra:

— Sanki ne yaptın? diye soracaklar.

Yine kendileri:

— Yaptı ise millet yaptı! cevabını vereceklerdi.

Gerici, onu halk arasında lânetleme edecek, gençlerden bile:

— Biz zafere kadar olan Mustafa Kemal'i tanıyoruz. Ondan sonrakini tanımıyoruz, diyenler bulunacaktı.

Mustafa Kemal zaferden sonra ikinci büyük yalnızlığının içine düşmüştü: Bu yalnızlığı da, tek millî kuvvet olan çetelere komutanlık edenlerin kendisini öldürmeye kalkıştıkları, yer yer altmış kadar bölgede Halifeci isyanlar çıktığı, pek güvendiği kolordulara komuta edenlerin İstanbul Hükümeti'ne bağlılık sözü verdikleri, Meclis gericilerinin onu millet hakkını "gasp etmekle" suçladıkları günlerin yalnızlığı kadar korkulu idi.

Elindeki zafer ise, Şark pazarında, her türlü şanlar ve şerefler ticareti için değer biçilmez bir sermaye idi. O da bu sermayeyi sokağa atıyor, 19 Mayıs'ta nasıl Samsun'a ayak basmışsa şimdi de yepyeni bir savaş vermek için İzmir'e ayak basıyordu. Samsun'dan kalkarak, Erzurum, Sivas, Ankara, Sakarya ve Dumlupınar üzerinden İzmir'e gelen asker, İzmir'den kalkarak bütün memleketi ve milleti Batı medeniyetçiliği davası uğruna fethedecek devrimciye değişiyordu.

Bugün bin bir güçlükten bahseden, bin bir özür ileri süren sözde aydınlarımızın hangisi onun bu iki yalnızlığında olduğu kadar tehlike ihtimalleri karşısındadır?

Bütün itibarını, şereflerini ve şanlarını Arap yazısı yerine Lâtin yazısı koymak için ortaya atmış olan Mustafa Kemal ile, milletvekilliği ödeneğini feda etmemek için seçim çevresinde medresecikler türemesine göz yuman politikacıyı mukayese ederseniz, bir idealist ile bir oportünist arasındaki bütün farkları görürsünüz.

Ara sıra:

— Atatürk sağ olsa ne yapardı? gibi bir sual duyulur. Ben cevap vereyim mi? Topumuza birden lânet okurdu.

Bir Tanışma

Hamdullah Suphi Tanrıöver dostları uğruna pek kendini veren bir arkadaşımızdır. Atatürk'ü memleketin aydın takımı ile tanıştırmak için daima çalışmıştı. Bir gün kendisine rahmetli Yusuf Akçura'yı takdim etmek ister. Atatürk:

— Adını işitirim ama tanımıyorum. Kimdir bu zat? diye sorar. Hamdullah:

— Mütefekkirlerimizdendir, cevabını verir.

Yusuf Akçura hoş ve ciddî yüzü, gözlüğü, kısa sakalı ve çok defa üniversite kürsülerinde görünen kafası ile gerçekten bir "mütefekkir" tipi idi. Atatürk derdi ki:

— Mütefekkir kelimesini duymuştum, fakat mütefekkir denen bir kimse görmemiştim. Yanıma oturunca doğrusu içime bir ürküntü geldi. Bir mütefekkirle nasıl konuşmalı idi. Âdeta imtihan korkusu geçiriyordum. Biraz sonra gördüm ki pekâlâ sizinle olduğu gibi onunla da görüşülür. Sorduğu sualler kolay kolay cevap vereceğim şeylerdi. Nasıl rahat ettiğimi bilemezsiniz.

Kendisinin gözünde birini daha, Abdülhak Hâmid'i de büyültmüştük. Şöhreti de eski ve azametli idi. Sıkılgan olan Atatürk onunla karşılaşmaya da hayli ehemmiyet vermişti. Hıristiyan olan karısı ile geldi, sofraya oturdu. Bir iki kadehten sonra kendinden geçmişe benziyordu. Kabaca şeyler de söylüyordu. Meselâ sofrada birkaç Türk hanımı da varken, kendi eşini göstererek:

— Var mıdır Türkler arasında böyle hanım? sözünü de ağzından kaçırdı.

Atatürk yabancı "eş"lerden hoşlanmazdı. Türk kadınının şerefini yükseltmek ve ona hiç tariz ettirmemek başlıca meraklarından biri olduğunu bilirdik. Bu söz üzerine kıpkırmızı kesildi. Bir fırtına kopmasından ürküyorduk. Misafir de yaşlı idi.

Kendini güçlükle tuttu. Başka bahislere geçti. Ondan sonra misafirle de pek alâkalı olmadı. Zaman hayli ilerlemişti. Misafir kendisinden galiba bir şey sordu. Sözünü iyi işitmeyen Atatürk:

— Ne buyurdunuz beyefendi? dedi.

— Bana beyefendi demeyiniz.

— Ya ne diyelim efendim?

— Sadece adam deyiniz.

— İşte onu diyemediğim için beyefendi diyorum ya!

Bir Manevra

Atatürk askerliğin âşığı idi: Geçen harp sonrası millî liderler arasında tek asker o iken, hiç üniformalı dolaşmayan da o olduğunu yazmıştım.

Devlet Reisi olduktan sonra yalnız bir defa, nihayet belki iki defa Mareşallik üniformasını giymiştir. İstiklâl madalyasına kadar. Çanakkale savaşlarında kazandığı Osmanlı madalyasına bağlı idi. Bu madalya kendisine verilmiş bir şey değil de, onun şerefi göğsünde sanki kendiliğinden doğan bir şeydi. Birinci Dünya Harbi'nde âdeta zorla vazife almıştı. Rütbelerini kıskançlıkların pençesinden çekerek ve sökerek kurtarmıştı. Osmanlı altın madalyası yalnız siper savaşlarının değil, karakter ve irade çatışmalarının da sembolü idi.

Ankara'nın toz kasırgaları içinde nefes kesilen ilk yıllarda idi. Rahmetli Doktor Fikret anlatırdı. Viyana'da röntgenli bir hekim muayenesinden geçmiş. Profesör sormuş:

— Fırıncı mısınız?

Ömrü Ankara'da geçen eski bir milletvekili idi.

Bir gün, henüz Gazi ve Müşir Mustafa Kemal Paşa olan Atatürk arkadaşları arasında beni de manevraya götürmüştü. Bizim kuvvetlerimizle Kocaeli taraflarından gelen kıtalar Dikmen sırtlarında son çarpışmalarını yapacaklardı. Atatürk'ü adım adım takip ediyordum. Olanca varlığını, nihayet bir oyun olan manevraya vermişti. Siperlere girip çıkıyor, soruyor, meraklanıyor, anlatıyordu. Hiç unutmam. Küçük bir kıta komutanına durumu izah ettirmiş ve ne karar vermiş olduğunu anlamak istemişti. Komutan canlı canlı cevap veriyordu:

— Pek doğru çocuğum, fakat acaba şöyle de olamaz mı? Böyle de düşünülemez mi? gibi uyarışlarla subayın görüş ve teşhis yanlışlarını düzeltmeye çalışıyor, subay hemen onun dediğini benimsiyordu.

Bu kıta komutanı manevra sonunda takdir kazananlardan biri idi. Atatürk başkalarına bile:

— Ne mükemmel hareket etmiştir, diye genç komutanı övüyordu.

Bir aralık, tabiî alâkalıların olmadığı bir zamanda, "— Paşam, ben yanınızda idim, hepsini siz kendiniz yapmıştınız" dedim.

Güldü:

— Bilir misin, dedi, ben harplerde de böyle idim. O kadar az imzalı emrim vardır ki eğer tarih, yazılı vesikalara göre hüküm verecek olsa, bana atfolunan zaferlerin harplerinde benim bulunmuş olduğumu bile güç ispat eder.

Arkadaşlarından ve emri altındaki kimselerden bizzat kendi verdiği şerefleri bile kıskanmazdı. "— Muvaffak komutanım!" "— Muvaffak bakanım!" sözlerini ağzından sık sık duyardık. Muvaffakiyetin de onun malı olduğunu bilirdik.

Manevra bitmişti. Ankara kıtaları Kocaeli kıtalarının bıraktığı siperlere girince şaştık. Ben bu hissi bir defa da çöllerde İngilizlerin terk ettiği siperlerden hatırlıyorum. Kocaeli kıtaları bir sürü konserve kutuları, içleri boşalmış güzel paketler bırakmışlardı. İstanbul kenarları bile o günkü Ankara'ya göre o kadar medeni idi. Bizimkiler boş kutuları topluyorlardı.

Bu devlet ne kadar hiçten ve sıfırdan başlamıştı. Ankara dükkânları henüz eski Osmanlı taşrası iptidailiğinde ve boşluğunda idi. Hani Belediye Reisi'nin:

— Ankara yolları tozdan ne zaman kurtulacak? sualine:

— Suphanallah bu yabanlar da hem yol isterler, hem toz istemezler, cevabını verdiği günler!

Hani *Hâkimiyet-i Milliye* gazetesinde "Kiralık elektrikli odalar" ilânı çıktığı günler!

Korku

Yakup Kadri ile beraber Hamamönü semtinde üç katlı eski bir hımış ev tutmuştuk. İptidaî bir taşra evi idi. Önce tahtakurusundan temizlemek için zamanın bütün ilâçlarını kullanmıştık. Misafirsiz yaşayamayacağımızı da düşündüğümüzden iki üç misafir odası döşemiştik. Döşeme söz: Kuru karyoladan ibaret.

Sanatkâr dostlarımızdan Çallı, rahmetli Namık İsmail, udî Nevres evimizde kalmışlardı. Daha bir hayli gelen gidenimiz de vardı. Ankara'da otel olmayan ve han bozması kerpiçlerin bizim evden daha rahatsız olduğu günlerden bahsediyorum.

Akşamları ya çıkar, ya toplanırdık. Bizim gençlik, Ankara'nın cesaret ve iman devri idi. Abdullah isminde bir uşağımız vardı ki kardeşi rahmetli İsmail Canbolat'ın hizmetçisi idi. Bir gün bir facia duymuştuk: Canbolat'ın hanımı Çankaya'daki evlerinin penceresinden tutuşmuş bir kedinin kırlara doğru kaçtığını görmüş ve bayılmış. Meğer bizim Abdullah ve kardeşi et çalan bir kediyi cezalandırmak istemişler. Tutmuşlar, başkalarına ibret olması için komşu kedileri de evin altına toplamışlar. Onların gözü önünde hırsız kedinin üstüne gaz dökmüşler ve ateş vermişler. Abdullah'ı çağırıp sormuştuk. Hiç tınmadan:

— Ders olsun diye yaptık, demişti.

Bilmem kaç ay kalmıştık. Nihayet biz de sık sık gidip gelmekten usanarak Çankaya'da bir ev tuttuk. Taşınmaya hazırlandık. İyi hatırlıyorsam Yakup Kadri'nin akrabalarından Suad Karaosman da son gece misafirimizdi. Sabahleyin henüz sofada çayımızı içerken aşağı kattan bir silâh sesi ve bir feryat duyduk. Biraz ihtiyatlıca merdivenden indik. Bizim hizmetçi kız göğsünden kanlar akarak yerde yatıyor, başucunda da işte o Abdullah duruyordu. Katilin kızı vurup kaçtığını düşündüm:

— Abdullah çabuk bir polis getir, dedim.

— Başüstüne... dedi ve gitti.

Hikâye şu imiş. Meğer Abdullah kızla evlenmek istemiş. Kız reddedince şakadan mı, sahiden mi, her ne ise, benim yatak odamdan aldığı tabancayı ona doğrultmuş. Tetiği de çekmiş. Kurşun kızın göğsünden girip sırtından çıkmış. Ben yalnız yatak odamda tabanca bulundururum. Ceplerinde taşıyanlardan değildim. Fakat düşününüz: Katil âleti benimdi. Katile de evden gitmek fırsatını ben vermiştim.

Gazetelerin alabildiğine muhalefet yaptıkları, kulaklarına geleni, kalemlerine düşeni pervasızca yazdıkları zamanlardı. İstanbul gazeteleri pek az olan milletvekili gazetecilerin fisebilillah aleyhinde idiler. Düştüğüm güç durumu düşününüz. Bereket Abdullah yanında polisle geldi.

Bir müddet sonra kızı hastaneye, Abdullah'ı da hapse götürdüler. Gazeteci tedhişinden bahsederler. Gerçekten şahsî şereflerin iyice korunmadığı rejimlerde bu tedhiş vardır ve basın hürriyetinin amansız düşmanı da işte bu tedhiştir. Çünkü bu tedhiş tehlikesi altında bulunan herkes, basının elinden haklı hürriyetler de alındığı zaman sevinç duymasa bile hiç olmazsa mücadele etmez.

— Yarın biri gider, Abdullah'a akıl öğreterek, efendim ben efendimin tabancası ile kızı vurdum! dedirtirse?

Yatarım aklımda bu, kalkarım hatırımda bu... Tanrı'nın sabahı bir paket yiyecek, bir kutu şeker, veya buna benzer hediyeler alıp, erkenden hapishaneye gider, Abdullah'ı görür,

— Korkma sana iyi bir avukat tuttum, kurtulacaksın, der, teminat veririm.

Arkadan hastaneye uğrardım. Kız iyileşti, Abdullah'ın mahkûm olduğunu biliyorum ama müddetini unuttum.

Yıllar sonra bir gün Meclis'e giderken üniformalı biri karşımda selâm durdu, elime sarıldı. Baktım, bizim Abdullah! Demiryollarında imiş.

Bütün ürküntülerim üstüme geldi, elimi verdim vermedim, uzaklaştım.

Asıl hoş tarafı bizim kulağımız o kadar delik basın dedikoducularının böyle bir vakayı 33 yıl sonra ancak bu yazımdan haber almış olmalarıdır. Kendilerini ummadıkları kadar iyi "atlatmış" sayılmaz mıyım?

Şakacı

Atatürk, kendini alaya alabilecek kadar ince görüşlü ve tatlı düşünüşlü idi. Yakup Kadri gibi pek "güç beğenici" sanat adamlarımız onun hikâyelerini ve nüktelerini, bitmesinden korkarak dinlemişlerdir. Eskiden anlatmıştım. Orman çiftliği henüz çıplak bir bozkır parçası iken aşağıdaki küçük köşkün bahçesinde oturuyorduk. O gün yıllık hesapları getirmişlerdi. Çiftlik işleri iyi gitmiyordu. Atatürk ömrünü pek kıt kanaat geçirmiş olduğundan, para kaybetmesini sevmezdi. Alacakaranlıkta bir aralık köşkün önündeki havuzun fıskiyesini açmışlardı. Hiç de zevkli olmayan müdür, havuzun içine renkli ampuller koydurmuş olduğundan, mavili kırmızılı yeşilli bir su yelpazesi açılmaya başladı. Gözlerini kaldırıp şöyle bir baktıktan sonra kendi kendine:

— A Mustafa Kemal, sen çiftçi misin? Hayır. Ziraat mı okudun? Hayır. Babadan mı gördün? Hayır. İşte böyle bilmediği şeylere karışanlara sular bile güler, demişti.

Akşamları eğer başbakan veya bakanlardan biri ciddî bir mesele getirmişse ve gizli bir işse:

— Lütfen bana biraz müsaade ediniz, der, bir odaya çekilip konuşur, sonra gelir yahut gizli bir şey yoksa başbakan veya bakanı yanındaki iskemleye oturtarak görüşür, sonra arkadaşlarına dönerdi. O akşam başbakan Londra büyükelçimizin bir raporunu getirmişti. Aramızda, şimdi hatırımdan çıkmış olan, bir mesele vardı: Devlet Reisi ve Başbakan rapor üzerine bir müddet konuştular, nasıl cevap yazacaklarını kararlaştırdılar. Sofraya çevrildiler.

Tam o sırada sofranın hayli altında oturan dalgınca bir şairimiz, Celâl Sahir, Meclis'te söz ister gibi, elini kaldırdı. Atatürk:

— Bir şey mi söyleyecektiniz? Buyurunuz, dedi.

— Efendim meseleyi yanımızda açık görüştüğünüze göre bize de söz hakkı veriyorsunuz demektir. Şunu arz etmek isterim ki İngilizlerin başka memleketlerle münasebetlerinde bilhassa hatta yalnız kendi menfaatlerini düşündükleri meşhurdur.

Sustu:

— Bu kadar mı efendim.

— Evet!

— Yüksek irşadınızdan dolayı gerek kendi namıma, gerek cumhuriyet hükümeti namına zât-ı âlinize teşekkür ederim.

Şairimiz hiç aldırmadan:

— Estağfurullah efendim, dedi.

Kendini Tenkit

Yabancılara karşı gururlu, fakat kendi kendimizi tenkitte "heccav" denecek kadar sert ve yermeci idi. Türkiye'nin, memleketçe ve toplulukça, ileri Batı dünyasına karışması için de ağır harp fedakârlıklarından fazla cesaret, sabır ve enerji ihtiyacımız olduğunu düşünen ve bilenlerin başında gelirdi. Bu milletin başlıca hasmının yobazlar ve yobazlık gelenekleri olduğuna inanmıştı. Mizaçça demokrat, fakat millî varlığı kurtarmak için inkılâpları gerçekleştirme bakımından amansız, eğilip bükülmez bir savaşçı idi. Bir fert olarak kalsa ne yapacaksa, millî lider olarak yaptığı da o idi. Bir gün kapalı bir parti grubu oturumunda inkılâp meseleleri konuşulurken:

— Arkadaşlar, demişti, umur-ı cariye'de halkın temayüllerini dikkatte tutmalıyız. Halka karşı gitmemeliyiz. Fakat prensiplerimiz davasında bir tek kişi kalsak, başımızı verir, taviz vermeyiz!

Umumî işlere ait kanunların tartışmasında onun meclisleri tamamıyla serbest kalmışlardır. Bazı kanunları geçirmek için Başvekil İsmet Paşa'nın bile günlerce komisyonlarda uğraştığı görülmüştür.

Metodu halka daima iyimser görünmek, şevk vermek, onu her şeyin iyi gittiğine inandırmak, hükümet arkadaşlarına karşı ise en acı tenkitlerle kusurlarımızı ve zaaflarımızı sayıp dökmekti. Onun için her şeyi bilmek ister, meclisine gelenleri, söylediklerinden hoşlanmasa bile, eğer açıkça bir kötü niyet görmezse, dilediği gibi konuşturmak isterdi, dedikodu bahsine girmemek için bir usul de bulmuştu. Meselâ hususî olarak kulağına ben sizin veya siz benim hakkımda şüphe uyandırıcı bir şey söylemişiz. Bir akşam ikimizi sanki tesadüf olarak buluşturur, meselâ size:

— Böyle duydum, diye benim anlattıklarımı tekrar eder, sonra bana dönerek:

— Galiba siz söylemiştiniz, derdi.

Meclislerine devam edenlerin hepsi kendisine yanlış haberler vermenin tehlikesini anlamışlardı.

Şahsî işlerinde bile aksaklık olduğu zaman:

— Berbat etmişizdir, demekten çekinmezdi.

Bir gün hep beraber olan bitenleri tenkit ediyorduk. O hepimizden ileri idi. Bir aralık dışarıdan Fethi Bey'in öksürüğü duyuldu. Kabahatli gibi,

— Çocuklar susalım, hükümet geliyor, dedi.

Bir defa güney vilâyetleri seyahatinden dönmüştü. Bilhassa Dörtyol taraflarını dolaşmıştı. O sevimli toprakların boşluğu gönlüne dokunmuştu. Yanında bulunanlar bize şu sözünü tekrarlıyorlardı:

— Bizim bir kanunumuz vardır, bilirsiniz. Sahipsiz boş bir toprağı ekerseniz sizin olur. Şu ıssız topraklara haberimiz olmadan düşman çıksa, bellese ve ekse, sonra da: "— Sizin kanununuza göre buraları benimdir" dese ne cevap veririz?

Yabancı mütehassısları sayar, onları över, çalışmalarına dokundurmaz, fakat:

— Biz yapamayız! sözüne olanca varlığı ile isyan ederdi. İlk yerli mimarlar yetiştiği zaman bunların en ehliyetsizlerini bile göklere çıkarmıştı.

Yeni devleti kurduğu vakit, bu memleketin yeniçağ tarihinde, en az ve kalitesiz kadro onun elinde idi. Zekâ takımından olanlar da Ankara'ya uğramazlardı. Pek çoğu yeni rejime kaşı cephe tutmuşlardı. Kurtuluş devrinde bugünkü bilgi ve ihtisas kadrosunun dörtte birini bulsaydık, Türkiye şimdiye kadar tanınmaz hâle gelmiş olurdu. Hiç unutmam, bir gün henüz bir fidan bile dikilmeyen çiftliği dolaşırken yanına rastlayan bir ziraatçımıza sorar:

— Buğdayla arpadan başka ne biter bu topraklarda?

Ziraatçı sayar:

— Yulaf, pancar, zerzevat, tütün...

Biraz geride kaldığı vakit arkadaşlardan biri der ki:

— Yahu, bu toprakta tütün olur mu?

— Neme lâzım! Ben hepsini söyleyeyim de, bazıları olur, bazıları olmaz. Ya bir iki şey söylesem, onlar da olmazsa?

Rahmetli Ziraat Bakanı Sabri, Ziraat Fakültesi'ni kapatarak o bütçe ile Avrupa'ya talebe yollamayı daha amelî bulmuş, sonra da yabancı mütehassıslar eli ile Ankara Ziraat Enstitüsü'nün temellerini atmıştı.

Kilyos

Bir zamanlar Genelkurmay'ın yasak bölge anlayışı hatıra hayale gelmez bir darlıkta idi. Anadolu Ajansı, İdare Meclisi'nde iken birkaç arkadaş radyo imtiyazı ile ajans bütçesini kuvvetlendirmek istedikti. Bu ilk şirket, İstanbul'da Türk olmayanlar da oturduğu için, bu şehir halkına anten hakkı verilmemek yüzünden iflâs etmiştir. O devir radyoları şehir içinde bile yayınları antensiz alamayacak kadar zayıftı. Birkaç defa rahmetli Mareşal'e gitmiştim:

— Olmaz. Anten olursa verici istasyonları da kurulabilir, casusluk olur, diyordu.

Kendisine verici istasyonları bularak casusları yakalatan kontrol âletleri de olduğunu söylemiştim. Hepsi boşuna idi.

İkinci Meclis'te milletvekili olan ordu komutanları günün birinde kıtalarını bırakıp teşriî vazifelerini görmeye gelip de Atatürk orduyu politikadan kat'î olarak ayırmak kararını verdiklerinden, rahmetli Mareşal da hemen Meclis'ten çekilerek bu meselede kendisine yardım ettiğinden, o başında oldukça ordunun sadece asker kalacağına inandığından beri Atatürk rahmetli Mareşali el üstünde tutar, ona karşı hiçbir baskı kullanmazdı. Mareşali hükümete ve Devlet Reisi'ne şikâyet etmekten hiçbir şey çıkmazdı.

Bu yasak bölge anlayışı memleketin pek verimli köşelerini yolsuz, nüfussuz ve kör bırakmıştır. Bir gün İzmir'in yasak bölge içinde nefes alamadığını söylediğimde Mareşal zihniyetindeki bir komutan:

— Bence İzmir şehrini liman dışına çıkarmak lâzımdır, demişti.

Bir defa da İzmit'ten tersaneyi kaldırmak meselesinde Mareşal:

— Siz tersaneyi bırakınız da, kâğıt fabrikasını nereye götüreceksiniz, ona yer hazırlayınız, diyordu.

Haşim İşcan, Antalya valisi iken Finike'ye yol yapmaktan menedilmişti. Bir seyahatimde çalışkan valinin bu yola kaçak olarak devam ettiğini hatırlarım. Çünkü Antalya vilâyeti kıyıda idi. İtalyanların karaya çıkarak Anadolu içinde ilerlemelerine kolaylık göstermemeli idi.

İstanbul Fransızlarından birinin kotrası, rüzgâr kesildiği için, bir gün Fenerbahçe ile Anadolu yazlıkları arasındaki çıkıntıya düşer. Nöbetçiler zavallıyı üstünde mayosu ile tutarlar ve subayları gelinceye kadar bekletirler. Hikâyeyi Yalova'da bulunan başvekile anlatmıştım:

— Nasıl olur bu? diye kızdı.

İstanbul'a gelince de komutanla görüştüğünü biliyorum. Gariptir ki burası hâlâ yasak bölgedir.

Yalova, İstanbul vilâyetine bağlanıp da turistik tesisler yapılmasına başlandığı vakit, İzmit Körfezi'nde kuş uçurmayan Genelkurmay Başkanı:

— Pekâlâ pekâlâ. Bir gün Yalova'nın beş kilometre berisine bir top koyarım meseleyi hallederim, demişti.

Bir top kondu mu, bilmem kaç kilometre etrafı yasak bölge olurdu. O tarihlerde Almanya'nın Fransız sınırlarındaki istihkâm kasabalarında Fransız artistlerine rastlamıştım ve yanlışlıkla beni arabası ile gezdiren konsolosumuz bilmediğinden, en ileriye, hatta tel örgülere kadar girmiştik. Geri dönmek ihtarından başka da ceza görmemiştik.

Montreux Konferansı'nda Boğazlar işi görüşüldüğü sırada Ankara'daki Fransız Elçisi

— Bir şeye yanmıyorum. Bu anlaşma imzalanır imzalanmaz Kilyos'ta denize girmemizi yasak edecekler, demişti.

Gerçekten de Karadeniz kıyılarında daha bir top yeri kazılmadan ilk iş Kilyos'ta denize girmeyi değil, dolaşmayı bile yasak etmek olmuştu.

Geçen yaz Kilyos'un yeni güzel otelini gördükten sonra eğer yaşıyorsa o Fransız Büyükelçisi'ni bir iki banyo almak üzere davet ettirmeyi düşündümdü!

Bir Deli

Bir gün kendisine vaktiyle tanımış olduğu pek güzel sesli bir hafızın İstanbul gazinolarının birinde şarkı ve gazel okuduğunu haber vermişlerdi:

— "Demek iyileşmiş," dedi.

Hikâye şu idi: Bu, aynı zamanda pehlivanlık eden bir hafız. Gür ve dokunaklı bir sesi var. Sakarya Harbi günlerindeyiz. Mustafa Kemal'e:

— Hafızı cepheye getirtsek. Ezan ve Kur'an okusa. Askerin maneviyatını kuvvetlendirir, demişler.

Haber yollamışlar. Biraz meczupça olan Hafız, Ankara'dan yola çıkıp cepheye doğrulmuş. O sırada casus çok. Büyük kısmı da hoca cinsinden halifeci. Cephe gerisi büyük titizlikle gelen gideni soruşturmakta. Bir yerde Hafız'ı tutarlar ve nereye gittiğini sorarlar:

— Beni Mustafa Kemal Paşa çağırttı, tanıdığımdır, ona gidiyorum, deyince:

— Tamam! derler ve casusluğu itiraf ettirmek için sıkıştırırlar. Hapsederler, döverler. Cezbeli Hafız karakoldan karakola büsbütün aklını şaşırır. Nihayet bir yerde minareye fırlayıp avaz avaz bir ezan tutturur. Cepheden haber alıp bırakılması için emir giderse de iş işten geçmiştir. Bizim Hafız'ın zaten sallanan aklı, büsbütün uçmuştur. Mustafa Kemal Paşa buna pek esef eder. Çünkü birkaç defa dinlediği sesine gerçekten hayran olmuştu.

İstanbul'da olduğu haberine pek sevindi:

— Bir akşam getiriniz, dedi.

Hafız, Dolmabahçe Sarayı'nın yemek salonu gibi kullanılan üst kat sofasında pek neşeli, biraz oynakça olmakla beraber, sözü fikri yerinde idi. Bir hayli gazel ve şarkı okudu. İçe işleyen bir sesi vardı. Bir ara yanında bulunan bir hanımla biraz fazla ilgilenmiş. Biraz heyecanlı da görünmüş. Hanım ürkerek dışarı çıkmış. Yanına dönüp de göremeyince, birden ayağa fırladı, sofradan bir bıçak kaparak:

— Şimdi sizi bitirdim, dedi.

Şaşıran Atatürk:

— Otur Hafız, diyordu.

Sesini duyunca onun üstüne doğru yürüdü. Sofrada Atatürk'ün pek kuvvetli ve çevik birkaç arkadaşı vardı. Koştular. O an'ı hiç unutamam. Hemen hemen çıldırmış olan Hafız'ın pençesi bereket Atatürk'ün ceketini yakalamıştı. Bütün sofra halkı, dışarıdan gelen neferler, uğraşa uğraşa bu pençeyi esvaptan güç ayırdılar. "— Ya boğazına sarılmış olsaydı." diye hep sararmıştık. Hep o an meselesi idi.

Hafız'ı aşağı götürdüler. Hizmet katında bir karyolaya yatırmışlar. Gövdesini, ellerini ve ayaklarını bağlamışlar. Yine de zorla tutabilmişler. Krizin ne kadar sürdüğünü bilmiyorum. Atatürk tedavisi ve ailesi için ciddî yardımda bulundu, fakat bir daha adını bile anmadı idi. Atatürk'ün deli ve sarhoşla arası hoş değildi. Meclislerinde biraz dengesini kaybedenler oldu mu hemen dağılınırdı.

Şeref

Atatürk şahsî şerefinin olduğu kadar, Türk şerefinin ihtiraslı düşkünü idi. Kibirli değildi: Neferleri ve hizmetçileri ile arkadaşça konuştuğunu hatırlarım. Fakat gururlu idi.

Bu gurur, Türk şerefini yabancılar karşısında korumak bahis konusu olduğu zaman eskiden "ecnebi-girizlik" dediğimiz Xénophobie derecesine varırdı. Garpçı idi. Ama Tanzimatçılar gibi "mukadder" bir Batılı üstünlüğünü kabul etmezdi. Aşağılık duygusu altında ezilmezdi.

Onun Türk tarihi ile uğraşması, bilakis, aydınları ve halkı bu aşağılık duygusundan kurtarmak için olmuştur.

Yabancı memleketlere veya milletlerarası konferanslara giden arkadaşlarına:

— Sesiniz benim sesimdir, unutmayınız, derdi.

Herkes de ona hesap vereceğini bilerek protokol ve itibar eşitliği üzerinde titiz davranırdı.

Şu hikâyeyi anlatmıştım: Rahmetli Fevzi Çakmak, Yugoslavya manevralarına gitmişti. Fransız Genelkurmay Başkanı Gamlin de davetliler arasında idi. Yemekte sıra meselesi çıkınca, Mareşal olduğu için Fevzi Çakmak'ın general olan Gamlin'den önce oturması lâzım geliyordu. Gamlin razı olmadı:

— O Mareşal ise ben de Fransız ordusunun Genelkurmay Başkanıyım, demişti.

Fevzi Çakmak eğer yeri verilmezse yemeğe gelmeyeceğini söylemesi üzerine güç durumda kalan Yugoslavlar ayakta bir ziyafet tertiplemişlerdi.

Fevzi Çakmak dönüşte vak'ayı Atatürk'e anlattı. Atatürk dedi ki:

— Biliyorsunuz, Alman ordusu Renani'yi işgal edeceği zaman Hitler kıt'a komutanlarına, eğer Fransızlar mukavemet ederlerse geri dönmeleri emrini vermişti. Fransa hükümeti Gamlin'e mukavemet etmesini söyledi. Fakat Gamlin bunun için umumî seferberlik istedi. İç politika durumu umumî seferberliğe elverişli olmadığı için Fransa olupbittiye boyun eğmek zorunda kaldı. Gamlin biraz cesaret gösterseydi, Fransa Renani'yi kaybetmezdi. Sanat ve mesleğinde ve asıl vazifesinde bu kadar zaaf gösteren bu adam, sofra sırası meselesinde bakınız ne yapmış! Dikkat ediniz, bu adam Fransa'nın başına bir felâket getirecektir.

Nitekim Gamlin, Hitler ordularının bir iki hafta içinde yıkıverdiği Fransız ordularının başında bulunuyordu.

İnönü, İtalya'ya resmî bir seyahat yapacağı vakit, Atatürk:

— Sen Türkiye'nin Başvekilisin. Mussolini de resmen İtalya'nın Başvekilidir. Arada hiçbir fark tanımayacaksınız, demişti.

Yolda idik. İlk verilen programda Mussolini istasyona gelmiyordu. İnönü, Roma'da yerleşince karşılıklı ziyaretler yapılacaktı. Türk heyeti eğer program değişmezse yarı yoldan memlekete dönüleceğini İtalyan protokolcülerine haber verdi. Trende bir telâştır, gitti.

Roma'ya vardığımız zaman İtalyan Başvekili Mussolini, sırtında jaketatayı ve başında silindir şapkası ile Türkiye Başvekili'ni bekliyordu.

Nutuk

Atatürk, kürsüde ve yazıda, hayli sert polemikçi idi. Mütarekede bir defa Fethi Bey'in (Okyar) çıkardığı *Minber* gazetesine hissedar olarak katıldığını kendisinden duymuştum. Kumandanlık sıfatı üstünde olduğu için imzası ile yazmamıştır. Fakat gazeteye bir hayli yazı telkin etmiş olsa gerektir.

Meclis ve sonra Devlet Reisliği sıfatı gündelik tartışmalara engel olduğu için meşhur "Nutku"nu yazmıştır. Benim samimî düşüncem, hiç yazmaması idi. Bütün o vesikalar, tutanaklar dosyalarda kalacağı için tarihçiyi hükümlerinde daha serbest bırakmalı idi.

Ama Nutuk, Atatürk'teki çalışma gücünün insan takatini bazen ne kadar aştığını gösterir. Yüzlerce, binlerce vesikayı eski köşkün üst katındaki küçük çalışma odasında kendisi ayırmış. Nutku çoğunca ayaküstü dolaşarak dikte etmiştir.

Uzun saatler süren diktelerden sonra yazanlar sekiz on saatlik bir uykuya gittikleri zaman Atatürk bir banyo alır, giyinir, akşam davetlilerine o gün yazdıklarını okutmak üzere sofraya inerdi. Okuma ve o günkü yazılar üzerine konuşmalar da saatler sürerdi. Bu defa dinleme ve konuşmalardan yorulanlar uzun bir rahatlama için evlerine dönerler, Atatürk çok defa kısa bir uykudan sonra bir gün önceki çalışmalarına koyulurdu. Bu kadar sıkı çalışma haftalarca sürmüştür. Cümleler, kelimeler ve noktalar üzerinde titizce durduğunu unutmayınız.

Nutuk, dil inkılâbından önce yazıldığı için, Namık Kemal mektebi üslûbundadır. Atatürk'ü besleyen edebiyat o idi. Harbiye Okulu hapishanesinde bir gazel bile yazmıştır. Dilin Türkçeleşmesine inandıktan sonra bütün zevklerini ve âdetlerini fikirlerine feda ettiği gibi, o kadar sevdiği üslûbunu da içilmiş bir cigara gibi atıvermişti.

Yeni harfler alındıktan sonra eski yazı ile bir tek kelime bile yazmayan iki kişi görmüşümdür: Atatürk ve İnönü! İnanışlarına öylesine bağlı idi.

Atatürk, bizim Harbiye'de yetişmiş olanlar gibi, ister istemez hafifçe kültürlü idi. Fakat ölünceye kadar okuyarak kendi kendini tamamlamıştır. Kitap okuyuşu da, Nutku'nu yazışı gibiydi: Başladı mı, eser kaç cilt olsa bitirirdi. "Erişmek" ihtirası ile yanar, bu yanış onda bütün tabii insanlık zaaflarını silip süpürürdü. Metin kenarını işaretlemek âdeti olduğu için, kitapları nasıl dikkatle okumuş olduğunu bu renkli işaretlerden anlardık.

Yine bu işaretler Atatürk'ün pek iyi konuşamadığı Fransızcayı iyi anladığını gösterirdi. Karlsbat Kaplıcaları'nda Fransızca olarak tuttuğu bir hatıra defteri vardı. Büyük bir ihtimal ile bu defter onun Karlsbat'da hususî Fransızca dersi aldığını gösterir. Çoğu hissî notlar olmakla beraber, hoca düzeltmesinden geçmiş Fransızca romanları olduğu göze çarpıyordu.

Yabancılarla, fikirlerini pek iyi anlatmaya meraklı olduğundan, tercüme ettirerek görüşürdü. Kurmay subaylarımızın aksine Almancaya pek merak etmemişti. En toy gençliğinde bile bir yabancı eğitim kuklası olmaktan büyük gururla uzak kalmıştır. Yüzde yüz Türk subayı idi. Bununla beraber, büyük bir asker olduğundan, seçme yabancı komutanları hafife almazdı. Tarih dehalarının hayranı idi. Peygamber Muhammed ve Padişah Fatih, kumanda vasıflarına hayran oldukları arasında idi.

Söylenmeyen

Sonradan Türkiye'de memuriyet de veren bir İngiliz, pek kibar hanımı ile Anadolu'da seyahate çıktı idi. İlk defa Konya'da bir otele inmişler. Hanım yıkanmak üzere tuvalete gitmiş. Ve içi bulanarak, âdeta sancılar içinde geri dönmüş. Adamcağız galiba İçişleri Bakanı Şükrü Kaya'ya bir mektup yazarak: "— Aman Anadolu'nun tuvalet yerleri meselesini hallediniz!" diyordu.

Atatürk'ün en küçük ev içi teferruatı ile uğraşmasının sebebi, yıllarca taşra hayatı iptidaîliğinin çilesini çekmekten, çok temiz olmasından ve milletinin şerefini kendisininki ile bir tuttuğu için, Tanzimat züppeliği aksine, vatandaşlarını kendine yetiştirmek ve "onlardan utanmak" yerine "onlarla övünebilmek" içindi. Anadolu'da en güç şeylerden biri sıhhî tesisler dediğimiz ev kısmını düzenleyebilmekti. Her yuva herkes için rahat olmalı idi.

Bir gün beraberce bir yolculuğa çıkmıştık. Vilâyet merkezlerinden birinde bir iki gün kalacaktık. Atatürk ve arkadaşlarını ağırlamak için idarî ve askerî makamlar ve ileri gelenler seferber olmuşlardı. Belediye binasında bir akşam ziyafeti, ondan sonra da Orduevi'nde bir balo hazırlanmıştı. Belediye binasında kalabalığın büyük kısmı fraklı idi. Sofrada hiçbir eksik yoktu. Bir aralık ellerimi yıkamak için dışarı çıktım. Sıkılarak:

— Binada yıkanma yeri yoktur, dediler.

— Ya ne yapabilirim? diye sordum.

Bahçenin yolunu gösterdiler. Bahçe de seyirci halk ile doluydu. Daha da tuhafı bina cumhuriyet devrinde yapılmıştı. Dış ve iç şatafatı yerinde idi:

— Ya Atatürk'ün bir ihtiyacı olursa? diye sordum.

— Onun için yer hazırladık, efendim, dediler. Ve bana bir paravana arkasında bir iskemle ile üstüne konmuş bir leğen gösterdiler.

— Ne yapayım, Orduevi'ne gideceğiz, gelirim, dedim.

Bir öğretmen geldi:

— Maatteessüf orada da yoktur, dedi.

Ama fraklar, son moda esvaplar, parlak pabuçlar, hepsi hepsi yerinde idi.

Yine bir vilâyet merkezindeki Halkevi'nde Atatürk'ü misafir etmek için bir banyolu daire yapmışlardı. İstanbul'a doğru yol üstünde uğramıştık. Atatürk hiç olmazsa bir iki gece kalmaya niyetli idi. Hava sıcak olduğu için öğle yemeğinden önce bir duş yapmaya karar verdi. Banyoya gitmiş. Duşun altına girmiş. Musluğu açınca ne olsa beğenirsiniz, başından aşağı kurtlar böcekler dökülmeye başlamış. Duşun altından çıkması ile odasına fırlaması bir olmuş.

Sorduk soruşturduk: Tabiî bir müteahhit bularak banyoyu mükemmel yaptırmışlar. İş su meselesine gelince:

— Orası kolay, demişler, yangın tulumbasını kasabanın içinden akan suyun başına getirmişler. Depoya oradan su basmışlar.

Bunlar "en yüksek misafir" için onun bilhassa meraklı olduğu hazırlıklardı. Artık geri kalanları düşününüz.

Bir çamlı tepede belediye bir gazino yapmıştı. Tuhafı bahçesine, sanki hoş bir şeymiş gibi, tıpkı Marmara Çiftliği köşkündeki havuzun eşini kazmışlardı. Tepede akarsu vardı. "— Eeehh... Yıkanma yerini elbette düşünmüşlerdir!" dedik, sorduk, pis, murdar, susuz, yarı açık bir baraka gösterdiler. Söylendik, "— Efendim belediye reisinin evinde de yoktur ki..." cevabını verdiler.

Sıkılırız da ondan mıdır, düşünmek ayıp sayarız da bundan mıdır, her nedense memleket dertleri derken bunun başında o ağza almak istemediğimiz "şey" geldiğini unutur görünürüz. Atatürk bu bizim anmak istemediğimiz "şey"le Sakarya Savaşı verir kadar uğraştı idi.

Eğitim

İlk Rusya'ya gittiğim zaman halk eğitimi metotlarını yakından incelemiştim. Benim için inkılâp davamızın tek teminatı kız oğlan bütün Türk çocukları sivil ve laik İlkokul eğitiminden geçirmekti. *Yeni Rusya* kitabında bilhassa bu mesele üzerinde ısrar etmiştim. Kızılbaş-Sünni ayrılığı mı? İlkokul meselesi. Doğu illerinde Kürtleşme tehlikesi mi? İlkokul meselesi. Yobazlık o, taassup o, hepsi o mesele idi. Bizim, bize benzemeyenlerden tek farkımız, sivil eğitim görmemekten ibaretti. Bu işi halledemediğimiz için de Tanzimat'tan beri yeni nesiller büyük kalabalığın üzerine köpükler gibi görünüp sönüyorduk. İnkılâbın kaçıncı yılı idi. Hâlâ ilkokul seferberliğini ele almamıştık.

Recep Peker partinin umumî kâtibi olarak, Başbakan'ın Roma seyahatinde bizimle beraberdi. O, ben ve Saffet Arıkan otelin holünde oturuyorduk. Recep Peker, bugünkü demokratların yaptığı üzere pek kısa zamanda rejimin neler yaptığını sayıp döküyordu:

— Bence hiçbir şey yapmamışızdır. Mademki halk o halk, bulduğu yerinde duran halk… dedim.

Pek iyi, fakat inatçı bir arkadaştı Peker! "— Senden beklemezdim bu inkârcılığı..." diye tutturarak ray kilometrelerini, fabrika bacalarını, şehir süslerini iyice saydı, döktü.

— Hepsi de Tanzimat'tan beri az çok yapılmıştır. Sultan Hamid, Hicaz demiryolunu bir millî eser olarak başarmadı mı? Hereke ve Zeytinburnu fabrikaları onun değil midir? Ama onun devrinde isyanlar, İttihatçılar devrinde de olmuştur. Bizim devrimizde de olmaktadır. Halk yığınlarındaki mukavemeti bir türlü sökemiyoruz.

Recep bütün belâgati ile birbirine giren terkipleri ve izafetleri ile bana hücum etti. Sonra, âdeti olduğu üzere,

— Falih'ciğim gel barda bir şey içelim, dedi.

Gönlümü alacaktı. Barın uzun iskemlesine çıktık. Birer kadeh bir şey ısmarladık. Neşe ile bana dönerek:

— Bilemezsin seni ne kadar severim. *Zeytindağı*'n yok mu, bayılmışımdır o eserdeki görüşlerine ve buluşlarına… diye iltifat etti.

Hiç bozmadan:

— Recep Bey ben *Zeytindağı*'nda o kadar beğendiğin görüşlerimi ve buluşlarımı 21 yaşında not etmiştim. On beş yıl daha olgunlaştıktan sonra gördüklerimi demin nasıl karşıladığını düşün… dedim. Mustafa Kemal… Mustafa Kemal… diyoruz. Yahut sen, Recep Bey… çocuklukta hiç okumasaydınız yahut bir softa ocağına gitseydiniz, şimdi birer yobaz olmaz mıydınız? Memleket ne çekmezdi sizlerden?

Recep tahammüllü adamdı. İdealist ve şevkli idi. Fakat bizler bugün dahi inkılâplarımızın hemen arkasında bütün köylerde ilkokul temellerini atmamaklığımızın çilesi içinde değil miyiz?

31 Mart, yahut Menemen veya Şeyh Said, veya 6–7 Eylül... Hepsi bir! Aynı ruh!

Bozkurt

Fransa ile aramızda bir Bozkurt hâdisesi çıktı idi. Bin türlü tartışmadan sonra işi Lâhey Mahkemesi kararı ile halletmekte mutabık kalmıştık. Adalet Bakanı rahmetli Mahmut Esat ve bir arkadaşı İsviçre'ye gittiler. Orada meşhur Fransız hukukçusu Fromageot ile buluşacaklar ve bir tahkimname hazırlayacaklardı. Meselenin en nazik tarafı bu tahkimname idi. Fromageot öyle şartlar ileri sürmüştü ki eğer tahkimname bu şartlar üzerinden yapılırsa, davayı kaybedeceğimize asla şüphe yoktu. Bizimkiler bir uzlaşma çaresi bulamamışlar, Dış Bakanlığı vasıtası ile Atatürk'e durumu anlatmışlardı. Geldikten sonra bize hikâye ettiğine göre Mahmut Esat tamamıyla ümitsiz, yatak odasına çekilmiş bekliyordu.

Bir tesadüf olarak *Hâkimiyet-i Milliye* gazetesine ait bir iş için Siirt Milletvekili Mahmut'la beraber Çankaya'ya gitmiştik. Rahmetli lider yemek salonundaki ocağın başında kitap okuyordu. Bizi dinlemeye başladıktan biraz sonra Dış Bakanlığı'ndan geldiler. Mahmut Esad'ın şifresini kendisine verdiler. Sabırla, uzun uzun dinledi. Düşündü, taşındı. Fromageot'nun şartlarını âdeta tersine çeviren bir telgraf dikte etti. Sonuna da, eğer Fransızlar buna razı olmazlarsa Türk heyetinin hemen geri dönmesine dair bir cümle ilâve etti.

Konuşmamızı bitirmiş, Mahmut'la beraber yola çıkmıştık:

— Canım, dedim, Paşamızın dehasına şüphe yok ama hukukçu da değil a...

Atatürk'ü benden daha önce tanımış olan Mahmut:

Öyledir o... dedi.

Ertesi gün tahkimnamenin Atatürk'ün diktesine göre yapılmasına Fromageot'nun razı olduğu haberi geldi. Meclis pek neşeli idi. Dayanamadım: Bir gün önce kendisinden ayrıldıktan sonra Mahmut'la aramızda geçen konuşmayı olduğu gibi anlattım. Güldü:

— Doğrudur, dedi, ben hukuk pek bilmezsem de, Bozkurt için Fransa'nın Türkiye ile bir mesele çıkarmayacağını bilirim.

Tevekkeli politikayı imkânlar sanatı olarak tarif etmemişler. Atatürk vermeyi de, almayı da bilirdi. Fakat daha çok ve daha iyi bildiği şey neyin alınabileceği ve neyin alınamayacağını, etrafındakilerden ve bugünkülerden hiçbirine nasip olmayan bir görüşle kestirebilmesi idi. Milleti ne boşuna hayale düşürür ve yorar, ne de yine boşuna onun menfaatlerinden en küçük fedakârlıkta bulunurdu.

Her ne ise, bir hayli zaman sonra soyadları kabul edildiği vakit Mahmut Esat adının sonunda kelimeyi görmüştük: Bozkurt.

Soyadını kendisine Atatürk vermişti. Arkadaşlarını şereflendirmekte, cephe veya cephe gerisinde, kendi yaptıklarını sevdiklerine mal etmekte hiç hasis değildi.

Gaf

Rahmetli Nuri Conker davudî sesli, kelli felli, çok defa efendice zarifti. Atatürk'ün çocukluk ve asker ocağı arkadaşı olduğu için meclislerinde, hava elverişli olduğu zaman, laubalilik ve Atatürk'le şaka etmek de yalnız onun imtiyazı idi. Selanik gazinolarındaki masa sohbetlerinden beri hatıraları birbirlerini tamamlıyordu. Mustafa Kemal daha kolağası iken bir akşam:

— Fethi'yi büyükelçi, seni başvekil yapacağım, demiş.

Nuri Conker sormuş:

— A birader ya sen ne olacaksın?

— Fethi'yi büyükelçi ve seni başbakan yapabilecek makam sahibi!

Atatürk o makam sahibi olmuştu, hatta Fethi'yi büyükelçi de yapmıştı ama Nuri Conker sadece sohbet arkadaşı olarak kalmıştı. Sinirli zamanlarda bir hikâyesi, nüktesi veya şakası ile meclisin zehrini giderir, Atatürk'ün pek çok hatıralarını tazeler, rahmetliyi avuturdu.

Eski köşkünde iken bir akşam yine toplanmıştık. Birkaç hanım da vardı. Biri Atatürk'ün yakınlarından idi. Misafirlerine birer birer ne içmek istediklerini soruyor, garsona emir veriyordu. Sıra Saracoğlu Şükrü'ye geldi. Saracoğlu içkici değildi. Bazen uzun saatler bir kadehle avunur, fakat herkesle beraber onun da neşesi artardı. Nuri Conker'in aksine de hiç zarif değildi. Lâtife etmek istediği zaman biraz kabaya bile kaçardı:

— Ben şampanya isterim, dedi.

Misafirlerinin hoşnutluğunu pek kibarca her şeyin üstünde tutan Atatürk garsona:

— Beyefendiye şampanya getiriniz, dedi.

Nedense ev sahipliğini fazlaca üstüne alan hanım:

— Getirme, hatır için söylemiştir, kabilinden işaret etmiş. İçkiler geliyor, Saracoğlu:

— Şampanyamı isterim, diye tekrarlıyordu. Tatlı sohbetlerine başlamak için acele eden Atatürk:

— Canım beyefendinin şampanyasını getirseniz a... diye garsona biraz sertçe bağırdı.

Hanım yanında oturduğu Saracoğlu'ya, kimseye işittirmeyecek bir sesle:

— Eskiden beri hep şampanya mı içerdiniz, demesin mi?

Demesi bir şey değil, pek hassas olan Atatürk bunu duymasın mı?

Şükrü bir saracın oğlu idi. Atatürk de nihayet bir gümrükçünün! Kıpkırmızı kesildi:

— Hanımefendi siz bu centilmenlerle bir mecliste bulunmaya lâyık değilsiniz, dedi.

Bu sözden haklı olarak fazla alınan hanım kalktı ve çekildi.

Meclis buz gibi donmuştu. Atatürk yüzünü asmış, kimse ses çıkarmıyordu. Ölüm sessizliği denen şeydi bu. İşte o sırada, Nuri Conker'in şarkı okumak için boğazını hazırlıyormuş gibi, öksürdüğü işitildi. Hepimiz ona baktık. Pek ciddî:

— Lâ hayre fî hinne ve lâ büdde min hünne... dedi.

Atatürk başını kaldırdı:

— Nedir o? dedi.

— Yani efendim onlardan hayır yoktur, fakat lüzumludurlar. Hanımefendilerimiz için söylenmiştir de...

Hanımlar bile güldüler. Bulut dağılmıştı.

Foks

Foks, Atatürk'ün son köpeğinin adıdır. Birkaç yıl eski ve yeni köşkte rahmetli lideri eğlendirdi idi. İnce ruhlu insanlar gibi Atatürk de hayvanları severdi. Kurban kestirmezdi. "— Ömrümde bir tavuğun boğazlandığını görmemişimdir" derdi.

Foks'u kendisine hediye etmişlerdi. Daha önce de pek sevdiği bir köpeği varmış ama ona ben yetişemedim. Atatürk bu yenisine o kadar yüz verdi ki, bir müddet sonra hemen hemen terbiyesini kaybetti idi. Bilârdo oynarken masanın üstüne çıkar, bilyeleri yere yuvarlayıp oynar, Atatürk de bu şımarıklığa gülerdi. Bereket yalnız misafirleri ısırmazdı. Pek sert bir köpekti de!

Törenlerde Foks, Atatürk'ün ayağı dibinde dururdu. Galiba Ülkü kadar onun da çıkmış resimleri vardır.

İki fıkrası hatırımdadır: Eski köşkte vilâyetlerimizin birine tayin olunan bir zat bir gün kendisini resmî ziyarete gelir. Çalışma odasından girer. Foks bir köşede yatmakta. Atatürk masasının başında, Vali Babıâli protokolünden gelme olduğu için, oda içinde bir müddet yürüdükten sonra, birdenbire yarı beline kadar eğilip "yerden" dedikleri Osmanlı selâmını verir. Cumhuriyet devri görenekleri içinde yetişen Foks bu anî hareketi görünce Atatürk'e bir fenalık yaptığını sanarak fırlayıp adamcağızı tam kaba etinden ısırır. Ne olduğunu, ne yapacağını şaşıran Vali de tam tersine yere düşer ve ayakları havaya kalkar.

Biz gülüyorduk ama Atatürk pek sıkılıyordu.

Benim bulunmadığım bir gece de mecliste konuşmalar olurken Foks, çok defa yaptığı gibi, masanın altına girer. Isırmadığını bildiğimizden ayaklarımız altında dolaşmasından huylanmazdık. O gece rahmetli Reşit Galip'in iskemlesi yanına gelir ve oynarken pantolonunun paçasını yırtar. Atatürk bundan da üzülerek, dostu Reşit Galip'e hemen kendi terzisinde şahsî hesabına bir esvap ısmarlamasını rica eder.

Bu vakadan sonra eskice esvaplarını giyerek davete gelenler ve Foks masanın altına girdikçe paçalarını ona uzatanlar çok olmuştu. Fakat Foks ondan sonra bir türlü efendisini masrafa sokmadı idi.

Foks gitgide şımarıklığı artırdı. Doğrusu biz de sinirlenmeye başlamıştık. Nihayet bir akşam geldiğimizde Atatürk'ün elini sarılı bulduk: Efendisini ısırmıştı. Köpeği alıp çiftliğe götürmüşler, kontrol altına almışlardı. Yakınları bir olarak ve sahibini ısıran köpekten artık hayır kalmadığına inandırarak öldürülmesi için müsaade alabilmişlerdi.

Çiftlik müdürü Foks'un derisini doldurtup müze camekânına koymuştu. Bir gün Atatürk gezmeye gittikte müdür kendisini davet eder, derisi ot dolu, donuk cam gözlü köpeğini gösterir. Atatürk büyük bir gönül acısı ile başını çevirerek:

— Onu ben severdim. Böyle görmek istemem, kaldırınız onu... der.

Yanılmıyorsam, ertesi günü Foks'u çiftliğin bir köşesine gömmüşlerdi.

Metot

Atatürk'ün askerlikte ve inkılâpçılıkta başarı sırlarından birincisi tam zamanını beklemek, ikincisi fırsat kaçırmamaktı. İlk defa Erzurum'a gittiği vakit halka mukaddes saltanat ve hilâfet makamlarını yabancıların baskısı altından kurtarmayı başlıca hedefleri arasında göstermişti. İnkılâpçılık davalarından hiçbirini zafere kadar kimseye sezdirmemiştir.

Fakat Vahdettin bir düşman zırhlısı ile İstanbul'dan kaçınca padişahlığı kaldırmak için eline geçen bu fırsatı bir gün bile kaçırmadı. İzmir'de gazetecilerle görüştüğü sırada Hüseyin Cahit (Yalçın) neden Lâtin yazısını kabul ettirmeye karar vermediğini sorunca, bu suali hiç de iyi karşılamadı idi. Lâtin yazısı aleyhtarlığı memlekette o kadar kuvvetli idi ki Meşrutiyet devrinde Kılıçoğlu Hakkı ile rahmetli Celâl Nuri'nin çıkardıkları *Serbest Fikir* dergisi bu yazı lehine bir makale yayınladığı için kapatılmıştı.

Günü gelince de hepimizi şaşırttı. Biz komisyonda beş yıl ile on beş yıl arasında bir mühlet düşünen iki gruba ayrılmıştık. İlk yıllarda her iki yazı birlikte öğretilecekti. Gazeteler yarım sütundan başlayarak yeni yazı kısmını yavaş yavaş artıracaklardı. Bu fikirleri anlattığım zaman:

— Bu iş ya üç ayda olur, ya hiç olmaz, dedi.

Sonra ilâve etti:

— Gazetelerde yarım sütun eski yazı kalsa herkes onu okur. Hele iç ve dış bir de buhran çıkarsa bizim teşebbüs de Enver'inkine döner.

Enver Paşa eski yazıda bir imlâ inkılâbı düşünmüştü. Harbiye Nezareti tezkerelerinde yeni imlâyı kullanıyor, *Tanin* gazetesinin bir köşesinde her gün örnekler çıkıyordu. Bu inkılâp bitişik harf sistemini kaldırmaktan ibarettir. Pek iptidaî bir ıslahat teşebbüsü idi. Dünya Harbi çıkınca yüzüstü kaldı. Atatürk'ün ima ettiği bu idi.

Şapka meselesinde de en ileri düşünenler uzunca bir "intibak" mühleti düşünmüşlerdi. Önce serbest vatandaşlardan isteyenler giyecekler, eğer tecavüze uğrarlarsa polis bunları cezalandıracaktı. Gözler alıştıktan sonra memurlara sıra gelecekti. Atatürk, Kastamonu ve İnebolu seyahatine çıktığı zaman biz böyle olacağını sanıyorduk. O seyahatten Ankara'ya şapkalı dönmüştü.

Zaman gelmiş midir, gelmemiş midir, bu hiçbir teşhis hatasına gelmez. Başarmış devrimcilerin deha sırrı bu teşhisi iyi koymaktır. Sonra da hemen yapmak, yolu dönülmez kılmaktır.

Atatürk'ün ne kadar beklediğini düşünmeyip de ne kadar çabuk yaptığını gören eski Afgan Kralı Amanullah Han, Ankara'dan memlekete dönüşünde hemen harekete geçti ve bu yüzden tacını da tahtını da kaybetti idi. Bu memlekette daha önce başlık inkılâpları olmuştur: Rahmetli Sadrazamlardan Tevfik Paşa sarık yerine fesin giyilmesinin, şapka giyilmesinden daha güç ve hâdiseli olduğunu söylemişti. Enver Paşa'nın asker başlığı güneşlikli idi. Atatürk, inkılâpçılıkta, Tanzimat'tan beri süregelen ilerleme savaşının miraslarından pek iyi faydalanmayı bilmişti.

Gerçekte Birinci Meclis'in hâkim olduğu Anadolu devleti, İstanbul'daki Osmanlı devletinden çok daha geri idi. Okullarda resim derslerine bile tahammül etmiyor; sivil okul yerine medreseler açıyordu. Biz zaferden sonra Mustafa Kemal devam ettiği için bir Batı devleti olduk: Bir Asya devleti de olabilirdik.

Bir metodu da devrimlerini halk adına yapmak ve bilhassa ona benimsetmekti. Sanki halk istiyor da o halkın iradesine boyun eğiyordu. Yobazlar bu iradeyi baltalamak isteyen halk düşmanları idi. Sarayburnu'nda yeni yazı nutkunu halk kalabalığı arasında söylemiş, sanki halkın "emirber"i olmuştu. Nitekim o zaman Büyükada Kulübü-'ne gittiğimizde dans salonundan kendisini karşılamaya çıkan fraklı, smokinli ve tuvaletli balo kalabalığına bakmış, bana dönerek:

— Çocuk, o işi burada yapamazdık, demişti.

Resim

Rahmetli Yunus Nadi nazına katlandıklarından, kızdığı zaman da sevdiklerinden idi. Bunun sebebi vardır: Kuvay-ı Milliye'nin daha ilk zamanlarında Nadi, İstanbul'daki gazetesini ve rahatını bırakarak, birkaç düzine harfle Ankara'ya gelmişti. Baca isi ile mürekkep yapma usullerinin keşfedilmeye uğraşıldığı o yokluk günlerinde gazete çıkarmak ne demek olduğu kolay tahmin olunabilir. Nadi'nin *Yeni Gün*'ü bağımsız olmakla beraber tam Mustafa Kemalci idi. Sakarya ve Başkomutanlık meselesi günlerinde pek iyi bir mücadele yapmıştı. Atatürk değerleri ve hizmetleri unutmaz, pek çok kusurları bu değerler ve hizmetler hatırasına bağışlardı.

Nadi neşeli şevkli, coşkun mizaçlı idi. Atatürk meclislerinde fazla keyiflenmişliğe vurarak içini dökerdi. Gözlerinin birini yummasından söze koyulmak üzere olduğunu hissederdik. Şarkı bile söylemeye meraklı ise de sesi benimkini aratacak kadar fena idi. Bir akşam, eski köşkte, pek devrimci bir nutuk çekiyordu. Kendisince başkasının işitmesini istemediği tehlikeli şeyler söylüyordu. Bir aralık arkasına doğru bakıp döndü ve durdu: Dinleyen birini görmüştü. Atatürk gülerek:

— Çekinme... Ben'im o... dedi.

Nadi'nin arkasında Atatürk'ün cama dayalı bütün boy bir fotoğrafı duruyordu.

İlk zamanları, sabah trenine yetiştirmek için o saatlerden sonra otel odasında yazıya oturmasına şaşardım. Semizliğinin ve çoğunca durgun hâlinin hiç umdurmayacağı kadar tetik ve çalışkandı.

İstanbul'da *Cumhuriyet* gazetesini çıkarıyordu. Bu gazete uzun müddet Atatürkçü tek gazete olarak kalmıştı. İstanbul'u muhalefet havası sardığı zamanlarda da hayli sürüm sarsıntıları geçirmişse de davaya bağlılığından hiç ayrılmamıştır.

Nadi samimî devrimci idi. Eski "Malûmat" mektebinden, hemen hemen Muallim Naci edebiyatından olmakla beraber, Meşrutiyet Türkçülüğünün dil prensiplerini benimsemiş, Osmanlıcasını Türkçeye doğru çözmüştü. Bu yalnız şekil bakımından Türkçe, üslûp ve lehçe bakımından Osmanlıca idi. Sonra ikinci fedakârlığa sıra geldi: Atatürk kendini seven yazarları, bir müddet, tamamıyla öz Türkçe denemelerine davet etmişti. Bu benim yazı ömrümün en sıkıntılı günleridir: Türkçeden başka hiçbir kelime kullanmamak, sonra da zevklerimden ayrılmamak!

Ben kolay ve çabuk yazarım. O zamanları dörtte bir sütunluk bir şey yazabilmek için bir iki saat uğraşırdım. Yemek masasını yazı masasına çevirmiştim: Etrafında döner, dururdum. Hem Atatürk'ün meclisinden hem onun gazetesini emanet ettiği adam olmak gibi iki şerefli mesuliyetle sanat kaygılarım arasında ne yapacağımı şaşırırdım. Kendisi ise bizden fazlasını yapıyordu.

Nadi kolayını şöyle bulur: Yazılarını kendi üslûbu ile yazar, sonra içeriye vererek *Tarama* dergisine göre öz Türkçeye çevirtirmiş. Bu yazıları hatırlarım. Asılları kendinin olmasına rağmen, üzerlerinden iki gün geçince, Nadi'nin de onları anlayamaz olduğuna şüphe bile etmem.

Soyadı

Soyadı kanunu üzerine Atatürk'e bir merak geldi idi. Daha doğrusu onu bu meraka meclisine gelmiş olanlar düşürmüştür: Herkes soyadını ondan almak hevesinde idi. O da tutar, karşısındakinin hal tercümesini sorar, başından geçen vakalardan birer harf veya hece seçer, sonra bunları karıştırıp soyadı olarak takardı. Böylece hayli garip isimler meydana gelmiştir. Ben bir sabah *Tarama* dergisini açmış, ilk sayfalarda en sevimli kelimeyi soyadı almaya karar vermiştim. "Atay" o sabahki seçmenin eseridir. Hemen gazetedeki yazılarıma da yeni imzamı koymaya başladım. Atatürk bir akşam serzeniş dahi etti:

— Sen kendine soyadı bulmayı bana bırakmadın, dedi.

— Her gün yazıyorum. Sizin bu işe ne kadar değer verdiğinizi bildiğimden bir gün bile geç kalmak istemedim, yollu cevap vermiştim.

İsmet Paşa'ya İnönü adını o vermiştir. Fevzi Paşa, aile geleneği olduğu için, "Çakmak" isminde ısrar etti. Atatürk hiç hoşlanmadı ama rahmetliyi kırmadı:

— Tuhaf şey soyadı üstünde "çakaralmaz" gibi alaylar yapılmasından da çekinmiyor. Çakmak... Çakmak... Bir komutan için hiç de hoş değil… demişti.

Kendi soyadı ona, biraz yardımla rahmetli Saffet Arıkan'ın armağanıdır. Saffet'in bulduğu "Türkata" idi. Mecliste hayli tartışıldıktan sonra daha ahenkli ve manalı olan "Atatürk" şekline girdi.

Soyadı günlerinin latifçe bir hatırası vardır. Dil davası ile uğraşanlardan ve Dış Bakanlığı yüksekçe memurlarından Osman Grandi safça bir adamdı. İçi dışı bir, fakat içi de dışı da birbiri kadar düzdü. Grandi, Mussolini'nin dış bakanının adı idi. Bir akşam:

— Ne taşıyorsunuz beyefendi bu soyadını? diye sordu.

— Çok eskidir, tarihîdir, efendim... cevabını verdi.

— Ne imiş tarihi bakalım?

Yanında bulunan bir arkadaşı, gaf yapacağını bildiği için, eteğini çekmişti. Önce ona dönüp ve hiçbir tariz maksadıyla değil de, acaba söyleyecek bir şeyi mi var, gibilerden:

— Siz mi çektiniz eteğimi? diye zavallıyı bir iyice sıktıktan sonra izah etti:

— Efendim, dedi, cetlerimizden biri gemi ile Mısır'dan geliyormuş. Teknenin kaptanı imiş. Yolda büyük bir fırtına çıkmış: İmdat gelinceye kadar içindekiler hepsi boğulmuşlar, fakat ceddim grandi direğine çıktığı için kurtulmuş. Soyadımızın hikâyesi bu.

Atatürk:

— Ne? Ne, dedi, bütün gemisindekiler boğulduktan sonra yalnız kendi canını kurtaran kaptanın hatırası mı? Beyefendi yalnız bu sebeple onu bırakınız da bir Türkçe ad takınız, dedi.

Değiştirildi ve böylece dil toplantılarından İtalyan Dış Bakanı'nın gölgesi silindi idi.

Saraylı

Anatole France'ın hususî hayatına dair okumuş olduğum kitapta hoşuma giden fıkralardan biri şu idi: "Ünlü Fransız edebiyatçısının sosyalist olduğunu işiten Rus ihtilâlcisi bir kız, Paris'e gelir. Proletarya tanrılarını birer birer tanımak merakında olduğu için onun da adresini arar ve bulur. Bir sabah ziyaretine gider. Belki de bir çatı arasında bulacağını sanırken adresteki numarayı bir konak kapısının kenarında okuyunca şaşar. Bir defa geldiğinden kapıyı çalıp girer. Zengin bir hol, süslü ve yaldızlı eşya, antikalar ve biblolar ortasında üstadın yanına alınmasını bekleyerek bir müddet durur. Fakat hayalleri kırıla kırıla öyle bir ruh sıkıntısına uğrar ki konuşmak bile istemeyerek geri döner. Çok yıllar geçtiği için iyi hatırlayıp hatırlamadığımı kestiremem. Fakat hikâye aşağı yukarı böyle idi.

Ben de ilk Rusya'ya gidişimde ihtilâlcileri, Lenin'e ait fotoğraflarda gördüğümüz kırık dökük eşyalı 3x4 veya 4x4 hücrelerde yatıp kalkar biliyordum. Kremlin'in çalışma yeri olarak kullanıldığını sanırdım.

O vakit Türkiye'den gelen ziyaretçilere pek itibar ederlerdi. Bu gidişte Dış Bakanı Tevfik Rüştü Aras'la beraberdim. Davetlerin zenginliği, ziyafet salonlarındaki sofra ile işçi ve zekâ takımının giyiniş, yiyiş ve alış veriş kooperatifleri arasındaki baş döndürücü tezat hayallerimi hayli kırmakla beraber:

— Bunlar yabancılar içindir belki... diye düşünürdüm.

Bu seyahatte Stalin müstesna, öteki Bolşevik büyüklerini tanımıştım. Çoğunun içkiciliği dikkate çarpıyordu. Başbakan Rikof'un bizim elçilik davetinde ocak başında hastalandığını görmüştüm. Bir büyük komutanı da yaverleri koltuğuna girerek salondan çıkarmışlardı. Benim eski Rus romanlarından hatırımda kalan "soyucu" sınıf âlemleri, şimdi gördüğüm bu proletarya âlemlerinden pek farklı değildi.

Yeni Rusya kitabını yazmak üzere Dış Bakanı'ndan sonra bir müddet daha Moskova'da kalmıştım. Dönüşüme yakın kılavuzum geldi:

— Eğer kabul ederseniz bu akşam başbakan yardımcısı Bay Şmit'e davetliyiz, dedi.

— Uzak mıdır oturduğu yer?

— Hayır, onun da Kremlin'de bir yeri vardır.

Kremlin... Daha o zamanlar bile, çünkü henüz büyük öldürüşmeler ve Viçinski mahkemeleri devrinden hayli öncedeyiz, Kremlin'in etrafında dolaşmak dahi tehlikeli idi. Ancak Ortaçağlarda kral ve derebeyi sarayları bu kadar sıkı, sert ve sıra sıra emniyet kuşakları altına alınmış olabilirdi.

Akşamüstü resmî bir araba geldi, bizi oturduğumuz yerden aldı. Önce Kızıl Meydan Kapısı Karakolu'ndan vesikamızı gösterip vize aldık. İki kızıl asker veya polis, otomobilin iki kenarına sıçradılar. Bir başka kapıda bizi daha iç halka polisine devrettiler. Nihayet saraya gelebildik.

Meğer sarayın birçok kısımlarını pek konforlu apartmanlara bölmüşlerdi. Şmit bekâr olduğu için ufaklarından birinde oturuyormuş: Bu ufak tip, şimdi Ayaspaşa veya

Surp Agop'ta bin beş yüz, iki bin liraya kiralananlar çapında idi. Bundan başka parkeleri, sıhhî tesisleri, eşyası, hepsi lüks standartta idi. Benim hayallerimin hiçbir kanadı kalmadı ama Anatole France'i görmeye giden saf ihtilâlci kız gibi tanrımı bulmaya gelmemiş olduğumdan bilakis sevindim. Bir müddet sonra bir kadın ve erkek geldi. İkisi de opera sanatkârı imiş. Sonra bir genç balerin geldi. Ellerinde Rus folklor çalgıları ile bir iki kişi birkaç misafir daha geldiler.

Eski Çarlık Rusyası ziyafetlerinin hikâyesini okumuşsunuzdur. Önce bol bir meze sofrası, sonra yemek, sonra yine meze sofrası, yani sonu gelmeyen bir içki ve yemek sefahati! Bu da tıpkı öyle idi. Votka içiyor, tereyağı has ekmekle havyar yiyor, sonra şarkılar dinlemek ve danslar görmek için salona dönüyorduk. Genç balerinle ben de bir iki defa dans etmiştim. Ömrümde bu kadar zengin bir hususî gece geçirdiğimi hatırlamıyorum. Rusça bilmediğim için aralarındaki, pek şevk uyandırıcı konuşmalar hakkında bir fikir edinemedim.

Şmit sevimli bir adamdı. Bir aralık dövme demirden iki atletin boğuşmasını gösteren bir statüet getirdi: "— Bu gecenin hatırası olarak hediyemi kabul ediniz," dedi.

Sabah vakti ayrıldık. Ben koltuğumda ağırca statüet, artistler sarhoş ve başı açık, hep beraber o in görünse hesap veren, cin geçse sorguya çekilen, yasak eski mabetlerden yasaklı sarayın muhafızları arasından güle oynaşa ayrılmıştık. Şurasını da unutmadan söylemeliyim ki apartmandan son çıkan bendim. Vestiyerde bir kadın şapkası unutulmuş olduğunu görmüştüm.

Bugün bunları yazarken kimseye bir fenalık etmeyeceğimi biliyorum. Ertesi gidişimde Rikof öldürülmüştü. Şmit'i sormakla kabalık ettiğimi hissettim. Çünkü Rusya'da adres sorulmaz. Belli başlılardan ise ya yine bir davette karşılaşırsınız yahut tasfiye ölümünün sillesine uğramıştır.

Serbest Fırka

Atatürk, Serbest Fırka'yı niçin kurdu? Bu başka bir hikâyedir. Ben o zaman memleket dışında idim. Döndüğümde Atatürk'ü, İsmet İnönü'yü Yalova'da bulmuştum.

Atatürk hükümet tenkitçilerine yeni partiye katılmalarını tavsiye ediyordu. Gerçi şair Mehmet Emin Bey hükümeti ne yerer, ne de överdi. İlk akşam sofrada onu da görmüştüm.

Atatürk:

— Beyefendi, biliyorsunuz, bir muhalefet partisi kurduk. Bu da bir vatan vazifesidir. Arkadaşları takviye buyurmak istemez misiniz? dedi.

Emin Bey pek saf, yüreği temiz bir efendi idi. Hemen:

— Emredersiniz, dedi.

Atatürk'ün yeni partiden olan hemşiresi yan yan baktı:

— Bize hep böyle beyleri veriyorsunuz. (Beni göstererek: şu arkadaşınızı verseniz a... dedi.

Atatürk:

— Bütün gazeteciler sizden. Bir tane de bana bırakınız, cevabını verdi.

Ben bir muhalefet partisinin hiç sırası olmadığı fikrinde idim. Konuşmalarım Atatürk'ün hoşuna gitmemiş olmalı ki bana ertesi günü yakınlarından biri ile haber yollayarak ihtiyatlı olmamı tavsiye etti:

— Doğrusu iki partili meclislere pek alışacağa benzemiyorum. Bugünden tezi yok. Ankara'ya gideceğim, dedim.

Giderken İsmet İnönü'yü gördüm. O da muhalefet gazeteleri ile mücadeleye girmemekliğimi söyledi.

Muhalefet partisi daha o zaman Yalova köylerinde din tahriklerine başlamıştı. Devrimler "terütaze" idi. Sonunda Atatürk'ün bir çare bulacağından şüphe etmemekle beraber, serde gençlik de var, kendimi nasıl tutacağımı düşünüyordum.

Ankara'da ilk defa Bayındırlık Bakanı olan Recep Peker'i gördüm. Bana ilk suali şu idi:

— Mustafa Kemal, İsmet Paşa'yı mı tutacak, Fethi Bey'i mi?

Bütün Meclis de aynı tereddüt içinde idi. Ama hepsi Recep gibi değildi. Büyük çoğunluk, eğer ikinci ihtimali kuvvetli bulsa, hemen yeni partiye kayacak halde idi. İçin için bir kaynaşmadır, gidiyordu.

O vakit Yalova nasihatlerini unutarak *Hâkimiyet-i Milliye*'de "Politika" sütununu açtım ve devrinde hayli akisler bırakan polemiklere başladım.

Yeni parti ileri gelenleri Atatürk'ten beni susturmasını istemişlerdi. Yalnız bu yüzdendir ki yazılarıma devam edebildim. Atatürk şarta gelmezdi.

Bundan başka o sıra Atatürk'ün kulağına gelen en acı haber, en yakınlarından birinin Yalova köylerinde, kendi aleyhinde, din propagandası yapmış olması idi.[23] Yeni muhalefet ilk ocaklarını tekkelerde ve medreselerde kuruyor, irticaın her türlüsüne serbestçe yaslanıyordu.

Merakı

Atatürk giyime, ev ve eşya düzen ve temizliğine pek meraklı idi. Askerler arasında sivil kıyafete ilk alışanların

---

23 Yapan kız kardeşi idi.

başında geldiğini sanıyorum. Evi de hiçbir zaman "bekâr kokmamıştır."

Arkadaşlarının, hatta uzaktan tanıdıklarının yeni yaptırdıkları evleri gezer, banyo ve sıhhî tesislere bilhassa dikkat ederdi. Bir dostuna misafir gittiği zaman da, eğer nazı geçerse, tenkitlerini esirgemezdi. Duvara asılı şeylerde en küçük eğriliği görür, kalkıp düzeltirdi.

İstasyon binalarına bile gittiği zaman:

— Banyosu nerede? diye soruşları, her gün yıkanma âdetini en mütevazı Türk yuvalarına kadar sokmak içindi. Banyo, evlerimizde Atatürk devrinden sonra "harcıâlem" olmuştur. Kendisi harpte ve siper hayatında bile evinde olduğu gibiydi.

Misafir gittiği evlerde ev sahibi ile konuşarak eşyanın yerlerini değiştirdiği olurdu. Yemek odası dar ve sıkıntılı bir odada ise ve yemeğe kalacaksa, sofrayı salona taşımaktan üşenmezdi. Atatürk'ün misafirlikleri tesadüfî olmakla beraber ev sahiplerini rahatsız etmezdi: Kendi mutfağı, çok defa, gittiği evlere yardım ederdi.

Bir gün şimdiki Atatürk Bulvarı'nda taşralı bir zenginin yaptırdığı bir buçuk katlı büyük köşkü geziyorduk. Tesadüf ev sahibini de orada bulmuştuk. Adamcağız bir gün Atatürk'ün kendisine de uğrayacağına ihtimal verdiği için mimarı hem yapının, hem döşemenin hoşa gider olmasında serbest bırakmış, hiçbir fedakârlığı esirgememişti. Salonu, yemek odasını, yatak odalarını dolaştık. Sonra aşağı kata indik. Bir odada muşamba örtülü kötü bir masa, aynı kötülükte bir iki dolap, duvar kenarlarında da yer minderleri vardı. Ev sahibi büyük bir saflıkla:

— Paşam efendim, biz çoluk çocuk burada yemek yer, otururuz, diyordu.

Fakat ne de olsa cumhuriyet okullarında yetişen çocuğunun şimdi üst kata çıkmış olduğundan şüphe eder misiniz?

Dönemeç

Moskova'ya son gidişim 1932'dedir. Milletlerarası Yazarlar Kongresi'ne katılmıştık.

Bu seyahatte, Komünist Partisi'nin ve hükümetinin haberi var yok bilmiyorum, çünkü o zamanki Millî Savunma Bakanı Voroşilof ne yaptığını bilmez bir serseri olduğunu beni davet ederek söylemişti. Lehli aslından olduğunu iddia eden biri bana lüzumundan fazla sokuldu idi. *Hâkimiyet-i Milliye* Başyazarı ve Atatürk'ün yakınlarından olduğumu bildiği için bu sokuluşu manalı idi. Henüz pek açılmamakla beraber dilinin altında bir şeyler dönüp durmakta olduğunu seziyordum. O zamanki büyükelçimiz Hüseyin Ragıp'a bahsettim:

— Aman, dedi, bu sırada halleri bir tuhaf... Biraz daha deşmeye bak, belki faydalı şeyler öğreniriz.

Beni komünist davasına çekmek yahut herhangi bir işbirliği teklifinde bulunmak gibi hemen kati tavır takınılmak gereken bir konuşma olmadığı için temaslarına güçlük göstermedim. Nihayet bir gün:

— Büyük haber, dedi. Stalin'in pek yakınlarından iki arkadaş sizinle görüşecekler. İki memleket arası münasebetler için bu fırsatı nimet bilmelisiniz.

Sovyetler Birliği-Türkiye münasebetlerinde tam dönüm noktası tarihine rastladığı için teferruatı ile aklımda tutmuşumdur. Otele benzer bir büyük binanın yatak odasına benzer hususî bir odasında idik. Öğle yemeği vakti idi. Biri kısa sakallı, biri tıraşlı iki Rusça konuşan, sonra göğsünde büyük ihtilâl nişanlarından birinin rozeti bulunan ve Türkçe konuşan üçüncü adam... Hepsi birbirinden dikkatli ve beyaz ceketli dört garson da hizmet ediyordu. Bir garson bile çok olduğuna göre bunların kontrol polisleri olduğunu tahmin etmiştim. Sözü şöyle açtılar:

— Sizin partinizde sollar ve sağlar vardır. Biz bir gün sağların hâkim olmayacağını bilemeyiz. Bunlara güvenemeyiz de!

Bizim partide yalnız Mustafa Kemal vardır ve onunla beraber olanlar... yollu söze başlayarak, Mustafa Kemal'in Rusya ile Türkiye emniyetlerini bir tuttuğunu, hattâ bir gün İsmet Paşa ile beraberken:

— Politikamız bir daha bu iki milleti karşı karşıya getirmemektir! dediğini, pek samimî anlatmaya koyuldum. Anlattıklarımın hepsi doğru idi. Sovyetler Birliği bizden yüz çevirmedikçe, bizim Sovyetler Birliği'ni şüpheye düşürecek herhangi bir harekette bulunmamız veya harekete katılmamız ihtimali olmadığını bildirdim. Maksadım, eğer bunlar Stalin'in adamları ise onun kulağına en doğru haberlerin gitmesi idi. Şurası da var ki o zamana kadar Moskova'dan henüz dostluktan başka bir şey de görmemiştik.

Sözcü:

— Hayır, dedi, meselâ Müşir Fevzi Paşa'ya Bakû'yü vaadetseler ve bu taviz üzerinden aleyhimize bir ittifak arasalar Fevzi Paşa bunu reddetmez.

Bizde böyle bir ayrılışma olamayacağına dair uzun boylu ve boşuna dil döktüm. Nihayet tarihî söz ağzından çıktı:

— Türkiye bir emperyalist harbinde bizim için ya set ya sıçrama yeri vazifesi görür. Onu mu görür, bunu mu görür, sözler, şahıslar ve antlaşmalar bizi inandırmaz. Ancak rejim beraberliği ile emin olabiliriz.

Bu söze dikkat edin. O zamanlar peyk kuruluşları yoktu. Derin bir iç kırıklığı ile İstanbul'a döndüm. Dil Kurultayı günlerinde idi. Dolmabahçe Sarayı'nda Atatürk'ü gördüm. Baştanbaşa hikâyeyi anlattım. Pek dikkatle dinledi. Sonra:

— İsmet Paşa rahatsız yatıyor, git kendisine de anlat, dedi.

İsmet Paşa aynı büyük dikkatle dinledikten sonra:

— Karahan bize elçi geliyor. Seni elçiliğe davet ettikleri zaman bütün bunlar olmamış gibi davranacaksın. Yazılarında eski dostluk edebiyatını değiştirmeyeceksin, dedi.

Doğrusu bizimkiler Sovyetler Birliği ile Türkiye'nin arası bozulmamak için, en çetin güçlüklere katlanmışlar, Moskova'nın kafasından Türkiye'yi peykleştirmeyi geçirmeksizin dost olarak tutmasına çalışmışlardır.

Fakat dönüş de 1932 Dil Kurultayı günlerine rastlayan esrarlı toplantıda dönüştür. İç tehlikelerinden kurtulduğuna ve büyük kuvvetler arasına yeniden katıldığına inanan Sovyetler Birliği, artık yeni politikasına sarılmıştı.

Savarona

Hele o ilk yıllar Ankarası'nda deniz onulmaz bir sıla nöbeti gibi sık sık teperdi. Ne kadar da gençmişiz: İkide bir İstanbul'a gelirdik. Yataklı ve yemekli vagon yoktu. Köprüler ve yol bozuk olduğundan seyahat yirmi dört saat sürerdi. Polatlı'da trenden iner, istasyon lokantasında öğle yemeğini yer, Eskişehir'de yine iner, akşam yemeğini yerdik. Kompartımanlar tahtakurulu idi. Alışık olmayanlar uyuyamazdık. Ve sabaha doğru İzmit'te deniz havası alınca hepsini unuturduk.

Atatürk neden sonra yazları İstanbul'a gelmeye karar vermişti. Başlıca zevklerinden biri çatana ile Boğaz gezintileri yapmaktı. Yalıları sıyırarak geçerdik. Atatürk halk ile, kalabalık içinde yaşamak meraklısı idi. Halkın eğlendiğini görmekten zevklenirdi. Bazen, meselâ Kalamış Koyu'nda, motoru kayıklar arasında durdurur, deniz seyrancıları ile haşır neşir olurdu. Henüz denize girmiyordu. Biraz yüzmeyi sonradan öğrendi. Bir gün sormuştum:

— Paşam Selanik'te doğup büyüdünüz. Hiç denize girmez miydiniz?

— Aman çocuğum, o zaman soyunup denize girmek ne demekti, nasıl bakarlardı insana... demişti.

Atatürk'ün İstanbul bahtiyarlıklarından biri Florya'yı keşfetmesi olmuştur. Birkaç gidip gelmeden sonra plâjı canlandırmaya karar verdi. Deniz köşkü, alaturka deniz hamamı gibi bir şeydir. Atatürk denize o kadar ihtiraslı bağlanmıştı ki yıllarca yaz aylarını âdeta su içinde geçirirdi. Yüzme ve kürek idmanları yapardı. Burada da halktan ayrılmazdı. İlk projeye göre Atatürk Köşkü kumsalın sonundaki bir tepecik üstüne yapılacak, aşağıda da bir banyo yeri hazırlanacaktı. Kalabalıktan uzaklaşmayı istemedi. Yine ilk projeye göre demiryolu geri alınacaktı:

— Canım, dedi. Ankara'da dağ başında yaşıyorum. İstanbul'da saraya hapsoluyorum. Bırakın burada gelenleri gidenleri göreyim: Hiç olmazsa tren gürültüsü duyayım.

Son zamanlarında Şile'yi görmüş, pek sevmişti. Yaşasaydı orasını da canlandıracaktı.

Büyükçe tekne olarak emrinde Ertuğrul yatı vardı. Marmara için yapılmış olan bu yatla bir defa Karadeniz'e çıkmıştı. Sert bir havada yat az daha batıyordu. Memleket kıyılarını dolaşmak üzere İstanbul'dan uzaklaşınca denizyollarının bir yolcu gemisini seferden alıkoymak lâzım geliyordu. Atatürk sık sık halkı ve memleketi görmedikçe rahat edemezdi. Karayollarımız yoktu. Ya tren, ya gemi ile dolaşmak gerekiyordu. İşte Atatürk'e yeni bir yat alınmak fikri bu ihtiyaçtan doğmuştur.

Amerikalı bir milyoner kadının yaptırmış olduğu Savarona, galiba Amerika'ya sokulamadığı için, pek ucuz alınmıştır. Bu yatı Hitler de kendisi için istemişti. Fakat ilk görüşmeye giden biz olduğumuz için Atatürk'e bıraktı.

Plânlarını görmüş ve yatı pek beğenmişti. Ne kadar yazık ki yat geldiği zaman Atatürk ölüm hastası idi. Pek sevdiği bu yatta çok zamanını yatakta geçirdi. Bir hazin sözü vardır: "— Bir çocuk oyuncağını bekler gibi bu yatı beklemiştim. Mezarım mı olacak bu tekne benim?"

Atatürk'ü ölüm yatağına Savarona'daki kamarasından bir koltuğun içinde ancak götürebildiler. Yat Dolmabahçe Sarayı önünde boynunu bükerek Atatürk'ü boşuna bekledi.

Saflık

— Dil işine dair yazınızı okudum, tebrik ederim, dedi.

Birkaç defa söylediğim üzere Atatürk mübalâğalı sayılabilecek kadar teşvikçi idi. Verdiğinin kendinden bir şey eksilttiği vehmine veya gururuna düşen hasis ruhlulardan değildi. Dış Bakanlığı'ndan olan yazar:

— Estağfurullah! dedikten sonra ilâve etti:

— Efendimiz daha iyi çalışacağım, daha çok yazacağım ama rahat değilim. Ankara'da kiralar pahalı olduğundan iyi bir ev tutamıyorum. Hizmetçi kıt, tabiî arabam yok. Bunlar olsa dil meselesinde daha ciddi hizmetlerimi görürdünüz.

Atatürk bize doğru gözlerini kırparak, ona:

— Ne yapmalı acaba? Bir çare düşünüyor musunuz? diye sordu.

— Var efendim, bir çaresi var. Beni şöyle işi gücü pek olmayan bir yere elçi gönderseniz... Bina devletindir. Hizmetçi aylıklarını hükümet verir. Resmi araba vardır. Artık kendimi dil meselesine vermekten başka kaygım kalmaz.

Hiç bozmadı.

— Pek isabetli düşünmüşsünüz. Hatırımıza gelmediğine esef ederim. (Garsona) Lütfen beyefendiye bir kalem kâğıt getirir misiniz?

— Kalemim vardır, efendim.

— O halde yalnız kâğıt!

Kâğıt geldi, Atatürk:

— Yazar mısınız? dedi ve dikte etti. Şöyle bir şey: "Sayın Tevfik Rüştü Aras, süratle beyefendiyi bir elçiliğe tayin buyurunuz!"

— Çok teşekkür ederim. Fakat inanmaz ki...

— Niçin?

— Yazı benim. İmza da yok.

— Getiriniz imzalayayım, dedi ve imzaladı.

İşin tuhafı ertesi gün Dış Bakanı daha odasına girer girmez ilk ziyaretçisi bizim elçi adayı olması idi. İş geciktikçe Çankaya'da yaverlerin telefonunu açıyor ve Atatürk'ün o kadar kat'î emrinin hâlâ yerine getirilmediğinden şikâyet ediyordu.

O kıtlıkta eski yazarlarımızdan birini de Tirana'ya elçi yollamışlardı. Bir yaz tatilinde İstanbul'a gelmiş, saraya uğramış. Atatürk'e haber verdiklerinden, Arnavutluk ve Zogo hakkında bilgi edinmek için, akşam yemeğine davet etmişti. Atatürk'ün büyük derdi Zogo'nun Cumhurreisi değil de kral olmak isteyişi idi. Fena halde kızıyordu.

Elçi'ye sordu:

— Sizin düşündüğünüz nedir? Cumhurreisi mi kalacaktır, yoksa kral mı olacaktır?

Biraz düşündü:

— Kral olamaz efendim, dedi.

— Niçin?

— Henüz krallığa liyakat kesbedememiştir efendim, cevabını vermesin mi?

Bu cevap bizim alaturka eski yazarın henüz liyakat kesbedemediği bir makama nasılsa çıkabilmiş olduğunu ispat etti.

Bir akşam dalgınca bakanlarından biri ile şu konuşmayı dinlemiştik:

— Paşa hazretleri...

— Ne demek paşa hazretleri? Paşa hazretleri yok. Paşalık yok. Bundan sonra bana paşa demeyiniz.

— Baş üstüne Paşa Hazretleri!

Kara Haberci

Zekâsı kadar hafızasına şaşardık. Hiç dikkat etmez göründüğü konuşmalardan bile hiçbir şey unutmazdı. Aramızda on altı on yedi yaş fark varken ve ben henüz otuz yaşlarında iken, bir akşam önce söylediklerimi ertesi akşam onun ağzından duymakla hâtıramı tazelemiş olmazdım: Neler söylemiş olduğumu da öğrenirdim.

1922'deyiz. Bir konuşma sırasında:

— Paşam izin verir misiniz, sizi ilk defa nerede ve nasıl tanıdığımı anlatayım, dedim.

Tanımam da uzaktan uzağa idi.

— Evet efendim, dedi, (alaylı) müsaade buyurunuz da ben anlatayım: Hacı Âdil Bey'le beraber Edirne'den Dimetoka'ya gelmiştiniz. Biz de Vali'yi karşılamaya çıkmıştık. Siz bir gazeteci idiniz. Arabasından beraber indiniz. Tekrar binileceği sırada hiç olmazsa Fethi'yi yanına alacağını ummuştuk. Enver'in korkusundan arabasına tekrar sizi çağırmıştı.

1936'dayız. Parlâmentolar arası konferanslardan birine gitmiştim. İki buçuk ay kadar memleketten uzakta kaldım. Döndüğümde Atatürk, Florya'da idi. Gündüz yaverler dairesine gittim ve rahmetli Başyaver Celâl'e akşama kadar arkadaşlarla konuşacağımı, beni mümkün olduğu kadar geç haber vermesini rica ettim.

Bir aralık nöbetçi geldi, Atatürk'ün kendisini çağırdığını söyledi. Celâl gitti ve döndü, bana:

— Gider gitmez bekleyenlerden kimse olup olmadığını sordu. Senin adını söyledim, hemen gelsin diye emretti, dedi.

Kalkıp gittim. Deniz Köşkü'nün açık bir köşesinde İsmet İnönü ile beraber oturuyorlardı. Hemen sezindiğime göre ikisi de sinirli idi. Sebebini sonradan öğrendim: Ankara'da o zamanlar para hacmi üzerinde bir tartışma vardı. İnönü, Türk parası ile oynamaktan çekinirdi ve bazı maliyecilerin enflâsyoncu telkinlerine karşı iyice dayatırdı: Mesele yine bu idi.

Beni görünce:

— Yahu aylardan beri yoksun, gidip gördüklerini anlat, bakayım.

Rasgele konudan konuya sıçradık. Bir hayli zaman geçti. Davet listesinde bulunanlar gelmeye başladılar. Kalabalık artınca:

— Yemek salonuna geçelim, dedi.

Artık pek az içiyordu. Henüz ikinci veya üçüncü yudumda idik. Sonradan anlattıklarına göre üç akşam önce iki arkadaşı arasında hiç de hoş olmayan bir hâdise geçmişti. Bahis tazelendi. Atatürk bir aralık bana dönerek:

— O akşam sen de burada idin. Nedir intibaın? diye sordu.

Damarlarımın içinde kan donması gibi bir şey hissettim. Atatürk hasta idi. En kuvvetli, en sağlam, en sarsılmaz melekelerinden biri olan hafızası çökmüştü. Henüz o gün geldiğimi hatırlattım. Elini alnından geçirdi, bir müddet düşündü:

— Evet öyle! dedi.

Maddî takati de gittikçe azalıyordu. Biz hiçbir yorgunluğa Atatürk kadar dayanamazdık. Hiçbirimiz onun kadar devamlı çalışamaz, onun kadar uykusuz kalamazdık.

Yemeklerden önce bir müddet bilârdo oynardı. Bu onun bir çeşit sporu idi. Holde kendisini seyrederdik. İyi oynardı. Rakiplerinin başında İsmet İnönü gelirdi. Kâzım Özalp, Saffet Arıkan, Nuri Conker gibi bir hayli oyuncusu da vardı. Bu spor bazen bir saatten fazla sürerdi. O yıl Ankara'ya döndükten sonra, akşamları yine yukarı kattan inince bilârdo odasına geçiyor, istekayı tebeşirliyor, bilyeleri sıralıyor, fakat bir iki vuruştan sonra bırakarak sinirli olduğu ancak sezilen bir sesle:

— Sofraya geçelim, diyordu.

Sık sık asabiliğe kapıldığı görülüyordu. Hekimlerinin hatıralarında sonradan okuduğumuza göre bütün bunlar vakitsiz ölümün kara habercileri idi.

Gazi

Atatürk henüz "Gazi Mustafa Kemal Paşa" idi. Benden ona dair bir kitap için önsöz istemişlerdi. Kitap çıkmadığı için önsöz de bende kalmıştır. Onu bugün bu fıkraların son sözü olarak sizlere sunuyorum: "Gazi'nin hal tercümesi, yeni Türk devletinin tarihi demektir. Tarihimizi bilmek için, Gazi'yi öğrenmeliyiz.

"Gazi, yaratıcı bir enerji kaynağı. Yeryüzünde kara topraktan, yeşil ottan, taştan ve tuzlu sudan başka ne varsa, hepsi böyle yaratıcıların eseri değil midir? Hava, su ve toprağın içindeki büyük kuvvet esrarlarını onlar sezip buldukları ve maddeleştirdikleri gibi, insanın kanı, kemiği ve siniri içindeki kuvvet esrarlarını yine onların gözleri görür, kafaları bulur, karar ve fiilleri hakikatleştirir. Onlarsız aradığımızı bulamazdık. İstediğimize ulaşamazdık. Yaptığımızı yapamazdık. Gazi'yi bilmek insanın insanlığına vücut veren yaratıcılardan birinin hayat ve eserini öğrenmek demektir.

"İnsanlık ağacı bir Gazi yemişini vermek için, nesillerce, sayısız yaprak çürütür. Pek azımız Gazi gibi doğarız. Herkes buharı, mikrobu ve elektriği keşfetmez: Fakat keşfetmiş olanların metotlarını öğrenmek büyük buluşları ve yaradılışları tamamlamak ve faydalandırmak için lâzımdır. Gazi'nin eserlerini devam ettirecek olanlar, Gazi'nin başarma metotlarının neler olduğunu öğrenmelidirler.

"Bir hakikat nasıl karışık değilse, Gazi de sadedir. Uzaktan anlaşılması kolay görünür. Cazibe kanununun kendilerinden önce bulunmuş olmasına esef edenler az değildirler. Fakat ilk hayvanın yürümesinden de önce başlayan düşmek, o kadar basit sırrını söylemek için asırlarca değil, devirlerce ve çağlarca Newton'un aklını beklemiştir.

"Büyük eserlerde tesadüfün rolü pek az olduğu gibi, artık büyük eser yapılması imkânsızlaşacak bir zaman da olmayacaktır. Bizden sonra gelecek yaratıcılar henüz doğmadılar: Onların bütün şerefleri, şanları ve eserleri, her ne olacaksa, doğmuş ve doğacak olanlar için büyüklük fırsatları değil midir?

"Gazi yeni Türkiye'yi çocukluğundan beri kendi benliğinin dibinde yaratmaya başlamıştı. Öyle bir zekâ gibi, öyle bir düşünüş ve duyuş kabiliyeti gibi, onun sabrı ve enerjisi olmadıkça ona benzeyemeyiz.

"Bir fıkrasından, bir hikâyesinden, bir yazı veya nutkundan hemen anladığımızı sandığımız Gazi, aradıkça yeni bir sır verir. Yaklaşılan bir dağ gibi büyür. Asıl onu elimizle tuttuğumuz zamandır ki artık tamamını hiç göremeyiz."

Bu kitap yazılırken Atatürk'ün Nutku, Rauf Orbay'ın, Ali Fuat Cebesoy'un, Afet İnan'ın, Çerkes Ethem'in, Damar Arıkoğlu'nun hatıraları ve Tevfik Bıyıklı'nın yazıları gözden geçirilmiştir.

SON

FALİH RIFKI ATAY
ATATÜRKÇÜLÜK
NEDİR?
3. BASKI
pozi+if

FALİH RIFKI ATAY

ATATÜRK NE İDİ?

pozi+if

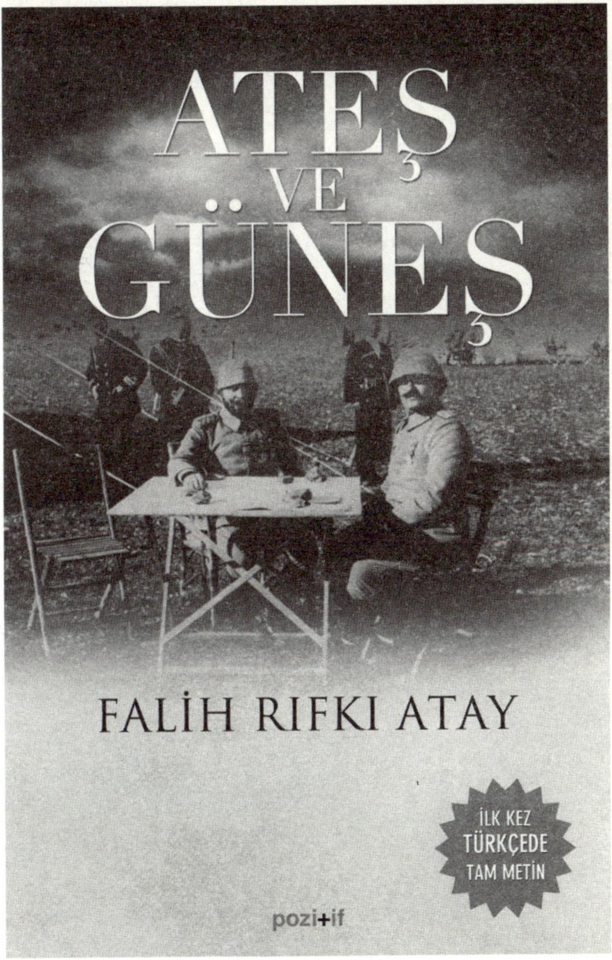
ATEŞ
VE
GÜNEŞ
FALİH RIFKI ATAY
İLK KEZ
TÜRKÇEDE
TAM METİN
pozi+if

FALİH RIFKI ATAY
BABANIZ
ATATÜRK
pozi+if

FALİH RIFKI ATAY

MUSTAFA KEMAL'İN MÜTAREKE DEFTERİ

pozi+if

FALİH RIFKI ATAY

MUSTAFA KEMAL'İN AĞZINDAN

VAHDETTİN

pozi+if

FALİH RIFKI ATAY
ZEYTİNDAĞI
"Zeytindağı, Cumhuriyet devri edebiyatının en büyük hadiselerinden biridir."
Yakup Kadri Karaosmanoğlu
pozi+if